고 윤진호 교수 추모 선집 2

생산방식의 변화와 노동운동

고 윤진호 교수 추모 선집 2

Changes in Production Mode and Labor Movements

생산방식의 변화와 노동운동

윤진호 지음

고 윤진호 교수 추모 선집 간행위원회 엮음

한울
아카데미

서문

이 선집은 2016년 6월 15일 작고하신 고(故) 윤진호 선생님을 기리기 위해 제자들과 지인들이 선생님이 생전에 경제학자로서 활동하신 기록을 모은 것이다. 선생님이 생전에 학문활동과 사회활동을 하시면서 발표한 논문, 연구보고서 중 가장 중요하다고 평가되는 연구결과물을 주제별로 정리했다.

선생님은 엄정한 노동경제학자로서 저서 25권, 단행본 수록글 22편, 논문 39편 등 방대하고 탁월한 연구업적을 남기셨다. 박사학위 논문인 「한국의 불안정 취업층에 관한 연구」(1990)는 비정규직, 영세자영업자 등 저임금계층과 고용불안정성의 문제를 심도 있게 제기한 선구적인 연구로 평가된다. 그 밖에 주요 저서로 『한국의 불안정노동자』(1994), 『한국의 화이트칼라 노동조합연구』(공저, 1994), 『생계비와 임금정책』(1996), 『노동시간단축과 노동조합의 정책과제』(공저, 1999), 『고용구조 변화와 노동조합의 고용정책』(공저, 1999), 『국제화와 노동운동』(2000), 『비정규 노동자와 노동조합』(공저, 2001) 등이 있다.

선생님이 하나의 주제로 연구를 시작하시면 연구실에는 수백 편의 논문과 수십 권의 관련 책이 가득 찼다. 제자들은 선생님이 그 모든 문헌을 체계적으로 정리하고 그에 기반하여 통찰력 있는 연구결과물을 생산해 내시는 것을 목도하곤 했다. 선생님은 미국에서 안신년을 보내면서 매일 세미나에 참석하고 미국의 전문가와 대화하고 토론한 내용을 상세하게 『보스턴 일기』로 기록하여 제자들과 국내 연구자들에게 외국의 연구풍토를 생생히 전달하셨다. 또한 직접 미국서비스노조(SEIU)의 조직 활동가로 참여해서 직접 현장 조직을 체험하셨다. 그곳의 노동조합 조직 활동을 경험하면서 한국 노동조합 조직화에 관한 연구를 진행하신 바 있다. 이렇듯 선생님은 젊은 제자들도 좇아가기 버거울 만큼 열정적인 연구자셨다.

선생님은 냉철한 머리와 따뜻한 가슴을 가진 노동경제학자셨다. 대학 시절부터 노동자의 빈곤과 소득 불평등을 해결하는 것을 가장 중요한 문제로 여기셨다. 박사학위 논문의 주제도 당시 노동시장에서 다수를 차지하던 불안정 취업층에 관한 연구였으며, 이후에도 끊임없이 노동자와 빈곤층에 대한 연구를 지속하셨다. 특히 노동자를 사랑하는 마음으로 노동운동에 대한 높은 관심을 가지고 노사관계, 산업별 노동조합, 노동조합 조직화, 노사정체제, 노동자생산협동조합, 노동자 경영 참가에 관해서 타의추종을 불허할 정도의 연구를 수행하셨다. 또한 노동자의 현실을 정확하게 분석하기 위해서 불안정취업자 가운데 비정규직, 저임금노동, 파견노동 등에 대한 연구도 지속적으로 수행하신 바 있다.

선생님은 열정적인 학자이면서 노동현실에서 실천적 활동도 병행하셨다. 보건의료노조와 긴밀하게 연대하면서 셀 수 없이 많은 교육과 강연을 해주셨고 정책자문위원으로 산별노조 건설과 전략 수립에 크게 도움을 주셨다. 보건의료노조뿐만 아니라 민주노총과는 노동조합 조직화 등 많은 노조활동을 같이 하셨고, 대우자동차 노동조합 등과 같은 개별기업노조와도 수많은 연구과제를 수행하셨다. 미국 MIT 교환교수로 간 기간에 집필하신 『보스턴 일기』에서 미국서비스노조에 직업 조직활동가로 참여한 경험을 담아내기도 하셨다. 이와 같이 선생님은 노동경제학자로서 학문적으로 노동자와 빈곤층을 위한 다수의 연구를 진행하면서도 노동현장에서 실천적 지성으로서의 활동도 매우 적극적으로 수행하셨다. 이것은 선생님이 한국 사회의 취약계층을 위해 높낮이 없는 세상을 실현하시고자 하는 신념에서 우러나온 것이었다.

선생님은 노동자와 함께한 진정한 노동자의 벗이며 노동경제학과 노사관계학에 관한 위대한 진보학자이자 큰 스승이셨다. 높낮이 없는 세상을 위해 끊임없이 대안을 찾는 노력을 경주하셨고, 노동운동에 깊은 관심과 애정을 가지고 현장과 끊임없이 교감하면서 산별노조가 생기는 시기부터 그 발전 가능성을 제기하셨다. 또한 주요 선진국의 산별노조 사례를 심도 있게 연구하면서 한국에서 산별노조 건설에 중요한 시사점을 제시하셨다. 산별노조뿐만 아니라 노사정위원회와 노동조합 생산협동조합 연구도 새로운 대안을 찾기 위한 노력의 산물이었다. 이렇듯 선생님은 탁월한 통찰력을 가지고 새로운 대안을 찾기 위해 노력하고 다양한 부문에서 정책적·제도적 대안을 제시하셨다.

선생님은 무엇보다 학문에 대한 엄격한 자세를 강조하셨다. 인하대학교에서 교편을 잡은 이래 다른 어떤 활동보다 학생들을 가르치는 강의가 가장 중요한 당신의 임무라 생각하고 후학 양성에 최선을 다하셨다. 뿐만 아니라 교내외 민주화에 각별한 관심을 갖고 참여하셨는데, 민주화를 위한 교수협의회 인하대 지부 창립에 관여하고 추후 경상대 학장을 역임하셨다.

학술 영역에서는 진보적인 경제학이 뿌리내릴 수 있도록 다양한 활동을 전개하셨다. 이러한 활동의 당연한 귀결로 진보적 경제학계의 양대 학회라 할 수 있는 경제발전학회 회장과 사회경제학회 편집위원장을 역임하셨다. 또한 진보적 시각에서 노동문제를 다루는 학제 간 학회인 산업노동학회의 창립에 주도적인 역할을 하고 초대 편집위원장을 지내시기도 했다.

이 선집은 선생님의 열정적 연구자로서의 활동과 따뜻한 실천적 지성이자 위대한 스승으로서의 중요한 업적을 세상에 널리 알리고자 발간하게 되었다.

선집은 총 3권으로 구성된다. 제1권은 노동운동에 대한 선생님의 연구결과를 모았다. 제1부는 고용위기 시대의 노동운동을 다룬다. 글로벌 경쟁이 격화되면서 고용조정 및 노동시장 유연화가 심화되고 고용불안정성이 확대되는 현실을 정확하게 진단하여 이에 대응하기 위한 노동운동의 방향을 제시한다. 특히 노동시장 유연화론의 허실을 노동운동의 관점에서 체계적으로 정리했다. 제2부는 새로운 노사관계와 노동운동을 모색하면서 협력적 유연화와 노사정위원회에 대한 다양한 논의를 정리하고 대안적 노동운동의 길을 제시한다. 또한 노동운동이 나아갈 임금정책의 방향과 경제민주화 투쟁과제를 제시한다. 협력적 유연화는 노사정 당사자들의 참여와 협력으로 전략적 동맹을 체결하여 경제위기를 극복하자는 내용을 담고 있으며, 노사정위원회의 성공 조건을 제시한다. 제3부는 산별노조운동의 동향과 과제를 주제로 노동조합 조직이론과 선진국의 산별노조 사례를 제시하고, 한국에서 산별노조의 발전을 위한 심도 깊은 문제제기와 제언을 다룬다.

제2권은 세계의 노동운동과 생산방식의 변화를 다룬다. 제1부는 세계의 노사관계와 노동운동을 다루면서 미국, 영국, 캐나다, 일본의 노사관계와 노동운동을 심도 있게 진단하고 한국에 대한 시사점을 탐색한다. 미국과 영국의 사례연구에서 신자유주의 아래 노동정책과 노동조합의 대응을 분석한 결과를 제시하고, 미국의 경영참가와 같은 노동자 참여제도의 도입을 평가하며, 영국의 실업정책 진단결과를 제시한다. 제2부는 일본식 생산방식과 노사관계를 다룬다. 포디즘적 생산방식의 붕괴로 일본이 그 자리를 대체해 가고 있던 상황에서 일본식 생산방식의 요체인 토요타 생산방식을 심층적으로 분석하고 이에 대응하는 노동조합의 방안을 제시한다. 또한 일본식 생산방식의 문제점을 진단하고 노동의 인간화를 제안하는 한편, 한국에서의 일본식 생산방식 도입을 심층적으로 분석하면서 노동의 인간화를 중심으로 한 노동조합의 대응책을 제안한다.

제3권은 노동운동의 대안적 맹아를 찾기 위해 한국 자본주의 초기에 형성된 노동조합의 초기 형태를 탐구하고 노동자협동조합과 노사정 3자 체제 그리고 노동시간 단축 및 일자리 나누기 등과 같은 한국 노동체제의 대안을 모색하는 연구결과를 다룬다. 제1부는 불안정 노동을 주제로 비공식 부문, 비정규 노동과 저임금 고용에 대한 심도 있는 분석결과를 제시한다. 특히 한국 자본주의 초기에 형성된 비공식 부문에 대한 연구와 더불어 사회적으로 큰 문제였던 비정규직과 저임금 고용의 함정성을 엄밀하게 분석한 결과를 담았다. 제2부는 대안적 체제의 맹아를 찾기 위해서 대한제국기 노동회의 성격과 활동을 연구한 결과를 제시한다. 또한 노동자생산협동조합을 고찰함으로써 다양한 이론적 관점을 검토하며 노동자생산협동조합이 대안적 체제가 될 수 있는지를 진단한다. 노사정 3자 합의체제에 대한 실증적 연구도 경제적 위기에 대응하는 노동시장 주체들의 전략적 동맹의 필요성을 강조한다. 그 외에도 노동조합의 조직화 문제, 일자리 나누기 전략 등 노동시장과 노사관계의 개혁을 제시하는 내용을 담았다.

이 선집에서 다루지 못하는 연구결과도 상당하지만 선생님은 노사관계와 노동운동과 관련된 생산방식, 불안정고용을 주제로 다양한 연구활동을 전개하셨으며, 새로운 대안을 찾기 위해 다각적으로 심도 있는 연구를 진행해 오셨다. 이러한 주제는 21세기를 살아가는 우리에게도 여전히 사회적, 경제적으로 큰 의미를 가진다. 선생님의 연구활동은 이러한 맥락에서 큰 가르침을 주고, 이 시대의 진정한 스승으로서 선생님의 존재로 확인시켜준다. 선생님의 학문과 인품을 직접 경험하고 배울 수 있었던 우리 제자들은 참으로 행운아라 할 수 있다. 선생님이 계시지 않은 현재에도 선생님의 큰 가르침은 삶의 동력이 되고 있다.

이 선집을 발간하는 과정에서 제자들뿐만 아니라 많은 분들에게 도움을 받았다. 선집 발간을 위해 애쓴 간행위원회 위원 분들과 후원자 분들에게 깊은 감사를 드린다.

차례

제1부 세계의 노사관계와 노동운동

제1장

신자유주의적 노동정책과 노동조합의 대응*

영국과 미국의 사례

1. 머리말

1980년대는 선진국 여러 나라에 있어 노사관계의 전환기였다. 국제경쟁의 격화를 배경으로 하여 각국에서는 신자유주의를 표방하는 보수정권이 등장했고 이들은 케인스주의적 노사타협체제를 붕괴시키고 노동시장의 유연화와 노사관계의 재구축을 적극적으로 추진했다.

경제침체와 국가 및 자본에 의해 추진된 신자유주의적 전략은 노동자와 노동조합에도 많은 영향을 미쳤다. 경제침체에 따라 대규모 정리해고, 조기퇴직, 신규실업 등이 발생했고 현직 노동자들도 구조조정과 내부조직 개편의 강력한 압력을 받았다. 국가의 반노조 입법과 노동시장 규제완화정책 등으로 인해 노동조합의 조직률과 정치적 발언권 역시 커다란 타격을 받았다. 사용주의 노동

---

* (재)영도육영회 1998년도 연구비 지원에 의해 이루어진「한국의 고용 및 실업구조」연구의 일환이다.

조합 회피전략과 불공정 노동관행 등 노동조합에 대한 적대적 태도 역시 크게 증가함으로써 노동조합에 타격을 가했다. 한편 노동조합 내에서도 여성이나 청소년, 임시직, 파트타임 노동자 등 조직화가 어려운 노동자가 늘어나고 노조원의 구성이 다양화되는 한편 노조원의 개인주의가 강화됨에 따라 노동조합의 조합원 동원능력이 크게 떨어졌다.

이러한 요인들은 구조조정기에 있어 노동조합의 대응을 매우 곤란하게 만들었다. 선진국의 많은 노동조합들이 신자유주의적 구조조정정책과 노동정책에 대해 확고하고 일관된 대응방침을 정하지 못한 채 노선혼란을 겪었으며 이 과정에서 조직률의 하락, 정치적 발언권의 축소 등 노동운동의 후퇴를 겪게 되었다.

그러나 다른 한편으로 비록 선택의 폭이 좁아지고 있는 상황 속에서나마 노동조합이 어떠한 전략선택을 하느냐가 결과에 커다란 영향을 미쳤다는 점도 지적해 두어야 할 것이다. 동일한 경제구조, 산업구조, 고용구조를 가진 미국과 캐나다의 노동조합이 서로 다른 선택을 함으로써 결국 노동조합 조직률과 노동자 생활에 상당히 다른 결과를 가져온 예(윤진호, 1998)나, 1980년대 대처정부의 신자유주의적 노동정책에 대한 영국 노동조합의 전략선택을 둘러싼 논쟁(Ackers et al., 1996) 등은 노동조합 전략선택의 중요성을 잘 보여 준다.

오늘날 전 세계적으로 진행되고 있는 정치적·경제적 환경 변화, 특히 그중에서도 신자유주의의 확산에 대응하여 노동조합이 어떻게 조합원들의 이익을 지키고 사회를 올바른 방향으로 나아가도록 유도할 것인가 하는 문제는 노조의 사활이 걸린 문제가 되고 있다. 우리는 이미 1980년대에 이러한 과제에 직면하여 다양한 대응양상을 보였던 선진국의 노동조합정책을 검토함으로써 이 문제에 대한 시사점을 얻고자 한다.

이 글에서는 특히 신자유주의적 노동정책과 구조조정정책에 대한 노동조합의 대응유형을 신자유주의적 경제, 노동정책이 가장 뚜렷하게 전개되었던 영국과 미국의 경험을 통해 살펴보고자 한다.

2. 신자유주의적 노동정책과 노동조합의 대응유형

영국과 미국을 중심으로 전개된 보수주의 정권의 신자유주의적 노동정책과 구조조정정책에 대한 노동조합의 대응은 각국이 처한 객관적·주관적 환경과 경제주체들의 행동양식에 따라 다양한 모습으로 나타났다. 그러한 노동조합의 대응양상에 대한 분류는 여러 가지가 있지만(Bacon and Storey 1993; Beaumont 1991; Martinez-Lucio and Weston 1992; Hyman 1994; Guest 1995; Kelly 1996; Crouch, 1990; Katz, 1988; Ackers et al., 1996) 가장 기본적으로는 다음 세 가지로 나누어 볼 수 있다.

첫째, 전투적 노동조합주의이다. 전투적 조합주의는 기본적으로 구조조정과 고용불안 등에 직면하여 일체의 양보를 거부하고 조합원의 대중적 동원에 의해 자본과 국가의 압박을 돌파함으로써 최선의 결과를 얻을 수 있다고 믿는다. 이들은 자본과 국가에 대한 양보가 결코 고용보장이나 근로조건의 개선을 가져올 수 없으며 오히려 노동자 간의 분열을 초래하고 노동운동을 약화시키게 된다고 비판하면서 노동자들의 연대와 투쟁성만이 위기를 극복할 수 있는 유일한 방안이라고 생각한다.

둘째, 실리적 노동조합주의이다. 실리적 조합주의는 경영에 관한 전략적 의사결정을 경영자의 고유한 권리로 인정하여 이에 간섭하지 않고 오로지 임금, 노동시간, 고용조건 등만을 단체교섭의 대상으로 삼아 조합원의 경제적 실리를 보호하고자 한다. 특히 미국의 실리적 조합주의는 구조조정과정에서 임금동결이나 인하 등을 수용하면서 조합원의 고용을 보장받고자 하는 이른바 '양보교섭(concession bargaining)' 전략을 사용했다. 또 신기술, 자동화, 작업조직의 변경 등 기업의 구조조정노력에 노동조합이 적극적으로 협력함으로써 회사의 업적을 개선하는 것이 고용보장을 위한 최선의 길이라고 생각한다.

셋째, 비판적 개입주의이다. 이들은 자본이나 정부의 신자유주의적 전략에 대해 기본적으로 비판적이지만 그러나 이에 전면적으로 반대하기보다는 자본,

국가와의 교섭을 통해 노동조합이 적극적으로 이 과정에 개입하여 노조의 영향력을 높이는 것이 최선의 길이라고 생각한다. 예컨대 독일의 노동조합은 작업장 수준으로부터 전국 수준에 이르기까지 노사 간, 노정 간, 노사정 간 교섭과 참여의 모델을 통해 직업훈련, 노동시간 단축, 고용보장협약 등을 추진함으로써 조합원의 고용과 생활을 지키고자 한다.

이처럼 노동조합의 전략을 분류할 때 우선 제기되는 문제는 정의의 문제이다. 즉, 어차피 이러한 분류 자체가 매우 추상적일 수밖에 없는 이상 현실의 노조 가운데 이러한 분류에 꼭 들어맞을 수 있는 노조가 얼마나 될 것인지, 세 가지 분류 자체가 과연 만족스러운 것인지, 특정 전략에 대한 묘사가 과연 노동조합의 목표를 말하는 것인지, 아니면 방법을 말하는 것인지, '노조의 전략'이 과연 노동조합의 순수한 정책을 말하는 것인지, 아니면 국가 및 자본과의 교섭 및 투쟁의 결과 나타나는 노사관계의 성격을 말하는 것인지 등에 대한 혼란이 존재하고 있다는 것이다.

이와 관련하여 Kelly(1996)는 노동조합의 전략을 기본적으로 전투적 노선(militancy) 대 온건노선(moderation) 두 가지로 분류하면서 양자 사이의 구분을 다차원 접근방법(multi-dimensional approach)에 의해 설명하고 있다. 그에 따르면 노동조합의 전략은 다섯 가지 차원을 가지는데 목표(goals), 방법(methods), 제도적 자원(institutional resources), 조합원 자원(membership resources), 이념(ideology) 등이 그것이다.

목표 면에서 전투적 노선은 가능한 한 조합원의 최대 이익을 끌어내려 하며 노동 측의 어떠한 양보에도 반대한다. 반면 온건노선은 온건한 목표를 내세우며 경우에 따라서는 양보할 의사도 있다.

조합원 자원 면에서 전투적 노선은 사용주 및 국가에 대항하는 전략으로서 조합원의 대중적 동원을 강조하며 집단적인 힘의 사용에 의해 사용주나 국가에 타격을 가하려 한다. 전투적 노선에 따르면 '행동하려는 의사'는 노동조합이 효력을 발휘하기 위한 필수적인 토대이다. 반면 온건노선은 사용주의 지원,

〈표 1-1-1〉 전투적 노선과 온건노선의 개념

	전투적 노선	온건파 노선
목표	야심 찬 목표(규모 및 범위 면에서) 양보 거의 안 함	온건한 목표 약간의, 혹은 상당한 양보
조합원 자원	노조원 동원에 강하게 의존	사용주, 제3자, 법률 등에 강하게 의존
제도적 자원	단체교섭, 노동조합에 의한 규제에 의존	비단체교섭제도의 실험/지지
방법	빈번한 단체행동 위협/사용	단체행동 위협/사용 자주 안 함
이념	노사갈등적 이데올로기	노사 파트너십 이데올로기

자료: www.presidency.ucsb.edu/sou.php 자료 재구성.

선의나 단체협약, 법률 등 외부적 규제에 더욱 의존한다.

제도적 자원 면에서 전투적 노선은 노동조합을 통한 단일대표제를 주장한다. 반면 온건노선은 노사공동위원회, 기업 내 노사협의회, 현장위원회 등 비교섭 통로를 적극적으로 지지한다.

방법 면에서 전투적 노선은 여러 가지 형태의 단체행동을 위협 또는 실제로 사용하는 데 의존한다. 반면 온건노선은 단체행동의 위협 또는 사용을 자주 하지 않으며 분규 해결방법으로서 제3자 개입 등 평화적 방법을 선호한다.

이념 면에서 전투적 노선은 노사 간 이해관계의 갈등적 측면을 강조하며 그에 상응한 대립적 이데올로기를 가지고 있다. 반면 온건노선은 노사 간 이해관계의 공통성을 강조하며 파트너십, 노사협조 등의 이데올로기를 가지고 있다.

Kelly의 이러한 분류는 〈표 1-1-1〉에 요약되어 있다. Kelly 자신이 노동조합의 전투적 노선을 강력하게 지지하는 논자이므로 Kelly의 이러한 분류에 있어서도 이른바 온건노선을 지나치게 부정적으로 묘사하고 있다는 점은 지적되어야 하겠지만 그의 다차원 접근방법 자체는 노동조합의 전략을 이해하는 데 있어 유용한 도구를 제공해주고 있다고 생각된다.

다만 그의 양극분류에서 주의해야 할 점이 몇 가지가 있다.

첫째, 그가 제시하고 있는 두 가지 노선은 양극단에 해당한다. 그러나 실제로는 노동조합의 목표 및 방법 면에서 양극단 사이에 연속적인 여러 종류의 전략을 설정할 수 있다.

둘째, 목표, 방법 및 자원 면에서 노동조합은 완전히 자유로운 주체는 아니다. 노사관계의 다른 주체들, 특히 사용주 및 국가는 특정 유형의 노조 행동을 제약하거나 혹은 억압하려고 한다. 따라서 실제로 나타난 노조의 전투성 또는 온건성은 노조 자신이 진정으로 원하는 것을 그대로 나타낸 것이라기보다는 노조와 그 환경 간의 상호작용의 결과로 이해되어야 할 것이다.

셋째, 노조의 전투성 또는 온건성은 결코 정태적인 것은 아니며 객관적·주관적 상황변화에 따라 변화하는 동태적 성격을 가지고 있다. 예컨대 영국의 노동조합들에서 1970년대에는 현장을 중심으로 한 전투성이 크게 고양되었지만 1980년대 후반부터는 사용주 및 국가와의 교섭을 강조하는 움직임이 나타난다. 따라서 한 나라의 노동운동의 성격을 유형론적으로 묘사하는 것은(예: 미국=실리적 조합주의, 독일=사회적 조합주의) 문제가 있을 수 있다.

넷째, 각국 노조의 전투성 또는 온건성은 안정적이지도 않고 일관적이지도 않다. 현실의 노조는 시간적으로 변화할 뿐만 아니라 한 노조 안에서도 여러 가지 요소가 혼합되어 있는 경우가 일반적이다.

이상의 다차원 분석이 시사하는 점은 노동조합의 전략 혹은 성격을 한 가지 차원만으로 분석하거나 대안을 제시하는 것이 오류일 가능성이 높다는 점이다. 현실의 노동조합의 전략은 차원에 따라 다른 요소의 결합으로 나타나게 된다. 예컨대 요구사항은 매우 전투적이지만 그 관철방법은 온건(법률에 의존)한 경우가 있는가 하면, 방법은 매우 과격하지만 요구사항은 실리적인 것(임금인상)일 수 있다. 다섯 가지 차원 전부가 전투적이라거나 모두가 온건한 노조는 매우 예외적일 것이다. 따라서 어떤 한 가지 차원(예: 파업을 자주 하면 전투적 노조이다)만으로 노조의 전략적 성격을 판단하는 것은 오류이다. 이 경우 노동조합의 전략을 올바로 판단하기 위해서는 각 요소들 간의 비중을 판단해야 하는데 Kelly(1996)에 의하면 전략의 심도와 포괄성 면에서 이념, 방법, 제도적 자원, 조합원 자원, 목표의 순서대로 중요성을 가진다고 한다. 따라서 전투적 조합주의는 이념 면에서 갈등적 이데올로기를 가지고 있으며 방법 면에서 단체행동에 자주 의존하는 노동조합이라고 할 수 있을 것이다. 이 경우 예컨대 노동조합이 법률, 여론 등 비조합원 자원에 의존한다 하더라도 그것이 단체행동을 위해 법률을 이용하거나 여론을 동원하는 행위라면 여전히 전투적 노선으로 판단할 수 있다는 것이다.

3. 영국

1) 대처 정부의 신자유주의적 노동정책

제2차 세계대전 후 영국에서는 완전고용과 복지국가정책이 확립되게 된다. 영국 정부는 1944년의 고용정책백서에서 완전고용의 달성을 경제정책의 중요목표로 내걸었다. 이를 위해 총수요관리정책을 통해 실업수준을 통제하는 데 경제정책의 초점을 맞추었다. 이런 복지국가, 완전고용의 모델은 당파를 불문하고 영국 정치, 사회의 최우선목표로 되었다(임무송, 1997). 노사관계 역시 이른바 '집단적 자율주의'를 채택, 노사관계에 대한 국가의 개입을 최소화하고 노동조합과 경영자간의 집단적 교섭에 의해 자율적인 해결이 이루어지도록 했다.

이러한 영국 사회의 '전후합의'는 1970년대 말까지 유지되었다. 영국은 이를 통해 낮은 실업률과 수용 가능한 인플레이션을 달성할 수 있었다. 노동조합은 영국 사회 내에 확고한 세력을 가지게 되었고 노동당 정부를 통해 정치 및 정부정책에 개입할 수 있었다.

그러나 1970년대 들어 '전후합의'체제는 동요되기 시작했다. 지속적인 임금인상과 복지지출의 확대, 생산성 상승의 둔화 등에 따른 스태그플레이션 현상으로 실업률과 인플레이션율이 동시에 상승했다. 노동당 정부는 노동조합의 협조를 바탕으로 한 자율적 임금억제정책(이른바 '소득정책')을 추진했으나 이는 결국 실패로 끝났다. 이는 사실상 '전후합의'의 붕괴를 의미하는 것이었다.

1979년의 총선에서 집권한 대처 수상의 보수당 정부는 50년간 지속되어 온 영국의 고용-노사관계정책에 근본적 변화를 가져왔다. 보수당 정부는 인플레이션 억제를 최우선목표로 내걸었고, 이를 위해 실업 및 복지국가정책을 희생했다. 노사관계에 있어서의 전후합의를 철저히 부인하고 노조를 탐욕적이고, 무책임한 독점집단으로 규정하여 노동조합의 규제에 나섰다. 이른바 '신자유주의적' 개혁의 시작이었다.

먼저 보수당 정부는 일련의 새로운 법률도입을 통해 노조세력의 약화를 기도했다. 이는 노동시장 제도구조를 변화시키는 가장 중요한 조치들이었다. 이러한 조치들로서는 노조에 대한 법적 인정 철폐, 클로즈드숍(closed shop) 금지, 노동쟁의 시 노조에 부여하던 면책특권의 제한, 파업에 대한 조합원의 비밀투표 의무화, 피케팅에 대한 제한 강화, 노조의 업무·재정에 대한 정부 감사, 노조의 불법행위에 대한 사용자 권리의 강화, 노조에 대한 노조원 개인의 권리 강화, 조합비 체크 오프제 폐지 등을 내용으로 하는 법률들이 포함된다. 또한 고용법 제정에 의한 비정규노동자의 허용 등 노동시장 유연화 조치도 이에 포함된다.

또 복지국가제도의 후퇴와 근로 인센티브를 강화하기 위한 정책들이 도입되었다. 전 국민의 복지에 대한 국가의 책임이라는 비버리지 원칙이 개인책임의 원칙으로 바뀌었다. 여기에는 실업보험의 대체율 축소, 청소년 실업자에 대한 실업급여 철폐, 모든 실업자가 6개월마다 구직활동 인터뷰를 하도록 하는 의무규정 도입, 실업급여자격의 축소, 임금에 대한 복지급부의 상대적 비율 인하, 실업급여에 대한 과세조치 등이 포함된다. 1979년부터 1988년 사이에 영국의 실업보험제도는 17회나 변경되었는데 그중 11회가 실업자에게 불리하게 변경되었다고 한다(Skuse, 1995). 이는 실업자의 상당 부분이 자발적 실업자라는 보수주의자들의 견해를 반영하여 실업자들이 적극적으로 일자리를 찾도록 유인하고자 하는 정책의 일부이다.

한편 시장에서의 정부역할 축소에 관한 정책들도 시행되었다. 대처 정부는 공공부문의 비대화가 국민들의 국가에 대한 의존성을 심화시킨다는 이유로 공공지출을 삭감하고 공기업의 민영화를 단행했다. 보수당 정부는 공기업의 비효율성을 공격하면서 석유, 가스, 통신, 전기, 유전, 철도 등 다수의 공기업 및 공영주택의 민영화를 추진했다. 또한 국가규제가 민간경제의 활력을 떨어뜨린다는 이유로 투자제한 조치, 고용보호를 위한 규제, 노동조건과 최저임금 규제 등을 완화했다. 더 나아가 대처 정부는 근로의욕과 투자유인을 증대시킨다는 명분으로 역진적인 조세개혁을 단행했다. 기본소득세를 33%에서 30%로 인하하고, 최상위계층에 대한 한계세율을 83%에서 60%로 인하했다. 반면 간접세는 인상했다. 이러한 정책들의 부작용은 한편으로는 공공부문 민영화에 의한 실업자의 증대와 공공부문 노동조합의 세력 약화, 그리고 다른 한편으로는 역진적 조세개혁에 따른 부익부 빈익빈 현상 심화 등으로 나타났다.

2) 노동조합의 대응

영국에서는 제2차 세계대전 후 노동조합의 세력이 크게 증대되었다. 영국 국민들은 제2차 세계대전 시의 노동조합의 협조적 역할에 대해 극찬했으며 영국 사회 내에서의 노동조합의 위신이 올라갔다. 또 노동조합과 노동당 정부 간의 긴밀한 협조가 이루어짐으로써 노동조합의 정치에 대한 영향력도 높아졌다. 노동당 정부의 주요 각료가 노조 출신으로 충원되었고 의회 내에도 노동조합 출신 의원이 대량으로 진출했다. 노동조합의 정부정책에 대한 참여도 크게 증대되었다(임무송, 1997).

전후 영국 사회 속에서 확고하게 자리 잡았던 노동조합의 위치는 1970년대 들어 크게 흔들리게 된다. 정부의 소득정책에 항의하는 노동조합의 무질서한 파업과 계속되는 임금상승에 대한 국민들의 비판이 고조되었다. 당시 정부의 반(反)노조적 입법과 불황으로 야기된 노조의 세력 약화 및 적대적 환경은 영국 노동조합에 많은 갈등을 야기했다. 영국 노조 내에는 정치적 견해 차이와 이해관계의 차이로 인한 갈등뿐만 아니라 전반적인 혼란과 불확실성으로 가득 차 있었다(MacInnes, 1987). 노조의 태도는 기본적으로 방어적이었으며 조직의 생존을 최우선목표로 삼고 있었다(Olney, 1996).

영국노동조합총연맹(Trades Union Congress: TUC)은 대처 정부 초기에는 단지 정부입법에 대한 저항이라는 소극적 전략으로 일관했다. 1980년 TUC는 노조 투표에 대한 정부자금지원을 받기를 거부함으로써 정부에 대한 저항의사를 나타냈다. 1982년에는 고용법(Employment Bill)에 대한 거부운동을 벌였으나 이는 일부 노조만 참가했으며 TUC는 산하노조에 대해 법률불복종 행동을 승인하기를 거부했다. 노조들은 정부에 대한 저항원칙에는 일치하지만 저항방법, 이유, 수단을 둘러싸고 내부분열을 일으켰다. TUC는 불법행동에 따른 엄청난 벌금이 재정에 큰 부담으로 작용함에 따라 점차 불법적 행동에 대한 지지를 거부하는 쪽으로 입장을 정리했다.

1983년 보수당이 총선에서 다시 승리한 후 TUC는 입장을 재점검했다. 그 결과 정부에 대한 정면저항을 완화해 정부와의 협력을 모색하는 대신 현장노조를 보호한다는 전략을 세웠다. 그러나 이러한 노조의 신현실주의를 보수당 정부는 받아들이지 않았다.

TUC는 매우 어려운 처지에 빠졌다. 조직률이 하락하고, 파업빈도가 감소했으며 파업결과는 실패로 끝나기 일쑤였다. 대중동원력이 저하되고, 정치적 영향력이 감소되었으며, 대중의 반노조감정도 상승되었다.

이러한 가운데 TUC의 미온적 태도를 비판하는 전투주의자들의 목소리가 점점 높아졌다. 이 같은 흐름은 특히 전국탄광노조(National Union of Mineworkers) 위원장 아서 스카길(Arthur Scargill)에 의해 대표되었다.

보수당 정부에 대한 전투주의자들의 저항은 마침내 1984년 탄광노조의 장기간 파업이라는 형태로 전면전 양상을 나타내게 된다(임무송, 1997; Kahn, 1992). 영국의 탄광은 1940~1950년대에 걸쳐 대부분 국유화되어 있었다. 그러나 1970년대 이후 탄광업에서 적자가 지속되고 생산비가 증가함에 따라 탄광업의 구조조정이 불가피하게 되었다. 특히 1979년 이후 보수당 정부는 차츰 탄광업에서 손을 떼고자 하는 의도를 분명히 했다. 정부는 탄광업에 대해 엄격한 이윤목표를 세우고 이에 미달하는 광구, 사업소에 대해서는 재조직, 폐쇄 등을 단행하고자 했다. 이 과정에서 광부들의 대량해고는 불가피하다고 정부는 주장했다.

1980년대 들어 영국탄광노조는 그 세력과 효과 면에서 점차 약화되고 있었다(Kahn, 1992). 탄광노조는 산업구조 조정(폐쇄, 재조직, 임금)의 속도, 성격, 조건에 영향을 못 미치고 있었으며 정리해고, 근로조건의 악화, 작업통제의 붕괴, 그리고 노조 내부의 심각한 분열 등을 겪고 있었다.

1980년대 초 탄광노조 위원장 스카길은 탄광업 구조조정에 저항하기 위한 전국적 파업의 성사를 위해 노력했다. 탄광폐쇄가 가속화하고 있는데 저항하기 위해 노동조합은 전면 투쟁해야 한다고 스카길은 주장했다. 그는 TUC나 노동당이 지나치게 타협적이며, 대처리즘에 저항하기에는 너무 계급의식이 불충분하다고 비판하면서 탄광노조의 파업으로 대처 정부를 무너뜨릴 수 있을 것으로 확신했다. 스카길의 이러한 믿음 뒤에는 1970년대의 탄광노조의 파업 성공으로 히드 보수당 정부를 무너뜨렸다는 경험이 크게 작용했다.

1984년 3월 정부가 20개 광구의 폐쇄를 제시하고 이로부터 약 2만 명의 인원감축 효과가 발생하자 탄광노조(NUM)는 전면파업에 돌입했다. 그러나 사태는 탄광노조에 매우 불리하게 전개되었다. 정부는 이미 1980년대 초부터 탄광노조의 파업에 대비한 준비를 계속해 왔다. 원자력발전소 건설 등 대체에너지원의 개발, 석탄 수입량의 증대, 대규모 석탄 재고의 확보 등으로 파업에 대비하는 한편, 전국적인 경찰력 공조체제를 갖추어 파업 시 즉각 투입할 수 있도록 만반의 준비를 갖추었다. 보수당 정부의 의도는 단순한 탄광산업의 구조조정뿐만 아니라 이 기회에 강경 노동조합을 완전히 분쇄하고자 하는 데 있었다(Kahn, 1992).

파업이 발생하자 2만 명의 경찰력이 동원되어 파업지역을 완전 봉쇄하고 파업동조자들의 출입을 원천봉쇄했다. 파업참가 광부에 대해서는 폭력을 비롯한 온갖 조치가 취해졌다. 1984년 한 해 동안에만 9천명 이상이 불법 피케팅 혐의로 체포되었는데 이후 피케팅에 참가하지 않는 조건으로만 보석을 허가했다(Coates, 1989). 파업 참가자와 경찰 양쪽에서 상당한 폭력이 행사되었고 결국 양쪽 모두 소수의 사망자가 발생하는 참극을 빚었다.

그러나 이러한 경찰과 법원의 탄압이 탄광노조 패배를 불러온 원인의 전부는 아니었다. 보다 중요한 것은 노동운동 내부의 분열과 비협조였다. TUC는 공식적으로는 탄광노조의 파업을 지지하기는 했지만 이는 매우 형식적인 것으로서 실질적인 지원은 거의 하지 않았다. TUC로서는 강경파 지도자 스카길이 부담스러웠을 뿐만 아니라 불법파업을 지원함으로써 물어야 할 막대한 벌금이 재정적 부담이 되었던 것이다. 1970년대의 탄광노조 파업 성공 시 결정적 역할을 했던 다른 산업에서의 연대파업도 이번에는 실현되지 않았다. 철강노조와 전기공 노조는 우파 지도부의 통제하에 있었으며, 이미 실업률이 높은 상황 속에서 파업참가 시 해고될 위험이 컸고, 반노조적 법률의 위협이 너무 강했기 때문이다(Coates, 1989). 보다 결정적인 것은 탄광노조 내부의 분열이었다. 영국의 탄광노조는 탄광밀집지역 중심으로 조직되어 있다. 요크셔(Yorkshire) 지방 중심의 탄광노조가 주도하는 파업에 대해 또 다른 탄광밀집지역인 노팅엄셔(Nottinghamshire) 지방의 탄광노조는 참가하지 않았다. 이들은 마침내 민주탄광노조(Union of Democratic Miners: UDM)라는 별도의 조직을 만들어 NUM으로부터 독립했다. UDM은 정부와 경영진의 탄광업 구조조정에 적극적으로 협조했다. 이들은 탄광폐쇄와 정리해고에 반대하지 않았으며 새로운 임금구조 등 인센티브제도 도입에도 적극 협력했다. 노조를 분열시키고자 하는 경영진의 의도에도 협력했다. 그 대가로 UDM은 자기 조합원들만의 임금인상과 고용보장을 획득할 수 있었다(Kahn, 1992).

1984~1985년의 총 51주간에 걸친 파업에서 NUM은 결국 패배했다. 조업계

속지역과 파업지역 간의 간격이 깊어지고 광부가족이 심각한 경제적 곤란을 겪게 됨에 따라 NUM은 더 이상 버틸 수가 없었던 것이다. 파업이 끝난 뒤 전국석탄위원회(National Coal Board)는 파업지도자에 대해 매우 엄격한 조치를 취했다. 탄광노조 지도자들은 비록 단기간이긴 하지만 감옥에 투옥되었으며 법원모독죄로 벌금을 물어야 했다. NUM의 재산은 완전히 몰수되어 정부의 통제하에 들어갔다.

NUM의 패배 이후에도 요크셔 지방에서는 수많은 소규모 비공식 파업이 계속되었지만 그 효과는 그다지 크지 않았다. 이후 영국 노조운동 내의 극단적 전투주의에 대한 신뢰는 떨어졌으며 1970년대에 나타났던 호전적 현장노조주의도 약화되었다.

이러한 전투적 조합주의와 현장노조주의의 약화 대신 나타난 것은 개별기업노조주의와 일본식 노사관계였다(Crouch, 1990) 여러 가지 형태의 유연한 작업방법이 도입되었다. 직종 간 경계의 소멸, 다기능공화, 파트타임 노동자 및 파견노동자의 증가, 업적급(merit system) 및 이윤분배제의 도입, 변형근로시간제 및 교대제의 변경 등 경영자 측에 유리한 노동관행 등이 잇달아 도입되었다.

이러한 유연한 작업방법을 뒷받침하기 위해 개별기업별 노동조합이 승인되고 기업별 단체협약이 맺어지는 등 단체교섭의 분산화가 나타났다. 단체교섭이 임금협상 등을 중심으로 기업이나 사업장 단위로 분산화되는 경향은 1980년대 말 이후 노사관계의 변화 가운데서 특히 주목해야 할 점이다.

한편 기업별 교섭에서는 기업별 노사평화협약이 많이 이루어졌으며 기업통제하의 종업원 경영참여제도를 도입하는 곳도 많아지는 등 노사협력적 교섭형태를 나타내고 있다. 하청·임시노동자의 광범한 사용에 의해 고용불안은 일층 심화되었다. 이러한 자본 측의 공세에 대해 노조 측은 뚜렷한 대안을 내놓지 못했다.

이러한 가운데 노조원수는 계속 감소해 1980년 피크시의 1330만 명(조직률

53%)으로부터 1990년에는 990만 명(조직률 32%)으로 240만 명이나 감소했으며(Gallie et al., 1996), 다시 1996년에는 720만 명(조직률 31%)으로 줄어들었다(윤진호, 1999). 노동조합의 전투성은 쇠퇴하고 파업빈도와 파업지속기간이 대폭 줄어들었다. 노동조합은 정치적 시민권을 상실했다. 정부는 노사정 3자협의체제를 철폐했고 노동조합과 정부 간의 대화통로는 단절되었다.

사회운동으로서 노동조합의 사기는 크게 저하되었으며 노조는 자신감을 상실하고 진로에 대한 혼란으로 백가쟁명식 상태에 빠지게 되었다.

3) 평가

1980년대 대처 보수당 정부의 신자유주의적 노동정책에 따라 영국의 노사관계는 집단주의로부터 개인주의적 방향으로 변화했다. 전체적으로 이들 정책은 유연노동시장을 창설하고 시장력을 강화했으며 임금이 보다 유연해지도록 만들었다. 그 결과는 분산화된 미국식 노동시장으로 전환이었다. 영국은 유럽연합(EU)의 표준인 규제되고 제도화된 구조적 노동시장으로부터 이탈했다.

1980년대 보수당 정부의 노동억압적인 정책과 자본의 유연화 정책에 대해 영국 노동운동이 제대로 대응하지 못했던 데는 여러 가지 이유가 존재한다. 먼저 그간 영국의 노조운동이 노사 간 자율주의적 전통 속에서 전개되어 왔기 때문에 노조운동의 집단적 권리가 법적으로 제도화되어 있지 않았던 것이 노조운동의 쇠락을 가져온 주요인으로 작용했다(김영순, 1998). 따라서 1980년 이후 정부와 자본이 기존의 관행을 깨었을 때 이에 대한 노조의 대응은 무력할 수밖에 없었다.

또 영국 노조운동은 비록 단일노총인 TUC로 단결되어 있기는 했지만 전국적인 통일성은 약했다. 독일 등 산별노조가 발달한 나라들과는 달리 영국에서는 숙련 노동자를 중심으로 한 직업별 노조가 노조구조의 중심을 이루고 있었으며 한 기업 내에서도 여러 개의 직업별 노조가 존재해 각각 별도의 단체협약을 체결하는 경우가 많았다. 또 탄광업에서 보듯이 지역별 조직의 대립 역시 탄광파업의 실패에 결정적 요소로 작용했다. 이러한 노조운동의 분산성으로 인해 1980년대의 정부와 자본의 공세에 노동조합이 힘 있게 대처하지 못했다.

보수당 정부의 신자유주의적 노동정책과 사용자들의 생산조직 개편에 대한 영국 노동조합의 대응전략 잘못을 지적하는 견해도 있다. Hyman은 1980년대 초 영국의 노동조합들이 전투적 노조주의에 지나치게 의존함으로써 패배를 한 다음 효율적인 대응전략을 내놓지 못한 것이 노조조직률을 떨어뜨린 요인으로 작용했다고 비판하면서 노동조합이 적극적으로 대안을 가지고 작업조직과 생산조직의 변화에 개입하는 '비판적 개입주의'로 대처했더라면 훨씬 더 나은 결과를 가져왔을 것이라고 평가하고 있다.

물론 탄광노조 파업이 실패한 원인을 전적으로 노조의 전략실패 때문으로 돌릴 수는 없다. 오히려 대처 정부의 치밀한 대노조탄압전략과 사용자에 의한 노조분열공작이 파업실패의 직접적 원인으로 지목받고 있다. 그러나 당시 탄광노조 위원장 스카길이 노조의 전투적 전략에 과신을 가지고 있었으며 이것이 파업실패 및 그 후의 탄광노조의 장기적 침체의 한 원인으로 작용했다는 사실 역시 부인하기 힘들다(Kahn, 1992).

최근 영국의 노동조합운동은 그간의 부진을 떨쳐 버리고 새로 도약하기 위해 다양한 처방을 내놓고 있는데 이는 '새출발(Relaunch)' 운동과 '새노조(New Unionism)' 운동으로 요약된다. TUC가 1993년부터 시작한 새출발 운동은 내부적으로 노조조직을 현대화해 보다 효율적인 조직, 노조원들에 대한 서비스를 높이는 조직을 만들면서 외부적으로는 정부, 사용자 등과 이른바 '사회적 파트너십'을 구축함으로써 노동의 권리강화, 완전고용 보장, 근로조건의 질적 수준의 향상 등 노동조합의 목표를 실현시키려는 전략이다(Heery, 1998).

한편 1996년부터 시작된 새노조 운동은 노조조직률의 향상을 위한 조직화 사업으로서 조직화 아카데미의 개설, 조직화 사업에 대한 인력과 자금의 추가

투입 등 다양한 노력을 기울이고 있다(Heery, 1998).

결국 TUC는 1980년대 초의 전투적 전략과 그 후 10년간에 걸친 침체기 끝에 이른바 신현실주의의 시대로 들어서고 있는 것이다.

4. 미국

1) 레이건 행정부의 신자유주의적 노동정책

미국에서는 1930년대 뉴딜정책 이래 정부개입을 통한 완전고용수준의 유지와 사회보장정책이 케인스적 복지국가정책의 기본으로 되어 왔다. 자본과 노동 간에는 암묵적인 형태의 '노사합의'가 맺어졌는데, 그 내용은 노동자보호입법을 통해 노동조합과 단체교섭을 법적으로 승인하고, 완전고용과 복지정책을 시행하는 한편, 임금상승과 생산성 향상을 연계시킴으로써 노동자들의 물질적 복지 증진을 꾀하는 등 국가와 자본이 노동 측에 대해 일정한 양보를 하는 대가로 노동조합도 실리적 노동조합주의(business unionism)를 채택, 노동조합은 조합원의 임금과 복지 등 물질적 이익의 실현에만 전념하고 경영에 관한 전략적 의사결정이나 정부의 정책 등에는 일절 개입하지 않는다는 내용이었다(윤진호, 1992).

그러나 1970년대 스태그플레이션의 발생 이후 케인스주의, 복지국가주의에 대한 환상은 깨졌으며 노사 간의 암묵적 합의 역시 깨졌다. 이는 신보수주의 반혁명을 위한 토대를 제공했다(Marshall, 1995). 스태그플레이션 경험 이후 많은 주류 경제학자들은 노동시장에서의 경직성, 불완전성이 지나친 고임금 비용과 제한적 노동관행, 그리고 낮은 생산성을 가져왔다고 결론지었다. 자본시장의 경직성과 지나친 정부규제 역시 투자 및 위험부담을 억제하며, 정부지출의 확대와 높은 조세율은 민간부문의 경제활동에 대한 인센티브를 제약하는 것으로 인식되었다.

그 결과 뉴딜정책 이래 지켜져 오던 '노사합의'는 붕괴되었다. 그 대신 나타난 것이 바로 1980년대의 신우익 프로젝트였다. 미국에서 신보수주의는 레이건 대통령이 제창한 '레이거노믹스(Reaganomics)'라는 형태로 나타났다. 미국의 신보수주의적 노동정책은 다음과 같은 구성요소를 가진다(Marshall, 1990).

첫째, 긴축정책과 이를 통한 완전고용정책의 포기이다. 1970년대 말의 높은 인플레와 경기침체 등에 대한 심각한 위기의식을 가지고 출발한 레이건 정권은 '경제재건계획'에 의해 경제위기로부터의 탈출을 기도했다. 레이건 행정부 초기에는 여러 가지 신우익원칙이 반영되었는데 특히 조세감면을 통한 근로의욕과 투자의욕의 진작이라는 공급경제학적 정책, 인플레 억제를 위한 금융긴축과 재정지출 축소, 공무원에 대한 임금억제정책 등이 그 주요한 내용이었다(Toulouse, 1995). 금리인상, 통화량 억제, 환율인상 등 금융긴축에 따라 성장률이 저하하고, 실업률이 급증해 9.7%에 달했으며 이는 필연적으로 노조와의 충돌을 가져올 수밖에 없었다.

둘째, 전후합의의 붕괴와 노동조합에 대한 규제정책이다. 제2차 세계대전 후의 공화당 정권은 뉴딜을 통해 형성되었던 노사관계에 대해 적어도 대결적인 자세를 취하지 않았으나 레이건 정권으로 되자 뉴딜형 노사관계 및 노동조합에 현저히 대결적 자세를 취했다. 레이건 정권은 전국노사관계위원회(NLRB), 노동성 등의 노동관계 기관들의 요직에 반노조적 색채가 짙은 인물을 임명함으로써 노동조합에 적대적인 자세를 분명히 했다(萩原進, 1994). 1980년대 들어 사용자에 의한 부당노동행위가 급증했으나 NLRB는 이를 방관하는 태도를 취함으로써 이러한 행위를 부추겼다. 이는 1930년대에 형성된 뉴딜형 노사관계에 의한 노사합의를 실질적으로 붕괴시키는 것이었다. 1960~1970년대에 걸쳐 인플레 대책으로서 채택되어 왔던 소득정책의 실시과정에서 노동조합의 협력과 참여를 얻으려는 노력이 이루어져 왔으나 1981년부터 이러한 코포라티즘적 태도는 레이건 정권의 손에 의해 종언을 고했다. 이러한 가운데 마침내 레이건 정권의 노동정책을 상징하는 사건이 발생했다. 즉, 항공관제사조합(Professional Air Traffic Controllers Organization: PATCO)의 파업과 대량해고 사건이었다(Weil, 1994; Pollack, 1995). 파업이 금지되어 있는 연방공무원인 PATCO는 임금인상, 노동시간 단축 등을 요구하며 1981년 8월 일제히 파업에 돌입했다. 이로 인해 항공수송에 일대 혼란이 일어나면서 파업에 대한 여론이 악화되었다. 레이건 정권은 직장복귀명령에 응하지 않는 파업 참가자 전원을 해고했는데 그 수는 1만 2천 명에 이르렀다. 연방노동위원회는 PATCO의 교섭권, 대표권을 박탈함으로써 조합은 사실상 소멸했다. PATCO의 쟁의에 대한 레이건 정권의 대응은 공무원 임금억제나 위법파업에 대한 엄정한 처분의 영역을 넘어 노동조합 파괴(union busting)의 영역에까지 도달한 것으로 평가된다(萩原進, 1989). 이는 종래의 미국 노동정책의 큰 전환이라고 할 수 있다.

셋째, 복지지출의 삭감과 실업정책의 전환이다. 사실 미국에서 직접적인 고용보호의 제공은 정부의 역할이 아니다. 이른바 인사권, 경영권의 행사는 경영자의 고유한 권리로 인정되며 그러한 경영권의 행사 결과 노동에 미치는 영향은 단체교섭을 통해 당사자 간에 해결해야 한다는 것이 원칙이다. 공장폐쇄나 정리해고에 대해 노동자를 보호하는 데도 소극적이다. 고용주는 아무런 제약 없이 자유로이 공장폐쇄를 할 수 있으며 임의해고가 가능하다(Block, 1992). 그러나 실업률이 심각해짐에 따라 레이건 정부는 그때까지의 소극적 정책에서 벗어나 고용 및 실업대책에 적극적으로 대처하기 시작했는데 그 기본방침은 시장을 중시하는 것이었다. 즉, 규제완화와 벤처기업 활성화 등 첨단기술 서비스 부문 성장을 통해 민간부문의 경쟁력을 높임으로써 고용을 창출한다는 것이다. 또, 실업자에 대해서도 정부가 직접 생계유지를 위한 보조금을 지급하기보다는 직업훈련과 취업알선지원을 통해 그들의 취업가능성을 높임으로써 자기부양능력을 키우는 데 초점을 두었다. 이른바 '일을 통한 복지(work-fare)'가 그것이다. 이에 따라 청소년과 장기 실업자에 대한 직업훈련의 강화, 실업급여에 대한 과세, 사회보장수혜자들의 근로의무화, 저소득 근로가구 보조 등의 정책이 취해졌다. 물론 자기부양능력이 없는 극빈층에 대해서는 실업급여 수급기간의 연장 등을 통해 최소한의 소득을 보장해 주지만 이는 어디까지나 일시적이고 보조적인 정책에 그치며 기본적으로는 수혜자들의 노동공급을 유도함으로써 실업장기화를 방지하고 자기부양능력을 증진한다는 것이 기본정책으로 되어 있다(조준모, 1997; 윤정열, 1997).

레이건 정권은 신자유주의적 원칙에 기초해 노동조합에 대한 대결적 자세를 분명히 했다. 그러나 영국의 대처 정부와 달리 레이건 정부는 뉴딜형 노사관계를 대신할 새로운 노사관계 프로그램은 가지고 있지 못한 상태였다. 그 결과 레이건 정부는 케인스형 복지국가체제를 근본적으로 개혁하기 위한 제도적 개혁에는 거의 착수하지 않았다. 그러한 가운데 고용 및 작업장 규칙에 관한 개혁은 주로 기업수준에서 진행되었다(萩原進, 1989).

그러한 기업수준의 개혁은 격렬한 국제경쟁에 직면해 매출액과 이익이 급감하고 있던 자동차 산업에서 주도되었다. 1980년대의 전 세계적 경제불안은 특히 미국의 자동차 산업에 극심한 타격을 주었다. 불황으로 인한 내수 감소에 겹쳐서 수입자동차, 특히 일본차의 미국시장 침투로 인해 이윤이 급격하게 줄어들었다. 그러나 보다 심각한 것은 그동안 세계 자동차 산업을 지배해 왔던 미국 자동차 산업의 경쟁력 상실과 이에 따른 시장 상실이었다. 그리고 이러한 경쟁력 상실 문제의 근원에는 미국 자동차 산업이 일본의 보다 효율적인 자원이용과 생산조직을 따라가지 못하고 있다는 현실이 존재하고 있었다. 이에 따라 미국 자동차 산업은 경쟁력 회복을 위해 종래의 포드주의적·테일러주의적 생산방식에 대한 대안적 생산방식을 찾기 시작했다.

문제는 품질과 생산의 유연성에 있으며 이를 위해서는 일본식 생산방식(이른바 '린' 생산방식)을 도입할 수밖에 없다는 인식이 확산되었다. 이렇게 함으로써 품질향상과 낭비제거, 생산의 유연성을 도입할 수 있고 이를 통해 소비자의 수요변화에 신속하게 대응할 수 있다는 것이다.

이에 따라 1982년부터 1987년 사이에 미국 자동차 산업의 빅 쓰리(GM, 포드, 크라이슬러)는 생산, 경영, 마케팅 등 각종 측면에서의 구조개혁에 착수했는데 그 공통점은 일본식 생산방식의 도입이었다. 하드웨어적 측면에서는 정보기반기술(NC기계)의 도입을 통해 유연생산이 시도되었고 조립라인의 재조직, 통합을 통해 혼류생산이 도입되었다. 생산관리 면에서는 JIT(Just-In-Time) 시스템의 도입을 통한 재고낭비 제거와 부품기업의 관리, QC(Quality Circle) 서클과 제안제도를 통한 품질개선 등이 시도되었다. 한편 단체교섭구조의 변화도 시도되어 선임권 완화, 직무구분 축소, 다기능화, 팀제도, 제안제도 등이 도입되었다. 이러한 제도를 통해 기업은 노동자의 지식과 시간을 더욱 잘 이용할 수 있으며 노동력 유연성의 확보와 노동비용의 절감을 달성할 수 있다는 것이다. 기업은 이러한 제도의 순조로운 도입을 위해 당근전략과 채찍전략을 사용했는데, 즉 한편으로는 공장폐쇄와 해고위협을 통해 양보교섭을 끌어내면서 다른 한편으로는 팀워크, 노사공동위원회를 통한 노동자 참여, 고통분담 이데올로기, 노동자에 대한 훈련 등을 통해 노동자의 기업 이데올로기에 대한 통합을 시도했다.

2) 노동조합의 대응

미국의 노사관계의 골격을 이루는 체제는 1930년대 대공황 당시 뉴딜정책의 일환으로 취해진 각종 노동보호입법(특히 그중에서도 1935년 제정된 전국노사관계법, 일명 와그너법이 중요함)으로부터 비롯되는데 이를 흔히 뉴딜형 노사관계체제라 부른다(윤진호, 1992). 이 뉴딜형 노사관계는 기본적으로 자본과 노동의 상호타협에 바탕을 둔 것이다. 즉, 전국노사관계법의 입법과 이를 실행하는 노동법원격인 전국노사관계위원회의 설립에 따라 노동조합과 단체교섭이 법적으로 승인받게 되었다. 작업장 수준에서의 직무통제 역시 고용주의 자의적 통제를 제약하는 방향으로 변화했는데 고도로 공식화된 단체협약의 체결, 단체협약의 이행을 보장하기 위한 준사법적 고충처리절차의 도입, 선임자

우선권 규칙(seneority rule)의 도입에 의한 직무배분, 승진, 해고, 재고용 등에 대한 노동조합의 통제 등이 그것이다. 이를 직무통제 노동조합주의(job-control unionism)라고 부른다. 또, 임금과 물가를 연동시켜 노동자들에게 고임금과 각종 부가급여를 보장해 주었다.

그러나 노동에 대한 이러한 자본의 양보 대신 노동조합도 중요한 양보를 하게 되는데, 즉 노동조합은 경영에 관한 전략적 의사결정(기업전략, 투자전략, 인사관리전략, 기술전략 등)을 경영자의 고유한 권리로 인정해 이에 간섭하지 않고 오로지 임금, 노동시간, 고용조건 등만을 단체교섭의 대상으로 삼는다는, 이른바 실리적 조합주의를 채택했다는 것이다(윤진호, 1992). 또, 노동조합은 자본주의 시장경제체제를 적극적으로 옹호하며 유럽의 경우와는 달리 노동자계급의 정당을 만들거나 진보정당과 직접적인 연관관계를 맺는 것을 피하고 정부의 정책에도 직접 참여하지 않은 채 오로지 의회, 행정부에 대한 로비활동을 통해 정치에 영향을 주는 데만 주력한다는 것이다.

이러한 자본과 노동의 타협에 기초한 뉴딜형 노사관계는 제2차 세계대전 후 1970년대 중반까지 비교적 순조롭게 지속되어 왔다. 물론 뉴딜형 노사관계를 자본과 노동 간의 협조형 노사관계로 볼 수는 없다. 오히려 뉴딜형 노사관계체제에서는 분배국면에서의 임금과 부가급여수준을 둘러싼 갈등, 그리고 생산국면에서는 직무통제의 범위와 강도를 둘러싼 갈등이 끊임없이 발생해 왔으며 그러한 의미에서 오히려 대립적 노사관계라고 할 수 있다.

그러나 1970년대 중반부터 시작된 국제경쟁의 격화를 배경으로 하여 1980년대 들어 미국에서는 노사관계의 전환기가 시작되는데 종래의 적대적 성격에서 협조형으로 전환된다. 사용자 측은 고용의 보장, 종업원의 경영참가 프로그램의 도입, 기업 내 훈련의 확충 등 협조적 노사관계 증진을 위한 프로그램들을 도입하게 되며 노조 측에서도 임금인상의 억제, 부가급여 인하의 수용, 파업의 억제, 기업 합리화에의 협력 등 종전과는 다른 모습을 보이게 된다.

그러나 이러한 노사관계의 전환에는 많은 진통이 따랐다. 이러한 구조전환을 둘러싼 노동조합의 대응양상이 가장 잘 드러나는 곳이 자동차 산업이다. 아래에서는 자동차 산업에서의 노동조합의 대응양상을 살펴보기로 하자.

자동차 산업에서의 일본식 생산관리와 노무관리방식의 도입은 노동조합에게는 중대한 도전으로 작용했다. 직무순환, QC, 배치전환 등은 노동강도를 강화시키는 요인으로 작용한다. 직무구분의 철폐와 다기능화는 생산비효율의 끊임없는 제거를 목표로 한 것으로서 노동자들에게 끊임없는 압력을 넣는 요인으로 작용한다. 팀제도의 도입으로 노동자 간 경쟁이 격화되어 작업속도가 빨라지고 산업재해가 증대했다. 그러나 이러한 작업구조의 재편이 과연 생산성 향상과 고용안정의 보장을 가져다주었는지는 불확실하다. 고용안정은 기본적으로 기업제품에 대한 시장수요에 의존하는 것으로서 수요가 줄어들면 생산성 개선과 상관없이 일자리는 줄어들 수밖에 없기 때문이다. 설혹 생산성이 높아지고 이윤이 증대되더라도 기업은 늘어난 이윤을 다른 지역의 공장이나 노동대체적 기술에 투자함으로써 일자리를 위협하기도 했다.

노사관계에 있어서도 기업은 노조와 직접 싸우기보다는 노조지도자를 회유하는 전략을 사용했다. 이사회나 노사공동위원회에 노조간부를 앉히고, 팀제도에 의해 현장 의사결정에 노조 현장위원을 참여시킴으로써 노조의 전투성의 근간이 되는 현장노조지도자를 통합시켰다. 이에 따라 노조원은 회사에 대한 협력자와 반대자로 분열되고 노조지도부도 분열되어 지도력이 손상을 입었다. 노조의 각 지역지부 간에도 일자리를 잃지 않기 위해 서로 양보교섭 경쟁을 벌임으로써['톱질하기(whipsawing)'라고 부름] 노조원 전체의 이익을 수호하는 노조의 능력은 크게 손상을 받았다.

이러한 미국 자동차 산업에 있어 경영진의 공세에 대한 미국자동차노조(United Automobile Workers: UAW)의 대응방식은 크게 두 가지 견해로 나뉘어지는데 참여협력주의와 전투적 노조주의가 그것이다(Katz, 1988).

참여협력주의는 경영진의 공장구조 개혁 노력에 노조가 적극적으로 협조해야 한다는 견해이다. 이는 UAW의 GM 담당 부회장을 지냈던 D. 에필린(D.

Ephlin) 등에 의해 주장되었던 견해이다. 이에 따르면 노조의 전투적 대응(조직 강화, 정치적 동원, 외국노동자와의 연대 등)은 UAW의 일자리 방어에 도움이 되지 않는다고 한다. 이러한 노조의 전투적 대응으로 회사가 경쟁력 개선에 실패할 경우 결국 일자리를 잃게 되는 결과만 가져올 것이다. 따라서 장기적으로 노사협조와 고용안정협약을 통해 경영진으로 하여금 노조를 생산비를 증가시키는 요소로서보다는 가치 있는 자원으로 여기도록 만드는 것이 올바른 전략이라는 것이다.

반면 전투적 조합주의는 UAW 내의 급진파[이들은 '새 방향 운동(New Directions Movement)'이라고 불림]들에 의해 주장되던 것으로서 경영진의 공세에 적극적으로 저항해야 한다는 입장이다. 이들은 임금양보, 작업규칙 변화 수용 등이 결코 일자리를 보장해 주지 못할 것이라고 주장한다. 공장단위로 일자리를 유지하려는 노력은 회사로 하여금 지부노조 간의 경쟁의 부추김으로써 근로조건의 악화를 가져올 뿐이다. 이윤분배제, 팀제도, 노사공동위원회 등은 기업별 노조를 강화시켜 기업의 이윤증대라는 목표에 노동자들의 이익을 영원히 종속시킬 뿐이다. 따라서 이들은 임금 및 작업규칙에 관한 양보교섭에 저항할 것과 노동자의 조직화를 강조하며, 정치적 동원을 강조한다. 또, 이들은 작업장 전략에 관한 UAW의 독자적 전략수립을 요구했다(Perusek, 1995).

UAW 본부는 이러한 두 입장 사이에서 절충형 전략을 택했다(Perusek, 1995). UAW 본부를 지배하고 있는 관료주의적 지도층들은 경영진이 주장하는 작업조직의 개혁이 근로조건의 악화 및 노조독립성의 약화를 가져온다는 점을 인식하고, 파업의 중요성을 계속 강조한다는 점에서는 첫 번째 주장과 견해를 달리했다. 그러면서도 이들은 전투적 전략이 여론의 비난만 가져올 뿐이라고 주장하면서 임금인상 억제, 보다 유연한 작업조직의 수용을 대가로 일자리와 소득을 보장받는다는 전략을 채택했다. UAW의 지도층들은 미국 자동차 산업의 경쟁력 향상과 일자리 유지, 그리고 노동조합의 유지를 위한 유일한 수단은 양보뿐이라고 노조원들에게 홍보했다. 이들이 취했던 대응방식을 살펴보면 다음과 같다.

첫째, 양보교섭전략이다. 전통적으로 미국의 노동조합은 임금 및 부가급여 인상을 주 임무로 해왔다. 그러나 1980년대 들어 노동조합의 요구가 고용보장 우선으로 변화했다. 미국노동조합은 경기후퇴기에 임금상승을 자숙하는 적은 있었으나 실질임금의 저하를 수용하는 것은 적어도 1970년대 말까지는 없었다. 1980년대 들어 이러한 자세에 커다란 변화가 생겼다. 1981~1983년 주요 조합이 실질임금의 저하를 수용하고 부가급여의 삭감을 인정하는 등 이른바 양보교섭을 했는데 '빵과 버터의 노조(bread and butter unionism)'라 불릴 정도로 전통적으로 임금과 부가급여의 개선에 집중해 온 미국노동조합이 기업방위와 고용보장을 위해 임금, 부가급여의 증액을 포기한 것은 매우 이례적인 것이었다.

예컨대 UAW와 3대 자동차 회사(빅 쓰리) 간의 양보교섭을 살펴보기로 하자. 1980년 UAW와 경영위기에 빠진 크라이슬러는 협약에서 기본임금률 3% 인상의 연기, 개인유급휴일수의 삭감 등에 합의했다. 1981년에는 크라이슬러 합리화 조치가 정부로부터 승인을 받음에 따라 노사 간 신협약이 채결되었는데 여기서는 임금인상의 포기, 보너스의 포기, 기업연금의 물가연동 포기, 개인유급휴일 전폐, 휴게시간 단축 등의 내용이 포함되었다. UAW는 GM 및 포드와도 비슷한 협정을 맺었으며 이는 부품기업 등 자동차 산업 전체로 파급되었다. 뿐만 아니라 트럭운수업, 고무, 알미늄 등 제 산업에서도 임금동결과 임금인하 등을 내용으로 하는 양보교섭이 이루어졌다. UAW는 또 빅 쓰리와의 교섭에서 이윤분배제, 1회지불제 등을 받아들였고 지부노조 수준에서도 직무분류 축소, 이중임금제, 선임권제의 축소 등을 수용했다.

그 결과 UAW의 오랫동안의 교섭전략이던 유형교섭(패턴교섭)이 붕괴되고 각 회사마다 서로 다른 교섭과 협약이 체결되는 상황이 벌어졌다. 이에 따라 미국 노동자들의 실질임금은 크게 저하되었다.

둘째, 공장수준에서의 작업장 혁신에 대한 노동조합의 협력이다. 자동차 산업의 환경변화에 대응해 노사는 다양한 실험을 개시했는데 이들 실험의 특징은 생산성을 향상시키기 위한 생산관리의 발본적 개선에 노사 쌍방이 협력적으로 나선다는 것이었다. 앞에서 보았듯이 미국의 단체교섭제도는 노사의 이해관계가 적대관계라는 것을 전제로 성립한다. 이해대립의 초점의 하나는 공장 혹은 직장 레벨에서 나타나는 작업규제를 둘러싼 갈등이다.

미국 노조의 또 하나의 특징은 직무통제 노동조합주의이다. 즉, 투자 및 기타 경영권은 경영자의 전권으로 인정하는 대신 작업규칙(과업배분, 초과근로, 작업방법 등)에 대한 상세한 규제를 노동조합의 중요한 전략목표로 하는 운동노선으로서 이는 미국 노조의 생명선이라 할 정도로 중요한 의의를 가진다. 이는 한편으로는 엄격한 직무분류, 선임권 원칙 등을 통해 노조원(특히 근속연수가 긴 핵심노동자)의 고용과 임금을 보장하는 역할을 하지만 다른 한편으로는 기술혁신의 곤란, 근로의욕의 저하, 과잉인력문제 등을 가져와 생산성을 저해한다는 비판을 받아 왔다.

1980년대 들어 경영 측은 생산성 향상을 위한 노력을 경주하기 시작했다. 이를 위해 생산성 관리의 강화와 도입, 직업훈련, 종업원 참가의 촉진, 임금제도의 개선, 생산성 교섭, 기술혁신 투자 등 다양한 수단을 동원했다. 이에 대해 UAW 등 지도적 전국조합은 경영 측의 생산성 향상운동에 협력자세로 전환했다. 노동조합은 작업규칙의 완화 내지 철폐에 동의했는데 이는 직무통제 조합주의로부터의 이탈을 의미한다(萩原進, 1989).

3) 평가

1980년 초 이래 미국의 노동조합은 조직률의 하락, 조합원의 임금 및 근로조건의 악화, 정치적 영향력의 감소 등에 시달려 왔다. 기업들의 광범한 다운사이징에 따른 대규모 실업, 임시직 노동자의 급속한 확산, 실질임금의 지속적 저하, 소득 불균형의 심화, 노동시간의 증가, 노동강도의 심화 등이 나타났음에도 불구하고 노동조합은 정부의 신자유주의적 노동정책과 사용자의 구조조정 및 대량감원으로부터 근로계층을 제대로 보호하지 못했다.

이와 같이 노동조합의 조직률이 떨어지고 그 영향력이 감소한 데는 산업구조와 고용구조의 변화(제조업 → 서비스업), 정부의 비우호적인 노동정책, 사용자들의 반노조전략 등 여러 가지 요인이 기본적으로 작용하고 있는 것이 사실이지만(이병훈, 1998), 노동조합의 전략적 선택의 오류도 한 요인으로 작용했음을 지적하지 않을 수 없다.

실리적 노동조합주의에 근거한 미국노동조합의 전략은 조직 자체를 파괴시킬 위험이 있었다. 경영진의 전략적 의사결정이나 정부의 정책에는 관여하지 않고 오직 임금과 근로조건 등 조합원의 경제적 실리 확보에만 초점을 둔 실리적 조합주의는 미국 경제가 성장하고 있을 때는 양호하게 작동했지만 1980년대 들어 불황이 닥치자 그 약점을 드러냈다. 다운사이징이나 공장폐쇄, 인원감축 등 경영진의 전략적 의사결정에 대해 노동조합은 아무런 영향력을 행사할 수 없었다.

이러한 가운데 노동조합은 양보교섭과 노사관계 재정립에 관한 경영진의 비전을 받아들임으로써 스스로의 지위를 약화시키게 되었다. 양보와 협력에도 불구하고 임금과 부가급여의 개선은 일어나지 않았으며 이에 따라 노조원의 노조에 대한 지지가 감소했다. 단체교섭의 분산화로 노조원 간 분열과 상호경쟁이 나타나게 되어 집단적 행동이 곤란해졌다.

UAW를 비롯한 주요 노조의 지도층은 전투성에 토대를 둔 노조원의 행동요구를 계속 무시했다. 이들은 노조원의 동원 대신 중앙에서 결정된 의사결정을 일방적으로 하부에 지시하는 하향식(top-down) 방식을 고집했다. 이는 한편으로는 경영진의 해결책을 일반노조원에게 노조지도부가 대신 설득하는 전략이었다. 그 결과 노동조합은 내부분열을 일으키고 세력은 현저히 약화되었다.

앞으로도 미국노동조합의 전망은 그다지 밝지 못하다. 노조원수와 정치적 영향력은 점차 줄어들고 있고 이를 역전시킬 만한 비전이나 행동은 찾아보기 힘들었던 것이 사실이다. 그러나 최근 들어 미국노동조합운동에도 커다란 변화의 바람이 불고 있다.

그러한 변화의 바람이 불게 된 계기는 1995년 AFL-CIO 위원장에 새로 당선된 스위니(Sweeney) 위원장의 새로운 정책이다. AFL-CIO 사상 처음으로 집행부 경선을 통해 당선된 스위니 위원장은 기존의 실리적 조합주의에서 탈피해 사회운동적 노동운동을 지향하겠다고 선언했다(이병훈, 1998). 구체적으로는 ▲조직화 사업을 위해 조직예산의 대폭 확충, 조직국의 신설, 노조조직가의 신규훈련 등을 실시하고 있으며, ▲소득 불평등과 근로계층의 실질소득 감소에 대응하기 위해 '미국소득증대(American Needs a Raise)' 정책을 수립해 소득구조의 개선을 적극 추진하고 있으며, ▲기업 차원의 노사협력적 활동을 비판하고 단체교섭을 통한 임금 및 근로조건의 향상을 위해 비타협적 입장을 취하고 있고, ▲산하노조의 파업이나 투쟁에도 적극 개입해 이를 지원하고 있다(이병훈, 1998).

뿐만 아니라 팀스터 노조의 민주화나 UAW 내 '새 방향 운동'의 경우에서 보듯이 관료적이고 비민주적이던 산별노조들에서도 민주화의 바람이 부는 곳이 많아졌다(윤진호, 1992). 한편 UPS(United Parcel Service)의 파업승리에서 보는 바와 같이 평조합원을 중심으로 한 비타협적·전투적 집단행동이 나타나면서 일부에서 승리를 거두는 곳도 생겼다. 아직 이러한 움직임들의 성공 여부는 더 지켜봐야 할 것이지만 그동안 실리적 조합주의에 안주해 오던 미국노동조합에 변화의 바람이 불고 있는 것은 충분히 주목할 가치가 있는 일이라 하겠다.

5. 결론

1980년대에 영국과 미국을 중심으로 전개되었던 신자유주의적 노동정책은 노동자와 노동조합에 많은 어려움을 안겨 주었다. 고용불안과 실질임금의 삭감, 그리고 근로조건의 악화 등 노동자계급의 어려움이 가중되었을 뿐만 아니라 노동조합으로서도 조직률의 급감, 사회적 발언권의 저하 등 커다란 타격을 받았다.

이러한 신자유주의적 노동정책에 대해 노동조합은 올바른 대응을 제대로 하지 못했다. 제2차 세계대전 후 이루어진 포드주의적 노사타협체제에 토대를 두고 있던 노동조합으로서는 그러한 타협체제를 근본적으로 뒤흔드는 자본과 국가의 공격에 대해 확고하고 일관된 대응방침을 정하지 못한 채 노선혼란을 거듭했다.

학자들은 이 시기 선진국 노동조합의 대응유형을 전투적 노선, 실리적 노선, 비판적 개입주의 등으로 분류하고 있다. 이 글에서는 전투적 노선의 대표적 예로서 영국의 탄광노조의 예를, 그리고 실리적 노선의 대표적 예로서 미국의 자동차노동조합의 경험을 살펴보았다.[1)]

이러한 노동조합의 모델 중 어느 모델이 가장 바람직한 것인가는 쉽게 말할 수 없다. 각 모델마다 장단점을 모두 가지고 있기 때문이다. 예컨대 전투적 조합주의는 노동자의 계급성과 노동조합의 독립성을 유지할 수 있는 가장 적합한 전략이지만 동시에 이는 노동운동의 객관적·주관적 상황을 올바로 고려하지 않을 경우 무모한 모험주의로 흘러 노동운동을 후퇴시킬 위험이 있다. 영국의 노동운동이 1980년대에 걸쳐 쇠퇴를 겪었던 근본적 원인은 보수당 정부와 자본에 의한 신자유주의적 정책에 기인한 것이지만 탄광노조의 극단적 전투주의도 그 한 요인이 되었음은 이미 지적한 바와 같다.

반면 실리적 조합주의는 양보 및 교섭을 통해 임금 등을 희생하면서 고용보장을 확보하고자 노력하지만 기업의 전략적 의사결정이나 정부의 정책결정에 노동조합이 관여할 수 있는 아무런 제도적·법률적 통로가 보장되어 있지 않은

---

1) 비판적 개입주의 노선의 대표적 예라고 할 수 있는 독일노동조합의 경험에 대해서는 윤진호(1999) 참조.

상황에서 실제로는 임금도 고용보장도 이루어지지 못한 것이 사실이다. 미국의 자동차노동조합이 추진했던 양보교섭과 참여 프로그램이 결국 별다른 성과를 거두지 못한 채 고용불안과 임금저하, 그리고 조직률의 하락을 겪었던 경험이 이를 증명한다.

이러한 양극단의 노동조합정책의 실패 경험을 보면서 자연스럽게 제3의 길로서 비판적 개입주의에 대한 관심이 높아지는 것은 당연한 일이다. 실제로 비판적 개입주의를 택했던 독일의 노동조합이 최근까지 비교적 양호한 노동시장 성과와 조직의 보존을 이룰 수 있었던 점도 비판적 개입주의를 지지하는 논거가 되고 있다. 그러나 이것 역시 현명하게 사용되면 자본주의의 공황 국면에서 노동자와 노동조합을 보호하면서 그 영향력을 확대시킬 수 있는 최선의 현실적 전략이 될 수 있지만 자칫하면 노동자들의 근본적 이해를 방기하고 노사협조주의로 흐를 위험을 가지고 있다.

더욱이 노동조합의 전략선택은 진공상태에서 이루어지는 것이 아니라 그가 처하고 있는 객관적·주관적 상황에서 제한된 선택지를 대상으로 이루어지는 것이므로 설혹 어느 한 전략이 이론적으로는 최선의 것이라 할지라도 현실적으로는 노동조합이 그것을 선택하는 것이 불가능하거나 바람직하지 못한 경우도 발생한다. 따라서 그러한 노동운동이 처한 객관적·주관적 조건에 대한 충분한 고려 없이 노동운동 전략의 잘잘못을 평가하는 것은 잘못된 일일 것이다. 환경과 주체간의 복잡한 상호관계를 고려하지 못한 채 노동운동 주체의 전략선택의 잘잘못을 평가하려고 하는 이른바 주의주의(主意主義, volruntarism)적 태도는 올바른 것이라 할 수 없다. 노사관계의 환경과 노사관계 주체(노사정)의 구조 및 전략의 차이에 따라 노동조합이 취할 수 있는 최선의 전략은 달라질 수 있는 것이다.

우리는 선진국의 노동운동의 전략선택에 대해 이해하고 평가함에 있어서도 그러한 전략선택이 있기까지의 역사적 맥락과 노동운동의 객관적·주관적 조건을 면밀하게 검토함으로써 비로소 올바른 시사점을 끌어낼 수 있을 것이다.

그러한 조건 가운데서 우선 노동운동을 둘러싼 객관적 조건, 즉 경제상황, 법률 및 제도, 정부정책의 성격, 여론의 향방, 사용자의 태도 등에 대한 검토가 필요하다.

예컨대 1980년대까지 비교적 건실한 성장을 계속했던 독일에서는 노사협력에 의한 정책·경영 참여가 가능했지만 1980년대 초 최악의 경제위기를 맞고 있던 미국과 영국에서는 포드주의적 노사타협이 더 이상 지속될 수 없었다.

또, 독일에서도 1982년 사민당 정권이 물러나고 신보수주의 정권(기민당·기사당)이 집권하긴 했지만 독일에서는 영국이나 미국에서처럼 기존 정책의 근본적인 변화는 없었으며 그동안의 시장에 대한 정치적 규제를 부분적으로만 시장력으로 대체했을 뿐이다(윤진호, 1999). 오히려 독일의 경우 경제, 사회, 노사관계정책 등에서 상당한 연속성이 두드러진다. 이에 비해 미국과 영국에서는 1980년대 초 집권한 신자유주의 정권이 노동에 대한 체계적이고 직접적인 공격을 가했다.

무엇보다도 중요한 것은 법률 및 제도의 차이점이다. 독일의 경우 공동결정제, 종업원평의회제, 각종 정부정책의 노사 공동참여 시행 등 노동자의 경영참여, 정책참여를 제도적으로 보장하고 있고 단체교섭 면에서도 노동조합의 독점적 지위 보장, 산별 단체교섭제도, 단체교섭의 효력확장 등이 보장되는 등 노동조합의 안정적 지위가 유지될 수 있도록 각종 제도와 법률이 갖추어져 있다. 또 강력한 해고제한법과 임시노동자의 사용을 규제하는 각종 법률, 완벽한 사회보장제도 등으로 인해 노동자의 생활 역시 안정적이다. 이와 같은 '계급투쟁의 제도화'를 토대로 노동조합의 비판적 개입주의 전략이 효력을 발휘할 수 있는 것이다. 이에 비해 영국과 미국에서는 대체로 노동조합의 안정적 지위를 보장해 주는 법률 및 제도가 미비되어 있거나 미약하며 해고에 대한 규제나 임시노동자 사용에 대한 규제 등이 약하고 미국의 경우 사회보장제가 미비되어 있어 노동자의 생활 역시 안정적이지 못하다. 이와 같은 법률과 제도의 차이가 노동운동의 전략선택의 차이를 낳는 요소가 되고 있다.

한편 노조조직률, 노동운동의 통일성, 정치적 발언권 등 노동운동의 주관적 조건 역시 중요한 고려사항이다. 1980년대 초 미국노동조합의 조직률은 23%로 선진국 가운데서는 낮은 편이었다. 더욱이 1980년대에 걸쳐 노조조직률은 급락하여 1990년대 들어서는 15% 이하로 떨어졌다. 영국 역시 1980년대 초에는 53%로 매우 높은 조직률을 나타냈으나 이후 급락해 1996년에는 31%까지 떨어졌다. 반면 독일에서는 약 40% 선에서 매우 안정적인 조직률을 유지하고 있다.

한편 노동운동의 통일성 면에서도 차이가 난다. 미국의 경우 비록 AFL-CIO로 노동운동조직이 통일되어 있기는 하나 단체교섭은 분산적 단체교섭 위주로 이루어지고 있어 노동운동의 통일성이 약하다. 또 UAW의 경우에서 보듯이 노동운동노선을 둘러싼 내부논쟁 역시 1980년대 내내 계속되었다. 영국에서도 직업별 노동조합으로 노동운동이 분산되어 있으며 탄광노조의 경우 지역별 내부분열이 심했다. 반면 독일노동조합은 강력한 단일 산별체제 아래 중앙집중적 산별 교섭이 이루어짐으로써 노동운동의 통일성을 꾀할 수 있었다.

이상에서 살펴본 대로 노동운동을 둘러싼 각종 객관적·주관적 여건을 고려하면서 이루어지는 노동운동의 전략선택은 매우 현실적이고 혼합적인 것이 될 수밖에 없다. 불황기에 있어 객관적 여건이 노조에 불리하게 작용하고 있고 노동조합이 동원할 수 있는 전략적 자원마저도 매우 제한되어 있는 상황에서 현실의 노조는 한편으로는 노조원 내부의 결속을 다지고 신규조합원을 조직하는 등 갈등적·전투적 전략을 취하면서 다른 한편으로는 법률, 제도, 정책을 자신에게 유리하게 바꾸고자 노력하며 이를 위해 정부, 자본, 시민단체 등과의 사회적 파트너십을 강화하고자 노력한다. 이처럼 현실의 노조는 노동운동이 처한 객관적·주관적 여건을 충분히 고려해 매우 현실적이고 혼합적인 전략을 구사하는 것이 현명한 선택이 되는 것이다.

그러나 이러한 혼합적 전략의 현실적 중요성에도 불구하고 그것이 원칙에 근거한 전략이냐 아니면 편의주의적인 전략이냐의 구분은 매우 중요하다. 노동조합의 독립성과 민주성은 그 어느 경우에도 포기할 수 없는 원칙이며 이를 위해서는 노동조합의 전투성이 뒷받침되어야 한다는 것은 말할 나위도 없다. 여기서 노동조합의 전투성이란 노사관계가 기본적으로 갈등적이라는 인식을 갖는다는 의미에서의 이데올로기적 측면, 그리고 노동조합의 정책을 실현하기 위한 수단으로서 조합원의 대중적 동원능력이 중요하다는 의미에서의 방법적 측면, 그 양 측면에서 정의된다. 결국 불황기에 있어 노동조합은 '전투성에 바탕을 두되 노동조합의 지지기반을 넓히기 위한 다양한 혼합전략을 유연하게 구사할 수 있는 전략'을 추구해야 할 것이다.

참고문헌

김영순. 1996.『복지국가의 위기와 재편』. 서울대학교 출판부.

윤정열. 1997.『1970년대 미국의 구조적 실업증가와 노동정책』. 한국노동연구원.

윤진호. 1992.「미국노동운동의 위기와 새로운 변화」. ≪경제와 사회≫, 여름.

윤진호. 1998.「캐나다의 노사관계와 그 시사점」.『캐나다연구』, 제9집. 연세대학교 동서문제연구원 캐나다 연구센터.

윤진호. 1999.「신자유주의적 노동정책과 노동조합의 대응: 영국, 미국, 독일」. 한국사회경제학회 노동분과 발표논문.

이병훈. 1998.「미국」. 이병훈 외.『구조조정과 노동조합의 대응: 주요국 사례』. 한국노동연구원.

이병훈 외. 1998.『구조조정과 노동조합의 대응: 주요국 사례』. 한국노동연구원.

임무송. 1997.『영국의 노동정책 변천사』. 한국노동연구원.

임무송. 1998.「80년대 이후 영국의 신자유주의 구조개혁과 노사관계」. 최영기·이장원 편저.『구조조정기의 국가와 노동』. 나무와 숲.

조준모. 1997.『미국의 고용조정: 경험과 시사점』. 한국노동연구원.

최영기·이장원 편저. 1998.『구조조정기의 국가와 노동』. 나무와 숲.

萩原進. 1989.「轉換期の勞使關係とレ-ガン政權」. 川上忠雄·增田壽男 編.『新保守主義の經濟社會政策』. 法政大學出版局.

Ackers, P., C. Smith and P. Smith. 1996. *The New Workplace and Trade Unionism: Critical Perspectives on Work and Organization*. Routledge.

Arestis, P. and M. Marshall.(eds.) 1995. *The Political Economy of Full Employment: Conservatism, Corporatism and Institutional Change*. Edward Elgar.

Bacon, N. and J. Storey. 1993. "Individualization of the Employment Relationship and the Implications for Trade Unions." *Employee Relations*, Vol.15.

Beaumont, P. B. 1991. "Trade Unions and the HRM." *Industrial Relations Journal*, Vol.22, No.4.

Block, R. 1992. "The Legal and Institutional Framework for Employment Security in the United States: An Overview." in K. Koshiro.(ed.) *Employment Security and Labor Market Flexibility: An International Perspective*. Wayne State University.

Coates, D. 1989. *The Crisis of Labour: Industrial Relations & the State in Contemporary Britain*. Philip Allan.

Crouch, C. 1990. "United Kingdom: The Rejection of Compromise." in G. Baglioni and C. Crouch.(eds.) *European Industrial Relations*. SAGE.

Gallie, D., M. Rose, and R. Penn. 1996. "The British Debate on Trade Unionism: Crisis and Continuity." in D. Gallie et al.(eds.) *Trade Unionism in Recession*. Oxford University Press.

Golden, M. and J. Pontusson.(eds.) 1992. *Bargaining for Change: Union Politics in North America and Europe*. Cornell University Press.

Guest, D. 1995. "Human Resource Management, Trade Unions and Industrial Relations." in J. Storey.(ed.) *Human Resource Management: A Critical Text*. Routledge.

Heery, E. 1998. "The Relaunch of the Trades Union Congress." *British Journal of Industrial Relations*, Vol.36, No.3, September.

Hyman, R. 1994. "Changing Trade Union Identities and Strategies." in R. Hyman and A. Ferner.(eds.) *New Frontiers in European Industrial Relations*. Blackwell.

Kahn, P. 1992. "Union Politics and the Restructuring of the British Coal Industry." in M. Golden and J. Pontusson.(eds.) *Bargaining for Change: Union Politics in North America and Europe*. Cornell University Press.

Katz, H. 1988. "Policy Debates over Work Reorganization in North American Unions." in R. Hyman and W. Streeck.(eds.) *New Technology and Industrial Realtions*. Basil Blackwell.

Kelly, J. 1996. "Union Militancy and Social Partnership." in P. Ackers et al.(eds.) *The New Workplace and Trade Unionism: Critical Perspectives on Work and Organization*. Routledge.

MacInnes, J. 1987. *Thatcherism at Work: Industrial Relations and Economic Change*. Open University Press.

Marshall, M. 1995. "Restructuring, Flexibility and the New Rights in the US: the Political Economy of Plutocracy." in P. Arestis and M. Marshall.(eds.) *The Political Economy of Full Employment: Conservatism, Corporatism and Institutional Change*. Edward Elgar.

Martinez-Lucio, M. and S. Weston. 1992. "Human Resource Management and Trade Union Responses: Bringing the Politics of the Workplace Back into Debate." in P. Blyton and P. Turnbull.(eds.) *Reassessing Human Resource Management*. Routledge.

Olney, S. L. 1996. *Unions in a Changing World: Problems and Prospects in Selected Industriallized Countries*. ILO.

Perusek, G. 1995. "Leadership and Opposition in the United Automobile Workers." in G. Perusek and K. Worcester. *Trade Union Politics: American Unions and Economic Change, 1960s-1990s*. Humanities Press.

Perusek, G. and K. Worcester. 1995. *Trade Union Politics: American Unions and Economic Change, 1960s-1990s*. Humanities Press.

Pollack, A. 1995. "The Airline Industry and Airline Unionism in the 1970s and 1980s." in G. Perusek and K. Worcester. *Trade Union Politics: American Unions and Economic Change, 1960s-1990s*. Humanities Press.

Skuse, F. 1995. "Thatcherism and Unemployment in the UK." in P. Arestis and M. Marshall.(eds.) *The Political Economy of Full Employment: Conservatism, Corporatism and Institutional Change*. Edward Elgar.

Toulouse, C. 1995. "Political Economy after Reagan." in G. Perusek and K. Worcester. *Trade Union Politics: American Unions and Economic Change, 1960s-1990s*. Humanities Press.
Weil, D. 1994. *Turning the Tide: Strategic Planning for Labor Unions*. Lexington Books.

제2장

미국 노동운동의 위기와 새로운 변화

1. 머리말

최근 미국의 노동운동은 일대 위기에 처해 있다. 무엇보다도 우선 노조조직률이 급격하게 감소하고 있다. 중요한 파업은 거의 노조의 패배로 끝나는 경우가 많으며 단체교섭과정에서 노동조합 측의 잇다른 양보가 이루어지고 있다. 그 결과 임금, 부가급여, 직업안정성 등 여러 가지 측면에서 노동자계급의 상태가 악화되고 있다. 한마디로 말해서 '미국 노동운동의 위기'(Kochan, Katz, and McKersie, 1986: 3)라고 할 만한 상황에 처해 있는 것이다.

한편 이러한 노동운동의 위기에 대응해 노동자의 경영참가나 종업원지주제, 작업장에서의 새로운 노사협조 형태의 도입 등 이른바 '새로운 노사관계'(Kochan, Katz, and McKersie, 1986: 3)를 모색하는 움직임도 점점 활발해지고 있다. 이는 노동조합에 의한 단체교섭을 중심으로 하던 종전의 미국의 노사관계의 성격을 근본적으로 변화시키는 것으로서 커다란 주목거리가 되고 있다.

세계 최대의 자본주의국이자 유럽의 사회노동조합주의와는 대비되는 실리적 노동조합주의(business unionism)의 대표격이었던 미국의 노동조합운동의 이러한 변화는 단지 미국 자체의 문제로만 그치는 것이 아니라 다른 많은 나라의 노동운동 및 노사관계에도 커다란 영향을 미칠 수 있는 것으로서 우리에게 관심의 대상이 되지 않을 수 없다.

이 글에서는 이러한 미국 노동운동의 위기를 가져온 원인은 무엇인가, 또 이를 극복하기 위한 새로운 움직임은 어떻게 이루어지고 있는가를 살펴봄으로써 한국의 노동운동을 돌아보는 한 계기로 삼고자 한다.

2. 노동협약의 성립과 그 성격

미국의 노사관계의 골격을 이루는 체제는 1930년대 대공황 당시 뉴딜정책의 일환으로 취해진 각종 노동보호입법[특히 그중에서도 1935년 제정된 전국노사관계법(National Labor Relations Act), 일명 와그너법(Wagner Act)이 중요함]으로부터 비롯된다. 이를 흔히 '뉴딜형 노사관계체제(New Deal industrial relations system)'라고 부른다(Kochan, Katz, and McKersie, 1986: 21).

사실 1930년대 이전까지만 해도 미국의 노사관계는 자본 측에 일방적으로 유리한 상태였고 법체계 또한 노동자에게 매우 불리했다.

미국의 산업화는 이미 1810~1840년대부터 시작되어 1850~1860년대가 되자 본격적으로 공장제가 성립되고 이에 따라 농촌여성, 아동 및 유럽으로부터의 대규모 이민이 공장에 투입되었다.

그러나 이처럼 노동자계급이 대규모로 형성되어 갔음에도 불구하고 노동조합의 조직률은 낮았다. 그 원인으로는 미국이 전반적인 노동부족상태에 있었기 때문에 유럽 노동자나 미국 농민의 소득보다 미국 노동자의 소득이 높았던 점, 고용주에 의한 노조탄압이 계속되었던 점, 정부의 직간접적인 노조규제, 그리고 미국 노동자의 높은 이동성 등이 지적될 수 있다(Wheeler, 1987: 58).

1900년경부터 미국 경제의 독점화가 크게 진전되고 이에 따라 노동자들이 대공장에 집중되고, 조직화되기 시작하자 고용주들은 이에 대응해 이른바 테일러주의(Taylorism, 과학적 관리기법)를 도입했다. 뿐만 아니라 고용주들은 노조조직을 마음대로 조종했고 법적 장치도 노조에 매우 불리했기 때문에 노동운동은 매우 미약한 상태였다.

1930년대의 대공황은 미국의 노동운동을 결정적으로 전환시키는 계기가 되었다. 대공황으로 인해 실업이 급증하고 임금이 하락하고 노동조건이 악화되자 노동자계급 사이에서는 자본주의체제 전반에 대한 불신이 높아졌다. 이러한 노동자계급의 빈궁화, 노동자계급의 불만고조, 노자 간 갈등악화 등이 자본주의체제 자체에 대한 위협으로 작용하는 것을 방지하고 동시에 유효수요를 촉진함으로써 불황에 빠진 미국 경제를 구하려는 뉴딜정책의 일환으로 일련의 노동자보호법이 도입되었다. 특히 1935년 통과된 전국노동관계법은 노동조합의 결성을 종전보다 훨씬 쉽게 만들었을 뿐만 아니라 임금, 노동시간, 근로조건을 결정하는 주된 방법으로서 단체교섭제도를 승인함으로써 이제 노동조합과 단체교섭제도는 법적 안정성을 획득하게 되었다.

한편 이와 더불어 노조조직화도 급속히 진전되었는데 특히 대규모 대량생산산업에서 노조조직화가 이루어졌다.

이러한 대규모 대량생산산업에서의 조직화를 주도했던 것은 새로이 조직된 산업별 조합회의(Congress of Industrial Organizations: CIO)였다. CIO는 종래의 직업별 조합에 토대를 둔 미국노동총동맹(American Federation of Labor: AFL)과는 달리 산업별 조합에 토대를 둔 전국조직으로서 1935년 6개 산업노조로 출발했지만 곧 대규모 독점기업의 조직화에 성공하여 철강, 자동차, 고무, 석탄 등 주요 제조업에서 노조가 확고하게 정착되도록 만들었다. AFL과 CIO의 분열은 노동운동을 약화시키는 요인이 되었지만 이후 양측은 오랜 협상을 통해 1955년 AFL-CIO로 통합하게 된다.

1940년대와 1950년대를 통해 미국의 노동조합은 계속 성장해 갔다. 이러한 미국 노동운동의 순조로운 성장을 가능케 했던 뉴딜형 노사관계는 기본적으로 자본과 노동의 상호타협에 기반을 둔 것이었다. Edwards et al.(1986)은 이를 '노동협약(labor accord)'이라고 부르고 있는데 노동협약은 노사관계에 있어 '경기규칙'에 해당하는 것으로서 고용주와 노동자 사이에 일어나는 각종 교섭, 갈등 등이 모두 이 규칙 내에서 이루어진다는 것이다(Edwards and Podgursky, 1986: 19).

이러한 노동협약하에 자본은 노동운동에 몇 가지를 양보했다. 즉, 전국노사관계법(NLRA)의 입법과 이를 실행하는 노동법원격인 전국노사관계위원회(NLRB)의 설립에 따라 노동조합과 단체교섭이 법적으로 승인받게 되었다. 이제 고용주는 일단 노조가 설립되고 나면 이를 인정하고 선의를 가지고 협상해야만 한다는 법적 의무를 지게 되었다.

작업장 수준에서의 직무통제 역시 고용주의 자의적인 통제를 제약하는 방향으로 변화했다. 즉, 고용주와 노조는 고도로 공식화된 단체협약을 맺게 되며 이에 의해 개별 노동자의 권리와 의무가 명확해지고 작업속도, 노동자 처벌 및 기타 작업규칙에 대한 명확한 문서상의 규정이 도입되어 감독자나 고용주의 자의적 권력행사를 막아 준다(Edwards and Podgursky, 1986: 26). 계약기간 동안 발생하는 노자 간의 분쟁을 해결하기 위해 준사법적인 불만처리절차(grievance procedure)가 도입된다. 또, 이른바 선임자우선권 규칙(seniority rule)이 도입되어 직무의 배분, 승진, 해고, 재채용 등을 고용주 자의대로 못하고 노동조합이 일정한 통제를 할 수 있도록 해준다.[1)]

한편 임금과 생산성을 연계해 인상시키는 원칙이 확립됨에 따라 전후 고도성장 과정에서 높은 생산성 향상의 과실을 노동자가 분배받을 수 있게 되었고 이에 따라 노조화된 부분의 노동자는 상대적인 고임금과 여러 가지 부가급부

---

1) 따라서 실리적 노동조합주의는 작업장 수준에서는 이른바 '직무통제 노동조합주의(job-control unionism)'로 나타나게 된다. Kochan et al.(1986: 28~29) 참조.

를 누릴 수 있게 되었다.

정치적인 수준에서도 노동조합은 주로 민주당을 통한 로비활동을 이용해 여러 가지 노동, 사회입법을 달성함으로써 노동력 재생산을 보장받게 되었다.

그러나 이러한 자본의 노동에 대한 양보는 아무 대가 없이 주어진 것은 아니었다. 노동협약에서 노조 역시 자본에 매우 중요한 양보를 하게 된다.

즉, 노조는 자신의 합법성을 인정받는 대신, 그 반대급부로서 철저한 실리적 노동조합주의를 채택했다. 노동조합은 경영에 관한 전략적 의사결정(기업전략, 투자전략, 인사관리전략, 기술전략 등에 관한 의사결정)을 경영자의 고유한 권리로 인정, 이에 간섭하지 않고 오직 임금, 노동시간, 고용조건 등만으로 단체교섭의 대상을 한정했다.

노조의 단체교섭방식 역시 연방노동법에 의해 고도로 제한되었다. 단체협약 내에는 통상 파업금지조항이 포함되는 것이 보통이었고 이에 따라 노조는 하급노조나 일반노조원이 상급노조의 지시를 무시하고 불법파업(wild-cat strike)을 벌일 경우 이를 적극적으로 저지해야 할 의무를 지게 되었다.

실리적 노동조합주의는 정치적 측면에서도 나타난다. 미국의 노동조합은 자본주의 시장경제체제를 적극적으로 옹호했으며, 이 체제의 근본적 변혁을 시도하는 사회주의 노동운동을 조직 내에서 축출했다. 미국의 노동조합은 유럽의 경우와는 달리 스스로 노동자계급의 정당을 만들거나 또는 진보적 정당과 직접적인 연관관계를 맺는 것을 회피하고 주로 의회, 행정부에 로비활동을 하는 수단을 통해 정치에 영향을 주려고 노력했다.

이와 같은 전후 미국의 노동협약은 기본적으로 포드주의적 축적체제에 그 기반을 둔 것이었다. 포드주의란 좁은 의미에서는 반자동 조립라인(컨베이어 벨트라인)에 기초한 대량생산체제 및 그러한 기계체제에 종속된 노동자 편성체제를 의미하지만(Murray, 1987: 94) 넓은 의미에서의 사회적 포드주의는 그러한 대량생산체제와 대량소비(이는 다시 상대적 고임금에 의해 가능해짐) 간의 끊임없는 상호자극, 상호증대 체제라고 할 수 있다(磯谷明德 外, 1992: 26).

〈그림 1-2-1〉 사회적 포드주의에서의 생산과 소비

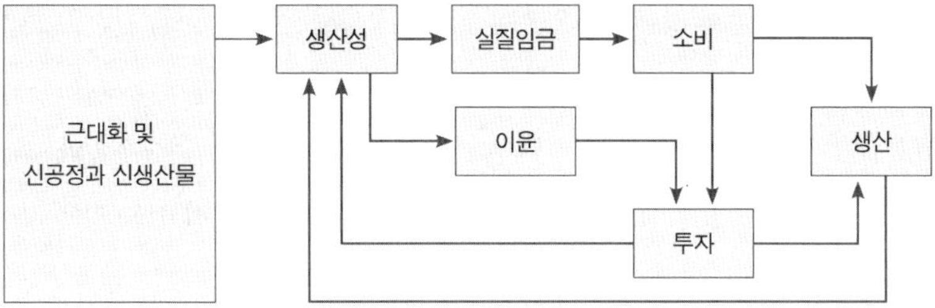

자료: Boyer(1990: 242).

이와 같은 관계는 〈그림 1- 2-1〉에 간단히 요약되어 있다.

즉, 노동조합이 노동력 편성의 전권이 자본 측에 있음을 승인하고 생산성 향상에 협력함에 따라 '포드주의적 노동편성'에 의해 생산성 상승이 가능해지고 그 대신 단체교섭에 의해 임금을 생산성 향상과 연계시킴으로써 임금상승이 이루어진다. 실질임금의 상승은 규격화된 내구재 소비수요를 불러일으켜 소비수요가 증대되는데 여기에는 사회보장 및 사회복지제도를 기초로 한 간접임금의 증대도 큰 몫을 한다. 소비수요의 증대는 생산 및 투자를 자극하고 이는 다시 신투자의 확대에 따른 기술혁신의 진행과 생산의 증대에 따른 규모의 경제라는 통로를 통해 생산성을 향상시키는 것이다. 이리하여 고생산성 →고임금 → 고소비 → 고투자 및 고생산 → 고생산성이라는 이른바 '포드주의적 호순환'의 메커니즘을 형성하는 것이다(磯谷明德 外, 1991; 遠山弘德, 1990; Boyer, 1990).

한편 포드주의를 뒷받침하는 실현과정의 배경으로 국내적으로는 미국 경제의 독과점적 구조, 그리고 대외적으로는 미국 경제의 세계시장에서의 기술적 우위라는 요인이 있었다는 점을 간과해서는 안 된다. 노조가 가장 강력하게 자리 잡은 기간제조업들은 대부분 소수의 독과점적 기업에 의해 지배되고 있는 부문이었다. 이들 독과점적 기업은 이른바 '관리가격'형 가격설정전략을 사용했다. 따라서 노조의 임금인상요구가 있을 경우 독과점 기업들은 이에 저항하기보다는 손쉽게 소비자 가격에 전가함으로써 자신의 이윤을 유지할 수 있었다. 그러므로 노조의 강력한 교섭력은 적어도 부분적으로는 이와 같은 독과점적 기업의 생산물 시장 통제력에 기인하는 것이었다(Craypo, 1990: 14~15; Beck and Watson, 1988). 한편 세계시장에서 미국의 압도적 기술우위와 높은 자본·노동비율은 경쟁 상대국에 비해 높은 생산성을 가능하게 했고 이에 따라 미국의 노동자들은 경쟁 상대국의 노동자에 비해 상대적으로 높은 임금수준을 누릴 수 있었는데 이러한 요인도 미국의 안정적 노사관계 유지에 기여한 바 컸다(Donn and Karper, 1990).

3. 노동협약의 붕괴와 그 원인

제2차 세계대전 후 제도적 승인과 합법성을 부여받고 순조로운 성장을 계속해 오던 미국의 조직노동운동은 1970년대 이후 침체기를 맞이하게 되며, 특히 1980년대 이후에 상황은 급속도로 악화되어 '미국 노동운동의 위기'로 불리는 시기에 처해 있다.

그러한 위기의 징표는 도처에서 발견할 수 있는데 그 핵심은 노조의 단체교섭력 약화현상이다. 노조는 단체교섭을 통해 실질임금의 증가와 조합원의 복지향상을 관철시키기는커녕 오히려 경영주 측에 양보를 거듭해 왔다. 그 결과 노조원들의 임금과 근로조건은 악화일로에 있다.

중앙집중적인 단체교섭전략이 점차 붕괴되고 분산적 단체교섭으로 이행함으로써 노조의 교섭력은 더욱 약화되고 있다.

1980년대에 들어와서 레이건 정부에 의해 항공관제사 파업이 분쇄된 것을 필두로 해서 컨티넨탈 항공사, 펠프스 닷지(동광업회사), 그레이하운드(장거리버스) 등 주요 파업이 대부분 실패로 끝나고 말았다.

이러한 노조의 교섭력 약화는 정치적 측면에도 영향을 미쳐 노동관계법의

〈표 1-2-1〉 미국의 노동조합원수 및 조직률 추이

연도	조합원 수(천 명)	조직률(%)
1880	200.0	2.3
1890	372.0	2.7
1900	865.5	4.8
1910	2,140.5	8.4
1920	5,047.8	16.3
1930	3,392.8	8.8
1933	2,857.0	11.5
1939	8,980	28.9
1945	14,796	35.8
1956	17,490	30.4
1966	17,940	28.1
1972	19,435	26.4
1980	20,095	23.0
1985	16,926	18.0
1989	16,960	16.4

주: 조직률이란 비농부문 고용에 대한 노동조합원수 비율을 의미함.
자료: Reynolds et al.(1991: 336).

입법 및 시행과정에 대한 노조의 영향력이 퇴조하고 있는데 예컨대 1978년에 노동법 개혁안이 의회통과에 실패한 사실이나, NLRB에서 반노조적 판결을 잇달아 내렸던 사실, 노동자에 대한 각종 복지지출이 동결 내지 삭감되고 최저임금수준이 무려 10년간이나 동결되었던 사실 등은 이를 여실히 드러낸다.

그러나 노동운동의 퇴조를 드러내는 가장 뚜렷한 징표는 역시 노조조직률의 저하현상이다. 〈표 1-2-1〉에서 보는 바와 같이 미국의 노조조직률은 1950년대 중반을 피크로 점차 떨어지기 시작했다. 1980년대에 들어와 상황은 급변해 조직률 하락추세가 급속해짐으로써 1989년에는 16.4%까지 떨어졌다. 1980년대 말의 조직률은 1930년대 말 이후 가장 낮은 수준이다. 뿐만 아니라 노조원의 절대수 자체도 1980년의 2천만 명으로부터 1989년에는 1700만 명으로 15%나 감소함으로써 1960년대 초 수준으로 되돌아갔다.

노조조직률의 감소는 산업, 직종을 막론하고 전반적인 추세로 나타나고 있지만, 특히 새로이 성장하는 산업에서 조직률이 매우 낮은 반면, 정체·쇠퇴산업에서 조직률은 비교적 높다는 점이 눈에 띈다. 이는 미국의 전반적인 조직률 하락이 앞으로도 계속될 것임을 예고하는 것이다.

그렇다면 이와 같은 노조세력의 위기를 가져온 원인은 무엇일까?

이에 대해서는 노사관계를 둘러싼 객관적 경제구조(산업구조, 노동력 구조, 국제경쟁, 지역구조 등)의 변화를 강조하는 구조변화설과 노사관계 당사자(노동자, 노조, 고용주, 국가)들의 행동양식 변화 및 상호관계의 변화 등 내부적 요인을 강조하는 세력관계설 등 다양한 설명이 나오고 있다.

먼저 구조변화설에 의하면 산업구조가 블루칼라 제조업(특히 중공업)으로부터 화이트칼라 서비스업으로 바뀌고 있다는 것, 노동력 구조가 남성으로부터 여성, 청소년 쪽으로 바뀌고 있다는 것,지역적으로도 전통적으로 조직률이 높은 동북부 및 중북부 지역으로부터 전통적으로 조직률이 낮은 남부 쪽으로 산업이 이동하고 있다는 것 등의 요인으로 인해 노조조직률이 낮아지고 있다고 설명한다(Troy, 1986, 1990).

한편 세력관계설은 계급 간의 세력균형의 붕괴, 특히 경영자에 의한 반노조 공세가 노조성장을 가로막는 주된 요인이 되어 왔다고 주장한다.

즉, 1970년대부터 노조원·비노조원 간 임금격차가 확대됨에 따라 노조가 있는 기업은 비노조기업에 비해 이윤율이 떨어지게 되었다. Freeman에 의하면 노조원 임금은 1950~1960년대에만 해도 비노조원에 비해 10~15%쯤 높았으나 1970년대에 와서 그 격차가 20~30%로 커졌다고 한다. 1970년대의 국내외 경쟁격화로 기업들이 시장임금 이상을 지불하기 곤란한 상황에서 이와 같이 노조원의 임금 프리미엄이 높아짐에 따라 경영자의 반노조활동이 강화되었고 이것이 신규 노조조직을 가로막는 요인으로 작용해 조직률 하락을 가져왔다고 그는 주장한다(Freeman and Medoff, 1984; Freeman, 1986a, 1986b, 1989; Goldfeld, 1987; Farber, 1987).

이상의 양 설은 사태의 어느 일면만을 각각 강조하고 있을 뿐만 아니라 노자관계의 변화를 가져오는 가장 기본적인 요인인 자본축적과의 관련 및 이에 대응하는 노동협약의 파괴라는 보다 근본적인 측면에서 문제를 파악하지 못하고 있다는 점에서 미흡하지 않을 수 없다. 우리는 전후 미국의 노자관계를 비교적 안정적으로 유지할 수 있게 해주었던 자본축적체제의 위기와 이에 따른 노동협약의 파괴, 그리고 이러한 자본 측의 공세에 제대로 대응할 수 없었던 실리적 노동조합주의의 한계라는 일련의 관계 속에서 미국 노동운동의 위기원인을 해명할 필요가 있다.

포디즘적 축적구조는 기본적으로 고생산성 → 고임금 → 고소비 → 고투자 → 고생산성이라는 연쇄고리에 기초한 것임을 앞에서 살펴본 바 있다. 따라서 높은 생산성의 상승과 시장의 독점적 확보가 전제되는 한 고임금 자체가 문제되는 것은 아니다. 그런데 문제는 1960년대 후반 이후부터 생산성 상승이 급격히 둔화되기 시작하고 이에 따라 고생산성 → 고임금의 연결고리가 끊어지게 되었다는 점에 있다.

〈그림 1-2-2〉에서 보는 바와 같이 미국의 노동생산성 향상률은 전후 1960년대 전반까지는 상승추세였다. 반면 실질임금 상승률은 비교적 안정적 추세였으므로 생산성 잉여(생산성 향상률과 실질임금 상승률 간의 차이)는 계속 확대되어 갔다. 그러나 1960년대 후반부터 생산성 향상률은 급격히 떨어지기 시작한 반면 임금상승률은 비교적 안정적 추세를 유지했으므로 생산성 잉여는 급격하게 축소되었다.

이것은 자본가계급에게 있어서는 이윤율의 저하를 의미한다. 〈그림 1-2-3〉에서 보듯이 1960년대 전반까지 상승추세를 보이던 이윤율은 1965년을 고비로 급격한 하락세로 돌아섰고 이에 따라 투자율도 하락 일변도로 접어들었다.

더욱이 문제는 이러한 생산성 저하, 생산성 잉여의 축소, 이윤율의 저하현상이 포드주의적 축적체제의 핵심에서 일어났다는 사실이다. 〈그림 1-2-4〉를 보면 제조업 중 노조조직률이 높은 산업과 조직률이 낮은 산업의 생산성 잉여는 1960년대 중반까지만 해도 비슷한 수준이었으나 1960년대 중반부터 그 폭이 차츰 벌어지기 시작해 1970년대에 들어서는 노조조직률이 낮은 산업의 생

〈그림 1-2-2〉 미국의 노동생산성 향상률과 실질임금상승률 추이(3년 이동평균)

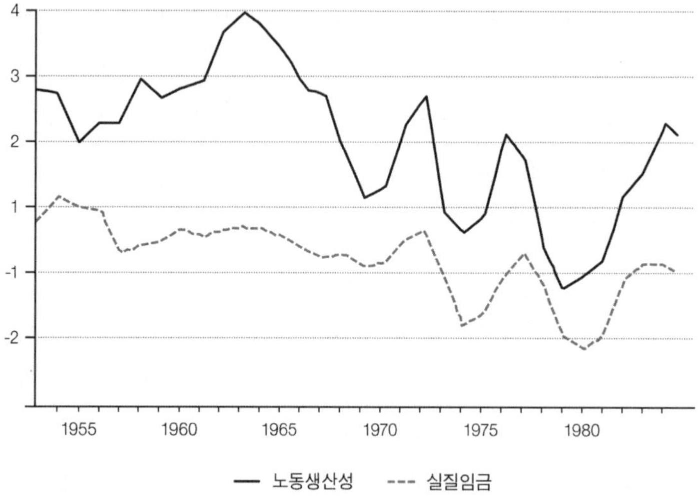

자료: McConnell et al.(1989) 참고 필자 작성.

〈그림 1-2-3〉 미국의 이윤율 및 투자율 추이

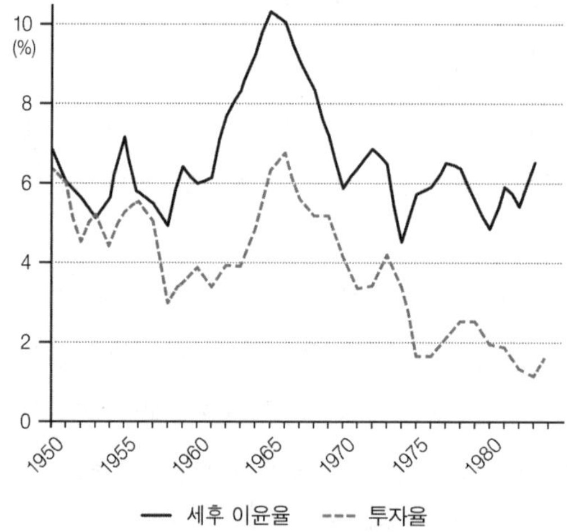

자료: Edwards(1986: 31).

〈그림 1-2-4〉 미국의 생산성 잉여 추이

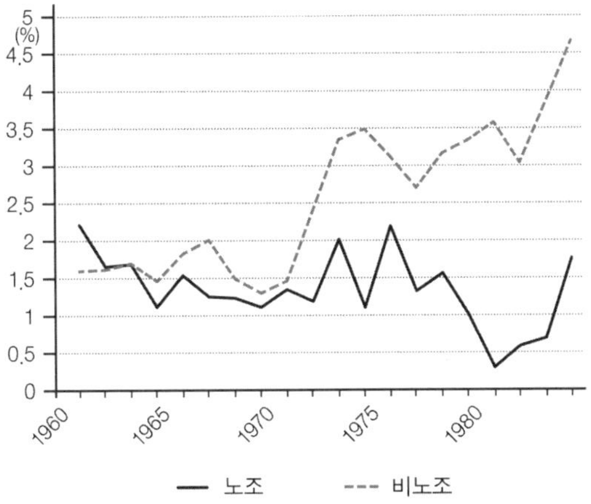

자료: Edwards(1986: 32).

산성 잉여가 조직률이 높은 산업의 그것을 훨씬 초과하게 되었다는 사실을 알 수 있다.

결국 1960년대 후반부터 고생산성→고임금의 고리가 포드주의적 축적체제의 핵심에서 파괴되기 시작한 것이다.

그렇다면 이러한 포드주의적 축적체제의 위기를 가져온 원인은 무엇일까? 이에 대해 미국의 사회적 축적구조이론에서는 해외로부터의 경쟁격화, 미국 정부의 규제완화정책, 비노조기업의 성장 등 주로 축적체제 외부로부터의 충격에 의해 자본 간 경쟁이 격화됨으로써 포드주의적 핵심기업들의 독점적 이윤이 상실되었고 이것이 자본-노동 간 세력관계의 균형을 깨뜨리는 요인으로 작용했다고 주장함으로써 시장적 요인을 강조한다(Edwards and Podgursky, 1986; Piore and Sabel, 1984; Bognanno and Montemayor, 1989).[2]

---

2) 바로 이러한 점에서 이들은 '유통주의적' 시각에 서 있다고 할 수 있으며 따라서 Elam은 이들을 신스미스주의자라고 부른다(Elam, 1990).

반면 프랑스의 레귤레이션 이론에서는 포드주의적 축적의 기본특징인 대량생산-대량소비체제 자체의 한계로부터 포드주의의 위기를 도출한다. 첫째, 작업의 세분화와 기계화라고 하는 포드주의적 노동편성의 원칙이 일정한 정도까지 진전되자 노동자의 저항이 높아지고 또한 노동의 경직성이 높아지는 데 대응해 조립공정을 이에 적합하게 조직하는 것이 점점 곤란해진다. 이것이 생산성 상승률의 둔화를 가져오게 된다. 둘째, 대량생산체제는 국내의 대량소비수요로 만족하지 못하고 국내시장을 넘어 일본, 유럽 등 해외로까지 대량생산체제를 수출하게 되고 그 결과 이들 나라에서도 대량생산체제가 성립되어 자본의 국제 간 경쟁이 치열해지고 미국 국내시장에 대한 침투가 강화된다. 셋째, 임노동관계의 보편화에 따라 종전에 임노동자 스스로 해결하던 교육, 보건, 주택 등 공공재의 소비가 증가함으로써 이를 유지하기 위한 사회적 비용이 증대하게 된다. 넷째, 생산물 차별화를 기초로 하는 과점적 경쟁의 결과로서 소비자의 기호가 다양화되는 데 대해 대량생산체제의 특징인 규격화에 기초한 생산양식은 제대로 대응하지 못한다는 것 등이다(Boyer, 1988: 200~203; Elam, 1990: 31; 磯谷明德 外, 1991: 31).

원인이 무엇이든 간에 결국 대량생산=대량소비체제의 한계와 이에 따른 축적체제의 위기는 한편으로는 자본이 축적위기를 타개하기 위한 새로운 노동력의 편성변화를 추구하는 과정에서 반노조공세를 강화시키도록 만드는 동시에 다른 한편으로는 종래 대량생산 제조업의 남성노동자에 주된 기반을 두었던 노동조합의 세력을 약화시키는 요인으로 작용함으로써 노동협약의 파괴를 보다 용이하도록 만들었다.

미국의 경영자들은 1970년대 중반부터 반노조공세를 적극적으로 강화했다. 이러한 경영자의 반노조공세는 노조조직화 캠페인 시 이를 적극적으로 저지하거나 노조가 조직된 후에도 노조세력을 가능한 한 억제하려는 합법적·비합법적인 여러 가지 형태의 수단을 총동원한다.[3] 경영자의 반노조공세가 증가했다는 증거로서 경영자의 불공정행위를 이유로 한 제소건수가 크게 증가했다는 점을 지적할 수 있다. 즉, 1960년에는 NLRB 노조대표권 투표 시 경영자가 불공정 노동행위를 했다는 이유로 제소되는 건수가 투표 1회당 평균 1.78건이던 것이 1977년에는 3.99건, 그리고 1982년에는 7.45건으로 크게 증가했다 (Farber, 1987).

그러나 이상에서 살펴본 축적과정의 위기와 이에 따른 자본의 반노조공세 강화가 곧바로 노동운동의 위기로 연결되는 것은 아니다. 축적위기와 그에 따른 자본의 반노조공세에 대응해 노동조합 측이 정치적·이데올로기적 측면에서 얼마나 효과적으로 투쟁할 수 있었는가가 계급 간 역관계를 결정하는 또 하나의 중요한 변수이기 때문이다. 그러한 측면에서 볼 때 미국의 실리적 노동조합주의가 지닌 한계를 지적하지 않을 수 없다.[4)]

첫째, 실리적 노동조합주의 아래 노동협약의 기초를 이루는 것은 고생산성이 보장될 수 있는 포드주의적 축적체제이므로 노동협약이 적용되는 부분 역시 포드주의에 기초한 대규모 대량생산산업(이른바 핵심부문 core sector)의 백인 남자 노동자에 한정되었다. 여성, 흑인 및 기타 소수인종과 청소년이 많이 종사하는 주변부문은 노동협약에서 제외되었다. 따라서 포드주의적 축적체제에 기초한 노동협약 아래 노동조합의 조직 확대는 한계를 지닐 수밖에 없었던 것이다. 핵심부문의 많은 노조지도자들은 이미 조직화된 노조원들의 기득권 유지에 주력했을 뿐 신규 노조원의 충원이나 새로운 노조의 조직화에 소극적이 되었다. 실제로 미국의 노동조합은 그 조직률이 최고에 달했을 때조차도 전체 비농부문 임금노동자의 3분의 1을 넘지 못했다. 그러므로 미국의 노동조합은 노동자계급 전체의 단결에 기초를 두지 않은 허약한 노조인 것이다.

둘째, 실리적 노동조합주의는 '생산과정을 누가 지배하느냐'라는 기본적인 문제보다는 '얼마나 더 받을 수 있느냐'라는 문제에 집착한다. 즉, 노조는 임금,

---

3) 구체적인 것은 Lawler(1987) 참조.

4) 이에 대해서는 Howe(1986); Moody(1988); Lynd(1990); Cohen(1991) 등 참조.

복지, 근로조건 등 노조원의 일상적·경제적 이익의 향상에 노력하며, '경영은 경영자의 소관사항'이지 노조가 관여할 일은 아니라는 것이 미국 노조의 일관된 입장이었다. 그 결과 투자, 노동력 감축, 배치전환, 공장이전 등 기업의 전략적·장기적 의사결정은 전적으로 경영자의 전권에 맡겨지고 노조는 다만 그러한 경영자의 전략적 의사결정의 결과로 발생하는 문제에 대해 사후적인 단체교섭에서 이의를 제기할 수 있을 뿐이었다. 이처럼 경영권이 성역화됨에 따라 1970년대 후반 이후 경영자가 노조세력을 억제하기 위해서 시도한 각종 전략—즉, 새로운 기술의 도입, 공장폐쇄, 해고, 공장이전, 하청, 임시노동력의 이용, 투자이동 등—에 대해 노조는 속수무책일 수밖에 없었다.

셋째, 노조원의 경제적 이익을 향상시키는 주 수단으로서 산업별 단체교섭이 정착됨에 따라 노조와 현장 사이의 유리, 노조지도부와 일반노조원 간의 유리현상이 벌어졌다. 산업별 단체교섭에서 노동현장의 조직이나 현장지도자는 그 중요성을 잃게 되며 단체교섭의 주 내용 역시 현장에서 일어나는 노동력 편성상의 여러 가지 문제를 반영하지 못하게 된다.[5] 이러한 노조의 성격은 노조와 일반노동자들 간의 관계를 소원하게 만드는 작용을 한다. 또, 노조의 주 임무가 경영자 및 그 전문대리인들과의 복잡한 단체교섭이 됨에 따라 노조지도부 역시 그러한 단체교섭제도, 절차, 관행에 익숙한 전문가집단으로 된다. 노조지도층은 일반노조원의 수십 배에 달하는 높은 봉급을 받으며 이에 따라 노조비도 매우 높아져 일반노동자들이 노조가입을 꺼리게 만든다. 노조지도층은 관료화되어 일반노조원과 유리되며 의사결정과정은 아래로부터 위로 올라가는 방식이 아니라 노조지도부가 결정한 사항이 아래로 전달되는 방식을 취한다. 노조지도부는 전체 노조원의 이익보다는 스스로의 이익과 안정성에 더

---

5) 바로 이러한 점에서 아직도 현장교섭과 현장조직이 살아 있고 단체교섭의 내용 역시 현장문제에 관한 투쟁[이른바 노동강도투쟁(effort bargain)]이 중요한 위치를 차지하는 영국의 경우와 좋은 대조를 이룬다. 영국의 노조가 여전히 강력한 이유는 바로 이러한 현장문제의 중요성을 강조하는 전통 때문이라고 한다(Cohen, 1991: 111~112).

관심을 갖게 된다(Taplin, 1988: 39). 그 결과 많은 노조에서 지도부의 부패, 장기집권 등 비민주적 노조운영이 나타나게 되었다.

넷째, 실리적 노동조합주의는 자본주의 시장경제질서를 받아들이고 사회변혁을 추구하지 않을 뿐만 아니라 노조의 정치적 진출도 적극 자제해 왔다. 그 결과 노조의 정치적 영향력은 점점 약화되어 왔다. 유럽의 노동조합이 사회당이나 노동당 등 진보적 정당과 긴밀한 유대관계를 가지고 입법 및 제도적 차원에서 많은 지원을 받고 있으며 이것이 유럽의 노조가 강력한 이유 중 하나라는 분석(Visser, 1988: 153)이라든지 또는 미국과 극히 유사한 경제구조를 가지고 있는 캐나다의 노동조합이 미국과는 달리 여전히 강력한 이유는 정당 및 정부의 지지를 받고 있기 때문이라는 분석(Chaison and Rose, 1991a)과 비교해 볼 때 미국 노조의 정치적 영향력 약화는 매우 중요한 요인으로 작용했다고 볼 수 있다.

4. 자본의 새로운 노동력 편성 움직임

이상에서 살펴본 바와 같이 전후 미국 노사관계의 기반이 되어 왔던 포드주의적 축적체제의 위기와 그에 따른 노동협약의 붕괴에 따라 1980년대 들어 자본은 새로운 축적체제의 모색과 이에 대응하는 새로운 노사관계의 구축을 추구하고 있다. 그러한 새로운 움직임은 여러 가지 형태로 나타나지만 그 핵심은 대량생산체제로서 포드주의의 약점을 보완하기 위한 생산과정의 유연성(flexibility)의 추구와 이에 대응하는 새로운 노사관계로서의 노동자참여제도의 도입 등이다.

1) 임금 및 생산과정의 유연화

포디즘적 생산과정이 붕괴되면서 나타나는 생산과정의 성격이 무엇이냐에 대해서는 유연적 전문화(flexible specialization), 포스트 포드주의(Post-Fordism), 신포드주의(Neo-Fordism) 등 다양한 이론이 속출하고 있다. 그러한 이론들은 소비의 다양화와 분절화에 대응해 종전의 대량생산방식이 다품종 소량생산 방식으로 바뀌고 있으며, 이에 따라 종전의 일관생산방식도 수요의 변화에 신속하게 대응할 수 있는 유연한 생산체제로 바뀌고 있다고 주장한다(Teague, 1990).

이러한 생산체제의 변화에 대응해 노동력의 편성 역시 변화하고 있다. 즉, 종래 대량생산체제에서 노동력 편성의 특징이 노동의 철저한 분업, 구상과 실행의 분리, 탈숙련화 등을 내용으로 한 것이었다면, 새로운 유연한 생산체제에서의 노동력 편성은 단일기능공으로부터 다능공으로의 변화, 구상과 실행의 부분적 통합, 숙련 노동자의 재숙련화, 만능기계의 도입 등이 특징이다(Tomaney, 1990: 30~31). 이에 따라 임금의 지불형태나 노동력의 편성, 통제방법 역시 이러한 유연한 생산방식에 맞추어 변화하고 있다.

1980년대 초 불황의 심화와 노조조직률 하락에 의한 노조의 교섭력 약화에 따라 노조는 임금상승보다는 노조원의 해고를 막는 것을 주목표로 하는 수동적 자세로 전환했고 이에 따라 단체협약에서 임금을 동결, 또는 인하시키자는 회사 측의 제안에 동의하는 이른바 '양보교섭(concession bargaining)'이 일반화되었다.

〈표 1-2-2〉에서 보는 바와 같이 노조원 가운데 양보교섭의 영향을 받는 노조원의 비율은 1980년대 들어 크게 높아져 1988년에 제조업에서 체결된 단체협약 가운데 양보교섭이 포함된 협약의 적용을 받는 노조원은 당해연도 협약을 맺은 전체 제조업 노조원의 91.4%에 달한다.

이러한 기본임금의 삭감, 동결과 더불어 종래 단체협약기간 동안의 물가상

〈표 1-2-2〉 양보교섭의 추이

(단위: %)

	1975	1980	1981	1982	1983	1984	1985	1986	1987	1988
양보교섭	6.1	4.5	25.7	50.7	52.2	79.3	84.4	76.0	86.4	91.4
임금저하 조항	0.9	0.2	2.6	44.8	40.1	14.8	67.0	67.2	20.5	19.6
COLA 감축	1.7	3.2	21.2	37.6	18.6	64.8	43.6	43.5	10.3	16.8
이중임금제	0.5	0.4	3.2	30.4	9.6	6.0	26.3	10.1	5.0	2.8
1회지불제	1.4	0.1	16.6	1.7	5.9	69.5	56.5	34.1	75.4	67.1
이윤분배제	0.0	0.7	16.7	36.5	11.5	61.4	12.1	17.1	58.0	12.2

주 1): 제조업의 노조원 중 당해연도 단체교섭계약자에 한함.
주 2): 1988년은 5월까지의 수치임.
자료: Bell(1989).

승에 따른 생계비 상승을 자동적으로 반영해 왔던 생계비 조정(cost-of-living adjustments: COLA) 조항을 축소, 폐지하는 회사도 늘어났다. 〈표 1-2-2〉에서 보듯이 신규단체교섭에서 COLA 조항을 축소, 폐지하는 비율이 1980년대 들어와 크게 늘어 60%를 넘어서기도 했다.

이러한 양보교섭의 일반화 결과로 노동자계급의 실질임금과 생활수준은 크게 악화되었다. 1991년 민간 비농부문 생산직 일반노동자의 평균주급은 255.21달러(1982년 불변가격)로서 1970년대 초에 비해 거의 20% 가까이나 떨어졌다.[6]

한편 이러한 실질임금수준의 저하와 더불어 경영자 측이 경제상황의 변화에 대응해 임금의 탄력성을 높이기 위한 수단으로서 임금지불형태를 변화시킴에 따라 노동자계급의 임금안정성도 크게 위협받게 되었다.

즉, 종래 노조가 추구해 왔던 산업 내 임금의 표준화가 가져오는 임금경직성을 극복하기 위한 수단으로서 자본 측에서는 각종 탄력적 임금형태를 도입했다. 여기에는 신규채용자에 대해 기존 노동자와는 다른 임금체계를 적용하는 이중임금제, 새로운 임금협약 시 기본임금률을 동결시키는 대신 일정한 금액의 보너스를 1회에 한해 지불하는 1회지불제, 이윤, 생산성, 기술획득 등의

6) *New York Times*, September 1, 1991.

성과와 연계해서 임금을 지불하는 성과연동제 등이 있는데 〈표 1-2-2〉에서 보는 바와 같이 1980년대 들어 이러한 탄력적 임금지불형태는 크게 확산되었다.

한편 작업장에서의 생산과정 및 노동력 편성 면에서도 유연성을 증가시키기 위한 각종 제도가 도입되고 있다.

종래 미국 노사관계의 한 측면으로서 작업장에서의 노사관계가 '직무통제 노동조합주의'였음은 앞에서 본 바와 같다. 이러한 직무통제 조합주의에서는 작업장의 일상적 운영절차가 공식적이고 상세한 문서상의 준사법적 계약에 의해 엄격하게 규정되며, 각 직무에 요구되는 사항을 상세히 규정한 직무분류체계가 계약 내에 포함된다(Block and McLennan, 1985: 351).

1980년대 들어 경영자들은 다품종 소량생산 체제에 대응한 신속한 생산조직의 변화를 추구하면서 이러한 직무통제 조합주의가 경영상의 유연성을 저해하는 요인이라고 인식하게 되었고 이에 따라 종래의 노동조합에 의한 직무통제를 희석시키기 위해 다양한 수단을 도입했다.

즉, 기업 내의 노동력을 핵심부문과 주변부문으로 양극화하고 핵심부문 노동력에 대해서는 노동과정에서의 '기능적 유연성'을 증대시키는 각종 수단을 도입하며, 주변부문 노동력에 대해서는 '양적 유연성'을 증대시키는 수단을 도입한다(Pollert, 1988: 47). 여기서 '기능적 유연성'이란 변화하는 생산상의 요구에 맞추어 노동자의 직무배치를 마음대로 조정할 수 있는 경영자의 권리를 강화하는 것을 말한다. 즉, 종래의 직무통제 조합주의에서 노동자는 자기에게 주어진 직무만 수행하던 것을 바꾸어 한 노동자가 여러 가지 기능을 담당할 수 있도록 직무분류를 축소하고, 이에 대응해 작업규칙을 경영자가 바꿀 수 있도록 만든다. 예컨대 유연한 생산체제의 대표적인 예로 볼 수 있는 GM과 토요타의 합작공장인 NUMMI(New United Motor Manufacturing Co., Inc.)의 경우 종전에 80개 이상이던 생산직 노동자의 직무분류가 단 하나의 직종으로 통합되고 경영자는 모든 노동자가 공장 내 전 직무를 배우도록 요구했다. 이와 같이 함으로써 생산에 문제가 생기거나 생산량이 변화할 경우 경영자는 손쉽게 노동자의 직무배치를 바꿀 수 있는 것이다(Brown and Reich, 1989: 28; Parker and Slaughter, 1988: 104).

한편 '양적 유연성'이란 수요변화나 기술변화 등 순환적·구조적 변동에 대응해 총노동시간 및 노동력 규모를 조정할 수 있는 경영자의 권리를 강화하는 것을 말한다. 여기에는 해고에 대한 제한의 완화, 단기계약노동자나 임시노동자 및 시간제노동자 등 임시노동력의 증대, 하청의 증대 등이 포함된다. 특히 각종 임시노동력은 1980년대 들어 급속히 증대되어 현재 전체 노동력의 25% 정도가 이러한 임시노동력인 것으로 추정되고 있다(Pollock and Bernstein, 1986; Rosenberg, 1989: 81).

이처럼 자본이 노동력 편성상의 유연성을 도입함에 따라 노동자들의 고용안정성이 저해되고 생산현장에서의 노동조합에 의한 직무통제가 희석될 뿐만 아니라 노동자계급의 단결이 저해되는 결과마저 가져온다. 즉, 대량생산산업의 핵심노동자들은 종래처럼 자본에 대항하는 노동자계급의 선진적 부분으로서 역할하는 것이 아니라 자신의 상대적으로 유리한 위치를 유지하기 위해 자본과 타협하는 경향을 보인다. 반면 주변부문의 노동자들은 이동성이 높고 기업에의 귀속의식이 미약하며 여성, 흑인, 소수민족, 미숙련 노동자, 청소년층으로 구성되어 있기 때문에 조직화가 매우 어렵다. 그 결과 노동자계급은 파편화되어 하나의 계급으로서 일체감을 잃는다는 것이다(Pollert, 1988: 50).

2) 노동자참여제도의 도입

자본이 이처럼 새로운 생산방식과 이에 따른 새로운 노동력 편성을 추구하는 과정에서 장애가 되는 것은 무엇보다도 우선 종래의 경직적인 단체협약규정과 노동조합의 반대였다. 따라서 자본 측은 1980년대 들어 노조를 회피 내지 무력화하고 단체교섭을 대신하거나, 또는 이를 보충하는 수단으로서 노동자 개인 및 비공식 작업집단의 참여와 개입을 증대시키는 여러 가지 수단을 도입했다. 이러한 수단들 가운데 가장 일반적인 것은 이른바 '노동생활의 질(Quality of Working Life: QWL)'이다(Reynolds et al., 1991: 483).

QWL은 1970년대 말~1980년대 초에 작업현장에서 노동자 참여를 강화함으로써 생산성을 높이고 노사갈등을 줄이기 위한 목적으로 몇몇 기업에서 도입된 제도이나, 이후 그 범위와 내용이 확대되어 직업장 수준을 넘어서서 기업의 전략적 의사결정을 포함한 광범한 영역에까지 적용되고 있다.

QWL은 작업장 수준에서의 노동자 개인 및 소집단의 참여와 개입을 증진시키고자 하는 여러 가지 프로그램의 도입을 주 내용으로 하고 있다. 그중에서도 가장 일반적인 것이 품질관리조(Quality Circle: QC)의 도입이다. 조사기관에 따라 약간씩 차이가 있기는 하나 Alper 등의 종합적 결론에 의하면 1980~1985년 사이에 미국 전체기업의 약 25~30%가 QC를 포함한 각종 작업장 개혁안을 도입했으며, 대기업에서는 이 비율이 훨씬 높아 종업원 1천 명 이상 기업의 50% 이상이 이러한 형태의 작업장 개혁을 실험한 적이 있다고 한다(Kochan, 1988에서 재인용).

QC는 보통 노동자들을 10명 내외의 소규모 집단으로 구성해 집중적인 훈련, 교육을 실시한 다음 매주 정기적으로 모임을 갖고 자신의 작업영역 내에서 일어나는 문제점 및 해결책을 토의하고 그 결과를 회사 측에 건의하는 제도다.

QC 외에도 노동자의 직무재편, 생산라인의 변경 등을 통해 노동자 자신, 또는 자율적 소집단에게 생산운영에 관한 보다 광범한 자율적 권한을 부여하는 제도도 부분적으로 도입되고 있으며 그 밖에 종업원주식소유제도나 노사공동결정제도 등이 부분적으로 도입되고 있다.

그렇다면 이러한 QC를 비롯한 QWL 프로그램이 과연 얼마만한 성과를 올렸으며 이것이 미국의 새로운 노사관계를 형성하는 역할을 맡을 수 있을 것인가? 여기에 대해서는 단적으로 말해 부정적인 평가가 대부분이다.

진정한 노동자 참여와 협조적 관계가 이루어지기 위해서는 노사 간 기업 내 권력의 공유가 필수적이다. 그러나 1980년대에 도입된 노동자참여제도는 대부분 노조회피전략으로서 도입되었을 뿐이다. 경영자 측은 참여계획의 범위를 교묘히 통제해 그 확대를 막음으로써 생산과정에 대한 노동자 통제력을 높여 준다는 약속은 공수표로 끝나는 경우가 많다(Wells, 1987).

오히려 QC의 도입은 소집단 간의 경쟁을 유발시키기 때문에 소집단 내의 동료 간의 상호감시와 상호경쟁을 촉진시켜 노동자의 노동강도를 높이고 심리적인 압박감을 줌으로써 정신적인 피로를 높인다(Baloff and Doherty, 1989; Fantasia et al., 1988).

강력한 노조가 없는 기업에서 QC제도를 도입할 경우 이는 경영자에게 생산과정에 대한 통제력을 강화시켜 주는 또 하나의 관료조직으로 전락해 버린다. 결국 이렇게 볼 때 강력한 노동조합이 없고 광범한 토대를 가진 노동자 정당이나 노동자 사회운동조직이 없으며 노동조합이 수미일관한 세계관을 가지고 있지 못한 상황에서의 이러한 시도들은 진정한 경제민주주의나 산업민주주의로의 진전을 이룩하는 데 아무런 기여도 하지 못했다고 평가되는 것이다(Milton, 1986: 337).

5. 미국 노동운동의 장래

1930년대 뉴딜정책의 일환으로 이루어진 자본과 노동 간의 노동협약 아래 전후 미국의 노사관계는 비교적 안정적인 발전을 해왔다. 그러나 이러한 노동협약은 그 내부에 스스로를 파괴시키는 모순을 내포하고 있었다. 뉴딜형 노사관계를 가능하게 했던 물질적 기반인 포드주의적 축적체제가 1970년대 중반 이후 한계에 봉착함에 따라 자본은 이윤율의 위기를 극복하고 노동력을 자본의 요구에 맞게 재편성하기 위해 적극적으로 반노조공세에 나서게 되었다. 이러한 자본 측에 의한 노동협약의 파괴에 직면해 실리적 노동조합주의에 안주해 온 노동조합 측은 그 무력함을 적나라하게 드러내게 되었다. 전략적 의사결정에 대한 참여의 포기, 기업을 대신한 노조의 노무관리기구화, 노조지도층의 일반노조원으로부터의 유리, 신규노조 조직화에 대한 소극적 태도, 정치적 소극성과 무력 등 실리적 노동조합주의의 한계는 모두 노동자계급의 대동단결과 이를 기초로 한 자본 측과의 투쟁이라는 원칙을 저버린 미국노동조합의 기본적 태도로부터 나온 결과인 것이다.

오늘날 미국의 자본가들은 포드주의적 축적체제의 위기를 극복하고 새로운 축적체제를 확립하기 위한 노력으로 노동력의 재편성을 추진하고 있는데 그 구체적 내용은 임금 및 노동력 편성의 유연성 증대와 이에 상응한 노동자참여제도의 도입으로 요약된다.

그러나 많은 실증적 연구가 지적하고 있는 바와 같이 강력한 노조와 노동자계급의 정당이 없는 상황 속에서의 이러한 자본 측의 이니셔티브는 결국 산업민주주의의 증대라는 바람직한 결과보다는 노동조합세력의 약화와 노동자계급의 불안정성 증대, 노동강도의 강화라는 바람직하지 못한 결과를 가져오고 있다.

그러나 미국 노동운동의 장래가 어두운 것만은 아니다. 1980년대 말에 와서 미국의 노동운동은 새로운 방향을 모색하기 시작했다. 그러한 모색은 다양한 모습으로 나타나고 있다. 즉, 작업장 수준에서의 노동자 참여증대나 종업원 보유주식 및 연금기금을 이용해 기업의 전략적 의사결정에 개입하려는 시도 이외에도 미조직원에 대해 크레딧 카드의 발급, 의료보험, 여행사 업무, 법률 서비스, 교육, 훈련 서비스의 제공 등을 통해 이들을 준회원으로 만듦으로써 조직기반을 넓히려는 시도도 보인다(Hoerr, 1991; Thompson, 1991 참조).

그러나 무엇보다도 주목되는 변화는 종래의 실리적 노동조합주의를 거부하고 새로운 노동운동노선을 모색해야 한다는 의식이 일반노조원 사이에 점차 높아지고 있다는 점이다. 이러한 움직임은 다음과 같은 사태발전을 통해 나타나고 있다(Moody, 1988; Cohen, 1991).

첫째, 노조민주화 운동이 고양되고 있다. 종래의 관료적이고 부패한 노조지도층을 바꾸려는 운동은 운수노동조합, 자동차노동조합, 광부노동조합 등 여러 노조에서 나타났는데 그동안 부정과 부패로 얼룩졌던 운수노동조합에서 최근 민주파 위원장이 조합 역사상 최초의 조합원 직선으로 당선된 사건은 그 가장 현저한 예이다.

둘째, 임금양보협상에 대한 투쟁이 점점 강력해지고 있으며 이 과정을 통해 일반조합원의 전투성(militancy)이 높아지고 있다. 1983년의 그레이하운드 파업을 비롯해서 1984~1985년의 광부노조파업, 1985년의 피츠버그 철강노조파업, 1985~1987년의 호멜 및 왓슨빌 파업 등은 대부분 노동자 측의 패배로 끝나기는 했지만 그러한 격렬한 파업의 경험을 통해 많은 조합원들이 계급의식을 얻고 전투성을 획득했다는 것이다.

셋째, 이러한 움직임들은 모두 작업현장에 토대를 둔 기층노동자들의 주도하에 이루어졌다는 점에서 종래의 노조운동과는 다른 방향을 제시하고 있다. 종래의 관료적이고 부패한 노조지도부를 비판하고 현장 중심의 기층노동자들에 의해 주도되기 시작한 이러한 움직임은 확실히 미국 노동운동의 새로운 지평을 여는 것이라고 하겠다.

물론 이러한 새로운 움직임들이 당장 눈에 보이는 어떤 성과를 가져온 것은 아니다. 계급 간의 세력균형은 여전히 압도적으로 노동에 불리한 상태가 계속되고 있다. 새로운 움직임은 오히려 실리적 노동조합주의 철학을 결정적으로 거부하고 노동자계급의 대동단결의 필요성을 절실하게 느끼게 된 '새로운 의식'(Cohen, 1991: 104)의 태동이라는 측면에서 파악되는 것이다. 이러한 새로운 의식이 과연 노동자계급의 새로운 운동, 새로운 조직으로 연결될 수 있을지는 좀 더 지켜봐야 할 것이다.

참고문헌

박덕제·조우현·이원덕. 1989.『선진각국의 노조운동과 노사관계』. 한국경제신문사.

박준식·이중희. 1988.「노동조합 운동에서 개량적 조류의 문제에 대한 고찰」. ≪동향과 전망≫, 3(12월).

윤진호. 1992.「미국노사관계의 새로운 변화에 관한 연구」.『인하대학교 산업경제연구소 연구논문집』, 제6집.

宇仁宏幸. 1991.「戰後日本資本主義とフォ-ディズム」. ≪經濟評論≫, 11月.

遠山弘德. 1990.「高度經濟成長期における賃勞動形態」. ≪經濟學雜誌≫, 第91卷 第1號.

海勞塚明·礒谷明德. 1990/1991.「現代危機の分析視角(1)(2)」. ≪經濟學雜誌≫, 第91卷 第5-6號, 第92卷 第1號.

Anderson, K. E., P. M. Doyle, and A. E. Schwenk. 1990."Measuring Union-Nonunion Earnings Differences." *Monthly Labor Review*, June.

Baloff, N. and E. M. Doherty. 1989. "Potential Pitfalls in Employee Participation." *Organizational Dynamics*, Winter.

Beck, E. M. and L.Watson. 1988. "Oligopoly Capitalism, Labor Organization, and Wages of Workers in American Manufacturing Industries." *The Sociological Quarterly*, Vol.29, No.1.

Bell, L. A. 1989. "Union Concessions in the 1980s." *FRBNY Quarterly Review*, Summer.

Block, R. N. and K. McLennan. 1985. "Structural Economic Change and Industrial Relations in the United States' Manufacturing and Transportation Sectors Since 1973." in H. Juris et al.(eds.) *Industrial Relations in a Decade of Economic Change*. IRRA.

Bognanno, M. F. and E. Montemayor. 1989. "Change in the Balance of Union-Management Power: The American Case." *The Journal of East and West Studies*, Vol.18, No.2(October).

Boyer, R. 1988. *The Search for Labour Market Flexibility*. Clarendon Press.

Boyer, R. 1990.『レギュラシオン理論(新版)』. 山田 譯. 藤原書店.

Brown, C. and M. Reich. 1989."When Does Union-Management Cooperation Work? A Look at NUMMI and GM-Van Nuys." *California Management Review*, Summer.

Chaison, G. N. and J. B. Rose. 1991."The Macrodeterminants of Union Growth and Decline." in G. Strauss et al. *The State of the Unions*. IRRA.

Cohen, S. 1991. "Us and Them: Business Unionism in America and Some Implications for the UK." *Capital & Class*, No.45(Autumn).

Donn, C. B. and M. D. Karper. 1990. "Changing Product Markets and the New Industrial Relations in the USA." *Bulletin of Comparative Labour Relations*, No.20

Edwards, R. and M. Podgursky. 1986. "The Unraveling Accord: American Unions in Crisis." in

R. Edwards et al. *Unions in Crisis and Beyond: Perspectives from Six Countries*. Auburn House.

Edwards, R., P. Garonna, and F. Todtling. 1986. *Unions in Crisis and Beyond: Perspectives from Six Countries*. Auburn House.

Elam, M. 1990. "Puzzling Out the Post-Fordist Debate: Technology, Markets and Institutions." *Economic and Industrial Democracy*, Vol.11, No.1(Feb.).

Fantasia, R. et al. 1988. "A Critical View of Worker Participation in American Industry." *Work and Occupations*, Vol.15, No.4(Nov.).

Farber, H. S. 1987. "The Decline of Unionization in the United States: What Can Be Learned from Recent Experience?" *NBER Working Paper*, No.2267, May.

Freeman, R. B. 1986. "The Effect of the Union Wage Differential on Management Opposition and Union Organizing Success." *American Economic Review*, May.

Freeman, R. B. 1986. "Why Are Unions Faring Poorely in NLRB Representation Elections?" in T. A. Kochan et al. *The Transformation of American Industrial Relations*. Basic Books.

Freeman, R. B. 1989. On the Divergence in the Unionism Among Developed Countries. NBER Working Paper, No.2817, Jan.

Freeman, R. B. and J. L. Medoff. 1984. *What Do Unions Do?* Basic Books.

Goldfeld, M. 1987. *The Decline of Organized Labor in the United States*. The University of Chicago Press.

Hoerr, J. 1991."What Should Unions Do?" *Harvard Business Review*, May-June.

Howe, C. 1986. "The Politics of Class Compromise in an International Context: Considerations for a New Strategy for Labor." *The Review of Radical Political Economics*, Vol.18, No.3 (Fall).

Kochan, T. A. 1988. "Adaptability of the U.S. Industrial Relations System." *Science*, 15(April).

Kochan, T. A., H. C. Katz and R. B. Mckersie. 1986. *The Transformation of American Industrial Relations*. Basic Books.

Lawler, J. J. 1987. "A Typology of Employer Counter-Organizing Tactics." Proceedings of Industrial Relations Research Association Spring 1986 Meeting.

Lipset, S. M.(ed.) 1986. *Unions in Transition: Entering the Second Century*. ICS Press.

Lynd, S. 1991."Trade Unionism in the USA." *New Left Review*.

McConnell, C. R. and S. L. Brue. 1989. *Contemporary Labor Economics*, 2nd ed., McGraw-Hill.

Milton, D. 1986. "Late Capitalism and the Decline of Trade Union Power in the United States." *Economic and Industrial Democracy*, Vol.7, No.4(Nov.).

Moody, K. 1988. *An Injury To All: The Decline of American Unionism*. Verso.

Murray, F. 1987. "Flexible Specialization in the 'Third Italy'." *Capital & Class*, Winter.

Naples, M. I. 1986. "The Unraveling of the Union-Capital Truce and the U.S. Industrial Productivity Crisis." *The Review of Radical Political Economics,* Vol.18, No.1 & 2(Spring &

Summer).

Parker, M. and J. Slaughter. 1988. *Choosing Sides: Unions and the Team Concept.* A Labor Note Book.

Piore, M. and C. Sabel. 1984. *The Second Industrial Divide.* Basic Books.

Piore, M. J. 1989. "Fissure and Discontinuity in U.S. Labor Management Relations." in S. Rosenberg. *The State and the Labor Market.* Plenum Press.

Pollert, A. 1988. "Dismantling Flexibility." *Capital & Class*, No.34(Spring).

Pollock, M. A. and A. Bernstein. 1986. "The Disposable Employee is Becoming a Fact of Life." *Business Week*, Dec. 15

Reynolds, L. G., S. H. Masters and C. H. Moser. 1991. *Labor Economics and Labor Relations*, 10th ed., Prentice Hall.

Rosenberg, S.(ed.) 1989. *The State and the Labor Market.* Plenum Press.

Strauss, G., D. G. Gallagher, and J. Fiorito.(eds.) 1991. *The State of the Unions.* IRRA.

Taplin, I. M. 1988. "What Future for the U.S. Trade Unions?" *Challenge*, Nov.-Dec.

Teague, P. 1990. "The Political Economy of the Regulation School and the Flexible Specialization Scenario." *Journal of Economic Studies*, Vol.17, No.5.

Thompson, R. T. 1991. "The Changing Character of Employee Relations." *Journal of Labor Research*, Vol.12, No.4(Fall).

Tomaney, J. 1990. "The Reality of Workplace Flexibility." *Capital & Class*, No.40 (Spring).

Troy, L. 1986. "The Rise and Fall of American Trade Unions: The Labor Movement From FDR to RR." in S. M. Lipset.(ed.) *Unions in Transition: Entering the Second Century.* ICS Press.

Troy, L. 1990. "Is the U.S. Unique in the Decline of Private Sector Unionism?" *Journal of Labor Research*, Vol.11(Spring).

Visser, J. 1988. "Trade Unionism in Europe: Present Situation and Prospects." *Labor and Society*, No.13(April).

Wells, D. M. 1987. *Empty Promises: Quality of Working Life Programs and the Labor Movement.* Monthly Review Press.

제3장

미국의 노동자 경영참가*

1. 머리말

노동자의 경영참가 문제에 관한 한 미국은 다른 선진 자본주의 국가들(특히 유럽)과는 다른 매우 독특한 길을 걸어 왔다. 즉, 대부분의 유럽국가에서 일찍부터 다양한 형태로 기업의 의사결정에 노동자를 참가시키는 제도가 발전되어 온 것과는 달리, 미국의 노사관계는 단체교섭을 위주로 발전해 오면서 기업경영 문제에 관한 노동자의 참가는 엄격히 배제되어 왔다.

노동자의 경영참가를 보장해 주는 법적 장치나 제도적 수단은 거의 존재하지 않으며 경영참가의 역사적 전통도 거의 없다. 경영자는 경영전권을 완강히 주장하며 경영을 자신의 배타적 영역으로 두고자 하고, 노동조합 역시 이른바 실리적 조합주의에 기초해 경영참가에 매우 부정적인 입장을 취해 왔다.

그 결과 미국은 최근까지 노동자 경영참가의 불모지라고 해도 과언이 아닐

---

* 인하대학교 1994년도 연구비 지원에 의해 수행되었다.

정도였다.

그러나 1970년대 말 이후 미국의 노사관계에도 커다란 변화의 바람이 불고 있다. 잇따른 오일쇼크와 미국 경제의 상대적 경쟁력 약화에 따른 시장의 잠식, 휴·폐업사태, 실업증대, 임금저하 등 극심한 충격을 겪으면서 미국 기업들은 새로운 생존·변신전략을 추구하게 되었다. 그러한 생존·변신전략의 핵심적 요소로 떠오른 것이 바로 노동자 참가문제이다. 즉, 새로운 경영환경에서 경쟁에 이기기 위한 가장 중요한 요소는 인적 자원의 개발에 있으며, 인적 자원을 제대로 활용하기 위해서는 기업의 의사결정과 일상적 작업과정에 노동자의 참여를 증대시킴으로써 노동자의 창의성, 자발성을 높이고 직무만족을 증대시키는 것이 필요하다는 인식이 높아졌던 것이다.

그 결과 QWL, QC 등 작업장 수준의 노동자 경영참가 방안으로부터 노사공동위원회의 설치, 노동자이사제의 도입 등 기업의 전략적 의사결정에의 참여수단, 그리고 성과배분제, 이윤분배제, 종업원지주제 등 금융적 참가수단에 이르기까지 다양한 제도가 도입되었다.

이들 중에는 생산성의 향상, 노사관계의 개선 등 일정한 성공을 거둔 것도 있지만, 미국의 노사관계가 안고 있는 근본적 한계로 인해 그다지 효과를 보지 못한 경우도 많다.

우리는 이 글에서 단체교섭 위주의 노사관계-강력한 경영전권주의-실리적 조합주의라는 특징을 지닌 미국의 노사관계에서 노동자 경영참가가 어떠한 유형과 내용으로 실시되고 있으며, 그것이 가져온 효과는 무엇인지, 그리고 이들이 지닌 한계와 문제점은 무엇인지를 살펴보고자 한다.

글의 순서는 다음과 같다. 먼저 제2절에서 노동자 경영참가의 배경을 이루는 미국 노사관계의 기본적 특징을 살펴본다. 제3절에서는 작업장 참가 유형을 살펴본다. 제4절에서는 기업의 전략적 의사결정에의 참여형태를 살펴본다. 제5절에서는 금융적 참가유형을 살펴본다. 마지막으로 제6절에서는 이상의 논의를 요약하면서 미국에서의 노동자 경영참가의 성과와 한계를 살펴본다.

2. 미국 노사관계의 기본적 특징과 노동자의 경영참가

1) 포디즘하의 경영참가

미국의 노동조합의 기본적 성격은 흔히 '실리적 조합주의(Business Unionism)'라고 불린다. S. 곰퍼스(S. Gompers)가 지도하는 미국노동총동맹(American Federation of Labor: AFL)의 기본적 이념이었던 실리적 노동조합주의는 주로 노동자의 임금과 근로조건의 향상에 노조의 주된 목표를 두고, 사회개혁, 노동자정당운동, 다른 계급과의 연대, 노동자계급 전체의 연대 등은 거부하는 노동운동을 말한다(Larson and Nissen, 1987: 132).

이러한 실리적 조합주의는 대체로 기업의 여러 차원에서의 의사결정과정에 대한 노동자 및 노조의 참가에 대해서도 부정적인 입장을 취해 왔으며, 이 점에서 노동자의 경영참가에 적극적인 입장을 취해 온 유럽의 사회적 조합주의(Social Unionism)와는 대조적이다.[1)]

이처럼 미국의 노동조합이 노동자의 경영참가에 대해 부정적인 입장을 취하게 된 원인을 이해하기 위해서는 미국 노사관계의 역사적·구조적 특징과 미국 사회에 있어서 노조의 역할과 지위에 관한 이해가 필요하다.

현재 미국의 노사관계의 골격을 이루는 체제는 1930년대 대공황 당시 뉴딜정책의 일환으로 취해졌던 각종 노동보호입법[특히 그중에서도 1935년 제정된 전국노사관계법(National Labor Relations Act), 일명 와그너법(Wagner Act)이 중요함]으로부터 비롯되었는데, 이를 흔히 '뉴딜형 노사관계체제(New Deal in-

---

1) 곰퍼스의 다음과 같은 언급은 이러한 태도를 잘 보여 주고 있다. "노동조합은 임금, 노동시간, 공장위생, 안전조치, 종업원 복지 등의 문제에 대해서는 당연히 관여해야 하지만, 임금노동자가 산업의 통제권을 가지거나, 자금관리책임을 가지거나, 소유주의 권리를 빼앗는 등의 행위를 해서는 안 된다"(Gold, 1986: 19에서 재인용). 당시 곰퍼스의 태도에 관해서는 고병웅(1990) 참조.

dustrial relations system)'라 부른다(Kochan et al., 1986: 21).

사실 1930년대 이전까지만 해도 미국의 노사관계는 자본 측에 일방적으로 유리한 상태였고 법체계 또한 노동자에게 매우 불리한 것이었다. 미국의 산업화는 1810~1840년대에 시작되어 1850~1860년대에는 본격적으로 공장제가 성립되었고, 이에 따라 농촌 여성, 아동 및 유럽으로부터의 대규모 이민이 공장에 투입되었다. 그러나 이처럼 노동자계급이 대규모로 형성되었음에도 불구하고 노동조합의 조직률은 낮았다. 그 원인으로는 미국이 전반적인 노동력 부족상태에 있었기 때문에 유럽 노동자나 미국 농민의 소득보다 미국 노동자의 소득이 상대적으로 높았던 점, 고용주에 의한 노조탄압이 계속되었던 점, 정부의 직간접적인 노조규제, 그리고 미국 노동자들의 높은 이동성 등이 지적될 수 있다(Wheeler, 1987: 58).

1900년경부터 미국 경제의 독점화가 크게 진전되고 이에 따라 노동자들이 대공장에 집중되고 조직화되기 시작하자, 고용주들은 이에 대응해 이른바 테일러주의(과학적 관리기법)를 도입했다. 뿐만 아니라 고용주들은 노조조직을 마음대로 조정했고 법적 장치도 노조에 매우 불리했기 때문에 노동운동은 매우 미약한 상태였다.

특히 제1차 세계대전이 끝난 후 미국의 자본가들은 전후 불황을 극복하기 위한 하나의 방법으로서 이른바 '미국계획(American Plan)'이란 이름 아래 대대적인 반노조공세를 펼쳤다. 미국계획은 노조를 무력화하는 대신 비공식위원회나 고용주에 의해 조종되는 회사노조를 통해 종업원에게 제한된 참여권을 제공하는 전략이었다.[2] 이러한 자본 측의 공세에 의해 노동조합원수는 150만 명이나 감소했으며, 여기저기서 오픈샵(open-shop) 형태의 노조로 노조형태가 바뀌어 갔다. 그 결과 노조는 무력화되었고 AFL 역시 보수성향으로 회귀하기

---

2) 미국계획에 대한 논의로서는 Kochan et al.(1984); Brody(1980); Jacoby(1983); 이영범(1992) 등 참조.

에 이르렀다(Brody, 1980: 45).

그러나 1930년대의 대공황은 미국의 노동운동을 결정적으로 전환시키는 계기가 되었다. 대공황으로 인해 실업이 급증하고, 임금이 하락했으며, 노동조건이 악화되자 노동자계급 사이에 자본주의체제 전반에 대한 불신이 높아졌다. 이러한 노동자계급의 빈궁화, 불만고조와 노자 간 갈등악화 등이 자본주의 자체에 대한 위협으로 작용하는 것을 방지하고 동시에 유효수요를 촉진함으로써 불황에 빠진 미국 경제를 구하려는 뉴딜정책의 일환으로 일련의 노동자보호법이 도입되었는데 특히 1935년 통과된 전국노사관계법은 노동조합의 결성을 종전보다 훨씬 쉽게 만들었을 뿐만 아니라, 임금, 노동시간, 근로조건을 결정하는 주된 방법으로서 단체교섭제도를 승인함으로써 이제 노동조합과 단체교섭제도는 법적 안정성을 획득하게 되었다.

한편 이와 더불어 노조조직화도 급속히 진전되었는데 특히 대규모 대량생산산업에서 노조조직화가 이루어졌다. 이와 같은 대량생산산업에서의 조직화를 주도한 것은 새로 조직된 산업별 조합회의(Congress of Industrial Organizations: CIO)였는데, CIO는 종래의 직업별 조합에 토대를 둔 AFL과는 달리, 산업별 조합에 토대를 둔 전국조직으로서 1935년 6개 산업노조로 출발했지만 곧 대규모 독점기업의 조직화에 성공해 철강, 자동차, 고무, 석탄 등 주요 제조업에서 노조가 확고하게 정착되도록 만들었다. 이러한 CIO의 조직공세의 성공에 의해 미국계획은 붕괴했다.

이와 같이 법적으로 승인된 단체교섭과 이를 실행하는 노동조합의 법적 승인은 미국 노동자들의 투쟁의 결과로 획득한 것이기에 이후 미국노동조합은 단체교섭을 노사관계의 주된 통로로서 소중하게 간직하게 되었고 어떠한 형태의 노사협력안이든 일단 의심을 가지고 보게 되었다.

이리하여 1930년대 이래 단체교섭은 미국 노동자들이 그들의 경제적 안정성을 높이고 작업장에서의 영향력을 확대하기 위한 주된 수단으로서 기능하게 된다.

그러나 이 같은 노동에 대한 자본의 양보는 아무 대가 없이 주어진 것은 아니었다. 노조는 자신의 합법성을 인정받는 대신 그 반대급부로 철저한 실리적 노동조합주의를 채택했다. 노동조합은 경영에 관한 전략적 의사결정을 경영자의 고유한 권리(이른바 '경영전권')로 인정해 이에 간섭하지 않고 오로지 임금, 노동시간, 고용조건 등만을 단체교섭의 대상으로 한정했다. 또한 노조의 단체교섭 방식 역시 연방노동법에 의해 고도로 제한되었다. 노조는 전체 노조원이 단체협약을 존중하고 그 절차와 규율을 지키도록 경영자를 도와줄 의무가 있으며, 단체협약에는 통상 파업금지조항이 포함되어 있어 하급노조나 일반노조원이 상급노조의 지시를 무시하고 불법파업을 벌일 경우 이를 적극적으로 저지해야만 한다.

이러한 미국 노사관계의 특징을 노동자의 경영참가라는 주제와 관련해 파악한다면 다음과 같이 요약할 수 있다(Summers, 1992: 1~2).

첫째, 노동조합과 사용자 사이의 단체교섭이 법률상 명문으로 인정되는 유일한 노동자의 경영참가제도이다. 예컨대 독일의 종업원평의회제도나 노동자이사제도 등에 관한 법률은 존재하지 않으며, 더욱이 그러한 구조나 장치 역시 없다. 노동자들이 기업의 의사결정에 대해 목소리를 낼 수 있는 유일한 장치는 노동조합이며 유일한 수단은 단체교섭뿐이다.

둘째, 단체교섭사항은 '의무적 교섭사항(mandatory subjects)'[3]과 '임의적 교섭사항(non-mandatory subjects)'[4]으로 나눠지는데 사용주는 의무적 교섭사항에 대해서는 노동조합과 교섭할 법적 의무가 있지만 임의적 교섭사항에 대해서는 교섭의무가 없다.

---

3) 임금, 근로시간, 휴가, 부가급부(의료보험, 생명보험, 연금 등) 등의 경제적 사항들과 작업배정, 선임권(seniority), 부당해고방지 등의 비경제적 사항들 및 기타 사택, 식당, 종업원에 대한 상품가격할인제도 등의 사항이 포함된다.

4) 생산물의 설계, 생산량의 결정, 투자계획, 기업경영계획, 공장폐업 등 기업의 경영문제에 관한 사항.

셋째, 단체교섭은 주로 지역, 작업장 수준에서의 개별 노조[5)]와 개별 고용주 간에 행해지는 분산적 단체교섭 형태를 취하고 있다. 따라서 산업수준 및 국가 전체 수준에서 노조가 참가할 수 있는 공식통로는 없다.

넷째, 노조는 의무적 교섭사항에 대해서만 파업을 벌일 수 있으며, 더욱이 일단 단체협약이 맺어지면 단체협약상의 파업금지, 공장폐쇄 금지조항에 묶여 협약지속기간 동안에는 파업을 할 수 없다.

이상에서 살펴본 바와 같이 미국에서는 노동자의 경영참가를 보장하는 법적 장치가 전혀 없고 경영, 인사문제는 대부분 비강제적인 교섭사항으로 되어 있으며 단체협약 지속기간 중 파업마저 금지되어 있기 때문에 노동자들의 발언권은 매우 미약할 수밖에 없다.

더욱이 단체교섭의 중앙집권화와 조합지도부의 행정력 강화에 따라 일반노조원들은 조합정책에 어떠한 실질적 영향력도 행사할 수 없게 됨으로써 일반조합원들의 소외는 일층 심화된다(Tolliday and Zeitlin, 1992).

물론 그렇다고 해서 미국의 노조가 경영자의 자의적 권한행사에 대해 무방비상태인 것은 아니다. 단체협약에는 상세한 작업장에서의 규칙을 규정하는 부분이 포함되어 있는데 이에 의해 개별 노동자의 권리와 의무가 명확해지고, 작업속도, 노동자 처벌 및 기타 작업규칙에 대한 명확한 문서상의 규정에 따라 감독자나 고용주의 자의적인 권력행사를 막아 준다(Edwards and Podgursky, 1986; Kochan et al., 1986; 윤진호, 1992 참조). 계약기간 동안 발생하는 노자 간 분쟁을 해결하기 위해 준사법적인 불만처리절차(grievance procedure)가 도입된다. 또 이른바 선임자우선권 규칙(seneority rule)이 도입되어 직무배분, 승진, 해고, 재채용 등을 고용주 자의대로 못하고 노동조합이 일정한 통제를 할

5) 미국은 한국과는 달리 산업별 노조형태를 취하고 있으므로 한국의 경우와 같은 기업별 노조는 없고 노조의 단위형태는 이른바 지역노조(local union) 형태를 취하고 있지만 제조업과 서비스업의 큰 사업장에서는 지역노조가 바로 사업장 노조와 동일한 경우가 많다(Mills, 1994: 89).

수 있도록 해준다. 이러한 의미에서 미국의 노동조합주의는 일명 '직무통제 노동조합주의(job-control unionism)'라고도 불리게 되는 것이다(Kochan, 1986: 28~29 참조).

그러나 이러한 것들은 모두 경영자의 자의적인 행위를 사후적으로 제약하는 것을 목표로 할 뿐, 경영자의 의사결정 자체에 노동자나 노동조합이 사전적으로 참여하고 합의한다는 의미에서의 유럽식의 산업민주주의와는 거리가 먼 것이다. 이처럼 단체교섭을 위주로 하고 기업의 전략적 의사결정에는 참가하지 않는 방식은 경제적 조건이나 경영자의 전략 등이 단체교섭에 유리한 상황에서는 순조롭게 작동하지만, 일단 불황이 닥치고 기업이 구조조정을 위해 해고, 공장이전, 공장폐쇄 등의 조치를 단행할 경우 노조는 무방비상태에 빠지게 된다.[6]

이에 대해 Summers는 단체교섭방식에 의존하는 미국의 노동자참가제도가 가지고 있는 약점을 다음과 같이 지적하고 있다(Summers, 1992).

첫째, 앞에서도 지적했듯이 단체교섭의 대상이 임금, 노동시간, 근로조건 등에 한정되어 있을 뿐만 아니라 대부분의 미국 고용주들이 경영전권을 수호하기 위해 극단적으로 노력하고 있어 노사 간 권력공유가 일어나기 힘들다는 것이다.

둘째, 노조의 교섭력이 약해서 법률로 보장되어 있는 교섭권조차 충분히 실행되지 못하고 있다는 점이다. 노동자들은 파업을 벌이는 경우 임금 및 각종 부가급부 감소, 대체고용에 의한 실업의 위험[7] 등을 우려해 파업참가를 꺼리

---

6) 직무통제 노동조합주의가 경영자의 '경영전권(經營專權)'을 얼마나 유효하게 제약할 수 있는가에 대해서는 다양한 견해가 있다. 즉, 직무통제 조합주의가 경영전권에 대해 제약력이 약하다고 보는 입장으로서는 Brody(1980), Lichtenstein(1980) 등이 있으며, 반면 직무통제 조합주의가 경영전권에 대해 상당히 강한 제약을 행사한다고 보는 입장으로서는 Piore(1980); Piore and Sabel(1984); Kochan et al.(1986); Tolliday and Zeitlin(1992) 등이 있다. 그러나 직무통제 조합주의의 경영전권에 대한 제약을 인정하는 경우에도 그것이 독일과 같은 형태의 '사전적 제약'처럼 유효하지는 못하다는 것은 분명하다.

고 있으며, 그 결과 노동조합은 제대로 목소리를 내지 못하고 고용주의 일방적인 의사결정(특히 임금저하협정, 각종 부가급부 축소결정 등)에 끌려가고 있다. 또 경영에 관한 각종 정보(이윤, 생산비, 시장상황, 기업 구조조정 계획, 투자계획) 중에서 의무적 교섭사항에 관한 정보만 제공의무가 있을 뿐 나머지 인사, 경영에 관한 대부분의 사항에 대해서는 정보제공의무가 없기 때문에 노조의 교섭력은 한층 더 제약될 수밖에 없다.

셋째, 단체교섭제도의 적용을 받는 부분은 민간부문 노동자들의 15%에 불과하며 나머지 85%는 기업의 의사결정에 대한 아무런 참가권도 없다는 점이다. 단체협약이 없을 경우 고용주들은 언제, 어떠한 이유로든 해고를 할 수 있으며, 이에 따라 노동자들은 해고위험에 무방비상태로 놓인다.[8]

이상에서 살펴본 바와 같이 미국의 노사관계에서는 경영, 인사문제가 대부분 비강제적 사항이고 노동조합의 교섭력도 매우 약하며 경영정보에 대한 노동자의 접근도 매우 제약되어 있기 때문에 노동자의 경영참가는 상당히 힘든 상태였다.

2) 포디즘의 위기와 경영참가

전후 세계경제의 순조로운 성장과 미국 자본주의의 독점적 위치에 힘입어 단체교섭제도에 바탕을 둔 미국의 노사관계는 비교적 순조롭게 발전했다. 노동계급의 전반적인 실질임금상승과 고용증대, 이에 따른 소비증가가 이루어졌

---

7) 미국의 노동법에서는 파업이 일어날 경우 고용주들이 영구적인 대체고용을 할 수 있도록 허용하고 있으며, 이에 따라 파업이 끝나더라도 영구 대체된 파업참가 노동자가 종전의 일자리로 복귀할 수 있다는 보장이 없다.

8) 1988년 통과된 「노동자 조정 및 재훈련 예고통지법(Worker Adjustment and Retraining Notification Act: WARN)」에 의해 대량해고 또는 공장폐쇄 시에는 60일 전에 노동자에게 사전통지하도록 의무화함으로써 실업의 충격을 다소 완화하게끔 만들었다(Mills, 1994: 199; Nord and Ting, 1991 참조).

으며, 이는 다시 대량생산과 생산성 향상을 자극하는 이른바 '포드주의적 호순환'이 나타났다(윤진호, 1992: 197 참조).

노동자들은 생산성 향상이 임금상승으로 이어졌으므로 포드주의·테일러주의적 노동조직을 수용하고 노동과정 통제의 주도권을 경영자에 맡겼다.

그러나 이러한 포드주의적 노사타협은 1960년대 말 이후, 특히 1973~1974년의 제1차 오일쇼크 이후 본격적으로 동요하기 시작한다. 이 동요의 원인은 무엇보다도 포드주의체제가 안고 있던 내부적 한계와 국제적인 경쟁환경의 변화에서 찾을 수 있다.

먼저 내부적 요인이란 포드주의적 노동조직의 내재적 모순에 근거하고 있는 것이다. 즉, 포드주의는 극단적으로 단순반복적이며 파편화된 작업형태를 낳았다. 이것은 제품과 공정의 표준화를 이룩함으로써 대량생산체제의 확립에 결정적으로 기여하지만, 다른 한편으로는 생산과정에서 직무 불만족과 노동소외를 초래하게 되는 것이다. 노동의 피폐화에 따른 이러한 부정적인 결과는 파업, 태업, 결근 등의 다양한 형태로 현저하게 표출되기 시작했다.

다음으로 외부적 요인은 자본이 규모의 경제를 추구한 결과로 생긴 경제의 국제화 현상이다. 1960년대와 1970년대의 선진국 자본은 대규모 생산의 달성과 시장의 확보를 위해 국제적 진출을 적극적으로 시도했고 그 결과 국제경쟁이 치열해졌다. 특히 미국의 경우 일본 등으로부터 수입이 급증한 결과 자동차, 철강 등 그간 미국 제조업의 중추적 역할을 담당해 왔던 산업에서 시장이 크게 잠식되었다.

자본은 이러한 포드주의적 노사타협의 동요와 국제경쟁력 약화라는 문제를 돌파하기 위한 방법으로서 기존의 노사관계를 자본에 유리하도록 변경시키기 위한 공세에 돌입했는데 그 기본적 방향은 기존의 경직적·갈등적 노사관계를 청산하고 유연성 있고 협조적인 노사관계를 수립한다는 것이다. 대량생산체제로서 포드주의의 약점을 보완하기 위해서는 생산의 유연성(flexibility)이 추구되며, 생산의 유연성을 확립하기 위해서는 기존의 대립적 노사관계 아래 채용, 해고, 직무배치, 임금설정 등에 가해졌던 여러 가지 제약을 극복할 필요가 있는 것이다.

이러한 생산의 유연성 추구를 위해서는 필연적으로 작업장에서의 일상적 운영에 노동자의 참여를 증대시켜야 할 필요가 있게 된다. 다양하고 변화가 많은 수요와 기술수준에 제대로 대응하기 위해서는 보다 높은 수준의 지적 숙련과 노동자의 자발적 참여가 요구되며 이를 확보하기 위해서는 일정 정도 노동자의 자율성 제고와 의사결정에의 참여를 보장해 줄 필요가 있다. 또한 생산과정과 작업조직의 혁신에는 필연적으로 공장폐쇄, 대량해고, 노동자 재배치, 임금삭감 등 노동자의 희생이 따르는데 노조와 노동자들이 이에 강력하게 반대할 경우 그 추진이 어려워진다. 따라서 이러한 생산조직과 작업조직의 혁신을 순조롭게 하기 위해 그 반대급부로서 흔히 노조와 노동자에게 제시되는 것이 일정 범위에서 노동자의 경영참가이다.

이러한 원인을 배경으로 1980년대 이후 미국에서는 여러 가지 형태의 노동자경영참가제도가 급속도로 확산되기 시작했다. 아래에서는 이러한 미국에서의 다양한 노동자 경영참가 형태를 ① QWL, QC, 팀제도 등 작업장에서의 참가, ② 노동자이사제, 노사공동위원회 등 전략적 의사결정에의 참가, ③ 성과배분제, 이윤분배제, 종업원지주제 등 금융적 참가의 세 가지 형태로 분류해 1980년대 이후 자본에 의해 추구되어 온 노동자참가제도의 도입 움직임과 그 효과를 살펴보기로 한다.

3. 노동자의 경영참가 유형 ①: 작업장 참가

1) 미국의 작업장 참가제도의 연혁과 그 특징

미국에서도 이미 1800년대 말부터 1900년대 초에 걸쳐 여러 가지 형태의 노동자 경영참가 형태가 몇몇 기업에서 실험된 적이 있지만 이것이 본격적으로 확산된 것은 제1차 세계대전 시였다. 대전이 일어나자 전국전시노동위원회(National War Labor Board)는 생산성 향상을 위해 공장 내 노사공동위원회와 작업위원회를 구성하도록 장려했으며, 이에 따라 이들 위원회의 수가 급증했다. AFL 역시 1918년 총회에서 생산문제에 관해 경영 측과 함께 위원회를 구성해 협력하도록 노조원들에게 촉구했다.

제1차 세계대전이 끝난 후 고용주들에 의해 이들 계획은 대부분 종말을 고했지만 1924년경까지도 제너럴 일렉트릭, 베들레헴 스틸, 굿이어 타이어 등 유명회사의 100만 명 이상의 노동자들이 이 계획에 참여하고 있었다고 한다(Gold, 1986: 5).

1920년대에는 앞에서 살핀 대로 이른바 '미국계획'이란 이름 아래 생산성 향상 및 품질개선을 위한 노사협조노력이 행해졌는데 특히 철도, 섬유, 의류산업에서 많이 일어났다(Slichter, 1941; Slichter et al., 1960; Jacoby, 1983).

제2차 세계대전 중에는 순조로운 전시생산과 노사협조를 위해 '전시생산위원회(War Production Board)'가 구성되었고, 이 위원회는 1942년부터 노사공동생산위원회를 구성하기 위한 운동을 벌였다. 이들 위원회는 생산효율을 높이기 위해 노동자의 결근문제, 건강 및 안전문제, 훈련, 기타 일반적인 인사문제 등을 협의하는 기구였다. 전쟁기간 중 5천 개 이상의 노사공동위원회가 구성되었고 700만 명 이상의 노동자가 여기에 참가했다(Gold, 1986: 6).

제2차 세계대전이 끝나자 대부분의 위원회들은 해체되었지만 이후에도 비록 소수이나 몇몇 널리 소개된 노사협조노력이 있었는데 예컨대 테네시계곡개발공사와 테네시계곡 노동조합 간, 러시톤 석탄회사와 탄광노조 간, 그리고 하몬 인터내셔널사와 자동차노조 간의 협력 등이 그것이다(Slichter et al., 1960; Camman et al., 1984 참조).[9] 그러나 이러한 노동자 참가형태는 모두 실

---

9) 1963~1964년의 미국 노동부 노동통계국의 조사에 의하면 겨우 44건의 단체협약에서만 공동

험적이거나 극히 부분적인 것으로서 대부분 일시적으로밖에 존재하지 않았다.

1960년대 말~1970년대 초부터 미국에서는 이른바 '노동생활의 질(Quality of Work Life: QWL)'이라고 불리는 초보적인 형태의 노동자 참가방식이 실험되기 시작했다.[10)]이 방식은 주로 인간관계이론(Human Relations Theory)에서 주장되기 시작했는데 이 이론은 노동자들이 자신의 근로환경에 대해 영향을 미칠 기회를 전혀 갖지 못하고 있는 데서부터 노동소외가 발생하고 있으며 이러한 노동소외가 바로 높은 결근율, 불법파업, 생산성 저하, 노동자의 생활피폐 등의 원인이 되고 있다고 생각했다. 따라서 노동자들이 자신이 일하고 있는 작업현장의 여러 문제를 해결하는 데 참여할 수 있는 프로그램을 개발함으로써 노동자 개인의 노동생활의 질을 높임은 물론 생산성 향상을 통해 고용주에게도 이득이 된다고 주장했다(Goodman, 1979).

그러나 이들은 노사관계의 갈등적 측면은 무시하고 주로 노사협조의 필요성 및 그 장점만 강조했다는 점에서 일면적이란 비판을 받았으며 결국 노사 양측의 다양성을 균형 있게 고려하고 공동이익을 극대화하기 위한 것이라기보다는 주로 경영자를 위해 개발된 '경영의 이론'이라는 측면이 두드러진 것이었다(Kochan, 1984: 5).

이에 대해 노동조합은 QWL이 노동자를 대표하는 조직으로서 노조의 역할을 별로 고려하지 않고 있다고 반발하면서 이 계획에 협조를 거부하는 경우가 많았다. 따라서 QWL은 주로 노조가 없는 기업에서 실시되었으며, 기업의 노조회피전략의 일부로 사용되기에 이르렀다(Foulkes, 1980). 결국 노동운동의

위원회의 구성을 규정하고 있었다. 1972년에 이 숫자는 22건으로 떨어졌다(Gold, 1986: 7 참조).

10) QWL이란 용어 자체는 캘리포니아 주립대학교(UCLA)의 루이스 데이비스(Louis Davis) 교수가 1972년에 처음으로 사용했다고 한다. 이것이 실제로 노사 간 단체협약에 사용되기 시작한 것은 1973년 크라이슬러, 포드, GM 등 3개 자동차 회사와 미국자동차노조(United Automobile Workers: UAW) 간에 맺어진 단체협약에 이 조항이 포함되면서부터이다(Mills, 1994: 119 참조).

입장에서 볼 때 이 초기의 QWL전략은 노동운동을 약화시키기 위한 고용주들의 여러 가지 전략 중 하나에 불과한 것으로 파악되었던 것이다(Winpisinger, 1973: 54~56).

그러나 초기의 순조롭지 못한 출발에도 불구하고 1970대 초 '생산성 및 노동생활의 질에 관한 전국위원회(National Commission on Productivity and Quality of Working Life)'의 지도와 포드재단의 재정지원 아래 몇몇 괄목할 만한 실험이 행해졌다. 예컨대 러시튼 마이닝 컴퍼니(Rushton Mining Company), 제너럴 모터스의 태리타운(Tarrytown) 공장을 위시한 여러 공장들, 볼리바르, 하몬 매뉴팩처링 컴퍼니(Bolivar, Harmon Manufacturing Company)의 테네시 공장, 토피카 제너럴 푸드(Topeka General Foods) 공장, 그리고 그 밖의 여러 공장들에서의 실험이 그것이다.[11]

이러한 실험들은 노사 양측의 소극적 태도와 그 내재적 문제점으로 인해 1970년대 후반에는 대부분 소멸되어 버렸다. 그러나 1970년대 말~1980년대 초에 걸쳐 주로 민간 주도하에 훨씬 광범한 범위에 걸친 새로운 노동자 참가형태가 나타났다. 이 새로운 움직임은 주로 '종업원 참여(employee involvement: EI)'라고 불렸다.[12] EI는 QWL을 넘어서서 작업장에서의 권력과 작업통제라는 기본적 문제까지 포괄하는 것이다. 즉, 종전의 포디즘적 체제에서 작업통제는 전적으로 경영자의 소관사항이었으며 노조는 갈등적 관계를 통해 작업장 권력을 분할하려고 노력했다. 이에 비해 QWL은 노사가 협조적 관계를 통해 갈등을 해소할 수 있다는 사고방식에 토대를 둔 접근방법이었다. EI는 노사가 단순한 협력관계를 넘어서서 일체가 됨으로써 작업을 보다 효율적으로 수행할 수 있다는 사고방식에 토대를 둔 것이다. 즉, 현장노동자에게 작업통제에 관한 여러 사항을 대폭적으로 권한 이양하여 자율 관리하도록 함으로써 감독자와 노

---

11) 이들 실험에 관한 종합평가로는 Zager and Rostow(1982) 참조.

12) EI라는 용어 자체는 1979년의 포드사와 UAW 간의 단체협약에서 최초로 사용되었다고 한다.

동자 간 경계를 허물고 작업을 보다 창조적·효율적으로 할 수 있다는 것이다.

EI는 그 전과는 적용범위나 강도 면에서 비교하기 어려울 정도로 확산되었기 때문에 일부 논자들은 이러한 새로운 노사협조와 노동자 참가노력이 단체교섭을 주로 해온 미국의 노사관계를 근본적으로 변화시키게 될 것이라고까지 평가하기에 이르렀다.[13)]

노동자 참가의 이러한 2단계 실험의 확산요인으로는 미국 경제의 위기가 심화되고 1970년대에 생산성 정체가 계속됨에 따라 기업들은 자본의 위기를 극복하고 생산성 향상을 가져오기 위한 한 방법으로서 노사협조주의, 노동자참가제도의 도입을 추진하게 되었다는 점, 그리고 일본식 경영방식의 소개와 도입 등이 지적된다(Kochan, 1984: 7; Parker and Slaughter, 1988: 8~11 참조).

이처럼 미국의 노동자경영참가제도는 그 도입목적, 수단, 주체에서부터 유럽의 산업민주주의와는 전혀 다른 성격의 것이라는 점을 알 수 있다.

즉, 도입목적 자체가 참가제도의 원래 목적인 산업민주주의의 실현이라는 측면보다는 미국 경제의 위기를 극복하기 위한 생산성 향상에 있었다는 점, 수단도 유럽의 경우 기업소유권 및 의사결정과정에 대한 구조적·공식적 참가를 주 내용으로 하는 데 비해, 미국의 경우 경영전권의 원칙은 여전히 불가침으로 남아 있으며 다만 작업현장에서 노동자 의견의 반영이라는 비공식적·개인적 참가에 주안점이 두어진다는 점, 그리고 참가제도의 도입주체도 유럽처럼 노동조합이나 노동자 정당의 이니셔티브에 의한 것이 아니라 주로 기업이 스스로의 필요에 의해 도입했고 노조는 오히려 소극적 자세를 유지했다는 점 등이 지적되고 있다(Strauss and Rosenstein, 1971; Gold, 1986: 19 참조).[14)]

---

13) 그러한 입장에 선 대표적 논자로는 Kochan et al.(1986); Heckscher(1988) 등이 있다. 반면 이러한 움직임이 결코 새로운 것이 아니며 1980년대의 상황에 따라 나타난 일시적 현상에 불과하다고 주장하는 견해로서는 Dunlop(1986, 1988) 등이 있다..

14) 따라서 스트라우스와 로젠스타인은 유럽의 경우를 사회주의적(또는 산업민주주의적) 접근방식, 미국의 경우를 인간관계론적(또는 노동자 참가적) 접근방식이라고 구별하고 있다.

이와 같이 미국의 노동자경영참가제도는 그 출발점부터 상당히 제한적이고 왜곡된 형태를 취했다는 특징을 지니고 있다.

2) 작업장참가제도의 현황과 내용

작업장에서의 의사결정에 대한 노동자 참가는 직무확충, 자율적 작업팀, QC(Quality Circle)서클 등 작업장에서 노동자의 직접개입을 증대시키려는 다양한 형태를 취하고 있다.

〈표 1-3-1〉 미국에서 노동자참가제도의 도입상황

연도	조사자	조사대상	대상기업수	참가제도도입률	출처
1982	뉴욕증권 거래소	종업원 500인 이상(전국)	7,000	QC 14%, 노사공동위원회 8%, 생산 팀 5%, 직무재설계 15%	Russell (1988)
		종업원 1만 명 이상(전국)	-	각각 52%, 25%, 28%, 31%	
1983	Conference Board	노조 있는 대기업(전국)	400	생산 및 품질문제 토의를 위한 소그룹 56%	Kochan, McKersie Chalykoff (1986)
1983 ~ 1984	Voos	위스컨신 주 노조 있는 대기업	350	작업장팀 또는 노사위원회 60%	Voos (1987)
1986	American Management Association	AME 회원사	1,618	QC 368개 기업	Gold (1986)
1986	Cooke	노조 있는 대기업(전국)	350	공식적인 노사 공동 프로그램 50%	Cooke (1990)
1987	Delaney et al.	노조 있는 기업(전국)	150	종업원참여제도 50%	Delaney, Ichnowski, Lewin(1988)
1989	General Accounting Office	Fortune 선정 1000대 기업	1,000	QC 71%, 기타 참여 프로그램 79%, QWL위원회 46%	Eaton (1990)
1992	Osterman	50인 이상 기업(전국)	875	팀제도 54.5% 직무순환 43.4% QC 40.8%	Osterman (1994)

그러한 각종 형태의 노동자참가제도는 1980년대 들어 각 기업에 광범하게 확산되어 왔다. 미국에서 노동자참가제도가 얼마만큼 확산되어 있는지에 관한 정확한 통계는 없다. 다만 몇몇 조사자료를 인용하면 〈표 1-3-1〉과 같다.

이 표에서 보는 바와 같이 비록 조사대상과 조사시점, 조사방법이 다르기는 하지만 전체적으로 볼 때 노조가 있는 대기업에서는 50~70%가 이런저런 형태의 노동자참가제도를 설치한 것으로 나타나고 있으며 특히 1980년대 초반에 비해 최근 들어 각종 형태의 작업장참가제도가 급속도로 확산되고 있다는 것을 알 수 있다. 아래에서는 여러 가지 형태의 작업장참가제도의 내용을 살펴보기로 한다.

(1) QWL

다양한 형태의 작업장참가제도 중에서도 가장 광범하게 도입된 것이 이른바 '노동생활의 질(QWL)' 프로그램이다. 한마디로 QWL이라고 하더라도 그 구체적 내용은 형태가 여러 가지라서 명확한 정의를 내리기가 곤란하다.

Gold(1986: 15)에 의하면 QWL은 "노동자의 개인적 성취기회와 조직의 의사결정과정에의 참여기회를 부여함으로써 개별 노동자의 작업환경을 개선하려는 노력으로서 직무재설계, 문제해결 등의 활동을 말한다"고 하며, Cutcher-Gershenfeld et al.(1991: 2)은 "노동자의 직무에 직접적으로 영향을 미치는 의사결정에 대해 공식적·집단적인 구조를 통해 노동자가 직접 참여할 기회를 제공하는 형태"라고 정의하고 있다. 따라서 그에 의하면 간접적 참여(노동자이사제도 등), 비공식적 참여(비공식집단 등), 개인적 참여(제안제도 등) 등은 여기서 제외된다. 한편 Heckscher(1988: 127)는 QWL을 "일반노동자가 작업장에서의 의사결정에 직접 개입하는 노사 공동 프로그램"이라고 간명하게 정의하고 있다. QWL에 관한 여러 연구를 검토한 Cotton(1993: 34)은 "종업원 개입을 증대시키고 노동자와 회사조직 양쪽을 도우기 위해 고안된 노사 공동 프로그램"이라고 정의하고 있다.

QWL이란 이름 아래 수행되는 구체적인 프로그램은 다종다양하지만 그중 가장 중요한 요소는 다음의 다섯 가지이다(Gershenfeld, 1987).

첫째, **직무재설계**(Job Redesign): 여기에는 직무확대(Job Enlargement: 어떤 직무에 인접한 몇 가지 직무, 혹은 보조적 직무도 담당함으로써 작업의 다양성을 높이는 것), 직무충실(Job Enrichment: 직무의 한 순환(cycle) 중에 실시(do) 작업뿐만 아니라 계획(plan) 및 통제, 점검(see)까지도 포함시킴으로써 직무의 자율성과 책임을 부여하는 것), 직무순환(Job Rotation: 정기적·부정기적으로 미리 정해진 순서에 따라 노동자가 교대로 직무를 바꾸는 것. 기본적으로 작업의 단조로움으로부터 해방되는 것을 목표로 함) 등이 포함된다.

둘째, **보수재조정**: 생산직 임금의 봉급제화, 숙련습득에 대한 보수(pay-for-knowledge), 작업팀 단위의 성과배분제.

셋째, **작업시간 재조정**: 변동노동시간제, 직업공유(job sharing).

넷째, **작업개발**: QC, 중기계획, 설비 등의 재배치.

다섯째, **행정적 검토**: 정보의 공유, 절차의 변경, 교육훈련 등.

이상의 시책들은 물론 한꺼번에 모두 실시되는 것은 아니다. 경우에 따라서 부분적 또는 전체적으로 시행될 수 있다.

(2) QC

QC는 품질개선을 비롯해 주로 생산에 관련된 문제를 토의하고 그 해결책을 찾기 위한 목적으로 근무시간 중 또는 근무시간 외에 정기적(대개 일주일 1회)으로 만나는 종업원 그룹(대개 5~15명 정도)을 말한다(Cotton, 1993: 59). 이는 기존의 수직적 조직구조, 절차 등에 큰 변화를 주지 않고 손쉽게 도입할 수 있기 때문에 가장 널리 보급되어 있는 노동자 참가형태이다.[15]

QC는 원래 제1차 세계대전 당시 미국의 경영이론가들에 의해 고안된 것이

---

15) 미국 기업의 92%는 어떤 형태로든 QC를 가지고 있다(Nale, 1989 참조).

었으나 정작 미국에서는 외면당한 반면, 일본에 도입되어 탁월한 성과를 거두었다. 1970년대 중반 이후 일본과의 경쟁에 직면한 미국 기업들이 QC의 유용성을 인정해 이를 역수입하기에 이르렀던 것이다.[16]

QC가 도입될 때 노조가 있는 기업에서는 일자리에 미칠 영향 등을 고려해서 QC 도입을 반대했기 때문에 주로 노조가 없는 기업에서 종업원 참여 및 품질개선 수단으로 광범하게 활용되었다.

QC회의에서는 품질개선, 청결, 안전, 생산성 등의 문제 이외에도 직무설계, 작업분배, 작업속도 등에 이르기까지 광범한 사안을 논의한다. QC 참여여부는 대부분 노동자의 자발적 의사에 맡겨진다. 논의결과는 정리해 상부에 제시하지만 이를 받아들일지 여부는 경영진의 판단에 맡긴다. 그러한 의미에서 QC의 영향력은 제한적이라 하겠다.

예컨대 QC제도가 가장 먼저 도입된 곳 중 하나인 GM의 태리타원 공장의 예를 들어보기로 하자(Heckscher, 1988: 128~129). 10~15명 정도의 노동자 그룹이 일주일에 한 번씩 근무시간 중에 모여 문제해결회의를 가진다. 이들의 과업은 노동자들이 작업현장에서 느끼는 문제점을 확인하고 그에 대한 해결책을 제시하는 것이다. 물론 이 그룹은 어떤 공식적이고 직접적인 권한은 없다. 이들의 제안은 일반적인 회사조직의 의사결정가들에게 전달되고 그 실행여부는 의사결정가들에게 달려 있다. 그러나 노동자들은 일상작업과정에서 발생하는 문제점에 대해 보다 잘 알고 있고 그 결과 상호토론에 의해 집단적 지식향상을 가져올 수 있으므로 이 작업팀은 큰 영향력을 가질 수 있다.

처음에는 작업환경의 조그만 개선(조명, 환기 등)을 위한 제안으로부터 시작된다. 이 단계에서 성공하면 점차 작업규칙에 대한 통제를 줄이고 감독자와 관계를 개선하는 방향으로 이동한다. 예컨대 작업 중 화장실에 갈 때 감독자의

16) 미국에서 QC가 처음 도입된 것은 1970년대 중반 록히드(Lockeed)와 허니웰(Honeywell)에서 이 제도가 시험되면서부터이다.

허가를 받아야 하는 것 등을 없애고 작업현장의 여러 문제에 대한 자기규제(self-monitoring)를 추구하는 것이다.

그러나 이러한 과정이 보다 더 확대되면 경영전권과 부딪치게 되고 이에 따라 경영자 및 중간감독자로부터의 저항이 커진다. 예컨대 작업성과의 측정, 평가제도의 변경, 훈련방법의 변경, 감독자의 제거, 자율적 팀(autonomous team)의 구성 등이 그것이다. 작업현장에서의 노동자참가제도는 대부분 이 단계에서 실패하게 된다.

QC제도에는 대부분 종업원제안제도가 수반되는데 이는 종업원이 품질개선 등에 관해 제안을 하면 경영진이 이를 심사하고 우수한 경우에는 소액의 금전적 보상을 제공하는 형태이다.

(3) 자율적 팀

자율적 팀 제도는 소수의 노동자로 구성된 자율적 소집단에게 생산운영에 관한 보다 광범위한 권한을 부여하는 제도이다. 종업원 참여에 관한 가장 혁신적인 접근방법인 이 자율적 팀 제도는 최근 수년간 급속하게 확산되고 있다. Proctor & Gamble, Digital Equipment, General Mills, Federal Express, TRW 등 유명 회사에서 이 자율적 팀이 조직되어 있다. 최근 ≪포천(Fortune)≫ 선정 1000대 기업 중 476개 대기업을 조사한 결과 전체 종업원의 7%만 자율적 팀으로 조직되어 있으나 절반 정도의 회사가 앞으로 자율적 팀을 늘리겠다고 응답함으로써 이 제도가 장차 확산될 것이라는 점을 알 수 있다(Dumaine, 1990).

이들 자율적 팀은 일반적으로 12~15명으로 구성되어 있다. 경영진은 작업에 대한 감독의 책임을 자율적 팀에게 이양하게 되며 이 팀은 경영진의 감독 없이 작업에 관한 의사결정을 자율적으로 하게 되는데 예컨대 작업인원의 배정, 휴식시간의 결정, 설비보전문제, 품질보증문제, 기타 작업에 관한 일상적 문제 등에 관한 결정을 하게 된다. 일부에서는 인사고과, 채용, 해고에 관한 결정, 감독자 선출 등 인적 자원에 관한 결정까지 하는 수도 있다. 팀제도가 가장 성공적으로 운영되고 있는 토요타자동차와 GM의 합작회사인 NUMMI(New United Motor Manufacturing Co., Inc.)에서는 노동자가 제품품질에 이상이 있다고 판단할 경우 조립라인의 작동을 중단시킬 수 있는 것처럼 상당한 권한이 주어진다(Brown and Reich, 1989; Parker and Slaughter, 1988).

자율적 팀 제도는 작업장에서의 의사결정권을 노동자에게 부여하는 가장 극단적인 형태이므로 기존의 기업 내 수직적 구조와 충돌하기 쉬운 점에서 쉽게 도입되기 어려운 측면이 있지만 이 제도가 도입된 작업장에서 생산성 향상, 종업원 태도 변화 등 커다란 효과가 나타남에 따라 현재 급속히 확산되고 있는 중이다.

3) 작업장참가제도의 성과와 한계

QWL, QC, 자율적 팀 제도 등 작업장에서의 노동자참가제도는 얼마만한 성과를 가져왔는가? 여기서 우선 지적해야 할 것은 이러한 작업장에서의 노동자 참여증대 프로그램의 도입목적에 대한 경영자 측의 입장과 노동조합의 입장이 상당히 다르며, 따라서 이들 제도의 성과도 어느 쪽 입장을 기준으로 하느냐에 따라 달라질 수 있다는 점이다. 그러므로 우리는 작업장참가제도의 성과를 생산성 등 기업성과와 작업장 민주화라는 두 가지 기준을 통해 살펴보고자 한다.

먼저 경영자 쪽에서 이러한 프로그램을 도입하는 이유는 노동자 참여와 협조적 노사관계를 통해 품질향상, 생산성 상승, 원가절감 등을 달성하고자 하는 데 있다. QWL, QC, 자율적 팀 등의 도입이 생산성, 품질, 노사관계 등에 어떤 영향을 미쳤는가에 대해서는 수많은 사례연구가 이루어져 왔다. 〈표 1-3-2〉, 〈표 1-3-3〉, 〈표 1-3-4〉는 그런 연구들 중 가장 대표적인 것들을 모은 것이다.

우선 QWL의 경우 단일 사례연구에서는 대체로 노사관계의 개선, 생산성 향상, 품질개선 등 긍정적 결과를 가져온 것으로 나타나고 있다. 그러나 다수 공장에 대한 사례연구 결과는 다소 다른 모습을 보여 주고 있다. 즉, QWL 프

〈표 1-3-2〉 QWL의 효과에 관한 연구들

• 개별 사례연구

연구대상	연구자	노사관계	제품품질	생산성
GM Tarrytown 공장	Gueat(1982)	+	+	+
Harman Industries	Macy(1979, 1982)	+	+	+
GM Saturn 부문	Hegland(1991), White(1991)	+	+	+
Ford Sharonville 공장	Guest(1982) Copenhaver & Guest(1982)	+	+	+
5개 도시 공무원	Accordino(1989)			+0
TVA 전력회사	Nurick(1982,1985)	+		
Eastern 항공사	Walton & Lodge(1985) Kuttner(1985)	+0	+	+
식품공장	Moch & Bartunek(1990)	0		−

• 다수 사례연구

연구대상	연구자	노사관계	제품품질	생산성
25개 제조공장	Katz et al.(1985)	+	0	0
5개 제조공장	Bushe(1988)	+		
109개 제조회사	Cooke(1989)		+	+
2개 사업부	Macy et al.(1989)	+		
20개 연방 QWL 프로그램	Sulzner(1982)	+ −		
379개 노조 있는 기업	Voos(1987)		+	+
1015개 기계회사	Kelley & Harrison(1992)			−

자료: Cotton(1993: 47).

〈표 1-3-3〉 QC의 효과에 관한 연구들

연구자	QC 프로그램에 대한 태도	일반적 직무태도	생산성 혹은 성과
Rafaeli(1985)	+	0	
Steel et al.(1985)	+	+0	
Mohrman & Novelli(1985)		+	+
Marks et al.(1986)	+	0	0
Head et al.(1986)		0	
Drago(1986)		0	
Griffin(1988)		+0	
Ledford & Mohrman(1988)	+	0	
Steel & Lloyd(1988)	+	0	0
Bushe(1988)	0		0
Freiman & Saxberg(1989)			0
Berman & Hellweg(1989)	+		
Elmuti & Kathawala(1990)		+	+

Steel et al.(1990)	+	0	0
Adam(1991)		0	+
Eden & Japhet-Michaeli (1991)		0	+
Liverpool(1990)	+		
Buch & Spangler(1990)			+

자료: Cotton(1993: 71).

〈표 1-3-4〉 자율적 팀의 효과에 대한 연구들

	생산성	직무만족	결근
사례연구 6개	개선 3, 무효과 1	개선 2	개선 2
Cummings & Malloy (1977)	개선 9, 악화 1	개선 5, 악화 1, 복합적 결과 2	
Pasmore et al.(1982)	개선 40, 악화 5	개선 36	개선 18, 무효과 3
Pearce & Ravlin(1987)	무효과 1	개선 2	
실험적 연구 8개	개선 2, 무효과 3	개선 6, 무효과 1	개선 1, 무효과 1
전체	개선 57, 무효과 7, 악화 5	개선 50, 무효과 3, 악화 1	개선 26, 무효과 7

자료: Cotton(1993: 189).

로그램이 노사관계를 대체로 개선시키기는 하지만 생산성 향상이나 기업경쟁력의 강화 등에 대한 효과는 불확실하다. 실제로 몇몇 연구(Kelley and Harrison, 1992; Moch and Bartunek, 1990)에서는 QWL 프로그램이 생산성을 오히려 저해시킨 것으로 나타나기도 했다.

또 설혹 생산성 향상효과가 있는 경우에도 이것이 장기적으로 지속될 수 있는가, 그리고 조직 전체로 확산될 수 있는가에 대해서는 회의적인 견해가 많다. 대부분의 경우 QWL 프로그램은 초기의 성공에도 불구하고 조직 전체의 혁신을 가져오는 수준까지 발전하지는 못하며 이에 따라 시간이 지나면 효과가 사라지거나 프로그램 자체가 폐기되는 수가 많다는 것이다(Cotton, 1993: 48 참조).

QC의 경우에도 유사한 결과를 볼 수 있다. 〈표 1-3-3〉에서 보는 바와 같이 QC제도가 도입되는 경우 대체로 이 프로그램 자체에 대한 노동자들의 태도는 긍정적이지만 전체적인 직무만족 면에서는 그다지 효과가 없는 것으로 나타나고 있다. 또 기업성과나 생산성 측면에서는 절반 정도 긍정적 효과가 있는 것으로 보고되었지만 나머지는 변화가 없다. 즉, QC제도의 도입에 따라 긍정적 효과가 일어나는 것은 사실이지만 반드시 그렇게 된다는 보장은 없다는 것이다. QC에 대한 여러 연구들을 검토한 다른 리뷰논문들도 대체로 유사한 결론을 내리고 있다(Steel and Shane, 1986; Barrick and Alexander, 1987; Greenbaum et al., 1988; van Fleet and Griffin, 1989).

QC의 효과가 제한적이라는 것은 QC제도의 정착률에 대한 연구에서도 입증된다. 즉, 많은 QC들이 초기의 성공에도 불구하고 시간이 지날수록 사라지는 수가 많다는 것이다.[17] 전체적으로 볼 때 미국에서 QC제도는 애초 약속했던 성과를 달성하지 못한 실패작이라는 게 대체적인 평가이다(Cotton, 1993: 87).

그 이유에 대해 Wood et al.(1983)은 미국의 QC가 일본의 경우와는 다르다는 것을 지적한다. 미국에서는 QC가 단순히 품질개선을 위한 도구에 불과하며 일본처럼 종업원 태도변화나 동기부여 등의 수단이 되지 못하고 있다는 것이다. 더 나아가 Grenier(1988)는 QC가 협조적 노사관계를 유도하고 노조를 회피하기 위한 도구로 사용되고 있다고 지적한다. 이러한 경우 QC가 노동자들의 자발적 참여와 동기부여를 위한 통로가 되기는 당연히 어려운 것이다.

한편 자율적 팀의 경우 〈표 1-3-4〉에서 보는 바와 같이 그 성과는 비교적 긍정적이다. 전체 156개의 연구대상기업 중 6개만 부정적 효과를 보였고 17개는 변화가 없었으며 나머지는 모두 생산성 향상, 직무만족 증대, 결근율 저하 등 긍정적인 효과를 가져온 것으로 나타난다. 자율적 팀 제도가 작업장참가제도 중에서는 노동자에게 가장 많은 자율권을 부여한 제도라는 점을 감안할 때, 노

---

17) Management Review(1982)의 연구에서는 조사대상 기업 29개 중 21개 실패, Wood(1982)의 연구에서는 41개 중 28개 실패, Marks(1986)의 연구에서는 60% 이상 실패, Cook(1982)에서는 3분의 1이 실패.

동자의 자율권이 높아질수록 그 효과는 보다 긍정적일 수 있다는 것을 알 수 있다.

그럼에도 불구하고 자율적 팀 제도에 문제가 없는 것은 아니다. 우선 앞에서도 보았듯이 자율적 팀을 도입하고 있는 기업수가 아직은 소수이다. 작업팀에 대한 불충분한 훈련, 중간관리자의 저항, 최고경영진의 지원부족 등도 문제이다. 그러나 무엇보다 문제는 기업 내 기존 의사결정구조와의 충돌이다. 이 제도는 작업장에서의 의사결정권을 노동자에게 부여하는 가장 극단적인 형태이기 때문에 기존의 기업 내 수직적 의사결정구조와 충돌을 일으키기 쉽고 이 경우 완강한 기존구조의 반발로 실패로 끝나는 경우가 많다는 것이다.

한편 노동조합의 입장에서 볼 때 QWL의 성공여부는 작업장 민주주의, 즉 노동자의 생산과정에 대한 의사결정 및 통제력이 얼마나 향상되었는가의 여부에 있다.

그러나 이러한 의미에서 볼 때 미국의 노동자참여제도는 작업장 민주주의를 높여 주는 데 실패했다는 것이 많은 연구자들의 결론이다. 진정한 노동자참여와 협조적 관계가 이루어지기 위해서는 노사 간 기업 내 권력의 공유가 필수적이다. 그러나 1980년대에 도입된 노동자참여제도는 많은 경우 노조회피전략으로 도입되었을 뿐이다. 경영자 측은 참여계획의 범위를 교묘하게 통제해 그 확대를 막음으로써 생산과정에 대한 노동자 통제력을 높여 준다는 약속은 공수표로 끝나는 경우가 많다(Wells, 1987).

노동자 및 노동조합에 영향을 미칠 수 있는 중요한 의사결정, 예컨대 재무, 제품기획, 기술변화, 훈련, 충원, 작업조직, 연구개발, 마케팅 전략, 투자문제 등은 여전히 경영자의 배타적 권리로 남아 있다. QWL 프로그램은 주로 경영자의 목표를 달성할 수 있도록 노동자에게 동기부여를 제공하는 사소한 문제에 집중되어 있으며 따라서 노동자 일터에서의 종속을 유지하기 위한 전략이 되고 있다. 권한이양도 주로 일선 감독자로부터 소수 노동자에게로 이루어지는 것이 대부분이며 직업안정성, 근로조건, 임금, 부가급부 등은 여전히 기업

경영진에 의해 결정된다.

작업장 수준에서의 의사결정도 결코 민주적 의사결정원칙이 적용되지 않는다. 경영진은 하부에서 올라오는 제안들에 대해 거부권을 갖고 있으며, 프로그램 자체도 경영자의 자의적 결정에 의해 도입·철폐된다. 그 결과 노동자의 저항력은 오히려 약화되고 작업정지, 태업, 집단결근 등 부작용이 수반된다.

QWL은 작업팀 내부의 일체성 및 경영진과의 일체성을 강조함으로써 소위 동료 간 상호감시, 압력을 유발시키고 작업팀 간의 경쟁을 유도함으로써 노동자 간 연대성을 약화시킨다. 이리하여 결국 노동과정에 대한 경영진의 통제를 쉽게 만들고 노조조직을 약화시키는 결과를 낳는 것이다.

결국 경영자, 노동자 양쪽에 이익이 된다는 애초의 약속과 달리 QWL은 경영자에게 큰 혜택을 준 반면 노동자 및 노동조합에는 큰 이익을 가져다주지 못한 채 경우에 따라서는 손해를 끼친 것으로 나타나고 있는 것이다.

이는 결코 우연이 아니다. QWL의 본질은 새로운 경쟁압력과 기술혁신에 의해 변화된 노동과정에 대해 통제를 강화하려는 경영 측 전략의 본질적 일부이기 때문이다. 종전의 포디즘적 통제, 관료적 통제가 적대적 노사관계와 노동자의 저항을 야기함에 따라 노동자 저항을 억제하고 이를 조종해 경영진에 이익이 되도록 이용하는 것이 경영진의 목표인 것이다.

결국 강력한 노동조합이 없고 광범한 토대를 가진 노동자 정당이나 노동자 사회운동조직이 없으며 노동조합이 실리적 조합주의에 매몰되어 있는 상황에서 이러한 시도들은 진정한 작업장 민주주의로의 진전을 이룩하는 데는 그다지 기여하지 못했다는 것이 대체적인 평가이다(Milton, 1986: 337).

그럼에도 불구하고 작업장 민주주의의 이상 자체가 포기되어야 한다는 것은 결코 아니다. 실제로 경영진의 여러 가지 방해에도 불구하고 노동자참여제도는 노동과정에 대한 노동자들의 보다 큰 관심과 흥미를 유발한다. 동료 노동자들과의 토의와 경영진과의 협의, 의사결정과정에 참여함으로써 생산과정에 대한 노동자의 권리의식을 자각하게 되며, 실제 노조가입률도 높아진다. 노동자는 지시받은 대로 일하는 수동적 존재에서 노동의 내용과 방법에 대한 자기의 의견을 표현할 수 있는 능동적 존재로 변화한다.

따라서 그러한 노동자의 자각이 현실적으로 실현될 수 있느냐의 여부에 불구하고 노동자참여제도는 그 자체로서 노동조합의 중요한 무기가 될 수 있는 것이다. 물론 이것이 가능하려면 노조가 참여계획의 입안부터 실현까지 개입할 필요가 있으며 그런 경우에 QWL은 성공적일 수 있다. 실제로 QWL의 성공여부는 여러 가지 요인에 달려 있지만 그중에서도 가장 중요한 요소는 노동조합의 개입여부라는 것이 실증적으로 증명되고 있다(Verma, 1989; Eaton, 1990; Verma and McKersie, 1989). 노조가 적극적으로 작업장참여계획에 개입할 때 노동자들의 만족이 커지고 적극적 참여가 이루어질 수 있다는 것이다.

단, Kochan et al.(1984)이 지적하고 있듯이 작업장 수준에서의 노동자참여제도는 노사관계 변화를 위한 출발점이 되기는 하지만 그것만으로는 불충분하다. 보다 의미 있는 경제적 성과개선과 산업민주주의의 달성을 위해서는 작업장 수준에서의 참여 프로그램이 보다 광범한 수준에서의 개혁과 통합되어야만 한다. 즉, 생산과정 개선, 기업의 전략적 의사결정과정에의 참여, 노사관계의 개혁 등이 필요한 것이다.

4. 노동자의 경영참가 유형 ②: 전략적 의사결정에의 참여

작업장 수준에서의 참가를 넘어서서 기업의 전략적 의사결정에까지 참여하는 형태는 주로 노동자들의 대표를 통해 이루어지기 때문에 대표적 참가(Representative Participation), 또는 간접적 참가라고 불린다. 이러한 형태의 참여목적은 종업원 태도의 개선이나 생산성의 향상 등 경제적 목적보다는 기업 내의 권력을 재배분하고 노사 간 이해관계의 평형을 이루기 위한 수단으로서 도입된다. 이 형태는 유럽 등에서는 오래전부터 광범하게 보급된 참가형태이지만 미국에서는 아직도 매우 희소한 상태이다.

앞에서도 보았듯이 뉴딜형 노사관계모델의 가장 기본적인 원리 중 하나는 '경영은 경영자의 일'이라는 것이다. 즉, 전략적 의사결정을 비롯한 장기적 기업의사결정은 경영자의 전권에 맡겨지며 노동자 및 그 대표는 그러한 의사결정의 결과로 발생하는 노동자의 영향에 대해서만 협상할 수 있는 권리가 주어진다는 것이다. 따라서 독일의 공동결정제나 종업원평의회제 등과 같은 제도적·법률적 형태의 전략적 의사결정참가제도는 미국에 존재하지 않는다.

그러나 이러한 원칙은 최근 들어 다소 변화하고 있는데 그 이유 중 일부는 단체교섭상의 변화와 작업장 노사관계의 변화에 대응한 것이다. 즉, 1980년대 초부터 유행했던 양보교섭(concession bargaining)이나 탄력적 보수체계의 도입 등을 경영자가 제안하는 경우, 흔히 그 반대급부로서 노동자 대표를 이사회에 참여시키거나 노사공동위원회를 설치해 기업의 각종 전략적 의사결정에 관한 사항을 토의·결정하는 등의 조치를 취한다. 아직까지 이러한 형태의 참가는 극소수이고 그 영향력도 미미하지만 종래 미국에서는 찾아보기 힘든 참여형태라는 점에서 언론 등의 많은 주목을 끌고 있는 것도 사실이다.

아래에서는 그러한 전략적 의사결정에의 참여형태로서 노동자이사제와 노사공동위원회제를 검토해 보고자 한다.

1) 노동자이사제

노조지도자 또는 노동자 대표가 기업의 이사로 선임되어 경영에 참여하는 이른바 노동자이사제는 최근 미국의 몇몇 기업에서 나타나고 있으며 또 여론의 주목을 끌 만큼 널리 알려져 있다. 사실 노동자이사제가 1980년대에 처음으로 미국에 나타난 것은 아니다. 이미 1940년대부터 ≪밀워키 저널(Milwakee Journal)≫에서 노동자이사제가 실시되어 왔으며(24석 중 6석이 노동자 이사) 1973년에는 프로비던스 앤 우스터 철도(Providence and Worcester Railroad)에서 노동자이사제가 도입되는 등 몇몇 예가 있다(Stern, 1988: 409).

그러나 이 현상이 본격적으로 확산되고 또 여론의 주목을 받기 시작한 것은 1980년대부터이다. 예컨대 1980년 UAW 위원장 도널드 프레이저(Donald Fraser)가 크라이슬러의 이사로 선임된 것을 비롯해, 이스턴 항공, 몇몇 트럭운송회사, 팬아메리칸 항공, 휠링 피츠버그 철강회사, CF & I 철강회사, 카이저 알루미늄 회사 등에서 노동자이사제가 도입된 바 있다(Stern, 1988; Hoerr, 1987 참조).

미국에서 노동자이사제는 주로 두 가지 경로를 통해 이루어지고 있다. 첫째는 양보교섭의 결과이다. 즉, 1970년대 말~1980년대 초에 걸쳐 미국 경제가 침체에 빠지고 회사가 위기에 처함에 따라 회사 측은 노조에 대해 임금, 부가급부, 해고 등에 관한 양보를 요구하면서 그 대가로 의사결정과정에 노조의 참여를 허용했다. 그러한 양보교섭의 일환으로 노동자이사제가 도입되었던 것이다. 크라이슬러를 비롯해 노동자이사제를 도입한 대부분의 기업은 이 경우에 해당한다.

둘째, 종업원지주제의 결과로 노동자이사제가 도입되는 수도 있다. 후술하는 바와 같이 1970년대 중반 이후 미국에서는 종업원지주제가 광범하게 확산되었는데 그중 일부 회사에서는 주식을 소유한 종업원들의 의사를 반영하는 수단으로서 노조 또는 노동자 대표에게 이사직을 제공했다. 이스턴 항공의 경우 전체 주식의 25%를 종업원들이 소유하게 됨에 따라 4명의 노동자 이사를 지명했다.

노동자이사제는 미국에서는 찾아보기 힘들었던 생소한 제도로서 언론의 관심을 크게 끌었지만 실제로는 여러 가지 장벽에 부딪쳐 그다지 큰 역할을 하지 못하고 있다.

우선 목적 면에서 유럽의 노동자이사제와 미국의 그것 사이에는 커다란 차이가 있다. 유럽의 경우 노동자이사제는 정치적 이념에 토대를 두고 노사 간의 기업 내 권력형평, 산업민주주의의 달성 등을 목적으로 노조가 적극적으로 요구해 쟁취한 제도인 데 비해 미국의 경우는 경제적 위기에 처한 회사 측이 노조 측의 양보와 협조적 노사관계를 유도할 목적으로 도입한 것이다.

또 구조적인 면에서도 독일의 공동결정제 등과 달리 미국의 노동자이사제는 법적·제도적으로 강제된 것이 아니라 개별 기업의 의사결정에 의존하고 있기 때문에 매우 취약하다.

수적인 면에서도 독일에서는 최소한 이사회의 3분의 1이 노동자 이사들인 데 비해 미국의 경우 대부분 1~3명 정도의 소수만을 차지하므로 기업경영에 실질적 영향을 주기 힘들다.

법률적인 면에서도 문제가 많다. 미국의 노사관계법(NLRA) 8(a)(2)에 의하면 고용주는 일체의 노동조직의 형성, 운영에 관여하거나 재정지원을 할 수 없다. 따라서 노사가 공동으로 의사결정을 하거나 노동자 이사에게 봉급, 사무실, 경비 등을 제공하는 행위 등은 원칙적으로 부당노동행위가 될 가능성이 있다. 또 기업법에 의하면 기업의 이사는 오직 기업과 주주에 대해서만 책임지도록 되어 있으므로 노동자 이사가 종업원들의 이해관계를 대변하는 것이 불가능하며 기업 비밀유지 의무를 지므로 노동자들에게 경영상태를 알릴 수도 없다. 이런 문제 때문에 노동자 이사들은 이중역할 간의 갈등에 시달리고 있다(Ferguson and Gaal, 1984; Hammer et al., 1991).

그러나 극복해야만 할 무엇보다도 큰 장벽은 태도상의 문제이다. 주주나 경영진 측에서는 노동자 이사가 주주의 이익을 해치거나 경영전권을 침해하는 것이 아닌가 하는 우려에서 이 제도의 도입을 반대하거나 이미 도입된 경우 노동자 이사를 중요 의사결정과정에서 소외시키고 경영정보를 제공하지 않는 등 따돌리는 수가 많다. 노동조합 역시 노동자이사제가 단체교섭에 의존하는 전통적인 노사관계를 저해하고 노조의 단결력을 해치며 자칫 경영진의 술책에 말려들어 가는 것이 아닌가 하는 우려에서 반대하는 경우가 많다(Ferguson and Gaal, 1984).

따라서 아직 미국에서는 노동자이사제에 대해 노사 양측 모두 소극적인 태도를 취하고 있다고 보아야 할 것이다.

노동자이사제가 도입된 경우 이것이 기업의 성과나 노동자의 이익을 대변하는 데 얼마나 기여했는가에 관한 실증적 연구는 매우 드물다. Stern(1988)이 노동자이사제가 도입된 5개 회사를 조사한 결과 노동자 이사는 대부분 기업의 사결정에 거의 아무런 영향도 끼치지 못하고 있으며 이사로서의 능력도 부족한 것으로 나타났다. Hammer et al.(1991)도 노동자이사제가 도입된 14개 기업을 연구한 결과 노동자 이사들이 이사회의 의사결정이나 토론에 거의 영향을 미치지 못하고 있으며, 노동자의 이익을 대변하고 이사회 결정에 관해 노동자들과 교류하는 데 있어서도 매우 부족한 것으로 나타났다. Cotton(1993)은 몇몇 실증연구를 검토한 결과 노동자이사제가 언뜻 보기에는 강력한 참여수단처럼 보이지만 실제로는 거의 아무런 영향도 못 미쳤으며, 앞으로도 이 제도가 확산될 가능성은 크지 않다고 결론짓고 있다.

결국 어떤 뚜렷한 이념이나 노조의 적극적 지원 없이 오직 경제적 위기를 회피하기 위한 수단으로서 도입된 미국의 노동자이사제는 소수의 상징적 존재에 그치고 있다고 보아야 할 것이다. 1990년 3월 클라이슬러가 이사회를 재조직하면서 도널드 프레이저의 뒤를 이어 노동자 이사직을 맡고 있던 UAW 회장 오웬 비버(Owen Bieber)를 이사직에서 해임한 것은 미국의 노동자이사제가 실패로 돌아갔다는 것을 보여 주는 상징적 예라 할 것이다.[18)]

2) 노사공동위원회

노동조합과 경영진이 공동으로 위원회를 구성해 공장운영에 관한 각종 사항을 논의하는 노사공동위원회제도는 제1, 2차 세계대전 시 전시생산을 증강시키기 위해 구성되었던 것을 비롯해 미국에서 오랜 역사를 가지고 있지만 제

---

18) "Chrysler to Cut Board: UAW Chief Is Out," *New York Times*, March 14, 1991.

2차 세계대전 이후 거의 사라졌다가 1970년대 말 이후 재확산되고 있다.

포드, GM, 제록스, 밀워키 로드 등 여러 회사에서 노사공동위원회를 설치했으며, 더 나아가 산업 전체 차원에서도 식품소매업, 남성복 제조업, 오리건 주 목공조합 등에서 노사공동위원회가 설치된 바 있다. 민간부문뿐만 아니라 공공부문에서도 이 위원회가 존재하는데 예컨대 인디애나 주 경찰, 소방관조합, 델라웨어 주 공무원 등이 그 예다(Kochan et al., 1986: ch.7; Gold, 1986 참조).

이러한 노사공동위원회에서는 주로 단체교섭사항 외의 노사의 공동이해관계를 가진 문제에 대해 논의하고 해결책을 제시함으로써 종래의 대립적 노사관계를 협조적 관계로 바꾸는 데 초점을 맞추고 있는데 따라서 다루는 문제도 단체협약사항이 아닌 품질, 안전, 건강, 작업 스케줄, 원자재 절약, 결근감소, 보너스 등이다.

예컨대 포드와 UAW는 1979년 단체협약에서 전국적 수준의 노사공동위원회를 설립하기로 결정했다. 이 위원회는 노측 3인, 사측 3인으로 구성되었는데 위원회의 주 임무는 작업환경 개선을 위한 기존 프로그램들을 검토·평가하고, 작업 관련 문제해결을 위한 자율적 작업팀, QC 등 새로운 방안, 결근율을 감소시키기 위한 방안, 노동환경 개선을 위한 근무 스케줄 변경방안 등을 개발하는 것이었다(Gorlin and Schein, 1984).

노사공동위원회를 운영함에 있어 가장 문제가 되는 것은 단체교섭사항과의 경계선을 어떻게 구분하느냐 하는 것이다. 노사공동위원회는 일반적으로 단체교섭사항에 해당하는 임금, 고충처리, 노조협약, 부가급부, 노동시간, 휴식, 직무분류 등과 경영전권사항에 속하는 회사정책, 인사문제, 사규, 징계문제 등에 대해서는 손대지 않는다. 그러나 이렇게 될 경우 노사공동위원회는 사소한 문제만 다루게 되는 결과를 낳는다.

반대로 단체협약사항에 속하는 고충처리 등을 노사공동위원회에서 다룰 경우 이는 노조의 단체교섭권을 침해하고 노조의 힘을 약화시키는 결과를 낳을 우려도 있다.

또 경영전권에 속하는 사항을 다루지 않기 때문에 노조 측 위원에게 아무런 실질적 권력이 없이 경영진에 일방적으로 끌려가는 결과를 낳기도 한다. 위원회제도는 필연적으로 경영진과의 협조를 전제로 하며 그 결과 위원회의 노조 측 위원과 일반노조원 사이에 괴리가 생길 위험도 있다.

결국 이렇게 볼 때 노사공동위원회제도를 받아들이느냐의 여부는 노조 측에 하나의 딜레마로 등장하고 있다고 볼 수 있다. 종전의 대립적 노사관계 아래 노조의 투쟁력을 유지하는 것이 더 올바른 길인가, 아니면 새로운 협조적 노사관계 아래 경영에 협조하는 대신 일정한 몫을 챙기는 것이 올바른 길인가? 대다수의 노조는 아직도 전통적인 단체교섭 위주의 노사관계를 고수하는 쪽을 택하고 있다. 그러나 상당수의 노조들이 새로운 협조적 노사관계로 선회하고 있는 것도 사실이다(Gold, 1986: 25).

5. 노동자의 경영참가 유형 ③: 금융적 참가

과거 미국에서 '노동자의 경영참가'라는 개념은 주로 종업원지주제나 이윤분배제 등을 의미할 정도로 금융적 참가가 노동자 경영참가의 주된 형태를 차지했다(Russell, 1988). 즉, 노동자가 기업경영에 직접 참가하기보다는 기업경영에 따른 성과를 분배받는 데 참가하는 편이 훨씬 낫다는 게 지배적인 생각이었던 것이다. 따라서 이윤분배제나 종업원지주제 등의 실험은 적어도 100년 이상의 역사를 가질 만큼 전통이 오래되었다.

그러나 미국에서 노동자에 의한 금융적 참가는 그 목적 면에서 유럽과 상당히 다르다. 즉, 유럽의 경우 금융적 참가가 주로 계급 간 소득평준화를 목적으로 하거나 종업원도 기업의 부를 분배받을 권리가 있다는 신념에 기초하고 있다면, 미국의 경우 '분배를 위한 분배'는 자본주의 원리에 맞지 않는다고 생각하며, 금융적 참가는 오히려 기업의 장기적 안정이나 종업원의 퇴직 후 소득보장 등 경제적 목적에 초점을 두고 있다는 것이다(D'Art, 1992: 42~43).

아래에서는 성과배분제, 이윤분배제, 종업원지주제 등 다양한 종류의 금융적 참가형태를 살펴보기로 한다.

1) 성과배분제

성과배분제(Gainsharing)란 기업의 생산성 향상, 비용절감, 혹은 품질개선 등의 혜택을 정기적인 현금보너스의 형태로 종업원들에게 나누어 주는 제도를 말한다(Miller and Schuster, 1987). 이는 기업경영상의 성과를 기준으로 미리 정해진 소정의 방식에 따라 성과의 변동을 반영해 종업원들에게 보수지불을 증감시키는 방식이므로 단순한 정률 또는 정액보너스제도와는 다르며, 또 많은 경우 성과배분제는 종업원참여제도를 수반하고 있다는 점에서 단순히 이윤 일부를 보너스 형태로 제공하는 이윤분배제와도 구별된다. 또 성과배분제는 주로 종업원 전체 또는 특정부서에 집단적으로 지불된다는 점에서 능률급·성과급 등과 같이 개별 노동자에게 지급되는 임금제도와도 다르다.

성과배분제는 이미 1930년대 말부터 일부 기업에서 실험되기 시작했고 1950년대에는 많은 기업들로 확산되었으나 이후 다소 시들해졌다. 그러나 1970년대 말~1980년대에 걸쳐 생산성 향상의 둔화에 대응한 생산성 제고의 필요성, QWL 등 작업장참가제도의 확산 등을 배경으로 성과배분제도 급속히 확산되기 시작했다.

1982년 뉴욕증권거래소의 조사에 의하면 500인 이상 대기업 중 약 15%가 성과배분제를 도입하고 있는 것으로 나타났으며, 1987년 미국회계감사원(Genaral Accounting Office)의 조사에서는 노조 있는 기업의 33%, 노조 없는 기업의 15%가 이 제도를 도입하고 있는 것으로 나타났다. 또 1987년 미국생산성본부의 조사에서는 조사대상 기업의 13%가 성과배분제를 도입하고 있고 다른 14%는 소집단 인센티브제를 사용하고 있는 것으로 나타났으며 특히 500대

〈표 1-3-5〉 성과배분제의 여러 가지 형태

	Scanlon	Rucker	Improshare
기본철학	참가적	경제적	경제적
생산성 측정수단	인건비/판매액	인건비/부가가치	노동시간
노동자 참가형태	생산위원회, 조정위원회	정해진 절차 없음	정해진 절차 없음
제안제도	공식제도	없음	없음
적용대상	공장 전체	공장 전체	공장, 부서, 그룹
보너스 회수	월 단위~4분기 단위	월 단위~4분기 단위	주 단위
경영스타일 변화	상당함	약간	없음

자료: Cotton(1993); Miller and Schuster(1987).

대기업의 경우 30~35%가 성과배분제를 도입한 것으로 나타났다. Markham et al.(1992)이 인적 자본 전문가들을 대상으로 조사한 바에 따르면 13.4%가 성과배분제를 도입하고 있는 것으로 나타났다(Cotton, 1993; Belcher, 1991). 한편 1987년 미국생산성본부의 조사에서는 기존 성과배분제의 73%가 과거 5년 이내에 도입된 것으로 나타나 1980년대 들어 이 제도가 급속히 확산되었음을 보여 주었다(Belcher, 1991: 8).

성과배분제는 어떠한 방식으로 성과가 분배되는가에 따라 〈표 1-3-5〉에서 보는 바와 같이 여러 가지 형태로 나뉜다. 아래에서는 각각의 형태를 살펴보기로 한다.

(1) Scanlon Plan

1930년대에 철강업 노조지도자였던 조셉 N. 스캔론(Joseph N. Scanlon)이 제안한 것으로서 여러 가지 성과배분제 중 가장 널리 쓰이고 있는 것이다. 스캔론 방식은 첫째, 노동비용을 총판매액으로 나눈 것을 기준으로 생산성을 설정해 생산성 개선에 따른 보너스 공식을 만들며, 둘째, 노동자 대표 또는 노동조합이 생산성 향상에 적극적으로 참여한다는 점이 특징이다.

노사는 공동으로 각 부서에 생산위원회를, 공장 전체에는 조정위원회를 구성한다. 각 부서의 노사대표로 구성된 생산위원회는 낭비 제거, 작업방법 개선 등을 토론하며, 노동자 또는 노조로부터의 작업방법 개선 제안을 검토해 그 채택여부를 결정한다. 최고경영진과 노동자 대표로 구성되는 조정위원회는 판매액, 인건비의 진전상황을 검토하고, 보너스액을 결정하며, 생산위원회에서 거부된 제안을 재검토하고, 종업원들에게 각종 경영정보를 제공한다. 단, 경영진은 제안에 대해 거부권을 갖고 있다.

생산성 향상분은 노사가 절반씩 나누는 것이 보통인데 노동자들은 이를 매월 현금보너스 형태로 지불받는다. 보너스의 크기는 월급여의 10~15%가 일반적이다(Cotton, 1993: 91).

(2) Rucker Plan

1940년대 말 경제학자 앨런 W. 루커(Allan W. Rucker)에 의해 고안된 방식이다. 이는 첫째, 생산성 측정의 기준으로 총판매액 대신 부가가치를 사용함으로써 종업원들이 원재료 절약, 비용절감 등 부가가치 향상에 더 큰 관심을 갖도록 하며, 둘째, 종업원의 참여절차가 없다는 점이 특징이다.

이 방식은 스캔론 방식보다 생산성 계산방식이 합리적이긴 하나 공식이 복잡하고 일반노동자가 이해하기 어렵기 때문에 스캔론 방식보다는 훨씬 도입률이 낮다.

(3) Improshare[19]

1970년대에 산업공학자인 미첼 페인(Mitchell Fein)에 의해 고안된 방식이다. 이는 첫째, 생산성 측정의 기준을 노동시간으로 잡아 노동시간이 절약되면 생산성이 향상되는 방식을 취하고 있으며, 둘째, 노동자의 공식적 참여절차가 없고, 셋째, 공장 전체뿐만 아니라 특정 부서, 또는 특정 노동자 그룹 등에 모두 적용할 수 있다는 특징을 지닌다.

---

19) Improved Productivity through Share의 준말이다.

이 방식은 최근 들어 큰 성공을 거두고 있는데 그 이유는 이 방식이 경영진의 기존 경영방식에 큰 변화 없이도 손쉽게 도입할 수 있기 때문이다.

(4) 기타

그 밖에도 다음과 같은 방식들이 있다.

- 성과개선 방식: 생산성, 원료절감 등 실제 성과개선에 대해 보상하는 방식.
- 팀 제안 방식: 비용을 절약할 수 있는 제안에 대해 보상하는 방식.
- DARCOM 방식: Improshare와 비슷하지만 공장 전체가 아니라 부서, 그룹, 개인의 성과에 따라 보상하는 방식.

이들 방식은 대부분 경제적 동기부여에 초점을 맞추고 있다.

성과배분제가 기업의 효율, 생산성, 종업원 직무만족 등에 미치는 영향에 대해서는 많은 연구가 이루어지고 있는데 이를 요약하면 〈표 1-3-6〉과 같다.

이 표에서 보는 바와 같이 성과배분제는 전체적으로 매우 성공적인 것으로 나타나고 있다. 성과배분제에 관한 연구들을 검토한 대부분의 리뷰논문들은

〈표 1-3-6〉 성과배분제의 효과에 대한 연구들

연구자	생산성	종업원 태도	종업원 만족	조사대상
Puckett(1958)	+			스캔론 10
Frost et al.(1974)	+	+		스캔론논문리뷰
전국생산성위원회(1975)	성공 30, 실패 14			스캔론 44
Cummings and Molloy (1977)	+		+	스캔론 8
GAO(1981)	+		+	성과배분제 36
뉴욕증권거래소(1982)	75% 성공적			대기업 1,158
Fein(1982)	+			Improshare 72
Bullock and Lawler(1984)		+	+	사례연구 33
Schuster(1984)	+			성과배분 24
Markaham et al.(1992)	+		+	전문가 1,639명
Kaufman(1992)	+			Improshare 112

자료: Cotton(1993).

성과배분제를 도입한 기업의 경우 일반기업에 비해 뚜렷한 생산성의 향상과 비용절감, 고용안정 외에도 종업원 직무만족 증대, 제안과 혁신의 증대, 노사관계의 개선 등이 이루어진 것으로 보고하고 있다. 성과배분제에 관한 많은 연구들을 검토한 Lawler(1988)는 "성과배분제의 가장 중요한 특징은 그것이 효과가 있다는 것"이라고 결론지으면서 성과배분제를 도입한 기업의 50~80%가 성공적인 결과로 나타났다고 밝히고 있다. 뉴욕증권거래소, 일반회계국, 전국생산성위원회 등에서 각각 조사한 대규모 표본조사에서도 대부분 긍정적인 결과를 나타내고 있다.

이와 같이 성과배분제가 상당한 생산성 증대효과를 가져오는 이유에 대해서는 첫째, 성과배분제에 수반한 노동자 참여 프로그램이 노동자의 작업개선 참여와 동기부여, 그리고 의사소통의 원활화 등을 가져옴으로써 생산성을 증대시킬 수 있다는 것(주로 스캔론 방식), 둘째, 경제적 유인동기로 인해 노동자들이 더 열심히 일하게 된다는 것(주로 Improshare 방식) 등이 지적되고 있다(Cotton, 1993: 104).

그러나 성과배분제가 전적으로 긍정적인 결과만을 가져오는 것은 아니다. 성과배분제가 생산성 향상효과가 있다는 것은 대체로 입증되고 있지만 과연 그것이 노동자의 참여를 증대시킬 수 있는가에 대해서는 보다 불확실하다.

성과배분제는 기본적으로 생산성 개선기법의 하나이다. 따라서 종업원 개입증대, 노사 간 의사소통 증대, 협력증대 등은 부차적인 목적으로 된다. 많은 경영자들은 이 제도를 단순히 노동자가 더 열심히 일하도록 만드는 유인동기로 생각하는 경향이 있다. 따라서 기업의 전제적·통제적 경영방식을 바꿀 생각은 하지 않는 것이다(Belcher, 1991: 186). 또 노동자의 참여증대를 가져올 수 있는 적절한 종업원 개입장치도 없다. 성과배분제에 수반하는 생산위원회 등에서 제안이 이루어지는 경우에도 주로 효율증대에 관한 제안만 채택되며 이것마저도 경영진이 거부권을 가지고 있기 때문에 진정한 종업원 참여증대안은 채택되기 힘들다.

성과배분제의 또 하나의 목적이라고 할 수 있는 기업 내에서의 부와 소득의 재분배 역시 성과배분제로는 달성하기 힘들다. 생산성 향상률에 보수를 연동시킬 경우 노사 간 상대적 분배율은 일정해진다. 이는 기존의 노사 간 분배몫이 정당하다는 전제하에서 그 몫을 유지시키는 데 불과한 것이다.

따라서 성과배분제를 비판하는 사람들은 이 제도가 경영전권에 전혀 손을 대지 않은 채 생산과정의 변경에 대한 노동자들의 반대를 완화시킴으로써 경영자의 생산과정에 대한 통제권을 오히려 강화시키고 있으며 의사결정에의 노동자 참여를 통한 작업장 민주화에는 기여하지 못하고 있다고 비판한다(D'Art, 1992).

2) 이윤분배제

이윤분배제(profit sharing)는 기업이윤의 일부를 보너스 형태로 종업원에게 지불하는 제도이다. 종업원의 생산성보다는 기업의 전반적 효율성의 지표인 이윤에 토대를 두고 있다는 점에서, 그리고 종업원 참여증대를 목표로 하지 않는다는 점에서 성과배분제와는 구별된다.

미국에서 이윤분배제는 오랜 역사를 가지고 있다. 1794년 펜실베이니아 주 뉴 제네바(New Geneva)의 유리공장들에서 이윤분배제가 최초로 도입되었다고 하며, 남북전쟁 후 이 제도는 차츰 확산되어 프록터앤드갬블(1887년), 시어스(1916년), 코닥(1917년) 등 유명회사에서도 이를 도입하기에 이르렀다(Coates, 1991). 20세기 초의 이윤분배제는 주로 노조결성 회피를 위한 수단으로 사용되었고 이 때문에 노동조합은 아직도 이윤분배제에 대해서 매우 회의적인 입장을 취하고 있다. 제2차 세계대전 중에는 전시 임금통제에 따라 이윤의 일부를 이연 지급하는 형태의 이윤분배제가 널리 사용되었고 이후 이연지급형태 중심의 이윤분배제는 꾸준히 증가했다.

특히 1972년의 조세법 개정에 의해 이윤분배제에 조세상 혜택이 주어지면서 이 제도는 급속히 증가했으며 1970년대 말~1980년대 초에는 양보교섭의 일환으로 이 제도가 다수 기업에 도입되었다. 〈표 1-3-7〉에서 보는 바와 같이 1989년 미국의 이윤분배제 프로그램수는 총 44만여 개에 달하는데 이는 10년 전인 1979년에 비해 70%가량 증가한 수이다. 이윤분배제의 대부분은 1970~1980년대에 도입되었다는 것을 이 표를 통해 알 수 있다. 1989년 이윤분배제에 참가하고 있는 노동자의 비율은 전체 풀타임노동자 대비 16% 정도인데 이는 1980년대 중반에 비해서는 다소 줄어든 것이다.

이윤분배제는 그 지급형태에 따라 이윤변동보너스를 정기적(대개 연간 또는 4분기별)으로 지급하는 현금지급형태, 보너스를 연금신탁에 기탁하고 종업원이 퇴직할 때 이를 지불하는 이연지급형태, 그리고 현금지급과 이연지급을 혼

〈표 1-3-7〉 이윤분배제의 성장추이

연도	이윤분배제수
1939	37
1944	2,113
1949	3,565
1954	8,242
1959	20,204
1964	43,092
1969	87,219
1974	186,499
1979	261,261
1984	374,894
1989	442,771

자료: Coates(1991: 23).

〈표 1-3-8〉 형태별 이윤분배제 참가노동자 비율(對 풀타임노동자수 比)

(단위: %)

	1985	1986	1988	1989
이윤분배제 전체	18	22	18	16
현급지급제	1	1	1	1
이연지급제	14	18	14	13
혼합형태	3	3	3	2

자료: Coates(1991: 22).

합한 혼합형태 등 세 가지로 나뉜다(D'Art, 1992: 44). 〈표 1-3-8〉에서 보는 바와 같이 미국의 이윤분배제는 대부분 이연지급형태이다. 이는 대부분 현금지급형태를 취하고 있는 유럽의 경우와는 대조적인데 사실 미국의 이윤분배제는 진정한 의미에서의 이윤변동에 따른 보너스라기보다는 퇴직금이나 퇴직연금에 대한 대체수단으로 이용되고 있는 형편이다(Kruse, 1991).

이들 이윤분배제의 대부분은 비노조기업에서 도입되었다. 앞에서 밝힌 대로 노조는 이윤분배제의 기본목적에 대해 강한 의구심을 가지고 있으며 따라서 노조가 있는 기업에서는 도입하기가 어렵기 때문이다. 그러나 1980년대의 양보교섭과정에서 이윤분배제가 중요한 역할을 하자 포드, GM, 웨이어하우저, 캐터필러 트랙터 등 노조가 있는 대기업에서도 이 제도가 확산되었다.

Coates(1991)에 의하면 이윤분배제의 5분의 3 정도는 사전에 정해진 방식에 따라 이윤분배가 이루어지며, 나머지는 이사회에서 그때그때 결정한다. 이윤분배에 따른 보너스는 일정자격을 갖춘 전 종업원에게 분배되는데 분배방식은 종업원의 연소득에 비례해서 이루어지는 것이 대부분이나 그 밖에 근속연수에 따른 가산점을 적용하거나, 부서의 성과에 따른 차등분배, 일정액의 평등분배, 노동시간 비례분배 등 다양한 방법이 사용되기도 한다.

전체 이윤분배제의 60% 정도는 종업원도 자발적으로 기여금을 분담하는데 그 이유는 이윤분배제에 기여금을 낼 경우 면세조치를 받을 수 있기 때문이다. 기여금은 대체로 봉급액의 2~10% 정도이다.

이연지급제의 경우 연금신탁에 일단 이윤의 일정 부분이 신탁되고 신탁기금은 이를 적절한 곳에 투자하는데 주로 해당 기업의 주식, 일반주식기금, 확정금리부채권, 보증투자계약 등이다. 이 형태에서는 일정 기간(대개 5~7년)이 지나야 신탁기금으로부터의 수혜자격이 생기며 그 전에 퇴직, 또는 기금으로부터 탈퇴하는 경우 수혜자격이 상실되는데 대부분 퇴직 시 지급되지만 그 전에 자기계좌로부터 일부 인출이 허용되기도 한다.

그렇다면 이러한 이윤분배제는 기업의 생산성이나 기타 성과, 그리고 고용

〈표 1-3-9〉 이윤분배제의 효과에 관한 연구들

연구자	고용안정	종업원 태도	생산성	기업성과
Metzger and Colletti(1971)		Mixed		+
Metzger(1975)		0		+
Howard(1977)				+0
Finseth(1988)	Mixed			
Celius and Smith(1990)	+			
Mitchell et al.(1990)			+	
Weitzman and Kruse(1990)			+	
Cheadle(1990)		0		
Kruse(1991)	+			
Kruse(1992)			+	
Bell and Neuark(1993)	+			
Shepard(1994)			+	

자료: Kruse(1991, 1992); D'Art(1992); Shepard(1994); Bell and Neuark(1993).

안정, 종업원 태도 등에 어떠한 영향을 주었을까? 이윤분배제의 효과에 관한 기존 연구들을 요약하면 〈표 1-3-9〉와 같다.

이 표에서 우선 관심을 끄는 것은 이윤분배제의 고용안정효과이다. Weitzman(1984)은 이윤분배제의 효과로서 고용과 산출량의 안정효과를 들었다. 즉, 불황 시 이윤분배제를 가진 기업은 임금변동을 통해 일시해고(lay-off)를 방지할 수 있기 때문에 고정임금을 가진 기업에 비해 고용의 유지가 쉬우며, 호황 시에도 임금의 일부를 이윤분배형태로 이연지급함으로써 임금상승압력을 완화시킬 수 있어 스태그플레이션을 방지할 수 있다는 주장이다. 표에서 보는 바와 같이 이윤분배제는 고용안정에 대체로 긍정적 효과를 미치고 있어 Weitzman의 이론이 입증되고 있다.

생산성을 비롯한 기타 기업성과(수익성, 성장성, 기업재무 등)에도 이윤분배제는 대체로 긍정적 효과를 미치고 있는 것으로 나타난다.

그러나 종업원 태도나 노사관계의 개선에 미치는 효과는 훨씬 불확실하다. 사실 이윤분배제는 생산성 개선효과에도 불구하고 많은 비판을 받고 있다. 원리상 이윤분배제는 노사 양측에 적어도 거의 균등한 혜택을 주어야 한다. 만약 혜택이 고용주에게는 돌아가고 종업원들에게는 돌아가는지 불확실하다면 이는 종업원의 동기부여에 역효과를 미칠 것이다. 그런데 이연지급형태의 이윤분배제는 그러한 점에서 커다란 문제를 갖고 있다.

이연지급된 이윤은 신탁기금을 통해 투자된다. 그런데 투자로부터 나오는 과실이 증대하면 노동자들은 나중에 혜택을 받겠지만 투자가 실패하면 손해를 보게 된다. 이에 따라 퇴직 후 노후생활의 안정을 저해받게 된다. 바로 이 점에서 안정적인 노후연금이 제공되는 유럽과는 다른 것이다. 흔히 이윤분배제는 퇴직연금의 부담을 줄이려는 고용주의 수단으로 이용됨으로써 노동자의 노후생활을 불안정하게 만들고 따라서 노조는 이에 반대하는 결과를 낳고 있다.

더욱이 Bell and Neumark(1993)의 연구에 의하면 이윤분배제는 현재의 임금증가율을 낮추는 경향이 있다고 한다. 즉, 기업은 노조에 대해 양보교섭으로 임금 동결 또는 삭감을 요구하면서 그 대가로 미래의 불확실한 이윤분배를 약속하고 결과적으로 저임금을 유도하는 것이다.

이윤분배제의 노동자 유인 동기부여 효과는 거의 실현되지 않고 있다(D'Art, 1992: 72). 이윤분배제를 가진 기업이 보다 효율적인 것은 사실이지만 이는 종업원에 대한 동기부여를 통한 노동증대로 이루어졌다기보다는 이윤분배제가 있어서 보다 우수한 노동자를 선별모집할 수 있다거나 또는 기존 노동자의 이직률을 낮춤으로써 나타난 결과라는 것이다. 따라서 D'Art(1992)는 이윤분배제를 산업민주주의 실현수단의 일부로 보는 것은 잘못이라고 지적한다.

AFL-CIO는 이윤분배제에 대한 특별한 정책이 없이 개별 노조들의 자유판단에 맡기고 있다. 그러나 UAW를 제외한 대부분의 노조들은 이윤분배제에 대해 무관심하거나 적대적인 태도를 취하고 있다. 그럼에도 불구하고 기업은 이윤분배제가 기업에 가져다주는 각종 이익으로 인해 이 제도의 도입을 추진하고 있고 노조는 이에 대해 마땅한 대안을 내놓지 못하고 있는 형편이다.

3) 종업원지주제

종업원이 자기회사 주식의 일부를 소유하는 종업원지주제(Employee Stock Ownership Plan)는 미국에서 폭발적으로 성장하고 있다. Bernstein(1991)에 의하면 현재 종업원 소유주식의 가치는 1500억 달러 이상에 달한다고 한다.

미국에서는 이미 1840년대부터 뉴잉글랜드 지방을 중심으로 종업원주식소유제도가 존재했다(D'Art, 1992: 86). 19세기 말부터 종업원지주제는 확산되기 시작해 제1차 세계대전 후에는 정부의 지원 아래 여러 회사에서 도입되었는데 1929년에는 100여 개 기업에 100만 명의 노동자가 이 제도에 참가했다. 그러나 1929년의 주식시장 대붕괴로 종업원지주제도 인기가 폭락해 다수가 해체되어 버렸다.

1958년 샌프란시스코의 변호사인 루이스 켈소(Louis Kelso)는 자본주의를 안정시키고 노동자의 소득을 증가시키기 위해서는 노동자들에게도 주식을 보유하도록 유도할 필요가 있다고 주장하면서 종업원지주제의 도입을 제창했다. 켈소의 이러한 주장은 루이지애나 주 출신 상원의원 루셀 롱(Russell Long)의 지원으로 마침내 입법화되기에 이르렀다. 1974년 제정된 종업원퇴직소득안정법(Employment Retirement Income Security Act: ERISA)이 바로 그것이다. 이 법은 퇴직소득의 일부를 주식으로 지급하도록 장려하고 이에 대해 일련의 조세상의 지원을 해주는 것을 그 내용으로 하고 있다. 이후 조세법도 종업원지주제에 대한 조세지원을 강화하는 방향으로 수차례(1974년, 1984년, 1989년) 개정되었다.

특히 1980년대 들어서는 종업원지주제가 기업의 값싼 자금조달수단이나 인수 및 합병(M&A)에 대응한 기업의 방어수단으로 되면서 이 제도가 급증했다. 1989년 1만 개 이상의 종업원지주제 프로그램에 1100만 명 이상의 노동자가 가입되어 있는데 이는 1975년의 1600개 프로그램, 24만 명 노동자에 비하면 엄청나게 늘어난 것이다. 특히 종업원지주제는 대기업에서 널리 확산되고 있는데 미국 500대 기업 중 적어도 40개 기업은 주식의 10% 이상을 종업원이 소유하고 있으며, 130여 개 기업에서 주식의 4% 이상을 종업원이 소유하고 있다(Cotton, 1993: 205).

이러한 종업원지주제의 확산 뒤에는 1980년대 들어 나타난 보수주의 정권의 일정한 이데올로기적 편향이 숨어 있다는 것을 지적해야 할 것이다. 1980년대 들어 집권한 미국의 레이건 정권, 영국의 대처 정권 등 보수주의 정부들은 케인스적인 개입형 경제정책과 복지국가정책을 비판하고 보다 작은 정부로의 복귀를 지향하면서 사회보장지출의 억제, 노동조합의 규제 등 일련의 정책을 취했다. 그러면서 다른 한편으로는 노동자 각자가 주식을 가지도록 함으로써 탈프롤레타리아화를 유도해 노자 간 계급구분을 소멸시키고 계급 없는 사회로 전환하자는 이데올로기가 바로 그것이다(丸尾直美, 1990: 367).

종업원지주제는 그 형태에 따라서 기업이 종업원지주기금(Employee Stock Ownership Trus: ESOT)을 설립, 외부차입에 의해 이 기금에 거출금을 조달하는 leveraged ESOP, 기업의 직접출연에 의해 ESOP를 설립하는 non-leveraged ESOP, 조세감면법상의 세액공제를 이용하는 Tax credit ESOP이 있는데 어느 경우든 조성된 기금으로 자기회사의 유가증권을 매입하는 것은 마찬가지이다.

기금 조성은 보통 5~10년에 걸쳐 이루어지며 종업원은 자기계좌에 주식을 배정받기는 하지만 원칙적으로 퇴직, 은퇴, 사망 시까지는 이를 처분할 수 없다. 신탁기금 소유주식의 의결권은 신탁인이 행사하는데 이 신탁인은 대부분 이사회에서 임명되므로 결국 회사 측에서 그 의결권을 가지고 있다고 보아도 무방할 것이다.

ESOP의 설립목적은 한편으로는 연금계획의 일환으로서 종업원이 퇴직한 후의 기업연금 혹은 퇴직금을 보완하기 위한 수단이 되는 동시에 다른 한편으로는 기업주식의 일부를 종업원이 가지게 됨에 따라 기업에 대한 애착이 강해지고 보다 열심히 일하게 되며 노사관계가 개선될 수 있다는 것 등이다. 더 나아가 종업원지주제가 광범하게 확산될 경우 계급대립이 없어지고 이른바 '노

〈표 1-3-10〉 종업원지주제의 효과에 관한 연구들

연구자	이윤/생산성	종업원 영향력	직무만족	회사에 대한 애착
Conte & Tannenbaum(1978)	+			
Marsh & McAllister(1981)	+			
Rosen & Quarrey(1987)	+			
GAO(1987)	0			
Park & Rosen(1990)	0			
Tucker et al.(1989)		0	+	+
Long(1978)		+	+	+
Long(1981, 1982)		0	0	0
Granrose et al.(1986)		+	+0	
Rooney(1988)		0		
Buchko(1988)			0	

자료: Cotton(1993: 211, 216).

동자 자본주의(Worker Capitalism)'를 이룰 수 있다는 주장까지 나오고 있다(Bradley and Gelb, 1983).

그렇다면 과연 종업원지주제의 이러한 장밋빛 약속은 실현되었는가? ESOP이 기업의 효율성, 종업원 태도 및 기타 성과에 미치는 효과에 대해서는 지금까지 상당히 많은 연구가 축적되어 왔다. 그중 중요한 연구성과는 〈표 1-3-10〉에서 보는 바와 같다.

이 표에서 보는 바와 같이 종업원지주제가 이윤, 생산성 등 기업의 성과에 미치는 영향은 대체로 긍정적이지만, 반드시 결과가 일치하는 것은 아니다. 다른 리뷰논문에서도 이와 유사한 결과가 밝혀지고 있다(Jones and Pliskin, 1991). 비록 종업원지주제가 기업성과에 부정적 영향을 미친다는 것을 밝힌 연구는 없지만 몇몇 연구에서는 종업원지주제가 기업성과에 아무런 영향을 못 미친 것으로 나타나고 있다.

종업원지주제가 종업원 영향력, 직무만족, 기업에 대한 애착심 등 종업원 태도에 미친 영향 역시 애매한 것으로 나타나고 있다. 대체로 긍정적 효과를 미친 것으로 보이지만 몇몇 연구에서는 아무런 효과가 없거나 심지어 부정적 효과를 미친 것으로 나타나기도 했다.

이상의 결과는 종업원지주제가 기업성과 및 종업원 태도에 미치는 영향이 결코 단순하지 않음을 나타낸다. 종업원지주제가 가져오는 긍정적 효과를 설명하는 이론으로서는 일반적으로 금전적 보상설과 심리적 만족감설 두 가지가 있다. 금전적 보상설에 의하면 종업원이 자기회사 주식을 보유함으로써 얻는 금전적 보수 때문에 종업원들의 만족감이 커지고 보다 생산적이 된다는 것이다(French, 1987; French and Rosenstein, 1984).

반면 심리적 만족감설에 의하면 종업원이 회사 주식을 보유함으로써 느끼는 회사에 대한 애착심 등 주관적 만족감이 보다 중요한 요인이라고 한다(Long, 1978; Pierce et al., 1991).

그러나 종업원지주제가 반드시 이처럼 긍정적 효과를 가져오는 것만은 아니다. 종업원지주제가 가진 단점에 대해서도 많은 학자들이 지적하고 있다.

첫째, 미국에서는 종업원지주제가 주로 연금제의 보완수단으로서 이용되고 있지만 이것이 연금에 대한 적절한 대체수단이 될 수 없다는 것이다. 일반적인 연금은 퇴직 후의 급부액을 확정한 뒤, 그러한 급부를 가능하게 하는 거출액을 결정하지만, 종업원지주제의 경우 ESOP기금의 운용성과를 가지고 퇴직금을 지불하므로 주가변동에 따라 퇴직금이 줄어들 가능성이 있으며 이는 노동자의 퇴직 후 생활안정을 위협하게 되는 것이다.

둘째, 종업원지주제가 경영진에 의해 오용되는 경우가 많다는 것이다. 종업원지주제에 출연되는 자금이나 차입금은 세금감면 혜택을 받을 수 있다는 점에서 이것이 기업의 값싼 자금조달수단으로 이용되기도 하며 또 제3자에 의한 기업인수를 막기 위한 방어수단으로서 이용되기도 한다. 이런 경우 종업원지주제는 경영진에게는 많은 이득을 가져다주면서 종업원의 이익을 저해하는 방향으로 운용되는 것이다.

셋째, 주식소유에 상응하는 노동자의 발언권이 보장받지 못하고 있다는 점이다. GAO의 연구에 의하면 종업원지주제하의 주식소유는 기업전체 주식의 평균 5%에 불과해 그 영향력이 매우 제한되어 있다(Strauss, 1990). ESOP기금의 대표자가 이사회에 참여할 수 없으며, 거꾸로 이사회에서 신탁기금 관리자를 임명하므로 신탁기금 소유주식의 의결권은 사실상 경영진에 의해 장악된다.

넷째, 종업원지주제가 노동자들을 분열시키고 노동조합의 힘을 약화시킬 가능성이 있다는 점도 지적되고 있다. 현재 미국의 종업원지주제에 관한 법률은 노동조합 참가자를 종업원지주제 플랜으로부터 배제시키기 쉽도록 되어 있다. 또, 주식소유에 따른 회사에의 충성심 배양을 통해 노동자들을 개별화하고 분열시켜 회사가 지배하기 쉽도록 만든다는 것이다.

사실 1980년대 말~1990년대 초에 걸쳐 많은 ESOP가 단지 값싼 자금조달수단 혹은 기업인수에 대한 방어수단으로 설립되었으며 이는 종업원의 참여증대 등과는 아무런 관계도 없는 것들이었다. 결국 종업원지주제 등 금전적 참여는 기업의 의사결정에 대한 노동자들의 참여와 결합되어 상호보완 역할을 할 때 비로소 경제민주화에 기여할 수 있다는 점을 그동안의 경험이 보여 주고 있다 하겠다.

6. 맺음말

1980년대 이후 미국에서는 다양한 형태의 노동자 경영참가에 관한 실험이 행해져 왔다. 그러나 이러한 실험들은 기본적으로 산업민주주의의 이상을 실현하기 위한 것이라기보다는 미국 경제의 경쟁력 저하를 극복하기 위해 도입된 것이었다. 종래의 포디즘적 대량생산체제 아래 나타났던 경직적이고 대립적인 노사관계, 직무 불만족의 증대, 생산성 저하 등을 해결하기 위한 수단으로서 작업장의 일상적 운영에 관한 의사결정에 노동자의 참여를 유도함으로써 노동자의 자발성, 창의성을 높이고 생산성을 향상시키는 데 그 주안점이 두어졌던 것이다.

이렇게 해서 도입된 노동자 경영참가 실험은 생산성 향상, 기업성과 개선 등의 면에서 일정한 성과를 올릴 수 있었다. 그러나 다른 한편으로는 노동자 경영참가의 또 하나의 중요 목표인 기업 내 권력의 재배분에 의한 산업민주주의의 달성이라는 점에서는 미국의 노동자 경영참가 실험은 거의 실패했다고 해도 과언이 아니다.

경영전권에 대한 경영자의 집착은 여전히 완강하며 기업의 중요 문제에 대한 의사결정권은 여전히 경영자의 손에 장악되어 있다.

노동자 경영참가의 이념을 실현시키기 위한 사회적 환경도 여전히 열악하다. 금융적 참가를 제외하면 작업장에서의 참가나 전략적 의사결정에의 참여를 보장하는 아무런 법적 장치나 현실적 구조가 존재하지 않는다.

노동자 경영참가를 추진하는 주체가 되어야 할 노동조합 역시 전통적인 실리적 조합주의에서 크게 벗어나지 못하고 있다. 대부분의 노조는 경영참가에 대해 적대적이거나 소극적인 태도를 취하고 있으며 경영참가에 대한 전반적 전략도 없다.

이러한 가운데 경영참가는 주로 경영 측의 주도로 도입·운용되고 있으며, 그 결과 이것이 오히려 생산과정에 대한 경영 측의 통제를 강화하는 방향으로 귀결되는 수가 많다. 더욱이 일부 경영자들은 이를 노동자들의 단결력을 약화시키고 노조를 회피하거나 약화시키는 수단으로 활용하고 있기도 하다.

그러나 이러한 여러 가지 문제에도 불구하고 진정한 산업민주주의의 실현을 위한 노동자 경영참가의 추진 그 자체가 포기되어서는 안 될 것이다. 노동자 경영참가의 성격은 사전적으로 규정되는 것이 아니라 노자 간 투쟁의 산물로서 규정되는 것이다. 따라서 이를 자본 측의 주도권에 맡겨 두지 말고 노조의 힘에 의해 산업민주주의를 실현할 수 있는 방향으로 적극 견인할 필요가 있다. 산업민주주의의 실현은 경영 측이 아니라 노동 측의 역사적 과업이기 때문이다.

이 과업을 실현시키기 위해서는 무엇보다도 노조의 성격 자체가 변할 필요가 있다. 미국의 노조가 임금, 복지 등 경제적 이익의 추구에만 집착하는 실리적 조합주의로부터 벗어나 산업민주주의의 실현이라는 전망을 가지고 적극적으로 노력할 때 비로소 미국에서도 산업민주주의의 싹이 트게 될 것이다.

참고문헌

고병웅. 1990. 「곰퍼스의 경제주의 노동운동에 대한 비판적 고찰: NCF 참여를 중심으로」. ≪조선대 전통문화연구≫, 90-I.

윤진호. 1992. 「미국노동운동의 위기와 새로운 변화」. ≪경제와 사회≫, 14호.

이영범. 1992. 『미국노동운동사』. 서원.

丸尾直美. 1990. 「成果配分制と勞動者所有參加」. ≪日本勞動硏究雜誌≫, 367.

Bamber, G. J. and R. D. Lansbury(eds.) 1987. *International and Comparative Industrial Relations*. Unwin Hyman.

Barrick, M. R. and R. A. Alexander. 1987. "A Review of Quality Circle Efficiency and the Existence of Positive-findings Bias." *Personnel Psychology*, 40.

Belcher, J. G. 1991. *Gain Sharing*. Gulf Publishing Company.

Bell, L. A. and D. Neumark. 1993. "Lump-sum Payments and Profit-sharing plans in the Union Sector of the United States Economy." *Economic Journal*, 103.

Bernstein, A. 1991. "Joe Sixpack's Grip on Corporate America." *Business Week*, July 15.

Bradley, K. and A. Gelb. 1983. *Worker Capitalism: The New Industrial Relations*. MIT Press.

Brody, D. 1980. *Workers in Industrial America: Essays on the Twentieth Century Struggle*. Oxford University Press.

Brown, C. and M. Reich. 1989. "When Does Union-Management Cooperation Work? A Look at NUMMI and GM-Van Nuys." *California Management Review*, Summer.

Camman, C. et al. 1984. *Management-Labor Cooperation in Quality of Worklife Experiments: Comparative Analysis of Eight Cases*. University of Michigan.

Coates, E. M. 1991. "Profit Sharing Today: Plans and Provisions." *Monthly Labor Review*, April.

Cook, M. H. 1988. "Quality Circles-They Really Work, But…." *Training and Development Journal*, 36.

Cooke, W. N. 1990. "Labor-Management Cooperation: New Partership or Going in Circles?" W. E. Upjohn Institute for Employment Research.

Cotton, J. L. 1993. *Employee Involvement: Methods for Improving Performance and Work Attitudes*. SAGE.

Cutcher-Gerschenfeld, J. et al. 1991. "Recent Developments in U.S. Employee Involvement Initiatives: Erosion or Diffusion?" in D. Sockell et al.(eds.) *Advances in Industrial and Labor Relations*, Vol.5, JAI Press.

D'Art, D. 1992. *Economic Democracy and Financial Participation*. Routledge.

Delaney, J. T. et al. 1988. "Employee Involvement Programs and Firm Performance." Proceedings of the 41st Meeting of Industrial Relations Research Association.

Dumaine, B. 1990. "Who Needs a Boss?" *Fortune*, May 7.
Dunlop, J. T. 1986. "A Decade of National Experience." in J. M. Rostow(ed.) *Teamwork*. Pergamon Press.
Dunlop, J. T. 1988. "Have the 1980s' Changed United States Industrial Relations?" *Monthly Labor Review*, May.
Eaton, A. E. 1990. "The Extent and Determinants of Local Union Control of Participation Programs." *Industrial and Labor Relations Review*, 43-5, July.
Edwards, R. and M. Podgursky. 1986. "The Unravelling Accord: American Unions in Crisis." in R. Edwards et al. *Unions in Crisis and Beyond: Perspectives from Six Countries*. Auburn House.
Fantasia, R. et al. 1988. "A Critical View of Worker Participation in American Industry." *Work and Occupations*, 15-4.
Ferguson, T. H. and J. Gaal. 1984. "Codetermination: A Fad or a Future in America." *Employee Relations Law Journal*, 10-2.
Foulkes, F. 1980. *Personnel Policies in Large Non-Union Companies*. Prentice-Hall.
French, J. L. 1987. "Employee Perspectives on Stock Ownership: Financial Investment or Mechanism of Capital?" *Academy of Management Review*, 12.
French, J. L. and J. Rosenstein. 1984. "Employee Ownership, Work Attitudes, and Power Relationships." *Academy of Management Journal*, 27.
Gershenfeld, W. J. 1987. "Employee Participation in Firm Decisions." in M. M. Kleiner et al.(eds.) *Human Resources and the Performance of the Firm*. Industrial Relations Research Association.
Gold, C. 1986. *Labor-management Committees, New York State School of Industrial and Labor Relations*. Cornell University.
Goodman, P. S. 1979. *Assesing Organizational Change*. Wiley.
Gorlin, H. and L. Schein. 1984. *Innovations in Managing Human Resources*, Report No.849. The Conference Board.
Greenbaum, H. H. et al. 1988. "Evaluations of Problemsolving Groups: The Case of Quality Circle Programs." *Group and Organizational Studies*, 13.
Grenier, G. J. 1988. *Inhuman Relations: Quality Circles and Anti-Unionism in American Industry*. Temple University.
Hammer, T. H. et al. 1991. "Worker Representation on Boards of Directors: A Study of Competing Roles." *Industrial and Labor Relations Review*, 44-4.
Heckscher, L. C. 1988. *The New Unionism: Employee Involvement in the Changing Corporation*. Basic Books.
Hoerr, J. 1987. "Blue Collars in the Boardroom: Putting Business First." *Business Week*, Dec. 14.
Jacoby, S. 1983. "Union-Management Cooperation in the United States: Lessons from the

1920's." *Industrial and Labor Relations Review*, 37-1, October.

Jones, D. C. and J. Pliskin. 1991. "The Effects of Worker Participation, Employee Ownership, and Profit-sharing on Economic Performance: A Partial Review." in R. Russell and V. Rus.(eds.) *International Handbook of Participation in Organizations*, Vol.2. Oxford University Press.

Kelly, M. R. and B. Harrison. 1992. "Unions, Technology, and Labor-Management Cooperation." in L. Mishel and P. Voos.(eds.) *Unions and Economic Competitiveness*. M. E. Sharpe.

Kenney, M. and R. Florida. 1993. *Beyond Mass Production: The Japanese System and Its Transfer to the U.S.* Oxford University Press.

Kochan, T. A.(ed.) 1985. *Challenges and Choices Facing American Labor*.

Kochan, T. A. et al. 1984. *Worker Participation and American Unions: Threat or Opportunity?* The W. E. Upjohn Institute for Employment Research.

Kochan, T. A. et al. 1986. *The Transformation of American Industrial Relations*. Basic Books.

Kochan, T. A., K. B. McKersie, and J. Chalykoff. 1986. "The Effects of Corporate Strategy and Workplace Innovations on Union Representation." *Industrial and Labor Relations Review*, 39-4, July.

Kruse, D. 1991. "Profit Sharing in the 1980s: Disguised Wages or a Fundamentally Different Form of Compensation?" in R. Eberts and E. Groshen.(eds.) *Structural Changes in U.S. Labor Markets: Causes and Consequences*. M. E. Sharpe.

Kruse, D. 1992. "Profit-sharing and Productivity: Microeconomic Evidence from the United States." *Economic Journal*, 102.

Larson, S. and B. Nissen. 1987. *Theories of the Labor Movement*. Wayne State University Press.

Lawler, E. E. 1988. "Gainsharing Theory and Research: Findings and Future Directions." in W. A. Pasmore and R. W. Woodman.(eds.) *REsearch in Organizational Change and Development*. JAI Press.

Lichtenstein, N. 1980. "Auto Worker Militancy and the Structure of Factory Life, 1937-55." *Journal of American History*, 67-2.

Long, R. J. 1978. "The Relative Effects of Share Ownership vs. Control on Job Attitudes in an Employee-owned Company." *Human Relations*, 31.

Management Review. 1982. "Research Spotlight: Why Quality Circles Failed at 21 Firms." *Management REview*, 71.

Markham, S. E. et al. 1992. "National Gainsharing Study: The Importance of Industry Differences." *Compensation and Benefits REview*, 24.

Marks, M. L. 1986. "The Question of Quality Circles." *Psychology Today*, 20.

Miller, C. M. and M. M. Schuster. 1987. "Gain Sharing Plans: A Comparative Analysis." *Organizational Dynamics*, Summer.

Mills, D. Q. 1994. *Labor-Management Relations*. McGraw-Hill.

Milton, D. 1986. "Late Capitalism and the Decline of Trade Union Power in the United States." *Economic and Industrial Democracy*, 7-4.

Moch, M. K. and J. M. Bartunek. 1990. *Creating Alternative Realities at Work: The Quality of Work Life Experiment at FoodCom*. Harper Business.

Nale, R. D. 1982. "Satisfied-Yes, Consultant Use-Low." *Journal for Quality and Participation*, 12-2.

Nord, S. and Y. Ting. 1991. "Impact of Advance Notice of Plant Closings on Earnings and the Probability of Unemployment." *Industrial and Labor Relations Review*, 44-4.

Osterman, P. 1994. "How Common Is Workplace Transformation and Who Adopts It?" *Industrial and Labor Relations Review*, 47-2, Jan.

Parker, M. and J. Slaughter. 1988. *Choosing Sides: Unions and the Team Concept*. South End Press.

Pierce, J. L. et al. 1991. "Employee Ownership: A Conceptual Model of Process and Effects." *Academy of Management Review*, 16.

Piore, M. J. 1980. "American Labor and the Industrial Crisis." *Challenge*, March-April.

Piore, M. J. and C. F. Sabel. 1984. *The Second Industrial Divide: Possibilities of Prosperity*. Basic Books.

Rosen, C. and K. M. Young.(eds.) 1991. *Understanding Employee Ownership*. ILR Press.

Russell, R. 1988. "Forms and Extent of Employee Participation in the Contemporary United States." *Work and Occupations*, 15-4.

Russell, R. and V. Rus. 1991. *International Handbook of Participation in Organizations*, Vol.2, Oxford University Press.

Shepard, E. M. 1994. "Profit Sharing and Productivity: Further Evidence from the Chemicals Industry." *Industrial Relations*, 33-4.

Slichter, S. H. 1941. *Union Policies and Industrial Management*. The Brookings Institution.

Slichter, S. H. et al. 1960. *The Impact of Collective Bargaining on Management*. The Brookings Institution.

Steel, R. P. and G. S. Shane. 1986. "Evaluation Research on Quality Circles: Technical and Analytical Implications." *Human Relations*, 39.

Stern, R. N. 1988. "Participation by Representation-Workers on Boards of Directors in the United States and Abroad." *Work and Occupations*, 15-4.

Steuer, R. M. 1977. "Employee Representation on the Board: Industrial Democracy or Interlocking Directorate?" *Columbia Journal of Transnational Law*, 16.

Strauss, G. 1990. "Participatory and Gain-sharing Systems: History and Hope." in M. J. Roomkin.(ed.), *Profit Sharing and Gain Sharing*. IMLR Press.

Struass, G. and E. Rosenstein. 1971. "Worker Participation: A Critical View." *Industrial Rela-*

tions, 9.

Summers, C. W. 1992. "Worker Participation in the United States." '단체교섭권의 행사와 노동자의 경영참가'. 국제학술회의 발표논문, 한국노사관계학회.

Tolliday, S. and J. Zeitlin. 1992. "Shop-Floor Bargaing, Contract Unionism and Job-Control: An Anglo-American Comparison." in S. Tolliday and J. Zeitlin.(eds.) *Between Fordism and Flexibility*. Berg.

Van Fleet, D. D. and R. W. Griffin. 1989. "Quality Circles: A Review and Suggested Future Directions." in C. L. Cooper and I. Robertson.(eds.) *International REview of Industrial and Organizational Psychology*. John Wiley.

Verma, A. 1989. "Joint Participation Programs: Self-help or Suicide for Labor?" *Industrial Relations*, 28.

Verma, A. and R. McKersie. 1989. "Employee Involvement: The Implications of Non-involvement by Unions." *Industrial and Labor Relations Review*, 40.

Voos, P. B. 1987. "Managerial Perceptions of the Economic Impact of Labor Relations Programs." *Industrial and Labor Relations Review*, 40-2, Jan.

Weitzman, M. L. 1984. *The Share Economy*. Harvard University Press.

Wells, D. M. 1987. *Empty Promises: Quality of Working Life Programs and the Labor Movement*. Monthly Review Press.

Wheeler, H. 1987. "Management-labor Relations in the U.S.A." in G. J. Bamber and R. D. Lansbury.(eds.) *International and Comparative Industrial Relations*. Unwin Hyman.

Winpisinger, W. 1973. "Job Enrichment: A Union View." *Monthly Labor Review*, 96.

Wood, R. C. 1982. "Squaring off on Quality Circles." *Inc.*, 4-8.

Wood, R. C. 1983. "Evaluating Quality Circles: The American Applications." *California Management Review*, 26-1.

Zager, R. and M. P. Rostow.(eds.) 1982. *The Innovative Organization: Productivity Programs in Action*. Pergamon Press.

제4장

영국노동조합의 새로운 운동전략과 그 시사점*

1. 머리말

1980년대 이후 영국의 노동조합운동은 쇠퇴일로를 걸어 왔다. 1979년 집권한 대처 보수당 정부의 신자유주의적 노동정책과 노조에 대한 공격으로 노동조합은 조직률의 감소, 전투성의 상실, 정치적 발언권의 상실을 겪었으며 그 결과 영국 사회에서 막강한 권력을 행사하던 노동조합의 힘은 형편없이 줄어들었다.

영국 노동조합운동의 정상조직인 영국노동조합총연맹(Trades Union Congress: TUC)은 최근 노동조합운동의 부흥을 위해 적극적인 노력을 기울이고 있으며 이는 상당한 성공을 거둔 것으로 평가된다. 특히 1993년부터 TUC의 새로운 총서기(General Secretary)[1] 존 몽크스(John Monks)에 의해 주도된 '새출

* ≪노동사회≫, 35호(1999)에 게재되었다.

1) TUC의 최고책임자는 총서기라고 부른다. 총서기는 TUC의 전반적 활동을 책임지며 TUC를

발(Relaunch)' 운동과 '새노조(New Unionism)' 운동은 영국노동조합운동에 새로운 활력을 불어넣고 있다.

신자유주의적 노동정책에 의해 위축당한 영국노동조합이 이를 극복하기 위해 벌이고 있는 이러한 새로운 움직임은 IMF 위기국면 아래 정부와 자본의 신자유주의적 구조조정전략과 노동정책에 대항해 싸우고 있는 한국의 노동조합들에게도 상당한 시사점을 던져 주고 있다.

이 글에서는 현재 영국의 TUC가 채택하고 있는 새출발 운동과 새노조 운동의 배경과 내용을 알아보고 그 시사점에 대해 살펴보고자 한다.

2. 새출발 운동의 배경[2)]

영국의 노동조합은 제2차 세계대전 후 영국 사회 내에서 확고한 세력을 구축해 왔다. 이른바 '집단적 자율주의'의 원칙하에 노사관계에 대한 국가의 개입은 거의 없었으며 노동조합은 경영자들과의 집단적(산별, 직업별) 교섭을 통해 임금인상과 근로조건의 향상을 이룩할 수 있었다. 또한 노동조합과 노동당 정부 간의 긴밀한 협조가 이루어짐으로써 노동조합의 정치에 대한 영향력도 높아졌다. 노동당 대의원의 70%가 노동조합의 추천으로 메워졌으며 정부의 주요 각료가 노동조합 출신으로 충원되었고 의회 내에서도 노조 출신 의원들이 대량으로 진출했다. 노동조합은 정부의 각종 정책 수립, 집행에 참여해 노동자들에게 유리한 법률, 정책을 만들어냈다(임무송, 1997).

전후 영국 사회 내에서 확고하게 자리 잡았던 노동조합의 위치는 1970년대 들어 크게 흔들리기 시작했으며 특히 1979년 보수당 정부의 등장에 따라 결정

대외적으로 대표한다. 현재의 총서기 존 몽크스는 1993년 선출되어 현재에 이르고 있다.

2) 이 절은 주로 임무송(1997); 윤진호(1999)를 참고했다.

적 타격을 받게 되었다. 대처 정부는 전후 지속되어 온 노사 간의 합의를 철저히 부인하고 노조를 탐욕적이고 무책임한 독점집단으로 규정해 노동조합의 규제에 나섰다. 이른바 '신자유주의적' 개혁의 시작이었다.

보수당 정부는 일련의 새로운 법률을 도입함으로써 노조세력의 약화를 꾀했는데 여기에는 사용주의 노조에 대한 법률적 인정의무의 철폐, 클로즈드숍(closed shop, 노조에 가입해야만 회사에 취업할 수 있는 제도)의 금지, 노동쟁의 시 노조의 면책특권 제한, 불법파업 시 노조기금의 압수, 파업 시 조합원의 사전비밀투표 의무화, 피케팅(picketing, 노동쟁의 시 사업장 앞에서 피켓을 들고 시위를 하면서 파업 불참자의 사업장 출입을 방해하는 행위)에 대한 제한 강화, 노조의 업무·재정에 대한 정부 감사, 노조의 불법행위에 대한 사용자 권리의 강화, 노조에 대한 노조원 개인의 권리 보호, 조합비 일괄징수제(check-off, 임금에서 조합비를 일괄 공제해 조합에 주는 제도) 철폐, 최저임금제 철폐, 불공정해고 규제의 완화 등 광범한 분야에 걸친 것이었다.

노동조합은 초기에는 보수당 정부가 오래가지 못할 것으로 생각하고 소극적 전략으로 일관했으나, 차츰 보수당 정부의 공세가 본격화됨에 따라 TUC 내에서 전투적 노동조합주의자들의 목소리가 높아졌다. 이들은 조합원들의 대중적 동원을 통해 정부와 정면 대결하여 보수당 정부를 무너뜨리자고 주장했다. 특히 탄광노조(NUM)는 탄광업 구조조정에 저항해 근 1년간 격렬한 파업을 벌였으나 결국 보수당 정부의 강경정책과 노조의 내부분열 등으로 인해 패배하고 말았다.[3)]

이후 영국 노동조합운동은 쇠퇴일로를 걸었다. 전투적 조합주의와 현장에

---

3) 물론 탄광노조 파업이 실패한 원인을 전적으로 노조의 전략선택 실패 탓으로 돌릴 수는 없다. 오히려 대처 정부의 치밀한 대노조탄압전략과 사용자에 의한 노조분열공작이 파업실패의 직접적 원인으로 지목받고 있다. 그것이 사실이라 하더라도 당시 탄광노조 위원장 아서 스카길이 노조의 전투적 전략에 대해 과신했으며 이것이 파업실패 및 그 후 탄광노조의 장기적 침체의 한 원인이 되었다는 사실 역시 부인하기 힘들다. 이에 대해서는 Kahn(1992) 참조.

토대를 둔 노동운동은 약화되고 그 대신 기업별 노사협력주의와 일본식 노사관계가 나타났다. 단체교섭의 분산화에 따라 기업별 단체교섭, 단체협약이 증가하고 그 내용도 노사평화협약, 기업통제하의 종업원참여제도 등 노사협력적 내용이 많아졌다. 직무경계의 소멸, 다기능공화, 파트타임·파견노동자의 증가, 업적급(merit system) 및 이윤분배제의 도입, 변형근로시간제 및 교대제의 변경 등 경영자 측에 유리한 노동관행이 잇달아 도입되었다. 하청·임시노동자의 광범한 사용에 의해 고용불안은 한층 심해졌다.

이러한 자본 측의 공세에 대해 노동조합은 뚜렷한 대안을 내놓지 못했다. 노동조합의 전투성은 쇠퇴하고 파업도 크게 줄어들었다. 노동조합은 정부와 일체의 대화통로가 끊긴 채 정치적 시민권을 잃어버렸다. 정부는 노사정 3자 협의체제를 철폐했고 노동조합과 정부의 비공식적 대화통로마저 단절되었다. 사회운동으로서 노동조합의 사기는 크게 떨어졌으며 노조는 자신감을 잃어버리고 진로에 대한 내부논쟁만 벌였다.

이러한 가운데 노조원수와 조직률은 계속 감소해 대처 정부가 집권하던 해인 1979년 1330만 명(조직률 55%)에서 1990년 990만 명(조직률 32%), 그리고 1996년에는 720만 명(조직률 31%)으로 줄어들었다. 보수당 정부 집권기간 18년 동안 노조원수와 조직률은 거의 절반으로 줄어든 셈이다. 이 기간은 노동조합으로서는 그야말로 '암흑의 세월'이었다고 할 것이다.

1993년 TUC 총회에서 새로 선출된 존 몽크스 총서기는 영국노동운동의 부흥을 위해 새로운 전략과 조직이 필요하다는 판단 아래 새출발 운동이라는 새로운 프로그램을 발표했다. 이는 내부적으로는 노조조직을 현대화하여 보다 효율적인 조직, 노조원들에 대한 서비스를 높이는 조직을 만들면서 외부적으로는 정부, 사용자 등 외부와의 관계를 재정립함으로써 노동의 권리 강화, 완전고용 보장, 근로조건의 질적 수준의 향상 등 노동조합의 목표를 실현시키려는 전략이다.

3. 새출발 운동의 내용[4)]

1) 내부적 변화

(1) 내부조직의 개혁

존 몽크스는 새출발 운동의 일환으로 우선 TUC 내부조직의 개혁에 착수했다. 가장 뚜렷한 변화는 TUC 대의기구(代議機構)의 개혁이다. TUC의 대의기구는 총회(Congress, TUC의 최고의사결정기관, 매년 1회 개최)－일반위원회(General Council, 총회 사이의 기간 동안에 TUC의 의사결정, 2개월마다 개최)－집행위원회(Executive Committee, 조합실무 집행, 매월 1회 개최)의 순서로 구성되어 있다. 여기서 개혁의 초점은 일반위원회이다. 종전에 일반위원회는 TUC 내의 다양한 조합원들의 이해관계를 반영하기 위해 자리안배 형식으로 구성되었다. 또 일반위원회 산하에 정부 부처를 연상시키는 여러 가지 상임정책위원회들이 있어 여기서 TUC 정책이 입안되었다.

이러한 구성을 가진 일반위원회에서 형성되는 정책은 회원 노조들의 의사를 총괄한 것일 뿐 현실성이 없고 정책형성 과정이 매우 비효율적이며 현실세계의 노사관계에 영향을 못 미치는 것으로서 비용은 많이 드는 반면, 결과는 신통치 않은 것으로 평가되었다.

이에 따라 일반위원회 내의 여러 상임정책위원회들과 산별위원회들을 폐지했다. 산별위원회는 보다 느슨한 산별포럼(산별문제에 대한 의견을 교환하기 위한 교류조직)으로 대체되었다. 일반위원회 자체의 회의 개최회수도 줄이고 업무의 상당 부분을 26명으로 구성된 집행위원회 및 이슈별 공동위원회(예컨대 여성위원회, 인종위원회)로 위임했다.

---

4) 이 절은 주로 Heery(1998); TUC 홈페이지(www.tuc.org.uk); 유럽근로조건개선재단 홈페이지(www.eiro.eurofound.ie); 비즈에드 홈페이지(bized.ac.uk/comfact/tuc)를 참조했다.

그 대신 다양한 과제별 그룹(Task Groups)이 새로 구성되었다. 이들 과제별 그룹은 일반위원회 위원, 산하조직 대표, TUC 내 전문가 등으로 구성되는데 명확하고 달성 가능한 목표를 세우고 그 해결을 위해 노력하는 한시적 조직이다. 과제별 그룹은 일반위원회를 통해 연례총회에 보고서를 제출한 뒤 해산한다. 지금까지 구성된 과제별 그룹으로는 기업지배구조 문제, 완전고용 문제, 작업장 참가 문제, 인사관리 문제, 파트타임 노동자 문제, 미조직 노동자 조직화 문제 등이 있다. 과제별 그룹은 이들 과제에 대해 정책을 개발하고 캠페인을 벌인다. 이들 그룹은 조합 내 합의형성이나 절차상의 정확성을 강조하기보다는 TUC의 우선과제가 무엇인지, 구체적으로 이를 어떻게 달성한 것인지 등에 초점을 맞추고 있다. 한마디로 말해서 조합 내 의사결정의 효율성을 높이고자 하는 것이 목표이다.

이러한 의사결정기구의 효율화와 더불어 TUC 내부관리 관행 역시 개혁했다. TUC 본부 사무국에는 직원 175명이 근무하고 있다. 과거 TUC의 사무국은 전통적인 공무원 조직을 모델로 만들어졌으며 계층적 관료제 방식으로 관리되어 왔다. 엄격하게 업무관장이 구분된 부서들, 부서장에 권한이 집중되어 있는 점, 조합 내 내부노동시장을 통한 승진체제, 업무처리에 있어서의 익명성 및 무책임성, 산하조직 대표에게 책임을 미루는 풍토 등이 그 특징이었다.

새출발 운동은 이러한 여러 요소들을 적극적으로 개혁했다. 과제별 그룹의 설치와 같은 맥락에서 부서 경계를 넘어선 사업(프로젝트)별 조직을 강조하고 있다. 또, 직무를 재설계·재배치하고 업무의 자율성을 높였다. 외부 인사의 채용을 통해 조직을 혁신하고자 적극적으로 노력했다. TUC 전임직원들이 산하조직 대표들과 더불어 과제별 그룹에 공식 참여하는 것이 허용되었고 의사결정과정에 공개적으로 참여하도록 장려되고 있다.

또한 직원들의 능력개발을 위한 투자를 증대시켰는데 강연기술, 언론대응기술, 사업관리능력, 정보기술훈련, 경영개발능력 등에 관한 훈련 및 교육을 전 직원에게 실시했다. 또 사무국 내부의 커뮤니케이션을 향상시키기 위한 몇 가지 조치도 취해졌다. 이러한 노력들은 직원들의 적극적인 참여와 협조 아래 이루어졌다. 훈련성과에 대해서는 매년 자체평가가 이루어졌다. TUC의 직원 훈련은 높은 성과를 나타내 1997년에는 정부에서 실시하고 있는 '인간투자조직(Investors in People)'[5] 선정기준에 통과되어 정부로부터 보조금을 받고 있다. 이와 같이 TUC 내부관리 관행의 개혁은 TUC 사무국의 근무정신과 스타일을 바꾸어 보다 덜 형식적이고, 보다 유연하며, 보다 생산성 높은 노동력을 만들고자 하는 노력이다.

(2) 전략의 변화

새출발 운동의 두 번째 특징은 TUC의 운동전략 변화이다. 즉, TUC가 조합원의 좁은 이해관계를 대변하기보다는 넓은 범위에 걸친 노동자계급 전체의 이해관계를 대변한다는 것이다. 이는 TUC가 단지 노동조합들의 대표조직일 뿐만 아니라 광범한 근로계급을 대변하는 권위 있는 대변기관으로서 위상을 정립하고자 하는 적극적 시도라 할 수 있다. 이를 위해 TUC는 광범한 근로대중의 직접적 관심사이며, 비조합원들에게도 큰 영향을 미치고 있는 고용문제를 정책의 최우선과제로 삼고 있다. 최근 TUC의 캠페인에서 집중적으로 다루고 있는 문제들의 예를 들면 파트타임 노동자의 권리, 최저고용기준, 전국단일 최저임금제, 실업문제의 해결, 인종차별문제, 연금문제 등이 있다.

이들 캠페인 중 상당수는 노동력 내의 특정 그룹이나 소수층의 이익에 초점을 맞추고 있는데 TUC는 노동력 내의 다양성을 인정하면서 동시에 이를 노동계급의 이해관계로 묶음으로써 그 지지기반을 넓히고자 노력하고 있다. 이를 위해 과거에는 노동조합의 관심사에서 주변적인 것에 머물렀던 것들을 이제는

---

5) 영국 정부는 일정한 훈련기준을 세우고, 이 기준을 충족시키도록 직원들에 대해 훈련, 개발을 실시하는 조직에 대해 지원하고 있다. 이를 '인간투자조직(Investors in People)'이라 부른다. 이 프로그램은 각 지역 훈련 및 창업 위원회가 정부 지원을 받아 운영하고 있다.

본격적인 과제로 제기하고 있다. 예컨대 새로 구성된 과제별 그룹의 최우선 중요과제의 하나는 파트타임 노동자들의 권리보호 및 노조의 대표권 개선문제이다. 또한 인종차별에 반대하고 문화적 다양성을 지지하는 운동으로서 '인권존중(Redspect)' 축제를 매년 개최하고 있는데 1996년 런던 핀즈베리(Finsbury) 공원에서 열린 제1회 인권존중 축제에는 약 8만 명이 참가했으며 해가 갈수록 참가자수가 늘고 있다. 또 청년노동자, 동성애 노동자, 가내노동자, 여성노동자, 유색노동자 등을 대상으로 한 캠페인도 실시되고 있다. 과거부터 TUC는 이러한 소수층의 이해관계를 대변하려고 노력해 왔지만 새출발 운동 이후 이해관계 대변층의 범위가 넓어지고 이것이 TUC의 핵심사업의 하나로 재분류된 것이 다른 점이다.

(3) 조직화 사업

새출발 운동의 핵심과제의 하나는 노조조직률의 향상을 위한 조직화 사업이다. 이는 새노조 운동으로 집약되고 있다. 새노조 운동은 1996년 TUC 특별총회에서 채택되어 그 후 매년 총회에서 주요 사업의 하나로 다루어지고 있으며 새노조 과제별 그룹을 통해 추진되고 있다. 새노조 운동은 새로운 산업의 새로운 노동자들을 목표로 한 조직화 사업이다. 주요 대상은 여성, 청년층이며 특히 새로운 산업 및 불안정한 직종에 있는 노동자들에 집중하고 있다.

TUC는 조직화 사업을 조합의 최우선과제로 삼고 조직문화를 만들고자 노력하고 있으며 인력과 자금을 조직화 사업에 점점 더 많이 배치하고 있다. 특히 TUC는 조직화 사업을 담당할 조직전문가를 양성하기 위해 1998년 1월 '조직화 아카데미(Organizing Academy)'를 개설했다. 제1기 아카데미에는 17개 산하노조에서 선발된 신입생 36명이 입학했는데 이들은 1년간 이론 및 현장교육을 받은 뒤 각급 조직에 배치되어 조직화 사업을 담당할 예정이다.

영국에서 노조원을 충원하는 데 있어 가장 큰 문제점은 이미 노조가 있는 사업장에서만 조직화 노력이 이루어지고 있고 새로운 산업, 새로운 직종에 대해서는 조직화 노력이 별로 이루어지지 않고 있다는 점이다. 과거 노조조직화 사업은 주로 사업장의 현장노조위원(shop stewards)[6]이 담당했는데 이들은 노조 전임자가 아니기 때문에 사용주들로부터 시간상의 제약을 엄격하게 받고 있어 비노조 사업장에서 조직화 사업을 전개할 기회가 거의 없었다. 따라서 현장노조위원들의 조직활동은 주로 자기 자신의 사업장에 집중되었다. 한편 노조본부로부터 봉급을 받는 전임직원들 역시 단체교섭 활동에 시간의 대부분을 빼앗길뿐더러 노조원수 감소에 따른 재정상의 문제 때문에 많은 노조에서 전임직원수를 줄임으로써 신규 노조원 조직활동을 벌일 여유가 거의 없었다. 따라서 조직활동의 핵심적인 양대 축 모두가 새로 성장하는 산업 쪽으로 노조원수를 확대하는 활동을 벌이지 못하고 있는 것이다.

따라서 조직화 아카데미 졸업생들은 현장위원과 전임직원들이 공백상태로 남겨놓고 있는 신규 조직활동에 집중 투입될 예정이다. 이러한 TUC의 조직화 아카데미 설립은 미국의 AFL-CIO에서 1989년에 세운 '조직화 기구(Organizing Institute)'와 호주노동조합연맹(Austrailian Council of Trade Unions)이 1994년에 세운 조직화 프로그램(Organizing Works Programmes)을 모델로 한 것이다.

훈련생들은 20대 중반의 연령층으로 기존 노조원 중에서 선발되며 주로 비정규 고용형태로 일하고 있던 사람들이다. TUC 산하노조들이 이들을 추천하며 훈련생들의 훈련기간 중 임금 및 훈련비용은 TUC와 산하노조가 공동부담한다.

이들은 조합원 충원 및 조직기술에 대해 훈련받은 뒤 TUC와 산하노조가 공동으로 벌이는 조직화 캠페인에 배치될 예정이다. TUC가 근로대중의 권위 있는 대변자로서 지위를 굳히려면 지난 20년간에 걸친 조합원의 감소추세를 역전시켜야만 한다고 TUC는 굳게 믿고 있다. 그리고 이를 위해서는 새로운 고용

---

6) TUC나 산별·직업별 연맹에서 임명한 노조 전임자가 아니라 현장노조원들을 대표하는 현장위원으로서 주로 파트타임으로 노조활동을 한다.

부문의 새로운 범주의 노동자들 쪽으로 조합활동의 방향을 재조정하지 않으면 안 되는 것이다.

2) 외부적 변화

(1) 정당 및 정부와의 관계 변화

새출발 운동은 비단 TUC의 내부구조와 운영의 개혁뿐만 아니라 노사관계와 정부 정책에 대해 보다 효율적으로 영향을 미치기 위한 외부관계의 개혁에도 착수했다. 이는 정당, 정부, 사용자, 시민단체 등 다양한 외부세력들을 대상으로 이루어지고 있다.

먼저 정당 및 정부와의 관계에 있어서는 두 가지 뚜렷한 변화가 눈에 띈다.

첫 번째 변화는 TUC가 전통적인 노동당과의 밀착관계를 넘어서서 다른 정당들과의 접촉을 강화했다는 점이다(Leopold, 1997). TUC는 전통적으로 노동당과 긴밀한 관계를 가져왔다. 현재의 영국 노동당은 1900년에 노동조합들이 세운 노동대표위원회(Labour Representation Committee: LRC)로부터 시작된 것으로서 1919년 LRC는 노동당으로 이름을 바꾸었다. 이처럼 노동조합과 노동당은 밀접한 관계의 역사를 가지고 있으며 그런 까닭에 노동당 대의원의 70% 이상이 노동조합에 자동 배분되고 노동당 정부의 주요 각료를 노동조합으로부터 추천받는 등 양측은 떼려야 뗄 수 없는 관계를 유지해 왔다. 이러한 밀착관계는 보수당 집권 이후 노조의 급진화와 세력 약화에 따라 한때 멀어지기도 했으나 1997년 5월 노동당이 재집권한 이후 양측은 다시 관계가 밀접해지고 있다. TUC와 노동당 지도부의 정기적인 회합이 계속되고 있으며 토니 블레어(Tony Blair) 총리 당선 이후 TUC는 총리와 여러 차례 만남을 가졌고 정부 주요 부처에 친노조적 장관들이 임명됨으로써 이들과도 긴밀한 연락관계를 유지하고 있다. 그러나 한편으로 TUC는 또한 보수당 집권 시절에도 장관들과 접촉을 가지기 위해 노력했으며 자유민주당(Liberal Democrats) 등 소수 정당과도 훨씬 관계가 가까워졌다. 새출발 운동 이래 TUC는 모든 주요 정당들의 연례 전당대회에 대표를 참석시키고 있다. TUC는 모든 정당에 영향을 미쳐 자신의 정책에 대한 지지를 받기를 원한다고 밝히고 있다.

두 번째 변화는 상하 양원 의원들에 대한 로비활동을 강화하고 TUC 정책에 대한 초당적인 지지를 끌어내기 위한 노력을 적극적으로 하고 있다는 점이다. TUC는 전통적으로 의회보다는 정부 각료들에 대해 정치적 영향력을 행사하고자 노력해 왔다. 그러나 새출발 운동 이후 TUC 역사상 처음으로 의회연락관(Westminster Liason Officer)을 임명하여 의회에서의 로비활동을 강화했다. TUC는 또한 로비활동을 지원하기 위해 조합원들의 정책적 이해관계에 관한 데이터 베이스를 만들고, TUC의 주요 정책에 관한 해설을 의회에 정기적으로 배포하는 한편, 의회 내 정기간행물(The House Magazine)에 존 몽크스 총서기가 정기적으로 칼럼을 기고하는 등 다양한 노력을 기울이고 있다. 이러한 TUC의 새로운 스타일의 정치적 노력의 결과로 파트타임 노동자 권리보호를 위한 법률안에 대해 모든 정당 의원들의 지지를 얻어내는 성과를 거둔 바 있다.

TUC는 그 외에도 유럽 수준에서의 정책 변화에도 영향을 미치기 위해 노력을 강화했다. 이를 위해 TUC는 유럽공동체(European Community: EC) 본부가 있는 브뤼셀 주재 TUC 사무실을 확대 강화하여 유럽위원회(European Commission) 및 그 산하기관에 대한 로비활동을 담당하도록 하는 한편 총서기 산하에 유럽과를 두어 유럽 수준 정책을 담당하도록 했다. TUC는 또한 유럽노동조합협의회(ETUC)와 긴밀하게 협조하고 있고 사용주 단체들과의 유럽 수준의 노사협의에 참가하고 있다. TUC는 현재 유럽 통합 및 유럽 사회헌장 등을 강력하게 지지하고 있다.

(2) 사용주와의 관계 변화

정치과정에 대한 접촉 확대 못지않게 중요한 것이 사용주들과의 접촉 및 협력 강화이다. TUC는 영국산업연맹(Confederation of British Industry: CBI, 영국 사용자들의 단체)과의 관계를 강화하고자 노력해 왔는데 예컨대 노사 양 단체의 연례총회 시 서로 상대방 단체의 대표를 초청해 연설할 기회를 주고 있다. 그 밖에도 새출발 운동 이후 TUC는 광범한 범위의 사용주 및 사용자 단체와 새로이 접촉하고 있는데 그중에는 영국상공회의소연맹, 중소기업연합, 경영연구소, 이사(理事)연구소, 인사관리연구소, 사용주 포럼 등이 있다. 이들 단체 중 일부와는 공동 프로그램도 추진하고 있다. 이들 단체 중 상당수는 종전에 노동조합운동과 공식적 관계가 거의 없던 단체이다. TUC가 이들 사용자 단체와 접촉을 확대하고 있는 동기는 초당적 국회의원들과 접촉을 강화하는 것과 마찬가지의 동기, 즉 정치권에 압력을 행사하기 위한 정책적 연대의 형성에 있다.

TUC는 새출발 운동 이후 사용자들에 대한 직접적 영향력을 확대하고 정치과정에 대한 영향력을 행사하기 위한 목적으로 '사회적 파트너십(Social Partnership)'을 제안했다. 사회적 파트너십이란 노동자 및 노조가 기업 및 사회 전체 수준에서 사용주와의 대화에 참여해 노사 공동이익을 꾀한다는 내용이다. 구체적으로는 유연작업 및 숙련향상에 대한 투자를 통해 영국 산업을 현대화하는 데 노조가 협력하는 한편, 작업에서의 최저근로기준을 입법화하는 데 사용주 측의 지지를 끌어낸다는 전략을 의미한다.

사회적 파트너십이라는 용어는 오늘날 영국 노사관계에서 유행어가 되고 있다. 특히 노동당 정부가 집권한 뒤 일련의 노사관계 개혁조치를 추진하는 과정에서 과거와는 달리 정부가 일방적으로 이를 추진하지 않고 노사 간의 사회적 대화에 의해 초안을 마련하도록 권장함으로써 사회적 파트너십은 현실적 근거를 강화하게 되었다. 그러한 사회적 대화의 주요 이슈로서는 전국단일 최저임금제 재도입, 노동조합의 법적 인정문제, 부당해고에 대한 보상문제, 산업보건의 개선 및 병으로 인한 결근의 축소문제, 연령차별의 금지문제, 노동위원회의 개혁문제, 비정규노동자 보호문제 등이 있다. 노동당 정부는 이들 문제에 관해 필요하다면 일방적으로 입법화할 가능성도 있지만 가능하면 우선 노사 쌍방이 자발적 협약을 맺기를 바란다는 입장이다.

이에 따라 TUC와 CBI는 1997년 여름부터 노조의 법적 인정문제[7]에 관해 교섭을 시작해 마침내 1997년 12월 공동성명에 합의했다. 이 공동성명에서는 노동조합의 인정은 가능하면 노사의 자율로 하되 이것이 불가능할 경우(즉, 사용주가 노조를 인정하기를 거부할 경우) 노조가 법률로서 인정받을 수 있도록 했다. 일단 노조가 인정되면 단체교섭을 할 수 있으며 사용주가 단체교섭을 거부할 경우 다른 대체수단(alternative remedies)을 마련하자는 데 CBI와 TUC는 합의했다. 다만 단체교섭의 단위(기업별, 산업별, 직업별), 단체교섭의 대상범위(임금, 노동시간, 유급휴일, 훈련 등), 법 적용 제외범위(CBI는 중소기업은 적용면제하자고 주장), 노조 인정 최소 요건(CBI는 조직대상 노동자의 30% 이상 지지를 요건으로 하자고 주장), 단체교섭 인정 요건, 단체행동 허용 요건 등에 대해서는 합의를 보지 못했다.

노사합의안을 바탕으로 노동당 정부는 1998년 5월『직장에서의 공정성(Fairness at Work)』이라는 백서를 발표했으며, 이 정부안에 대한 노사의 의견을 수렴해 1999년 1월 고용관계법안(Employment Relations Bill)이 제출되었다. 이 법안은 종업원 20인 이상의 기업에 대해 노동조합의 단체교섭권을 법적으로 인정했으며, 교섭사항으로서는 근로조건, 채용 및 해고, 업무의 배분, 종업원에 대한 처벌, 노조원 자격, 노조 전임자 대우문제, 교섭 및 협의기구 등으로 정했다. 이 법은 그 외에도 단체행동 시 각종 제약의 완화, 휴직제도의 개선,

---

7) 영국에서는 전통적으로 노동조합 및 단체교섭이 법적으로 규정되어 있지 않아 개별 사용주의 재량에 맡겨져 왔다. 즉, 사용주는 노동조합의 존재를 인정할 수도 있고 안 할 수도 있으며, 노동조합의 단체교섭 요구에 응할 수도 있고 거부할 수도 있다. 노동당이 집권하고 있던 1975년 제정된 고용보호법(Employment Protection Act)에 의해 노조는 법적으로 승인되었으나 이 법률은 1980년 대처 보수당 정부에 의해 폐기되었다. 그 후1980년대와 1990년대에 걸쳐 사용주에 의한 노조의 승인률은 지속적으로 떨어져 왔다. 이에 따라 TUC는 노조의 법적 승인, 협의권(단체교섭권이 아니라)의 인정 등을 법제화하고자 노력해 왔다. 이에 대해 사용주들은 노사 간 상호신뢰가 중요한 것이지 법적으로 이를 강제해서는 안 된다는 이유로 법제화에 반대해 왔다.

노조활동을 이유로 한 불이익처분의 금지, 파트타임 노동자에 대한 보호 강화, 파견사업체의 규제 강화, 기업에서의 노사참여협력에 대한 지원 등 각종 개혁안을 담고 있다. 이 새로운 고용법에 대해 TUC는 즉각 환영을 표시했으며 CBI도 "전적으로 환영하지는 않지만 대체로 수긍한다"면서 일부 조항에 대해서는 추가적인 협의가 필요하다고 밝혔다. 이 법안은 앞으로 상하 양원의 심의를 거쳐 금년 여름경에는 모든 절차를 마칠 것으로 보인다. 이상에서 본 바와 같이 과거 보수당 정부에서 중단되었던 노사 간 및 노사정 간 사회적 대화체제가 노동당 정부가 들어서면서 되살아났으며 TUC는 이를 적극적으로 이용해 자신의 정책을 입법화하는 수단으로 삼고 있는 것이다.

(3) 다양한 단체와의 관계 변화

TUC는 정당, 사용주 외의 각종 단체와의 연대 및 네트워크도 강화하고 있다. 즉, 자원봉사단체, 특정 이슈를 중심으로 한 캠페인 조직, 교회, 전문직 단체, 공공기구 등이 그것이다. 과거에 이러한 종류의 접촉에 대해서 노조는 의심을 가졌는데 그 이유는 시민단체 등과의 연대가 노조의 독립성을 해칠 것이라고 생각했기 때문이다. 그러나 새출발 운동 이후 다른 시민조직들과 공통 관심사 및 목표를 확인하고 진정으로 그들과 협조하려는 적극적인 노력이 이루어지고 있다.

예컨대 파트타임 노동자를 위한 캠페인의 경우 TUC는 전국시민상담연맹과 공동작업으로 진행하고 있는데 시민단체는 유인물 배포, 파트타임 노동자에 대한 상담활동 등을 맡고 있다. 또 직업별 연금제도에 대한 캠페인의 경우 다양한 조직들과 접촉 및 협력을 하고 있는데 소비자연맹, 직업별 연금연맹, 노인문제연맹, 노인지원기구, 경찰연맹, 전국연금기금연맹, 연금자문가협회, 연금전문변호사협회 등이 있다.

이러한 시민단체들과의 연대 및 협력의 목적은 이들과 공통의 이해기반을 마련하고, 자원을 서로 나눔으로써 TUC가 이들 단체의 전문성과 권위를 이용하고 지지기반을 넓힐 수 있으며 이를 통해 TUC가 대중적 합법성과 정치적 영향력을 높일 수 있기 때문이다.

(4) 언론 및 홍보 활동의 변화

TUC의 정책 캠페인에 있어 연대활동의 강화와 더불어 캠페인 방법에 있어서도 보다 전문적인 방법이 도입되었다. TUC의 '캠페인 및 홍보부'는 정책부서들과의 긴밀한 협조하에 종전에는 노조의 홍보활동 대상이 아니었던 일반대중에게까지 홍보활동을 강화하고 있다. 이를 위해 '고용문제(world of work' issue)'를 의식적으로 핵심과제로 선정했는데 그 이유는 이 문제가 보다 광범한 근로대중의 관심을 끌 수 있는 주제이며 노조의 특수한 이해관계를 반영하는 것이 아니기 때문이다.

TUC의 홍보활동도 대폭 강화되었는데 그중 상당수는 종전에는 관심을 기울이지 않던 매체를 통한 것이었다. 그런 예로서는 대중일간지의 개인자금관리면이나 여성 면, 여성잡지, 지방신문, 지방라디오 등이 있다. 이에 더해서 TUC는 인터넷에 홈페이지를 개설했으며 BBC TV를 통해 고용문제에 관한 프로그램 시리즈(TUTV)를 방송하고 있기도 하다. 가장 신선한 시도로는 앞에서 언급한 '인권존중 음악제'를 들 수 있는데 이를 통해 지금까지 노조활동에 관심이 없었던 청소년층에게 인종차별 반대 메시지를 던지는 동시에 노조에 대한 관심을 불러일으키기 위한 수단으로 삼고 있다. 그 외에도 상담전화를 개설해 노조원, 비노조원을 가리지 않고 고충상담과 자문을 받을 수 있도록 하고 있다.

이러한 제반 활동을 통해 TUC는 자신의 정책에 대한 언론과 정치인의 관심을 불러일으킬 뿐만 아니라 노조에 대한 일반여론을 유리하게 이끌고 이를 통해 정부와 사용주들의 활동을 제약하고자 하는 것이다.

요약하자면 TUC의 새출발 운동은 노동조합의 운영방법과 전략을 혁신적으로 변화시키고자 하는 시도이다. 이러한 변화는 두 가지 넓은 범주로 나눌 수 있다. 첫 번째는 TUC의 전략적 행동으로서 핵심적 목적과 달성 가능한 목표를 세우고 그 실현을 위해 명확한 계획을 입안하는 것이다. 이를 구체화하기 위해 TUC의 일을 일련의 캠페인으로 만들고 전문적인 과업 그룹이 각각의 캠페인을 담당해 이를 추진하도록 하고 있다. 두 번째는 각 캠페인에 대한 지지를 넓히기 위해 정당, 사용자, 시민단체 등과 협력 및 연대를 강화하는 것이다. 이를 위해 '사회적 파트너십'과 연대활동을 강조한다. TUC는 노동력의 다양화에 대응해 '포괄적'인 노조운동을 개발하고자 노력하고 있다. 새출발 운동 이후 노조조직화 문제가 TUC 정책의 전면에 등장했으며 점점 증가하고 있는 여성, 청소년, 임시직, 서비스 부문 노동자들을 노조원으로 끌어들이기 위해 노력하고 있는 것이다.

4. 평가와 문제점

TUC는 새출발 운동의 성과에 대해 자체적으로 긍정적인 평가를 내리고 있다. 새출발 운동은 회원노조에 대한 서비스를 강화하고 완전고용과 근로조건의 질적 개선, 그리고 노동자 권리의 보장을 가져오는 한편, 사용주와의 파트너십을 통해 노사 공동목표인 경쟁력 강화 및 작업장에서의 공정성을 획득하는 등 커다란 성과를 올리고 있다는 것이다. 이를 통해 노조는 그 지위와 인기가 상승하고 있다고 TUC는 보고 있다. 노조의 신뢰성이 증대되고 노조가 전개하고 있는 캠페인에 대한 광범한 지지가 이루어지고 있다고 한다(TUC 홈페이지). 새출발 운동의 성공의 가장 명백한 증거로서 1995년부터 1997년 사이에 12개 조직이 TUC에 신규 가입한 것을 들고 있다(Heery, 1998).

그러나 TUC 내 좌파에서는 TUC의 이러한 공식입장에 대해 비판하면서 새출발 운동이 지닌 문제점을 지적하고 있다. Kelly(1996)는 사회적 파트너십을 강조하는 TUC의 새출발 운동을 온건노선(Moderation)으로 규정하면서 새출발 운동이 노사 간 이해관계의 갈등적 측면을 축소하고 노사공통 이해관계를 지나치게 강조하고 있다고 비판한다. 온건노선은 파업 등 단체행동을 반대하고, 노사협의회 등 단체교섭기구 외의 통로를 지지하며, 파트너십 이데올로기를 강조하고, 노조원의 동원보다는 사용주에 의존하는 경향이 있다는 것이다. 그 결과 고용보장, 노조 영향력 증대 등 새출발 운동이 약속한 것들은 지켜지지 않은 채 오히려 노동자의 요구를 사용자의 이해관계에 종속시키고 노조의 영향력을 줄여 노조를 약체화하고 있다는 것이다. 따라서 노동조합이 온건노선을 버리고 전투성을 회복할 필요가 있다고 역설하고 있다.

Williams(1997) 역시 최근 노동조합이 노조원 개인에 대한 서비스에 관심을 갖는 경향(개인주의, Individualism)이 있음을 지적하면서 그 자체는 바람직한 일이라 하더라도 이러한 경향이 노동조합의 노동자를 위한 집단적 대표기능(집단주의, Collectivism)을 저해하는 방향으로 작용하는 것은 잘못이라고 비판한다. 따라서 필요한 것은 노사관계의 개인주의화가 아니라 집단주의에 토대를 둔 노조원 개인의 이익보호[그는 이를 '도구적 집단주의(Instrumental Collectivism)'라고 부름]라고 한다.

Heery and Kelly(1994)도 비슷한 맥락에서 영국 노동조합이 과거의 참여적 노동조합주의(Participative Unionism)로부터 관리적 노동조합주의(Managerial Unionism)로 변화했다고 지적하고 있다. 관리적 노동조합주의는 노동조합에 현대적 경영기법을 채택해 노조의 효율과 성과를 개선하려는 시도이다. 이런 관리적 노동조합주의 아래 노동조합은 노조원을 일종의 '소비자'로 규정하고 노조원의 요구에 대한 대응, 서비스 강화, 미조직 노동자에 대한 서비스를 통한 조직화, 노조원에 대한 교육훈련 강화 등에 주력하고 있다고 비판한다.

그러나 TUC의 새출발 운동을 온건주의나 개인주의 또는 관리적 노동조합주의로만 규정하는 것은 너무 일면적인 것이다. Heery(1998)가 지적하듯이 TUC의 새출발 운동은 한편으로는 대립형 노사관계의 측면을, 그리고 다른 한편으로는 사회적 파트너십의 측면을 동시에 갖고 있으며 이 양자 간의 모순, 갈등이 오히려 더 중요한 문제로 되고 있다. 새출발 운동은 한편으로는 노동시장 조건을 고용불안정의 심화, 근로조건의 악화로 파악하고 이를 극복하기 위해 신규 노동력의 조직화를 통해 노조세력을 강화하고자 한다. 전국단일 최저임금제, 노동조합의 법적권리 강화 등도 같은 맥락에서 파악된다. 이러한 것들은 대립형 노사관계를 전제로 한 것이다. 그러나 다른 한편으로는 노동시장 조건을 안정적인 것으로 파악하고 훈련, 경쟁력 강화 등 사용주와의 공동이해관계를 강조한다. 물론 조직화와 사회적 파트너십이라는 양자가 결합하면 더 큰 성공을 거둘 가능성도 있기는 하지만 기본적으로 이 양 측면 사이에는 모순이 존재하고 있는 것이다.

한편 새출발 운동의 유효성 자체에 대해서도 의문이 제기되고 있다(Heery, 1998). 설혹 노동조합의 전략선택으로서 새출발 운동의 방향이 올바르다고 하더라도 노조 행동에 대한 구조적 제약을 고려하지 않은 채 채택된 전략이라면 그 유효성은 상당히 제한될 것이다. TUC의 여러 노력에도 불구하고 실제로 노조의 영향력은 매우 제한되어 있다. 예컨대 TUC는 사용주와의 새로운 협력관계 정립을 통해 정부에 대한 노사 공동건의안 제출, 공동연구, 사용주와의 접촉 확대 등을 이끌어 내기는 했지만 노동시장 규제에 관한 노사의 자율적 협정은 여전히 이루어지지 못하고 있다. 영국에서는 사용주 단체의 미조직화로 인해 CBI 등이 매우 제한된 권위밖에 가지고 있지 못하기 때문에 거시적 차원에서의 노사협약이 매우 어려울 뿐만 아니라, 보다 본질적으로는 여전히 많은 사용주들이 노조에 대해 회피·억압전략을 사용하고 있어 TUC가 원하는 형태의 자율적 노사협약이 맺어지기가 매우 어렵다. 사실 TUC가 제안한 정책의 대부분에 대해 사용주들은 반대하고 있는 실정이다.

이와 같은 상황에서 TUC는 자신의 정책을 실현하기 위해 정부나 유럽연합(EU) 차원의 개입에 의존할 수밖에 없게 된다. 그러나 보수당 집권 시에는 정부가 노동조합에 대해 적대적이거나 무시하는 입장을 취했기 때문에 TUC의 사회적 파트너십 전략에도 불구하고 그 효과는 매우 제한될 수밖에 없었다. 이제 노동당 정부가 집권함에 따라 TUC의 영향력은 확대되고 정책 실현 가능성은 밝아졌다고 할 수 있다. 그러나 노동당 정부 집권 이후 노동당 정부와 TUC 사이에는 상당한 긴장이 노출되고 있으며 과연 노동당 정부하에서 TUC가 바라는 영향력 있는 사회적 파트너로서의 역할이 주어질지에 대해 의문이 제기되고 있다(Heery, 1998).

토니 블레어 총리는 이른바 신노동당(New Labour) 전략하에 당선되었다. 새 정부의 경제정책은 보수당이나 미국 빌 클린턴(Bill Clinton) 대통령의 정책과 거의 다름이 없으며 기업과 중산층의 지지를 확대하는 반면 전통적 지지세력인 노조와 거리를 두는 전략을 취하고 있다(Heery, 1998). 블레어는 공동소유에 대한 지지를 철회하고 시장기업의 육성, 경쟁촉진을 지지하고 있다. 그는 보수당 정부하에서 민영화되었던 국영기업의 재국유화를 포기했으며 규제완화를 통해 경쟁을 촉진한다는 정책도 계속할 것이라고 밝혔다. 소득과 부의 재분배정책도 회피하고 있다. 노동정책에서도 노동시장에서의 유연성 확대를 추구하는 반면, TUC가 주장하는 최저근로기준 설정이나 노조의 권리강화 등에 대해서는 소극적인 자세를 보이고 있다. 공공부문의 임금억제정책을 계속하고 있으며 완전고용정책에 대한 지지도 철회했다. 이에 대해 McIlroy(1998)는 기본적으로 신노동당 정책은 신자유주의를 폐기하는 것이 아니라 이를 수용하는 데 토대를 둔 전략이라고 비판하고 있다. 그는 노동당 정부가 말하는 사회적 파트너십, 형평성 증대, 국가에 의한 시장규제, 주주자본주의가 아닌 이해관계자 자본주의(Stakeholder Capitalism), 독일형 자본주의(Rhine Capitalism) 등이 실제 내용을 가지고 있지 않은 구호에 불과하다고 비판하고 있다.

이러한 노동당 정부의 성격 변화라는 상황 속에서 TUC의 새출발 운동이 추구하는 사회적 파트너십 전략이 얼마나 성공을 거둘 수 있을지는 미지수라 하겠다.

5. 결론과 시사점

TUC의 새출발 운동은 신자유주의적 정책하에서 쇠퇴를 경험한 노동조합이 그 새로운 부흥을 위해 채택한 노동조합 전략의 한 사례를 보여 주고 있다. 1980년대는 선진국 여러 나라에 있어 노사관계의 전환기였다. 국제경쟁의 격화를 배경으로 각국에서는 신자유주의를 표방하는 보수정권이 등장했고 이들은 케인스주의적 노사타협체제를 붕괴시키고 이른바 노동시장의 유연화와 노사관계의 재구축을 적극적으로 추진했다. 영국과 미국을 중심으로 전개된 이러한 보수주의 정권의 신자유주의적 노동정책과 구조조정정책에 대한 노동조합의 대응은 각국이 처한 객관적·주관적 환경과 경제주체들의 행동양식에 따라 다양한 모습으로 나타났다. 그러한 노동조합의 대응양상에 대한 분류는 여러 가지가 있지만(Bacon and Storey, 1993; Beaumont, 1991; Martinez-Lucio and Weston, 1992; Hyman, 1994; Guest, 1995; Kelly, 1996) 가장 기본적으로는 노사간 협력을 통한 공통이익의 추구를 주장하는 사회적 파트너십주의와 조합원의 대중적 동원을 통한 비타협적 투쟁을 주장하는 전투적 노동조합주의로 나눌 수 있다(Kelly, 1996).

영국의 노동조합, 특히 탄광노조는 1980년대 초 대처 정부의 신자유주의적 노동정책에 맞서 전투적 조합주의를 구사한 대표적인 예로 일컬어진다. 그러나 1984~1985년의 1년간에 걸친 장기투쟁이 실패로 돌아간 이후 영국의 노동조합은 혼란과 침체의 10년을 겪었다. 조합원수와 조직률이 절반으로 떨어지고 노동조합의 사회적 신뢰도와 정치적 발언권이 땅에 떨어졌다.

1993년부터 시작된 TUC의 새출발 운동은 이런 장기간에 걸친 영국노동조합운동의 쇠퇴를 역전시키고 노동조합을 다시 한 번 노조원의 이익을 진정으로 대변하는 조직이자 영국 사회 내의 권위 있는 목소리를 낼 수 있는 조직으로 만들기 위한 시도였다.

그러한 TUC의 노력은 크게 두 갈래로 이루어지고 있다. 첫 번째는 정부, 사용자 및 기타 사회세력과의 관계 변화를 통한 사회적 파트너십의 지향전략이다. TUC는 정부 및 사용자와의 파트너십을 통해 자신의 지지기반을 넓히는 동시에 완전고용, 근로조건의 질적 향상, 법률적 권리의 보장 등을 관철하는 것을 목표로 하고 있다. 그러나 이러한 TUC의 움직임에 대해서는 노사 간 갈등적 관계의 측면을 축소하고 공통 이해관계만을 강조함으로써 사용자의 목표에 노조를 종속시키는 데 불과하다는 노조 내 좌파의 비판을 받고 있다.

두 번째는 미조직 노동자의 조직화를 위해 적극 노력하는 동시에 노조 내부관리의 효율성을 높임으로써 노조원에 대한 서비스를 강화한다는 전략이다. 노동조합의 재흥을 위해서는 노조조직률의 향상이 절대적 조건이라는 인식하에 TUC는 지금까지 소홀히 해왔던 신규성장부문, 혹은 주변부문의 미조직 노동자들에 대한 조직화 활동을 강화하는 한편 이를 위해 조직화 아카데미의 개설, 조직화 활동에 대한 인원, 재정 지원의 강화 등 다양한 노력을 기울이고 있다. 더 나아가 TUC는 단지 조직노동자들뿐만 아니라 광범한 근로대중 모두의 관심사인 완전고용, 성장, 사회복지 등의 광범하고 포괄적인 목표를 추구하는 이른바 포괄적 노동조합주의(Encompassing Unionism)를 추구하고 있다. 그러나 이러한 TUC의 움직임에 대해서도 자칫하면 조직노동자와 미조직 노동자 간, 또는 소속 노조들 간의 대립, 갈등이 나타날 수 있다는 비판이 제기되고 있다. 한편 TUC 내부의 조직 효율화를 위한 노력도 다양하게 이루어지고 있는데 예컨대 조직구조의 개선, 의사결정의 집중화, 산하노조 간 조정능력의 향상, 노조원에 대한 각종 서비스의 제공 등이 그것이다.

이상에서 살펴본 TUC의 새출발 운동의 내용과 문제점에 대한 지적은 한국의 노동조합에도 좋은 참고가 될 수 있을 것으로 생각된다. 한국의 노동조합 역시 IMF 위기체제 아래 정부와 자본에 의해 주도되고 있는 격심한 신자유주의적 구조조정에 대해 어떻게 대응할 것인가 하는 과제를 안고 있다. 구조조정에 따른 대량실업과 노조조직률의 급속한 하락, 노동조합의 사회적 발언권의 위축, 노사정위원회에의 참여여부를 둘러싼 논쟁, 그리고 노동조합이 안고 있는 내부적 비효율과 의사결정의 분산성에 따른 문제점 등은 경우는 다르지만 영국의 노동운동이 겪었던 경험과 비슷한 점이 많다.

TUC의 새출발 운동이 우리에게 주는 시사점은 다음과 같다.

첫째, 노동조합의 전략선택과 관련한 시사점이다. 이론적으로는 정부와 자본의 신자유주의적 노동정책의 공세에 대한 노동조합의 전략을 사회적 파트너십 전략과 전투적 노동조합주의 전략으로 구분할 수 있지만 현실적인 노조의 전략은 그러한 이론적 구분에 정확히 들어맞지 않는다. 실제로 TUC의 전략은 학자들이 이론적으로 구분해 놓은 분류 중 그 어느 하나에도 정확히 들어맞지 않는다. 현실적 전략은 여러 유형의 전략으로부터 부분 요소들을 뽑아 한데 묶은 것이다. 사실 사회적 파트너십 전략과 전투적 노동조합주의 전략이라는 분류는 너무 극단적이라 할 수 있다. 양 전략 사이에는 정도의 차이가 있는 여러 가지 혼합전략이 존재한다. 노조는 어떤 차원에서는 전투적이면서 동시에 다른 차원에서는 온건한 노선을 취할 수 있다(예컨대 전투적 이데올로기와 온건한 교섭방법의 결합). 그 결과 나타나는 노조의 현실적 전략은 상당히 다양하고 혼합적인 형태를 취할 수밖에 없는 것이다. 불황기에 객관적 여건이 노조에게 불리하게 작용하고 있고 노동조합이 동원할 수 있는 전략적 자원마저도 매우 제한되어 있는 상황에서 현실의 노조는 한편으로는 노조원 내부의 결속을 다지고 신규조합원을 조직하는 등 갈등적·전투적 전략을 취하면서 다른 한편으로는 자신에 대한 지지기반을 넓히기 위해 정부, 자본, 시민단체 등과의 사회적 파트너십을 강화하고자 노력한다. 이처럼 현실의 노조는 노동운동이 처한 객관적·주관적 여건을 충분히 고려해 현실적이고 혼합적인 전략을 구사하는 것이 현명한 선택이 되는 것이다. 그러나 이러한 혼합적 전략의 현실적 중요성에도 불구하고 그것이 원칙에 근거한 전략이냐 아니면 편의주의적인 전략이냐의 구분은 매우 중요하다. 노동조합의 독립성과 민주성은 그 어느 경우에도 포기할 수 없는 원칙이며 이를 위해서는 노동조합의 전투성이 뒷받침되어야 한다는 것은 말할 나위도 없다. 여기서 노동조합의 전투성이란 노사관계가 기본적으로 갈등적이라는 인식을 갖는다는 의미에서의 이데올로기적 측면, 그리고 노동조합의 정책을 실현하기 위한 수단으로서 조합원의 대중적 동원능력이 중요하다는 의미에서의 방법적 측면, 그 양 측면에서 정의된다. 결국 불황기에 노동조합의 기본적 전략은 '전투성에 바탕을 두되 노동조합의 지지기반을 넓히기 위한 다양한 혼합전략을 유연하게 구사할 수 있는 포괄적 노동조합주의'가 되어야 할 것이다.

둘째, 노동조합이 자신의 전략적 목표를 추구하는 데 있어 조직화가 갖는 중요성이다. 사회적 파트너십을 강조하든 전투적 노동조합주의를 강조하든 노동조합의 힘이 뒷받침되지 못하는 상황에서는 그 어느 쪽도 노동조합의 목표를 현실화하는 데 한계를 가질 것이다. 그런 의미에서 노동조합의 조직화 노력은 신자유주의적 노동정책 공세에 맞서기 위한 가장 기본적이고 필수적인 조건이라고 할 수 있다. 지금까지 한국의 노동조합들은 명분상으로는 조직화 노력을 강조해 왔지만 실제로 현실적 노력을 얼마만큼 기울였는지는 의문이다. 기업별 노조체제에서 기업별 노조의 간부들은 자신의 조직에만 관심을 가질 뿐 미조직 노동자에 대한 관심이 거의 없었으며 상급단체 간부들 역시 인적·재정적 한계로 인해 신규 노동자의 조직화에 거의 손을 댈 수 없었다. 1990년대 들어와서 해마다 조직률이 감소하고 있으며 특히 최근에 와서는 그 하락속도가 매우 빨라졌음에도 불구하고 이에 대한 위기의식은 거의 찾아볼 수 없으며 그 추세를 역전시키기 위한 구체적 노력도 별로 찾아볼 수 없다. 물론 현재 한국의 노동운동이 추진하고 있는 산별 조직화가 성공한다면 조직률 향상에도 상당히 긍정적 영향을 끼칠 수 있을 것이다. 그러나 아직도 산별 조직화에는 많은 시간이 걸릴 것으로 예상되며 설혹 그것이 성공한다 하더라도 자동적으로 조직률 향상이 보장되는 것은 아니라는 점에서 한국의 노동조합들은 미조직 노동자의 조직화에 보다 적극적이고 구체적인 노력을 기울여야 할 시점이라고 생각한다. 미조직 노동자의 조직화를 위해 TUC가 벌이고 있는 각종 노력들—노조 목표의 재조정, 조직화 대상의 구체적 설정, 조직화 아카데미의 설립, 인적·물적 자원의 투입—은 한국의 노동조합들도 세심하게 검토해 보아야 할 것이다.

셋째, 노조 내부관리의 효율화와 노조원에 대한 서비스의 향상문제이다. TUC가 포괄적 노조로서 자신을 재정립하는 과정에서 필연적으로 제기된 문제가 내부적 관리의 문제 및 산하조직들 간의 조정능력 문제이다. 과거 TUC는 이 점에서 문제를 드러냈다. 영국노조운동은 비록 단일노총인 TUC로 단결되어 있기는 했지만 전국적인 통일성은 약했다. 독일 등 산별노조가 발달한 나라들과는 달리 영국에서는 숙련 노동자를 중심으로 한 직업별 노조가 노조구조의 중심을 이루고 있었으며 한 기업 내에서도 여러 개의 직업별 노조가 존재해 각각 별도의 단체협약을 체결하는 등 분산적 구조를 드러냈다. 이러한 노조운동의 분산성으로 인해 1980년대의 정부와 자본의 공세에 노동조합이 힘 있게 대처하지 못했다는 지적이 나오고 있다. 내부구조 면에서도 의사결정의 비효율성과 산하조직에 대한 권위의 결여, 이로 인한 조직의 단결 결여 등의 약점을 드러냈다. 새출발 운동은 이러한 과거의 약점을 극복하기 위해 조직구조의 집중화, 의사결정과정의 단순화, 과업 중심의 조직구조, 노조 전임자에 대한 교육훈련의 강화 등 다양한 노력을 기울이고 있다. 이 점도 한국의 노동조합들에게는 많은 참고가 될 것으로 보인다. 한국의 노동조합들 역시 사정은 다르지만 기업별 노조주의로 인한 노동조합 의사결정구조의 분산성과 비효율성, 중앙조직의 권위 결여, 상급단체의 인적·물적 자원의 제약 등에 시달리고 있으며 그 결과 전국조직 및 산별연맹 등이 산하조직과 노조원에 대한 대변을 힘있게 전개하지 못하고 있고 서비스를 제대로 제공하지 못하고 있는 것이 사실이다. 이러한 점에서 TUC의 새출발 운동이 전개하고 있는 내부조직 구조의 개혁과 조합원에 대한 서비스 강화는 우리로서도 참고해야 할 점이다.

참고문헌

윤진호. 1999. 「신자유주의적 노동정책과 노동조합의 대응: 영국, 미국, 독일」. 한국사회경제학회 노동분과세미나 발표논문.

임무송. 1997. 『영국의 노동정책 변천사』. 한국노동연구원.

Ackers, P., C. Smith, and P. Smith.(eds.) 1996. *The New Workplace and Trade Unionism: Critical Perspectives on Work and Organization*. Routledge.

Bacon, N. and J. Storey. 1993. "Individualization of the Employment Relationship and the Implications for Trade Unions." *Employee Relations*, Vol.15.

Bacon, N. and J. Storey. 1996. "Individualism and the Changing Role of Trade Union." in P. Ackers et al. *The New Workplace and Trade Unionism: Critical Perspectives on Work and Organization*. Routledge.

Beaumont, P. B. 1991. "Trade Unions and the HRM." *Industrial Relations Journal*, Vol.22, No.4.

Guest, D. 1995. "Human Resource Management, Trade Unions and Industrial Relations." in J. Storey.(ed.) *Human Resource Management: A Critical Text*. Routledge.

Heery, E. 1998. "The Relaunch of the Trades Union Congress." *British Journal of Industrial Relations*, Vol.36, No.3, September.

Heery, E. and J. Kelly. 1994. "Professional, Participative and Managerial Unionism: An Interpretation of Change in Trade Unions." *Work, Employment and Society*, Vol.8.

Hyman, R. 1994. "Changing Trade Union Identities and Strategies." in R. Hyman and A. Ferner. (eds.) *New Frontiers in European Industrial Relations*, Blackwell.

Kahn, P. 1992. "Union Politics and the Restructuring of the British Coal Industry." in M. Golden, and J. Pontusson.(eds.) *Bargaining for Change: Union Politics in North America and Europe*. Cornell University Press.

Kelly, J. 1996. "Union Militancy and Social Partnership." in P. Ackers et al.(eds.) *The New Workplace and Trade Unionism*. Routledge.

Leopold, J. 1997. "Trade Unions, Political Fund Ballots, and the Labour Party." *British Journal of Industrial Relations*, Vol.36, No.4, December.

Martinez-Lucio, M. and S. Weston. 1992. "Human Resource Management and Trade Union Responses: Bringing the Politics of the Workplace Back into Debate." in P. Blyton and P. Turnbull.(eds.) *Reassessing Human Resource Management*. Routledge.

Mcllroy, J. 1998. "The Enduring Alliance? Trade Unions and the Making of New Labour, 1994-1997." *British Journal of Industrial Relations*, Vol.36, No.4, December.

Williams, S. 1997. "The Nature of Some Recent Trade Modernization Policies in the UK." *British Journal of Industrial Relations*, Vol.35, No.4, December.

비즈/에드 홈이지(bized.ac.uk/comfact/tuc)
유럽근로조건개선재단 홈페이지(www.eiro.eurofound.ie)
TUC 홈페이지(www.tuc.org.uk)

제5장

대처 정부하의 신자유주의적 실업정책*

오늘날 전 세계적으로 신자유주의적 구조조정의 물결이 휩쓸고 있다. 그러한 가운데 신자유주의적 경제, 노동정책의 대표적 예로서 영국의 마거릿 대처(Margaret Thatcher) 수상의 정책이 흔히 거론되고 있다. 신자유주의자들은 대처 정부의 신자유주의적 정책효과에 대해 찬미론을 편다. 이들에 의하면 영국경제의 쇠퇴를 가져온 주요 원인은 노조세력의 지나친 증대, 노동자의 태만, 정부의 지나친 복지지출, 완전고용정책의 실패 등이라고 한다. 이러한 정책들로 인한 노동자의 과잉보호와 지나친 복지지출로 인해 이른바 '복지병', '영국병'이 발생했다는 것이다.

이들에게 대처 수상은 근본적 개혁을 단행, 과감한 시장 위주의 정책을 실시함으로써 영국병을 치료하고 영국 경제를 부흥시킨 영웅으로 찬양된다.

과연 이러한 주장은 사실인가? 이 글에서는 대처 행정부의 정책 중 특히 실업정책을 중심으로 살펴보고자 한다.

---

* ≪담론 21≫, 99 여름호, 68~74쪽에 게재되었다.

제2차 세계대전 후 영국의 역대 정부는 완전고용과 사회의 전 구성원에 대한 최소한의 주택, 의료, 교육, 사회보장을 보증한다고 하는 복지국가체제를 취해 왔다. 역대 정부는 기간산업의 국유화, 노동조합과의 협조를 정책목표로 내걸었는데 이를 '합의에 의한 정치(consensus politics)'라고 부른다. 이는 노동당과 보수당의 양당 모두 공유하고 있는 합의였는데 특히 완전고용의 달성은 경제정책의 주된 목표였다. 이는 케인스적 총수요관리에 의해 행해졌다. 이러한 정책에 따라 영국 경제는 1950~1960년대에 걸쳐 비교적 안정적인 성장과 낮은 물가수준, 그리고 완전고용에 가까운 낮은 실업률을 유지할 수 있었다. 단, 국제수지만은 만성적 적자상태였다.

그러나 영국 경제는 1960년대 말부터 스태그플레이션에 돌입했다. 급속한 물가인상과 노동생산성의 하락, 대규모 국제수지 적자와 재정적자가 나타났다. 이는 영국 자본주의의 일대 위기를 의미한다.

1979년 집권한 대처 수상의 보수당 정부의 기본 성격은 전후 영국의 복지국가체제, 합의에 의한 정치에 대한 근본적 비판=반동에 기초한 체제였다. 대처 행정부는 집권 초기에 실업보다는 인플레 억제에 정책목표를 두었다. 통화주의(monetarism)에 근거한 통화량 억제와 공공지출의 억제에 의한 총수요의 긴축정책을 통해 인플레를 억제한다는 것이다. 이는 완전고용과 사회보장을 기둥으로 하는 전후 영국 복지국가체제와의 결별을 의미하는 것이다.

대처 행정부의 실업정책 내용은 다음과 같다.

첫째, 노동시장의 유연화 정책이다. 노동시장에서의 시장기능 활성화를 통해 임금의 유연화, 채용과 해고의 유연화를 달성함으로써 실업증가를 막고 고용창출을 꾀한다는 것이다. 대처 행정부는 노동시장 경직화를 가져오는 가장 큰 요인이 노동조합의 노동시장 규제력에 있다고 보고 잇단 노사관계법의 개정을 통해 노동조합의 힘을 억제하고자 노력했다. 클로즈드숍(closed shop)의 제한, 파업 시 노조원 비밀투표의 의무화, 피케팅(picketing)의 제한, 노동조합의 면책권 폐지, 파업 참가자 해고의 합법화, 노동조합선거 시 우편 비밀투표의 의무화, 노조의 정치자금 공여 규제 등은 모두 노동조합의 힘을 억제하고 파업을 어렵게 만들기 위한 조치들이었다.

또한 근로기준에 대한 제반 규제를 완화했다. 실업증가를 막기 위해 임금, 근로조건에 대한 규제를 폐지했는데 여기에는 시장임금이 아니라 부문 간의 비교임금원리에 기초해 임금을 결정하던 비교임금제의 폐지, 관급계약사업에 대해 유사 부문과 동일한 수준의 임금 및 근로조건을 요구하던 공정임금제의 폐지, 최저임금제의 폐지 등이 포함된다. 또 해고규제도 완화되어 부당해고 시 구제신청자격을 종전의 근속기간 6개월 이상에서 1년으로(1979년), 그리고 다시 2년으로(1989년) 연장했다. 영국은 유럽 주요국 가운데 일자리보호제도가 가장 느슨한 나라이다. 기업경영에 관한 의사결정은 사용자의 권한으로 존중되고 있으며 해고사유를 통지하는 것 이외에는 법률상으로 특별한 절차 없이 해고를 할 수 있도록 되어 있다. 주당 노동시간이나 연간유급휴가에 대한 법률적 규제도 일절 없으며 연장근로수당에 대한 법규정도 없다. 이러한 유연노동시장을 통한 고용창출이 실업문제 해결의 최선의 길이라고 대처 수상은 생각했다.

둘째, 지나친 복지지출이 가져오는 재정부담과 근로의욕의 감소를 방지하기 위한 실업보험제도의 개혁이다. 그 핵심내용은 시혜적 복지(welfare)로부터 일을 통한 복지(workfare)로의 전환이었다. 즉, 실업자에 대한 국가의 급부를 축소함으로써 이들을 노동시장으로 유인하기 위해 실업보험 혜택의 축소와 근로 인센티브 제공을 위한 각종 정책이 수립되었다. 구체적으로는 실업급여를 종전소득에 비례해서 지급하던 것을 정액급여로 일원화함으로써 소득대체율을 축소했으며(1982년), 보험료 갹출조건을 만족시키지 못하는 자에게 지급하던 감액급부제를 폐지했고(1986년), 16~17세의 청소년 실업자는 실업급여 대상에서 제외하고 취업 혹은 정부가 실시하는 직업훈련제도에 참가할 것을 의무화했으며(1988년), 실업급여를 받기 위한 조건으로 적극적인 구직활동 증명을 본인에게 의무화하고 실업급여 지급종료 시 재급여 조건을 엄격화했으며

(1989년), 정부가 소개한 직업에 대해 임금수준이 낮다는 등의 이유로 취업을 거부할 경우 실업급여의 지급을 정지하도록 했다.

1995년에는 종전의 실업보험제와 실업부조제를 폐지하고 이를 구직자수당제(Jobseeker's Allowance)로 통합했다. 즉, 실업자의 생계유지를 위한 비용의 성격이 짙은 실업보험과 실업부조 대신 실업자의 구직활동을 의무화하고 이를 조건으로 해서 구직자수당을 지급한다는 것이다. 구직자수당은 노사의 보험료 갹출에 의한 급부(종전의 실업보험에 해당)와 소득요건에 의한 급부(실업부조에 해당)로 구성된다. 구직자수당법이 제정되면서 보험료 갹출에 의한 급부의 지급기간은 종전의 52주에서 6개월로 단축되었고, 소득요건에 의한 급부도 자산 및 소득요건을 엄격화했다. 구직자수당을 받기 위해서는 구직자협약을 지역취업센터와 체결해야 한다. 이 협약은 구직신청인의 직업능력, 원하는 직종, 구직자수당을 받기 위한 의무사항, 취업센터가 제공하는 서비스 등의 내용을 담고 있다. 협약에 서명한 실업자는 적어도 2주일에 한 번은 취업센터에 나와 상담원과 면담을 해야 한다. 구직신청자는 구직기간이 길어짐에 따라 Job Search Plus(실직 후 3~6개월: 적합한 직종, 효과적 구직방법에 대한 조언), Re-start(실직 후 6개월~1년: 취업면접 보증, 시험고용, Job Club 가입, 직업훈련, 창업지원 등), Work Wise(청소년) 또는 Job Plan(성인, 실직 후 1~2년: 고용주 접촉, 면접준비, 취업을 위한 워크숍), Job Match(청소년) 또는 Job Finder Program(실직 후 2년 이상: 기술교육 등 구직활동에 필요한 실용적 지식)에 참여해야 한다. 말하자면 실업자를 내버려 두지 않고 노동시장으로 유인하기 위해 끊임없이 노력하는 것이다. 그러나 이러한 구직노력을 요건으로 하는 실업급여는 결국 실업급여 취득자격을 엄격화함으로써 취업능력이 떨어지는 많은 실업자들이 실업자로부터 탈락하여 비경제활동인구화 결과를 낳았다. 1979년부터 1988년 사이에 영국의 실업보험제도는 17회나 변경되었는데 그중 11회가 실업자에게 불리하게 변경되었다고 한다. 이는 실업자의 상당 부분이 자발적 실업자라는 보수주의자들의 견해를 반영해 실업자들이 적극적으로 일자리를 찾지 않으면 안 되도록 유인하고자 하는 정책의 일부였다.

셋째, 고용창출을 위한 정책들이다. 즉, 실업자들이 일을 통해 자신의 생계를 유지하도록 적극적으로 고용창출을 추진했다. 고용창출을 위한 핵심적 정책은 외자유치에 있었다. 외자유치를 위해 각종 행정규제를 철폐하고, 주요 공기업을 민영화했으며, 노동조합을 규제했다. 이러한 노력의 결과로 1979년 이후 총 3450억 달러에 달하는 외자를 유치했다. 외국기업들은 현재 영국 전체 노동력의 20%를 고용하고 있다.

또 자영업 창업을 적극 지원하기 위해 자영업지원수당제(Enterprise Allowance)를 실시했는데 이는 실업급여 정지자에 대해 자영업 창업 상담, 훈련 및 최장 15개월간 주 20~90파운드의 수당을 지급하는 것이었다.

장기 실업자를 고용하는 사용자에 대해서는 보조금을 지급하는 Work Start 제도도 시행하고 있다. 청소년의 고용가능성을 높이기 위한 각종 훈련 및 채용알선 프로그램도 실업대책의 주요 항목으로 되어 있다. 그러한 정책들로서는 청소년고용제도(Young Workers Scheme, 1982년: 18세 미만 청소년 고용 시 임금보조), 청소년훈련제도(Youth Training Scheme, 1983년: 청소년 대상 직업훈련 및 현장실습 실시), 지역고용제도(Community Enterprise/Community Programme Scheme, 1981~1983년: 신규 학교졸업자, 청소년 장기 실직자에 대해 지방자치체에서 시간제 고용) 등 다양한 제도가 있다. 또 고령자에 대해서도 조기퇴직하거나 파트타임으로 전환할 경우 장려금을 지급하고 그 대신 장기 실업자를 채용하도록 하는 제도를 실시했다.

결국 대처 정부의 고용창출정책은 기업의 인건비 부담을 덜어 경쟁력을 높이면서 파트타임 노동자든 비정규노동자든 일자리가 생기도록 고용증대를 꾀함으로써 실업문제를 해결하겠다는 것이다.

넷째, 시장기능 활성화 위주의 실업정책에 대한 보조적 정책으로서 노동시간 단축을 통한 일자리 나누기(Work Sharing) 정책도 부분적으로 실시했는데 이는 영국의 실업정책이 미국의 실업정책만큼 신자유주의적 정책 일색만은 아니라는 증거가 된다. 즉, 1978년부터 실시되던 임시단기고용보상제도(Temporary Short-Time Working Compensation Scheme)를 그대로 지속했는데 이는 해고 대신 시간단축을 할 경우 사용주에 대해 보조금을 지급하는 제도이다. 또, 1983년부터는 일자리분할제도(Job Splitting Scheme)를 실시했는데 이는 한 사람의 업무를 둘로 나누어 실업자를 채용할 경우 사용주에게 장려금을 지급하는 제도이다.

전체적으로 볼 때 대처 정부의 실업정책의 특징은 시간이 걸리더라도 시장의 힘에 의존해 실업문제를 해결하고자 하는 특징을 지니고 있다. 특히 장기실업문제가 심각한 고령자와 청소년을 위한 대책에 집중되어 있으며 내용은 주로 직업훈련과 취업알선을 중심으로 한다. 또 중앙정부가 아니라 지방자치제에 의해 실업정책이 주도되고 있는 것도 영국의 특징이라고 할 수 있다.

그렇다면 과연 대처 행정부의 신자유주의적 실업정책은 어떤 성과를 거두었을까? 〈그림 1-5-1〉은 대처-메이저로 이어지는 보수당 정부 아래 영국의 거시경제지표 추이를 보여 주고 있다. 이 그림에서 보는 바와 같이 대처 행정부 집권 초기에는 강력한 긴축정책에 따라 산출량이 급락하고 실업률이 급증했다. 수요위축과 고금리, 고환율로 무차별적인 기업도산이 계속되었다. 1983년 이후 성장세는 회복되기 시작했으며 바로 이 시기에 '대처의 경제기적'이라는 신화가 탄생했다. 그러나 평균성장률은 여전히 저조했다. 1985~1995년의 10년간 영국의 평균 GDP 성장률은 2.3%로서 경제협력개발기구(OECD) 평균인 2.5%에 못 미치는 수준이었다.

더욱이 문제가 되는 것은 성장의 내용이다. 즉, 이 시기의 성장이 대처리즘의 산물이라는 일반적 인식은 사실과 상당히 다르다는 점이다. 대처 행정부는 집권하자마자 자신의 이념과는 달리 급속한 통화량 팽창정책을 썼고 그 결과 가계부문의 순대출액은 개인가처분소득의 20%라는 영국사상 최고수준에 달했다. 조세감면 역시 수요팽창에 기여했다. 그러나 이러한 통화팽창과 조세감면에 의한 일시적 수요자극에 의한 성장은 1989년 종말을 고했으며 영국 경제

〈그림 1-5-1〉 보수당 정부 아래 거시경제지표 추이

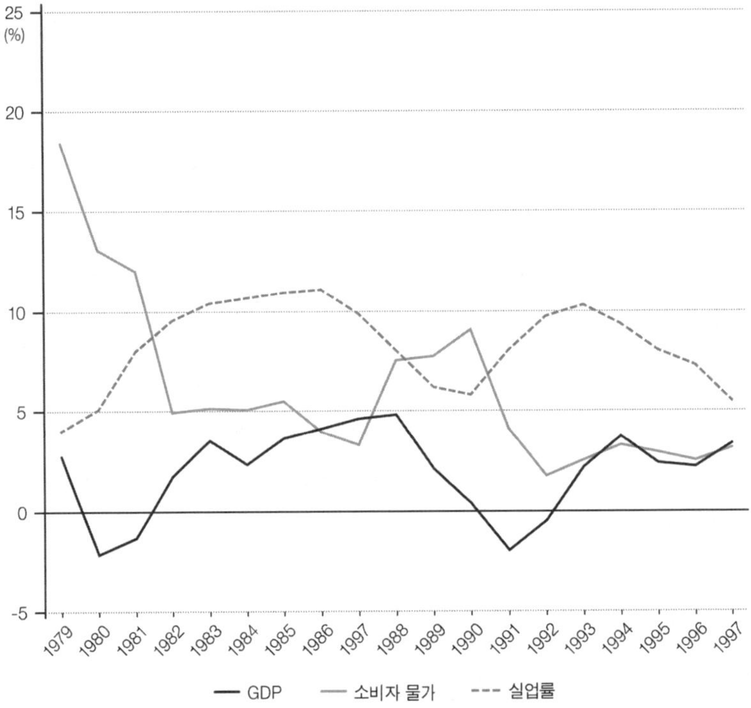

는 다시 1992년까지 마이너스 성장을 면치 못했다.

성장 내용 역시 건전하지 못해 제조업 부문의 투자는 부진을 면치 못했으며 주로 유통, 금융 등 3차산업 위주의 성장이 이루어졌다. 제조업 부문의 붕괴와 경쟁력 저하로 국제수지적자도 계속되었는데 그나마 북해산 석유수출이 없었더라면 국제수지적자액은 눈덩이처럼 불어났을 것이다.

한편 〈그림 1-5-1〉에서 보는 바와 같이 실업률은 대처 행정부 집권 이후 급증하기 시작해 1983년에는 두 자리 숫자로 진입했고 1986년에는 최고수준인 11.1%에 달했다. 이후 실업률은 줄어들기 시작했으나 대처 집권 당시의 실업률인 4% 수준을 회복하지는 못했다. 실업률은 1990년대 들어 다시 상승하기

시작해 1993년 10.3%를 기록한 후 최근 급락하기 시작해 1996년에는 7.3%의 실업률을 기록했다. 이를 두고 신자유주의자들은 대처리즘이 드디어 효과를 발휘하기 시작했다고 찬양하고 있다. 만약 이것이 사실이라면 신자유주의적 노동시장 유연화 정책의 효과는 엄청나게 긴 시차를 가지고 작용하는 셈이다.

그러나 과연 신자유주의적 노동시장 유연화 정책과 일자리 창출 중심의 실업정책이 효과를 발휘했는지 올바로 평가하기 위해서는 몇 가지 사항을 검토해야만 한다. 우선 보수당 정부는 실업률 숫자를 줄이기 위해 통계적 조작을 했다는 비난을 받고 있다. 즉, 종전에는 구직 등록자를 실업자로 정의했으나 이후 실업급여를 실제 수령하는 사람만을 실업자로 정의함으로써 실업자수를 크게 줄였다는 것이다. 실제로 국제노동기구(ILO) 기준에 따라 영국의 실업률을 재계산할 경우 1997년 실업률이 영국 정부가 발표한 5.5%보다 훨씬 높은 7.1%로 나타난다고 OECD는 밝히고 있다.

둘째, 일자리 창출 정책에 따라 늘어난 일자리가 주로 파트타임 노동자, 임시직 노동자, 파견직 노동자 등 불안정한 고용형태를 취함으로써 고용의 질이 악화되었다는 점이다. 영국의 파트타임 노동의 비중은 남성노동자의 경우 1979년에는 전체 노동자의 5%이던 것이 1992년에는 8%로, 여성의 경우는 38%에서 42%로 늘어났다. 또 임시직 노동자 역시 1984년 5.3%에서 1994년에는 6.5%로 상승했다. 중소기업, 여성, 유색인종, 이민노동자 등을 중심으로 한 불안정 노동자의 급증에 따라 노동시장의 분단이 심화되고, 노동자 계층 전체의 임금과 근로조건이 악화되었으며 노조조직률이 저하되는 등 여러 가지 부작용을 가져왔다.

셋째, 전체적인 실업률 저하에도 불구하고 장기 실직자의 비중은 오히려 늘어나 심각한 사회문제로 되고 있다는 점이다. 1년 이상 장기 실직자의 비중은 1979년에 전체 실업자의 24%이던 것이 1987년에는 43%까지 올라갔다가 1997년에는 38.6% 수준으로 떨어졌다. 그러나 이는 미국의 1년 이상 장기 실직자 비중 8.7%에 비하면 크게 높은 수준이다.

대처 행정부의 신자유주의적 노동, 실업정책이 가져온 가장 큰 문제점은 영국 사회의 불평등 심화와 빈곤의 증대이다. 전체 임금노동자(남성) 가운데 최하위 10%의 평균임금을 중위임금과 비교해 보면 1979년의 66%로부터 1993년에는 57%로 저하되었다. 반면 최상위 10%의 평균임금을 중위임금과 비교해 보면 같은 기간 동안 157%에서 187%로 상승했다. 그 결과 최상위 10%와 최하위 10% 간의 임금격차는 1979년의 2.4배에서 1993년에는 3.3배로 급격하게 그 폭이 넓어졌다. 지역 간 불평등도 심화되어 금융·유통부문을 중심으로 한 남부지역은 대처의 정책으로 상대적 혜택을 누린 반면 제조업을 중심으로 한 북부지역은 산업기반의 파괴와 실업률 급증으로 고통받았다.

대처 정부 아래 누구보다 고통받은 계층은 노동자들이다. 대량실업과 비경제활동인구화, 실업급여 등 각종 복지혜택의 축소, 임금불평등의 심화로 고통받은 것 외에도 철저한 노조파괴로 인해 노조조직률은 1979년의 53%에서 대처가 물러나던 해인 1990년에는 38.1%로 줄어들었으며 1995년에는 32.1%까지 떨어졌다. 같은 기간 동안 조합원수는 622만 명이나 줄어들었다. 노동조합으로서는 대처 수상이 그야말로 대재앙을 가져왔던 셈이다.

대처 정부는 결국 일정한 성장과 물가안정이라는 업적을 달성하기는 했으나 영국 사회를 분단시키고 대규모적인 사회배제층을 만들어 냄으로써 '2개의 영국'을 초래했다는 비판을 받았다. 보수당 정부에 대한 국민의 불만이 고조됨에 따라 1997년 총선에서 노동당은 압승을 거두었으며 보수당은 1832년 이후 가장 낮은 지지율로 참패하는 결과를 낳았다. 물론 노동당의 토니 블레어 수상도 보수당 정부의 정책을 많이 물려받은 것은 사실이지만 신자유주의적 정책과 진보적 정책을 혼합한 '제3의 길'을 모색했음은 잘 알려진 바와 같다.

대처 행정부의 노동·실업정책은 한국에도 시사하는 바가 크다. 신자유주의자들은 대처의 정책이 영국병을 치료하고 경제기적을 가져왔다고 찬양하면서 한국도 이를 받아들여야 한다고 주장하고 있다. 그러나 이들은 대처가 가져온 업적을 과장하는 반면 그것이 가지고 있는 어두운 부분은 무시하고 있다. 산업

기반의 파괴와 대량실업, 소득불평등의 심화와 빈곤의 가중, 노동조합의 파괴와 계급대립의 심화 등을 대가로 일정한 성장과 물가안정을 달성한 것이 대처리즘의 실상이라고 한다면 과연 한국 사회에서 대처리즘이 찬양되고 모방되어야만 할 정책인지 그리고 그것이 한국 사회에서 과연 가능할 것인지 극히 의심스러운 일이라 하겠다.

제6장

캐나다의 노사관계와 그 시사점

1. 머리말

다른 선진국에 비해 캐나다의 노동운동은 지난 30여 년간 활력 있는 성장을 계속해 왔다. 다른 대부분의 OECD 국가들에서는 1970년대와 1980년대에 걸쳐 노조원수가 급격히 감소해 온 반면, 캐나다에서는 이 기간 중 상당한 수의 노조원이 증가했으며 그 결과 캐나다의 노조조직률은 미국에 비해 거의 2배에 달하고 있다.

특히 비슷한 경제구조와 제도적 틀을 가진 미국과 캐나다에서 왜 이처럼 노동운동의 차이가 나타나고 있는지에 대해 많은 연구자들은 의문을 가져왔다. 그 원인에 대해서는 제품시장의 변화, 공공정책의 차이, 노조에 대한 사용주들의 태도 차이, 노조구조의 차이, 노조의 조직능력 및 조직열의의 차이, 노조의 투쟁성 등 여러 가지 요인이 지적되어 왔다. 그러나 기존의 가설들은 대부분 부분적 설명에 그치고 있을 뿐만 아니라, 각 요인들 간의 복잡하고도 동태적인 상호관계를 간과하고 있다는 점에서 충분히 만족스럽지 못한 것이 사실이다.

이 글은 캐나다의 노사관계체제의 구조와 기능을 분석하고 이로부터 한국에의 시사점을 찾는 데 목적이 있다. 이 글은 특히 노사관계의 제도적·행태적 측면에 중점을 두고자 한다. 이를 위해 캐나다의 노사관계와 관련된 제도적·법률적 체제를 살펴보고, 노조와 경영자의 목적, 가치 및 행동동기 등을 고찰하고자 한다.

한국의 노사관계는 최근 급격한 변화과정에 놓여 있다. 한편으로는 IMF 경제위기 속에서 경제의 재생과 재도약을 위한 새로운 노사관계질서를 구축할 필요성이 강력히 제기되고 있는가 하면 다른 한편으로는 OECD 가입으로 상징되는 선진국 진입의 위상에 걸맞은 선진적 노사관계를 구축해야 할 필요성도 높아지고 있다. 이러한 가운데 한국의 노사관계의 앞날을 놓고 신자유주의적 구상과 사회적 합의주의의 구상이 날카롭게 대립하고 있고 노사정 각 주체의 생각과 행동도 각각 다른 방향을 나타내고 있다.

이러한 변화의 한가운데 놓여 있는 한국의 노사관계에 캐나다의 경험은 좋은 참고가 될 수 있을 것으로 기대한다.

2. 노조조직률의 변화와 그 요인

〈그림 1-6-1〉은 지난 70년간에 걸친 미국과 캐나다의 노조조직률의 변화 추이를 보여 주고 있다. 1920년부터 1960년까지 두 나라의 노조조직률은 거의 비슷한 변화 양상을 보여 주었다. 1920년대에는 조직률이 양국 모두에서 떨어져 대공황이 막 시작될 시기에 12~14%의 바닥 수준을 기록한 뒤 1930년대 초부터 다시 상승하기 시작해 1950년대에는 30% 이상으로 높아졌다.

이 기간 동안 캐나다의 노조 성장은 미국의 그것에 비해 뒤떨어졌는데 이는 주로 캐나다에서 노조 결성을 인정한 입법이 미국의 그것에 비해 훨씬 늦은 시기에 도입된 데 기인한 것으로 보인다(Riddell, 1993).[1)]

〈그림 1-6-1〉 캐나다와 미국의 노조조직률 추이

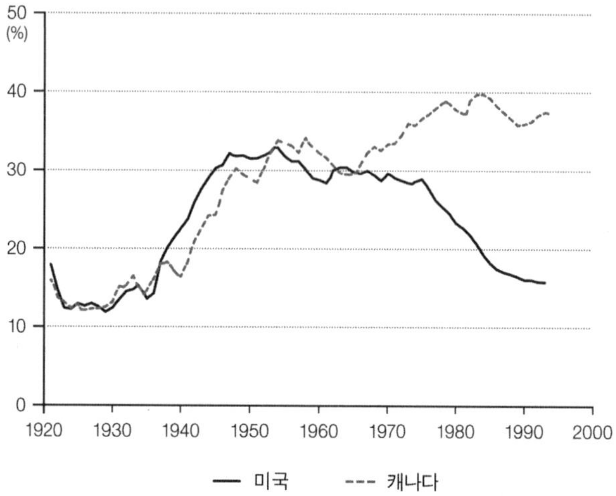

자료: Rose and Chaison(1996).

그러나 1952년이 되면 캐나다의 조직률은 미국의 그것을 추월하기 시작한다. 이후 양국 모두에서 노조조직률은 떨어진다. 그러나 1960년대 초부터 양국 사이에 상당한 격차가 발생한다.

미국에서는 노조조직률이 지속적으로 떨어져 왔다. 이제 미국의 노조조직률은 1930년대 중반 수준으로 후퇴했으며 1979년 이래 미국의 노동조합은 440만 명의 조합원을 잃어버렸다(Chang and Sorrentino, 1991). 반면 캐나다의 노조는 이 기간 중 성장과 안정을 경험했다. 1956년부터 1993년까지 캐나다의 노조원수는 거의 2배(270만 명)가량 늘어났으며 조직률은 33.3%에서 37.6%로 상승했다(Chaison and Rose, 1991). 그래서 지난 30년간 양국 사이에는 노동조합 및 단체교섭의 양적 중요성 면에서 커다란 격차가 발생하게 되었던 것이다.

1) 캐나다의 핵심적 노동보호입법인 전국전시노동명령(National War Labour Order, Order-in-Council P.C. 1003)은 1944년 도입되었는데 이는 1935년 도입된 미국의 전국노사관계법(National Labor Relations Act, Wagner Act)을 모델로 한 법률이다.

〈표 1-6-1〉 캐나다와 미국의 노조조직률(1990년)

(단위: %)

		캐나다	미국
전체(남성/여성)		33.1(36.1/29.7)	16.1(19.3/12.6)
연령	16~24	15.4	6.4
	25~34	32.4	14.0
	35~44	39.8	20.2
	45`54	44.0	22.3
	55~64	40.7	21.6
종사상 지위	풀타임	35.1	18.1
	파트타임	23.1	7.0
직업	전문직	36.7	14.0
	사무직	26.9	13.6
	판매직	9.5	5.0
	서비스직	28.3	13.8
	농수산직	17.3	4.9
	생산가공직	45.1	26.4
	운수직	39.9	28.6
	창고보관직	43.5	23.1
산업	농업	5.9	1.9
	광업	37.5	18.0
	건설업	32.7	21.0
	제조업(내구재/비내구재)	39.3(40.4/38.4)	20.6(22.1/18.6)
	운수업	47.9	31.6
	공공사업	60.1	34.6
	도매업	12.4	6.5
	소매업	12.4	6.2
	금융업	9.0	2.5
	서비스업	34.3	5.7
	정부부문	61.3	36.5

자료: Kumar(1993: 16~17).

〈표 1-6-1〉에서 보는 바와 같이 캐나다의 비농부문 노조조직률은 미국의 약 2배에 달하고 있다. 부문별로 보더라도 조직률 격차는 특정 부문에 국한되지 않고 거의 모든 부문에서 발견된다. 연령, 성별, 종사상의 지위, 산업, 직업 등 모든 고용 영역에서 캐나다의 노조조직률 및 단체교섭 포괄 범위는 미국의 거의 2배에 달하고 있다.

캐나다의 노조조직률은 민간부문과 공공부문 양쪽 모두에서 미국보다 상당히 높으며 노조가 전통적으로 강한 부문(제조업, 광업, 운수업, 건설업/ 블루칼라, 농수산직/ 청장년 남성/ 풀타임노동자)뿐만 아니라 조직화가 어려운 성장부문(상업, 서비스업/ 전문직 및 기타 화이트칼라직/ 여성과 청소년/ 파트타임 노동자)에서도 미국보다 더 높다.

미국에서 조직노동의 비중 저하가 계속되고 있는 반면 캐나다에서는 그 중요성이 높아지고 있는 사실을 설명하기 위해 그동안 많은 연구가 이루어져 왔다. 그러한 연구 중 아마도 가장 흔한 설명은 경제 및 노동력 구조의 변화와 관련된 것들이다. 이러한 견해에 따르면 양국의 노조조직률 격차를 불러온 주된 이유는 양국에서의 고용구조 변화에 따른 효과라는 것이다(Troy, 1990, 1992). 특히 지난 30년간 일어난 고용구조의 변화, 즉 제조업으로부터 서비스업으로, 블루칼라 직종으로부터 화이트칼라 직종으로, 남성노동자로부터 여성노동자로, 풀타임 직업으로부터 파트타임 직업으로의 변화 정도가 양국에서 차이가 있으며 이러한 구조 변화의 차이에 따른 효과가 양국에서의 노조조직률의 변화에 차이를 가져왔다는 것이다.

다른 또 하나의 설명은 제도적 요인 및 조직적 요인과 관련된 것으로서, 즉 정치 이념 및 정치 행동, 사용주의 조직과 행동, 노조의 조직과 행동 등의 요인에 의해 노조조직률의 차이를 설명하려는 것이다. 이러한 견해에 따르면 노조 및 단체교섭과 관련된 법적 체제, 노조에 대한 사용주의 반대, 노동자들의 조직화 욕망, 노조의 투쟁성 등이 노조조직률의 차이를 가져온 요인으로 열거되고 있다.

그러나 이러한 기존의 연구들은 양국의 노조세력 차이를 설명하는 데 있어 충분히 만족스럽지는 못하다. 일부 연구들은 제한된 변수만 검토하고 있는가 하면 생산, 경제적 조건, 정부, 노조, 사용주의 행동 등의 요인 간 복잡한 상호관계를 제대로 파악하고 있지 못하다.

우리는 양국에서의 노사관계의 전체적 모습을 검토해야 할 뿐만 아니라 노사관계의 환경과 행위주체들 간의 관계 및 행위주체들 상호 간의 복잡한 관계를 검토할 필요가 있다.

이러한 점에서 노사관계체계론(Theory of Industrial Relations System)은 양국의 노사관계를 분석하는 데 있어 유용한 분석 틀을 제공해 주고 있다(Dunlop, 1958). Dunlop은 노사관계체계가 행위주체, 여건, 이데올로기, 노사관계규칙 등 네 가지 요소로 구성될 수 있다고 제안하는데 이를 구체적으로 살펴보면 다음과 같다.

첫째, **노사관계의 행위주체**: 경영자 및 그 조직, 노동자 및 그 조직, 노사관계를 담당하는 정부부처 세 가지 그룹으로 구성된다.

둘째, **노사관계의 여건**: 행위주체의 결정과 행동에 영향을 주고 제약하는 사회적 여건들로는 조직의 기술적 성격, 시장제약, 사회 내 권력관계 세 가지가 있다.

셋째, **노사관계의 이데올로기**: 이는 행위주체들이 공유하는 일련의 신념체계로서 각 주체의 역할을 정의할 뿐만 아니라 한 행위주체가 다른 행위주체의

〈그림 1-6-2〉 노사관계체제론의 틀

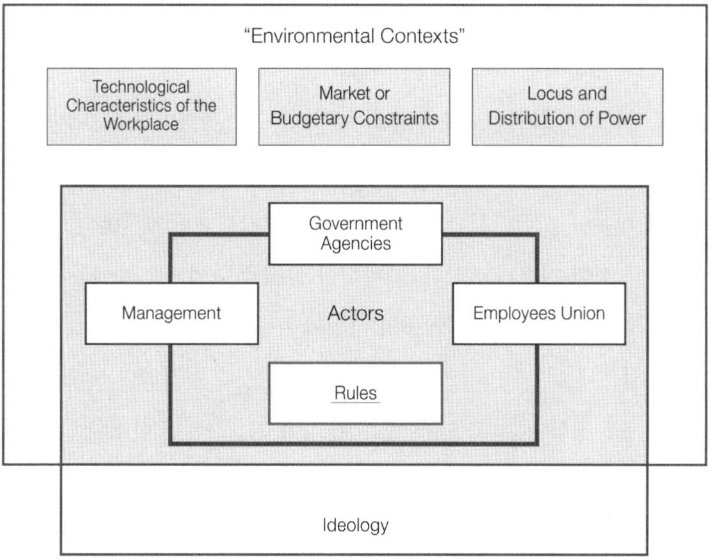

자료: 연세대학교 동서문제연구원(1998).

역할에 대해 기대하는 바를 정의하기도 한다.

넷째, **노사관계의 규칙**: 이는 노사관계체계의 종속변수로서 전체 노사관계체계를 지배하는 역할을 한다. 체계 내에서 형성된 규칙은 다양한 과정을 통해 발전하고 다양한 형태로 나타난다(Salamon, 1987).

〈그림 1-6-2〉는 이러한 노사관계체계론을 요약한 것이다.

다음 절에서는 캐나다와 미국에 있어서의 노사관계의 환경여건, 주체의 행동, 이데올로기를 분석하고 이로부터 양국의 노사관계의 규칙을 설명하고자 한다. 이러한 분석을 통해 우리는 양국의 노사관계에 왜 차이가 생기는지 그 이유를 보다 잘 이해할 수 있을 것이다.

3. 캐나다와 미국의 노사관계체계

1) 노사관계의 환경적 여건

(1) 작업현장의 기술적 특성과 시장변화

노조조직률의 변화원인으로서 흔히 제시되는 것 중 하나가 바로 기술 및 고용구조의 변화이다. 이와 관련해 캐나다의 경우 주로 1차산업에 의존한 경제라는 특징 때문에 미국만큼 심각한 구조적 경제침체나 국제경쟁의 압력을 받지 않았다는 점이 지적되고 있다. 캐나다는 선진국 중에서는 특이하게도 광물, 곡물, 임산물 등 원료 및 반가공품의 생산과 수출에 크게 의존하고 있는 경제이며 제조업은 전체 GNP의 20% 미만을 담당하는 데 불과하다. 비록 1차산업의 시장이 불안정하며 그 고용규모도 제한적이기는 하지만 이러한 산업구조로 인해 캐나다는 심각한 경제침체를 피할 수 있었다는 것이다.

그러나 이러한 노조조직률에 관한 구조변화설은 이론적·실증적 면에서 여러 가지 비판을 받고 있다. 이러한 설명은 사용주, 노조, 노동자 등 행위주체의

〈표 1-6-2〉 캐나다와 미국의 산업별 노조조직률 변화(1978~1989년)

(단위: %)

	캐나다			미국		
	1978	1989	변화율	1978	1989	변화율
전체	26.4	16.4	-10.0	37.6	34.1	-3.5
광업	44.7	17.5	-27.1	45.2	36.8	-14.4
제조업	36.3	21.6	-14.7	48.9	36.3	-12.6
건설업	62.3	21.5	-40.8	64.9	53.5	-11.4
운수업	49.6	31.6	-18.0	55.2	53.4	-1.8
상업	8.2	6.3	-1.9	9.3	11.5	2.2
금융보험업	0.9	2.3	1.4	1.7	3.4	1.7
서비스업	11.3	5.8	-5.5	31.6	34.6	3.0
정부부문	38.7	36.7	-2.1	74.1	79.1	5.0

자료: Kumar(1993).

동기나 행동보다는 물질적인 생산측면에 초점을 둔다는 점에서 '기술주의적'이고 '비갈등적'이라는 비판을 받고 있다(Chaison and Rose, 1991). 또 이러한 설명은 노조조직률이 낮은 노동력 부문은 조직화가 계속 어려울 것이라는 가정에 토대를 두고 있는데, 이는 조직화가 어렵다고 생각했던 노동자들 사이에도 상당한 조직성장이 나타나고 있다는 실제 경험과는 배치되는 가정이다(Chaison and Rose, 1991).

구조변화설의 또 하나의 문제는 노조조직률과 구조 변화 간의 관계가 항상 일정한 것은 아니라는 점에 있다. 예컨대 미국의 화이트칼라 노동자들이 전체 노동력에서 차지하는 비중은 1900년부터 1950년 사이에 2배 이상으로 증가했지만 이 기간 중 노조조직률 역시 크게 상승했다는 사실을 구조변화설은 설명하기 힘들다(Kassalow, 1960).

캐나다와 미국의 노조조직률 변화를 비교해 보면 민간부문의 경우 캐나다도 미국처럼 조직률이 떨어지기는 했지만 그 하락의 크기는 미국처럼 심각하지 않다는 것을 알 수 있다(Freeman, 1988, 1989; Riddell, 1993). 또 〈표 1-6-2〉에서 양국의 산업별 조직률 변화를 비교해 보면 미국에서는 모든 산업에서 급격한 조직률 하락이 일어난 반면 캐나다의 경우 일부 산업에서만 조직률 하락이 집중되어 있음을 알 수 있다.

제조업의 경우 미국의 노조조직률은 1978년 36.3%에서 1989년에는 21.6%로 떨어진 반면 캐나다에서는 제조업 노조조직률이 같은 기간 중 12.6% 포인트만 떨어졌으며 다른 민간부문(운수업, 통신업, 서비스업 등)의 경우 캐나다의 조직률이 안정적이거나 상승한 반면 미국에서는 정체상태이거나 떨어졌다.

지금까지의 연구에 의하면 미국의 노조조직률 변화는 고용구조의 변화와 각 부문 내에서의 조직률 하락 등 양쪽 모두에 기인한 것인 반면 캐나다의 노조조직률은 불리한 구조 변화에도 불구하고 오히려 상승한 것으로 나타나고 있다(Meltz, 1989; Farber and Krueger, 1992; Robinson, 1992). Farber and Krueger (1992)에 의하면 미국 노조조직률 하락의 단지 4분의 1만이 산업구조 및 인구구조 변화라는 요인에 의해 설명될 수 있다고 한다. 캐나다의 경우에도 고용구조 변화가 경제 전체의 노조조직화에 불리한 영향을 미쳤음에도 불구하고 민간부문 조직률 하락의 증거는 거의 없다고 한다. Meltz(1989)에 의하면 산업구조의 서비스화가 없었다고 가정할 때 캐나다의 노조조직률이 단지 2.5% 정도밖에 높아지지 않는다는 것이다.

결국 이렇게 볼 때 산업구조 및 고용구조의 변화라는 요인만으로는 미국과 캐나다의 노조조직률의 격차를 설명할 수 없다는 데 대부분의 연구자들이 의견을 같이하고 있다. 이러한 격차는 노사관계의 여러 행위주체들의 행동과 전략을 검토함으로써 보다 잘 이해될 수 있을 것이다.

(2) 정치적 세력관계

노사관계 체계 내에서 각 행위주체들의 정치적 세력과 지위는 입법·행정조치 등을 통해 노사관계의 결과에 영향을 미칠 수 있다는 것은 말할 나위도 없이 명백한 일이다. 정치적인 면에서 캐나다는 변형된 양당 체제를 취하고 있다. 자유당(Liberal Party)이 지난 50년간 연방 차원의 정치를 지배해 왔는데, 때로는 소수당으로서 연정에 참여하거나 또는 보수당(Conservatives)에 정권을 내주기도 했다. 자유당은 실리적·개혁적 정당인 반면 보수당은 중도우익 정당이다(Thompson, 1994). 그러나 캐나다의 보수당은 비록 시장지향적이긴 하지만 영국의 대처 정부나 미국의 레이건 정부의 사회경제정책을 받아들이지는 않았다. 신민주당(New Democratic Party)은 사회민주주의적 철학을 가지고 있고 노동조합의 강력한 지지를 받고 있는데 전통적으로 전체 투표수의 15~20% 정도를 얻어 의회 내에서 소수 의석을 차지하고 있다(Cook and Katz, 1994).

노동운동과 관련을 가지고 있는 정당이 존재한다는 사실은 캐나다의 노사관계 발전을 위해서뿐만 아니라 선진적인 의료보험체계 및 근로기준입법의 발전에 있어서도 중요한 의미를 가진다(Bruce, 1989). 캐나다의 의회 중심 정치구조와 분권화된 정치체제로 인해 제3당이 소수당으로서 연정에 참여해 공공정책에 직간접적으로 영향을 미칠 수 있다(Adams, 1989).

신민주당은 1961년 사회당(Socialist Party), 협동조합총동맹(Cooperative Commonwealth Federation), 그리고 캐나다노동총동맹(Canadian Labor Congress)의 연합에 의해 결성되었다. 그러나 신민주당은 서유럽 여러 나라에서처럼 노동계급의 이해를 정치적으로 대변하는 기능은 결코 하지 못했다. 그럼에도 불구하고 신민주당이 연방정치 내에 존재하고 있다는 사실 그 자체만으로도 중요한 의미를 가지며 특히 소수 연정에 참여하거나 일부 주(州)에서 주요 정치세력으로 자리 잡고 있기도 하다. 이는 미국의 경우 재1차 세계대전후 모든 계급정당이 거의 소멸했다는 사실과 뚜렷이 대조되고 있다. 미국에서도 뉴딜정책 이후 민주당과 노동 간의 연대관계가 존재해 온 것이 사실이지만 그러나 근년 들어 이러한 연대관계는 커다란 위기에 처해 있다고 할 수 있다.

캐나다의 자유당 역시 미국의 민주당과 마찬가지로 중도적 입장에서 정치를 하고 있는 것은 사실이지만 그럼에도 불구하고 자유당은 좌익을 의식하지 않을 수 없었으며 이는 자유당의 정치에 커다란 영향을 준 것이 사실이다(Mahon, 1991).

좌익이 캐나다의 정책에 미친 영향은 특히 1960년대부터 1970년대 초까지에 걸쳐 보건 및 교육 분야에 대한 연방예산 지출이 크게 증가하도록 한 데서 뚜렷이 나타나고 있다. 이 시기에 또한 연금제도 및 빈민구호제도가 도입되고 실업보험이 강화되기도 했다. 그 결과 캐나다의 사회적 서비스의 상당 부분이 공공부문에 속하게 되었으며 이러한 일자리는 주로 노조원들에 의해 충원되었다. 이것이 캐나다의 노동운동을 강화시키는 데 크게 기여했음은 물론이다.

최근에는 신민주당의 총선에서의 득표율이 낮아지고 있고 노동운동이 신민주당에 표를 몰아주지 못하고 있는데 따라서 신민주당의 정책이 노동의 이해관계를 대변하는 입장으로부터 멀어지는 현상이 나타나고 있다. 그 결과 노동운동은 신민주당에 대한 절대적 지지 입장과 정당을 불문하고 현 집권정부에 대해 노동의 이익을 위해 로비활동을 벌이는 입장 사이에서 방황하고 있다. 앞으로도 캐나다의 노동운동은 효율적인 정치적 역할이 무엇인지를 계속 모색할 것으로 보인다.

2) 노사관계의 행위주체

(1) 정부정책과 법률

미국과 캐나다의 노조조직률 차이를 설명해 주는 중요한 요인 중 하나는 공공정책이다. 양국 모두 노사관계의 모든 측면에 영향을 미치는 다양하고 복잡한 입법을 가지고 있지만, 캐나다 쪽이 보다 강력한 노동보호입법을 가지고 있다. 예컨대 보편적인 사회보장 및 의료보험 제도, 광범한 최저근로기준, 단체교섭에 대해 보다 노동에 유리한 법률 등이 그것이다. 양국 사이의 공공정책 차이 중 특히 뚜렷이 드러나는 것이 민간부문 노사관계를 규제하는 법률이다.

민간부문 단체교섭을 규제하는 캐나다의 기본적 법률구조는 미국의 와그너법을 모델로 한 것이며 도입시기도 미국에 비해 훨씬 늦어 와그너법이 1935년 도입된 반면 캐나다 법률은 1944년 도입되었다. 그러나 미국에서는 와그너법이 이후 점차 노동보호적 성격을 잃어버리는 과정을 밟은 반면, 캐나다에서는 와그너법의 기본원칙이 살아남았을 뿐만 아니라 이후 수정입법과 시행령 개정 등을 통해 점차 강화되는 과정을 밟았다는 점에서 양국은 커다란 차이가 있다.

오늘날 캐나다의 노동관계법률은 미국의 법률에 비해 여러 가지 점에서 뚜렷한 차이를 보이고 있다(Meltz, 1989). 캐나다에서는 보통 노조승인 여부에 대해 투표보다는 노조원 카드에 서명하는 방식으로 새로운 교섭단위(노조지부)의 승인이 이루어진다. 반면 미국에서는 노조승인 여부에 대한 투표를 의무적으로 실시해야 하고 이 과정에서 시간의 많이 걸릴뿐더러 사용자의 방해공작이 가능하기 때문에 노조가 노조승인여부 투표에서 패배할 확률이 높아진다.

양국의 노조승인 결과를 비교해 보면 차이가 뚜렷함을 알 수 있다. 캐나다에서 1971년부터 1985년 사이에 이루어진 3만 건의 노조승인 신청을 조사한 결과 신청건수의 거의 70%가 승인된 것으로 나타났다. 반면 미국에서는 1955년부터 1985년 사이의 노조승인 투표에서 노조의 승률이 65.3%에서 46.5%로 떨어진 것으로 나타났다(Chaison and Rose, 1991). 미국의 노동조합들은 1974년 이래 한 번도 50% 이상의 승률을 올린 적이 없다.

또한 미국의 21개 주가 노조의무가입제(유니언숍제)를 금지하는 '일할 권리' 법률('right to work' laws)을 가지고 있는 반면 캐나다에는 그러한 법률이 없다.[2)] 캐나다에서는 클로즈드숍, 유니언숍 등 노조를 보호하는 모든 조직형태를 허용하고 있다. 조합비 일괄징수제도(check-off) 역시 일반적 관행으로 되어 있다.

퀘벡, 온타리오, 브리티시컬럼비아 주에서는 파업 기간 중 대체 노동자를 채용하는 것을 금지하고 있는 반면 미국에서는 대체 노동자의 사용을 금지하는 법률이 없으며 일부 파업에서는 파업이 끝난 뒤에도 원래 노동자가 복직되지 않기도 한다(Yager, 1990).

---

2) 미국의 노동법에 의하면 각 주는 노조의무가입제(유니언숍제)를 금지하는 법률을 제정할 권리를 가지고 있다. 1996년 21개 주가 오픈숍제를 의무적으로 요구하는 법률을 가지고 있는데 이들 주는 이러한 법률을 '일할 권리' 법률('right-to-work' laws)이라고 부른다(Ballot, 1996).

요약하자면 캐나다의 노동자들은 미국의 노동자들에 비해 훨씬 더 법률적 보호를 많이 받고 있다. 미국에서는 뉴딜정책이 점점 약화되고 특히 1980년대에 거의 폐기되는 과정을 밟아 온 반면, 캐나다 정부는 점점 노동자를 보호하는 입법을 도입해 오는 과정이었다. 이러한 양국 정부의 정책 차이가 두 나라의 노사관계의 경로를 다르게 만드는 데 있어 핵심적 요인이었다고 일부 논자들은 주장하고 있다(Adams, 1992).

그러나 이러한 설명도 반드시 만족스러운 것은 아니다. 공공정책의 차이로 노사관계의 차이를 설명하는 가설의 가장 큰 약점은 공공정책과 노조조직률 사이에 어떤 일의적인 관계가 성립하지 않는다는 것이다. 만약 노조지도자가 정부와 지나치게 가까운 것으로 비칠 경우 노조원들은 오히려 노조를 멀리하고 노조로부터 탈퇴할 가능성도 있다. 또 아무리 공공정책이 노조에 유리하다고 하더라도 다른 요인들(예컨대 구조적 요인, 사용자의 태도, 노조의 문제점)로 인해 실제 노조조직률은 떨어질 수도 있다. 실제로 호주(Griffin and Svensen, 1996)나 프랑스(Northrup, 1991)의 경우에는 정부가 노조에 우호적이었음에도 불구하고 노조조직률이 떨어졌는데 특히 프랑스의 경우 1980년대에 조직원수가 거의 절반으로 줄어들었다.

(2) 사용주

캐나다와 미국 간의 노사관계의 차이를 가져오는 또 하나의 중요한 요인은 사용주들의 구조와 행동양식이다. 캐나다의 고용주들은 그다지 잘 조직되어 있지 못하다. 전국적 경영자 조직들이 있기는 하지만 이 조직들의 주요 역할은 정부에 대해 로비활동을 벌이고 노사정위원회나 노사공동위원회 등에 참여하는 것이며 노사관계를 전문으로 다루는 사용주들의 전국조직은 없다. 일반적으로 단체교섭단위는 전체 산업이 아니라 개별 기업이기 때문이다.

미국의 사용주들이 노동조합에 대해 점점 적대적인 태도를 취하면서 다양한 노조대체전략 및 노조배제전략을 채택하고 있는 반면, 캐나다의 사용주들은 노조와 협조하려는 모습을 보이고 있는 점이 대조적이다. 미국에서 나타나고 있는 '노조 없는 경영' 추구전략은 캐나다에서는 그다지 뚜렷하게 나타나지 않고 있다.

물론 캐나다와 미국의 사용주들이 기본적으로는 노조에 대해 비슷한 태도를 보이고 있다는 것은 사실이다(Adams, 1981). 양국의 사용주들은 모두 경영전권에 대해 높은 가치를 부여하고 있으며 노조가 이러한 경영자의 통제권을 위협하는 존재라고 여기고 있다. 그러나 캐나다에서는 강력한 노동운동의 존재와 정부 개입으로 인해 노조배제전략을 사용하기가 보다 힘들며 따라서 사용주들은 노조의 존재를 보다 폭넓게 인정하고 있는 것으로 보인다(Kochan and Verma, 1989).

미국에서 노조회피전략이 얼마나 증가하고 있는지에 대해서는 이미 많은 연구가 지적하고 있는 바와 같다(Freeman, 1985; Kochan, Katz, and McKersie, 1986; Lawler, 1990). 사실 이러한 경영자의 노조회피전략이 미국의 노조조직률을 떨어뜨리는 주요인이라고 몇몇 연구자는 주장하고 있다(Chaison and Rose, 1991). 이처럼 미국의 경영자들이 노조회피전략을 사용하는 이유의 일부는 경영자의 이데올로기와 가치관 때문이며 다른 일부는 경영전략의 선택 차원에서 이루어지는 것이다. 즉, 시장조건이 보다 불리할수록, 노조의 힘이 보다 약할수록, 생산에 있어 노동집약도가 보다 낮을수록, 공장수가 많을수록, 그리고 판매액에 대한 생산비 비율이 높을수록 경영자들은 노조회피전략을 선택하는 경향이 있다는 것이다.

캐나다에서는 사용주들의 불공정 노동행위가 지난 20년간 미국과 마찬가지로 증가하고 있기는 하지만 불공정 노동행위의 건수 자체는 미국에 비해 매우 낮은 수준에 머물고 있다. 미국의 사용주들이 단체교섭에서 강경대응을 하거나 공장폐쇄, 공장이전 등을 통해 노조를 회피하는 전략을 즐겨 사용하는 반면, 캐나다의 고용주들은 노조 및 종업원들과의 대화통로를 개선하고 상호 관심사에 대해 노조와 협조하려는 전략을 보다 널리 사용하는 경향이 있다

(Kumar, 1993).

특정한 상호 관심사에 대해 노사협력을 한 사례는 많다. 예컨대 '캐나다노동총연맹'과 '전국적 관심사에 관한 기업위원회'는 1984년 '노동시장 및 생산성센터'를 공동으로 세웠으며, 철강산업, 전자산업, 섬유산업 등에서도 비슷한 노사공동위원회가 만들어졌다. 이러한 노사공동위원회는 상호 간의 대화를 증진시키고, 정보공유를 촉진하며, 공동의 목표에 관한 상호 이해와 협력을 가져오도록 만드는 데 기여했다(Kumar and Ryan, 1988).

요약하자면 캐나다의 사용주들은 미국의 사용주들만큼 노조에 적대적이지 않다는 데 많은 연구자들이 동의하고 있다. 그렇다고 해서 캐나다의 사용주들이 친노조적이라거나 노조조직화에 저항하지 않는다는 뜻은 아니다. 다만 캐나다에서는 강력한 노동운동과 규제적인 노동보호입법으로 인해 사용주들이 반노조적인 행동을 취할 기회가 적을 뿐이다.

(3) 노동조합

캐나다의 조직노동은 몇 개로 분열되어 있다. 가장 중요한 중앙조직은 캐나다노동총연맹(Canadian Labour Congress: CLC)으로서 100여 개의 산하노조와 전체 노조원수의 약 60%를 차지하고 있다. 두 번째로 큰 연맹은 퀘벡 주에 토대를 둔 전국노동조합총연맹(Confederation of National Trade Unions: CNTU)으로서 전체 노조원수의 약 5%를 차지하고 있다. 그보다 약간 작은 세 번째 연맹이 캐나다노동총연합(Canadian Federation of Labor: CFL)인데 이는 퀘벡 주의 건설업에 대한 관할권 문제로 CLC에서 탈퇴한 건설업 노조들로 구성되어 있다. CLC가 캐나다 노동계급의 주된 정치적 대변자이기는 하지만 산하노조들에 대해 실질적 권한은 가지지 못하고 있다.

캐나다와 미국의 노동조합은 여러 가지 면에서 상당한 차이를 보이며 이러한 노조의 성격 차이가 양국의 노사관계의 차이를 가져온 주요인이라는 주장이 유력하게 제기되고 있다. 즉, 캐나다의 노조들은 지난 20여 년간 '사회적 조합주의(Social Unionism)'를 적극적으로 추진해 온 반면 미국의 노조들은 '실리적 조합주의(Business Unionism)'를 추구해 왔다는 것이다. 실리적 조합주의는 일반적으로 임금인상 및 기타 근로조건 향상을 위한 단체교섭에 노동조합의 활동을 집중하며, 파업을 피하고, 노동자 경영참가에 대해서도 부정적 입장을 취한다. 실리적 조합주의는 단체교섭에 치중하는 까닭에 필연적으로 관료주의화할 수밖에 없으며 이에 따라 노조지도부와 일반노조원 간의 거리가 멀어지고 조합민주주의가 훼손되는 결과를 낳는다(Goldfield, 1987).

반면 사회적 조합주의는 노동조합의 목적을 보다 폭넓게 정의하고 있다. 사회적 조합주의는 자본주의적 경제체제 내에서의 소득분배와 정치권력의 분배에 대해 비판적이며 따라서 노동조합이 광범한 사회적·정치적 이슈에 관해 모든 노동계급의 이익을 증진시키기 위해 노력해야 한다고 믿는다. 이는 작업장뿐만 아니라 정치영역에서도 직접적 행동을 통해 노동계급의 세력을 신장시키려고 노력한다. 따라서 필연적으로 사회적 조합주의는 갈등적이고 정치적인 경향을 띠게 된다.

비록 두 나라 모두에서 실리적 조합주의와 사회적 조합주의가 깊게 뿌리내리고 있기는 하지만 미국의 노동운동 주류는 사회적 조합주의를 일관되게 거부하고 실리적 조합주의를 채택해 왔으며 그 결과 미국의 노동계급은 오늘날 선택범위를 스스로 크게 제약하는 결과를 낳았다.

반면 캐나다에서는 사회적 조합주의의 영향이 지속적으로 증대되어 왔기에 오늘날 노동운동 지도부의 상당 부분이 이런 철학을 공유하고 있다(Robinson, 1990; Kumar and Ryan, 1988). 따라서 캐나다와 미국의 노동운동의 차이는 단지 스타일의 차이가 아니라 실제 내용의 차이(즉, 노조의 기능에 관한 차이)라고 할 수 있다.

이러한 노조의 철학 차이는 실제로 양국의 노조의 조직, 단체교섭, 사회정책, 정치정책 등에 대한 전략에 상당한 차이를 낳고 있다.

첫째, 양국 노조는 조직화 문제에 대해 다른 태도를 취하고 있다. 미국의 노조가 미조직 노동자의 조직화에 소극적인 반면, 캐나다의 노조는 매우 적극적으로 조직화에 노력하고 있다. 미국 노조의 총지출 중 조직활동예산의 비중이 2.0%에 머물고 있는 반면, 캐나다 노조는 전체 지출의 3.2%를 조직활동에 사용하고 있다(Eaton, 1992).

둘째, 양국의 노조는 경영 측으로부터의 공격에 대해 다른 태도를 취하고 있다. 캐나다 노조는 미국 노조에 비해 '양보교섭'과의 투쟁에서 보다 성공적이었는데 이는 노조의 단결, 정치적 투쟁성, 대중동원능력 등에서 앞섰기 때문이다. 미국의 노조들도 양보교섭에 대해 투쟁하지 않은 것은 아니지만 단결력이 약했기 때문에 자본의 공격에 대해 효과적인 저항을 할 수 없었다. 그 결과 임금삭감, 이윤분배제, 종업원 경영참가 등 자본의 전략을 받아들이지 않을 수 없었다. 반면 캐나다의 노동운동은 양보교섭에 대해 굳건하게 반대했으며 각종 변동임금제도와 종업원참여계획 등에 대해 저항했다. 더욱이 노조는 작업재조직화와 재구조화에 대해 대안과 가이드라인을 가지고 이를 밀어붙였다. 그 결과 이윤분배제, 다기능화, 직능급, 팀제도, QC 등은 미국보다 캐나다에서 훨씬 드문 편이다.

셋째, 양국의 노조는 사회적·정치적 문제에 대해 다른 태도를 취하고 있다. 캐나다의 노동조합은 노조원 기반을 늘리기 위해 사회적 이슈를 단체교섭 안건으로 강력하게 추진해 왔으며, 임금과 고용의 평등, 작업장에서의 탁아소 설치, 가족을 돌보기 위한 장기휴가제, 인권문제, 성적 괴롭힘 문제 등 여성과 소수민족을 위한 이슈들을 추진해 왔다(Kumar, 1993). 캐나다 노조는 또한 노조간 연대와 지역사회와의 연대에도 힘써 왔다. 중요한 경제정책, 사회정책 이슈에 대해 노조가 연대 및 다양한 지역사회단체와의 공동전선을 구축하는 한편 사용주들과의 협의 및 상호이해 구축에도 힘써 왔다. 입법분야에서는 임금 및 고용평등법, 아동 및 가족을 돌보기 위한 장기휴가제, 산업구조 조정에 따라 해고된 노동자에 대한 재훈련, 소득 및 고용보장 정책, 직업병 및 산업재해의 방지, 단결권 및 단체교섭권의 개선 등 다양한 법률을 적극적으로 추진해 왔고 일부는 성공을 거두었다. 미국의 노조들에서도 정치적·사회적 행동의 중요성에 대해 점점 인식이 높아지고 있기는 하지만 아직은 이러한 방향으로 그다지 적극적인 행동을 취하지 않고 있으며 그 성공사례도 매우 제한적인 것이 현실이다.

이처럼 캐나다 노동운동이 적극적인 사회적·정치적 이슈 제기를 통해 상당한 성공을 거두어 온 것은 사실이지만 모든 일이 뜻대로 되고 있는 것은 아니다. 지난 30년간 노조원의 절대적 숫자는 급증해 왔지만 노조조직률을 현저하게 올리는 데는 실패했다. 조직률은 민간부분 조직대상자의 약 3분의 1선에서 안정되어 왔다. 노동조합은 특히 급속히 증대하고 있는 사무직 및 기술직 노동자를 조직하는 데 있어 매우 제한적인 성공을 거두었을 뿐이다. 노조의 정치적 역량 역시 여전히 제한되어 있다.

더욱이 1970년대 말 이래 캐나다 경제의 침체로 인해 캐나다노동운동은 구조적 실업이라는 심각한 문제에 직면해 있다(Arthurs, 1993). 세계무역형태의 변화, 제3세계의 제조업 경쟁력 향상, 자동화와 컴퓨터화에 따른 국내산업구조의 변화 등으로 인해 캐나다의 제조업 일자리는 대량으로 줄어들었다. 이에 더해 연방정부의 규제완화와 민영화 정책, 미국 및 멕시코와의 무역자유화 등도 캐나다 노동시장에 압력을 가중시키고 있다. 수많은 공장폐쇄와 미국계 공장의 미국으로의 공장이전 등도 노조의 교섭력을 약화시키는 요인으로 작용하고 있다. 캐나다노동운동의 단기적 전망은 비관적이며 특히 이른바 '굴뚝산업'에 종사는 노조원들을 주축으로 한 핵심 노조들의 경우에는 더욱 그러하다.

이제 캐나다노동조합이 이러한 구조 변화에도 불구하고 노조원수를 유지·발전시키는 데 성공할 것인가, 아니면 지난 30년간 미국의 노동운동이 경험했던 쇄락의 길을 따라갈 것인가 하는 문제가 커다란 관심사가 되고 있다.

3) 이데올로기와 가치관

한 나라의 노사관계와 노동법은 진공 속에서 발생하는 것은 아니다. 이는 사회 전체의 지배적 이념 및 가치관을 반영하는 것이다. 노동법에 있어 캐나다와 미국의 차이는 그 아래 놓여 있는 양국의 가치관 차이를 반영하는 것이기도 하다. 그런 까닭에 일부 논자들은 양국 사이에 뿌리 깊은 가치관의 차이가 있으며 이것이 양국의 노사관계 차이를 가져오는 주된 요인이라고 주장하고 있다(Lipset, 1986, 1990).

소박한 개인주의와 초애국주의의 전통을 가지고 있는 미국은 노동자 개개인의 권리와 자유를 존중하는 동시에 미국 경제의 우월성을 유지하기 위해 자본 주도적인 해결책을 강조하는 경향이 있다. 이에 비해 보다 정치적·사회적으로 다양한 배경을 가지고 있는 캐나다 사람들은 집단주의적 가치관과 권리를 지지하는 경향이 있으며 이에 따라 경제활동에 대한 국가 개입, 국가의 사회보장서비스 제공, 국가에 의한 노동자 권리의 보호 등을 선호한다.

이러한 캐나다의 정치적·문화적 가치관의 특징은 다음의 세 가지 핵심적 특징에서 그 구체적 모습이 나타난다. 첫째, 캐나다의 경제와 사회는 미국에 비해 훨씬 더 규제적이다. 둘째, 사회적 서비스, 사회보장망, 그리고 근로기준의 범위와 대상이 캐나다가 훨씬 더 잘 되어 있다. 셋째, 캐나다 사람들은 미국 사람들에 비해 훨씬 더 작업장에서 집단적 목소리를 내는 데 찬성하며 노조가입 성향도 높다(Kumar, 1993).

Lipset(1986)은 양국의 노조조직률 차이는 이러한 캐나다와 미국의 사회적 가치관 차이로부터 설명할 수 있다고 주장한다. 그의 미국 여론조사자료에 대한 분석에 따르면 미국에서 노조에 대한 대중의 지지율이 하락하는 것과 노조조직률 하락 사이에는 뚜렷한 상관관계가 있으며 따라서 대중의 노조지지율은 노조조직률에 대한 훌륭한 예측자료가 될 수 있다는 것이다.

그러나 여론조사자료를 보다 면밀히 살펴보면 그의 이러한 주장이 그다지

〈표1-6-3〉 노동조합에 대한 여론의 지지도 비교

(단위: %)

연도	캐나다		미국	
	지지	반대	지지	반대
1950(1949)	62	14	62	22
1956(1957)	69	12	70	16
1961	66	23	67	20
1970(1967)	54	30	66	23
1975(1973)	57	26	59	26
1980(1981)	54	30	55	33
1984(1985)	51	35	58	27
1989(1988)	56	33	61	25

주: ( )의 숫자는 미국에서의 여론조사 연도를 표시하고 있음. 지지, 반대를 제외한 '모름'은 생략했음.
자료: Riddell(1993); Galenson(1994).

신빙성이 없다는 것을 알 수 있다. 〈표 1-6-3〉은 미국과 캐나다에서의 여론조사 결과 나온 노동조합에 대한 사회적 지지율 추이를 보여 준다. 이 표에서 보는 바와 같이 캐나다와 미국의 여론조사에서 압도적인 다수는 노조를 지지하고 있다. 그리고 양국에서 노조에 대한 지지율의 절대 수준과 그 추이는 놀랄 만큼 비슷한 모습을 나타낸다. 사실상 대부분의 기간 동안 미국의 노조들은 캐나다 노조에 비해 더 높은 여론의 지지를 받은 것으로 나타나고 있는데 이는 미국의 노조조직률이 캐나다에 비해 훨씬 낮은 점을 감안할 때 매우 흥미 있는 발견이다. 또 이 기간 동안 미국과 캐나다 모두에서 여론의 노조지지율이 하락했지만 캐나다의 경우에는 노조조직률이 그다지 하락하지 않았다는 점도 흥미로운 부분이다. 사실 미국에서도 최근에는 오히려 지지율이 상승한 것으로 나타나고 있다.

결국 이 표에서는 여론의 노조지지율과 노조조직률 사이에 아무런 관계도 발견할 수 없다. 미국에서는 여론이 노조에 최근까지 점점 부정적으로 되면서 노조조직률도 하락했지만, 캐나다에서는 여론의 부정적 변화에도 불구하고 노조조직률은 그 영향을 받지 않았기 때문이다(Chaison and Rose, 1991).

요약하자면 비록 양국의 가치관은 여러모로 다르지만 노조에 대해서는 비슷한 태도를 취하고 있으며 지난 50년간 이런 노조에 대한 여론의 태도의 변화

양상도 비슷했다고 볼 수 있다. 그러므로 캐나다와 미국의 노조조직률의 차이가 양국의 노동조합과 단체교섭에 대한 사회적 태도의 기본적 차이 때문이라는 가설은 경험적 증거의 지지를 받지 못하고 있다고 할 수 있다(Riddell, 1993).

4. 노사관계의 규칙제정: '노사협약'의 성립과 붕괴

지금까지 논한 노사관계의 여러 여건과 행동주체들, 그리고 이데올로기 사이에는 복잡한 상호반응관계가 존재하고 있다. 사회계약이론(social contract theory)에서는 한 사회의 노사관계를 어떻게 운영할 것인가에 관해 노동, 자본, 그리고 국가 사이에 실제, 또는 가상의 협약이 존재한다고 보는데 이를 '노동협약(labor accord)'이라고 부른다(Chaison and Rose, 1991).

대부분의 선진 자본주의 국가에서는 제2차 세계대전 후 이러한 노동협약이 존재하고 있는데 이 노동협약의 기본적 성격은 흔히 '포드주의적 노동협약'이라고 규정된다. 포드주의란 한편으로는 대량생산과 대량소비에 토대를 둔 사회적 축적양식을 의미하며, 다른 한편으로는 노사 간 단체교섭과 케인스주의적 총수요관리에 의한 완전고용의 보장, 그리고 복지국가체제에 의해 뒷받침되는 노사 간 계급타협체제를 의미한다(Jenson and Mahon, 1993). 이러한 제도적 복합체와 그에 상응한 여러 가지 절차에 의해 선진 자본주의 경제는 전후 장기간의 호황을 누릴 수 있었지만 이는 1970년대에 들어와서 붕괴되기 시작한다.

물론 모든 나라에서 '포드주의적 노동협약'이 동일한 모습을 취했던 것은 아니며 그러한 국가 간 노동협약의 차이가 노동협약 붕괴의 형태와 강도에 영향을 주고 있다고 할 수 있다. 미국형 포드주의는 서유럽의 그것과 여러모로 다른 성격을 갖는다. 미국의 포드주의적 노동협약은 분권화된 단체교섭체제에 토대를 두고 있으며, 보다 높은 실업률을 허용하고, 사회적 제 권리가 보다 덜 발달되어 있는 체제이다. 이런 특성으로 인해 미국의 노동협약은 주로 운수통신업, 건설업, 철강, 자동차, 식품, 섬유업 등 제1차 노동시장에 한정되어 있다(Jenson and Mahon, 1993).

캐나다의 포드주의는 미국의 포드주의에 의존하면서도 그와는 다른 양상을 보인다. 캐나다에서도 대량소비가 전후의 경제성장에 중요한 역할을 하기는 했지만, 이는 내구소비재 산업에 대한 투자보다는 주로 1차산업과 관련된 외국 자본의 유입 및 미국 시장을 중심으로 한 1차산업 생산물의 수출에 기반을 둔 것이었다. 캐나다의 대량생산산업은 주로 미국 회사에 의해 세워진 조립공장 위주이고 따라서 기술과 핵심부품을 수입에 의존하는 특징을 가지고 있다.

그러므로 캐나다의 포드주의는 미국의 자본에 의존하는 '침투형(permeable)' 포드주의라고 할 수 있다. 미국의 자본은 캐나다의 자원과 제조업 부문의 대부분을 지배하고 있으며, 캐나다 자본주의는 미국의 정책에 의해 지배되고 있으며, 더 나아가 캐나다의 노동운동 역시 이른바 '국제노조(International Union)'[3]를 통해 미국의 노동운동의 지배를 받고 있는 것이다(Mahon, 1991). 그러나 캐나다의 포드주의가 미국 포드주의의 '미니 복제품'은 결코 아니었으며 그 차이는 1960년대와 1970년대를 통해 점점 커져 왔다.

1970년대와 1980년대에 걸쳐 포드주의적 노동협약이 붕괴되는 과정에서 양국 노동운동의 차이가 뚜렷이 드러나게 된다. 포드주의적 생산양식은 표준화된 제품의 대량생산을 그 특징으로 하는 까닭에 경직적 노사관계를 가져오고 다른 한편 노동협약에 따른 대가로 노동비용을 높이는 결과를 가져온다. 따라서 자본은 이러한 포드주의적 노동협약이 가져온 노사관계의 경직성과 고노동비용을 타파하기 위한 수단으로서 이른바 노동시장과 노사관계의 유연성을 추구하는데 이는 제2차 노동시장에 대한 수량적 유연성(하청, 파트타임, 임시

---

3) 미국에 노조본부를 두고 캐나다에 지부를 둔 산별노조를 가리켜 미국에서는 '국제노조(International Union)'라고 부른다.

노동 등의 도입)과 핵심 노동시장에 대한 기능적 유연성(내부노동시장의 붕괴, 다기능화, 훈련) 등을 그 내용으로 한다.

포드주의적 노사관계는 캐나다와 미국 모두에서 공격을 받았지만, 미국에서 특히 성공을 거둔 것으로 드러났다. 이러한 미국 포드주의의 위기와 그에 뒤이은 미국형 포스트 포드주의적 노사관계의 형성은 단지 노동조합이 작업현장의 통제권을 장악하지 못한 것뿐만 아니라 보다 중요하게는 미국노동운동이 광범한 경제부문과 지역을 통합하는 강력한 노동운동의 건설에 실패했다는 사실에 기인한 것이었다(Mahon, 1991). 미국의 포드주의적 노동협약은 매우 제한적인 것이었다. 그것은 지역적으로는 동북부 공업지대에, 그리고 산업적으로는 자동차, 철강 등 구형 핵심산업에 한정된 것이었다. 다시 말해서 제2차 세계대전 후 전 기간을 통해 민간부문 노동조합은 점차 쇠퇴해 가는 소수의 경제부문에 한정되어 있었던 것이다. 따라서 미국형 노동협약은 전체 경제의 현상이 아니라 특수부문적 현상이었다고 할 수 있다(Rogers, 1993).

이러한 미국형 노동협약의 특징은 곧 협약의 내용에도 영향을 미쳤다. 경제 전체로서 미국의 노동조합은 단 한 번도 사용주 측이 그어 놓은 한계선 밖으로 나아갈 수 없었다. 1980년대와 1990년대에 들어와서는 이러한 취약한 내용의 노동협약조차도 더 이상 유지되지 못했다. 미국 정부에 미치는 조직노동의 영향력은 지극히 미미했으며 미국 정부는 고용주들이 와그너법의 정신을 위반하는 행위를 일삼는데도 이를 그대로 방치했다. 미국 정부는 또 사용주들이 미조직부문의 노조조직화를 적극적으로 막고 비노조 경영을 추구하고 있음에도 불구하고 먼 산만 쳐다보고 있었다. 미국의 노동운동이 고집스럽게 간직하고 있는 실리적 조합주의는 일반 대중에게는 단지 노조의 이기주의로만 비쳤으며 따라서 노조가 받고 있는 고통에 대해 여론은 거의 동정을 보내지 않았다(Adams, 1995).

이러한 미국의 실리적 조합주의에 비해 캐나다의 노동운동의 주류는 1960년대에 사회적 조합주의를 받아들였다. 캐나다노동운동의 강력한 정치적 입장으로 인해, 그리고 또 사회민주주의적 정당의 상대적 성공으로 인해, 캐나다 정부는 노동 측과 협상할 필요를 느끼게 되었다. 그 결과 연방정부와 주정부는 공공부문 노동자들의 단결권과 단체교섭권을 인정하는 한편, 민간부문 고용주들에 대해서도 와그너법을 모델로 한 노동법을 제대로 지키도록 요구했다. 또한 캐나다에서는 미국보다도 노사정 3자 간 합의를 이루려는 시도가 보다 많았다(Adams, 1995).

이리하여 포드주의의 위기와 포스트 포드주의적 노사관계의 재구축 시도에도 불구하고 캐나다의 노동운동은 미국의 그것에 비해 보다 유리한 입장에서 자신을 지킬 수 있었던 것이다.

5. 한국에 대한 시사점

주지하는 바와 같이 한국 경제는 지난 30여 년간 괄목할 만한 경제성장을 달성했다. 그러나 동시에 이러한 급속한 산업화는 산업재해의 급증, 노동기본권의 억압, 의사결정과정에서의 노조참여 배제 등 노사관계의 후진성이라는 희생을 바탕으로 한 것이었다. 한국의 노사관계는 '권위주의적'이고 '가부장적'이라고 묘사되고 있다(Vogel and Lindauer, 1997; Choi, 1989).

1980년대 말 이래 노사관계의 이러한 패턴에 상당한 변화가 생겼던 것은 사실이다. 1987년 6월항쟁 이후 민주화 과정이 시작되면서 노동자들의 불만이 폭발했다. 엄청난 수의 노동쟁의와 그에 뒤이은 민주노조의 설립, 노조원수의 급증 등으로 한국의 노사관계는 일변했으며 정부도 종전의 노동억압적 정책을 버리고 중립적 입장을 취했다.

그러나 이러한 노동의 '승리'는 그다지 오래가지 못했다. 세계경제 내에서의 무역 및 투자의 글로벌라이제이션화에 따라 한국은 경제구조 조정압력을 점점 강하게 받게 되었다. 한국은 주요 해외시장에서 중국 등 저개발국에 경쟁력을 빼앗겼다. 많은 한국 기업들이 보다 싼 노동력을 찾아 생산설비를 해외로 이전했다. 한국은 또한 국내시장 개방의 압력을 선진국으로부터 점점 강하게 받게 되었다.

이러한 경제구조조정 압력 속에서 경영 측은 점점 노동시장의 유연화와 노사관계의 통제강화를 추구하게 되었다. 경영 측은 일부 노동시장제도가 노동자를 보호하는 데 있어 지나치게 경직적이라고 주장하면서 국제경쟁에서 이기기 위해서는 노동시장의 유연성을 높여야 한다고 주장한다.

한국의 노동운동 역시 점점 활력을 잃어 가고 있다. 노조조직률은 1989년 18.6%로부터 1996년에는 12.2%까지 떨어졌다(한국노동연구원, 1998). 같은 기간 동안 노조원수는 33만 명 이상 줄어들었다. 노동쟁의건수 역시 1989년 1616건에서 1996년에는 겨우 85건으로 격감했다. 최근 대통령 선거에서 노동자 후보가 실망스런 결과를 얻은 것은 한국 노동운동의 취약성을 명백히 보여주고 있다 하겠다.

일부 논자들은 현재의 노조조직률의 하락이 산업구조의 변화에 기인한 것이며, 따라서 앞으로도 조직률이 더욱 하락하는 것은 불가피할 것이라고 주장한다. 그러나 지금까지의 분석에서 보는 바와 같이 노동력 및 산업구조의 변화는 노조조직률에 영향을 미치는 주요인은 아니라고 할 수 있다. 비슷한 산업구조와 밀접한 제도적 관련성을 가지고 있는 캐나다와 미국의 노사관계가 매우 상이한 결과를 낳고 있다는 점이 이를 증명해 준다. 마찬가지로 정치적·문화적 가치관 역시 노사관계에 그다지 결정적인 영향을 미치는 요소는 아니라고 생각된다. 결국 캐나다와 미국의 노사관계체계의 격차는 단지 환경적 요인만으로는 설명될 수 없는 것이다.

노동조합의 성장추세는 주로 노사관계의 여러 주체들 간의 복잡한 상호관계, 즉 사용주의 저항, 공공정책, 노동조합의 정책 등에 의해 결정된다는 것을 지금까지의 분석을 통해 알 수 있다. 어떤 논자들은 그중 주요인은 양국에서의 공공정책의 차이라고 주장한다(Adams, 1989). 그러나 이러한 주장 역시 논란의 여지가 있다(Kumar, 1993). 캐나다의 노동법 및 노동행정이 노동에 보다 우호적인 것은 사실이지만 그렇다고 해서 캐나다의 공공정책이 친노동적이라고 생각하면 오해일 것이다. 오히려 캐나다의 공공정책이 노동에 대해 보다 우호적인 이유는 캐나다노동운동의 정치적·제도적 세력이 강력하기 때문이다. 사회적 조합주의, 적극적 조직화 노력, 양보교섭에 대한 투쟁성, 그리고 정치적·사회적 전략 등이 모두 캐나다노조의 강력함에 기여했다.

미국의 노조 역시 사회적 조합주의와 정치적·사회적 행동의 중요성에 대해 인식하고 있기는 했지만, 이러한 방향으로의 적극적 노력은 그다지 많지 않았으며 더욱이 성공을 거둔 예는 극히 적었다.

이처럼 노조의 성격과 행동이 한 나라의 노사관계에서 결정적 역할을 할 수 있다는 사실은 한국의 노동운동에도 커다란 시사점을 준다. 한국의 노동조합도 노동운동의 강력함과 건강함을 유지하기 위해서는 다음과 같은 전략을 택해야 할 것이다.

첫째, 노동조합은 사회개혁적 조합주의를 추구해야 하며, 한국 사회를 경제적·사회적으로 변화시킬 수 있는 민주적 대안을 제시하고 그것을 관철시키기 위해 다른 사회단체들과 연대해야 한다.

둘째, 노동조합은 양보교섭에 대해 완강하게 저항해야 하며 의사결정과정에의 참여와 같은 노동자의 독자적 대안을 추진해야 한다.

셋째, 노동조합은 미조직 노동자의 조직화에 노력하고 노동조합이 일반노조원에게 더욱 다가갈 수 있도록 만들어야 한다. 특히 중소기업의 노동자들과 여성노동자들에 대해 보다 많은 관심을 기울여야 한다.

마지막으로 노동조합은 노동자의 독자적 대안을 추진하는 데 도움을 줄 수 있는 정치적 전략을 수립해야 한다. 노조는 노동법의 개정과 노동정책의 개선을 위해 정치적 행동을 취해야 한다. 이러한 목적을 실현시키기 위해서는 노조의 단결 및 여러 시민단체와의 연대가 추구되어야 할 것이다.

참고문헌

연세대학교 동서문제연구원. 1998. ≪캐나다연구≫, 제9집.

한국노동연구원. 1998. 『KLI 노동통계』.

Adams, R. J. 1981. "A Theory of Employer Attitudes and Behavior toward Trade Unions in Western Europe and North America." in G. Delugos et al.(eds.) *Management Under Differing Value Systems*. Walter de Gruyter.

Adams, R. J. 1989. "North American Industrial Relations: Divergent Trends in Canada and the United States." *International Labour Review*, Vol.128, No.1.

Adams, R. J. 1992. "The Role of the State in Industrial Relations." in D. Lewin et al.(eds.) *Research Frontiers in Industrial Relations and Human Resources*. Industrial Relations Reseach Association.

Adams, R. J. 1995. *Industrial Relations Under Liberal Democracy: North America in Comparative Perspective*. University of South Carolina Press.

Arthurs, H. W. et al. 1993. *Labour Law & Industrial Relations in Canada*, 4th ed. Butterworths Kluwer.

Ballot, M. 1996. *Labor Management Relations in a Changing Environment*, 2nd ed. John Wiley & Sons.

Bruce, P. G. 1989. "Political Parties and Labor Legislation in Canada and the U.S." *Industrial Relations*, Vol.28, No.2, Spring.

Chaison, G. N. and J. B. Rose. 1991. "Continental Divide: The Direction and Fate of North American Unions." in D. Lewin and D. B. Lipsky.(eds.) *Advances in Industrial and Labor Relations*, Vol.5, JAI Press.

Chang, C. and C. Sorrentino. 1991. "Union Membership Statistics in 12 Countries." *Monthly Labor Review*, December.

Choi, J. 1989. *Labor and the Authoritarian State: Labor Unions in South Korean Manufacturing Industries, 1961-1980*. Korea University Press.

Cook, M. L. and H. C. Katz.(eds.) 1994. *Regional Integration and Industrial Relations in North America*. ILR Press.

Drache, D. and M. S. Gertler.(eds.) 1991. *The New Era of Global Competition: State Policy and Market Power*. McGill-Queens University Press.

Dunlop, J. T. 1958. *Industrial Relations Systems*. Holt.

Eaton, S. 1992. *Women Workers, Unions and Industrial Sectors in North America*. International Labour Office.

Farber, H. S. and A. B. Krueger. 1992. "Union Membership in the United States: The Decline

Continues." *Working Paper* No.306, Industrial Relations Section, Princeton University.
Freeman, R. B. 1985. "Why Are Unions Faring Poorly in NLRB Representation Elections?" in T. A. Kochan.(ed.) *Challenges and Choices Facing American Unions*. MIT Press.
Freeman, R. B. 1988. "Contraction and Expansion: The Divergence of Private Sector and Public Sector Unionism in the United States." *Journal of Economic Perspectives*, Vol.2(Spring).
Freeman, R. B. 1989. "On the Divergence in Unionism among Developed Countries." *NBER Working Paper* No. 2817, National Bureau of Economic Research.
Galenson, W. 1994. *Trade Union Growth and Decline: An International Study*. Praeger.
Goldfield, M. 1987. *The Decline of Organized Labor in the United States*. University of Chicago Press.
Griffin, G. and S. Svensen. 1996. "The Decline of Austrailian Union Density: A Survey of the Literature." *Journal of Industrial Relations*, Vol.38, No.4, Dec.
Jenson, J. and R. Mahon.(eds.) 1993. *The Challenge of Restructuring: North American Labor Movements Respond*. Temple University Press.
Kassalow, E. M. 1960. "Occupational Frontiers of Trade Unionism in the United States." *Industrial Relations Research Association Proceedings*, Vol.13.
Kochan, T. A. and A. Verma. 1989. "A Comparative View of US and Canadian Industrial Relations: A Strategic Choice Perspective." in *Structural Change and Industrial Relations Strategies*. International Industrial Relations Association.
Kochan, T. A., H. C. Katz, and R. B. McKersie. 1991. "Strategic Choice and Industrial Relations Theory: An Elaboration." in H. C. Katz.(ed.) *The Future of Industrial Relations*. ILR Press.
Kumar, P. 1993. *From Uniformity to Divergence: Industrial Relations in Canada and the United States*. IRC Press.
Kumar, P. and D. Ryan. 1988. *Canadian Union Movement in the 1980s: Perspectives from Union Leaders*. Industrial Relations Centre, Queens University.
Lawler, J. J. 1990. *Unionization and Deunionization: Strategy, Tactics and Outcomes*. University of South Calorina Press.
Lipset, S. M. 1986. *Unions in Transition*. Institute for Contemporary Studies.
Lipset, S. M. 1990. *Continental Divide: The Values and Institutions of the United States and Canada*. Routledge.
Mahon, R. 1991. "Post-Fordism: Some Issues for Labour." in D. Drache and M. S. Gertler.(eds.) *The New Era of Global Competition: State Policy and Market Power*. McGill-Queens University Press.
Meltz, N. 1989. "Unionism in the Private Service Sector, A paper presented to a Conference on North American Labour Movements into 1990s." *Center for International Affairs*, Harvard University.
Northrup, H. R. 1991. "New Union Approaches to Membership Decline: Reviving the Policies of

the 1920s?" *Journal of Labor Research*, Vol.12.

Riddell, W. G. 1993. *Unionization in Canada and the United States: A Tale of Two Countries, Industrial Relations Centre*. Queens University.

Robinson, I. 1990. *Organizing Labour: Explaining Canada-US Union Density Divergence in the Post-War Period*. Ph.D. Dissertation, Yale University.

Robinson, I. 1992. *Organizing Labour: The Moral Economy of Canadian-American Union Density Divergence, 1963-1986*. Industrial Relations Centre, Queens University.

Rogers, J. 1993. "Dont Worry, Be Happy: The Postwar Decline of Private Sector Unionism in the United States." in J. Jenson and R. Mahon.(eds.) *The Challenge of Restructuring: North American Labor Movements Respond*. Temple University Press.

Rose, J. B. and G. N. Chaison. 1996. "Linking Union Density and Union Effectiveness. The North American Exprience." *Industrial Relations*, Vol.35, No.1.

Salamon, M. 1987. *Industrial Relations: Theory and Practice*. Prentice Hall.

Thompson, M. 1994. "Current Developments in Canadian Industrial Relations." in M. L. Cook and H. C. Katz.(eds.) *Regional Integration and Industrial Relations in North America*. ILR Press.

Troy, L. 1990. "Is the US Unique in the Decline of Private Sector Unionism?" *Journal of Labor Research*, Vol.11(Spring).

Troy, L. 1992. "Convergence in International Unionism, etc. The Case of Canada and USA." *British Journal of Industrial Relations*, Vol.30, No.1, March.

Vogel, E. F. and D. L. Lindauer. 1997. "Toward a Social Compact for South Korean Labor." in D. L. Lindauer et al.(eds.) *The Strains of Economic Growth: Labor Unrest and Social Dissatisfaction in Korea*. Harvard Institute for International Development.

Yager, D. V. 1990. "Has Labor Law Failed? An Examination of Congressional Oversight and Legislative Proposals(1968-1990)." *National Foundation for the Study of Employment Policy*, Volume 45, Issue 2.

제7장

일본노동조합의 최근 임금정책과 그 시사점*

1. 머리말

최근 일본 경제는 버블 붕괴 후 장기에 걸친 불황의 후유증을 채 극복하지 못하고 있는 가운데 다시 엔고의 타격으로 침체를 면치 못하고 있으며, 산업간의 파행성, 고용불안 등도 계속되고 있다. 이러한 가운데 일경련(日經連)을 비롯한 경영 측은 불황을 극복하기 위해 '임금동결론'을 부르짖고 있다.

이에 대해 노조 측은 잇따른 춘투의 패배에서 보듯이 그 교섭력이 극히 떨어진 가운데 낮은 임금인상률, 노동분배율의 저하, 연공임금제의 붕괴 등 임금정책을 둘러싼 수다한 과제를 안고 있다. 일본노동조합들은 이러한 상황을 극복하기 위해 최근 새로운 임금정책을 입안, 추진 중인데 이는 상황은 다소 다르지만 한국의 노동조합에도 많은 시사점을 줄 것으로 생각된다.

필자는 이러한 일본의 임금을 둘러싼 정세변화 실태와 이에 대한 일본노동

---

* 『생계비와 임금정책』(한국노총중앙연구원, 1996) 제5장에 게재되었다.

조합의 대응실태를 살펴보기 위해 1995년 6월 10~18일에 걸쳐 일본노동조합들을 방문, 임금정책 담당자들과의 인터뷰 및 자료수집을 실시했다. 이 조사는 한국노동조합총연맹 중앙연구원과 공동으로 진행한 '도시근로자 생계비 연구'의 일환으로 이루어진 것이다.

아래에서는 이 일본 방문조사의 결과를 소개하고 몇 가지 시사점을 찾아보고자 한다.

✔ 조사개요

조사기간: 1995년 6월 10~18일

방문기관: 日本勞動組合總連合會(連合)

全日本金屬産業勞動組合協議會(IMF-JC)

日本鐵鋼産業勞動組合連合會(鐵鋼勞連)

全日本自動車産業勞動組合總連合會(自動車總連)

全日本電機.電子.情報關連産業勞動組合連合會(電機連合)

全日産.一般業種勞動組合連合會(日産勞連)

法政大學 大原社會問題硏究所(자료수집)

東京大學 經濟學部(자료수집)

조사내용: 1. 조직의 개황

2. 임금인상요구의 기초

3. 임금인상액의 구성내용

4. 생계비 조사에 관한 사항

5. 생계비와 임금정책과의 관련

6. 임금 외의 요구사항

7. 임협·단협 시 기업별 노조, 산별노조, 중앙조직의 역할과 기능

8. 요구 관철을 위한 투쟁방법, 수단

9. 임금격차의 실태와 그 대응책

10. 연공임금제의 변화실태 및 이에 대한 대응
11. 라이프사이클 변화에 따른 생애임금곡선의 실태와 대응
12. 기타 임금정책과 관련된 현안
13. 한국노동조합의 임금정책에 대한 제언

2. 연합의 임금정책

1) 조직개황

연합(連合)은 1989년 11월 21일에 발족한 일본 최대의 노동조합 중앙조직이다. 종래의 구연합(민간부문조직, 1987년 12월)과 총평(總評)(공공부문조직)이 합쳐진 것으로서 79개 구성조직, 약 782만 명의 조직원을 가진 사실상 일본노조운동 통일조직이다. 기타 전노련(全勞連)(86만 명), 전노협(全勞協)(30만 명) 등 소수파 조직이 있지만 연합이 전체 조직노동자의 61.6%를 차지하고 있을 뿐만 아니라 최대노조인 금속노협을 위시한 주요 산별노조를 포괄하고 있다는 점에

〈표 1-7-1〉 주요 단체별 노동조합원수의 추이

(단위: 천 명, %)

	1988	1989	1990	1991	1992	1993	1994
계	12,227	12,227	12,265	12,397	12,541	12,663	12,669
연합	5,323 (43.5)	5,445 (44.5)	7,614 (62.1)	7,615 (61.4)	7,642 (60.9)	7,819 (61.7)	7,823 (61.6)
전노련	-	-	835 (6.8)	840 (6.8)	859 (6.8)	856 (6.8)	857 (6.7)
전노협	-	-	290 (2.4)	299 (2.4)	296 (2.4)	300 (2.4)	298 (2.3)
기타	6,239 (51.0)	6,246 (51.3)	3,897 (31.8)	3,872 (31.2)	3,993 (31.8)	3,944 (31.1)	-

주 1): 2개 이상의 주요 단체에 가맹하고 있는 노동조합원수는 각각의 주요단체에서 중복해 집계하고 있으므로 주요 단체별 노동조합원수의 계는 합계와 일치하지 않음.
주 2): 기타는 연합, 전노련, 전노협에 가맹하지 않은 단산(單産) 등과 무가맹(모든 상부조합에 가맹하지 않은 노동조합)을 말함.
자료: 日本勞動機構 編(1995).

서 일본노동조합운동을 대표한다고 볼 수 있다(〈표 1-7-1〉 참조).[1)]

2) 임금인상투쟁과 연합의 역할

연합은 역할분담론을 내세우고 있다. 즉, 임금투쟁은 '가맹조직의 책임과 연합의 조정사항'으로, 정책제도 개선투쟁은 '연합의 책임과 가맹조직의 참가사항'으로 규정하고 있다.[2)] 또한 노동시간 단축은 예컨대 근로기준법 개정문제로서는 후자로 구분되나 개별 구체적인 시간단축 문제는 임금투쟁과 마찬가지로 전자로 구분된다.

따라서 임금, 근로시간 등 구체적 노동조건은 기업별 노련(企業別勞連)(기업별 노조의 상급단체로서 기업과 산업의 중간을 매개하는 역할을 함. 예컨대 닛산노련에는 닛산의 각 사업장별 노조뿐만 아니라 닛산에 부품을 공급하는 업체의 노조들도 가입되어 있음)과 단위기업 간의 협상으로 결정된다. 따라서 산별노조나 중앙조직의 기능은 미약한 편이다.

전후 일본의 노동운동은 가능하면 산별조직을 결집해 산별수준에서 임협·단협을 맺는 것을 추구했으나 실제로는 산별조직이 단체협약을 체결하는 곳은 별로 없다. 단, 사철총련(私鐵總連)과 젠센동맹은 기업별 노련과 산별노련이 공동조인하고 있다. 이처럼 산별협약이 부진한 이유는 기업 측의 거부 때문이다.

현재 산별노련의 역할은 산별 경영자 조직과의 협의, 기업별 노조활동의 지시, 조정 등 기업별 임금협상의 환경 조성에 주력하는 데 머물고 있다. 구체적으로는 춘투 시 '요구기준'의 통일, 기업 측으로부터 회답일의 통일, 대기업 순회 설명회의 개최 등이다.

---

1) 일본노동조합운동의 조직변천과정과 조직현황에 대해서는 法政大學 大原社會問題硏究所 編(1992) 참조.

2) 역할분담론에 대한 비판적 평가로서는 早川征一郎(1992) 참조.

〈그림 1-7-1〉 임금협상에서 각 조직의 역할

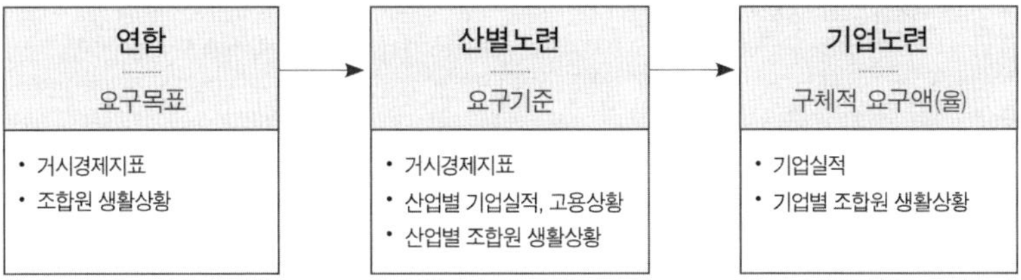

연합은 춘투 시 산별 요구기준의 설정에 앞서 '요구목표'를 결정한다. 이는 거시경제지표의 동향과 조합원 생활상황 등을 감안해 결정된다. 각 산별노련은 이를 참고로 해서 각 산별 요구기준을 정한다(〈그림 1-7-1〉 참조).

3) 생계비 조사와 임금 간의 관련

일본의 노동조합들은 패전 직후에는 생활보장급 확보에 주력했다. 그 후 1950년대 후반~1970년대 초에는 '이론생계비' 개념에 입각한 임금인상을 요구했다. 이는 각 산별 단위로 30~40세대씩 20개 산별 총 600~800개 표본에 대해 가계부를 조사하고 이를 바탕으로 마켓바스켓(market basket)을 구성해 이론생계비를 산출하는 방식이었다. 이때 물가는 독자적인 시중물가조사를 통해 결정되었다.

이렇게 작성된 이론생계비를 바탕으로 임금인상을 요구했다.

그러나 '필요한 생계비'의 내용을 어떻게 결정하느냐에 여러 가지 문제가 있어 경영 측을 설득하는 데 곤란을 겪었다. 따라서 이론생계비를 충족하는 임금 달성은 목표 내지 슬로건이기는 하지만 그 효과는 별로 없었다.

이에 따라 차츰 이론생계비로부터 실태생계비로 조사내용이 바뀌는데 이는 곧 마켓바스켓 구성의 포기를 의미한다.

현재는 m.b.방식의 이론생계비는 조사하지 않고 있다. 단, 후술하는 바와 같이 전기연합(電機連合)에서 5년마다 m.b.방식으로 표준생계비를 조사하지만 이것도 생애임금곡선의 타당성을 체크하기 위한 것일 뿐 임금인상요구의 기준으로 사용되지는 않고 있다.

일본노동조합들은 그 대신 생계비 파악에 있어 정부의 가계조사결과를 이용하고 있다. 정부의 가계조사는 ① 총리부의 가계조사 약 8천 세대(실태생계비), ② 인사원의 표준생계비 조사(이론생계비) 두 가지가 있다. 이 중 생계비 파악의 주된 수단은 인사원의 표준생계비 조사이다.

✔ 인사원의 표준생계비 조사

인사원은 매년 국가공무원의 급여권고를 행하고 있는데 이때 참고자료로서 표준생계비를 산정하고 있다. 종래는 2~5인 세대에 대해 식품비는 m.b.방식(소정의 칼로리 및 영양량을 섭취하는 데 필요한 식료품의 품질, 종류, 수량 등을 정하고 이를 구입하는 데 필요한 비용을 곱해 계산하는 방식)에 의해 산정하고 나머지 비목은 총리부 가계조사의 당년 4월분 비목별 평균지출액에 환산승수를 곱해 세대인원별로 산정하는 방식을 취해 왔으나, 1991년부터는 산정방법을 바꾸어 M.B.방식을 폐지하고 모든 비목에 대해 총리부 가계조사의 비목별 평균지출액과 생계비 환산승수에 의해 산출하는 방식(실태생계비 방식)으로 바꾸었다. 그 이유는 첫째, 1인 세대의 산출방법 및 추계식의 문제점, 둘째, m.b.방식 자체의 문제점 때문이다.[3)]

인사원 표준생계비에서 산정대상이 되는 표준가구의 구성은 1~5인 가구로 나뉘어 있는데 1인 가구는 18세 정도, 2인 가구는 부부(남편만 취업, 남편 28세 정도), 3인 가구는 부부와 자녀 1명(남편 32세 정도), 4인 가구는 부부와 자녀 2명(남편 36세 정도), 5인 가구는 부부와 자녀 3명(남편 40세 정도)으로 구성되어 있다. 1995년 4월 인사원의 가구인원별 표준생계비는 〈표 1-7-2〉와 같다.

그러나 인사원의 표준생계비에 대해서는 노동자의 소비실태와 차이가 많이

---

3) 인사원 표준생계비의 변화내용에 대해서는 横山英和(1991) 참조.

〈표 1-7-2〉 가구인원수별 표준생계비(1995년 4월)

(단위: 엔)

가구인원	전국평균	도쿄
1인	108,140	124,780
2인	175,620	194,650
3인	214,610	227,910
4인	253,670	261,170
5인	292,710	294,420

자료: 人事院, 「標準生計費調査」, ≪勞政時報≫.

난다는 비판도 존재한다(國公勞連調査部, 1991).

따라서 일본의 임금결정에 있어 생계비의 영향력은 극히 약하다고 할 수 있으며 다만 노동조합의 임금인상요구액에 '소비자물가지수'가 반영되는 점에서 그 영향력이 어느 정도 남아 있을 뿐이다.

4) 임금인상요구의 근거[4)]

1970년대 중반의 석유파동 이후 일본노동조합의 임금인상요구기준은 이른바 '경제정합성론(經濟整合性論)'이다. 즉, 지나친 임금상승이 물가상승과 경제성장률 저하를 가져올 것이라는 전제하에 임금상승률을 거시경제의 성과(=작년도 소비자물가상승률+당년도 취업자 1인당 실질성장률)에 맞추어 요구한다는 것이다. 이는 1975년 동맹의 사회계약적 운동론으로부터 시작되어 1979년에 '경제정합성론'으로 정식화되었으며, 1980년대에 들어와서는 명시적·암묵적으로 일본노동운동 가운데 상당한 합의를 보게 되었다.

"임금은 노동자의 생활에 커다란 영향을 주는 경제성장, 고용, 물가 등과 밀

4) 일본노동조합의 임금정책의 사적 전개에 대해서는 국내에서도 그동안 많이 소개되었으므로 여기서는 생략한다. 이 주제에 대해 관심 있는 독자는 다음의 자료들을 참고하기 바란다. 황덕순(1995); 강신준(1995); 이민영(1995); 안희탁(1993); 오학수(1995); 氏原正治郎 外 編(1977a, 1977b); 高橋洸(1989); 中林賢二郎 外 編(1985); 總評四十年史編纂委員會(1993).

접한 상호관련을 가지고 있다는 기본인식에 서서, 임금인상요구를 국민경제, 국민생활의 바람직한 정합성을 확립해 가기 위한 중요한 결절점으로 파악"하고, 일본 경제 전체의 균형 가운데서, 구체적으로는 경제성장, 물가, 고용 등과의 관계를 고려해 임금인상을 요구한다는 것이 바로 경제정합성론이다.

이에 따라 춘투방식 역시 '관리춘투'로 바뀌었다. 즉, 노동조합은 파업권을 포기하고 경영자 단체가 내놓는 가이드라인에 따른 일방적 회답(一發回答)을 그대로 받아들이는 방식이다.

이런 경제정합성론에 대해서는 "이것이 실제로는 경영자 측 기준인 생산성 기준원리와 동일한 것으로 기존의 소득분배를 변경하지 않는다는 것을 전제로 한 임금요구에 지나지 않으며"(高橋洸, 1989: 11), "임금을 인상시키기보다는 억

〈표 1-7-3〉 임금상승률과 생산성 향상률의 비교

(단위: %)

연도	명목임금 상승률	실질임금 상승률	노동생산성 향상률	실질소비지출 증가율
1975	14.8	2.7	-3.9	4.5
1976	12.5	2.9	12.3	-0.8
1977	8.5	0.5	5	1.4
1978	6.4	2.5	8.8	1.3
1979	6	2.3	10.7	3.1
1980	6.3	-1.6	6.3	-0.8
1981	5.3	0.4	2.4	0.6
1982	4.1	1.5	0.9	3.1
1983	2.7	0.8	3.9	0.4
1984	3.6	1.4	8.5	1.7
1985	2.8	0.7	4.4	0.3
1986	2.7	2.3	1.9	1
1987	1.9	2.2	5.8	1
1988	3.5	3	10.9	3.3
1989	4.2	2.9	5.9	0.7
1990	4.7	1.5	4	1.6
1991	3.5	0.2	2.5	0.9
1992	1.7	0.1	-5.3	0.5
1993	0.7	-0.5	-1.6	-0.4
1994	2.1	1.6	0.5	-1.1

주: 1994년은 1~9월 평균임.
자료: 勞務行政研究所(1995).

제하는 역할을 함으로써 호경기의 지속에도 불구하고 춘투실적이 저조해 조합의 교섭력을 저하시키고 있다"(早川征一郞, 1992: 257)는 비판이 주어지고 있다.

실제로 1980년대 후반 이후 임금인상률이 저하해 생산성 향상률을 따라가지 못하고 있는 형편이다(〈표 1-7-3〉 참조).

이러한 비판에 대해 연합 노동정책국장(成川秀明)은 "지금도 거시경제요인을 중시하는 자세에는 변함이 없다. 다만 이는 단기적 경기변동이 아니라 바람직한 경제성장을 고려하는 것이다. 즉, 임금 및 노동시간을 개선해서 개인소비의 증가, 가계의 풍요를 가져옴으로써 거시경제에 좋은 영향을 미치자는 것이다. 너무 과도한 임금을 요구하면 물가에 악영향을 준다. 어디까지나 생활개선에 의해 거시경제가 좋아진다는 생각에 바탕을 둔 것이며 조합원 대다수도 이에 동의하고 있다"고 응답했다.

5) 연합의 임금정책

종전에는 매년 산별노조위원장회의에서 임금제도, 임금인상요구수준을 논의, 결정했으나, 1993년 10월 제3회 연합대회에서 처음으로 '연합임금정책(連合賃金政策)'을 채택했다. 이는 연합 총합생활개발연구소(連合 總合生活開發研究所)의 임금문제연구위원회에서 제안한 「90年代の賃金: 賃金決定の課題と政策」(1992年12月)이라는 보고서에 바탕을 둔 것이다.

'연합임금정책'은 모두 5개 장 30개 포인트로 구성되어 있는데 그중 중요한 내용은 다음과 같다.[5)]

(1) 중기적 임금목표 설정

종전에는 그때그때의 경제상황을 중시해 임금요구를 결정했으나 앞으로는

---

5) 자세한 것은 日本勞動組合總連合(1993); 連合總合生活開發研究所(1992); 連合總研(1993) 참조.

당년도 경제상황에 구애받지 않고 중기적 목표에 따라 임금요구율을 결정한다. 즉, 물가상승분+연율 2.5% 정도의 생활향상분이 중기적 목표가 된다. 2.5%의 근거는 2000년까지 7년간 실질임금을 1.2배로 높여 여유 있고 풍부한 생활목표를 달성한다는 전제 아래 시산된 결과이다. 이는 또 향후의 실질경제성장률 예측치 3.5%로부터 취업자증가율 0.6%를 뺀 2.9%와도 유사해 매크로경제와도 부합된다는 것이다.

(2) 평균임금 인상요구방식으로부터 개별임금에 의한 임금인상요구방식으로 변경

종전에는 1인당 평균기준임금(베이스임금) 인상률을 요구했으나, 이는 여러 가지 문제가 있다. 첫째, 조합 간의 정확한 임금수준 비교가 불가능해 산업별 임금수준의 통일이 곤란하다. 둘째, 베이스업(base-up)과 정기승급분이 합산, 혼합되어 있어 혼란을 준다. 셋째, 인상액 타결 후 다시 조합원 간의 배분교섭이 필요하므로 조합원 간에 이해가 대립된다. 넷째, 개별임금수준이 명시되어 있지 않아 임금격차의 시정이 곤란하다는 것 등이다.

따라서 연합은 앞으로 조합원 속성(연령, 근속, 대표적 직종, 직무)에 따른 개별임금에 의한 요구, 타결방식을 지향한다. 구체적으로는 각 산별조직별로 35세 표준노동자(많은 산별에서 고졸 근속 17년의 학교 졸업 후 곧바로 입사한 노동자를 표준노동자로 설정하나 구성조직별로 반드시 그 정의가 일치하는 것은 아니므로 연합 차원에서 표준노동자의 구체적 정의는 각 구성조직에 맡김)의 요구기준을 설정하고 그 밖의 연령 포인트의 임금수준목표를 명시한다. 1995년 춘투에서는 연합은 고졸 35세 표준노동자에 대해 9300엔, 고졸 18세 신규노동자에 대해 4600엔의 임금인상을 요구하는 등 2개의 연령 포인트를 설정하고, 30세 고졸자에 대해서는 7900엔의 정액 임금인상을 참고 포인트로 제시했다.

(3) 연합은 그 밖에 개별임금 명시의 원칙, 임금제도의 산업별 통일 (직능급, 직무급, 연공급), 임금격차의 시정, 생애임금의 개선 등을 제시

연합이 당면하고 있는 앞으로 임금정책의 과제에 대해 나리가와 히데아키(成川秀明) 국장은 첫째, 2.5% 생활향상분 목표는 일본의 경제성장률이 3.5%의 잠재력을 가진다는 전제 아래 제시된 것이나 실제로는 1% 정도의 저성장이기 때문에 조합원들 사이에 요구가 너무 비현실적이라는 의견이 있다. 춘투결과도 1% 정도이다. 따라서 이 목표를 앞으로 재검토할 필요가 있다. 둘째, 평균임금 기준 요구방식은 50년의 역사를 가지고 있기 때문에 당장 바꾸기 어렵다. 5년 정도의 시간을 두고 점차 바꿀 계획이다. 그러나 경영 측은 개별임금방식에 대해 거부하고 있다고 답변했다.

6) 임금제도문제

임금제도는 개별기업수준에서 정해지므로 상당히 다종다양하다. 그러나 노동조합으로서는 임금수준의 사회화를 지향하므로 가능한 한 임금제도를 통일하고자 노력하고 있다.

임금제도는 크게 속인형(屬人型)(연령급, 근속급)과 직무 관련형(직무급, 업적급, 직능급)으로 나뉘는데 1992년에는 종합급(주로 연공임금제)이 59.7%, 병존형(능력급 요소 가미)이 22.2%이다. 그러나 1천 명 이상의 대기업에서는 병존형 비율이 54.2%로 상당히 높다(〈표 1-7-4〉 참조).

이 표에서 보는 바와 같이 점차 연령, 근속급보다는 직무직능급으로 전환되는 추세이며 특히 대기업에서 급속하게 이러한 추세가 나타나고 있다. 경영 측은 최근 연봉제, 능력급(업적급, 직무급) 등의 도입을 제창하고 있다.

각사의 임금제도는 노사교섭에서 확립되지만 임금수준의 사회적 시세를 지향하는 연합으로서는 이러한 직능급, 업적급(merit system) 등 새로운 형태의 임금제도에 대해 어떻게 대응할 것인가를 연구 중이다.

〈표 1-7-4〉 주된 임금체계의 종류별 기업수 비율

(단위: %)

	전체 기업	단일형 체계							병존형 체계					무언가의 형태로 직무직능급을 가진 회사
		계	직무직능급형				속인 급형	종합 급형	계	직무급-속인급형	직무급-종합급형	속인급-종합급형	직무급-속인급-종합급형	
			소계	직무급	직능급	직무직능급								
기업 규모 계														
1984년	100.0	86.8	15.2	2.8	1.8	10.6	5.5	66.0	13.2	5.0	4.2	3.1	1.0	25.4
1989년	100.0	85.0	14.4	1.6	2.3	10.5	6.1	64.6	15.0	4.5	4.2	4.9	1.3	24.5
1992년	100.0	77.8	10.5	2.6	1.7	6.3	7.6	59.7	22.2	8.3	7.2	5.2	1.4	27.5
(적용 노동자 비율)	100.0	57.2	6.5	1.3	2.1	3.1	6.1	44.6	42.8	20.0	9.9	7.7	5.1	41.5
1천 명 이상														
1989년	100.0	52.0	4.8	0.4	1.9	2.4	5.0	42.2	48.0	21.3	12.3	8.7	5.6	44.1
1992년	100.0	45.8	4.5	0.7	1.9	2.0	3.8	37.4	54.2	28.4	10.6	8.9	6.3	49.9
(적용 노동자 비율)	100.0	39.9	6.4	0.8	3.0	2.5	3.0	30.5	60.1	29.4	13.7	8.4	8.7	58.1
100~999명														
1989년	100.0	80.0	9.2	0.9	2.3	6.0	7.7	63.1	20.0	6.8	5.1	6.6	1.6	22.6
1992년	100.0	68.8	5.8	1.6	1.4	2.8	8.2	54.8	31.2	13.9	7.6	7.6	2.1	29.4
(적용 노동자 비율)	100.0	65.1	4.1	1.1	1.2	1.8	8.8	52.2	34.9	16.4	7.2	8.6	2.8	30.4
30~99명														
1989년	100.0	88.0	16.7	1.8	2.3	12.6	5.5	65.8	12.0	3.1	3.7	4.1	1.1	24.6
1992년	100.0	82.6	12.7	3.1	1.8	7.8	7.5	62.4	17.4	5.4	6.9	4.1	1.0	25.9
(적용 노동자 비율)	100.0	81.9	11.3	2.7	1.8	6.8	8.0	62.6	18.1	5.7	6.5	4.7	1.3	24.7

주 1): 정액제가 적용되고 있는 노동자에 대해서 본 것임.
주 2): 주된 임금체계란 가장 많은 노동자에게 적용되고 있는 임금체계를 말함.
주 3): '무언가의 형태로 직무직능급을 가진 회사'란 직무직능급, 직무직능급-속인급형, 직무직능급-종합급형 및 직무직능급-속인급-종합급형을 말함.
자료: 勞動省(1994).

임금인상 시 연합은 원칙적으로 '동일(가치)노동, 동일임금', 춘투에 있어 통일요구-통일행동-통일타결, 산업별(연령별) 최저임금의 확보 등을 목표로 하고 있다.

향후 임금제도 개선의 과제로는 다음의 일곱 가지가 있다.

첫째, 직장의 조합원의 임금수준을 파악해 연령별로 분포도를 만듦으로써 임금격차의 현상을 정확하게 파악하고 문제점을 볼 수 있도록 한다.

둘째, 기본급, 수당 등 임금항목마다 개별임금수준을 명시한 임금표를 작성한다.

셋째, 개별임금의 수준은 생계비를 확보하고 노동의 질과 양에 합치되는 납득할 수 있는 수준으로 하되 이를 위해 생계비에 의한 임금수준의 체크, 중도채용차 격차의 시정, 여성차별 철폐, 고령자 임금의 감액 시정, 학력격차의 시정 등을 추진한다.

넷째, 임금결정의 기준은 노사 공동으로 결정하고 그 기준은 조합원에게 공개한다. 이를 위해 ① 직능, 능력, 직무 등의 결정기준은 노사 공동으로 결정하며 조합원이 납득할 수 있고 또한 합리적 근거를 명확히 밝히도록 문장 확인한다. ② 승진승격 요건, 인사고과 기준은 노사 공동으로 결정하고 그 적용의 공정성과 공개성을 확보한다. ③ 개인별 임금의 결정결과에 대해서 조합은 사전 협의하고 조합원의 고충에 대해 책임을 가지고 처리한다. ④ 중소기업에서는 직무의 팀워크를 유지하고 촉진할 수 있는 임금제도가 큰 과제이다.

다섯째, 소정 내 임금을 구성하는 임금항목은 기본급을 중심으로 하고, 수당은 단순화한다. 가족(부양)수당은 남녀차별이 없도록 노력한다.

여섯째, 연간임금을 확보한다. 보너스의 확보, 잔업수당의 지급.

일곱째, 기타 퇴직금 규정의 개선 등을 들고 있다(成川秀明, 1995).

7) 정책, 제도참가

임금, 근로시간단축, 정책-제도의 개선 등 삼위일체의 틀은 연합의 발족 이래 기본방침이다. 연합이 목표로 하는 "여유 있고, 풍부하며, 사회적 공정이 실현되는 사회"의 실현에는 이 세 가지 기둥이 필요하다.

연합은 정책, 제도개선의 요구사항으로서 ① 복리후생, 퇴직금제도 개선, ② 산업재해, 직업병 문제 개선, ③ 노인개호휴가제(老人介護休暇制), ④ 모집, 채용 시 남녀평등 확립, ⑤ 육아휴가제, ⑥ 기타 경제정책에의 참여 등을 요구하고 있다.

연합은 이와 같은 요구를 실현하기 위해 수상을 비롯, 외무성, 대장성, 노동성, 관방장관 등 정부 각 부처 장관과의 회견, 일경련(日經連), 동상(東商), 경단련(經團連) 등 경제단체와의 톱회담 등을 실시했으나 요구달성도는 높지 않다. 연합의 요구사항 중 실현된 것은 육아휴가제, 개호휴가제, 조세제도의 시정 정도이다.[6]

3. 철강노련의 임금정책

1) 조직개황

철강노련은 직가맹 19만 명과 준가맹(권리, 의무 제한) 2만 명 등 합계 21만 명의 조합원을 가지고 있다.

엔고 등으로 일본의 철강업계는 생존하기 위한 구조개선을 진행 중이며 따라서 큰 폭의 인원감소가 이루어지고 있다. 이에 따라 철강노련의 조합원수는 1976년 24만 2천 명이라는 피크(peak)로부터 점차 감소하는 과정에 있다. 5대 제철회사의 조합원수는 1985년 15만 7천 명으로부터 1995년 12만 3천 명으로 감소했으며, 그중 제철소 간의 임시파견[일본에서는 출향(出向)이라고 부름]자는 3만 7천 명으로서 조합원의 3분의 1이 출향자인 상황에 처해 있다. 따라서 철강노련의 기본목표는 고용유지에 있다. 대폭적인 인원합리화에 대해 노동조합으로서는 구조개선의 단행은 피할 수 없다 하더라도 고용의 확보는 양보할 수 없다는 전제하에 해고, 희망퇴직 등이 생기지 않도록 운동하고 있다.

---

6) 연합의 정책 참가에 대해서는 條田徹(1992); 日本勞動機構(1995) 참조.

2) 임금요구의 근거

철강노련의 임금인상요구의 근거는 물가상승률+정기승급분+생활향상분으로 구성된다. 물가상승률은 전년도 소비자물가상승률을 적용하며, 정기승급분은 단협으로 정하고 임금요구액에는 포함되지 않는다. 생활향상분은 내부적 요인(기업업적)과 외부적 요인(고용상황, 경제성장률, 엔고 등)을 감안해 정한다.

1995년 춘투에서는 철강업계의 적자결산(1993년도 종합제철회사 5개사의 실질경상적자 3천억 엔), 고베지진 등의 사정을 감안해, 고용을 지킨다는 관점에서 물가상승분(2천 엔)만 요구했다. 그러나 경영 측의 회답은 0%로 나왔다. 베이스업 제로는 38년 만의 일이다.

철강산업에서는 표준적인 노동자(포인트는 35세, 근속 17년)의 순 베이스업액수를 산업 내에서 횡단적으로 결정해 각사(5대 종합제철사)에 동일적용한다. 표준노동자 포인트에 있어서 베이스업률을 축으로 전체에 자동적으로 베이스업 배분이 이루어지며 정기승급은 각사의 제도에 따라 실시된다.

이러한 '산업 내의 동일노동 동일임금'에 대해서는 노사의 합의정신이 필요하며 또한 각 기업이 거의 동일한 임금체계를 가지고 임금수준도 거의 동등해야 한다는 전제조건이 필요하다. 결과적으로 기업 간, 규모 간 임금격차가 축소되는 장점이 있는 반면, 각사의 경영상황에 관계없이 임금수준이 결정되며 노무정책인 임금배분 등을 제약하는 점이 단점이다.

3) 생계비와 임금

철강노련은 매년 조합원 가계조사를 해왔으며 1995년은 23회째이다. 9월분 생계비를 대상으로 678가구를 조사했는데 주로 4인 가구를 중시한다.

그러나 춘투 임금요구에서 생계비는 참고만 한다. 임금요구의 중심은 소비자물가상승률이다(1994년의 경우 소비자물가상승률 0%, 가계지출상승률 0.8%).

4) 임금 이외의 요구사항

임금 외에도 시간단축, 보너스, 퇴직금 등을 요구한다. 예년에는 그 밖에 각종 수당(교대근무수당, 산재부가금, 연장근무할증)을 요구했으나 이번에는 업적부진 때문에 세 항목에 집중했다. 이 밖에 각 기업별노조는 기타 권리요구를 덧붙인다.

5) 임금 및 단체교섭의 주체

기업별 노조가 구체적 교섭을 맡으며, 철강노련은 임투의 환경조성, 투쟁방법, 전략, 전술 검토, 요구액 결정, 각 기업별노조에 통일적으로 운동하도록 조정하는 등의 역할을 맡는다.

6) 임금격차

대기업-중소기업 간의 임금격차 해소를 위해 철강노련 차원에서 통일적 요구를 한다. 그러나 교섭은 기업별로 이루어지므로 기업 측의 회답은 각각이다. 중소기업은 물가+생활향상분+격차시정분으로 임금인상요구액이 구성된다. 격차시정분은 업종별 부회(보통강, 특수강)별로 다른데 대개 2천 엔 정도이다.

7) 요구 관철방식

주로 단체교섭, 협의를 중시한다. 파업은 1965년을 마지막으로 중단했다. 그러나 완전히 파업권을 포기한 것은 아니라고 철강노련 측은 주장한다. 철강노련의 전략, 전술은 주로 협의를 어떻게 순조롭게 진행하느냐 하는 것이다. 이를 위해 대기업 순회접촉, 통일회답 요구, 중소기업 경영자에 대한 설명회 등을 실시한다.

경영 측으로부터의 회답이 0%로 나왔음에도 불구하고 노조원들 사이에 파업 주장은 없다고 한다. 이것은 고베지진으로 고베제강 등이 큰 피해를 입었으므로 그 복구가 급선무라는 인식이 있기 때문이다.

8) 연공임금제 변화실태

철강업은 그 직무의 특성상 일찍부터 임금제도 개정노력이 이루어져 왔다. 이미 1962년에 야하다제철, 후지제철, 니혼강관 등에 미국형의 본격적인 분석 직무급이 도입되는 등 철강산업에서는 상당히 일찍부터 직무급이 도입, 정착되어 왔다. 연공급과 직무직능급의 비율은 1970년대까지 연공급 60 : 직무직능급 40으로 되어 왔으나 1981년 정년연장에 따른 제도개편으로 50 : 50이 되었으며, 그 후 대폭적인 엔고를 계기로 한 구조개선을 배경으로 1988년 다시 개정되어 현재는 연공급 : 직무직능급=40 : 60 정도이다. 최근 철강산업에서는 구조개선과 더불어 인사-임금제도 역시 커다란 변화를 겪고 있는데 이번의 임금제도 개정에서는 그 구성비는 기본적으로 유지하면서 주로 직무직능급의 내용 개편에 힘을 쏟고 있다. 즉, 연공급으로서의 기본급은 라이프사이클에 따른 생계비곡선과의 대응관계를 종전보다 더 밀접하게 만드는 형태로 개정되고, 직무직능급은 종래의 직무급과 직능급에 더해 개인의 성과와 업적을 평가하는 업적급이 중시되도록 되었다.

철강노련으로서도 이는 당연한 추세로 보고 있다. 연공만으로 임금을 결정하는 것은 불공평하며 능력에 상응하는 임금을 받는 것은 당연하다는 것이다. 다만 이 경우에도 첫째, 최저생활을 유지할 수 있는 생활급의 확보는 여전히 중요하다. 둘째, 능력평가기준을 어떻게 공평하게 설정할 것인가도 중요한 문제이다. 다만 연공임금제와 더불어 일본 노사관계의 또 하나의 축을 이루어 온 종신고용제는 계속 유지하는 것이 바람직하다고 본다.

이번 철강산업의 인사-임금제도 개편과정에서는 기업별 노사협의와 단체교섭을 통해 노사 각각의 문제의식이 합치되어 교섭의 결과로서 이러한 제도가 만들어졌다. 인사-임금제도는 일단 기업 내적 과제이기는 하지만 산업별을 장(場)으로 한 공통된 접근방법으로 대처한다는 것이 철강노련의 기본적인 자세이고 이번 제도개편에서는 각사의 구조개선의 추진이라는 배경도 있어 그러한 틀을 짜지 못한 것은 부인할 수 없다. 현재 철강노련에서는 실무자 수준의 '노동조건위원회' 가운데서 '연구회'를 구성해 '임금체계 2000년 비전의 확립을 향하여'라는 과제를 설정하고 이 문제에 대한 접근방법의 정리를 진행하고 있다. 각사에서도 그러한 움직임이 있는데 예컨대 신일본제철에서는 새로운 인사제도 확립을 위한 '노사검토위원회'를 구성, 1996년 봄에 그 결과를 발표할 예정이다.[7]

9) 라이프사이클에 따른 임금정책

과거에는 퇴직 시까지 임금이 계속 상승했다. 그러나 정년연장(55세→60세)에 따라 노동자 평균연령이 증가하면서 연공적인 임금곡선에서는 노무비용의 자연증가가 초래된다. 따라서 이번 제도개편 시 철강 3사별로 약간의 차이가 있기는 하지만 고연령층으로부터 생계비가 급증하는 50대 전반층으로 임금재배분이 이루어지도록 배려함으로써 임금곡선이 비교적 빠른 단계로부터 상승하는 방향으로 일정한 수정을 가했다. 예컨대 신일본제철의 경우 생계비의 피크시기는 50세이며 따라서 임금곡선도 50세가 넘으면 둔화되어 50~55세에는 평탄화되었다가(기본급 －, 정기승급 ＋로 서로 상쇄됨), 55~60세에는 떨

7) 철강산업의 인사-임금제도 개편의 자세한 내용에 대해서는 石塚拓郎(1996) 참조.

어진다(기본급 −가 더 큼). 문제는 주택비, 교육비 등으로 생활비가 가장 많이 드는 40대이다. 이들은 기업노동력의 중핵을 이루고 있다. 여기에 곡선 기울기를 보다 급하게 배분할 필요(50대 이상 → 40대)가 있다고 철강노련은 생각하고 있다. 생계비 상승에 맞추어 생애임금곡선을 어떻게 재편할 것인가 하는 것은 철강노련으로서도 앞으로 연구해야 할 과제이다.

4. 전기연합의 임금정책

1) 노조의 개황

전기연합(電機連合)은 300개 조직, 85만 명의 조합원을 가지고 있다. 주요 전기기기 메이커(마쓰시다, 후지쓰, 히타치, 도시바)를 망라하며, 연합 및 IMF-JC에 가맹하고 있고, 한국의 금속노련과도 친밀하게 교류하고 있다.

2) 임금정책

전기연합은 1993년에 제정된 제4차 임금정책에 기초해 임금요구를 하고 있다. 1990년대에 들어 전기기기산업에는 커다란 환경변화가 일어나고 있다. 1990년대의 고도정보화사회로의 진행에 따라 그 기간산업으로서의 전기기기산업의 임금수준 확보, 고학력화와 화이트칼라화의 급속한 진행에 따른 사무, 기술노동자의 급증에 대응하기 위한 새로운 정책의 필요성 증대, 생산양식의 변화와 노동내용의 변화에 대응한 임금제도의 설계와 적정한 처우의 필요성, 고령화의 진행과 고령자 고용의 촉진을 위한 인사처우의 정책결정 등이 그것이다.

제4차 임금정책의 기본은 제3차 정책(1984)의 접근방법을 더욱 발전시켜 산업별 횡단성을 가진 '직군별 직종, 직능임금제도(職群別 職種, 職能賃金制度)'이다. 이 제도 아래 임금은 크게 두 부분으로 나뉘는데 '생계급(生計給)(연령급) 부분'은 라이프사이클에 대응한 임금곡선을 상정하고, '직종, 직능급 부분'은 직종에 고유한 평가요소, 직무수행능력 등의 요소를 고려한 것이다. 이렇게 함으로써 사무·기술노동자도 시야에 넣은 임금으로서 정책이 책정되었다.

전기기기산업에서는 직종, 직능급을 오래전부터 포함해 종합급적 성격을 가지고 있었다. 그러나 점차 능력급으로 이행되는 추세이다. 전기연합으로서도 이는 당연한 것으로 받아들이고 있다. 전기연합은 능력급으로의 이행 자체보다는 능력평가, 능력향상문제에 관심을 쏟고 있다.

전기연합은 임금체계와 임금수준의 양면을 상호 관련시키기 위해 표준생계비를 작성해 최저보장임금곡선과 표준자임금곡선을 작성하고 연령별로 임금률을 설정했다. 생계급 부분과 직종, 직능급 부분의 비율은 35세 표준노동자의 경우 대략 4 : 6 정도를 목표로 하고 있다고 한다.[8)]

라이프사이클에 따른 임금변화는 40세 이후 임금곡선의 기울기가 둔화되어 55세 정년 때까지 서서히 임금이 상승하며 임금곡선의 기울기가 수평이나 마이너스는 되지 않는다.

전기연합은 이 임금정책이 구체화된 상세한 '임금제도설계 매뉴얼'을 작성해 중견·중소조합을 대상으로 '임금스태프 양성강좌'를 매년 개최하고 있다.

임금요구액은 기본적으로 연합이 제시하는 요구기준을 기초로 산별 조직의 단결력, 투쟁력을 반영해 결정한다. 요구율의 구성은 정기승급분+물가상승분+생활향상분으로 되어 있다. 1995년에는 5% 인상을 요구했으나 기업 측의 회답은 2.95%(평균)로 나왔다.

전기연합이 당면한 임금정책의 최대과제는 임금상승에 있어 개별임금요구방식의 확립이다. 제4차 임금정책은 임금요구를 명확하게 개별방식으로 전환

---

8) 전기연합의 임금정책의 자세한 내용에 대해서는 崎岡利克(1996) 참조.

하는 것으로 했다. 따라서 1995년의 춘투에서 종래의 평균과 개별의 병존형 요구로부터 '35세 고졸 기능직 4인 가구 표준노동자'를 전기연합의 대표적 표준노동자로 하여 개별요구를 하도록 추진했다. 결과는 준비부족 등으로 인해 평균에 의한 회답을 받아들이는 것으로 되었으나 1996년 춘투에서 다시 개별요구방식을 실현시킬 계획이다.

3) 생계비와 임금

전기연합은 1967년부터 조합원 생계비 조사를 시작해 1995년은 29회째이다. 조합원 350명을 대상으로 9월분 가계부를 기입토록 하여 생활실태를 조사해 전물량방식으로 생계비를 산출한다(실태생계비). 이와는 별도로 5년마다 표준생계비 조사(이론생계비)를 하는데 이는 일본노동조합 가운데서는 유일한 예이다. 이 조사에서는 전물량방식으로 마켓바스켓을 구성하고 독자적인 물가조사를 병행해 25세부터 5세 간격으로 55세까지 모두 8개 포인트(25~27세의 2인 가구 추가)에 걸친 표준생계비를 작성하고 있다.

그러나 이러한 실태생계비와 이론생계비를 임금인상요구에 직접 반영하지는 않는다. 주로 연령별 표준생계비의 검증, 노후생활 설계비 계산 등으로 퇴직금 등 생애임금 계산에 사용할 뿐이다. 따라서 전기연합 스스로도 생계비 조사가 그다지 도움이 되지는 않는다고 말하고 있다.

4) 임금 외의 요구사항

전기연합의 대부분 노조에서는 완전주휴2일제(完全週休2日制)가 이미 실현되고 있는데 목표는 연간노동시간을 1800시간으로 줄이는 것이다[현재 연간노동시간은 1940~1950시간 정도(〈표 1-7-5〉 참조)]. 그 밖에 산재보상액 증액, 개호휴가제 실시, 특별휴가제 실시 등을 요구하고 있다.

〈표 1-7-5〉 전기연합 소속 노조의 연간노동시간수와 연간휴일수(1994년)

연간노동시간수		연간휴일수	
1800시간대	29(13.9)	109일 이하	19(9.1)
1900~1936시간	49(23.6)	110~114일	144(69.2)
1936~1968시간	105(50.5)	115~119일	29(13.9)
1968~1999시간	15(7.2)	120~124일	11(5.3)
2000시간 이상	9(4.3)	125일 이상	5(2.4)
계	208(100.0)	계	208(100.0)

자료: 電機連合(1995).

5) 임금, 단체교섭 시 주체

다른 산별과 마찬가지로 임금, 단체교섭은 기업별 노조 위주로 진행된다. 산별노련은 이를 지도하는 역할을 한다. 즉, 각 사용자 단체(전기공업회, 통신공업회)의 노무담당자와 만나 산하노조의 요구를 받아들이도록 촉구한다. 이는 영향력은 있지만 구속력은 없다.

그러나 1995년에는 큰 변화가 있었다. 즉, 과거에 사용자 단체는 가능하면 전기노련과 관계를 가지지 않으려고 했으나 1995년에는 거시경제정세(고용 등)에 대한 의견조정을 하자고 사용자 단체에서 제안했다. 엔고 등 노사가 이해관계를 같이하는 점이 있기 때문이다. 다만 이는 사용자 측이 전기연합과의 교섭테이블에 나오기 시작했다는 뜻이지 양보는 하지 않고 있다.

6) 요구 관철을 위한 투쟁방식

전기연합은 전통적으로 사전에 파업권을 확립한 후 교섭에 임하고 있다. 노조원 전원투표에 의해 파업권을 확보하도록 산하노조에 지시하고 있다. 동시에 단위노조가 전기연합에 파업지령권을 이양하도록 하는 투표도 행하는데 대개 90% 정도의 지지를 받고 있다.

전기연합에서 임협, 단협의 중심은 17개 대기업 중심으로 조직된 '중앙투쟁

연합(中闘)'이다. 이들은 지도적 조합이므로 전기연합의 지시는 구속력을 갖는다.

전기연합 외에 이러한 파업권을 확립한 연맹은 별로 없다. 그러나 전기연합에서도 실제 파업권의 행사는 1980년이 마지막이었다. 1995년에도 기업 측의 회답이 만족스럽지 못해 회답이 나온 다음 날 24시간 시한부파업을 단행했다. 그 후에도 시간외근무 및 휴일근무 거절 등으로 위협했다. 그러나 전기연합의 중앙집행위원 崎岡利克는 이러한 단체행동 위협이 "실제로는 박력이 없었다"고 자인했다.

5. 자동차총련의 임금정책

1) 노조의 개황

자동차총련은 1972년 결성되어 현재 조합원 75만 명을 가진 민간부문 최대의 조직이다. 일본 자동차 산업의 발전과 더불어 노조원수와 노조의 역할이 급속히 증대되었으며, 국제화·다국적화에 따라 국제연대활동도 추진 중이다.

소속 상급단체는 연합 및 IMF-JC이다.

2) 임금정책

자동차총련은 1994년 1월 '자동차총련임금(自動車總連賃金)비전'을 내놓았는데 이것이 현재 임금정책의 골간이 되고 있다. 이 연구에서 자동차총련은 첫째, 자동차 산업의 임금수준이 상대적으로 저하하고 있으며, 둘째, 산업 내 임금격차(연령별, 업종 간, 기업 간)가 확대되고 있다고 진단하고 이러한 문제점의 극복방안을 다음과 같이 내놓고 있다.

(1) 임금수준

제조업에서 최상위수준, 전 산업에서 상위수준의 임금수준을 목표로 한다. 일본의 기간산업에 걸맞은 임금수준의 실현, 여유와 풍부함을 실감할 수 있도록 잔업수입 등에 의존하지 않아도 되는 임금수준을 실현해야 하며 이를 위해 자동차 산업의 저수익 체질로부터의 탈피와 격차의 축소 등을 목표로 하고 있다. 자동차총련은 이를 위해 35세 표준노동자의 프리미어임금(중장기적으로 제조업 내에서 최상위수준이 되도록 목표로 하는 대표지표격 임금수준)과 미니멈임금(전체 가맹단위노조가 반드시 달성해야 할 임금수준으로서 현재는 하위 25% 정도의 조합의 임금수준이나 중장기적으로는 프리미어임금에 대해 20% 이내로 격차를 좁히는 것이 목표임), 그리고 연령별 최저보장임금(자동차 산업 내의 연령별 최저임금수준으로서 인사원 표준생계비, 후생성 생활보호기준, 타 산업 최저보장임금 등을 고려해 설정) 등의 지표를 설정했다.

(2) 임금결정방식

자동차총련은 지금까지 '평균임금인상방식'을 채택해 왔으나 여기에는 여러 가지 단점이 있다. 자동차총련으로서는 거시적으로 평균임금인상방식을 완전히 버릴 수 없으나 타 산업과의 격차를 시정하고 제조업에서의 최상위수준에 달하기 위해서는 여러 가지 장애가 있더라도 개별임금에 의한 인상방식으로 차츰 중심을 옮겨 가야 할 것이라고 이 보고서는 주장하고 있다. 자동차총련은 현재 과거의 임금정책의 역사와 타 산별조합의 제도 등을 충분히 감안한 임금결정방식을 모색하고 있는 중이다.

(3) 임금체계, 제도

자동차총련은 보다 고도화·복잡화·개별화하고 있는 작업의 내용과 청년 노동력의 부족, 고령화의 급진전, 남녀평등의 일층의 요청 등 급변하는 노동, 직장환경에 응해 종래와 같이 근속, 학력을 중심으로 임금을 결정하는 연공형 임금으로는 대응이 곤란하다고 보고, 직무직능급의 비중을 높이는 방향을 제시하고 있다.

이에 따르면 종래의 연공형 종합결정급으로부터, 생활보장부분에서는 연령급을 감안하고, 직무의 평가부분에서는 직무직능급의 비중을 높이는 동시에 각 임금항목의 투명성, 납득성을 높이는 방향으로 임금체계를 개편하는 것이 필요하다고 한다.

이와 같이 직무직능급의 비중을 높이게 되면 개인별 임금격차가 확대되므로, 개인의 생활 유지, 안정이라는 관점에서 연령급을 충실하게 하고 정기승급을 제도화하는 것이 바람직하다. 또 개인별 임금격차의 납득성을 높이기 위해서는 공정하게 평가할 수 있는 직무평가기준이 필요하며, 이것이 공정하게 운용되는 것이 필수적이다. 이를 위해서는 인사제도의 도입, 개정 시 조합이 이를 체크하는 기능을 해야 한다.

현재 자동차 산업에서는 〈표 1-7-6〉에서 보는 바와 같이 기업별로 임금제도가 매우 다양하다. 닛산의 경우 약 8년 전부터 직무, 직능급제를 도입했다. 과거처럼 고도성장을 바랄 수는 없으므로 닛산노련에서도 일, 성과, 능력에 따라 임금을 지불하는 것은 바람직하다고 보고 있다. 그러나 모든 임금을 능력급으로 하는 데는 반대하고 있다. 연령, 지역별 물가수준, 주택사정 등을 감안해야 한다는 것이다. '인간다운 생활의 영위'라는 전제가 확보된 다음 능력에 따른 임금이 지불되어야 한다고 닛산노련 측은 주장했다.

현재 자동차사업에서는 새로운 임금체계가 완전히 성숙되어 가고 있는 것은 아니다. 공정하고 투명한 평가제도의 확립이 무엇보다도 중요하다. 자동차총련에서도 이를 위해 노력 중이라고 한다.

매년 춘투 시 자동차총련의 임금인상요구기준은 전년도 물가상승률+정기승급분+실질생활향상분으로 구성된다. 1995년에는 각각 0.6%+2%+1.4%=4% 인상을 요구했다. 그러나 기업 측의 회답은 2.8%±0.5%로 나왔다.

〈표 1-7-6〉 자동차 각사의 임금항목

조합명	근속기준항목			직무직능기준항목
	본급(본인급)	연령급	근속급	직능급, 직무급, 자격급 등
토요타	기본급	연령급	-	직능급, 생산성급(기능직만)
닛산	본급(성적가산표 있음)	연령급	-	사사급 성적급
혼다	본급, 업적가급 호급가급	-	-	
미쓰비시	기본급(연령가산표 있음)	-	-	직무-업적급 자격급
마쓰다	-	연령급	-	제1직능급 제2직능급 성적급
이스즈	본급	연령급	-	직능가급

자료: 自動車總連(1994).

3) 생계비와 임금

자동차총련은 매년 설문조사(연간수입, 임금, 지출형태)를 통해 조합원의 실태생계비를 파악하고 있다. 그러나 이것이 임금인상요구의 근거가 되지는 않는다. 그 이유에 대해서는 일본의 평균수준에 비해 자동차 산업의 임금이 높아 생계비가 이미 확보되어 있기 때문이라는 대답이다.

4) 임금 이외의 요구사항

자동차총련은 임금인상 외에 보너스(여름, 겨울)와 노동시간 단축(금년에는 요구하지 않음)을 요구했다. 그 밖에도 각 기업별 요구가 이에 더해진다.

보너스의 경우 연간임금의 중요한 일부이므로 기업성적에 가능한 한 좌우되지 않는 안정적 향상, 보너스의 기초항목의 통일, 보너스의 최저보장제도의 확립 등을 요구했다.

5) 임금 및 단체교섭의 주체

임금, 단체교섭은 기업별 노조가 중심이 되어 진행된다. 산별노련은 환경조성에 주력한다. 교섭에 들어가기 직전에 위원장, 산하노조 간부 등이 각 완성차업체를 방문해, 경영진에게 임투에 임하는 기대, 자세를 전달한다. 그러나 이상과 현실 사이에는 격차가 있다고 자동차총련 관계자는 토로하고 있다.

6) 투쟁방식

자동차총련의 투쟁방식은 주로 통일요구 제출, 통일행동이다. 교섭 시(5회)마다 전 조합원에게 경과보고를 하고, 토론결과를 집약해 교섭에 임한다. 교섭 후반에 노조위원장과 사장 간의 톱(top) 교섭(3회)이 있으며 대개 여기에서 결정된다. 1995년의 경우 기업 측의 회답액이 낮게 나왔으나 자동차업계의 곤란, 구조조정 등을 감안할 때 납득할 수 있는 임금수준이기 때문에 조합원들 간에 큰 불만은 없다고 자동차총련은 밝히고 있다.

7) 자동차 산업 구조조정의 실태

미일 자동차교섭, 엔고 등에 따라 일본의 자동차 산업은 사업구조를 개혁 중이다. 이는 기업수익을 제고하는 점에서 바람직하다고 자동차총련은 보고 있다. 단, 고용확보라는 대전제 아래 구조조정이 이루어져야 한다. 당장 급격한 고용불안이 있는 것은 아니다. 다만 부품기업에서는 업종 변경, 조합원 이동 등이 나타나고 있다.

새로운 설비의 도입, 공장신축·이전 등 조합원 생활에 영향을 미치는 경영사항은 사전에 회사에서 노조에 설명하고 노사협의를 한다. 특히 조합원 이동을 수반하는 사항은 노조 측에서 경영 측에 여러 가지 주문을 한다.

예컨대 닛산은 10년 전 노사 간에 극소전자설비(ME) 도입에 따른 협정을 체결했다. 그러나 현재 이는 사문화된 실정이다. 노조로서는 생산구조, 생산시설, 로보트 등의 도입이 일상적으로 일어나고 있기 때문에 일일이 신경을 쓸 수가 없다. 따라서 도입 자체보다는 결과, 즉 조합원이 어떠한 영향을 받는가에 관심을 기울이고 있다. 새로운 설비도입이 조합원에 큰 영향을 주지 않는다고 판단되면 조합은 이를 그대로 받아들인다.

8) 요구 관철방식

자동차 산업에서는 42년간 이상 무파업이 지속되었다. 그러나 파업권 자체를 포기한 것은 아니라고 자동차총련은 주장하고 있다. 조합원이 납득할 수 없는 마지막 상황에서만 파업이 이루어져야 하는데 다행히 지난 수십 년간 그런 상황은 없었다는 설명이다.

첫째, 특히 닛산의 경우 과거 급진적 노조단체가 있었지만 파업의 영향이 매우 부정적이고 노사 양측에 마이너스 요인이 되었기 때문에 이제는 교섭에 치중하고 있다고 설명했으며, 둘째, 자동차 산업의 성장이 눈부셨고 그동안 임금교섭으로 납득할 만한 노동조건 개선이 이루어졌기 때문에 큰 문제가 없었다는 설명이다.

9) 임금격차

자동차총련에서는 기업별로 각사 회답이 이루어지므로 임금격차가 잘 해소되지 않고 있다. 자동차총련 차원에서 여러 가지로 검토 중이라고 한다.

6. 시사점

첫째, 일본노조들은 경제정합성론에 입각, 사실상 생산성임금제를 수용하고 있다. 이와 같은 정책은 고도성장, 고생산성 향상기에는 유효하지만 저성장, 저생산성 향상기에는 임금인상률이 낮아져 문제가 생긴다. 따라서 일본 임금문제의 권위자인 일본임금연구(日本賃金研究)센터 대표이사 구스다 규(楠田丘)는 임금인상요구가 '경제정합성(經濟整合性)'이 아니라 '생활정합성(生活整合性)'에 기초해야 한다고 주장한다(楠田丘, 1992). 이는 다시 말해 임금인상요구의 근거를 거시경제지표가 아니라 생활모형(이론생계비)에 두어야 한다는 것이다. 그는 일본노동조합들이 이론생계비 모형을 버린 것을 비판하면서, 이론생계비가 아니라 소비자물가상승률에 의존함으로써 노동자의 생활구매력이 저하되었다고 지적하고 있다.

둘째, 실태생계비는 조사는 되고 있지만 임금인상요구와 직접 관련이 없으며, 이론생계비는 거의 조사되지 않고 있다. 그러나 생산성 향상률이 생계비 상승률을 하회하는 경우 임금인상률이 생계비 상승분을 커버하지 못함으로써 문제가 생긴다. 이와 관련하여 구스다 규는 일본 경제의 풍부함을 반영할 수 있는 노동자의 질적 생활수준의 향상에 기초한 신생계비의 작성과 이를 기초로 한 임금인상요구를 주장하고 있다(이른바 '신생계비론'). 이는 단순한 플로우(FLOW)로서의 양적 상품만이 아니라 주택, 오락, 교육, 교류, 종업원 만족 등 입체적이고 종합적인 풍부함으로서의 지표이다.

셋째, 임협·단협 시 기업별 노조가 주된 역할을 하며 산별노련은 환경조성 역할에 그치고 있다. 그 결과 교섭력의 저하, 산업 내 대기업-중소기업 간 임금격차 등의 문제가 해결되지 않고 있다. 따라서 산업별 통일교섭권을 어떻게 하면 확보할 수 있느냐 하는 것이 한일 모두의 과제이다. 이를 위해서는 우선 산업별·연령별 표준노동자 임금모델을 확립하고(임금시세의 형성) 이를 토대로 통일된 요구, 통일된 행동을 할 필요가 있다.

넷째, 일본노조가 파업권을 사실상 포기한 것은 커다란 오류다. 노조의 교섭력을 확보하기 위해서는 어떠한 경우에도 사전적으로 쟁의권을 포기(이른바 '무쟁의 선언')해서는 안 된다. 단기적으로는 경제적 이익을 얻을 수 있을지 모르나 장기적으로는 교섭력이 크게 떨어지고 결국 경제적으로도 불이익이 온다.

다섯째, 일본의 연공임금제는 급격하게 붕괴되고 있는데 그 주요인은 저성장과 정년연장이다. 이에 대해 일본노조들은 대체로 직무, 직능급으로의 변화를 수용하면서 다만 생활급의 확보와 평가기준의 투명성, 공정성 유지에 노력하고 있다. 한국의 노동조합들도 이러한 임금제도, 인사제도의 변화에 어떻게 대응할 것인지 충분한 연구가 필요한 시점이다.

여섯째, 고령화와 40~50대 노동자들의 생활비 급상승에 대응한 생애임금곡선의 변화 역시 중요한 과제이다. 이에 대해서도 연구가 필요하다.

일곱째, 한국의 노동조합 중앙조직, 산별조직도 일본의 연합과 같이 5년 정도의 중기임금정책을 수립할 필요가 있다.

참고문헌

강신준. 1995.「일본적 노자관계의 역사적 전개과정과 실천적 함의」. ≪동향과 전망≫, 가을호.
안희탁. 1993.「일본의 임금제도 변천과정에 대한 연구」. ≪인사관리연구≫, 제17집.
오학수. 1995.「일본의 임금제도와 임금교섭」. 박영범 외.『주요국의 임금제도』. 한국노동연구원.
이민영. 1995.9.「일본노동조합의 임금정책」. ≪노동사회연구≫, 창간호.
황덕순. 1995.9.「일본노조의 임금정책과 한국노조운동에 대한 함의」. ≪월간 흐름≫.
高橋洸. 1989.「現代日本の賃金管理の構造」.『現代日本の賃金管理』. 日本評論社.
國公勞連調査部. 1991.6.「標準生計費 體驗活動の結果をみて」. ≪國公勞調査時報≫, 第342號.
崎岡利克. 1996.1.「電機連合における賃金政策の取り組み經過と課題」.『日本勞動研究雜誌』, 430號.
楠田丘. 1992.「新生計費論」.『賃金事情』, 7月15日.
勞動省. 1994.『賃金: 勤勞時間制度調査』.
勞務行政研究所. 1995.『賃金決定のための物價と生計費資料』.
法政大學 大原社會問題研究所 編. 1992.『≪連合時代≫の勞動運動』. 總合勞動研究所.
石塚拓郎. 1996.1.「鐵鋼總合各社の人事-賃金制度改訂」.『日本勞動研究雜誌』, 430號.
成川秀明. 1995.「賃金制度の現狀と今後の賃金政策について」, 5月23日.
氏原正治郎 外 編. 1977.『賃金問題の課題』. 社會思想社.
氏原正治郎 外 編. 1977.『現代日本の賃金』. 社會思想社.
連合總研. 1993.「90年代の賃金」.『賃金事情』, 2月5日.
連合總合生活開發研究所. 1992.12.『90年代の賃金: 賃金決定の課題と政策』.
人事院.「標準生計費調査」. ≪勞政時報≫.
日本勞動機構 編. 1995.『平成7年版 勞動運動白書』. 日本勞動機構.
日本勞動機構. 1995.『勞動運動白書』.
日本勞動組合總連合. 1993.10.『連合賃金政策』.
自動車總連. 1994.1.『自動車總連賃金ビジョン』.
電機連合. 1995.『勞動ハンドブック』.
條田徹. 1992.「連合時代における政策參加の現狀と展望」, 法政大學 大原社會問題研究所 編.『≪連合時代≫の勞動運動』. 總合勞動研究所.
早川征一郎. 1992.「春闘の展開と變貌: 春闘史の中での連合春闘」. 法政大學 大原社會問題研究所 編.『≪連合時代≫の勞動運動』. 總合勞動研究所.
中林賢二郎 外 編. 1985.『日本の勞動組合運動 3: 要求.闘爭論』. 大月書店.
總評四十年史編纂委員會. 1993.『總評四十年史』. 第一書林.
横山英和. 1991.11.8.「世帶人員別標準生計費の算定方法はどのように改められたか」. ≪勞政時報≫, 第3043號.

제2부 일본식 생산방식과 노사관계: 생산방식의 변화와 노동운동의 대응

제1장

일본식 생산방식과 노동자*

토요타자동차 회사를 중심으로

1. 머리말

오늘날 일본의 자동차 산업이 세계시장을 휩쓸고 있다. 1989년 일본은 1300만 대의 자동차를 생산해 세계 전체 자동차 생산의 26.1%를 차지했지만 수출 면에서는 600만 대를 수출해 세계 전체 자동차 수출량의 40%를 차지하면서 세계 제1위의 자동차 수출국으로 군림하고 있다.

더욱이 일본의 자동차 기업들이 미국, 유럽공동체(EC)를 비롯한 세계 40여 개국에 자회사나 현지법인 형태로 생산거점을 확보하고 있는 점을 감안한다면 일본이 세계 자동차 시장에서 차지하는 비중은 훨씬 더 커질 것이다.

이처럼 일본의 자동차 산업이 세계시장을 휩쓸고 있는 원인에 대해서는 높은 생산성, 낮은 고장률, 소비자 기호에 부응하는 다양한 모델과 디자인의 우수성 등 여러 가지 원인이 지적되고 있지만 우리가 여기서 주목하고자 하는 것

---

* ≪노동운동연구≫, 제7호(한국노동운동연구소, 1993.6)에 게재되었다.

은 일본 자동차 산업, 특히 그중에서도 최대 메이커인 토요타자동차 회사의 노동력 편성체제의 독특한 성격이다.

많은 학자들이 지적하고 있듯이 일본의 자동차 산업이 다른 나라에 비해 비용 면에서 경쟁력을 가지고 있는 이유는 기술의 우위성이나 기계의 우위성 때문이 아니라 노동력 관리상의 우위성 때문이다. 즉, 보다 적은 인력으로 보다 생산성이 높은 노동을 하도록 노동력을 편성하고 관리하는 체제, 이것이 바로 일본 자동차 산업이 국제경쟁력을 가지게 된 요체라는 것이다.

따라서 오늘날 많은 나라에서는 이러한 일본식 노동력 편성, 관리체제를 도입, 이식하려는 움직임이 나타나고 있으며 한국도 예외는 아니다. 이미 국내 자동차 회사들은 대규모의 노동자 연수단을 일본에 파견해 현장훈련을 시킴으로써 일본식 노무관리방식에 익숙해지도록 하고 있는가 하면, 몇몇 공장에서는 부분적으로 일본식 노무관리방식을 도입하고 있기도 하다(채창균, 1991 참조). 국내 자동차 회사들의 국내외 영업환경이 악화되고 임금인상, 노사분규의 빈발 등을 겪게 됨에 따라 앞으로 이러한 움직임은 한층 더 본격화될 것으로 예상된다.

그런데 여기서 우리가 지나쳐서 안 될 점은 일본식 노무관리방식의 뒷면에 숨은 어두운 그늘, 즉 그것이 노동자에게 미치는 악영향이다. 일본 학자인 丸山惠也는 토요타식 생산방식이 노동자에게 미치는 영향을 장시간 노동, 과밀노동, 지나친 스트레스로 요약하고 있으며(丸山惠也, 1992), 미국의 Parker and Slaughter는 일본식 생산방식을 '스트레스에 의한 관리'라고 평한다(Parker and Slaughter, 1988). 즉, 일본식 생산방식이 성공한 이면에는 선진국 중 가장 긴 노동시간, 과로사가 사회문제로 대두될 만큼 과밀노동, 생산과정에서의 지나친 스트레스로 고통받고 있는 노동자들의 한숨과 눈물이 숨어 있다는 점을 잊어서는 안 되는 것이다.

우리는 이 글에서 토요타 생산방식으로 대표되는 일본식 생산방식의 특징과 그것이 노동자에게 미치는 영향을 살펴보고 우리의 입장에서 이에 대해 어떻게 대응해야 할 것인가를 검토해 보고자 한다.

2. 토요타 생산방식의 내용

일본 토요타자동차는 미국 GM에 이어 세계 2위의 자리를 지키고 있는 거대한 자동차 회사이다. 토요타 생산방식은 토요타자동차 회사에 의해 개발, 추진된 것으로서 1973년의 석유파동 이후에 많은 일본 기업에서 채용하고 있으며, 일본뿐 아니라 미국, 영국, 프랑스 및 한국에서도 이미 채용하고 있거나 도입 중에 있다.

이 생산방식의 주요 목적은 비용을 절감하고 생산성을 향상시킴으로써 이익을 올리는 것이다. 즉, 불필요한 재고나 불필요한 노동력 및 일체의 낭비를 배제하는 방식으로 원가를 절감한다는 것이다.

종래 미국의 거대 자동차 회사(빅 쓰리=GM, 포드, 크라이슬러)에서 주로 사용되었던 자동차 생산방식은 이른바 포드주의적 생산방식이다. 미국의 자동차왕 헨리 포드(Henry Ford)에 의해 1910년대에 창안된 이 방식은 공장에 조립라인 여러 개를 설치하고 자동차가 이 라인을 따라 벨트나 기타 운반수단에 의해 흘러가면서 노동자들은 각 작업위치에 고정된 채로 자기에게 맡겨진 극히 부분적인 단순작업(예컨대 용접, 나사 조이기, 도장 등)을 수행하는데, 소품종의 자동차를 대량생산하는 데 적합한 방식이었다.

그러나 점차 소비자들의 수요가 다양해지고 제품의 라이프사이클(제품주기)이 짧아짐에 따라 이러한 수요변화에 부응하기 위해서는 여러 가지 종류의 자동차를 소량으로 생산하는 방식이 필요해졌는데, 이것이 실현되려면 생산라인에 유연성을 주고 생산공정을 합리화·자동화함으로써 품질개선 및 생산성 향상을 추진할 필요가 있는 것이다.

일본은 국내 자동차 시장이 협소하기 때문에 일찍부터 다품종 소량생산 방식을 발전시켜 왔던 토요타의 생산방식은 바로 이러한 수요변화와 생산방식변화에 적합했다. 특히 토요타는 생산관리 면에서 수요변동에 대응한 재고조절을 위해 JIT(Just-In-Time, 적기생산방식)를 도입하고 노동자의 다기능화(多技能化) 등을 추진함으로써 종래의 자동차 생산방식과는 다른 독특한 생산체제를 구축했는데 이를 토요타 생산방식이라 부른다.

아래에서는 토요타 생산방식의 주요 내용을 살펴보기로 한다.

1) JIT

토요타 생산방식에서 JIT 생산이란 생산공정에 필요한 물건을, 필요한 때에, 필요한 양만큼 생산함으로써 부품재고를 줄이고 각종 이상이나 수요변동에 잘 적응해 가는 방식이다.

종래의 생산방식 아래 매월마다 전체 공정에 대해 여러 가지 생산계획을 제시하고 이에 맞추어 부품을 미리 생산한 다음 이를 각 공정에 배치해 사용하는 방식이다. 이러한 방식으로는 각 공정에 부품재고가 많이 발생할 뿐만 아니라 경우에 따라서는 어떤 라인, 공정에서는 부품재고가 부족하고, 어떤 라인, 공정에서는 부품재고가 남는 현상이 발생해 생산중단, 비용증가, 생산성 저하 등의 원인이 되었다.

토요타에서는 부품을 생산하는 전공정(前工程)이 완성차를 생산하는 후공정(後工程)에 부품을 공급해 주는 방식(이른바 '밀어내기 방식')이 아니라 오히려 반대로 후공정에서 필요한 부품을, 필요한 때에, 필요한 양만큼 전공정으로부터 인수해 가는 '끌어당기기 방식'을 사용한다. 그렇기 때문에 한 달간의 생산계획을 전체 공정에 대해 동시에 제시할 필요가 없다.

이와 같은 JIT 생산을 실현하기 위한 도구로서 '간판'이라고 불리는 패찰이 사용되는데 이는 장방형의 비닐봉투 속에 들어 있는 한 장의 카드를 말한다. 간판은 크게 '인수간판'과 '생산지시간판' 두 종류가 있는데 인수간판은 후공정이 전공정에서 인수할 제품의 종류와 양을 기재한 것이며, 생산지시간판은 전공정이 생산해야 할 제품의 종류와 양을 지정한 것이다.

이러한 간판을 부품운반상자(팔레트) 등에 부착해 각 공정 간을 이동하게 함으로써 결과적으로 각 공정에 필요한 부품을 필요한 때에, 필요한 양만큼 받고, 전체 공정에서 JIT 생산이 달성되는 것이다.

2) 생산의 평준화

토요타에서는 수요변동에 신속하게 생산을 적응시키는 수단으로서 생산의 평준화라는 방법을 사용한다. 생산의 평준화란 각 생산라인에서 특정한 한 종류의 제품을 대량 생산하지 않고, 대신 다양한 고객수요에 대응해 다양한 제품을 매일 동시에 생산하는 방식이다.

이를 위해 토요타에서는 기본적인 월차생산계획 외에 토요타자동차 딜러(판매점)들의 판매상황과 그에 따른 주문에 따라 각 제품의 그날그날 실제 생산량을 지시하는 매일생산지시가 내려진다. 그 결과 딜러가 특정한 종류, 특정한 색상의 자동차를 주문한 지 4일 만에 차가 완성된다.

3) 생산 리드타임의 단축

앞에서 본 대로 생산의 평준화를 달성하기 위해서는 여러 가지 부품을 매일 동시에 생산해야 하며(이른바 생산의 동기화) 이를 위해서는 각 부품생산의 리드타임(Lead Time, 제품의 생산지시로부터 그것이 완성되어 입하될 때까지의 시간)을 상당한 정도로 단축시켜야 한다.

과잉재고나 과잉노동력 등의 문제가 발생하는 것을 막기 위해 토요타는 딜러에게서 주문을 받는 즉시 생산을 개시하며, 부품생산을 담당하는 하도급 업체들 역시 모기업으로부터 '간판'에 의한 발주가 들어오면 즉시 생산할 수 있도록 준비를 갖춰야 한다. 예를 들면 오전 8시에 주조된 엔진 케이스가 그 날 중 조립되어 오후 5시에는 완성차가 조립라인에서 라인오프(line off)하는 식이다.

이러한 리드타임의 단축을 통해 토요타는 극히 단시일 내에 특정 차를 고객에게 인도할 수 있고, 한 달 동안에 나타나는 수요변동에 대단히 신속하게 적응할 수 있으며, 완성차 재고의 최소화, 부품재고의 최소화를 달성할 수 있는 것이다.

이러한 리드타임의 단축은 각 공정에서 일정 로트(lot)의 제품을 가공하는 시간, 각 공정 간의 대기시간 및 운반시간을 최소화함으로써 달성되는데 구체적인 설명은 여기서 생략한다.

4) 최소의 노동력에 의한 생산

토요타 생산방식은 필요최소한도의 작업자들에 의한 생산을 지향하며 이를 소인화(少人化)라고 부른다. 생산효율을 높이는 데는 두 가지 방법이 있다. 하나는 생산량을 증가시키는 것이고 또 하나는 사람수를 줄이는 것이다. 토요타 생산방식은 사람수를 줄이는 방식이다. 따라서 이 생산방식의 특징은 '공수(工數) 낮추기'(인원수 절감)에 있다. 더욱이 중요한 점은 공수절감을 0.5인 등의 단수로 하는 것이 아니라 1명 단위의 노동자의 삭감으로까지 철저화시켜 그 잉여인원을 직장에서 확실하게 제거한다는 점이다. 즉, 노동자의 잉여시간(작업대기 등)을 개인에게 배분하지 않고 한 사람에게 집중시켜 누구의 눈으로 보더라도 그 사람을 제거하는 것이 좋겠다고 생각하도록 만든다는 것이다.

생산효율을 높이기 위해서는 시장수요에 대응해 작업량이 결정되고 그 작업량에 부합되도록 직장의 인원을 탄력적으로 변화시킬 필요가 있다. 일이 감소하면 기계는 놀리지 않을 수 없지만 사람은 작업량에 대응해 증감시킬 수 있다. 작업량이 감소한 노동자를 작업량이 많은 직장으로 이동시켜서 유효하게 일하도록 할 수 있다. 이를 위해서도 노동직장의 인원은 최소화할 필요가 있다는 것이다.

인력의 최소화를 위해 토요타에서는 '표준작업'을 정해 불필요한 동작 없이 효율적인 일을 하도록 함으로써 노동밀도를 높이고 생산성 향상을 꾀한다. 이를 위해 조장, 반장 등 현장감독자는 각 기계에서 제품 한 단위를 생산하는 데 필요한 각종 작업순서, 사이클타임(1단위 생산에 필요한 시간), 제작품의 재공량 등을 결정하고 이에 근거해 표준작업표를 작성하는데, 이 과정에서 스톱워치에 의한 부품완성시간의 측정, 부품별 능력표, 표준작업조합표 등이 사용된다.

또 표준작업이 제대로 실행되고 있는지 확인하기 위한 방법으로서 라인의 상태를 표시하는 여러 가지 색깔의 등('안돈' 게시판이라 부름)을 점등하도록 되어 있다. 녹색등은 작업 진행에 이상이 없음을 표시하고, 황색등은 작업자가 해당 사이클타임 내에 작업을 끝낼 수 없으므로 도움을 요청하는 경우이다. 만약 문제가 반복해서 발생하고 해결이 불가능한 경우 작업자는 버튼을 눌러 라인을 멈출 수 있으며 이때는 적색등이 켜지면서 전체 라인이 멈춘다. 이 경우 현장감독자 내지 가까운 작업자는 즉시 그 작업장에 뛰어들어 문제점을 조사하고 필요한 시정조치를 취한다. 대부분의 경우 모든 적색등은 10초 이내에 꺼진다.

여기서 주의할 것은 표준작업표가 계속적으로 재평가되고 정기적으로 개정된다는 사실이다. 표준작업은 노동자 한 사람에게 한계까지의 작업부담을 설정하고 더욱이 그 작업부담량이 끊임없는 개선에 의해 한층 고밀도화되도록 되어 있다.

5) 기계배치와 다기능공

토요타에서는 소인화를 달성하기 위한 한 수단으로서 기계배치 자체를 종래와 다른 방식으로 하고 있다. 포드주의적 일관생산공정에서 기계는 라인을 따라 일직선으로 배치되고 노동자는 한 가지 기계만을 가지고 작업하는 것이

〈그림 2-1-1〉 U자형 기계배치

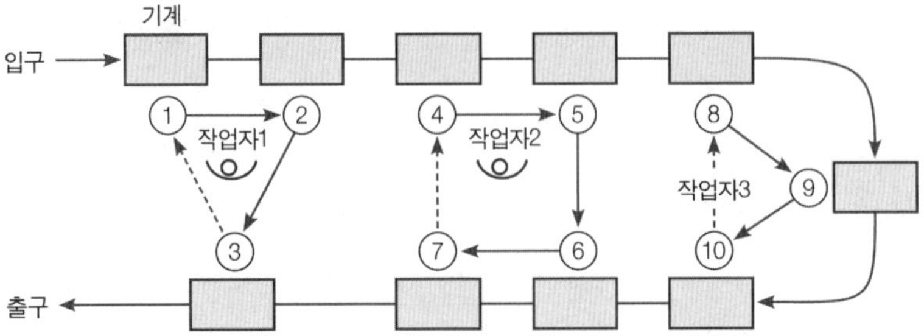

전형적이었다.

그러나 토요타에서는 이른바 U자형 기계배치를 하고 있으며 노동자들은 U자 가운데 들어가서 여러 가지 기계를 다룬다(〈그림 2-1-1〉 참조). U자형 기계배치의 특징은 라인의 입구와 출구가 같은 위치에 있다는 것이다. 이렇게 함으로써 한 노동자는 몇 대의 서로 다른 기계를 돌아가며 순차적으로 작업을 하고 따라서 일자형 배치에서 발생하는 작업자의 대기시간을 줄이고 소인화를 달성할 수 있다. U자형 기계배치의 또 다른 이점은 생산량의 변동에 대응해 필요 작업자의 수를 자유로이 증감시키는 탄력성을 얻을 수 있다는 것이다. 즉, U자형 작업현장의 내부에 작업자를 추가투입하거나 축소하는 방법으로 이것이 가능해진다.

그러나 소인화는 기계배치만으로 달성되는 것은 아니다. 소인화 달성의 또 하나의 중요한 측면은 각 작업자를 다기능공으로 양성하는 것이다. 미국의 노동자들은 단능공이다. 즉, 개별 작업자는 특정 직종의 전문가로서 평생 동안 일한다. 용접작업자는 용접작업만, 조립작업자는 조립작업만 한다.

예컨대 부품 1개가 1분간의 사이클타임으로 생산되어야 하는 경우, 용접공은 겨우 20초 만에 같은 부품 1개를 가공할 수 있기 때문에 용접공의 대기시간이 40초나 발생한다. 뿐만 아니라 특정 직무의 노동력에 과부족이 발생하더라도 단능공들은 직종 간 배치전환이 불가능하므로 인원을 추가 배치해야 한다.

반면 토요타에서는 다능공 육성을 목표로 하는데 이는 직무순환(Job rotation) 방식 아래 양성된다. 즉, 각 작업자는 자기 작업현장의 전 작업을 교대로 맡는다. 이렇게 일정 기간이 경과하면 개별 작업자는 모든 작업에 숙련되고 다기능공이 되는 것이다.

이 경우 수요의 변화에 대응해 특정 직종의 과부족이 발생하더라도 신속히 다른 라인, 다른 직종으로부터 노동자를 이동시킴으로써 인원증대 없이 대처할 수 있으며, 수요감소 시 노동자를 감축하는 경우에도 생산에 차질을 주지 않는다.

이러한 다기능공을 육성하기 위해 토요타에서는 직장 내 훈련계획(OJT), 연공별 임금제도, 종신고용제도 등을 사용하고 있다.

6) 개선활동과 QC서클

토요타에서는 생산성 향상과 생산원가절감을 위해 QC서클로 불리는 소집단 활동을 통해 각 직장에서 자주적인 개선활동을 실현하고 있다. 토요타의 전 노동자는 의무적으로 QC서클에 참가해야 한다. QC서클은 조장과 부하 작업원들로 구성되는데 1983년 토요타 전체에서 5400여 개의 QC서클이 활동하고 있고 각 그룹의 평균회원수는 6.2인이다.

QC서클이 해결해야 할 논제는 품질관리뿐만 아니라 생산비 절감, 설비보전, 안전성, 산업공해, 대체자원 등 다양한 범위에 걸친다. 각 서클에서 달성된 논제의 건수는 연간평균 3~4건이다. 한 달에 2~3회 서클회의를 열어 1회당 30분~1시간 정도의 회합을 갖는다. 활동이 뛰어난 QC서클에 대해서는 여러 가지 포상제도를 두고 있으며, 교육 프로그램도 다양하다.

QC활동 외에도 불필요한 움직임을 제거하기 위한 수작업의 개선, 인적 자원의 비경제적인 사용을 배제하기 위한 새로운 기계 또는 개량기의 도입, 재료 및 소모품의 이용방법 개선과 절약 등 여러 가지 개선활동이 추진되고 있다.

또 제안제도를 통해 회사업무 개선을 추진하고 있는데 1980년의 경우 총 86만 건이 제안되어 그중 94%가 채용, 실행되었다.

3. 토요타 생산방식이 노동자에게 미치는 영향

오늘날 토요타 생산방식은 테일러 시스템(과학적 관리법)이나 포드 시스템(대량 조립라인 방식)을 대체해 탄생한 다품종 소량생산 시대에 걸맞은 대표적인 생산방식이란 칭송을 듣고 있으며, 여러 나라에서 이를 모방, 도입해 이미 채용 중이다.

그러나 그러한 높은 생산성, 좋은 품질, 우월한 국제경쟁력이란 성과 뒤에 선진국 중 가장 긴 노동시간, 노동현장에서의 과밀노동, 작업과정의 과(過)스트레스 등 토요타 생산방식이 노동자에게 미치는 부정적 영향이 숨겨져 있음은 잘 알려져 있지 않다. 우리는 이러한 측면에 주목할 필요가 있다.

1) 장시간 노동

1991년 일본 노동자들의 연간평균 노동시간은 2008시간이다. 이는 물론 연간 2600시간이나 일하는 한국 노동자들의 노동시간보다는 짧지만 미국·영국보다는 1년간 약 200시간, 독일·프랑스보다는 약 500시간 더 긴 것이다. 더욱이 이 공식통계보다 실제 노동시간은 더욱 길어서 잔업 등을 포함하면 일본 노동자들은 평균적으로 연간 3천 시간 가까이 노동하고 있다고 한다.

이와 같이 일본의 노동시간이 선진국으로서는 너무 길다는 사실이 국제적으로 강한 비판을 받고 있고, 일본 정부 또한 노동시간 단축을 정책목표로 내걸고 있음에도 불구하고 현실적으로는 거의 실현되지 않고 있는데 그 이유는 일본식 생산방식의 독특한 구조적 특징 때문이다.

일본식 생산방식의 특징은 반(班) 단위의 집단작업이다. 이 경우 반원 한 사람이 결근하면 나머지 반원들이 그 일을 메꾸는 방식의 자기규제적인 출근제도가 만들어져 있기 때문에 노동자들은 동료 노동자들에게 미치는 피해를 의식해서 지각 또는 결근을 하기가 어렵다. 이 점은 결근하는 노동자 자리를 메꿀 예비적인 노동자를 항상 확보하고 있는 전통적인 미국식 자동차 공장과는 다르다. 이 사실은 구미 기업의 경우 80%가량의 출근율을 전제로 생산·요원계획을 짜는 데 비해 일본 기업들은 일반적으로 출근율 95% 정도를 전제로 생산·요원계획을 짜는 것을 보더라도 알 수 있다.

그 결과 연간결근시간을 보면 선진국 중 가장 높은 스웨덴이 230시간인 데 비해 일본은 겨우 36시간에 불과하다.

일본의 노동자들은 개인적인 일이 있더라도 휴가를 내지 못하고, 또한 휴일출근도 자주 한다. 토요타에서는 1980년에 연간휴가가 공식적으로 8.9일이었으나 실제로 노동자들이 취득한 것은 그중 54.4%에 불과했다.

휴가도 못 가고 장시간 노동에 구속되는 일본 직장의 특징은 일본적 생산체제의 '자기규제적 집단체제'에 기인한 바가 크다.

장시간 노동의 두 번째 요인은 일본식 생산체제에서 통상의 작업계획 가운데 잔업이 편입되어 있다는 점이다. 일본 제조업의 잔업(월평균 소정 외 노동)은 1979년의 15.5시간으로부터 1985년에는 18.4시간으로까지 증가했다(한국의 경우 1991년 제조업 평균잔업시간은 33.5시간으로 일본의 2배에 가까움). 그런데 그중 대부분은 항상적 잔업이다(즉, 정규일과표 속에 포함되어 있는 잔업임). 더욱이 자동차 산업에서 항상적 잔업은 19.1시간에 달한다.

토요타는 1973년부터 주휴2일제를 실시했으나 대신 1일 구속노동시간을 8시간으로부터 9시간으로, 그리고 실제근무시간을 7시간으로부터 8시간으로 늘렸다. 더욱이 1일 1~2시간(월 30시간 정도)의 잔업이 항상화되어 있다. 예컨대 1일2교대제 주간근무조의 경우 정규근무시간은 오전 8시부터 오후 5시까지로 점심시간을 제외하면 8시간 근무이지만 실제로는 야근조가 출근하는 저녁 8시 30분까지 잔업을 하는 경우가 많다.

장시간 노동의 세 번째 요인은 일본적 생산체제, 그중에서도 특히 JIT체제에서는 생산목표를 그 날 안에 달성해야 한다는 점이다. JIT체제에서는 기계설비가 100%의 가동률을 보이는 것을 전제로 생산계획, 목표가 설정되어 있다(구미의 자동차 공장에서는 85% 조업을 전제로 함). 또한 '표준작업'에서도 작업자나 기계의 이상으로 발생할 수 있는 다운타임(down time)을 전혀 계상하지 않고 있으며, 더욱이 그것은 여유시간 제로(zero)로 작성되어 있다. 이 때문에 설비기계의 문제 등으로 필연적으로 발생하는 다운타임은 잔업을 필연화하게 된다.

더욱이 JIT체제에서는 생산의 연속성과 동기화가 극단적으로 추구되므로 생산계획은 반드시 그 날 안에 달성되지 않으면 안 된다. 따라서 잔업은 항상적인 것으로 되지 않을 수 없다. 또 그 날의 생산목표가 달성될 수 있을지 여부는 그때가 되지 않으면 알 수 없다. 오늘은 몇 시까지 잔업한다고 하는 것이 그 날이 되어서야 돌발적으로 요구되는 것이다. 따라서 돌발적인 잔업의 결정은 노동자의 생활설계 자체를 무시한 것이라고 하지 않을 수 없다.

실제로 일본의 마쓰다 자동차 회사가 미국에 합작투자한 공장에서 이러한 잔업결정방식을 도입하려고 하다가 노동자 측의 강력한 항의로 공장 측은 잔업에 대해 노동조합의 사전승인을 얻기로 약속하지 않으면 안 되었다는 보고도 있다. 그러나 일본에서 잔업 결정은 기업의 전제적인 권리로 되어 있어 조합의 규제를 전혀 받지 않는다.

이상과 같은 장시간 노동에 더해 일본의 노동자들은 QC활동 등 근무 외에 회사에 구속되는 시간과 장시간 통근 등이 더해진다는 점을 생각할 때 자유로이 사용할 수 있는 시간은 거의 가지고 있지 않다고 봐도 좋다.

2) 과밀노동

일본의 노동직장에서 과밀노동의 문제에 대해서는 다음 두 가지 측면, 즉 직장은 노동자를 한계에 이르기까지 삭감하고 최소한의 인원만 배치하고 있다는 것, 1인의 노동자가 담당하는 일의 양이 한계에 이르기까지 넓다는 것을 검토해 보자.

첫째, 토요타자동차에서 생산·요원 계획은 기업이 일방적으로 결정한다. 앞에서 보았듯이 직장의 요원 배치는 항상적인 잔업을 전제로 결정되어 있으며, 직장의 생산목표도 항상적으로 부족한 인원을 가지고 작업을 수행하는 체제이다. 표준작업표의 끊임없는 개정에 의해 노동밀도를 높임으로써 수요의 증대기에도 필요작업자수를 감소시킬 수 있는 것이다.

이러한 체제의 결과로 일본적 생산체제의 공장에서는 최소한의 인원으로 한계량의 작업을 수행하고 있는 것이다. 노동자들은 작업장에서 앉지도 못하고 선 채로 바쁘게 일하고 있으며 작업시간 중 화장실 출입은 물론이고 담배 한 대 피울 시간도 없는 현실이다.

둘째, 표준작업의 작성방법과 그 개선방식이 노동밀도를 극단적으로 높이는 것으로 되고 있다. 토요타 생산방식의 해설서에 의하면 표준작업이란 "사람의 동작을 중심으로 하여, 불필요한 것이 없는 순서로 사람과 기계, 물건을 가장 효율적으로 조합시키는 것으로서, 그 조합의 과정을 작업의 조합이라고 부르며, 그 조합의 집약된 결과가 표준작업이다"라고 설명하고 있다.

표준작업은 ① 사람의 동작을 중심으로 하며, ② 되풀이되는 작업이 대상이며, ③ 작성은 현장에서 이루어진다는 것을 원칙으로 한다. 표준작업은 각 공정의 수작업시간 및 보행시간 등을 밝히고 택트타임 내에 한 사람이 어느 만큼의 범위의 공정을 담당하는지 결정하는 것이다.

토요타자동차의 요원계산의 기초인 표준작업의 시간요소(기준시간) 작성법은 다음과 같은 특징을 가진다. ① 가장 숙달된 노동자의 최단시간을 기준으로 작성되어 있다. ② 여유율(시간)로서 겨우 직제여유(職制餘裕) 6%밖에 고려하지 않는다. 빠듯한 작업시간으로 작성되어 있는 것이다. ③ 회사 내에서 가장 우수한 직장을 기준으로 작성되어 있다.

이처럼 표준작업이 가장 우수한 직장의 가장 숙달된 노동자의 작업을 기준으로, 더욱이 여유율은 직제율만 보장하는 것으로서 작성되어 있는 것이다.

그 결과 토요타에서는 극히 빡빡한 작업내용이 표준작업으로 설정되어 있다. 작업여유(주유, 소조정, 청소, 작업연락), 관리여유(지시대기, 운반지체, 작업토의), 피로여유(작업 시 능률저하 보상), 조달여유(물 마시기, 땀 닦기, 세수, 용변), 라인여유(라인에서 발생하는 공정 간 불균형) 등 인간이 노동할 때 절대적으로 필요한 시간이 전혀 보장되어 있지 않은 비정상적인 상태가 표준작업인 것이다.

이와 같이 비정상적인 현상이 발생하는 이유는 표준작업의 설정에 관해 일본의 많은 기업이 노동조합의 규제를 전혀 받지 않기 때문이다. 구미에서는 이 표준작업의 설정을 조합이 전면적으로 규제하는데, 조합의 존재이유가 여기에 있다고 해도 좋을 만큼 노동조건의 기본적인 문제로서 전통적으로 취급되어 왔다.

또 하나의 문제는 전혀 여유가 없는 표준작업이 설정되어 있으면서도, 이에 대해 낭비의 배제라는 이름 아래 개선활동이 지속적으로 전개되고 있다는 점을 지적할 필요가 있다. 토요타 생산방식의 해설서에는 다음과 같이 기록되어 있다. "표준작업이란 여기서 완성되었다고 말할 수 있는 것은 아니다. 개선된 시점에서의 조건이 항상 변화하므로, 말하자면 살아 있는 생물로서 한층 개선해 가는 노력이 필요하다."

전혀 여유가 없는 표준작업을 설정하고서도 이로부터 대기시간 및 작업교체시간의 단축을 지향해 불필요함의 배제가 끝도 없이 추구되는 것이다.

미국 자동차 회사 노동자들의 1분 가운데 실제노동시간이 평균 45초라면 마쓰다 자동차의 미국 내 합작공장 노동자들은 1분 가운데 57초를 일한다는 보고도 있다. 이를 주 5일 근무로 환산하면 하루의 노동시간에 해당하는 8시간만큼 더 일하는 셈이다.

어떤 외국의 저널리스트가 이 공장을 견학하고는 "일본 노동자는 마치 춤을 추고 있는 것 같다"고 표현한 것도 무리는 아니다.

3) 과도한 스트레스

일본적 생산체제는 노동자에게 극도의 스트레스를 강요하는 노동편성이다. 일본적 생산체제는 팀작업에 의한 집단의 압력, '소인화'와 여유시간 제로로부터 나오는 과밀노동 등에 더해 JIT체제가 노동자에게 고도의 긴장감을 가져오게 만든다는 측면도 있다. 그러한 까닭에 토요타와 GM이 미국 캘리포니아에 세운 합작공장인 NUMMI(New United Motors Manufacturing Inc.)를 관찰한 Parker and Slaughter는 일본의 JIT체제를 '스트레스에 의한 관리(Management-by-Stress)'라고 부르면서 다음과 같이 말한다.

"우리는 이 체제의 실제 작동방식에 주목해 '스트레스에 의한 관리'로 부르고자 한다. 스트레스에 의한 관리는 생산을 규제하고 촉진시키기 위해 육체적·사회적·심리적 모든 종류의 스트레스를 사용한다. 그것은 계통적인 스피드 업(speed up), JIT에 의한 부품의 인도, 작업방법에 대한 엄밀한 통제 등을 결합시키고, 실수를 허용하지 않으며, 거의 숨 쉴 여유도 없는 생산체제를 형성하고 있다."

미국에서 일본계 기업의 공장은 공장이라기보다는 예술가의 아틀리에 같다고 호평을 받고 있다. 이것은 일본의 공장에서도 실시되고 있는 4S(정리, 정돈, 청소, 청결)운동의 성과이다. 이와 같은 4S운동은 JIT를 도입하기 위해 필요한 환경을 이룬다. 그것 없이는 공장규율을 확립할 수 없기 때문이다. 즉, 노동자가 공장규율을 잘 지킨다는 의미에서의 4S를 몸에 붙이고 그 위에 JIT를 도입하지 않으면 JIT 자체가 성공할 수 없는 것이다. 왜냐하면 JIT체제는 노동자에게 규율 있는 직장질서 가운데 긴장감을 가지고 작업하도록 요구하고 있기 때문이다.

앞에서 말한 3색의 '안돈' 게시판은 JIT의 목표를 여실히 보여 준다. JIT체제의 공장에서 등이 항상 녹색인 것은 바람직스러운 상태가 아니다. 그것은 시스템이 극한까지 빠르고 유효하게 움직이고 있지 않다는 것을 의미하기 때문이다. 예컨대 라인의 속도를 높임으로써 시스템에 긴장을 주면, 제일 약한 곳이 확실해져 황색이 많아진다. 적색이 되어 라인이 멈추는 곳도 생긴다. 이러한 곳을 알아내어 개선하는 것이 관리자의 임무인 것이다.

상태가 나쁜 곳이 바로잡힌다면 결국은 사람수를 감소시키는 것에 의해 시스템에 한층 더 스트레스를 가할 수 있다. 이 시스템의 이상은 모든 직장이 녹색이거나 황색으로 되어 있는 상태이다. 라인속도를 증가시키든지, 노동자나 기계를 감소시킴으로써 노동자의 작업량을 증가시키는 것에 의해 이 시스템에 스트레스가 가해진다. 모두 녹색인 직장은 노동자를 감소시키거나 작업량을 증가시키지 않으면 안 되는 것이다.

JIT시스템은 최종 공정에서 필요로 하는 것만큼만 전공정으로부터 생산부품, 재료를 가져오고, 전공정은 후공정에 이끌리는 만큼만 생산하는 '끌어당기기' 방식이다. 더욱이 재고가 제로인 상태로 JIT는 생산 전체의 결합(동기화)이 강한 체제이다. 따라서 여기서의 생산은 항상 쫓기는 상태이며, 실수는 물론 시간상의 오차도 허용되지 않는다. 가공품은 라인 위를 물 흐르듯이 진행되도록 요구받는다. 재고가 전혀 없어서 중간의 공정이 정지될 때는 하류공정의 전부가 정지될 수밖에 없으며, 상류공정도 정지되는 것이 JIT의 원칙이다.

이처럼 JIT로 상징되는 일본적 생산체제가 어떻게 노동자에 대해 긴장에 의한 스트레스를 가져오는 것일까? 일본전기노련의 조사에 의하면 일본의 노동자는 '직장생활의 만족도'나 '회사 충성심' 그 어느 쪽도 국제적으로 봤을 때 비교적 낮은 수준이다. 유일하게 높은 비율을 보인 것은 '실수를 하면 큰 결과가 된다'고 하는 일에서의 긴장감이다. 코야마 요이치(小山陽一) 등이 토요타자동차의 노동자들을 대상으로 조사한 바에 의하면 직장생활에 불만이라고 대답한 사람이 조사대상자의 90%에 가까웠으며 특히 노동시간, 노동내용, 노동밀도, 임금 등에 대한 불만이 높았다(小山陽一, 1985).

일본에서는 최근 '서서 하는 작업 연구회'에서 토요타 생산방식이 노동자의 육체적·정신적 부담을 어떻게 과중한 것으로 만들고 있는가, 또 그것이 어떻게 스트레스와 관련되어 있는가에 대해 노동의학의 입장으로부터 조사, 연구를 시작했다. 이에 의하면 JIT에서의 노동부담으로서 ① 긴장해 선 자세와 빠른 걸음으로 걷는 작업자세가 노동자에게 어떻게 과중한 부담을 주고 있는가, ② 사이클타임이 결정되는 메트로놈(시간측정기)에 의해 동작이 어떻게 인간의 자연스럽고 적정한 리듬을 파괴하는가, ③ 눈에 보이는 관리에 의해 노동자는 서둘게 되고, 더욱더 강한 긴장과 보다 세심한 주의를 지속시키게 되는데 이는 어떻게 과도한 스트레스를 가져오는가라는 세 가지 점을 긴급하게 해결해야 할 연구과제로서 제기하고 있다.

오늘날 일본에서는 직장에서의 지나친 스트레스로 과로사하는 직장인들이 급격하게 늘어나 커다란 사회문제로까지 되고 있는바 그 원인은 이와 같은 일본식 생산방식의 특수성에 기인한 것이라고 하겠다.

4. 토요타 생산방식과 기업별 노조

이상에서 우리는 토요타 생산방식으로 대표되는 일본 기업의 생산시스템이 장시간 노동, 과밀노동, 과도한 스트레스를 가져온다는 사실을 살펴봤다. 그렇다면 문제는 이러한 노동자의 희생에도 불구하고 어떻게 이 시스템이 노자 간의 커다란 마찰 없이 유지될 수 있는가 하는 것이다. 일본 직장에서의 관리 강제력이 아무리 강력하다 하더라도 앞에서 본 대로 생산방식 자체가 노동자의 노동방식에 절대적으로 의존하는 한, 일본 기업은 노동자의 효율적인 노동 없이는 절대로 이러한 체제를 유지할 수 없기 때문이다.

이에 관해서는 일본의 종신고용제, 연공제 임금 및 기업별 노조 등 특유한 노사관계가 영향을 미쳤지만 그중에서도 결정적인 요소는 기업별 노조라고 할 수 있다.

일본의 노동조합은 한국과 마찬가지로 기업별 조합의 형태를 취하고 있다. 즉, 일본의 노동자들은 대기업을 중심으로 연공제, 종신고용제에 의거해 기업과 강한 관련을 갖고 있기 때문에, 노동조합도 그에 따라 기업 내 노동조합과 노사관계를 기초로 하지 않을 수 없다.

그 결과 조합기능상의 여러 가지 결함이 나타난다. 즉, 종신고용체제 아래 생활기반의 대부분을 개별 기업에 의존하고 있다는 의식이 강한 노동자가 많기 때문에 조합활동도 전체 노동자들의 계급적 이익이나 노사대립노선 등을 좇기보다는 자기가 몸담고 있는 각 기업의 발전을 기대하며, 그 속에서 현실적이고 눈앞의 이익을 좇는 대응이 주된 활동목표가 되는 것이 일반적이다.

노동시장이 기업별로 분단되어 있고 기업경영조직과 조합조직이 중첩되어 있기 때문에 노동자의 기업충성의식, 그리고 기업을 발전시켜 임금지불능력을 키워야 한다는 의식의 침투가 용이해지고, 기업에 의한 노동조합의 지배, 개입, 분열화의 위험성도 크다. 조합 역시 조직활동의 필요성에 대한 인식이 둔감해지고 조합관료주의 발생의 가능성이 높아진다. 기업별 조합은 기업 외부의 민주세력과의 연대투쟁에 대해서도 소극적이고 정규종업원 이외의 임시노동자들을 차별하게 되기까지 한다.

이러한 조합활동의 취약성은 작업현장에서의 통제권을 둘러싼 노사 간 역학관계에도 투영되어 자본 측에 의한 자의적인 생산과정, 노동조직의 편성에 대해 조합은 아무런 규제를 가하지 못하게 된다. 앞에서도 지적한 대로 유럽의 노동조합들에 있어서는 임금에 대한 투쟁과 더불어 작업현장에서 노동자들의 노동강도에 대한 투쟁(effort bagaining)이 조합의 가장 기본적인 임무 중 하나로 되어 왔다는 사실에 비추어 볼 때 일본노동조합의 이러한 약점은 큰 문제가 아닐 수 없다.

토요타자동차에서의 노사관계 역시 예외는 아니다. 1962년에 토요타자동차 회사와 토요타자동차 노동조합은 이른바 '노사선언'을 체결했는데 이에 따르면 노사 양측은 '상호신뢰'와 '자동차 산업의 사명'에 대한 인식을 바탕으로 "회사는 기업번영의 근원이 사람에게 있다는 이해 위에 서서, 노동조건의 유지, 개선에 노력하며", "조합은 생산성 향상의 필요성을 인식하고, 기업의 번영을 위한 회사의 여러 시책에 적극적으로 협력한다"고 밝히고 있다. 1982년 노사선언 체결 20주년을 맞아 노사 양측은 "이 정신은 영구불변의 것"이라고 재확인하는 조인식을 거행하기도 했다.

1960년대 이래 토요타 기업의 경이적인 성장의 배후에는 항상 이 선언에 기초한 협조적 노사관계가 존재해 왔으며, 기업발전의 시기마다 불가결의 역할을 맡아 왔다고 해도 좋다. 노사선언은 현행 노사관계의 기본적이고도 실효성 있는 규범적 틀을 이루고 있는 것이다.

노사선언 이후 토요타자동차 회사 노조는 기업의 생산성 향상, 생산 및 노무관리의 현대적 재편 등에 적극적으로 참가했으며, 이를 토대로 토요타 회사는 1973년 10월 돌발한 석유위기 이후 감량경영, QC 제도 및 제안제도의 근본적 강화, 노동자의 다기능공화 등을 강력하게 추진할 수 있었던 것이라고 코야마 요이치 등은 말하고 있다.

5. 토요타 생산방식에 대한 노조의 대응

앞에서 본 대로 토요타식 생산방식은 이미 일부 국내기업에도 도입되거나 도입을 검토 중이다. 따라서 노동조합으로서도 토요타식 생산방식에 어떻게 대응할 것인가가 초미의 관심사가 되지 않을 수 없다. 그러나 노동조합의 관점에서 이러한 생산방식과 그것이 노동자에게 미치는 악영향에 대해 구체적으로 어떻게 대응책을 세울 것인가에 대해서는 아직도 충분한 토론과 연구가 이루어지지 못하고 있다.

물론 일본식 생산방식에 대해 무조건적으로 거부하고 투쟁하는 것이 가장 선명한 대응책이 될 수 있겠지만 이는 말처럼 쉽지 않고 또 장기적으로 볼 때 가장 바람직한 해결책도 아니다. 단순한 기업단위의 생산방식을 넘어선 훨씬 복잡하고도 큰 문제가 관련되어 있기 때문이다.

그러나 일본식 생산방식이 노동자의 요구에 대한 적절한 응답이 아닌 것은 분명하다. 그것은 결코 고용의 안정, 적절한 생활임금의 보장, 적절한 근로조건의 확보, 그리고 인간의 창의성을 최대한 살릴 수 있는 직무내용의 확립 등과 같은 노동자의 바람을 충족시킬 수 없는 체제이기 때문이다.

그렇다면 토요타식 생산방식으로 대표되는 일본식 생산방식에 대해 노동조합은 어떻게 대응해야 할 것인가? 이에 대해 여기서는 미국 내에 투자된 일본계 합작기업에서의 경험을 토대로 일본식 생산방식에 대한 노조의 대응책을 제시한 Parker and Slaughter의 견해를 요약하는 것으로 대신하고자 한다.

1) 조합원에 대한 교육

일본식 생산방식의 내용과 그것이 지닌 문제점에 대해 조합원들을 교육시키고 여론을 환기시킨다. 이를 위해 전단, 조합신문 등을 이용하며, 일본식 생산방식을 연구하는 연구팀을 구성하는 것도 좋은 방법이다. 외부 전문가의 자문을 구할 수도 있다.

2) 현장조직의 강화

일본식 생산방식에 있어 기업의 공격목표는 기술, 노동편성, 현장노무관리 등 작업현장의 여러 문제이다. 따라서 노조도 작업현장에서의 노동운동을 강화시킬 필요가 있다. 현장노동자들의 지지, 참여 없이는 어떠한 조합의 대응도 성공할 수 없다. 노조는 현장의 구체적 실정과 일반 현장노동자들의 수준에 맞는 동원능력을 충분히 고려해야 한다. 현장노동자들 간의 토론을 통해 일본식 생산방식에 대한 장기적 대응전략을 수립하고 비공식적인 현장 리더를 선출하며 조합원들의 '행동준칙'을 수립해 이를 지키도록 한다.

3) 외부노조와의 교류

일본식 생산방식은 작업장 단위, 기업단위 노조로서는 대응하기 곤란한 경우가 많다. 따라서 전체 노동운동의 개입이 필요하다. 노조는 일본식 생산방식이 지닌 문제점에 대한 노동운동 전체의 관심을 끊임없이 환기시키고, 비슷한 처지에 있는 다른 공장, 다른 기업의 노조나 산별노조 등과의 교류, 협조 및 공동대응을 강화할 필요가 있다.

4) 조합 스스로의 대안 개발

일본식 생산방식에 대해 일방적으로 거부하기보다는 조합 나름대로의 장기적인 대안을 개발해야 한다. 그러한 장기적인 대안을 회사 측에 제시하고 협상, 설득을 통해 관철시키도록 노력해야 한다. 노동자에게 유리하고 보다 인간적인 생산성 개선책을 개발, 회사 측을 설득하고 실제로 그것의 수립, 도입, 집행과정에 조합이 적극적으로 개입하도록 노력한다.

한 가지 덧붙일 것은 일본식 생산방식이 일방적으로 노조에 불리한 것만은 아니라는 사실이다. 특히 JIT의 경우 생산의 즉시성과 동기화를 추구하므로 만약 생산과정의 한 부분에서 생산중단이나 지체가 발생할 경우 이것이 순식간에 전 생산공정으로 퍼져 생산과정을 전면중단시키는 결과를 낳기 때문에 노조에게는 마치 양날의 검과 같다. 다시 말해 노조가 일본식 생산방식을 현명하게 이용한다면 노조의 강력한 무기가 될 수도 있는 것이다.

국내 모 자동차 공장에서 일본의 안돈시스템(점멸등에 의한 생산속도 관리방식)을 도입하려고 시도했는데 노동자들이 반발해 여기저기서 마구 스위치를 눌러 생산을 중단시키는 바람에 시스템 도입을 포기했던 사례는 많은 것을 시사해 준다. 일본식 협조적 노사관계의 바탕이 없다면 일본식 생산방식의 도입이 불가능하다는 것을 보여 주는 것이다.

참고문헌

몬덴 야스히로(門田安弘). 1991. 『토요타시스템』. 권기균 옮김. 자연사.

시게오 신고(新郷 重夫). 1992. 『토요타 생산방식의 IE적 고찰』. 한국생산성본부.

오오노 다이이치(大野耐一). 1988. 『토요타 생산방식』. 강명한 옮김. 21세기북스.

일본능률협회 엮음. 1991. 『토요타의 현장관리』. 한국표준공업협회 옮김. 한국공업표준협회.

채창균. 1991. 「일본식 노동력 이용체제의 성격과 한국에의 적용」. ≪동향과 전망≫, 겨울호.

丸山惠也. 1992. 「일본적 생산 시스템과 직장규율」. ≪경제평론≫, 10월호.

小山陽一 編. 1985. 『巨大企業體制と勞動者:トヨタ生産方式の硏究』. 御茶の水書房.

Parker, Mike and Jane Slaughter. 1988. Choosing Sides: Unions and the Team Concept. South End Press, Boston.

제2장

한국에서 일본식 생산방식의 도입과 노동자*
대우자동차 사례를 중심으로

1. 머리말

오늘날 일본의 자동차 산업이 세계시장을 휩쓸고 있다. 물론 최근 엔고 등에 따른 가격상승으로 일본 자동차의 대미수출이 주춤한 반면 미국 자동차 산업이 회복세를 보이고 있기는 하지만 일본은 여전히 세계 제1위의 자동차 수출국으로 군림하고 있다.

이처럼 일본의 자동차 산업이 세계시장을 휩쓸고 있는 원인에 대해서는 높은 생산성, 낮은 고장률, 소비자 기호에 부응하는 다양한 모델과 디자인의 우

---

* 1) 인하대학교 1993년도 연구비 지원에 의해 수행되었다.
2) ≪산업노동연구≫, 제1권 제1호(한국산업노동학회, 1995.4)에 게재되었다.
3) 일본 법정대학 오하라(大原)사회문제연구소의 한일교류심포지움에서 발표된 초고를 수정한 것이다. 토론과정에서 좋은 논평을 해준 논평자들에게 감사드린다. 또 연구수행과정에서 많은 도움을 준 대우자동차 노동조합, 대우자동차NAC추진실, 기아자동차경제연구소, 한국노동운동연구소 관계자 여러분에게 감사드린다.

수성 등 여러 가지가 지적되고 있지만, 우리가 특히 주목하고자 하는 것은 일본의 자동차 산업의 노동력 편성체제가 갖는 독특한 성격이다.

많은 학자들이 지적하고 있듯이 일본의 자동차 산업이 다른 나라에 비해 비용 면에서 경쟁력을 가지고 있는 이유는 기술의 우위성이나 기계의 우위성보다는 노동력 관리의 우수성 때문이다. 즉, 보다 적은 인력으로 보다 생산성이 높은 노동을 할 수 있도록 노동력을 편성하고 관리하는 체제, 이것이 바로 일본 자동차 산업이 국제경쟁에서 우위를 가지게 된 요체라는 것이다.

이에 따라 오늘날 많은 나라에서는 일본식 생산방식, 특히 그 중요 구성부분인 일본식 노동력 편성, 관리체제를 도입, 이식하려는 움직임이 나타나고 있다. 이는 한국의 경우에도 예외는 아니다. 이미 국내 자동차 회사들은 대규모의 노동자 연수단을 일본에 파견해 현장훈련을 시킴으로써 일본식 노무관리방식에 익숙해지도록 하고 있는가 하면, 몇몇 공장에서는 부분적으로 일본식 노무관리방식을 도입하고 있기도 하다. 국내 자동차 회사들이 국내외 경쟁의 격화, 임금인상, 노동쟁의 빈발 등을 겪게 됨에 따라 앞으로 이러한 움직임은 한층 더 본격화될 것으로 예상된다.

그런데 우리가 여기서 관심을 가지는 것은 이러한 일본식 생산방식의 도입이 노동자에게 미치는 영향이다. 주지하는 바와 같이 일본식 생산방식이 노동자에게 미치는 영향에 관해 긍정적 측면을 강조하는 논자들과 부정적 측면을 강조하는 논자들 간에 격렬한 국제적 논쟁이 진행되고 있다. 긍정론자들은 일본식 생산방식이 전통적인 테일러주의·포드주의로부터 새로운 생산방식인 포스트 테일러주의·포드주의로 이행한 것으로서, 노동자의 숙련형성, 다능공화, 제안제도와 팀작업 등을 통한 자율성의 신장과 의사결정에의 참여 등을 가져옴으로써 단순히 생산성 향상뿐만 아니라 '노동의 인간화'라는 측면에서도 기존의 생산방식에 비해 더욱 진보적이라고 평가하고 있다(門田安弘, 1991a, 1991b; 小池和男, 1991; Aoki, 1988; Hoffman and Kaplinsky, 1988; Kenney and Florida, 1988, 1993; Koike, 1983, 1987, 1988; Shimada, 1986; Shimada and MacDuffie,

1986; MacDuffie, 1988; Womack et al., 1990).

반면 부정론자들은 일본식 생산방식이 테일러주의를 보다 적극적으로 관철시키는 데 초점을 둔 네오-포드주의에 불과하며 그 높은 생산성은 노동자에 대한 보다 교묘하고 가혹한 수탈과 통제에 기초를 둔 것으로서 노동자에게 장시간 노동, 과밀노동, 지나친 스트레스, 과로사 등을 가져온다고 비판하고 있다(鎌田慧, 1992; 小山陽一, 1985; 加藤哲郎 and Steven, 1990; Dohse et al., 1983; Parker and Slaughter, 1988; Tomaney, 1990).

일본식 생산방식을 둘러싼 이러한 논쟁은 한국의 경우에도 많은 시사점을 던져 준다. 현재 한국의 기업들은 주로 효율성의 관점에서 일본식 생산방식을 무비판적으로 도입하는 데 열중하고 있다. 그러나 새로운 생산방식의 도입이 오직 생산성과 이윤을 높이기 위한 데만 초점을 맞춰서는 안 되며 노동자들의 인간다운 노동의 실현이라는 또 하나의 중요한 목표를 실현해야 한다는 점을 염두에 둘 때, 현재와 같이 국내 자동차 업체들이 일본식 생산방식을 무비판적으로 도입, 모방하는 것은 결코 바람직하지 못하다 할 것이다.

이와 같은 문제의식하에 과연 국내 자동차 산업에서 일본식 생산방식의 도입실태가 어떠하며, 그것이 노동자에게 미치는 영향은 어떠한 것인지를 검토해 보고자 한다.

이 글은 주로 대우자동차의 사례분석을 통해 이 문제에 접근하고 있다. 대우자동차는 대우재벌의 주력기업의 하나로서 국내 3위를 달리고 있는 자동차 기업이다. 대우자동차는 그동안 GM과의 합작문제, 만성적 노사분규 등을 겪으면서 품질불량, 생산축소 등 많은 어려움을 겪어 왔으나 최근 'NAC도전운동'이라고 불리는 경영혁신운동과 더불어 품질향상, 판매증대 등으로 큰 화제를 불러일으키고 있다. 특히 우리의 문제의식과 관련해 대우자동차의 사례연구는 다음과 같은 점에서 의의를 지닌다.

첫째, 대우자동차는 다른 국내 자동차 기업들과는 달리 처음부터 GM과의 합작투자에 의해 출범했으며 이 과정에서 생산설비, 생산기술, 노무관리 등 많은 면에서 전형적인 포드주의적 생산방식을 채용해 왔다. 그러나 최근 GM과 완전 결별한 이후 일본식 생산방식을 의식적·체계적으로 도입하고 있다. 따라서 대우자동차의 사례분석을 통해 전형적 포드주의 생산방식으로부터 일본식 생산방식으로의 변화실태와 그 과정에서 나타나는 문제점 및 노동자에게 미치는 영향을 보다 분명하게 고찰할 수 있다.

둘째, 많은 학자들이 지적하고 있듯이 일본식 생산방식의 해외이전이 성공할 수 있는가의 여부는 해당 국가와 기업의 노사관계에 크게 의존한다. 대우자동차는 자동차 산업 가운데서도 가장 노사관계가 적대적이고 노사분규가 빈발했던 회사이다. 과연 이러한 적대적 노사관계에서 일본식 생산방식의 도입은 가능한 것인가, 그리고 일본식 생산방식의 도입이 노사관계의 성격에 어떤 변화를 가져올 것인지를 대우자동차의 사례분석을 통해 관찰할 수 있을 것이다.

그동안 일본식 생산방식의 도입과 관련해 현대자동차에 대해서는 많은 사례연구가 축적되어 왔다.[1)] 그러나 대우자동차에 대해서는 본격적인 연구가 그다지 많이 이루어지지 않았다. 이것도 이 연구의 한 계기가 되었다.

대우자동차의 사례연구를 위해 이 연구에서는 문헌 및 자료조사, 설문조사, 면접조사, 공장방문 및 견학 등 다양한 조사방법을 채택했다.

① **문헌조사**: 대우자동차와 관련된 기존의 출판자료, 석·박사 학위논문, 사사, 정기간행물, 회사 및 노동조합의 내부자료 등을 수집, 분석했다.

② **설문조사**: 이 연구를 위해 따로 설문조사를 실시하지는 않았다. 그러나 대우자동차 노동자들을 대상으로 한 다음 설문조사들의 원자료를 이용할 수 있었다. 이 연구에서 이용된 설문조사들의 성격을 간단히 살펴보기로 한다.

ⓐ **대우자동차 노동조합의 조합원 실태조사**: 이 조사는 대우자동차 노동조합 소속 전국 각 지부 노조원들을 대상으로 1991년, 1992년, 1993년 세 차례 실시되었다. 표본수는 각각 6906명, 3723명, 4175명이며 조사내용은 생활, 주택,

---

1) 제3절 참조.

작업, 건강, 회사경영상태, 임금, 노동조합, 노동자의식, 노사관계 등 다양한 분야에 걸쳐 있다.[2)]

ⓑ 박영준의 대우자동차 노동자 표본조사: 필자의 지도하에 실시된 소규모 표본조사이다. 조사시점은 1993년 10월이며 표본수는 149명이다. 조사내용은 노동과정, 직장경력, 배치전환, 교육훈련, QC활동 및 제안활동, 노조활동, 노사관계 등 여러 분야에 걸쳐 있다.[3)]

ⓒ 김완표의 자동차 산업 노동자 실태조사: 자동차 3사 노동자 조사의 일환으로 실시된 대우자동차 노동자에 대한 조사이다. 조사시점은 1992년 12월이며 총 511매의 설문지가 회수되었는데 이 중 123매가 대우자동차 노동자이다. 조사내용은 직무, 복지, 노조활동, 노사관계, 생활상태 등 다양한 분야에 걸쳐 있다.[4)]

③ 면접조사: 이 연구를 위해 대우자동차 회사 관계자, 조합간부, 현장노동자, 일본 OJT연수노동자, 대우자동차 해고노동자, 인천지역 노동운동가, 자동차 관련 연구소 관계자 등에 대한 광범한 면접조사를 실시했다. 면접조사는 1993년 3월부터 1994년 10월까지 모두 다섯 차례에 걸쳐 행해졌다.

④ 공장 방문 및 견학: 이 연구를 위해 1994년 4월부터 10월에 걸쳐 수차례의 대우자동차 부평공장에 대한 방문 및 견학을 실시했다.

먼저 제2절에서 일본식 생산방식의 성격을 둘러싼 논쟁을 살펴본 다음 제3절에서는 한국 자동차 산업에서 일본식 생산방식의 도입실태와 문제점을 고찰해 본다. 제4절에서는 대우자동차의 일본식 생산방식 도입실태를 생산체제, 노동력 활용, 노동력 통제 등의 측면에서 분석하고 그것이 노동자의 상태 및 노사관계에 미친 영향을 고찰한다. 마지막으로 제5절에서는 결과를 요약하면

---

2) 조사결과는 다음 자료로 정리되어 있다. 대우자동차 노동조합 조사통계부(1991, 1992, 1994).

3) 그 결과의 일부는 박영준(1994)에 게재되어 있다.

4) 조사결과는 김완표(1993)에 게재되어 있다.

서 그것이 노사관계 및 노동운동에 주는 시사점을 음미한다.

2. 일본식 생산방식과 노동자

'일본식 생산방식'이란 용어는 사실 매우 복잡하고 혼란스러운 개념을 가지고 있다. 우선 동일한 일본의 제조업이라고 하더라도 산업별로 그 생산기술, 생산체제, 노무관리방식 등에서 많은 차이가 있을 수 있다. 또 동일한 자동차 산업 내에서도 토요타와 닛산은 생산체제, 노동력 편성, 노사관계 등에서 커다란 차이가 있음이 지적되고 있다(戶塚秀夫·兵藤 編, 1991; 丸山惠也, 1992a 참조). 그럼에도 불구하고 전통적 포디즘과는 구별되는 JIT(Just-In-Time, 적기생산방식), 하청체제, 다능공화, 직무순환 등 일본 기업의 특유한 제 요소들이 토요타에서 가장 전형적으로 나타나므로 우리는 일본적 생산방식을 일반적으로 토요티즘(Toyotism)으로 이해할 수 있을 것이다.

한편 토요타 생산방식이라고 하더라도 그것이 과연 JIT, 혼류생산, 소로트(小lot) 생산, 범용기계의 활용 등 순수한 '생산체제'만을 의미하는가, 아니면 다능공화, QC, 직무순환 등 노동력 편성 및 활용체제까지 포함하는가, 그도 아니면 더 나아가 노동자 통제, 노사관계전략 등 노사 간 권력관계까지 포함하는가도 문제이다.

토요타 생산체제와 토요타의 노동력 편성, 활용체제, 그리고 이에 수반한 노사관계, 작업장의 권력관계 등은 매우 긴밀한 상호의존관계라는 점을 고려할 때, 일본식 생산방식의 이 세 가지 측면은 함께 고찰되지 않으면 안 될 것으로 생각된다. 따라서 이 글에서도 일본식 생산방식이라는 용어를 생산체제의 측면(하드웨어적 측면), 노동력 활용의 측면(소프트웨어적 측면), 노동력 통제의 측면(권력관계적 측면)을 포괄하는 개념으로 사용하고자 한다.[5] 다만 기업의 유통, 판매체제, 기술개발, 자금조달 및 운용, 인사조직, 하청체제 등 기업경영에 관한 다른 측면들은 일본식 생산방식의 상위개념인 일본적 경영방식에 속하는 것으로서 이 글의 직접적인 관심대상에서는 제외된다.

일본식 생산방식의 성격 및 그것이 노동자에게 미치는 영향에 대해서는 찬미론과 부정론으로 나뉘어 격렬한 국제적 논쟁이 벌어지고 있음은 주지하는 바와 같다. 그러한 국제적 논쟁의 발단을 이룬 것은 Dohse et al.(1985)에 의한 일본식 생산방식에 대한 문제제기였다. 이들에 의하면 일본식 생산방식은 포디즘을 극복한 새로운 체제가 아니라 포디즘과 테일러리즘을 한층 극단적으로 추구해 노동자를 착취하는 체제에 불과하다. 이것이 가능한 이유는 기업별 노조체제 아래 노조세력의 허약성과 국가의 노동자보호입법 미비로 경영자의 자의적 전권행사가 가능하기 때문이다. 따라서 이 모델에 따르면 생산의 합리화와 노동의 초과착취가 일본식 생산방식의 성공이유라는 것이다. 이들에 의하면 일본식 생산체제는 작업집단을 매개로 한 개인에의 압력(이른바 peer pressure)을 특색으로 하며, 또한 승진과 임금의 차별화에 의한 노동자 간의 격렬한 경쟁을 촉진시키고, 노동자 참가 역시 그 범위가 제한적이고 기업목적에 부합되도록 유도함으로써 또 하나의 생산성의 원천으로서 활용하고 있다는 것이다. 이러한 부정적 요소를 고려하지 않고 토요타적 생산방식을 포디즘을 뛰어넘은 새로운 시스템으로 평가하는 것은 잘못이라고 이들은 논하고 있다.

이에 대해 Kenney and Florida(1988)는 Dohse et al.의 주장을 비판하면서 일본 기업의 생산과정을 구성하는 사회조직은 지금까지 구미에서의 포디즘을 뛰어넘는 포스트 포디즘을 특징으로 하는 것으로서 이를 후지츠이즘(Fujitsuism)이라고 부를 것을 제창한다. 이들은 일본의 생산의 사회적 조직이 지금까지의 기능적 특화, 단편적 작업, 흐름작업 등의 원칙에 입각하고 있는 포디즘을 그것과는 대조적인 팀작업, 다능공화, 직무순환, learning-by-doing, 유연적 생산, 통합생산 등을 편성원리로 하는 포스트 포디즘으로 바꾼 것이라고 말하

---

5) 이러한 요소분해방식 및 각 요소의 보다 상세한 구성요소에 대해서는 원인성(1994) 참조.

고 있다. 이들은 이러한 일본의 생산조직의 형성이 Dore et al.이 주장하듯 제약 없는 기업의 관리에 의해 이루어진 것이 아니라 오히려 전후의 격렬한 계급투쟁의 결과로서의 계급적 화해에 의해 이루어진 것이라고 보고 있다. 이는 기업조합주의와 장기고용보장에도 반영되며 또한 이것에 의해 강화되고 있는 안정된 노사관계에 길을 열어 주었던 것이다.

일본식 생산방식에 대한 비판론과 찬미론은 이후 加藤哲郎 and Steven(1990)에 의한 Kenney and Florida 비판, 이에 대한 Kenney and Folida(1990)의 반론 등 『季刊 窓』을 통한 일련의 논쟁으로 계속된다.[6]

이들 외에도 많은 사람들이 일본식 생산방식에 대해 찬반 양론으로 나뉘어 이론을 전개했는데 예컨대 Parker and Slaughter(1988)의 '스트레스에 의한 관리', Fucini and Fucini(1990)의 '자기규제적 팀체제'에 대한 비판, 小山陽一 外(1985)에 의한 토요타 생산방식의 실증적 연구, Kamata(1982)의 체험적 서술 등이 부정적 견해의 대표적 예라면, 小池和男(1983, 1987, 1988, 1991)의 지적숙련 형성론, 島田晴雄(1988)의 'humanware'론, Aoki(1988)의 정보공유론, Hoffman and Kaplinsky(1988)의 'systemofacture'론 등은 긍정적 견해의 대표적 예라 할 것이다.

이에 대해 丸山惠也(1993a, 1993b, 1993c)는 일본적 생산체제의 기저를 이루는 노동과정에서 한편으로는 노동자에 대한 강한 착취, 그리고 다른 한편으로는 지식내포적 생산이라는 양 측면이 표리일체로서 존재한다는 점을 지적하면서, 일본식 생산방식을 부정, 긍정의 어느 일면에서만 파악해서는 안 되며 이 이중성의 시점으로부터 강한 착취와 지식내포적 생산의 양 측면이 어떻게 구체적으로 위치하고 있는가를 파악하는 것이 중요하다고 지적한다.

사실 일본적 생산체제는 장시간, 고밀도의 가혹한 노동을 특징으로 하며, 이는 결국 과로사라는 사회문제를 낳고 있음에도 불구하고, 노동자의 강한 노

---

6) 이들의 논쟁과정에 대해서는 丸山惠也(1993a, 1993b) 참조.

동의욕과 자발적 참여에 의해 지탱되고 있다는 측면이 강하다. 그 이유에 대해 그는 노동자에 대한 자발과 강제라는 특수한 관리시스템에 의해 일본형 기업사회가 조직되어 있음을 지적한다. 여기서 노동자에 대한 자발과 강제의 관리시스템이란 노동자 간의 경쟁구조를 창출하는 체제를 말한다. 즉, 제2차 세계대전 후 신분차별 철폐, 블루칼라와 화이트칼라 간의 처우차별 철폐에 의한 블루칼라의 화이트칼라화와 이에 따른 신분계층 간의 유동화, 승진·승격의 단일화, 소집단 활동과 팀체제, 인사고과제, 종신고용제 등은 모두 노동자 간 경쟁체제를 형성하는 데 기여했다.

이리하여 노동자 간의 격렬한 경쟁을 통해 노동자의 육체뿐만 아니라 정신적인 면(노동자의 지혜, 공부, 의식, 충성심 등)까지 생산라인에 동원해 극히 효율적인 생산을 하는 데 성공했다는 것이다.

이러한 격렬한 노동자 간 경쟁체제는 주로 대기업 본공(本工) 노동자를 비롯한 소수의 노동자들에게는 고용보장, 숙련형성, 연공적 임금상승 등의 혜택을 가져왔다 할지라도 다른 대다수 노동자들의 고용불안, 장시간·고밀도·고스트레스 노동, 이에 따른 과로사 등의 고통을 가져오는 체제로서 노동자들의 불만을 야기시키고 있다. 그럼에도 불구하고 이에 대한 노동자 측의 규제력이 미약한 것은 기업별 노조체제의 한계 때문이다.

일본의 기업별 노조는 그 기업 소속 본공들로 구성되어 있으므로 그 기업의 업적향상을 통해 조합원들의 생활을 개선하려는 성향이 강하다. 기업의 발전이라는 목표를 노사가 공유하고, 이를 우선하므로 노조도 회사의 생산성향상운동이나 경영합리화계획 등에 적극적으로 협력하고 기업의 업적향상에 노력하게 된다. 그 결과 노조는 기업에 대항하는 노동자들의 조직이라기보다는 기업의 지배와 관리의 한 모퉁이를 담당하는 존재로 전락하는 것이다.

결국 이렇게 볼 때 일본식 생산방식은 비록 노동자의 지적 숙련형성, 의사결정에의 참여증대 등 바람직한 측면을 가지고 있는 것이 사실이라고 하더라도 이는 기본적으로는 기업의 철저한 노동자 지배라는 틀 안에서 이윤증대에 봉사하는 방향과 한도 내에서만 허용되는 것이라고 할 수 있다. 더욱이 그러한 노동자의 참여증대라는 측면조차도 법적·제도적 보장이나 강력한 노동운동의 뒷받침을 받지 못하고 있기 때문에 지극히 불안정하고 가변적인 성격의 것이라 하겠다. 최근 노동자들의 자발적 참여를 이끌어 내는 기초가 되어 왔던 종신고용제와 연공임금제 등이 고도성장의 종언과 더불어 뿌리째 흔들리고 있다는 사실은 바로 이를 증명해 주는 것이다.

이러한 일본식 생산방식의 성격에 대한 평가는 이 생산방식의 해외이전 가능성에 대한 논쟁에도 커다란 시사점을 던져 준다.

사실 일본식 생산방식은 숙련되고 응용력 있으며 동기부여된 노동력에 크게 의존하고 있다. 이때 비로소 JIT, 소로트 생산, 빠른 금형교체, 자주관리, 유연한 혼류생산 등이 가능해지는 것이다. 그런 면에서 이는 매우 연약한 체제라고도 할 수 있다. 이 연약한 체제를 지탱하는 것이 바로 앞에서 지적한 기업의 노동력 관리체제와 기업별 노조의 약한 규제력이다.

그러나 이러한 조건이 제대로 갖추어져 있지 않은 외국에서 일본식 생산양식을 도입하려 시도할 경우 상당한 난관에 부딪치거나 또는 도입되더라도 부분적·파편적으로만 도입될 수 있을 뿐이다. 더욱이 일본식 생산방식은 앞에서 살펴본 바와 같이 노동자에 대한 지배와 억압의 체제라는 어두운 측면을 함께 가지고 있다. 그러한 부분까지 해외에 이전될 경우 강력한 노조가 존재하거나 노사관계가 적대적인 상황에서는 노동자 측의 커다란 반발과 마찰을 불러일으킬 수밖에 없는 것이다.

따라서 일본식 생산방식의 합리적인 부분—노동자의 지적 숙련형성, 노동자 자율성의 부여, 의사결정에의 참여—을 해외에 이전하는 것은 바람직하다 하더라도 이는 현지의 환경, 조건에 맞도록 적응(安保哲夫, 1991 참조)될 필요가 있으며, 더 나아가 그 비합리적 부분—노동자에 대한 지배, 억압의 체제—을 보다 진보적인 방향으로 청산, 변화시킬 필요가 있다. 거꾸로 해외에서 이러한 일본적 생산양식의 합리적 변용은 다시 일본 측에 대해서도 일본식 생산방식의 비합리성, 억압성을 청산하고 보편적·합리적 측면을 정리, 강화하는 계기가 될 수 있다는 점에서 중대한 의의를 가지는 것이다.[7)]

3. 한국의 자동차 산업과 일본식 생산방식

주지하는 바와 같이 한국의 자동차 산업은 짧은 시기 내에 급속한 성장과 더불어 미국 등 국제시장에 진출해 일정한 성공을 거둠으로써 국제 자동차 업계의 주목의 대상이 되어 왔다. 초기의 수공업적 생산, 1960~1970년대의 녹다운(knock-down) 조립단계를 거쳐 1970년대 후반부터 한국의 자동차 산업은 본격적인 포디즘 단계에 접어들었다.[8)] 1980년대에 들어와서는 초국적 기업과의 자본 및 기술제휴를 통해 수출산업화에 성공, 대량생산-대량수출-자본 및 기술의 해외의존이라는 이른바 '주변부 포디즘'적 체계를 확립하게 된다.

그러나 1989년 이후 한국산 자동차의 수출은 급격히 감소하기 시작했다. 총수출대수는 1988년의 56만 대로부터 1990년에는 35만 대까지 감소했는데 특히 북미시장에서의 감소폭이 컸다. 이러한 자동차 수출의 급속한 감소는 그 수요의 상당 부분을 해외수출에 의존하고 있던 한국 자동차 산업에 새로운 위기 요인으로 작용했다.

한국산 자동차의 수출이 급격하게 줄어든 원인은 세계적 경기침체에 따른 미국 내 승용차 수요감소, 일본 자동차 업계의 미국 내 현지생산에 따른 수요잠식, 미국 자동차 회사들의 경쟁력 회복, 멕시코 등 중남미로부터의 현지 생산차 수입증대 등 여러 가지 외부적 요인도 작용했지만 보다 근본적으로는 한

---

7) 이 점을 지적한 것으로서 坂坦博(1990) 참조.

8) 지면관계상 한국의 자동차 산업의 발달과정에 대해 상세히 설명할 여유는 없다. 이에 대해서는 한국자동차공업협동조합(1993); 한국산업사회연구회(1990); 현대자동차주식회사(1992); 김완표(1993); 박영범·이효수(1994) 등을 참고할 것.

국산 자동차가가 지닌 가격 및 품질상의 경쟁력 취약에 기인한다. 그런데 이러한 한국산 자동차의 경쟁력 약화는 상당 정도 자동차 산업의 노사 간 역관계 변화라는 구조적 요인에 기초하고 있다.

1980년대 중반까지 한국 자동차 산업 생산체제의 성격이 '주변부 포디즘'적 체계였다는 사실은 앞에서 지적한 바와 같다. 즉, 한두 가지의 표준화된 모델을 전용기계와 컨베이어 벨트로 구성된 조립라인에서 대량생산함으로써 규모의 경제를 확보하고자 하는 포디즘적 생산체계를 갖추고 있지만, 이에 필요한 기술 및 일부 자본과 판매망은 해외에 의존하고 있다는 점에서 주변부적 성격을 벗어나지 못하고 있는 체제였다.

이러한 생산체제하에 노동력의 조직방식 역시 포디즘적 생산체계에 알맞은 세분화된 단순반복 작업을 계속하는 단순기능인력 중심으로 조직되었다. 그러나 노동력 관리방식은 테일러리즘의 기본원리인 과학적 관리법(시간연구, 동작연구에 기초한)보다는 저임금, 장시간 노동과 이를 유지하기 위한 억압적 노무관리에 토대를 둔 것이라는 점에서 이 역시 주변부적 성격을 벗어나지 못한 것이었다.

1987년의 6·29선언과 이에 뒤이은 폭발적 노동운동을 계기로 이러한 노동력 관리방식은 더 이상 유지하기 힘들게 되었다. 노동조합이 민주화되고 그 세력이 강해짐에 따라 급속한 임금상승이 야기되었으며 이는 종전의 한국산 자동차의 가장 강력한 무기였던 가격 면에서의 비교우위를 약화시켰다. 뿐만 아니라 종전의 억압적 노무관리체제가 무너지면서 자본은 '노동력 관리의 위기'를 맞게 되었다. 생산현장에서의 위계질서가 무너지고 생산성이 저하되었다. 분규에 따른 조업중단, 노동력 통제의 완화 등으로 인해 완성차의 품질에도 커다란 문제가 야기되어 한국산 자동차에 대한 소비자 신뢰가 떨어졌다.

이러한 저임금-장시간 노동에 의한 '대량생산-대량수출' 체제의 위기를 맞아 국내 자동차 업체들은 그 타개책을 모색하게 되었는데 1990년대 들어 이는 두 가지 형태로 나타났다. 즉, 첫 번째는 실현 면에서 급증하는 내수수요로 전환하는 것이다. 소득상승과 도시화 등으로 인해 1990년대 들어 한국의 자동차 내수수요는 폭발적으로 증가하고 있다. 이러한 내수수요의 증가에 맞추어 각 자동차 업체들은 모델을 다양화·고급화하며 기술의 자주적 개발에 노력하고 있다.

둘째로는 생산 면에서 유연생산체제의 도입을 시도하고 있다는 점이다. 앞에서 본 대로 한국 자동차 산업이 위기를 맞게 된 주요 계기가 노자 간 역관계 변화와 이에 따른 임금상승 및 노동력 통제 완화에 따른 생산성 저하에 있다는 점을 감안해 국내 자동차 업체들은 생산성 향상과 새로운 노동력 통제책을 모색하게 되었으며, 이 과정에서 세계 자동차 산업의 새로운 생산체제로 떠오르고 있는 유연생산방식, 특히 그중에서도 일본식 생산방식을 도입하려고 시도하고 있는 것이다.

현재 한국 기업들이 일본식 생산방식을 비롯한 신생산기법을 어느 정도나 활용하고 있는지에 관한 전체적 통계는 없다. 그러나 전국적 규모에서의 표본조사와 몇몇 기업의 사례연구를 통해 일본식 생산방식의 국내 확산실태 및 그 특징을 개괄적으로나마 파악할 수 있다.

먼저 일본식 생산방식이 국내 기업에 급속하게 확산되고 있음이 확인된다. 정명호(1992)[9]에 의하면 〈표 2-2-1〉에서 보는 바와 같이 QC, TQC, 정리정돈(5S) 등은 조사대상 기업의 70% 정도가 이미 활용하고 있으며, 적기생산방식으로 전환하는 데 필요한 요소로 볼 수 있는 공정개선, 소인화, 그리고 일본식 설비관리방식인 TPM 등도 많은 기업들이 실행 중이라고 응답하고 있다. 여기에다 도입단계에 있다고 응답한 기업까지 더한다면 한국에서 일본식 생산방식의 도입은 상당히 광범하게 이루어지고 있다고 봐도 좋을 것이다. 또 노동과정의 측면에서도 표준시간 및 표준작업방법의 설정 등은 대부분의 기업에서 활

9) 이 연구는 전기전자, 철강, 자동차 등 제조업종의 종업원 30인 이상 202개 업체를 대상으로 실시된 표본조사에 기초하고 있다.

〈표 2-2-1〉 일본식 생산방식의 활용실태

(N=195)

생산기업		노동과정		노동력활용	
설비 범용화	33.3	표준시간	85.1	종신고용제	13.8
5S(3S)운동	64.6	표준작업방법	89.7	직무급	25.6
공정개선	55.4	비직선형 레이아웃	39.0	직능급	26.2
소인화	37.9	팀작업	34.4	직능자격제	13.1
간판활용	24.1	1인 다수대 작업	36.9	직군 간 전환	23.6
후공정인수	18.5			공정 간 전환	20.0
무재고관리	9.7			공정 내 순환	39.5
QC	78.5			생산직 인사고과	56.4
TQC	67.7			다능공화	23.6
TPM	29.7				

자료: 정명호(1992).

용하고 있는 것으로 나타나고 있다.

그러나 이러한 일본식 생산방식의 도입은 체계적인 형태라기보다는 부분적·파편적이며, 그 내용의 충실성도 매우 낮은 수준인 것으로 보인다. 〈표 2-2-1〉에서 보듯이 통상 JIT의 완성단계라고 생각되는 후공정인수나 무재고관리는 아직까지 그리 광범하게 보급되지 않고 있으며, 후공정인수와 더불어 활용되는 간판방식 역시 활용도가 낮다. 이는 JIT 생산방식으로의 완전한 전환, 즉 생산시스템 수준에서의 일본식 기법이 정착되고 있지 못함을 보여 준다. 노동과정 면에서도 비직선형 레이아웃이나 팀작업, 1인 다수대(多數臺) 작업 등은 아직 널리 보급되지 못한 상태이다. 더욱이 노동력 활용의 측면에서는 생산직에 대한 인사고과제의 실시를 제외하고는 전반적으로 활용률이 낮은 상태이며 특히 일본식 노무관리기법의 핵심인 종신고용제나 직능자격제, 다능공화 등은 활용정도가 매우 낮은 상태이다. 한편 5S 운동이나 QC 운동 등 비교적 널리 보급된 제도의 경우에도 제도도입과 상관없이 실제 운영 면에서는 충실하지 못한 경우가 많은 것으로 나타나고 있다(원인성, 1994 참조).

따라서 현재 한국 제조업의 생산혁신은 전반적으로는 포드주의적 노동과정을 주축으로 한 상태에서 부분적으로 자동화와 생산합리화 기법들이 진행되고 있는 데 불과한 것이며 이는 다른 사례연구에서도 확인되고 있다(박승희, 1989; 박준식, 1991; 조형제, 1991).

이와 같이 일본식 생산방식의 도입이 부분적·파편적으로밖에 도입되지 않고 있으며, 그 내용의 충실성도 낮은 이유에 대해서는 첫째, 아직 국내 산업의 시장조건이나 기술조건이 대량생산방식에 적합한 상태이기 때문에 막대한 자금이 소용되는 유연적 생산체제로의 전환에 소극적이며, 둘째, 부품업체의 취약, 하청관계의 취약 등으로 JIT 도입 등이 어렵고(정명호, 1992; 조순경·이용숙, 1990), 셋째, 대립적 노사관계에서 일본식 생산방식의 도입에 대한 노동조합 및 노동자들의 반발이 거센 점(조순경·이용숙, 1990; 김완표, 1993) 등이 지적되고 있다.

이러한 상황에서 일본식 생산방식의 도입은 주로 이데올로기적 기능을 하는 경우가 많다. 즉, 일본식 생산방식 그 자체가 가지는 합리적·효율적 생산관리를 실제 경영관리 면에서 실천한다거나 노동자에 대한 교육, 훈련의 실시, 노동자에 대한 자율권의 부여 및 의사결정에의 참여 유도 등에는 소극적이면서, 주로 노동조합이나 노동자에 대한 선전 측면에서만 이를 적극 활용함으로써 기존의 전근대적 경영관리관행은 그대로 온존되는 경우가 많다는 것이다(원인성, 1994).

그 결과 일본식 생산방식의 도입은 노동자의 입장에서는 노동배제적 합리화와 자동화, 노동강도의 강화, 노조의 약화 등 불리한 영향을 미치게 되고(박영준, 1994; 김완표, 1993; 이영희, 1994a, 1994b; 홍장표, 1994), 이는 다시 노동자와 노동조합의 반발을 불러일으키고 있는 것이다.

4. 대우자동차의 사례연구

1) 일본식 생산방식 도입의 배경

대우자동차는 1993년 2조 1594억 원, 1994년 3조 2천억 원(추정)의 매출액을 기록하고 있는 한국 제 3위의 자동차 회사이자 대우재벌의 주력기업 중 하나이기도 하다. 인천시 북구 부평동의 본사와 공장을 비롯해 부산공장, 부산정비사업소 등에서 연산 52만 대 규모의 생산능력을 갖추고 르망, 에스페로 등 6종의 승용차와 트럭, 버스 등을 생산하고 있으며, 군산공업단지 내에 연산(年産) 52만 대 규모의 신공장을 건설 중인데 이는 1998년 완공을 목표로 하고 있다. 이 밖에도 우즈베키스단(20만 대), 이란(5만 대), 필리핀, 중국, 베트남, 루마니아, 인도 등 해외지역에도 총 100만 대 규모의 공장을 지을 예정이어서 1990년대 말에는 국내 100만 대, 해외 100만 대 등 총 200만 대의 생산능력을 갖춘 대규모 회사로 탈바꿈할 계획을 추진하고 있다. 1993년 말 종업원 수는 1만 3697명으로서 그중 1만 명가량이 생산직 노동자이다.

대우자동차는 국내 다른 자동차 회사에 비해 많은 굴곡과 위기를 겪어 왔다. 이 회사는 한국 최초의 자동차 회사 새나라자동차를 모태로 신진공업사, GM코리아, 새한자동차를 거쳐 1978년 대우그룹에 인수되었고 1982년 회사명을 대우자동차로 변경, 오늘에 이르고 있다.

대우자동차는 출범 초기에 적극적인 시설확대와 신차종의 개발 등에 힘입어 생산 및 매출의 증대와 순이익의 증가 등이 이루어졌다. 그러나 1987년 이후 수지는 적자로 반전되어 1990년을 제외하고는 매년 거액의 적자를 기록하게 되었으며, 그 결과 부채의 누증, 금융비용의 급증 등으로 경영에 큰 곤란을 겪게 되었다.

이처럼 대우자동차가 1980년대 중반 이후 경영 부진을 보인 것은 내수시장에서의 치열한 경쟁, 해외시장에서의 품질 및 가격경쟁력 저하, 무거운 금융비용, 급격한 임금인상 등 한국 자동차 산업이 안고 있는 공통적인 원인과 합작기업으로서의 불리성, 노사관계의 악화 등 대우자동차 특유의 문제가 겹친 데 기인한 것이지만 여기서는 주로 대우자동차의 노사관계를 살펴볼 것이다.

1970년대까지 한국의 전형적인 노사관계는 자본에 의한 전권행사와 노동자의 무권리를 특징으로 하는 종속적 노사관계였다. 1960년대 이래의 수출주도 공업화 과정에서 자본과 국가는 저임금과 장시간 노동을 국제경쟁력 확보의 주요 수단으로 사용했고 이것의 유지를 위해 국가는 노사관계에 강력하게 개입해 노동운동을 억압했다. 노동3권을 제약하는 법률, 행정체계와 더불어 기업의 노무관리 역시 억압적 노동력 관리 수단에 주로 의존했다.

이러한 노사관계 형태는 대우자동차의 경우에도 마찬가지로 나타났다. 노동자들은 컨베이어 벨트에 종속된 상황에서 극도로 세분화되고 단순반복적인 작업을 고정적으로 수행하는 형태가 노동과정의 특징이었다. 하루 3시간의 일상적인 잔업 외에도 특근, 휴일출근 등도 잦아 1986년 당시 대우자동차 노동자들의 월평균 노동시간은 245시간에 달했다(조형제, 1993: 196).

임금 면에서도 다른 자동차 회사에 비해 낮은 편이었으며 이에 따라 임금에 대한 불만이 높은 편이었다(박훤구 외, 1989: 110).[10]

노무관리전략은 세분화된 노동을 강도 높게 유지하기 위해 직접통제전략을 사용했다. 현장관리자들인 직장(職長)들은 강압적·폭압적인 태도로 절대권력을 구사했으며, 현장노동자들은 이에 대해 아무런 대항수단이 없었다. 잔업, 특근, 휴일출근 등은 본인 의사와는 상관없이 회사의 일방적 결정에 의해 이루어졌고, 관리자에 의한 폭언, 폭행도 빈번하게 일어났다. 관리자의 눈에 벗어나 이른바 감호봉제가 적용되면, 정상적인 경우 1년에 2호봉씩 승급하는 데 비해, 1호봉밖에 승급되지 않았다. 따라서 현장노동자들은 직장의 명령에 절대복종할 수밖에 없었다.

---

10) 대우자동차 노동조합, '인금인상요구안'(1988).

생산직과 사무직 간의 승진체계는 엄격히 구분되어 있어 생산직으로부터 사무직으로의 전환이 불가능하며 양 직종 사이에는 임금, 부가급여, 회사 내에서의 지위, 기타 처우 등 모든 면에서 큰 격차가 있었다.[11)]

장시간 노동, 단순반복적 작업, 강압적 노무관리, 차별대우 등으로 인해 노동자들의 불만은 고조되어 갔다. 그러나 이러한 노동자들의 불만을 대변해야 할 노동조합 역시 어용화되어 노동자들의 의견을 제대로 반영할 수 없었다. 회사 측은 노조 집행부 및 대의원 선거 때 친회사파를 당선시키기 위해 여러 가지 공작을 벌였으며, 일단 당선된 집행부 및 대의원에 대해서는 회유와 협박 등 각종 수단에 의해 이를 변질시켰다. 이리하여 노조는 비민주적인 운영 속에 일부 노조간부의 노동귀족화를 가져오게 되었다.

노동자들의 고조된 불만은 이러한 어용적 노동조합을 대상으로 우선 폭발되었다. 1984년 8월 어용노조 퇴진, 처우개선 등을 요구하며 시작된 노동쟁의는 순식간에 대규모 파업, 시위로 발전되었고 결국 조합원들의 요구를 대폭 수용하는 선에서 임금협상이 타결되기는 했으나 이후 주동자에 대한 징계, 해고, 구속 등이 이루어졌다.[12)] 이후 대우자동차에서는 거의 해마다 대규모 분규, 시위, 해고, 구속 등 악순환이 되풀이되었다.

특히 1987년의 6·29선언과 이에 뒤이은 전국적인 노동자대투쟁은 그동안 지배-종속관계에 머물러 오던 한국의 노사관계를 그 뿌리부터 뒤흔들어 놓는 결과를 낳았으며 이 점에서 대우자동차도 예외는 아니었다. 1987년부터 수년간 대우자동차를 위시한 자동차 업체에서는 해마다 대규모 분규가 되풀이되었으며 이에 따른 조업중단으로 막대한 피해가 발생했다(〈표 2-2-2〉 참조)[13)].

---

11) 예컨대 서울 통근버스에 생산직 사원의 탑승을 금지했다.

12) 1985년 노동쟁의의 상세한 경과에 대해서는 풀빛 편집부(1986); 대우자동차 노조민주화를 열망하는 조합원 일동(1985); 인천기독교민중교육연구소(1988) 등 참조.

13) 단, 파업에 의한 생산손실은 분규가 끝난 후 생산증강에 의해 메꿀 수 있는 부분까지 포함하고 있으므로 과대 추정되어 있다.

〈표 2-2-2〉 대우자동차와 현대자동차의 노사분규 발생현황

연도	분규일수		조업중단일수		피해규모(생산대수)	
	대우	현대	대우	현대	대우	현대
1987	26	35	31	10	17,200	57,655
1988	33	27	90	50	37,900	61,544
1989	40	5	44	10	32,500	49,923
1990	10	10	13	15	5,225	36,906

자료: 한국자동차공업협회(1991).

조업중단에 따른 직접적 피해뿐만 아니라 보다 구조적인 것으로서 급속한 임금상승과 현장통제력의 완화가 진행되었고 이는 자본에 큰 타격을 주었다. 1987년부터 1989년까지 완성차 업체의 임금상승률은 매년 20% 이상을 기록했는데 이는 전 산업 평균 임금상승률이나 제조업 전체의 임금상승률에 비해 보더라도 훨씬 높은 것이었다. 1990년 이후 임금상승률은 다소 둔화되었으나 여전히 10%를 넘는 고율 상승이 계속되었다. 생산성 향상률을 넘는 이러한 고율의 임금상승은 국제시장에서 한국 자동차의 가격경쟁력을 떨어뜨리는 요인으로 작용했다.

또 회사 측의 현장장악력 역시 현저하게 감소되었다. 1987년 노조의 어용집행부가 무너지면서 현장에서는 상당한 동요가 나타났고 직·조장에 대한 배척 분위기가 높아졌다. 직·공장이 폭압적 노무관리를 하는 경우에는 조합원 공청회를 열어 이들을 다른 곳으로 전출시킬 것을 회사 측에 요구해 관철시키는 경우도 많았다. 종전까지 직장의 권력을 강화시켜 주었던 호봉승진 시의 감호봉제도 역시 조합 측의 요구에 의해 1989년 철폐됨으로써 직장의 권위에 타격을 주었다. 현장에서는 현장통제문제를 둘러싸고 다양한 형태의 싸움이 그치지 않았고 이에 따라 일부 고참 노동자들은 회사 측이 직·조장으로 승진시키려고 해도 조합원 통제에 어려움을 느낀 나머지 이를 사양하는 경우도 많았다. 이리하여 1987년 이전까지만 해도 절대적이던 직·조장의 권위가 무너지고 현장통제력은 상당 정도 노동조합의 손으로 넘어가게 되었다.

이상의 여러 요인이 겹쳐 대우자동차는 품질저하, 빈번한 불량발생, 소비자 인식의 저하 등을 겪게 되었고 이는 판매부진, 적자누적 등으로 이어졌다. 1987~1989년 사이에 대우자동차의 자동차 생산대수와 매출액 규모는 거의 정체상태를 면치 못했다. 부채액수는 1990년 말의 1조 7499억 원으로부터 1991년 말 2조 3568억 원, 1992년 말 2조 9633억 원으로 누증되었다. 자기자본비율은 1990년 말 12.4%로부터 1991년 말 4.1%, 1992년 말 0.1%로 떨어져 자본잠식 상태 직전에 도달하게 되었다. 엄청난 부채누적에 따라 1992년 한 해 동안 지급이자액은 무려 2686억 원으로서 총매출액의 15.7%에 달했는데 이는 전체 생산직 노동자 임금총액의 1.5배에 해당하는 규모였다.

이러한 상황에서 대우자동차는 1991년 하반기부터 심각한 위기상태에 빠졌다. 판매부진으로 야간조를 휴무하고 잔업이 없어짐에 따라 생산직 노동자의 평균임금은 평상시의 70%로 떨어졌다. 1천 명 이상의 노동자가 자진사직했고 S그룹에 인수설 등이 유포되었다. 이리하여 회사, 노동조합, 일반노동자 할 것 없이 '총체적 위기의식'을 갖게 되었다.

이러한 총체적 위기를 타개하기 위해서 무엇인가 극적 조치가 필요하다는 인식을 회사 측은 갖게 되었고 이는 한편으로 GM과의 결별, 그리고 다른 한편으로는 일본식 생산방식의 도입으로 나타났다.

대우자동차는 1992년 10월 그동안 합작관계에 있던 GM과 경영정책상의 차이를 해소하기 위해서 GM 소유지분을 전량 인수해 자체 자본과 기술에 의한 독자경영전략을 추진하는 극적 조치를 단행했다. GM 측은 원래 월드카 전략의 일환으로 대우자동차에 투자했으나 NAFTA의 발족 등으로 인해 한국에 대한 투자 메리트가 떨어진 데다 한국을 발판으로 한 중국시장 진출전략을 포기하고 중국 시장에 직접 진출하기로 함에 따라 선선히 한국으로부터의 철수에 동의하게 되었다. 대우그룹도 그룹 전체 차원에서 자동차 부문에 집중적인 투자를 하기로 방침을 세웠으며 그 구체적인 표시로서 김우중 대우그룹 회장이 1994년 1월부터 부평 대우자동차 공장에 상주하면서 직접 지휘를 하고 있다.

한편 대우자동차는 생산현장에서의 문제점을 해결하기 위해 일본식 생산방식의 도입을 적극적으로 추진하고 있다. 1992년 1월 대우자동차의 김태구 사장은 신년사에서 NAC(New Automotive-industry Concept)도전운동[14)]을 선포했다. 대우자동차는 취약한 기업 이미지를 개선하고 회사를 살리기 위해서 1991년 말부터 1992년 초에 걸쳐 전 직원을 소집, 의식교육 및 회사의 당면문제에 대한 파악, 원인분석, 해결방법 토의 등을 하는 과정에서 NAC도전운동의 선포 필요성을 느끼게 되어 이를 실행했다고 한다. 따라서 대우자동차의 일본식 생산방식 도입은 이른바 린(lean) 생산방식을 도입하기 위한 체계적 접근이라기보다는 위기의식으로부터 나온 회사 살리기 차원의 성격이 강하며 생산체제의 개혁보다는 구성원의 의식개혁, 노사관계에서의 회사 측 통제력 회복 등에 초첨을 두고 있는 것이 특징이다.

2) 일본식 생산방식의 도입실태

(1) NAC도전운동의 개요

회사 측 자료에 의하면 NAC도전운동이란 "총체적인 고객만족을 위한 대우자동차 초유의 전사적·체계적·실천적 품질경영활동으로서 대우자동차 고유의 고효율 생산방식(NAC생산방식) 확립을 목표로 하고 있다"(대우자동차, 1994: 21)고 한다.

NAC도전운동의 체계는 크게 세 단계로 구성되는데 가장 아래단계는 구성원 개인의 의식변화, 행동변화를 목표로 하는 체질개혁활동으로서 여기에는 한울타리운동(각종 교육, 연수 프로그램과 정리, 정돈, 시간 지키기, 안전, 낭비 제

---

14) 회사 측에 의하면 NAC는 원래 New Automotive-manufacturing Concept의 약자였으나 단지 제조뿐만 아니라 판매, 서비스 등 전 부문을 포괄한다는 의미에서 현재의 약어로 바꾸었다고 한다.

거, 직장예절 지키기 등), 한마음생산회의(현장에서의 직·공장과 일반노동자 간의 원활한 의사소통을 위한 회의체 활동), M2혁신운동(사무직 사원의 의식개혁, 관리개혁운동) 등으로 구성되어 있다.

그다음 단계는 이를 바탕으로 분야별 문제점을 해결하기 위한 3대 중점활동으로서 QM 활동(품질향상을 위한 개선활동), IE 활동(자주개선, 팀개선, 자주보전, 표준작업체계 등), VE 활동(설계, 구매, 품질, 생산 등 각 부문 담당자들로 구성된 비공식 팀활동을 통해 원가절감) 등이 여기에 포함된다.

세 번째 단계는 린 생산방식의 도입을 통한 4대 시스템 혁신운동으로서 여기에는 품질보증시스템(ISO9001 인증 획득), 제품개발시스템, 생산관리시스템(간판방식, 평준화 생산, 표준작업, 후보충 생산방식, 안돈체제 등), 협력업체 육성 등이 포함된다.

이리하여 최종적으로 고객을 만족시키는 CS 활동(제품, 서비스, 판매)을 통해 '고객이 사랑하는 자랑스러운 회사'를 만든다는 것이 NAC도전운동의 목표라고 회사 측은 설명하고 있다.

대우자동차는 이러한 NAC도전운동을 1단계(1992~1994년)의 체질개선, 2단계(1994~1998년)의 기술혁신, 그리고 3단계(1996~2000년)의 세계경영단계로 나누어 추진할 계획이다.

여기서 NAC도전운동의 초점이 구체적인 경영관리상의 실천보다는 조직원, 특히 현장노동자들의 의식변화에 놓여 있다는 점을 확인할 수 있다.

회사 측은 공식적으로는 NAC도전운동과 일본식 생산방식과의 관련을 부인하고 있다. 그러나 여러 가지 면에서 NAC도전운동이 일본의 영향을 많이 받고 있음은 부인하기 어렵다. 우선 NAC도전운동의 개념정립단계부터 회사 관계자들은 일본 자동차 회사들을 벤치마킹 대상으로 생각하고 공부를 해왔다고 밝히고 있다. 실제로 회사의 간부나 중간관리층은 책이나 직접견학 등을 통해 일본식 생산방식의 개념에 대해 익숙하게 파악하고 있다.

뿐만 아니라 보다 직접적으로 일본인 고문이 파견되어 대우자동차의 일본식 생산방식 도입을 지도하고 있다. 토요타자동차 회사의 은퇴자인 일본인 고문 2명은 초기에 노동자들의 반발이 심해 공장 내 쓰레기를 주우면서 솔선수범했다고 하는데 현재는 대우자동차에 구성되어 있는 수많은 현장개선활동팀들의 지도고문으로서 현장개선활동을 지도하고 있다.

또 대우자동차 현장관리직과 일반노동자들의 일본 연수도 적극적으로 행해지고 있다. 직장 이상의 현장관리자들은 1992년부터 토요타자동차 계열회사인 기후차체공업(岐阜車體工業)에 파견되어 종합생산성관리시스템(TPS) 교육을 받고 있는데 2주 과정인 이 교육에는 지금까지 총 100여 명의 인원이 파견된 바 있다. 岐阜車體工業 측에서도 수시로 사람을 파견해 대우자동차의 생산성 향상관계를 자문해 주고 있다.

또 일반노동자들에 대해서는 1992년부터 대규모의 일본 현지연수를 계속하고 있다. 현장근로자들은 대우자동차의 기술도입선인 일본 스즈끼 및 이스즈자동차에 파견되어 3개월간 OJT를 받고 있다. 이 일본 현지연수의 목적은 일본식 생산기술의 노하우를 익히는 한편 현장노동자들이 일본의 근로정신(workmanship)을 체득하도록 하는 데 있다고 회사 측은 밝히고 있다. 1회 200여 명씩으로 1994년 8월까지 총 2천여 명이 파견된 바 있는데 회사 측은 현장근로자 전원을 보낼 계획이다. 이 일본 OJT에 대해 초기에는 노동조합 및 노동자들의 반발이 심했다. 결국 장기간의 협상 끝에 1993년 6월부터는 종전의 강제파견제에서 지원제로 바뀌었다. 일본 OJT의 성과에 대해 회사 측은 엄청난 비용이 들기는 하지만 노동자들에게 근로정신을 체득시킬 수 있다는 점에서 좋은 효과를 얻고 있다고 판단하고 있다. 이에 비해 노동자들은 일본 OJT가 새로운 기술을 습득시키는 효과는 없이 단순히 3개월간 일본 자동차 업체에 저임금으로 노무를 제공하는 데 불과하다고 주장하고 있다.[15] 실제로 일본 OJT

---

15) 일본 연수생들은 규정노동시간 외에도 1일 1.5시간의 잔업을 하는 등 장시간 노동을 하고 있으며 대우자동차로부터 받는 통상적 임금 외에 일본 연수회사로부터 월 11만 5천 엔의 연수

〈표 2-2-3〉 일본 OJT 연수에 대한 의견

(단위: %)

	부정적	중립	긍정적
많은 기능을 익힐 수 있다	80.6	16.7	2.8
노동자 작업태도를 본받을 만하다	27.0	35.1	37.8
불평등한 대우	13.9	19.4	66.7
적은 임금	5.6	8.3	86.1
높은 노동강도	5.4	10.8	83.8
산업재해 우려	17.2	20.0	62.8

자료: 박영준(1994).

를 다녀온 노동자들은 일본 자동차 공장의 높은 노동밀도에 놀라면서 일본 연수를 '근로정신대'라고 표현하고 있다. 따라서 노동자들의 일본 연수에 대한 생각은 매우 부정적인데 〈표 2-2-3〉에서 보는 바와 같이 일본 OJT를 다녀온 연수생들에 대한 조사에서 일본 OJT에 대해 '많은 기능을 익힐 수 있어 좋다'거나 '일본 노동자들의 작업태도는 본받을 만하다'는 문항에 대해서는 압도적인 다수가 부정적 의견을 표시하고 있는 반면, '대우가 불평등하다', '노동시간에 비해 임금이 적다', '노동강도가 너무 강하다', '산업재해의 우려가 있다' 등의 문항에 대해서는 압도적인 수가 동의하고 있다.

또 대우자동차 노동조합의 조사에서도 '귀하께서는 회사에서 실시하는 일본 연수교육을 전적으로 본인의 결정에 맡긴다면 어떻게 하시겠습니까?'라는 질문에 대해 '거부하겠다'는 응답이 62.2%로서 압도적으로 많았는데 1992년의 조사(52.1%)에 비해 1993년의 조사에서는 그 비율이 더욱 높아진 것이 눈에 띈다(대우자동차 노동조합, 1992, 1994).

아래에서는 NAC도전운동의 핵심이라고 할 수 있는 NAC생산체제를 중심으로 일본식 생산방식의 도입실태를 살펴보기로 한다.

비를 받고 있다.

(2) 생산체제적 측면

① 포드주의적 생산설비와 노동배제적 자동화

대우자동차 부평공장의 생산설비는 전형적인 포디즘적 체계가 특징이다. 대우자동차는 1984년 르망 공장을 건설하기 시작할 때부터 GM의 서독 자회사인 오펠(OPEL)과 제품, 제조기술 자문계약을 맺고 르망 생산에 수반되는 제품, 제조기술을 제공받았다. 공장의 기본개념, 레이아웃, 설비의 선정, 기계설치 등 공장건설의 모든 면에서 오펠의 지도를 받았으므로 대우자동차 부평공장은 전형적인 포디즘적 공장체계로 건설되었다.

공장은 규모의 경제를 살릴 수 있도록 처음부터 대규모로 건설되었고 컨베이어 벨트, 중후장대한 생산설비, 전용기계의 광범한 활용에 의해 소수의 표준화된 모델을 대량생산하는 체제이다. 이러한 포디즘적 공장설비는 현재도 기본적으로는 변화가 없다. 다만 최근 들어 급속한 설비자동화가 이루어지고 있는 것이 큰 변화이다.

1990년대 들어 국내 자동차 산업에서는 공장자동화가 국제경쟁력의 필수조건임을 절감하고 생산성 및 품질을 향상시키기 위해 공장자동화를 본격적으로 추진하고 있다. 이에 따라 CNC, FTL, 로봇 등이 작업장에 급속하게 보급되는 등 설비자동화와 유연생산체제로의 전환이 시도되고 있다. 정명호(1992)에 의하면 업종별 공정자동화율에서 운수장비는 공정자동화율(자동화 공정수/전체 공정수)이 평균 40.4%로서 대표적 장치산업인 철강업을 제외하고는 가장 높은 자동화율을 보이고 있다. 또 산업은행의 조사에 의하면 제품별·공정별 자동화율은 승용차의 경우 조립공정을 제외하면 60~70%에 달하고 있다(산업은행, 1992).

대우자동차의 경우에도 공장자동화를 적극적으로 추진하고 있다. 1989~1993년까지 총 622건의 자동화가 추진되었으며 현재 '공장자동화 중장기 추진전략'을 입안 중인데 여기에는 공장자동화 추진을 위한 기술개발 방향과 이것의 실현을 위한 세부항목 마련 등이 포함되어 있다.

대우자동차는 공장자동화와는 별도로 관리지원업무의 효율화와 총 리드타임(lead time)의 단축을 위해 컴퓨터 통합 생산시스템(CIM)을 구축한다는 계획을 갖고 있는데 이에 의하면 군산, 창원, 부평 및 해외 공장, 연구소 등과 판매 및 A/S부문까지 포괄하는 통합적 체계를 구축해 다품종 소량생산을 지향하는 유연생산체제를 구축한다는 것이다.

그러나 이러한 급속한 자동화의 추진에도 불구하고 여기에는 몇 가지 문제점이 있다. 첫째, 대우자동차의 자동화 수준 자체가 외국의 자동차 회사는 물론, 현대나 기아 등 국내 타 자동차 업체에 비해서도 매우 낙후되어 있다는 점이다. 현재 진행되고 있는 자동화의 대부분은 작업을 보다 편리하게 하기 위한 간이자동화 수준이며 라인자동화나 단위공장 자동화 등 생산설비의 본격적 자동화는 이루어지지 않고 있다. CIM체제의 구축이라는 목표도 구체적 추진일정표, 설비도입계획, 자금조달계획 등에 대한 언급이 없어 구상단계에 불과한 것으로 보인다.

둘째, 현재 이루어지고 있는 자동화의 대부분이 이른바 유연생산체제로의 전환을 나타낸다기보다는 기존의 포디즘적 생산라인을 그대로 유지하면서 각 노동투입지점에 자동화 기기를 도입함으로써 이를 보강하는 형태(예컨대 차체 용접에 로봇을 사용거나 금형제작에 CNC를 도입하는 등)가 대부분이며 그러한 점에서 포드주의적 생산형태에 근본적 변화가 있는 것은 아니라는 점이다.

셋째, 자동화의 방향 자체가 노동배제적이라는 점이다. 일본의 경우 자동화라고 하더라도 인간과 기계 간의 최적결합을 목표로 하고 있는 데 비해 한국의 경우 인건비 절감 및 노사분규의 회피라는 차원에서 인력절약을 자동화의 주된 목표로 내세우고 있다(정명호, 1992: 149). 즉, 대립적 노사관계 속에서 노사분규에 의한 작업중단 등의 위험을 회피하고 가능한 한 노동에 대한 의존도를 줄이기 위한 '노동대체적 합리화' 전략의 차원에서 자동화가 추진되고 있다는 것이다.[16] 또, 자동화 기계의 도입이 노동자의 작업내용이나 작업강도, 작업속도 등에 커다란 영향을 미치고 있음에도 불구하고 이에 대한 노동조합이나 노동자 자신의 의사반영은 철저하게 무시된 채 회사의 일방적 결정에 의해 이루어짐으로써 '노동배제적' 방향으로 자동화가 이루어지고 있는 실정이다. 단체협약상에도 여기에 대해서는 아무런 규정이 없으며 조합 측도 이에 대해서는 상대적으로 무관심한 형편이다.

② JIT체제의 도입

JIT는 일본식 생산방식의 핵심으로서 수요변동에 대응한 유연한 생산체제의 구축과 낭비 없는 생산을 위한 것이다. 대우자동차에서는 종전에는 컴퓨터에 의해 하청기업에 부품을 발주하는 전산발주방식을 사용했으나 1992년부터 JIT시스템을 도입했다. 대우자동차에서는 이러한 후보충 생산방식(Pull 방식)을 NAC카드방식이라고 부르고 있다. 이 방식은 기준재고를 정해 놓고 NAC카드를 이용, 후공정에서 사용한 만큼의 부품을 전공정에서 생산하는 방식이다.

NAC카드는 구매카드(대우자동차와 납품업체를 연결), 신호카드(서브라인과 메인라인을 연결), 보급카드(창고와 조립라인을 연결) 세 종류가 있다. 원래 토요타 생산방식에서는 창고와 조립라인을 연결하는 카드가 없이 두 종류의 카드만 있는 데 비해 대우자동차의 경우에는 아직 JIT체제가 정착되어 있지 않아 직납이 어렵기 때문에 일단 창고에 부품을 저장하고 있으므로 보급카드가 필요한 것이다.

대우자동차는 JIT체제의 원활한 운영을 위해 라인사이드에 슬라이딩 데크(sliding deck)를 설치해 부품이 자동적으로 보급되도록 하는 한편, 부품업체에 대해서는 소량·다회 납입체제를 구축해 시간별 납입, 순회운송제, 용기의 소형화·경량화 등을 추진하고 있다.

회사 측은 이러한 JIT체제의 구축으로 스페이스 절감, 재고비용 감소, 자재

---

16) 이것은 다른 자동차 공장의 사례연구에서도 밝혀지고 있다(김훈 외, 1994: 90).

〈표 2-2-4〉 JIT도입의 성과

연도	스페이스 절감(m^2)	재고비용 감소(억 원)	자재 관련 라인정지율(%)	재고회전 향상률(%)
1991	4,460	56.2	100	100
1992	4,856	103.0	85	105
1993	1,023	103.0	36	163
1993년 현황	36,700	627.0	3.8%(21,272분)	회전수 28.0

자료: 대우자동차 내부자료.

관련 라인정지율 감소, 재고회전 향상 등 많은 성과를 얻고 있다고 자평하는데 그 구체적 내용은 〈표 2-2-4〉와 같다.

그러나 회사 측에서도 스스로 시인하다시피 대우자동차의 JIT 도입이 순조롭게 이루어지고 있는 것은 아니다. 아직도 현장에는 평균 2일분의 재고가 쌓여 있어 일본의 2시간분에 비해 훨씬 과다할 뿐만 아니라 창고에도 많은 재고가 쌓여 있는 형편이다. 이에 따라 재고회전수는 일본의 절반에 불과한 실정이다. 자재관련 라인정지율도 높은 상태이다. 회사 스스로 현재의 상태를 "문제를 찾아내어 개선하기보다는 재고의 산으로 문제를 감추고 있다"(대우자동차, 1993)고 진단할 만큼 문제가 심각한 형편이다.

그 이유는 조순경·이용숙(1989)이 지적하고 있듯이, 한국에서 자본축적의 사회구조가 아직까지 JIT의 실현을 위해 전제되어야 할 조건들을 충족시키지 못하고 있기 때문이다. 그러한 전제조건으로서 이들은 첫째, 상호협력적 노사관계, 둘째, 모기업과 하청업체 간의 긴밀한 협력관계 두 가지를 들고 있다.

앞에서도 지적했듯이 자동차 업계의 노사관계는 완성차 업체, 부품업체 할 것 없이 대립적 노사관계를 그 특징으로 하고 있다. 이러한 대립적 노사관계에서 노사분규가 빈발함에 따라 부품의 적기공급이 곤란해지고 이는 전체 생산라인의 가동을 불가능하게 만드는 결과를 가져온다. 실제로 〈표 2-2-2〉에서 보았던 것처럼 대우자동차의 경우 1987~1990년에 노사분규로 인한 총 조업중단일수 178일 중 72일(40.4%)이 부품업체의 노사분규로 인한 것이었다. 이러한 상황에서 완성차 업체는 노사분규로 인한 조업중단을 피하기 위해 필요 이상의 재고를 보유하는 경향이 있는 것이다.

모기업과 부품업체의 협력문제도 심각한 장애로 되고 있다. 대우자동차에 납품하고 있는 총 250개의 부품업체 중 JIT체제가 도입된 업체는 1993년 27개(금액기준 44%), 1994년 67개(금액기준 70%)에 불과하다. 회사 측은 부품업체 전체에 JIT체제가 완전히 보급되기 위해서는 앞으로도 2~3년이 더 필요할 것으로 보고 있다. 일본의 경우 모기업-하청기업의 관계가 장기적이고 안정적이며 상호 긴밀한 협력관계인 데 비해 한국에서는 이 관계가 매우 불안정하고 단기적이며 지배-종속적이다. 하청기업은 대체로 그 규모가 영세하고 기술수준이 낮아 불량률이 높으며 납기의 지연이 빈번하다. 영세한 하청기업들은 과당경쟁 상태에 있으며, 이를 이용해 모기업은 납품단가의 인하, 지불조건의 악화 등 각종 불공정행위를 지속하고 있다. 이 모든 것들이 JIT체제의 도입을 저해하고 있는 요인인 것이다.

이와 같이 JIT체제의 도입을 위한 전제조건이 충족되지 못한 상태에서 섣불리 JIT체제를 도입할 경우 오히려 부정적 효과를 가져올 우려가 있다.

(3) 노동력 활용의 측면

① 작업조직

화이트칼라를 제외한 현장의 작업조직체계는 공장(工長)-직장(職長)-조장(組長)-현장노동자 순서이다. 예컨대 승용차 1공장 조립1부의 경우 이사와 부장 아래 과장 4명, 대리 8명 명 화이트칼라가 있으며, 블루칼라는 A, B 2개 조로 나눠 주야2교대제로 작업하고 있는데 각 조는 공장 4명, 직장 25명, 조장 50명(직장 1인당 2명씩), 직접노동자 510명(조장 1인당 10명씩)으로 구성된다. 여기서 가장 중요한 중간관리자는 직장이다. 직장은 생산관리, 인원관리(근태) 등 일상적 업무 외에도 소속인원의 고과평가, 고충해결, 개선업무 등을 맡고 있다. 조장은 직접 작업을 하면서 직장을 보좌하는 역할을 맡고 있다. 조장까지는 일당제이며 직장 이상부터 월급제이다. 원래 1987년 이전에는 조장제도가 없고 직장이 직접 25~30명의 노동자를 관리했으나 87년 노동자대투쟁 이후 현장관리체제를 강화하기 위한 수단으로서 조장제도가 도입되어 관리체제가 세분화되었다.

일반노동자로 3년 이상 근무하면 조장으로의 승진자격이 주어진다. 그러나 실제로는 조·직장에 대해 T/O제를 실시하고 있기 때문에 조·직장이 그만두어야 자리가 생기므로 일반노동자가 조·직장으로 승진하는 것은 매우 어려운 실정이다. 따라서 이에 대한 일반노동자들의 불만이 매우 높다. 회사 측에서는 일본처럼 직능자격제를 실시하는 방안을 연구 중이나 여러 가지 어려움으로 아직까지 직제개편에는 손을 대지 못하고 있다.

화이트칼라와 블루칼라 간의 단절도 심하다. 블루칼라와 화이트칼라는 서로 상이한 호봉승급체계를 가지고 있다. 매우 예외적인 경우를 제외하고는 블루칼라가 화이트칼라 직종으로 옮겨 갈 수 없다. 화이트칼라는 대부분 관리직 등 상위직종을 차지하고 있는 반면(심지어 블루칼라라 할 수 있는 직무조차 상위직은 화이트칼라로 채워져 있음) 블루칼라는 하위직을 차지하고 있으므로 이에 대한 블루칼라 쪽의 불만도 높다. 따라서 노조 측에서는 양 직종을 통합한 단일호봉제의 실시와 상호교류제의 실시를 주장하고 있지만 이것 역시 회사 측에서는 아무런 대책을 내놓지 않고 있는 상태이다.

② 기능적 유연성

일본식 생산방식의 주요한 특징 중 하나는 이른바 기능적 유연성 추구이다. 다능공의 의식적 육성, 체계적인 직무순환 등을 통해 기능적 유연성을 확보함으로써 수요변화에 대응해 특정 직종의 과부족이 생기더라도 신속히 다른 라인, 다른 직장으로부터 노동자를 이동시킴으로써 인원을 증대시키지 않고도 이에 대처할 수 있으며, 수요감축 시 노동자를 감축하는 경우에도 생산에 차질이 없다는 것이 일본식 생산방식이 가진 유연성이다.

대우자동차에서도 이러한 기능적 유연성의 확보에 노력하고 있다. 1987년 이전까지는 현장노동자들은 일단 한 종류의 작업에 배치되면 평생 그 작업만 하는 단능공이었다. 1987년부터 부분적으로 직무순환이 이루어지기 시작했고 특히 1992년 이후 본격적으로 직무순환이 시도되고 있다. 이는 한 직장 내에서 여러 공정을 주·월 단위로 번갈아 가면서 작업함으로써 여러 가지 기능을 익히도록 하는 제도이다.

그러나 현재 실시되고 있는 대우자동차의 직무순환 및 다기능화는 여러 가지 점에서 많은 한계를 가지고 있다. 우선 다기능화의 정도가 매우 낮다. 대부분의 노동자들은 아직도 단능적 기능을 가지고 있는 데 불과하며 그것도 숙련기술이라고 볼 수 없는 단순기능이 대부분이다. 대우자동차 생산직 노동자의 기능획득기간은 대부분 일주일~1개월 이내면 충분하며, 작업에 완전히 숙달되는 기간도 6개월 이내면 충분한 것으로 나타나고 있다(김완표, 1992; 박영준, 1994). 실제로 인터뷰 과정에서 대부분의 노동자들은 자신이 하고 있는 일을 초보자가 배우는 데는 일주일 정도면 충분하다고 대답했다.

또 직무순환이 실시되고 있기는 하지만 이는 회사의 방침에 의해 체계적으로 행해지고 있기보다는 주로 작업부담의 경중에 대한 균형을 맞추기 위해 현장관리자의 판단이나 작업자들의 자율적 결정에 의해 이루어지고 있으며 순환범위도 한 직장 내에 머물고 있다(〈표 2-2-5〉 참조). 실제로 회사 측은 다기능화의 효율성에 대해 의문을 표시하면서 이에 매우 소극적인 태도를 보이고 있는데 그 이유는 기본적으로 대량생산방식에 기초한 생산체제에서는 직무의 세분화와 단능적 숙련이 보다 효율적이며, 또 아직 단능적 기능마저도 충분히 높은 수준으로 익히지 못하고 있는 상황에서 다기능화를 추진하는 것은 품질상의 문제를 야기시킬 수 있기 때문이다. 따라서 현재 실시되고 있는 직무순환은 주로 작업자들 간의 작업부담 불균형을 해소함으로써 불만을 제거하기 위한 것에 불과하다.

〈표 2-2-5〉 직무순환의 현황

	김완표(1993)	박영준(1994)
직무순환 경험여부		
있다	80.5	88.8
없다	19.5	11.3
직무순환 방식		
정기적	70.2	57.3
부정기적	29.8	42.7
직무순환 결정자		
회사방침	14.1	21.3
조·반장	28.3	50.7
작업자 자율	57.6	28.0

자료: 김완표(1993); 박영준(1994).

다기능화를 위해서는 이에 필요한 교육, 훈련이 필연적으로 수반되어야 한다. 대우자동차에서는 현재 NAC추진운동과 관련해 다양한 교육, 훈련 프로그램을 진행하고 있다. 회사 측에 의하면 1993년 1년간 종업원 1인당 교육시간은 133.6시간으로 1991년의 17.8시간에 비해 7.5배나 늘어났으며, 1인당 교육비는 20만 원으로부터 139만 원으로 7배, 총판매액 대비 교육비 비율은 0.21%로부터 0.88%로 4배 량 늘어났다고 한다.

그러나 이러한 훈련의 대부분은 의식개혁에 초점을 맞추고 있으며 생산직 노동자에 대한 직무훈련은 거의 없는 형편이다. 신입사원에 대한 훈련은 각사별로 이루어지는 것이 아니라 대우그룹 전체 차원에서 그룹훈련원에서 이루어지는데 이때 판금, 용접, 도장, 정비 등 주특기별로 훈련을 받고 배치되지만 그룹 내 각사의 인력소요에 따라 자기 주특기와 상관없는 일에 배치되기도 한다. 대우자동차 종업원 전원은 1년에 한 차례씩 5박 6일간 합숙훈련으로 NAC교육을 받고 있는데 그 내용은 주로 회사현황 설명, 기업의 입장 설명, 정신교육 등으로 직무내용과는 상관없는 것들이다. 회사는 1994년부터 2~3년 경력자를 대상으로 직무교육을 실시하고 있는데 이는 단능적 숙련교육이며 다기능화 교육은 별도로 실시되지 않고 있다. 따라서 직무순환 시 필요한 교육훈련은 대부분 선임자로부터 받는다(60.2%)거나 또는 특별한 교육훈련이 필요치 않다

(34.4%)고 대답하고 있으며 회사 내의 공식적인 훈련과정을 거쳤다는 응답은 5.4%에 머물고 있다(김완표, 1993).

기능적 유연성의 또 다른 지표인 설비의 자주보전 및 결함차의 자주수리 측면에서도 사정은 마찬가지이다. 일본식 생산방식의 중요한 측면 중 하나는 현장노동자가 직접 생산뿐만 아니라 불량품의 결함수리, 기계보전까지 담당하는 데 있다. 그러나 대우자동차에서는 이러한 제 기능이 분리, 전문화되어 있는 종래의 생산체제를 그대로 유지하고 있다.

제품에 결함이 생길 경우 NAC도전운동 이전에는 불량차를 그대로 라인에서 흘러 보낸 뒤 따로 수리라인에서 수리하는 방법을 썼으나 NAC도전운동이 시작된 뒤에는 2~3개 직장당 1명씩 수리전문요원(keeper라고 부름)을 두어서 결함이 생길 경우 수리하는 방법을 사용하고 있다. 회사 측에서는 라인을 멈추고서라도 작업자 스스로 결함을 수리하도록 지시하고 있으나 라인이 자주 멈출 경우 직장이 이를 책임져야 하기 때문에 실제로 라인스톱은 거의 없는 실정이다. keeper 외에도 라인 마지막에 각 공정별 수리라인이 따로 있어 라인에서 처리하지 못한 결함을 수리하고 있다. 실제로 최근 한국을 방문한 바 있는 IMVP 관계자들도 조사대상 국가들 중 한국 자동차 기업들의 결함수리부서 면적이 가장 넓은 것으로 평가했는데 이는 라인작업자 스스로 품질문제를 해결하지 못하고 있다는 것을 단적으로 보여 준다.

기계설비의 보전 역시 각 부당 1개 직장(20명 정도)씩 보전요원이 따로 있어 이들이 설비보전을 전담하고 있다. 아무리 사소한 고장이라도 현장작업자는 손을 대지 않고 보전담당에게 연락해 고치도록 하고 있다. 회사에서는 1993년부터 설비관리활동의 체계적인 추진을 위해 TPM(Total Productive Maintenance, 전원이 참가해 수명이 끝날 때까지 설비의 생산성을 높게 보전하는 것을 의미함) 추진부를 만들어 자주보전, 계획보전, 개별개선, 설비초기관리, 교육훈련 등의 활동을 시작했으며 특히 현장감독자들을 위한 사내보전학교를 세워 설비보전 교육을 하고 있으나 그 성과는 아직 미미해 자주보전이라고 하더라도 대부분은 장비의 청결유지 정도의 수준에 불과한 실정이다.

③ 양적 유연성

이상에서 살펴보았듯이 다능공화, 직무순환, 불량수리, 자주보전 등 기능적 유연성과 관련된 것들은 추진이 부진한 상태이며 회사 측에서도 그다지 적극적인 자세가 아니다. 그 대신 회사 측은 유연성 확보를 위한 위한 주된 수단으로서 양적 유연성에 의존하고 있다.

앞에서 살펴보았듯이 자동화의 추진, 표준작업의 실시 등에 의해 소인화(少人化)가 급속도로 진행되고 있다. 대우자동차의 종업원수는 1991년 1만 7415명으로부터 1993년에는 1만 3697명(77%)으로 줄어들었는데 그중 일부(약 1천명)는 대우자동차 판매사의 조직분리에 따른 전출인원이지만 나머지는 순수한 인원감축으로 인한 것이다. 대우자동차는 수년간 신규채용을 동결하고 퇴직인원을 보충하지 않는 방법으로 인원을 감축해 왔다.[17] 노동강도와 노동밀도의 증대에 따른 근로조건의 악화로 최근 많은 노동자가 자진사직하고 있는데 회사 측은 인원보충 없이 나머지 인원의 노동강도 강화를 통해 이를 메꾸는 한편 용역노동자의 사용을 급속도로 증가시키고 있다.

용역노동자수는 1990년 192명으로부터 1991년 273명, 1992년 460명, 1993년 643명으로 꾸준히 증가하고 있는데 앞으로도 대우자동차의 용역노동자수는 계속 증가할 것으로 예상된다. 이들 용역노동자는 완성차 및 장비, 창고 등의 청소, 운반, 자재보급 등 간접부문은 물론이고 일부 서브라인(cockpit, door, trim, chassis emd)에까지 도입되고 있다. 이들의 임금수준은 똑같은 공정에서 일하는 본공들의 약 50%에 불과한 실정이기 때문에 본공들은 이러한 용역노동자의 도입으로 인해 고용불안과 임금인상 억제 등의 위협을 받고 있다. 따라

---

17) 대우자동차는 수년 만에 처음으로 1993년 800명을 채용했는데 이는 경기확대에 힘입은 판매호조로 필요한 최소한의 인원을 보충한 것이다.

서 노동조합은 이들 용역노동자의 도입에 대해 회사 측에 강력하게 항의를 제기하고 있다. 대우자동차 노사 간에 체결한 현행 단체협약에는 "회사는 생산물품 일부를 외주처리할 때는 사전에 조합과 합의해야 한다"(제52조)고 규정, 용역노동자에 대해서는 아무런 언급이 없기 때문에 회사 측은 일방적으로 용역노동자를 도입했다. 조합 측은 1994년도 단체교섭에서 이 조항을 용역노동자를 도입할 경우에도 조합과 합의하도록 개정 요구하고 있다(대우자동차 노동조합, 1994a).

대우자동차 노동자들에 대한 실태조사에서도 응답자의 대부분(김완표 84.5%, 박영준 73.7%)은 최근 자신이 담당하고 있는 업무에 용역노동자의 투입이 증가되고 있다고 대답하며, 이에 따라 인력이 절감되고, 기존 담당자의 부서이동이 있는 등 고용불안을 가져오고 있다고 대답했다. 이에 따라 노동자의 대다수(박영준 93.7%)는 용역노동자의 도입에 반대하고 있다.

(4) 노동력 통제의 측면

① 표준작업체제와 소인화

일본식 생산방식의 주요한 목표 중 하나는 필요 최소한도의 작업자들에 의한 생산을 지향하는 것이며 이를 소인화라고 부른다. 인력의 최소화를 위해서는 '표준작업'을 정해 불필요한 동작 없이 효율적인 일을 하도록 함으로써 노동밀도를 높이고 생산성 향상을 꾀한다. 즉, 제품 한 단위를 생산하는 데 필요한 각종 작업순서, 사이클타임, 재고량 등을 결정하고 이에 근거해 표준작업표를 작성하는데 이 과정에서 스톱워치에 의한 부품완성시간의 측정, 부품별 능력표, 표준작업조합표 등이 이용된다.

대우자동차에서도 '사람, 물건, 설비를 가장 유효하게 조합시켜 품질, 원가, 안전, 작업성 등을 향상시킨다'는 목표 아래 시간연구, 동작연구 등을 실시하고 이를 토대로 표준작업표를 작성해 정위치, 정시간, 정작업이 이루어지도록 하는 표준작업을 지향하고 있다.

뿐만 아니라 개선활동을 통해 표준작업표를 끊임없이 개정하는 운동도 펼치고 있는데 대우자동차에서는 이 같은 활동을 '한마음개선활동'이라고 부른다. 대우자동차에서는 1991년부터 막대그래프를 이용한 간이표준작업편성표를 만들어 활용하다가 작업의 표준화, 시간관측, 작업편성 등을 거쳐 1993년 3월부터 작업의 세부항목과 시간, 세부동작 등이 규정되어 있는 표준작업편성표를 만들어 이를 지키도록 하고 있다. 이 표에는 상세한 작업내용과 초단위로 세분된 작업시간, 작업자의 세부동작 등이 규정되어 있다. 이 외에도 표준작업지도서, 작업요령서 등이 현장에 게시되어 있다.[18)]

회사 측에서는 표준작업제를 활성화하기 위해 표준작업인증제를 실시하고 있는데 이는 직장별·단계별로 설정된 체크리스트에 의해 주기적으로 표준작업 추진활동을 평가하고 전체 평균 85점 이상이 되는 직장에는 인증서를 부여함으로써 다음 단계에 도전토록 하는 제도이다. 인증구분은 초급, 중급, 고급 3단계로 나눠져 있는데 현재는 대부분 초급단계에 머물러 있다.

실제로 현장노동자들의 증언에 의하면 표준작업편성표의 세부항목이 그대로 지켜지지 않고 있으며 작업요령표도 형식적인 데 불과하고 아무도 신경을 쓰지 않는다고 한다. 다만 감독자들이 총 택타임(tact time)에 대해서는 신경을 많이 쓰고 있다고 한다. 그러다 보니 표준작업제가 작업의 표준화보다는 택타임을 줄이는 데 주된 목표를 가진 것처럼 되어 버렸고 결국 이를 통해 소인화를 달성하는 데 회사 측의 주된 목표가 있는 것으로 보인다. 실제로 회사 내에서 실시되는 표준작업 사례연구에는 표준작업의 실시에 의해 얼마만큼의 인원이 절감되었는지가 주요 성과로 표시되어 있다. 그러나 이런 소인화의 달성은 노동밀도를 높임으로써 노동자들의 피로와 스트레스를 증대시킴은 물론이다.

---

18) 예컨대 에스페로에 미션오일을 주입하는 작업의 경우 표준작업 실시 전에 107초 걸리던 것이 표준작업 실시 후에 76초로 단축되었다.

대우자동차에서는 표준작업의 저해요인을 조기발견해 신속하게 처리함으로써 표준작업체제를 정착시킨다는 목적으로 표준작업이상관리체제(안돈체체)를 도입했다. 이는 공정상에 이상이 발생할 경우 작업자가 스위치를 당겨 라인을 정지시키고 이것이 공정관리정보판에 표시됨으로써 직장이나 보전반이 즉시 이상을 제거하도록 하는 체제이다. 이러한 안돈체제는 관리자가 공장의 가동상황을 항상 체크할 수 있도록 함으로써 효율적인 라인운영이 가능하도록 하는 체제이다.

그러나 안돈체제의 순조로운 운영여부는 노사관계의 성격에 달려 있다. 회사 측은 이미 1987년경에도 라인스톱제의 도입을 시도한 바 있다. 그러나 노사 간 대립이 있을 경우 노동조합 측에서는 요구를 관철하기 위한 압력수단으로서 현장작업자들에게 라인스톱줄을 잡아당기도록 지시해 생산이 중단되는 경우가 빈번했다. 즉, 당시는 라인스톱이 노동조합의 유력한 무기였던 것이다. 이에 대해 회사 측은 징계를 할 수 없는 분위기였다. 그러나 최근 들어 사정이 많이 달라지고 있다. 이제 노동조합이나 노동자 개인이 임의로 라인을 스톱시키는 것은 감히 생각도 할 수 없는 처지가 되어 버렸다. 회사 측은 이러한 분위기를 이용해 최신식 공정관리정보판을 도입해 1994년 10월부터 가동 중이다.

그러나 현장노동자들의 증언에 의하면 불량이 발생하는 경우 회사 측에서는 라인을 정지시키라고 지시하고 있지만 실제로는 책임문제 때문에 직장이 라인정지를 하지 말도록 명령하고 있기 때문에 공정관리정보판 자체가 유명무실화되고 있다고 한다. 불량이 발생하면 해당 작업자가 책임을 져야 하므로 이 경우 다른 작업자의 공간을 침범하면서까지 불량을 제거하고 있는 실정이다.

결국 대우자동차의 표준작업제와 안돈제는 아직 도입단계에 있는 데 불과한 것으로 판단되며 이것이 제대로 정착될 수 있느냐의 여부는 노동자들의 태도 및 노사관계의 성격에 달려 있다고 하겠다.

② 현장통제력의 강화

우리는 앞에서 87년 노동자대투쟁 이후 현장의 노사 간 권력관계가 노동자에게 유리한 방향으로 변화했음을 살펴본 바 있다. 그러나 회사의 경영상태 악화와 노조지도부의 대규모 구속, 해고 등을 겪으면서 현장권력관계는 다시 회사 측에 유리하게 변했는데 NAC도전운동의 주요한 목표 중 하나도 바로 노동자들에 대한 회사 측의 통제력을 강화하는 데 있는 것이다.

그러나 이러한 회사 측의 현장통제력 강화는 그 방법 면에서는 종전의 폭압적 방법과는 달리 보다 세련된 방법으로 변화하고 있다. 가장 중요한 수단은 '한마음생산회의'라고 불리는 현장회의체의 조직이다. 1992년 도입된 한마음생산회의는 현장개선활동의 활성화를 도모하고 현장작업자의 참여를 유도하면서 궁극적으로는 현장에 대한 회사 측의 관리를 강화하기 위한 것이다. 매주 월요일 아침에 50분간 직장 주재하에 전 현장노동자가 회의를 갖고 여러 가지 사항을 토의한다. 주요 회의내용은 일상관리업무[전주(前週)실적, 문제점, 금주 작업계획, 월차휴일, 조퇴, 잔업여부 체크, 개인별 개선과제 지시 등]에 대한 직장의 지시, 중점관리사항(생산성, 품질, 원가, 제안, 안전, 질서 등 직장 내에서 개선이 요구되는 문제점)에 대한 토의, 애로사항 건의 및 답변 등이다. 직장은 회의 결과와 건의사항 등을 문서로 작성해 회사에 보고하며 회사는 이를 평가해 실적이 우수한 직장을 월별로 선정, 포상하고 성과발표대회 등을 갖는다.

한마음생산회의의 주요 내용 중 하나가 제안제도이다. 한마음생산회의에서는 작업방법, 부품, 설비, 공정의 개선, 작업환경 개선 등의 분야에 대해 노동자가 제안활동을 하도록 하고 이를 인사고과에 반영하는 한편 채택된 제안에 대해서는 소액의 상금을 개인 및 직장단위로 지급하고 있다.

한마음생산회의를 통한 제안활동실적을 살펴보면 〈표 2-2-6〉과 같다. 표에서 보는 바와 같이 1992년 이후 제안건수, 채택건수, 실시건수가 모두 급격하게 늘어나고 있으며, 이에 따라 제안에 의한 효과금액 및 포상금액도 크게 늘어나고 있음을 알 수 있다.

〈표 2-2-6〉 한마음생산회의를 통한 제안활동 실적

	1990	1991	1992	1993	1994.5
제안건수	30,919	16,349	56,942	110,817	133,052
1인당 제안건수	1.74	1.11	4.71	9.80	13.50
채택건수	21,643	10,676	42,763	83,477	124,549
실시건수	18,570	7,719	37,460	83,477	124,549
1인당 실시건수	1.05	0.53	3.10	7.80	12.70
효과금액(백만 원)	642	317	1,378	2,025	2,232
포상금액(백만 원)	96	47	189	314	386

자료: 대우자동차 내부자료.

그러나 이러한 양적인 제안건수 및 효과금액의 증가에도 불구하고 여전히 제안제도에 문제가 많다는 것은 회사 측에서도 스스로 인정하고 있다. 즉, 회사 측 자료에 따르면 "제안제도가 1992년 말 수준에서 답보상태에 있는데, 그 이유는 중하위그룹 관리감독자의 노력과 관심 부족, 구성원의 참여유도 미흡, 직장의 리더십 부재, 문제점 및 건의사항에 대한 후속조치 부진 등 때문"이라고 한다(대우자동차, 1993).

실제로 한마음생산회의는 직접생산자가 주체가 되는 회의라고는 볼 수 없다. 회의내용의 대부분은 직장의 지시로 채워지며, 일반노동자들은 1시간 동안 일을 안 해서 좋다는 정도의 소극적인 반응에 머물고 있다. 제안제도도 자발적이라기보다는 인사고과에 반영해 임금에 직접 영향을 미치기 때문에 형식적으로 참여하는 경우가 많고 회사 측의 반응 역시 원가절감, 소인화 등의 제안은 적극 수용하지만 작업자 자신의 참여증대, 자발성과 창의성의 고양 등을 가져올 수 있는 제안에 대해서는 소극적인 자세를 보이고 있다.

또 고충처리제도 역시 조합원들이 현장에서 발생하는 고충을 해당부서 대의원이나 노동조합을 통하지 않고 직·조장을 통해 직접 해결할 수 있도록 만듦으로써 노조를 무력화하고 현장통제력을 강화하는 수단으로 활용되고 있다.

한마음생산회의를 통해 라인별로 목표를 설정하고 책임생산을 하도록 하며 그 실적을 평가하고 문제점을 점검해 각종 포상과 고과 등에 반영하는 제도 역

〈표 2-2-7〉 QC활동 및 제안활동에 대한 참여도

	김완표(1993)		박영준(1994)
	QC활동	제안활동	QC활동+제안활동
매우 적극적	21.1	11.3	1.2
적극적인 편	21.1	26.1	9.9
보통	37.7	31.3	32.1
소극적인 편	8.8	18.3	44.4
매우 소극적	11.4	13.0	12.3

자료: 김완표(1993); 박영준(1994).

시 회사 측의 현장통제력 강화의 수단이다.

이런 까닭에 현장노동자들의 한마음생산회의에 대한 인식은 매우 부정적이다. 〈표 2-2-7〉에서 보는 바와 같이 1992년 김완표의 조사에서는 QC활동에 대한 참여도는 비교적 높았으나 제안활동에 대한 참여도는 상대적으로 저조한 것으로 나타났으며 특히 1994년 박영준의 조사에서는 압도적인 다수가 QC활동 및 제안활동에 대해 소극적인 태도를 나타냈다.

또 1993년 실시한 대우자동차 노동조합의 조사에서 한마음생산회의에 대한 인식을 질문한 결과 응답자의 48.8%가 '유익한 부분도 있으나 전체적인 내용에 대해서는 찬성할 수 없다'는 부정적인 대답을 했고 '노동강도를 높이기 위한 회의'라는 응답이 16.3%, '작업자를 통제하기 위한 회의'라는 응답이 14.1%, '노조를 약화시키기 위한 의도적 교육'이라는 응답이 4.7%를 차지해 부정적 응답이 압도적인 것으로 나타났다(대우자동차 노동조합 조사통계부, 1994).

한마음생산회의 외에도 회사 측은 현장통제를 위해 다양한 방법을 시도하고 있다. 일반적인 인사, 노무를 담당하는 인사부 외에도 노사협력부를 따로 두고 그 아래 공장단위당 노무팀 1명씩을 상주시켰는데 이들의 주 임무는 현장노동자의 움직임과 대의원의 활동 등을 감시, 보고하는 것이다. 이러한 감시자의 현장 상주에 대해 노동조합 측이 강력히 항의한 결과 1994년 9월부터 이들이 현장에서 철수하기는 했으나 노동조합 간부 및 대의원에 대한 동향감시는 계속되고 있다.

또 NAC운동의 일환으로 근무질서 확립운동을 벌이고 있는데 이것도 현장 통제의 한 수단이 되고 있다. 그 내용은 특근참여 독려, 조퇴제한, 기초질서 지키기, 시간 지키기, 근무 중 유동인력(매점, 식당 등) 억제 등이며 상습 위반자에 대해서는 개별면담 및 교육, 인사고과에의 반영 등을 통해 불이익을 주고 있다. 이러한 공장 근무질서 지키기 운동의 결과 출근지각자가 1992년 상반기 1118명으로부터 1993년 하반기에는 544명으로 줄어드는 등 지각, 조퇴, 특근 참여 등 여러 면에서 많은 효과를 보고 있다고 회사 측은 밝히고 있다.

3) 일본식 생산방식의 도입이 노동자에게 미친 영향

(1) 노동밀도와 노동강도의 강화

대우자동차 측은 지난 3년간의 NAC도전운동이 회사의 모습을 이전과는 크게 변화시키는 괄목할 만한 성과를 낳고 있다고 자평하고 있다. 설계에서부터 생산, 판매, 품질, 서비스에 이르기까지의 모든 과정에서 많은 변화가 일어났으며, 생산성 및 품질 향상을 비롯해 24시간 정비서비스 및 정비·부품망 확대, 판매거점의 대대적 증설 등 여러 가지 개선이 이루어졌고 그 결과 1993년부터 대폭적인 판매신장이 이루어지고 있다는 것이다.

그뿐만 아니라 노동자들의 근로의식과 책임감이 크게 향상되었고 노사관계 역시 보다 합리적이고 협력적으로 변했다는 점을 회사 측은 강조하고 있다. 즉, 그동안 노사분규의 대명사처럼 여겨졌던 대우자동차에서 3년 연속 무분규를 기록함으로써 평화적인 노사관계가 정착되고 있는 것이 고객들의 회사에 대한 이미지를 바꾸는 데 상당한 역할을 했다는 평가이다.[19]

그러나 일본식 생산방식의 도입에 대한 회사 측의 이러한 긍정적 평가와는 달리 노동자들은 극도의 불만을 표시하고 있다. 대우자동차 노동자들을 대상

---

19) 이상 김우중 회장 인터뷰 내용(≪대우자동차≫, 1993년 10월호, 6~7쪽).

으로 한 조사에서 전체 응답자의 75.5%가 일본식 생산방식 도입에 반대를 표시해 찬성(18.4%)을 압도하고 있다(박영준, 1984). 노동자들은 일본식 생산방식의 도입에 따라 노동강도와 노동밀도의 강화, 회사 측의 노동통제 강화, 정신적·육체적 피로의 가중, 고용의 불안정성 가중 등 각종 피해를 입고 있는 것으로 인식하고 있으며 이에 따라 회사 측의 일방적인 일본식 생산방식의 도입에 반발하고 있는 것이다.

일본식 생산방식의 특징은 낭비 없는 생산, 여유 없는 생산에 있으며 이는 노동자들에게 노동강도와 노동밀도의 강화, 스트레스의 증가로 나타난다. 대우자동차에도 일본식 생산방식의 도입이 노동자들에게 가져온 일차적 효과는 노동강도와 노동밀도의 강화로 나타났다. 이는 대우자동차에서는 이른바 잡(job)수(시간당 자동차 생산대수) 증가라는 형태로 나타나고 있다.

회사 측은 일본의 자동차 회사는 물론, 국내 경쟁사에 비해서도 생산성이 많이 떨어진다는 이유로 그동안 잡수를 꾸준히 증가시켜 왔다. 〈그림 2-2-1〉에서 보는 바와 같이 1990년만 해도 32잡에 불과하던 것이 1994년 9월에는 60잡으로 4년 동안에 2배 가까이 증가했다. 더욱이 앞에서 본 대로 그동안 인원

〈그림 2-2-1〉 잡수 증가 추이

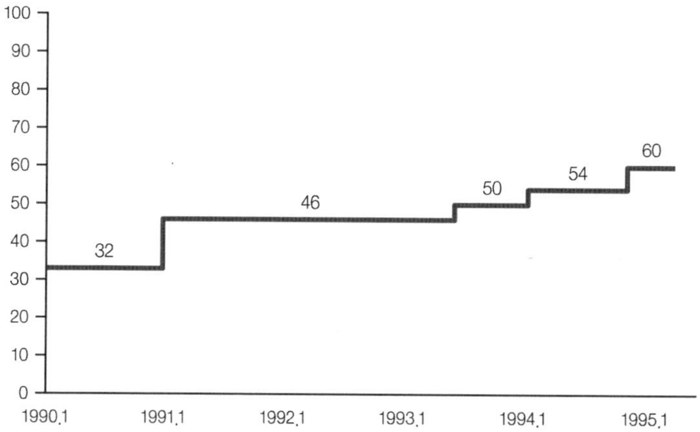

수가 약 23% 정도 감소한 것을 고려하면 노동자 1인당 작업물량은 2.4배가량 증가한 셈이다. 뿐만 아니라 목표잡수 대비 실제 생산량의 비율(부하율) 역시 이 기간 동안 꾸준히 증가해 왔는데 예컨대 1993년의 경우 부하율은 연초의 87%에서 연말에는 90%로 증가한 것으로 나타난다.

이러한 과도한 잡수 증가로 노동강도가 강화되자 노동조합 측은 1993년 임금협상과정에서 이에 대해 강력한 이의를 제기, 1993년 이후의 잡수 증가는 3개월 전에 노동조합에 통고, 노사협의를 거치도록 하고 잡수 증대에 따른 적절한 보상을 한다는 데 합의했다. 그러나 교섭과정에서 잡수 증가에 항의해 라인스톱을 지시했던 대의원 3명이 해고되는가 하면 현장에서는 완성차에 고의로 상처를 내는 사태가 발생하는 등 잡수 증가를 둘러싼 노사 간 갈등이 매우 심했으며 현재도 마찬가지이다.

노사 간 합의에도 불구하고 잡수 증대에 대한 노동조합 측의 입장은 매우 취약하다. 회사 측은 주로 일본 자동차 공장의 자료를 제시하면서 대우자동차의 생산성 및 노동강도가 상대적으로 낮다고 주장하고 있다. 이에 대해 노조 측은 이론과 자료의 부족으로 적절한 대응방안을 내놓지 못한 채 회사 측의 주장에 이끌려 가고 있는 실정이다.

이러한 노동밀도의 강화와 더불어 노동시간 역시 장시간 노동체제가 더욱 강화되고 있다. 현재 대우자동차에서는 주야2교대제로 하루 8시간의 정상근무 외에 2시간씩의 항상적 잔업이 편성되어 있으며 격주 토요일 휴무제를 하고 있다. 그러나 이 밖에도 연장근로, 휴일특근 등이 많아 1993년의 경우 월평균 43.1시간의 특근을 하고 있는데 이는 1992년의 30.4시간에 비해 무려 42%나 증가한 것이다. 더욱이 생산량 및 판매량의 증대에 따라 이러한 연장근로 및 특근은 점점 증가하는 추세여서 노동자들의 피로를 더욱 가중시키는 요인이 되고 있다. 물론 형식적으로는 연장근로 및 특근에 대한 참여 여부가 노동자 자신의 자유에 맡겨져 있지만 연장근로수당과 특근수당을 받지 못할 경우 생계에 타격이 큰 데다가 연장근로 및 특근참여율을 평점으로 환산해 인사고

〈표 2-2-8〉 노동시간과 노동강도의 변화에 대한 의견

	노동조합		김완표 (지난 5년간)	박영준 (지난 2~3년간)
	1992	1993		
더 힘들어졌다	85.3	89.7	87.2	86.7
변함없다	12.4	9.9	8.5	10.6
더 편해졌다	2.3	0.4	3.4	2.7

자료: 대우자동차 노동조합 조사통계부(1992, 1994); 김완표(1993); 박영준(1994).

〈표 2-2-9〉 작업후 피로도

	1991	1992	1993
별로 피곤하지 않다	1.4	1.0	0.5
견딜 만하다	35.9	23.6	11.7
상당히 피곤하다	57.1	69.7	76.2
쓰러질 정도로 피곤하다	5.6	5.7	11.6

자료: 대우자동차 노동조합 조사통계부(1991, 1992, 1994).

과에 반영하고 있어[20] 대부분의 노동자들은 회사 측의 명령에 따를 수밖에 없는 실정이다.

이러한 노동밀도의 강화와 장시간 노동으로 노동자들의 피로가 가중되고 있다. 〈표 2-2-8〉에서 보는 것처럼 대우자동차 노동자들의 대부분은 최근 들어 노동시간과 노동강도가 강화되었다고 대답했다.

또 이러한 노동시간과 노동강도의 강화에 따라 노동자들의 정신적·육체적 피로도 가중되고 있다. 〈표 2-2-9〉에서 보는 바와 같이 대우자동차 노조원의 대부분은 작업 후 상당히 피곤하다거나 쓰러질 정도로 피곤하다고 대답해 피로도가 매우 심각함을 보여 주고 있다. 더욱이 노동자들의 피로도는 최근으로 올수록 더 심화되고 있는데 이는 물론 잡수 증가와 노동시간 증가 등에 따른 것이다. 노동자들이 작업 후 주로 이상을 느끼는 신체부위는 허리(42%), 무릎

---

20) 예컨대 주간평균 특근참여율이 80% 미만일 경우 0점부터 시작해서 2% 단위로 1점씩 가산하여 100%가 되면 10점을 주도록 되어 있다.

(16%), 어깨(13%)이며 전체의 53.8%가 두 곳 이상이 아프다고 대답하고 있다.

장시간 노동과 노동밀도의 증대는 또 노동자의 기능과 주의력을 저하시킴으로써 산업재해를 일으키는 요인이 되기도 한다. 대우자동차 노동조합의 조사에 의하면 대우자동차 노동자 중 절반 정도가 1년 사이 어떤 형태로든 작업 중 몸을 다치고 있으며 특히 25%가량은 2회 이상의 반복상해를 입고 있다. 노사 양측은 노사동수(勞使同數)로 산업안전보건위원회를 설치해 산업재해의 예방, 안전교육의 실시, 작업환경의 측정 등을 하도록 단체협약에 명시하고 있으나, 안전시설 투자 및 안전교육에 대한 회사 측의 소극적 태도, 안전조치 실시를 위한 강행규정의 미비 등으로 인해 성과가 미미한 형편이다.

(2) 노동자의 참가와 직무만족

일본식 생산방식의 장점 중 하나로 지적되고 있는 것이 노동자의 참여증대와 이를 통한 직무만족의 증대이다. 그것이 비록 강한 노동밀도와 스트레스를 유발한다고 하더라도 팀작업, 작업자 개인에 대한 상당 정도의 자율권 부여, 제안제도의 활성화를 통한 참여의 증대를 통해 노동자의 직무만족을 높임으로써 이러한 고밀도 노동, 고스트레스 노동을 보완한다는 것이 일본식 생산방식의 특징 중 하나라는 것이다.

그러나 대우자동차에서 도입되고 있는 형태의 일본식 생산방식은 오직 노동자의 노동강도와 통제강화를 가져올 뿐 노동자의 생산과정에 대한 참여를 보장하지 않고 있으며 이에 따라 노동자들의 직무만족도가 지극히 낮은 것이 특징이다.

앞에서 살펴본 대로 작업장 수준에서의 노동자 참여는 주로 한마음생산회의를 통해 이루어지고 있지만 그 내용은 주로 생산성 향상에 관한 사항에 치중되어 있고 보다 인간적이고 창의적인 작업방법의 개발에 대해서는 전혀 무관심한 형편이다. 회의형식도 대부분 관리자의 지시, 감독이 주를 이루고 있으며 일반노동자들의 참여태도는 소극적·의무적인 것에 머물고 있어 이를 노동자

참여의 증대로 보기 힘들다.

대우자동차 노동자들에 대한 실태조사 결과를 보더라도 작업량(68.2%), 작업속도(70.8%), 작업순서(50.5%) 등 작업과 관련된 대부분의 의사결정과정에서 작업자 자신의 의견개진이 불가능하다고 노동자들은 대답하고 있으며 그 결과 '일반작업자들의 의사결정에 대한 참여가 잘 이루어지고 있습니까'라는 질문에 대해서는 '전혀 그렇지 않다'(20.6%), '별로 그렇지 않다'(29.0%)는 응답이 '약간 그렇다'(13.7%), '매우 그렇다'(6.9%)는 응답보다 훨씬 많은 것으로 나타나고 있다(박영준, 1994).

노동자들은 또한 '경영자가 조합원의 불만, 고충 등을 어느 정도 받아들인다고 생각하십니까'라는 질문에 대해 '핑계를 대며 적극적이지 않다'(43.5%)거나 '전혀 받아들이지 않는다'(17.9%), 또는 받아들이더라도 '노조의 압력 때문에 마지못해 받아들인다'(15.3%)고 대답해 경영자에 대한 불신을 표시하고 있다(대우자동차 노동조합, 1992).

대우자동차 노사관계의 성격에 대해서도 '비협조적인 대립관계'(69.5%)라거나 '주종관계'(22.1%)라는 응답이 압도적인 비중을 차지하는 반면, 일본식 생산방식 노사관계의 특징인 '가족적 협조관계'(2.2%)라거나 또는 '대등하고 민주적인 관계'(6.2%)라는 응답은 소수에 머물고 있어 회사 측의 협력적 노사관계의 도입 노력에도 불구하고 실제 일본식 노사관계와는 거리가 멀다는 것을 알 수 있다(대우자동차 노동조합, 1992).

(3) 노동조합의 약화

일본식 생산방식의 도입과 이에 대한 노동조합의 대응노력 미흡은 노동조합의 힘을 약화시키는 요인으로 작용하고 있다. 1991년의 연대회의사건 후 대규모 해고와 구속 등으로 조합의 역량이 크게 축소된 상황에서, 직·조장 권한의 강화, 한마음생산회의를 통한 고충처리제도의 도입 등 현장에서 진행되는 조합과 조합원 간의 분리정책은 조합의 힘을 한층 약화시키는 요인으로 작용하고 있다. 뿐만 아니라 조합 스스로도 회사와의 투쟁에 회의적인 태도를 보여 주고 있다.

> NAC 추진과정에서 쌓인 노동자들의 불만이 많다. 따라서 이에 대한 조합의 부담이 크다. 그러나 노동조합의 주체적 역량에 한계가 있다. 싸우려고 해도 싸울 힘이 정비되어 있지 않다(노동조합 집행부 간부).

> 새 집행부에 대한 조합원들의 기대는 높지만 조합으로서는 고민이 크다. 파국으로 치닫는 싸움에 대해서는 조합도 회의적이다. 회사가 막 도약단계에 있는데 이에 조합이 저해요인이 되고 싶지 않다(노동조합 집행부 간부).

이러한 과정에서 NAC 도입은 회사의 일방적 주도하에 진행되고 있으며 조합 측은 이에 대해 거의 규제력을 발휘하지 못하고 있다. 현 단체협약상 조합의 경영참가를 보장해 주는 제도적 기구로서 '직장발전위원회'를 노사동수로 구성해 조직개편, 경영계획, 인력계획, 예산, 교육훈련, 복지증진 등에 관한 사항을 협의하도록 규정되어 있지만, 단지 '협의'에만 그치고 있어 실효성이 없고 회사 측이 무성의한 데다가 조합 측도 소극적이어서 현재로서는 유명무실한 상태에 있다.

이러한 조합의 규제력 약화와 조합 내 조직갈등 등의 영향으로 일반조합원들의 조합에 대한 참여도 저하 및 불만의 증대가 나타나고 있다. 김완표(1993)에 따르면 '귀하는 노조활동에 얼마나 열심히 참여하고 있습니까'라는 질문에 대해 '매우 적극적으로 참여'(12.8%), 또는 '적극적으로 참여'(35.0%)한다는 대답보다는 '별로 참여하지 않는다'(45.3%)거나 '거의 참여하지 않는다'(6.8%)는 대답이 많다. 노조의 조합원 의견수렴에 대해서도 '그저 그렇다'(47.0%), '대체로 불만'(21.4%), '매우 불만'(6.8%) 등 대체로 부정적인 태도를 나타내고 있으며 노조의 민주적 운영에 대해서도 '그저 그렇다'(33.3%), '대체로 불만'(25.6%),

'매우 불만'(23.9%) 등 부정적 응답이 압도적이다. 노동조합 스스로 조사한 결과도 현재의 노조 집행부에 대해서는 '전적으로 믿는다'(10.4%), '어느 정도 믿는다'(29.2%)는 긍정적인 대답보다 '그저 그렇다'(44.1%), '믿지 않는다'(16.3%)는 소극적 또는 부정적 답변이 많았다(대우자동차 노동조합, 1994). 조합원들은 조합활동 중 임금인상, 근로시간, 작업환경의 개선 등 경제투쟁에 대해서는 비교적 성과가 컸다고 평가하고 있으나 작업장에서의 노동통제 약화, 배치전환, 근로자의 경영참여 등에 대해서는 노동조합의 영향력이 별로 없었다고 평가하고 있다(김완표, 1993).

결국 전체적으로 볼 때 대우자동차 노동자들은 회사 측의 주도하에 진행되고 있는 일본식 생산방식의 도입과 이에 따른 노동강도의 강화, 노동통제의 강화에 대응해 노동조합이 좀 더 강력한 규제력을 발휘해 줄 것을 기대하고 있으나 조합은 주체적 역량부족과 간부들의 소극적인 자세로 인해 그러한 기대에 부응하지 못하고 있으며 이에 따라 조합에 대한 조합원들의 불신이 상당히 높은 상태라고 말할 수 있다.

5. 맺음말

현재 한국의 기업에는 일본식 생산방식이 급속하게 확산되고 있다. 이는 노동자의 생활 및 노사관계의 진로에 앞으로 큰 영향을 미칠 것으로 보인다. 따라서 일본식 생산방식의 한국 도입실태와 그것이 노동자에게 미치는 영향에 관해 전체 자본의 차원, 산업의 차원, 그리고 개별기업의 차원에서 집중적인 연구가 필요하다고 생각한다.

이 연구는 그러한 문제의식 아래 주로 대우자동차의 사례연구를 참고했다. 앞에서 살펴보았듯이 대우자동차는 그 어느 기업보다 일본식 생산방식을 의식적이고 체계적으로 도입하려고 노력하고 있다는 점에서 매우 흥미있는 사례를 제공한다. 그러나 이러한 회사 측의 노력에도 불구하고 대우자동차의 일본식 생산방식 도입에는 많은 문제점이 발견되고 있다.

우선 일본식 생산방식이 부분적이고 파편적으로 도입되고 있다는 점이다. 물론 어떤 일국의 생산방식이 다른 나라에 도입될 때 완전한 형태로 이식되는 경우는 거의 없을 것이다. 문제는 핵심적 요소, 즉 일본적 생산방식을 다른 생산방식과 구별 짓게 만드는 요소가 과연 도입되고 있는가 하는 문제이다. 주지하는 바와 같이 일본식 생산방식의 목적은 '낭비의 배제'에 있는데 이를 달성하는 방법의 핵심은 합리화와 유연화이다. 구체적으로 말해서 생산체제 면에서의 설비와 노동력의 최적결합과 JIT, 노동력 활용의 측면에서의 다능공화, 직무순환, 배치전환, 그리고 노동력 통제의 측면에서의 표준작업체제, 소집단노동, 개선활동 등이다.

반면 대우자동차를 포함한 한국의 기업들은 여전히 기본적 생산체제를 포디즘적 대량생산체제로 유지하고 있으며 다만 그로 인해 발생하는 문제를 일본적 생산요소의 부분적 도입에 의해 보완하려는 경향을 보이고 있다. 예컨대 생산체제 면에서의 노동배제적 자동화와 JIT의 부분적 활용, 노동력 활용 측면에서의 하청노동력의 이용 등이 그것이다. 대우자동차에서 보다 초점이 되고 있는 것은 현장에서의 노동력 통제 측면이다. 현장노동자에 대한 집중적인 의식교육, 한마음생산회의, 중간관리자의 권한 강화, 현장질서의 강화, 표준작업제의 추진 등이 그것이다. 반면 노동자의 다기능화, 직무순환과 배치전환, 교육, 훈련을 통한 기능양성 등에 대해서는 매우 소극적인 자세를 취하고 있다.

물론 NAC운동 도입 이후 생산과 판매의 신장, 생산성 향상 등 상당한 성과가 나타나고 있는 것은 사실이나 이는 주로 잡수 증가를 통한 노동강도와 노동밀도의 강화, 현장통제의 강화 등을 통해 달성되고 있다.

또 일본식 생산방식에서는 그것이 비록 일종의 노동자 통제방식에 지나지 않는다는 한계에도 불구하고 현장노동자에 대한 일정한 자율권 부여, 의사결정에의 참여 등을 통해 직무만족을 높여 준다는 점이 중요한 측면으로 자리 잡고 있다. 반면 대우자동차의 경우 그러한 노동자 자율권의 증대노력과 의사결정에의 참여유도 등은 거의 보이지 않으며 설혹 제도상 있다 하더라고 유명무실한 것에 지나지 않는다. 그 결과 일본식 생산방식의 도입에 대한 노동자들의 불만은 매우 높은 실정이다.

이러한 노동자들의 불만에도 불구하고 경영진에 의한 일방적인 일본식 생산방식의 도입을 노동조합은 효과적으로 저지하지 못하고 있다. 일련의 경영위기 과정에서 조성된 위기의식, 회사 측의 각종 이데올로기적 공세와 교육, 노조의 현장통제력 약화, 노조 자체가 가진 취약점(정책개발능력 부족, 조직내분 등) 등으로 인해 노조 측의 대응은 지극히 제한적이고 수동적인 데 머물고 있으며, 이러한 노조의 대응능력 부족은 다시 노조에 대한 조합원들의 불만을 가져와 노조의 조직력을 떨어뜨리는 요인으로 작용하고 있다.

따라서 일본식 생산방식의 도입은 노사관계에서도 노조를 약화시키고 노사간 역관계를 회사 측에 유리하게 변화시키는 작용을 하고 있는 것이다.

이러한 양상은 비단 대우자동차에 한정된 문제만은 아니다. 국내 기업에 광범하게 확산되고 있는 일본식 생산방식이 노동자에게 미치는 악영향과 노사간 역관계의 변화를 고려할 때 이에 대한 노동운동계의 대응이 시급한 과제로 대두되고 있다고 하겠다.

참고문헌

강석재·이호창 편역. 1993.『생산혁신과 노동의 변화』. 새길.

김완표. 1993.「1980년대 한국 자동차 산업의 발전에 관한 연구-조절이론의 방법론에 기초하여」. 부산대학교 대학원 경제학과 박사학위논문.

김훈 외. 1994.「한국의 사업장단위 노사관계/인적자원관리의 현황과 과제」. ≪노동동향분석≫, 제7권 제2호.

대우자동차 노동조합. 각 연도. '임금인상요구안'.

대우자동차 노동조합. 1994a. '94년 단체협약요구안'.

대우자동차 노동조합 조사통계부. 1991·1992·1994. '조합원 생활 및 의식실태 조사'.

대우자동차 노조민주화를 열망하는 조합원 일동 엮음. 1985.『기록-大宇自動車 임금인상투쟁』, 백산서당.

대우자동차. 1993. '94년 사업계획 실천 Workshop'.

대우자동차. 1994.『NAC도전 품질경영체계집』.

박승희. 1989.「대기업 일관조립 작업장의 노동통제에 관한 사례연구」. 성균관대 대학원 사회학과 박사학위논문.

박영범·이효수. 1994.『한국 자동차 산업의 노사관계 및 인적자원관리』. 한국노동연구원.

박영준. 1994.「자동차 산업에서의 생산의 유연성에 관한 연구」. 인하대학교 대학원 경제학과 석사학위논문.

박준식. 1991.「중공업 대기업에서의 노사관계유형에 관한 비교연구: 철강, 자동차, 조선산업의 시 기업을 중심으로」. 연세대 사회학과 박사학위논문.

박해광·유길종. 1995.「대우자동차의 신경영전략-일본적 생산방식 모방운동」. 서울노동정책연구소.『일본적 생산방식과 작업장체제』. 새길.

박훤구 외. 1989.『자동차공업의 노사관계』. 한국노동연구원 한국자동차공업협회.

산업은행. 1992.『주요산업의 시설실태 및 중점육성분야』.

영남노동운동연구소. 1994.「일본식 생산방식의 현장도입실태와 그 대책」, ≪영남노동운동연구소 회보≫, 준비 2호.

원인성. 1994.「일본적 생산방식의 국내도입 및 활용현황, 그리고 그 정착의 가능성과 한계」, 『한국산업노동학회 제2회 정기세미나 발표논문집』.

윤진호. 1992.「미국노동운동의 위기와 새로운 변화」. ≪경제와 사회≫, 여름호.

윤진호. 1993.「일본식 생산방식과 노동자」. ≪노동운동연구≫, 제7호.

이영희. 1994a.『포드주의와 포스트 포드주의』.한울아카데미.

이영희. 1994b.「기술체계와 작업조직의 발전유형 비교연구」. 한국사회과학연구소 월례토론회 발표논문.

이은구. 1993.「대우자동차 신경영정책, OJT교육의 실상」. ≪노동운동≫, 4월호.

인천기독교민중교육연구소 엮음. 1988.『'87 노동자대투쟁: 7, 8월 인천지역사례』. 풀빛.
전병유. 1994.『토요타』. 길벗.
정명호. 1992.「한국 제조업의 생산혁신과 노동력관리에 관한 연구: 공장자동화와 일본식 생산기법의 도입을 중심으로」. 연세대학교 대학원 경영학과 박사학위논문.
정명호. 1993.「일본적 생산방식의 국내도입실태와 적합성」. ≪동향과 전망≫, 제19호.
조순경·이용숙. 1990.「신노동과정과 한국의 자동차 산업: 적기생산방식의 가능성 및 한계」,『한국사회학』, 제24집.
조형제. 1991.「한국 자동차 산업의 생산방식에 관한 연구: 1980년대 국제분업의 변화를 중심으로」. 서울대학교 대학원 사회학과 석사학위논문.
조형제. 1993.『한국 자동차 산업의 전략적 선택』. 백산서당.
채창균. 1991.「일본적 노동력이용체제의 성격과 그것이 우리나라에 적용될 가능성」.『한국사회경제학회 발표논문집』.
풀빛 편집부 엮음. 1986.『85년 임금인상투쟁』. 풀빛.
한국산업사회연구회 엮음. 1990.『한국자본주의와 자동차 산업』. 풀빛.
한국자동차공업협동조합. 1993.『자동차공업편람』.
한국자동차공업협회. 1990·1991·1992.『자동차공업 노사관련 자료집』.
현대자동차주식회사. 1992.『현대자동차사』.
홍장표. 1994.「자동차 산업의 합리화전략과 임노동관계의 변화」. ≪동향과 전망≫, 제21호.
加藤哲朗, Steven, R. 1990.「日本資本主義はポストフォ-ド主義か?」. ≪季刊 窓≫, 第4號. (강석재·이호창 편역. 1993.「일본자본주의는 포스트 포드주의인가?」)
鎌田彗. 1992.『トヨタと日産』. 講談社.
大野耐一. 1988.『토요타 생산방식』. 강명한 옮김. 21세기북스사.
島田晴雄. 1988.『ヒュ-マンウェアの經濟學』. 岩波書店.
門田安弘. 1991.『신토요타시스템』. 송한식·홍성찬 옮김. 起亞經濟硏究所.
門田安弘. 1991.『토요타시스템』. 권기균 옮김. 자연.
小山陽一 編. 1985.『巨大企業體制と勞動者:トヨタ生産方式の研究』. 御茶の水書房.
小池和男. 1981.『日本の熟練』. 有斐閣.
小池和男. 1987.『人才形成の國際比較-東南アジアと日本』. 東洋經濟新報社.
小池和男. 1991.『仕事の經濟學』. 東洋經濟新報社.
安保哲夫 外. 1991.『アメリカに生きる日本的生産システム: 現地工場の「適用」と「適應」』. 東洋經濟新報社.
坂垣博. 1990.「일본 생산시스템의 특징과 해외로의 이전가능성」. 한국자동차공업협회. ≪KAMA 시리즈≫, No.11.
戶塚秀夫·兵藤 編. 1991.『勞使關係の轉換と選擇-日本の自動車産業』. 日本評論社.
丸山惠也. 1992a.「日本的生産システムと職場規律」. ≪經濟評論≫, 10月號.
丸山惠也. 1992b.「日本的生産システムとQWL」. ≪經濟評論≫, 11月號.
丸山惠也. 1992c.「日本的生産システムとチ-ムコンセプト」. ≪經濟評論≫, 12月號.

丸山惠也. 1993a.「日本的生産システムはポスト-フォディズムか(上)」. ≪經濟評論≫, 1月號.

丸山惠也. 1993b.「日本的生産システムはポスト-フォディズムか(下)」. ≪經濟評論≫, 2月號.

丸山惠也. 1993c.「日本型企業社會と日本的生産システム」. ≪經濟評論≫, 3月號.

Aoki, M. 1988. *Information, Incentives and Bargaining in the Japanese Economy*, Camdridge University Press.

Dohse, K. et al. 1985. "From 'Fordism' to 'Toyotism'? The Social Organization of the Labour Process in the Japanese Automobile Industry." *Politics and Society*, Vol.14, No.2.

Fucini, J. J. and S. Fucini. 1990. *Working for the Japanese*. The Free Press.

Hoffman, K. and R. Kaplinsky. 1988. *Driving Forces: The Global Restructuring of Technology, Labour and Investment in the Automobile and Components Industries*. Westview Press.

Kamata, S. 1982. *Japan in the Passing Lane*. Pantheon.

Kenney, M. and R. Florida. 1988. "Beyond Mass Production: Production and the Labor Process in Japan." *Politics and Society*, Vol.16, No.1.

Kenney, M. and R. Florida. 1993. *Beyond Mass Production: The Japanese System and its Transfer to the U.S.* Oxford University Press.

Koike, K. 1983. "Internal Labor Markets: Workers in Large Firms." in T. Shirai.(ed.) *Contemporary Industrial Relations in Japan*. University of Wisconsin Press.

Koike, K. 1987. "Human Resource Development and Labor-Management Relations." in K. Yamamura and Y. Yasuba.(eds.) *The Political Economy of Japan, Vol.1: The Domestic Transformation*. Stanford University Press.

Koike, K. 1988. *Understanding Industrial Relations in Japan*. St. Martin's Press.

Lee, B. H. 1994. Internal Labor markets and Labor Relations in the Korean and Japanese Automobile Industries: The Case of Hyundai and Totota, Thesis of Master of Science. Industrial Labor Relations School, Cornell University.

MacDuffie, J. P. 1988. "The Japanese Auto Transplants: Challenges to Conventional Wisdom." *ILR Report*, Vol.26, No.1.

Parker, M. and J. Slaughter. 1988. *Choosing Sides: Unions and the Team Concept*. South End Press.

Shimada, H. 1986. "Japanese Industrial Relations in Transition." *Sloan School of Management*, MIT Working Paper No.1854-88.

Shimada, H. and J. P. MacDuffie. 1986. "Industrial Relations and 'Humanware'." *Sloan Shool of Management*, MIT Working Paper No.1855-88.

Tomaney, J. 1990. "The Reality of Workplace Flexibility." *Capital and Class*, No.40.

Womack, J. P. et al. 1990. *The Machine That Changed the World*. Macmillan. (현영석 옮김. 1991.『생산방식의 혁명』. 기아경제연구소)

제3장

일본 자동차 산업 생산시스템의 진화와 '노동의 인간화'*

1. 문제의 제기

1980년대 들어 세계의 여러 자동차 메이커들은 린(Lean) 생산방식, 토요타 생산시스템, 토요티즘(Toyotism), 오노이즘(Ohnoism) 등으로 다양하게 불리고 있던 일본식 생산시스템을 도입 및 모방하는 데 열을 올렸다. 한국 자동차 메이커들 역시 이러한 세계적 경향에서 예외는 아니었다(윤진호, 1995, 1997; 주무현, 1998). 심지어 린 생산방식은 세계 자동차 산업에서 모든 기업이 도입해야만 하는 새로운 생산모델로서 21세기에 유일하게 생존할 수 있는 합리적 생산시스템으로 인식되기도 했다(Womack et al., 1990).

그러나 1990년대가 되자 토요타를 비롯한 일본 자동차 메이커들은 '버블경제 시대'의 새로운 사회·경제적 환경 변화에 직면해 일본식 생산시스템에서

* 윤진호(인하대학교 교수)와 주무현(경북대학교 강사)이 2000년 2월 일본 자동차 메이커의 조립공장 4개소를 방문해 관찰 및 인터뷰한 자료에 기초한 글이다.

노동력 관리의 구조적 한계를 인식하게 된다. 신규 노동력 인구의 저하와 청년 노동자의 3K노동[1] 기피에 따른 노동력 부족 현상은 일본 자동차 메이커가 경험하지 못한 '노동위기'로서 조립라인의 자동화와 작업환경 및 작업자세의 개선을 추구하는 직접적인 계기로 작용하게 되었다. 이것은 토요타의 타하라(田原) 제4조립공장, 쓰쓰미(堤) 공장, 모토마치(元町) 공장, 미야타(宮田)공장, 닛산의 큐슈(九州) 제2공장, 마쓰다의 호푸(防府) 제2공장, 혼다의 스즈카(鈴鹿) 제3라인, 다카네자와(高根澤) 공장 등에서 구체화된다. 이 글은 1990년대 일본 자동차 메이커에 의한 '노동자 친화적이고 인간공학적인' 자동화와 작업환경 구축 노력을 노동의 인간화(humanization of work) 전략이라고 규정하고 그 실태와 의미를 분석하고자 한다.

21세기 세계 자동차 산업의 지도는 급격하게 변화할 것으로 예상된다. 20세기 후반 자동차 산업을 지배해 왔던 편리한 나침반은 이미 사라졌고, 기업의 모든 행위자들이 받아들일 수 있는 '기업시스템'은 아직 형성되지 않았다. 그리고 20세기 후반 노동위기에 대응했던 생산시스템의 몇 가지 혁신 사례를 통해서 볼 때, 노동의 인간화 프로그램은 기업의 이윤전략 및 생산모델과 독립적으로 존재할 수 있는 섬이 아니었다. 그렇다면 경제적으로 적절하고 사회적으로 수용할 수 있는 생산모델은 무엇이며, 생산의 효율화와 노동의 인간화라는 모순적 관계를 기술적으로 결합시킬 수 있는 생산시스템은 구축 가능한가? 이런 문제의식에 기초해서 이 글은 GREPISA 자동차 산업 연구집단의 '생산모델론'을 비판적으로 검토해 1990년대 노동위기 및 경영위기에 직면해 전개되었던 토요타 생산시스템의 진화와 노동의 인간화 전략의 사례를 소개·검토하고자 한다.

이하 제2절에서는 1990년대 일본 자동차 산업의 노동의 인간화 전략에 대한 기존 연구를 검토한다. 제3절은 토요타 생산모델의 특징과 1990년대 노동

---

1) 3K노동이란 汚い(더러운), きつい(어려운), 危険な(위험한)을 의미한다.

위기가 그것에 미친 영향에 대해서 살펴본다. 제4절은 필자들의 실태조사와 기존 연구에 기초해 토요타 생산시스템의 진화와 노동의 인간화 전략 사례를 소개한다. 제5절은 비교론의 관점에서 일본식 노동의 인간화 전략의 특징과 한계에 대해 분석한다. 제6절은 결론으로서 일본식 노동의 인간화가 한국 자동차 산업에 대해 갖는 함의를 논의한다.

2. 기존 연구의 검토

1990년대 일본식 생산시스템의 변화는 '초(超) 린 혁명', '포스트 린 생산시스템', '밸런스형 린 생산시스템', '토요티즘 II', '포스트 테일러주의' 등 다양한 이름으로 평가되었다. 그러나 그것의 의의에 대해서는 연구자마다 다소 상이한 평가를 내리고 있다. 이에 일본식 생산시스템의 변화에 대한 기존 연구를 '단절성과 연속성' 및 '수렴·혼합'이라는 관점에서 구분해 검토해 볼 필요가 있을 것이다. 먼저 일본식 생산시스템의 패러다임 전환으로서 단절적 측면을 강조하는 경향에 대해 살펴보자. 유럽식 사회-기술적 생산시스템의 지지자 및 일본식 생산시스템에 대한 비판자들에게 일본 자동차 산업의 노동의 인간화 전략은 '조립라인의 종말'을 의미하는 고무적인 현상으로서 인식되었다(Turner and Auer, 1994; Rehder, 1994). Rehder(1994)는 혼다의 토기치 공장과 닛산의 큐슈 제2공장이 조립라인과 이동식 컨베이어 시스템을 폐지해 볼보자동차의 우데발라(Uddevalla) 공장과 거의 유사한 방식으로 자동차를 생산하게 되었다고 주장했다. 그러나 이러한 이들의 최초의 반응은 일본식 생산시스템의 변화에 대한 Nomura(1992)의 보고서 및 '불확실한 사실과 소문'에 기초해 유럽식 사회-기술적 생산시스템에 대한 자신들의 지지를 변호하기 위한 측면이 강했다는 점에서 한계를 지닌다(Bender, 1996).

유럽에서 일본식 생산시스템의 노동의 인간화에 대한 논의의 발단을 제공했던 노무라(野村正實, 1993)는 1990년대 토요티즘이 포스트 테일러주의로 전환되었다고 주장한다.[2] 그에 의하면 개선활동과 농밀(濃密)한 인간관계를 테일러주의에 결합시킨 토요티즘은 노동력 부족으로 인해 시스템의 중핵(中核)인 개선활동이 마비됨에 따라 그 역사적 역할을 다했다는 것이다. 이러한 노무라의 주장은 개선활동과 원가관리 및 임금제도의 상호관련성에 대한 분석을 통해 신토요타주의(New Toyotaism)의 출현을 보여 주려 했던 시미즈(清水耕一, 1995a, 1995b)에 의해 보다 구체화되는데 시미즈에 의하면 신토요타주의는 새로운 조립라인의 설계, 작업집단의 자율성 증대, 새로운 노사관계들(임금제도, 훈련제도, 교대제, 노동시간)을 통한 보다 효율적이고 인간적인 생산시스템의 구축을 목표로 한다(Shimizu, 1998). 또한 후지모토(藤本隆宏, 1994, 1998)는 기업 진화론의 관점에서 1990년대 토요타 생산시스템이 '성장형 린 생산시스템'에서 '고객만족(Customer Satisfaction: CS)과 종업원 만족(Employee Satisfaction: ES)'을 동시에 지향하는 '밸런스형 린 생산시스템(lean-on-balance system)'으로 전환했다고 주장한다.

이에 비해 1990년대 일본식 생산시스템의 변화는 그 본질이 유지되는 연속적 과정이라고 주장하는 논자들이 있다. Bender(1996)는 초과노동의 감축을 통한 노동시간 단축, 불연속적 교대제의 폐지, 불합리한 노동시간의 폐지 등과 같은 일본 자동차 메이커의 노동의 인간화 전략은 경제적 불황으로 인한 자동차 수요 감소에 대응하기 위한 일시적 조치에 불과하다고 본다. Kochan, Lansbury, and MacDuffie(1997)는 "린 생산방식의 포스트 린 생산방식으로의 전환"이라는 후지모토(1994)의 평가는 변화 정도를 과대평가한 것으로 보고 있다. 예컨대 1990년대의 변화를 이해하는 데 있어 핵심 열쇠인 관리자 통제

---

2) 노무라(野村正實, 1993)의 토요티즘은 토요타 생산방식을 순수하게 실천하고 있는 회사의 기법으로서 생산방식 및 그것을 지지하는 관리양식과 사회적 기업적 조건 전체를 의미한다. 토요타자동차는 토요타 생산방식에 완전히 충실하고 토요타자동차의 실천은 토요티즘 그 자체이다.

의 경우 현장감독자를 통한 관리자 통제가 작업현장에서 그대로 관철되고 있으며, 특히 연공급이 능력급으로 바뀜으로서 오히려 관리자의 감독이 강화되는 측면이 있다는 것이다. 이들은 또한 일본 자동차 메이커들이 경제불황 및 수요부족, 엔고 등에 직면해 해외진출을 통해 노동위기를 극복하려는 경향을 보이기 때문에 '포스트 린 생산방식'의 전망은 불투명하다고 본다. 아사오 등(淺生卯一 外, 1999)은 1990년대 일본 자동차 산업의 노동의 인간화는 노동조합을 포함한 사회적 규제가 취약한 상황에서 이루어졌기 때문에 근본적인 변화가 일어났다고 보기 어렵고, 오히려 새로운 과밀노동과 직무부담의 증대가 발생할 가능성이 있다고 한다.

마지막으로 일본 자동차 메이커는 1990년대 노동위기를 극복하기 위해 사회-기술적 생산시스템의 반(半)자율적 작업집단의 경험을 도입한 결과, 일본식 생산시스템이 독일 및 스웨덴의 팀 생산방식과 수렴·혼합되어 간다는 주장도 제기된 바 있다. Jürgens, Malsch, and Dohse(1992)에 따르면 일본식 생산시스템의 노동의 인간화 전략은 독일과 스웨덴의 경험에서 영향을 받은 모델 종합(synthesis of model)의 성격을 지니고 있다. Berggren(1992) 역시 린 생산방식과 스웨덴의 경험이 종합된 '인간 중심적 포스트 린 생산방식'이 가능하게 되었다고 한다. 시시민(史世民, 1994)은 토요타 타하라 공장 제4조립공장, 미야타 공장, 모토마치 공장의 조립공정 자동화는 1983년 폭스바겐 볼프스부르크(Wolfusburg) 공장의 모듈화에 의한 자동조립방식과 1988년 피아트 카시노(Cassino) 공장의 자동조립라인을 모델로 한 것이라고 주장한다. 이들은 독일과 스웨덴의 반성적 생산시스템(reflexive production system)에 대한 긍정적 평가를 통해 일본식 생산시스템의 초과밀 장시간 노동을 우회적으로 비판하려는 경향을 갖고 있다.

3. 토요타 생산모델과 '노동위기'

1) 토요타 생산모델

기업이 그 구성원들 간의 '제도화된 타협'으로서 제도묶음(rules packages) 및 사회관계(social relation)로 구성되었다고 파악할 수 있다면, 기업의 행위자는 이윤전략과 일치하는 상품전략, 생산조직 및 고용관계를 모색·수행하게 될 것이다. 그리고 기업의 이윤전략은 그 기업이 생산 및 판매활동을 하는 국가의 소득분배 및 성장양식에 의해 결정되는 상품시장, 노동시장과 일치해야만 실현될 수 있다. 예컨대 대량생산의 이윤전략이 장기적으로 생존하기 위해서는 사회적으로 무차별적이고 지속적인 대중적 구매력(상품시장)과 동질적인 재화생산의 작업조건을 수용할 수 있는 노동력(노동시장)을 요구한다.

〈그림 2-3-1〉에서 볼 수 있듯이 기업시스템은 기업 행위자 모두가 수용할 수 있는 수단들(상품전략, 생산조직 및 고용관계)을 이용해 특정 국가의 소득분배 및 성장양식에 일치하는 이윤전략을 실현하는 생산모델(productive models)과 같은 개념이다(Boyer et al., 1998; Boyer and Freyssenet, 1999, 2000). 다시 말해서 생산모델은 기업의 이윤전략과 그것에 의해 규정되는 기업시스템의 총

〈그림 2-3-1〉 생산모델

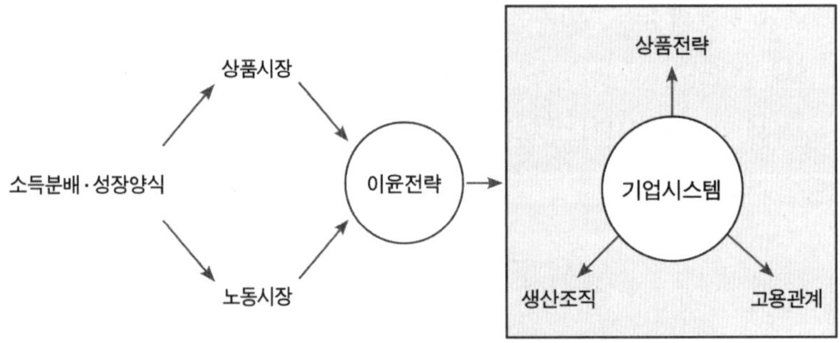

자료: Boyer and Freyssenet(2000) 재작성.

〈그림 2-3-2〉 토요타 생산모델

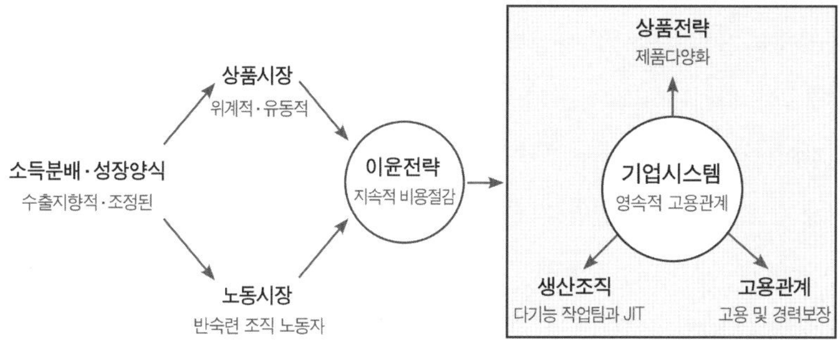

자료: Boyer and Freyssenet(2000) 재작성.

합인 것이다. 기업시스템에서 경영자, 관리자, 노동자 및 부품 공급업체 등과 같은 기업 행위자가 이윤전략과 일치하는 상품전략, 생산조직 및 고용관계를 모색·수행하게 된다(清水耕一, 1999c, 1999d).

토요타 생산모델에서 이윤전략의 핵심은 제품개발단계(원가계획)에서 제조단계(원가절감 및 능률향상을 위한 개선활동)까지의 지속적 비용절감에 있다. 토요타에서 비용절감은 기업시스템의 관리 및 통제에 있어 그 골격을 이룬다. 토요타에서 생산조직, 상품전략 및 고용관계는 지속적 비용절감이라는 이윤전략을 실현하기 위한 수단 혹은 제도들이다. 예컨대 토요타 생산시스템의 JIT (Just-in-time)와 자동화(自働化)는 원가절감을 위한 2개의 중요한 수단에 불과하다(清水耕一, 1999d).

토요타의 상품전략은 슬로안 모델(Sloan Model)과 같은 제품다양화 정책 (full-line)으로서 혼다와 같은 재정적 위험이 높은 혁신적 모델을 거부하고, 시장의 신호에 따르는 순응적인 상품 모델을 선호한다.[3] 이러한 상품전략은 비

---

3) 슬로안 생산모델(Sloan Model)은 대량생산과 다양화를 결합시키는 이윤전략(volume and diversity strategy)이다. 1920~1930년대 GM은 소비자들에게 보이지 않는 부품(invisible parts)을 여러 모델 간에 최대한 공유해 대량생산과 다양성이라는 모순을 극복했다. 다양성은 소비자가 인식할 수 있는 부분, 즉 차체, 내장과 장치 등에 대해서만 이루어진다. 이 전략은 외형

용절감을 위한 낭비 제거를 일상적인 전략으로서 취하면서, 급격한 기술진보를 추구하지 않으면서도 항상적으로 진화하는 생산조직과 지속적인 노동력 절약을 묵인하는 고용관계를 요구한다. 그리고 고용관계는 작업영역에서 원가절감의 성과에 따라 임금 및 승진이 결정되도록 하여 작업자에게 표준시간 단축을 강요한다. 이와 같은 기업시스템에 관리자, 노동자, 부품 공급업자는 모두 동의한다. 그것은 노동자에게 고용안정성, 임금상승 및 승진 등을 보장하고, 부품 공급업체에게는 일정한 주문량, 이윤분배 협상 및 재정적 지원 등을 보장해 주기 때문이다.

2) 1990년대의 '노동위기'와 토요타 생산모델의 위기

토요타에서 노동위기의 극복과 노동의 인간화에 대한 필요성 인식은 노동조합에 의해서 최초로 제기되었다. 1989년 후반부터 1990년 초반 사이에 진행된 토요타 노사 간의 '생산설명회'에서 기업이 수요증대에 대응하기 위해 휴일출근에 대한 노동조합의 승인을 요청하자, 노동조합은 그 요청을 받아들이는 대신 조립라인의 작업환경 개선을 요구했다. 이리하여 1990년 6월 노동조합의 제안이라는 형태로 노동조합과 기업은 기능계 직장을 보다 매력적으로 만들기 위한 '기능계 직장 매력 업(up) 위원회'를 조직하게 된다. '위원회'는 60세 정년까지 의욕과 충실감을 가질 수 있는 업무, 업무를 통해서 성취감을 느끼는 자기실현이 가능한 인사, 의욕과 활력이 있는 직장환경과 분위기 조성, 이것들을

적 다양성이 상업적으로 수용되는 상황에서만 가능하다. 1940년대 미국과 스웨덴, 1950년대 서독, 프랑스, 독일, 1960년대 일본과 스페인, 1980년대 한국에서 발견된다. 슬로안 모델은 1970년대부터 시작된 상품시장과 노동시장에 불어닥친 불황과 변화로 위기를 맞이했지만, 폭스바겐에 의해서 성공적으로 도입되었다. 이 모델은 플랫폼의 공유화, 상업적으로 유용한 상품범위의 효과 등에 의한 규모의 경제와 약간 높은 가격에서 평균 수준보다 우수한 제품의 질을 결합해 성공을 거두었다(Boyer and Freyssenet, 2000).

통한 유연하고 강인한 직장체제 구축 등을 목적으로 했다. 여기서 생산수당과 관련되는 능률관리, 기능계 직위 및 직능훈련에 관한 인사제도, 직장환경 개선, 청년노동자의 높은 이직률을 낳게 한 조립라인의 개선 등에 대한 집중적 논의가 이루어졌다. 1990년대 노동위기가 현실화되기에 앞서 기업과 노동조합은 생산시스템의 구조적 개선 혹은 노동의 인간화에 대한 필요성을 이미 인식하고 있었다고 볼 수 있다.

1990년대 토요타를 비롯한 일본 자동차 메이커가 맞이한 노동위기는 노동인구의 고령화와 청년노동자의 3K직장 회피 경향에 따른 노동력 부족에서 유발되었다. 예컨대 토요타는 1992년 고졸 남성 1800명을 채용할 계획이었지만, 응모자가 1300명에 머물렀으며 2년 연속 응모자가 모집범위를 하회했다. 채용된 노동력의 질 역시 만족스러운 수준이 아니었다. 노동력 부족은 청년노동자들의 이직률 급상승에 의해 더욱 심화된다. 한 조사결과에 따르면, 5천 명 이상 규모 7개 기업의 이직률은 1988년부터 급격히 증가하기 시작해 1991년에 21%로 정점에 도달했다(淺生卯一 外, 1999: 95).

토요타 생산시스템의 생산성 및 효율성 증대 방법은 JIT 생산방식에서 개선활동을 통한 생산단위당 노동력 절약에 의존한다. 개선활동은 노동강도의 증대와 '스트레스에 의한 관리'(Parker and Slaughter, 1988)를 낳았지만, 생산공장은 최소한의 노동력으로 가동되어 비용절감효과는 극대화되었다. 이와 같은 생산시스템은 안정적인 경제성장의 상황에서 아주 잘 운영되었지만, 1990년대 초반 버블경제 시대의 폭발적인 수요에는 대응할 수 없었다. 즉, 부품의 다양화와 생산량의 증가에 따라 노동자에 대한 부담이 더욱 가중되었으며, 청년노동자의 이직과 '노동자의 사기'의 저하현상이 증대했다. 정규직 숙련 노동자의 상대적 부족과 정규 훈련과정을 제대로 이수하지 않은 채 복잡한 조립노동을 수행하는 임시직 노동자의 증가는 생산라인의 빈번한 중단사태를 초래했다(史世民, 1994; 淸水耕一, 1995a). 이에 따라 현장감독자가 문제해결을 위해 생산라인에 자주 투입되면서, 생산성이 심각하게 저하되고 연간작업시간이 연장되었다. 노동력 부족으로 인한 노동위기는 '결합노동의 위기(crisis of collective work)'로 나타났다(Shimizu, 2000). 이른바 현장중심형의 지속적 개선활동에도 수확체감의 법칙이 작용해 그 효과가 무력화됨으로써 지속적 비용절감을 기본적인 이윤전략으로 하는 토요타 생산모델은 구조적 한계를 맞이하게 되었다.

그리고 토요타는 노동력 부족에 따른 노동시장의 구조적 위기와 함께 생산시스템 그 자체의 한계를 동시에 인식하고 있었다. 기존의 토요타 생산시스템에서 개별 작업자의 직무(job)는 다기능화를 전제로 해서 사이클타임 내에 낭비가 발생하지 않는 범위에서 다양한 요소작업의 무규칙적 결합으로 이루어진다. 아울러 조립작업 설계에 있어 평가기준은 작업능률과 품질유지가 중심이었고, 작업환경 및 작업부하에 관해서는 질병방지를 위해 일정한 제약(자세·중량점 평가)이 가해지는 정도였다. 때문에 작업부하나 피로도에 관한 평가지표 그 자체가 발달하지 않았다. 이와 같이 비록 작업편성이 라인시스템의 효율성 및 생산성 향상에는 기여했지만 작업의 세분화·단편화, 조립순서의 무규칙성, 직무부담의 가중 등에 따른 노동자 사기저하 문제는 극복하지 못했던 것이다.

1990년대 토요타 생산모델은 자동차 수요의 급속한 하락, 청년 노동력 부족과 계절공 및 기간공의 증대, 생산시스템의 자체적 한계 등으로 위기에 놓이기 시작했다. 특히 토요타 생산모델의 위기는 지속적 비용절감이라는 이윤전략의 실현에 있어 핵심적인 현장 작업자 및 감독자의 지속적 개선활동이 제대로 작동하지 못하면서 더욱 심화된다. 이에 토요타와 노동조합은 생산모델의 위기를 '매력 있는 직장 만들기' 혹은 노동의 인간화로 극복하고자 했던 것이다.

4. 토요타 생산시스템의 진화와 노동의 인간화: 생산성과 자율성의 '조화'

1) 타하라 제4조립공장 자동화의 경험과 교훈

타하라 제4조립공장은 토요타가 생산기술의 총력을 기울여서 조립공정의 자동화에 도전한 산물이다. 이 공장의 자동화 이념은 육체적·정신적 고통이 가능한 한 적은 작업환경의 조성, 소음·열·오염의 추방, 체력·습숙도(習熟度)에 따른 업무량의 설정, 출근체제의 탄력화 등이다. 배터리, 에어컨, 연료 탱크 등 중량이 15~20kg에 이르는 부품의 조립공정은 모두 최첨단 로봇이 대신 담당하게 되어 중량물 취급 노동은 완전자동화되었다. 특히 엔진·서스펜션을 차체에 단 한 번에 부착하는 자동화 설비가 가장 대표적이었다.[4] 타하라 제4조립공장은 전체 33개의 작업공정 가운데 19개 공정을 완전자동화해, 자동화율은 조립공정에서 14%, 차체공정에서 100%에 이르렀다(清水耕一, 1995a).[5] 이처럼 타하라 제4조립공장은 조립공정의 자동화를 통해 작업환경 및 자세를 개선하는 '서구형' 노동의 인간화 전략을 추구하게 된 것이다.

조립라인의 대표적인 변화는 '리프트 부착 광폭대차(広幅台車)'의 활용이다. 이것은 기존 컨베이어 대신에 대차(台車)가 자동차를 1대씩 싣고 조립라인을 따라 이동하는 것으로서 그 높이를 3단계로 자동 조정할 수 있도록 하여 작업자세를 개선했다. 작업자는 대차 위에서 조립노동을 하기 때문에 걸어 다니면서 작업하지 않아도 되었다. 대차를 이용해 차를 횡단 이동시킬 수 있어 차의

---

4) 과거 토요타의 조립라인에서 엔진은 위로 끌어올려져서 위치가 결정된 이후 다시 내려 설치되는 것이 일반적이었다. 이 과정에서 샤시에 엔진이 놓이게 될 위치 결정은 고도의 숙련이 요구되고, 그것이 설치되는 공정은 아주 힘든 작업이었다.

5) 자동차 조립공정의 자동화율은 국가와 메이커에 따라 그 정의가 다르다. 일반적으로 일본 자동차 메이커들은 '자동화에 의해서 절약되는 노동시간(MAN-HOUR: MH)의 비율'에 의해 그것을 정의한다. 1991~1992년 당시 일본 자동차 메이커의 평균 자동화율은 10% 수준에 이르는 것으로 나타났다(MacDuffie and Pil, 1996).

전후 작업이 용이해지고 보행거리도 짧아졌다. 그리고 이 대차는 왜건(wagon) 대차와 짝을 지어 조립라인에서 흘러가기 때문에 작업자가 부품을 운반하기 위해 이동할 필요가 없었다. '리프트 부착 광폭대차'는 무리 없는 작업자세, 보행거리의 단축, 조립작업의 용이성 등을 개선시켰다.

1980년대 후반까지 토요타의 최종조립라인의 자동화 수준은 세계적인 자동차 메이커에 비해 상대적으로 낮았다. 3천만 엔을 기계설비의 감가상각연수(減價償却年數)로 나눈 값이 작업자 1인당 노무비용을 하회할 경우에만 자동화 설비 투자가 가능했다. 즉, 자동화 설비 도입에 대한 비용조건이 엄격하게 설정되어 있었기 때문이다(史世民, 1994). 어떻든 토요타는 이렇다 할 만한 조립작업의 자동화 없이 세계 최고수준의 생산성을 달성했던 것이다. 이런 측면에서 타하라 제4조립공장의 자동화는 토요타 생산시스템의 새로운 실험으로 볼 수 있을 것이다.

그럼에도 불구하고 토요타는 타하라 제4조립공장의 자동화에 대해 다음과 같은 몇 가지 비판을 스스로 제기했다. 첫째, 그것은 사람이 일하는 작업공정과 자동화 설비가 작동하는 자동화존(automation zone)[6)]을 분리시키는 오프라인(off-line)형 자동화로서 노동자를 기계의 부속물로 만들었다는 것이다. 예컨대 화상처리장치와 로봇 등의 고도 자동화 설비는 전문인력에 의해서만 관리되어 일반작업자에게는 블랙박스가 되어 버렸다. 자동화가 작업자의 노동 및 개선의욕을 저하시키고, 일반작업자를 줄이는 대신 전문보전요원을 늘리는 비

---

6) 자동화존(automation zone)이란 자동차를 정지시킨 상태에서 자동적으로 조립이 이루어지는 영역을 의미한다. 일반적으로 자동화 설비는 작업자의 안전확보 및 설비관리를 위해 작업자와 분리해, 생산라인에서 벗어난 자동화존에 집중 배치된다. 자동화존에서 자동화 설비는 직렬로 배치되기 때문에 1대의 자동화 설비가 조립불량이나 설비고장을 발생시킨다면 그곳에서 모든 자동화 설비가 각각의 스테이션에서 정지해야 하고 자동화존의 가동률이 저하되는 경향이 증대한다. 이것을 방지하기 위해 조립라인에서는 자동화존의 전후에 다수의 버퍼를 갖고 택타임(tact time)과 설비의 사이클타임을 단축시키기 위한 개선활동이 이루어진다. 그 결과 비대한 공간과 비용을 낳고 유연성이 결여된다.

효율성을 낳았다. 둘째, 조립공정의 자동화가 수작업(手作業)과 직무부담을 오히려 증대시켰다는 것이다. 다양한 부품의 선택, 운반, 위치결정, 결합, 검사 등이 연결된 조립작업에서 자동화는 서로 다른 복잡한 분야의 자동화 기술을 요구한다. 따라서 모든 작업공정을 자동화할 수 없을 경우 자동화되지 못한 공급 부품의 정열 등 단조로운 잔여노동은 작업자의 수작업과 직무부담을 증대시키게 된다. 이와 같은 자동화는 작업자로부터 작업의 연관성을 박탈해 노동의 질과 제품의 품질을 떨어뜨리는 결과를 초래한다. 마지막으로 대규모 오프라인형 자동화 설비는 빈번한 차량모델 변경과 혼류생산에 유연하게 대응하지 못하는 기술적 경직성을 낳았다. 대규모 자동조립 및 단위부품의 모듈화에 따른 부품양의 증가, 조립공정의 증가, 제품설계에 대한 과도한 제약, 기존 부품과의 양립성 등의 문제가 제기되었다.

2) 큐슈의 미야타 공장: 노동의 인간화와 생산의 효율화의 실현

(1) 공장 개요

미야타 공장의 정식명칭은 토요타자동차 큐슈주식회사(Toyota Motor Kyushu, INC.)로서 일본 큐슈의 후쿠오카현 미야타 지역에 소재하고 있으며, 토요타가 자본금 450억 엔을 100% 출자해 설립한 자회사로서 1992년부터 생산활동을 개시했다. 이 공장은 자동차 및 자동차 부품의 개발·설계·제조·판매를 모두 수행하는 독립적인 자동차 생산공장이다. 미야타 공장은 성형공장, 용접부품 공장, 프레스 공장, 차체공장, 도장공장, 조립공장 등으로 구성되어 있다. 생산품목은 HARRIER, WINDOM(수출명 LEXUS ES300), CHASER, MARK II 등 승용차와 토요타의 CRESTA용 판넬 부품의 일부이다. 설비능력은 연간 20만 대이며, 필자들이 방문했던 2000년 2월 생산능력은 연간 16만 대(800대/1일)이다.

1992년 12월 공장설립 당시 일본 경제의 불황에 따른 자동차 수요 감소로

MARK II만이 생산되었으나,[7] 1994년 4월 CHASER, 1997년 5월 WINDOM, 1997년 12월 HARRIER 등을 생산하면서 유연한 다차종 수주 생산체제가 구축되었다. 최근 북미의 경기호전에 따른 수출지향 생산(전체 생산량의 70%)으로의 전환과 차종 증대에 따라 공장가동률은 100%(800대/1일)에 이르고 있다. 2000년 2월 종업원은 2천 명이고, 그중 500명은 3~6개월간 한시적으로 채용되는 기간공(期間工) 노동자이다.

(2) 새로운 생산시스템 및 작업개념의 도입

미야타 공장은 '사람이 주역이고 사람을 중요시하는 공장'의 건설을 목표로 새로운 생산시스템과 작업개념을 도입했다. 미야타 공장은 자기완결공정, 인라인(in-line)형 자동화, TVAL(Toyota Verification of Assembly Line), 작업부담 경감을 위한 저비용 설비 채용, 연속2교대제 등과 같은 새로운 개념을 도입해 노동의 인간화를 추진했다. 기존의 토요타 생산시스템과 달리 노동의 인간화를 목적으로 도입되었던 변화 내용을 중심으로 살펴보면 다음과 같다.

✔ 조립공정의 인간공학적 평가시스템의 도입

작업환경 및 작업자세의 개선에 있어 직무부담을 어떻게 측정할 것이며 어떤 방법을 이용할 것인가는 대단히 중요하다. 그것은 특정 직무에 대해 작업자마다 느끼는 부담이 다르고 스스로 평가하는 것이 곤란하기 때문이다. 이에 미야타 공장은 직무부담을 객관적으로 정량 평가하기 위해 TVAL을 개발·사용했다. TVAL은 토요타의 생산기술부문이 개발한 조립공정의 인간공학적 평가시스템으로서 개별 작업자의 직무부담을 측정하는 지표이다.[8]

---

7) 1992년 12월 공장설립 당시 공장가동률은 50%(약 400대/1일)에 불과했다.

8) TVAL=25.51log(t)+117.61log{f(K,W)}−162.0, 여기서 t=작업의 지속시간, K=작업자세의 어려움, W=부품·공구의 중량.

미야타 공장은 2403건의 조립작업에 대한 객관적 평가를 실시한 결과, 총 175건의 작업이 직무부담이 높은 것(TVAL값 35 이상)으로 나타났다(史世民, 1994: 171). 이러한 조립작업에 대한 집중적인 작업개선이 이루어져 직무부담이 대폭적으로 경감되었고 연령, 성별 등 노동자의 개인차에 관계없이 누구나 손쉽게 할 수 있는 조립작업이 설계되었다. 이처럼 TVAL은 종업원 만족을 위한 생리적 측면의 효율적 개선과 인간공학적 노동의 실현에 활용되었다.

✔ 인라인형 기계 자동화

미야타 공장은 타하라 제4조립공장의 오프라인형 자동화와 대비되는 인라인형 기계 자동화(in-line mechanical automation) 개념을 도입해 인간과 기계의 공존을 실현했다. 인라인형 기계 자동화는 '사람이 기계에 이용당하는 것이 아니라 사람이 기계를 이용한다'는 반자동화(semi-automation) 기술 개념에 기초하고 있다. 예컨대 타하라 제4조립공장의 대표적 자동화 설비였던 엔진·서스펜션 조립의 완전자동화가 미야타 공장에서는 인라인화되어 1개 조(組)가 담당하는 반자동화된 조립라인으로 전환되었다. 타하라 제4조립공장과 마찬가지로 인라인형 기계 자동화 역시 직무부담이 높은 작업공정, 즉 중량(重量) 부품, 볼트사용이 많은 작업, 작업자세가 나쁜 엔진·트랜스미션·서스펜션 조립작업, 타이어 조립 등에 우선적으로 도입되었다.

인라인형 기계 자동화는 부품을 세팅하는 치공구 퍼랫(治工具pallet)과 자동화 설비를 컨베이어 라인의 차체 흐름과 동기화했기 때문에 '자동화 조립작업'을 위해 차체 흐름을 정지시키지 않아도 된다. 즉, 그것은 '정지 자동화'가 아니다. 차체, 치구(治具), 자동화 설비, 부품 등의 위치 결정은 가능한 한 기계적인 방법이 사용되었다. 이러한 자동화는 토요타 생산시스템에서만 보이는 독특한 현상으로서 화상처리장치와 센서를 이용함으로써 고도의 기술과 많은 비용을 필요로 했던 오프라인형 자동화와 아주 대조적이다.

이처럼 미야타 공장의 인라인형 기계 자동화는 생산기술 그 자체의 고도화가 아니라 오프라인형 자동화의 부작용을 경감하는데 초점이 맞추어져 있다. 예컨대 작업자가 자동화 설비의 제어, 점검, 보전 등을 직접 실시함으로써 생산설비에 대한 소유자 의식이 높아지고 자동화 설비의 블랙박스화가 예방되었다.[9] 따라서 인라인형 기계 자동화는 감가상각비 절약에 의한 생산비용의 절감, 설비의 정지시간 단축, 작업자에 의한 지속적인 개선 촉진 등을 통해 생산의 효율화와 노동의 인간화를 동시에 추구하고 있다.

✔ 작업환경 및 작업자세의 개선을 위한 저비용 설비 도입

미야타 공장은 차체 높이를 조절할 수 있는 광폭대차(2m×5m) 컨베이어 또는 작업대(man conveyor)를 설치해 '앞으로 구부리는 작업 및 쭈그려 앉아서 하는 작업자세'를 개선했으며, 작업자의 보행거리를 단축시켰다. 이때 대차의 높이는 광센서에 의해 작업자의 신장에 따라 상하 60cm로 자동조절된다. 이러한 작업대의 개발은 차체를 정지시켜서 조립하는 칼마르(Kalmar)와 우데발라 생산방식을 제외한다면 인간공학적 관점에서 가장 개선된 것으로 높은 평가를 받고 있다(清水耕一, 1995b). 그리고 차 안에 들어가 쭈그려 앉아서 하는 모든 작업은 작업자가 라쿠라쿠(樂樂) 의자에 앉아서 차와 함께 이동하면서 수행함으로써 작업자세를 획기적으로 개선했다.[10] 또한 제품설계와 치구에 대한 개선활동을 통해 과거 차 안에서 하던 작업을 차 외부에서 할 수 있도록 하여 작업의 개방화가 시도되었다. 차체와 함께 이동하는 왜건 대차는 작업자가 부품과 공구를 운반하는 데 필요한 보행거리를 감소시켰다.

---

9) 타하라 제4조립공장의 경험에 기초해서 미야타 공장은 생산과 보전의 일체화를 추진했다. 토요타 본사 공장들과 마찬가지로 라인사이드의 간단한 문제는 작업자가 스스로 해결하고, 보전부문을 축소해 비용을 삭감하자는 논리가 일반적으로 존재한다. 따라서 보전반 인원 자체가 그다지 많지는 않다. 생산현장에 30명이 1직과 2직으로 나누어 일하고 있으며, 공장 전체에는 50~60명이 있다. 이들은 주로 전기보전과 같은 전문 보전활동을 담당하고 있다.

10) 보다 상세한 내용은 윤진호 외(1998) 참조.

이와 같은 작업환경 및 작업자세의 개선을 위한 저비용 설비는 대체로 작업자의 개선 및 창의활동에 의해서 도입되었으며, 생산성 향상과 직무부담 경감을 동시에 달성했다. 특히 작업환경 개선을 위해 대폭적인 공정설계의 변화(새로운 컨베이어 도입, door-less 조립과 작업의 오픈화 등)도 있었지만, 대부분은 특별한 자본투자 없이 통상적인 제안활동에 의해 이루어졌다고 볼 수 있다.

✔ 자기완결공정 도입

미야타 공장은 공정 및 공장설계 측면에서 1km의 장대한 포드주의적 생산라인을 11개 미니라인(mini-line)으로 분할했다.[11] 11개 미니라인의 전체 유효거리는 950m이다. 100m를 표준으로 하는 미니라인은 20개 공정으로 이루어져 있고, 15명 1개 조의 작업집단이 반장 혹은 직장의 책임과 지시에 따라 자기완결적으로 작업을 수행한다. 따라서 11개 미니라인은 11개 조가 각각 담당하는 자기완결공정으로서 각 미니라인의 평균 완결률은 90%이다. 이처럼 자기완결공정은 기능적으로 유의미한 맥락의 추구라는 새로운 원칙에서 작업자가 자신의 역할과 업무를 전체적으로 쉽게 이해하고 노동을 통해 성취감을 얻을 수 있도록 설계되었다.

모든 미니라인은 물리적으로 분리되어 반송시스템으로 연결되고, 라인 간에는 3~5대가량의 차가 대기하고 있어 약 5분 정도의 여유(버퍼)가 있다. 만약 후공정에서 문제가 발생할 경우 반송장치에 버퍼로 있던 자동차가 전공정으로 투입되기 때문에 전공정이 정지되는 일은 거의 없어 라인시스템의 기술적 효

---

11) 토요타 생산시스템의 차체 반송(搬送)은 포드주의 생산시스템의 전통적인 컨베이어 라인에 기초한 연속적 이동조립방식(moving-assembly line)이다. 이런 측면에서 토요타의 조립라인이 독특한 것이 아니고, 메인라인의 전체 길이가 대체로 1km로서 전형적인 포드주의와 비교한다면 짧은 정도에 불과하다. 컨베이어 라인 역시 트림(trim), 샤시(chassis), 파이널 라인(final line) 등 세 부분(segment)으로 이루어져 있다. 그리고 각 부분은 물리적으로 나눠지고 그 사이에는 완충재고(buffer)가 없기 때문에 실제로는 약 1km의 장대한 컨베이어 라인이 연결되어 있는 것과 같다.

율성 및 생산효율성이 제고된다. 기존의 토요타 조립공정에서 문제가 발생해 라인이 정지되면, 거의 1분 이내에 처리되고, 차체공정에서조차 용접로봇이 정지하더라도 95% 이상은 5분 이내에 복귀된다. 특히 조립공정에서 문제가 발생해 작업자가 라인을 정지시키면 전체 생산라인을 정지시키는 결과를 초래해 노동자는 라인정지를 심리적으로 부담스러워한다. 기존 토요타 생산시스템과 비교해 보면, 개별 미니라인의 5분간 여유는 노동자의 심리적 부담을 획기적으로 개선한 것이다.

직무 설계 및 조직 측면에서 보면, 개별 미니라인은 상호 관련 있는 직무묶음으로 구성되어 있다. 이것을 위해 토요타는 조립작업을 108개 하위 카테고리로 분류하고, 직무설계의 수정을 통해 각 조립작업의 하위 범주가 1개 조에서 완결되도록 직무를 재설계했다. 다시 말해서 1개 조가 1개 미니라인 공정을 모두 수행하고, 각 부품의 조립작업은 개별 작업자의 직무에서 완결되도록 설계되었다. 조 범위에서 조장이 개별 작업자의 기능 습숙도에 따라 직무순환과 직업훈련을 결정한다. 개별 작업자는 자신의 공정을 모두 습득하면 다음 공정으로 이동하며 1개 미니라인의 모든 공정을 경험해 직무능력을 향상시킨다.[12] 이처럼 미야타 공장의 개별 미니라인은 직무 습득이 쉽고 기능적으로 완결된 작업으로 편성되어 있다.

개별 미니라인에서 조장은 강한 책임과 권한에 기초해서 라인을 전체적으로 관리하고 문제발생 시 라인을 정지시킬 수 있다. 조장은 미니라인의 작업속도를 어느 정도까지 통제할 수 있다. 하나의 미니라인에서 작업편성은 기존 토요타의 조립공정에서 과장이 전적으로 결정하던 것과 달리 조장의 자주판단에 위임되었다. 미니라인이 자기완결공정이기 때문에 조장의 권한이 분명하고 강화되었으며 작업집단의 자율성이 상대적으로 신장되었다고 볼 수 있다.

---

12) 필자들의 조사결과에 따르면, 라인 내 직무순환은 3개월 1회, 라인 간 이동은 상급노동자에 대해서만 이루어지고, 공정 내 다기능화는 대략 3~5년 정도 소요된다.

(3) 근무 및 임금제도의 개선

✔ 연속2교대제의 도입

과거 토요타는 주야 완전 불연속2교대제(오전 8시~오후 5시/오후 9시~오전 6시)를 실시했다. 이러한 체제에서 여성노동자를 제외한 노동자 전원은 교대로 심야작업을 해야만 했다. 그리고 주간근무의 법정근로가 끝나고 야간근무가 시작되기 전까지의 시간(오후 5시~오후 9시)과 야간근무의 법정근로가 끝나고 주간근무가 시작되기 전까지의 시간(오전 6시~오전 9시) 동안 잔업이 이루어져 장시간 노동과 노동강도 강화가 발생했다. 토요타에서 이러한 잔업노동은 수요변동에 대한 생산량 조절을 위한 유연적 인적자원관리 수단이다. 그런데 미야타 공장은 1995년부터 연속2교대제(오전 9시~오후3시/오후 4시~오전 1시)를 실시해 노동시간의 단축과 심야노동에 따른 육체적 피폐를 방지하고자 했다. 연속2교대제 실시 이후 오전 1시 이후의 심야노동은 완전 철폐되었으며 1직과 2직 간의 교대시간이 1시간에 불과하기 때문에 잔업노동도 원천적으로 불가능해졌다. 이에 따라 연속2교대제는 고령자 및 여성 노동자의 고용증대 효과를 가져와 노동력 부족에 대응할 수 있었다. 그러나 이로 인해 미야타 공장은 잔업시간과 보전시간을 확보하지 못해 생산량의 조절과 생산설비의 보수에 곤란을 겪고 있는 것 또한 현실이다.

✔ 임금 및 인센티브제도의 변화

미야타 공장에서 생산직 임금체계는 기본급 60%, 직능급 40%, 사무직 임금체계는 기본급 40%, 직능급 60%이다. 기본급은 근속연수와 생활비를 고려해서 사정(査定)과 단체교섭을 통해 매년 4월에 결정된다. 직능급은 직위에 의해서 결정되고, 직위 승급과 함께 증가한다. 연속2교대제가 적용되기 때문에 잔업수당은 없다. 특히 직능급은 근속연수의 증가에 따라 임금이 자동적으로 인상되지는 않는다. 먼저 직능급을 결정하는 기준인 직능자격은 일곱 가지가 있으며, 자격 사정은 재적필요연수, 성과, 교육수준, 리더십 발휘능력 등을 기준으로 평가되고 시험은 없다. 따라서 비록 근속연수가 짧은 노동자라도 능력에 따라 높은 자격을 가질 수 있다. 직능급은 성과급의 성격도 띠고 있다. 성과를 결정하는 방법은 사무직의 경우 기획에서 실행에 이르는 전 과정에 대해 이루어지고(사무직 노동자와의 협의를 통해 결정), 생산직의 경우는 개선, 개선의욕, 개선착안을 중심으로 평가된다. 미야타 공장은 규모가 그다지 크지 않기 때문에 주관적 평가 가능성은 거의 존재하지 않으며 개별 노동자의 성과를 객관적으로 측정하는 것이 비교적 용이하다고 한다. 성과를 평가하는 과정에서 계장급 이상은 자신의 성과를 주장할 수 있으며, 생산직 노동자 역시 자신의 성과를 외부적으로 선전할 수 있다.

토요타에서 과거에 실시되고 있던 생산수당이라는 능률향상을 위한 개선활동의 인센티브가 폐지되었다.13) 대신 미야타 공장은 생산, 비용, 품질 및 안전에 관한 개선활동의 인센티브를 주기 위해 PIT(Performance Incentive of Toyota Motor Kyushu)라는 독자적인 인센티브제도를 도입했다. 이 제도는 '생산성 평가 인센티브제도'와 제조원가 관리제도를 토대로 이루어졌으며, 과(課) 단위 직장 간의 적극적 경쟁을 촉진해 창조적이고 활기 넘치는 기업풍토를 조성하고, 원가절감과 품질향상을 과(課) 단위 업적으로 평가하는 것을 목적으로 한다. 이와 같은 평가의 결과는 '제2의 보너스 보상금'으로서 지급되었으며, 1994년 6월 실적에서는 종업원 1인당 5만 엔이 지급되기도 했다(清水耕一, 1995b: 78). 요컨대 PIT는 무리하게 능률을 향상시키는 것이 아니라 재료비를 포함한 총비용 절감을 추구하고 과거 개선활동에 따른 노동강도의 강화와 스트레스에 의한 관리를 해소하고자 하는 기업의 경영 마인드가 순수하게 반영된 것이다.

---

13) 기존 토요타의 임금 및 인센티브 제도에 대해서는 野村正實(1993) 참조.

3) 토요타 생산시스템 진화의 특징

일반적으로 노동위기는 기업의 급진적인 혁신을 유도할 가능성을 안고 있지만, 그것이 필연적으로 다른 새로운 생산시스템으로의 이행을 촉진하는 것은 아니다. 또 진화경로는 노사타협에 의해서 이루어지는가, 아니면 경영자가 일방적으로 결정하는가에 따라 변경될 수 있다. 다시 말해서 기업이 노동위기에 직면해 진화경로를 새로이 설정하는 것은 노사관계 및 기업의 문제인식 수준에 의존한다. 만약 기업이 노동위기에 직면해 과거의 생산모델 내부에서 그것이 해결될 것으로 인식한다면 기존의 생산모델과 생산시스템은 그대로 유지될 것이다. 반면 기업이 기존의 진화경로에 의해 해결될 수 없을 것이라고 인식한다면 과거와 다른 사회-기술 패러다임으로 진화경로를 변경시키게 될 것이다.

〈그림 2-3-3〉에서 보듯이 토요타는 1990년대의 노동위기를 노동시장의 노동공급 부족이라는 차원을 넘어서 생산모델 그 자체의 위기로 자기 진단하고 생산시스템의 진화 필요성을 스스로 인식하게 되었던 것이다. 그것은 1990년대 후반 들어 오히려 노동력의 과잉(특히 간접인원, 화이트칼라)이 문제로 되고 있음에도 불구하고, 토요타는 노사합의를 통해 매력 있는 직장 만들기와 종업원 만족을 장기적인 과제로 설정하고 있다는 점에서 확인된다. 아울러 타하라

〈그림 2-3-3〉 토요타 생산모델 및 생산시스템의 위기와 노동의 인간화 메커니즘

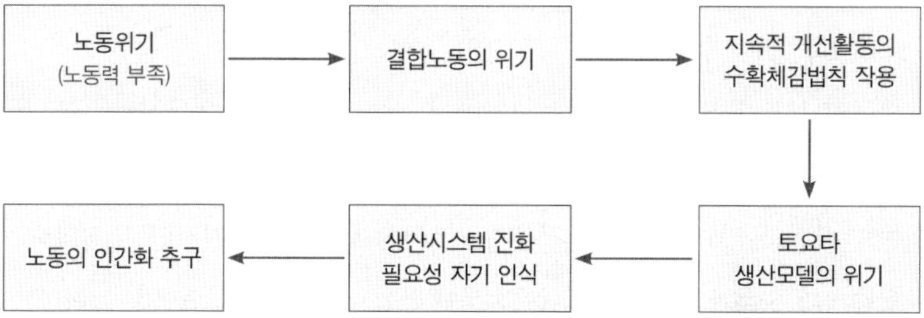

〈표 2-3-1〉 토요타 생산시스템의 진화 내용

기존 조립라인	신 조립라인	명칭
• 연속이동식 컨베이어 조립라인 • 전장 약 1000m(메인라인) • 짧은 싸이클 타임(1~3분) • 트림, 샤시, 파이널 라인의 3개 세그먼트 • 세그먼트 사이에 버퍼를 갖지 않음 • 1개 세그먼트에 복수 작업조직(조) • 1인 작업자의 직무, 1개 조의 직무군에 관계없이 요소작업을 묶어서 생산성 향상 • 조장은 개선 지도 라인관리에서 중심적 역할	• 기본적인 변화 없음 • 기본적인 변화 없음 • 기본적인 변화 없음 • 5~12개 정도의 짧은 세그먼트로 분할 • 세그먼트사이에 차체 버퍼 영역 있음 • 1개 세그먼트에 1조가 기본형, 기능적으로 관련 있는 작업군을 1작업자 혹은 1조로 분담 • 조장의 개선 및 지도 기능을 강화	자율적 완결공정
• 작업부하의 경감을 위한 자동화 • 오프라인 자동화: 차체를 정지시킨 자동화 • 하이테크형 비전 센서식 위치 결정 • NC 방식을 많이 채용 • 다관절 로봇 이용	• 기본적인 변화 없음 • 인라인 자동화: 차체가 움직임 • 메커니컬 방식의 심플한 위치 결정 • 심플한 시컨시 제어를 이용 • 컴팩트하고 심플한 자동기기의 이용	인라인형 기계 자동화
• 품질, 능률, 납기(QCD)에 의한 공정작업 평가 • 질병방지를 위한 '자세중량점' 평가	• 기본적 변화 없음 • 기본적 변화 없음 • 작업부하 측정·평가를 위한 TVAL	TVAL
• 저비용형의 치구와 조력장치의 내부 개발개선 중시	• 기본적 변화 없음 • 신세대의 저비용설비(라쿠라쿠 의자, 왜건 대차, 차체승강장치 등)	작업부하 경감을 위한 저비용 설비 채용
• 토요타의 기본적 인적자원관리 정책 및 방침 • 완전 주야2교대제(로테이션) • 비공식적 다능공 육성제도	• 기본적 변화 없음 • 연속2교대제 • 공식적 다능공 육성제도	인적자원 관리

자료: 藤本隆宏(1998: 308).

제4조립공장의 경험이 미야타 공장의 새로운 조립라인과 노동양식으로의 진화에 머물지 않고, 생산모델을 구성하고 있는 임금제도, 능률관리 등의 혁신으로 이어지고 있다(清水耕一, 1999a). 따라서 토요타 생산시스템의 진화는 타하라 제4조립공장과 미야타 공장에서 고립된 섬으로 머물지 않고 토요타 전체로 확산되고 있는 것이다.

이처럼 노동위기에 대응하는 과정에서 전개된 토요타 생산시스템의 진화(〈표 2-3-1〉)는 기업 특수적 동태능력(dynamic capability)의 산물이다. 그것은 단순한 집권적·합리적 의사결정과정으로서가 아니라, 점진적인 조직학습(조직에 내장된 진화과정)의 메커니즘과 동태적인 진화 능력(능력구축 능력)에 의한 것이다. 토요타의 조직과정은 기업조직 내부에 일종의 진화과정(변이-도태-보존-증식의 메커니즘)을 내장하고 있으며, 그것이 외부환경의 도태압력(경쟁)을 어느 정도 반영하고 있다(藤本隆宏, 1998). 토요타 진화능력의 핵심은 내부 도태 메커니즘을 외부 도태 메커니즘과 잘 일치시키는 것이었다.

토요타는 조립라인의 형태에 관한 노사합의를 거쳐 노동력 부족은 구조적이며 조립라인 그 자체를 변화시키지 않으면 근본적으로 해결할 수 없다는 자기인식에 기초해 노동의 인간화를 지향하게 된 것이다. 토요타에서 노동위기는 사회·경제적 환경변화에 대한 경영진과 생산현장의 문제인식에 있어 중요한 모토로서 생산시스템 진화의 직접적 계기로 작용하게 된 것이다. 이처럼 토요타의 기업조직은 도태에서 중요한 스크리닝 기능을 가진 현장이 외부환경(제품시장, 노동시장)의 위기적 상황과 경쟁압력을 아주 잘 반영하고 있다. 따라서 토요타 생산시스템의 진화는 노동위기와 같은 외부적 환경변화와 생산시스템의 구조적 한계에 대한 자기인식 능력, 경영진과 생산현장의 동태적 진화능력에서 기인한 것이다.

5. 일본식 노동의 인간화의 특징과 한계

1) 일본식 노동의 인간화의 특징

세계 자동차 산업에서 테일러-포드주의 노동에 따른 생산의 비효율성을 극복하고자 했던 2개의 대조적인 모델이 존재했다. 하나의 모델은 기계 자동화보다 인간노동의 중요성을 증대시키면서 테일러주의의 단순반복적 노동을 극복하려 했던 볼보자동차의 칼마르 공장(1974년)과 우데발라 공장(1985년)의 팀 생산방식이다. 다른 모델은 기계설비의 자동화 수준을 극한까지 증대시킨 폭스바겐의 볼프스부르크 공장(1983년) 및 피아트 자동차의 카시노 공장(1988년)

〈그림 2-3-4〉 노동의 인간화 전략에서 미야타 공장의 위치

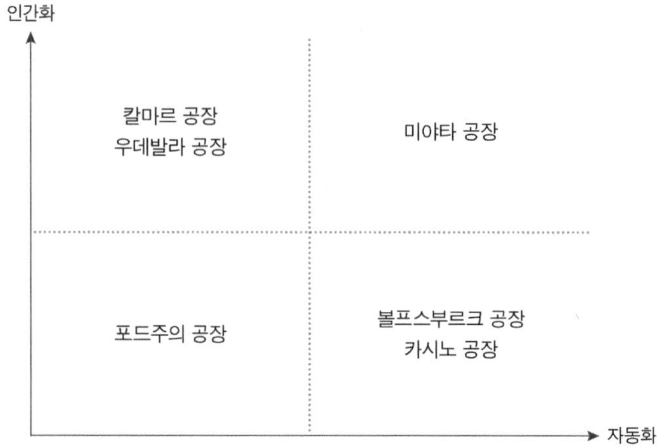

의 고도 자동화 생산방식이다. 이런 측면에서 1990년대 미야타 공장의 노동의 인간화 전략은 기계 자동화 중심적인 볼프스부르크 및 카시노 공장과 인간 중심적인 칼마르와 우데발라 공장의 중간 형태라고 볼 수 있다(〈그림 2-3-4〉 참조).

1960년대 후반 스웨덴에서 노동시장의 압박과 포드주의 흐름작업에 대한 노동자의 거부감은 노동력 부족과 높은 결근율 및 퇴직률로 나타났다. 이에 볼보자동차는 1974년 칼마르 공장에서 컨베이어 라인을 폐지하고 '장인주의의 원리에 기초한 팀 생산방식'을 도입해 노동의 인간화를 위한 새로운 실험을 실시했다. 컨베이어 라인의 폐지는 볼보 경영진의 노동력 부족에 대한 자기인식과 결정에 따른 것이다. 1985년 팀 생산방식은 우데발라 공장에 보다 철저하게 적용된 결과, 생산성은 거의 변화하지 않았지만 결근과 퇴직은 감소하고 작업의 자율성이 향상되어 작업자의 일할 기분이 증대함으로써 노동의 인간화를 실현했다. 이처럼 칼마르와 우데발라 공장의 반성적 생산방식은 생산에 대한 통합적이고 전체적이며 위엄 있는 접근법으로서 기술적으로 실현 가능하고, 사회적으로 바람직하며, 시장수요와 양립할 수 있는 것으로 간주되었다(Berggren, 1992).

우데발라 공장의 작업자는 볼보의 다른 조립공장보다 짧은 시간에 동일한 모델을 조립해 상대적으로 높은 생산성을 보였다(Freyssenet, 1997). 10명의 작업자로 구성된 팀이 1일 4대를 생산하고 있어 자동차 1대 조립에 필요한 인원은 2.5명이다. 반면 전통적인 토요타 조립라인에서는 500명의 작업자가 1일 400대를 생산해 자동차 1대당 필요한 조립인원은 1.25명으로 볼보에 비해 생산성이 2배 높다는 것을 알 수 있다(史世民, 1994: 186). 우데발라 공장은 유럽에서 일류를 지향했지만, 일본 자동차 메이커는 물론이고 세계적 수준의 생산성에는 도달하지 못했다. 1992년 볼보는 스웨덴 경제의 급속한 하락과 자동차 시장의 붕괴 및 수출감소에 따라 노동시장의 변화에 더 이상 대응해야 할 필요성을 가지지 못했고 칼마르 공장에 이어 우데발라 공장을 폐쇄했다(Berggren, 1998).[14)]

피아트는 1969년 연동임금제의 도입, 1971년 노동편성·작업배치 및 작업속도에 대한 노동조합의 통제를 인정한 노사협정 이후 임금상승과 생산성 저하를 경험하게 된다. 특히 1973년 석유위기에 의한 자동차 수요 감소로 피아트는 경영의 압박을 받는다. 이러한 노동위기를 극복하기 위해 피아트의 경영진은 카시노 공장에서 포스트 포드주의의 고도 자동화 생산방식을 통해 노동의 인간화를 추구하게 된다(Bonazzi, 1994). 피아트는 품질 및 생산성 향상, 위험한 중노동의 자동화를 통한 노사분쟁의 원인 제거, 노동조직에 대한 노동조합의 통제 약화, 노동자에 대한 노동조합의 영향력 약화를 목표로 하고 있었다. 피아트의 고도 자동화는 노동조합의 합의 혹은 협의를 거치지 않고 그것의 무력화를 위한 경영진의 일방적 자기판단에 기초하고 있다. 폭스바겐은 볼프스부르크 공장의 14개의 서브 조립라인에서 부품을 모듈화해 차체에 자동적으로 조립할 수 있는 대규모 자동조립공정을 건설했다. 폭스바겐은 Golf 모델을 생산하면서 과거 조립라인의 기계화가 5%에서 20%로 높아졌으며, 자동화율

---

14) 칼마르 공장은 1996년, 우데발라 공장은 1997년 생산활동을 재개했다.

은 30%에 이르게 되었다고 한다. 그것은 바퀴, 배터리, 연료계통, 브레이크, 배기계통, 파워트레인 등에 집중적으로 이루어졌다(Jürgens, Malsch, and Dohse, 1992).

그러나 고도 자동화 생산방식에 의한 노동의 인간화는 모듈화에 따른 부가적 부품 및 중량의 증대를 낳았다. 반송장치의 완전자동화가 이루어지지 않아 조립라인 작업자의 소외감은 오히려 증대되는 결과를 가져왔다. 그리고 부품 모듈화 및 그것의 자동조립설비는 경직성으로 인해 다품종 생산에 적합하지 않고, 그것의 투자비용 또한 적지 않았다. 토요타 타하라 제4조립공장의 완전 자동화에서 일어났던 문제들이 이미 여기서 발견되었다고 볼 수 있다. 피아트 카시노 공장의 일본식 생산관리 및 인적자원관리 방식의 도입은 그것을 증명하고 있다.

볼보의 칼마르와 우데발라 공장의 팀 생산방식은 인간 중심적이었지만, 부족한 기계화와 자동화로 인해 생산성에서 취약함을 보였다. 다른 한편 폭스바겐 볼프스부르크 공장과 피아트 카시노 공장은 극단적인 자동화와 기계화로 인해 기계와 인간의 공존을 궁극적으로 실현하지 못했으며, 과도한 설비투자에 대한 부담 또한 극복하지 못하는 한계를 낳았던 것이다. 비교론적 차원에서 보면, 미야타 공장은 전통적인 포드주의 생산라인의 기본개념 위에 자율적 자기완결공정의 원리를 추가해 자동화의 생산성 이익을 놓치지 않으면서 노동의 인간화의 가능성을 실현하고 있는 것이다. 따라서 토요타 미야타 공장은 상품시장 및 노동시장에 적응하면서 이윤전략을 충족시켜 주는 차원에서 인간과 자동화의 동시 만족을 추구하고 있다고 볼 수 있다. 결국 인간주의적 합리성과 생산주의적 합리성을 동시에 추구하는 것이 일본식 노동의 인간화 전략의 가장 중요한 특징이라고 볼 수 있다.

2) 일본식 노동의 인간화의 한계

토요타자동차의 미야타 공장이 스웨덴 볼보자동차의 팀 생산방식과 폭스바겐 및 피아트의 노동의 인간화 전략의 한계를 완전히 극복한 전혀 새로운 프로젝트라고 보는 것은 오류이다. 왜냐하면 일본식 노동의 인간화 전략은 다음과 같은 근본적 한계를 안고 있기 때문이다. 첫째, 자기완결공정은 기존 조립라인을 복수의 미니라인으로 분할해 각 조립부분(segment)을 기능적·물리적·조직적으로 상호 분리했음에도 불구하고 컨베이어 라인의 연속적인 흐름작업을 근본적으로 극복하지는 못했다. 이른바 포드주의 조립라인과의 개념적 연속성은 그대로 유지되고 있어 단순반복적 노동의 한계를 극복하지 못했다는 비판이 제기되고 있다(Berggren, 1992; Kochan, Lansbury, and MacDuffie, 1997). 우데발라와 칼마르 공장처럼 컨베이어 라인의 철폐 없이 짧은 사이클타임(2분)에서 지속적 반복작업은 필연적으로 직무부담을 증가시킬 가능성을 안고 있다는 것이다(Bender, 1996).[15] 그러나 연속적인 흐름작업의 폐지는 양산체제에서 지속적 비용절감을 지향하는 토요타의 이윤전략과 생산모델의 근본적 패러다임 전환을 의미하는 것으로서 현실적으로 불가능한 프로젝트이다.

둘째, 중근(重筋)노동과 작업자세 부담의 개선에도 불구하고 동일 사이클타임에서 직무 및 예비직무가 세분화된 요소작업의 묶음으로 구성되어 있어 요소작업수의 증대에 따른 새로운 과밀노동의 문제가 제기될 소지를 갖고 있다. 조립공정의 인간공학적 평가시스템(TVAL)의 도입으로 작업환경 및 작업자세가 개선된 만큼 개별 직무(job)에 낮은 난이도의 요소작업이 증대함에 따라 새로운 직무부담의 발생 가능성이 있다. 그것은 일본식 노동의 인간화 전략이 '직무부담의 경감과 생산의 효율화'를 추구하면서도 생산공정에서 '여유시간

---

15) 승용차 조립공장에서 2분의 택트타임은 상대적으로 긴 시간이라고 볼 수 있다. 1분 전후가 일반적이다.

제로(zero) 원칙'을 여전히 유지하고 있기 때문이다.

셋째, 노동의 인간화와 노동조합의 역할에 관한 것이다. 일본식 노동의 인간화 전략은 노동조합을 포함한 사회적 규제가 미약한 조건에서 노동시간이나 작업밀도가 노동자의 육체적·정신적 한계와 기업의 경제적 이익이라는 균형점에서 유지되고 있다. 이것은 토요타가 노동의 인간화 전략을 추구하고 있음에도 불구하고 노동시간, 노동밀도, 교대제, 반복작업 등에서 여전히 많은 문제점을 지니고 있다는 의미이다. 생산량의 변동에 따라 라인 택트타임이 언제든지 변화될 수 있기 때문이다.[16] 노동자의 육체적 한계와 기업의 경제적 이익의 균형이 붕괴된다면, 기업은 또다시 노동력 부족과 높은 퇴직률을 경험하게 될 것이며, 노동력의 채용 및 양성에 대한 투자비용과 노동의욕 상실에 따른 생산능률 저하로 인해서 기회비용이 경제적 이익을 상회하는 상황이 도래할 가능성 또한 남아 있다고 본다.

마지막으로 토요타 생산시스템의 진화에서 개선활동이 갖는 근본적 한계와 관련된다. 1990년대 이후 토요타의 개선활동은 능률향상을 통한 원가절감뿐만 아니라 노동의 인간화라는 목표를 동시에 추구하고 있다(Shimizu, 2000). 저비용 기계 자동화 설비의 도입에서 알 수 있듯이 대체로 그것은 현장감독자와 작업자에 의한 개선활동의 산물이라는 점이다. 이처럼 기존의 경직적인 오노주의 개선원리(大野耐一, 1994)에서 벗어나서 노동의 인간화의 수단으로 개선활동이 새롭게 전환되고 있지만, 개선활동으로 인한 노동강도의 증대 가능성은 여전히 존재하는 것이다.

---

16) 2000년 2월 라인 택트타임이 1992년 2.7에서 1.75로 증가했다. 이것에 대해 미야타 공장의 관계자는 라인 속도증가에 따른 노동강도의 강화는 일어나지 않고 있다고 한다. 1992년부터 1996년까지는 1직만 생산에 투입되었으며 나머지는 본사에 보내거나 출향(出向)을 했다고 한다. 뿐만 아니라 비정규직 500명(3~6개월의 기간공)을 채용해 인원을 보충하고 있기 때문에 직접적인 노동강도의 증대는 없다고 한다.

6. 결론: 한국 자동차 산업에 대한 함의

1980년대 후반 이후 한국 자동차 산업은 생산설비 및 생산관리, 작업조직 등 생산시스템 전반에 걸쳐 일본식 생산방식 및 기법을 도입해 활용하고 있으며, 생산시스템의 일본화 수준 역시 서구 자동차 메이커에 비해 높은 수준에 도달해 있다. 그러나 국내 자동차 산업에서 일본식 생산방식은 그것의 핵심적 구성요소인 노동자의 자발적 참여를 유도하는 제도적 장치가 마련되지 않은 채 자본의 효율성과 합리화를 위한 수단으로 이용되는 측면이 강하다(주무현, 1998). 이런 측면에서 볼 때, 한국 자동차 산업에서 일본식 생산방식은 높은 생산성과 효율성을 지향하는 '경쟁력 추구형' 수단으로만 인식되었을 뿐, 앞서 논의했던 일본식 노동의 인간화 전략은 전혀 고려되지 않았다고 볼 수 있다. 아울러 1990년대 초반 대우자동차의 사례에서 알 수 있듯이 설비자동화 역시 포드주의 생산라인의 효율성을 보강시키기 위한 수단으로서 주로 인력절약과 노사분규에 대응하기 위한 '노동배제적 자동화'의 성격이 강했다(윤진호, 1997).

이와 같은 현상은 과거 한국 자동차 산업이 양적 확대를 통한 규모의 경제성을 기반으로 하여 중저가 제품의 대량생산을 추구하는 '성장지향형' 생산시스템에 의존해 왔기 때문이다. 특히 국내 완성차 생산업체는 IMF 경제위기 이후 노동시장에서 노동력의 공급과잉과 상대적 고임금으로 인해 노동력 부족을 경험하지 않고 있으며, 가까운 미래에 이러한 상황은 변하지는 않을 것으로 보인다. 그리고 일반적인 예상과 달리 2000년 한국 자동차 산업은 내수와 수출시장의 호조로 자동차 생산량이 313만 대에 달해 세계 5위 생산국으로서 위치를 굳히게 되었다. 따라서 현재와 같은 독점적 내수시장이 유지되고 북미 수출시장이 안정적인 증가 추세를 보이며, 경제위기로 인한 노동력 공급과잉이 그대로 유지된다면, 노동자 친화적이고 인간공학적인 자동화와 작업환경 구축을 위한 기업의 노력이 현실화될 것이라고 기대하기 어려울 것이다.

그러나 한국 자동차 산업은 과잉설비 및 과잉생산, 품질혁신 등에 대한 혁

〈표 2-3-2〉 주요 국가의 주당 노동시간

(단위: 시간)

국가	기준	노동시간	기준 연도	국가	기준	노동시간	기준 연도
대만		45.6	1998	요르단	지불	58.3	1995
태국	실제	45.4	1995	이집트	지불	57.0	1996
홍콩	실제	44.0	1998	수단	지불	56.1	1992
필리핀	실제	43.7	1998	스리랑카	지불	54.7	1998
영국	지불	41.8	1998	마카오	실제	51.8	1997
미국	지불	41.7	1998	터키	실제	51.2	1998
체코	실제	40.9	1997	한국	실제	50.0	1999
프랑스	실제	38.6	1994	싱가포르	지불	48.4	1998
호주	실제	38.6	1998	미얀마	실제	46.8	1997
독일	지불	37.7	1998	인도	실제	46.7	1996
일본	실제	37.5	1998	멕시코	실제	46.0	1998
네덜란드	지불	37.0	1995	방글라데시	실제	46.0	1995
중국	실제	31.2	1997	남아프리카	지불	45.8	1995

주: '실제'는 실제 노동시간, '지불'은 임금으로 지불된 노동시간을 의미함.
자료: 민주노총(2000).

신적 조치를 구체화하지 못하고 있다. 이러한 상황에서 1990년대 후반 이후 비용절감과 구조조정에 의한 인원정리가 이루어졌으며, 지속적인 생산량 증가에 따른 장시간 노동, 심야노동, 과밀노동, 과중한 작업부담으로 고통받고 있는 것이 현실이다(윤진호 외, 1998). 〈표 2-3-2〉에서 보이는 것처럼, 한국 노동자의 주당 노동시간은 영국, 미국, 일본, 프랑스 같은 주요 선진국에 비해 월등히 높을 뿐만 아니라 경쟁 상대국인 싱가포르, 대만보다 높다는 것을 알 수 있다. 특히 한국노동연구원의 분기별 '노동동향분석'(2000년 4/4분기)에 따르면, IMF 경제위기 이후 노동시간이 꾸준히 증가해 1999년 후반부터는 급격하게 증가하고 있는 것으로 나타났다.

근로조건과 산업재해에 관한 한 국내 완성차 생산공장은 쾌적한 작업환경 개선과는 사뭇 거리가 있다고 보아야 할 것이다. 기업은 산업안전과 노동자의 건강에 대해 거의 관심을 기울이지 않고 있으며, 제조공정은 위험한 요소들이 산재해 있는 것이 현실이다. 지난 2000년 11월 현대자동차 정공본부 노동자들이 차체 생산작업으로 인해 발생한 근골격계 질환의 직업병 인정을 요구하면서 근로복지공단 울산지사를 점거, 농성한 것은 이를 반증하고 있다.[17] 단순반복적이고 불편한 자세의 조립노동으로 인한 직업병 발생에 대해 연구한 이윤근(2000)에 따르면, 국내 완성차 생산공장에서 근육골근계 장애의 양성자수가 조사대상 노동자의 65%에 달했다.[18] 작업공정별로는 차체, 트림, 샤시, 파이널 등 조립라인 작업자 대부분이 증상을 호소하는 것으로 나타났다. 국내 완성차 생산업체 노동자의 가처분 소득수준은 이탈리아와 독일 노동자의 그것에 못지않음에도 노동환경은 거의 개선되지 않은 답보상태에 머물러 있으며, 노동조합 역시 노동의 인간화에 대한 체계적인 대안을 가지고 있다고 보기 어렵다.

국내 자동차 산업에서 노동의 인간화는 높은 산재발생률, 장시간 노동, 열악한 작업환경을 극복하기 위한 수단으로서 이미 그 필요성은 제기되고 있는 형편이다. 그리고 자동차 산업에서 노동의 인간화는 단순히 쾌적한 작업환경 및 작업조건의 구축이라는 노동의 인간화 그 자체의 의미보다는 노동자의 창의성과 자발성의 발휘 및 숙련향상의 전제조건이라는 점에서 고려되어야 할 것이다. 아울러 노동조합도 당면한 고용불안의 해소와 임금인상을 통한 삶의 질 개선을 넘어서 보다 인간답고 쾌적한 작업환경 개선을 통한 노동생활의 질 개선 차원으로까지 그 활동영역을 확장시켜 나가야 할 것이다. 다시 말해서 기업과 노동조합이 불편하고 고통스러운 단순반복적 포드주의 노동과 상대적 '고임금'을 교환하는 낡은 포드주의 노사타협을 넘어서는 새로운 기업시스템을 구축하기 위해 공동의 노력을 기울이지 않고서는 21세기 한국 자동차 산업의 생산성과 경쟁력은 혁신되지 않을지도 모른다.

---

17) 한국노동사회연구소, ≪주간 자동차 동향≫, 제7호(http://car.klsi.ofg).

18) 공식적인 직업병명은 누적외상성질환(Cumulative Trauma Disorders: CTDs, 일명 경견완장애)이다. 즉, 단순반복적 작업, 불편하고 부자연스러운 작업자세, 강한 노동강도, 작업 시 요구되는 과도한 힘, 손과 팔 부위에 작용하는 과도한 진동 등의 원인으로 목, 어깨, 팔꿈치의 관절 부위를 중심으로 근육과 혈관, 신경에 미세한 손상이 생겨 통증과 감각이상을 느끼는 근육골근계의 만성적 장애를 일컫는 말이다.

참고문헌

김수행 외. 2000.「탈현대시대 한국경제」. ≪사회경제평론≫, 제15호.

민주노총. 2000.11.『노동시간 단축의 쟁점』. 정책 자료집.

윤진호. 1995.「한국에서의 일본식 생산방식의 도입과 노동자: 대우자동차의 사례를 중심으로」. ≪산업노동연구≫, 제1권 제1호.

윤진호. 1997.「자동차 산업에서 일본식 생산방식의 도입과 그 한계」, ≪산업노동연구≫, 제3권 제2호.

윤진호 외. 1998.『한국 자동차 산업의 구조변화와 과제』. 새날.

이윤근. 2000.「근골격계질환과 노동자 건강」. ≪주간 자동차 동향≫, 제13호.

조돈문. 1998.「독일 자동차 산업의 생산방식 합리화와 노동의 인간화」. ≪산업노동연구≫, 제4권 제1호.

조효래. 1998.「서구 자동차 산업에서 린 생산방식의 확산: 일본적 생산방식의 적용과 적응, 지양」. ≪산업노동연구≫, 제4권 제1호.

주무현. 1998.「한국 자동차 산업 생산체제의 일본화」. ≪동향과 전망≫, 통권38호 여름호.

주무현. 2000.「일본 생산방식의 새로운 실험」. mimeo.

大野耐一. 1999.『トヨタ生産方式: 脫規模の經營をめざして』. ダイヤモンド社.

藤本隆宏. 1998.『生産システムの進化論』. 有斐閣.

藤本隆宏·武石彰. 1994.『自動車産業21Cシナリオ』. (이두환 옮김. 1995.『자동차 산업 21세기 시나리오』. 21세기북스)

藤本隆宏·西口敏宏·伊藤秀史. 2000.『リーディングスサプライヤーシステム』. 有斐閣.

林正樹. 1998.『日本的經營の進化』. 稅務經理協會.

小川英次. 1994.『トヨタ生産方式の研究』. 日本經濟新聞社.

野村正實. 1993.『トヨティズム ―日本型生産システムの成熟と變容』. ミネルヴァ書房.

影山僖一. 1995.『經濟發展論: 自動車産業の技術革新と國際化』. 稅務經理協會.

日本自動車總連. 1998.「ワークビジョン21」.

淺生卯一 外. 1999.『社會環境の變化と自動車生産システム』. 法律文化社.

淸水耕一. 1995a.「トヨタ自動車における勞働の人間化(I)」. ≪岡山大學經濟學會雜誌≫, 第27券1號.

淸水耕一. 1995b.「トヨタ自動車における勞働の人間化(II)」. ≪岡山大學經濟學會雜誌≫, 第27券2號.

淸水耕一. 1999a.「現場が作る組立ライン(I)」. ≪岡山大學經濟學會雜誌≫, 第30券3號.

淸水耕一. 1999b.「現場が作る組立ライン(II)」. ≪岡山大學經濟學會雜誌≫, 第30券4號.

淸水耕一. 1999c.「企業への「制度の政治經濟學」的アプローチ」. ≪制度の政治學の體系化≫. 研究成果報告書.

淸水耕一. 1999d.「企業システムにおけるバイファケーシュンとイニーシア:自動車産業における事例」. 岡山大學 經濟學部 working paper.

丸山惠也 編. 1997.『アジアの自動車産業』. 亞紀書房.

Appelbaum, E. and R. Batt. 1994. *The New American Workplace: Transforming Work Systems in the United States*. ILR Press: Ithaca, New York.

Bender, J. 1996. "Leaving Lean? Recent Changes in the Production Organization of Some Japanese Car Plants." *Economic and Industrial Democracy* Vol. 17, SAGE.

Berggren, C. 1992. *Alternatives to Lean Production: Work Organization in the Swedish Auto Industry*. ILR Press: Ithaca, New York.

Berggren, C. 1998. "A Second Comeback or a Final Farewell? The Volvo Trajectory, 1973-94." in M. Freyssenet, A. Mair, K. Shimizu, and S. Tolliday. *One Best Way? Trajectories and Industrial Models of The World's Automobile Producers*. Oxford.

Bonazzi, G. 1994. "A Gentler Way to Total Quality? The Case of the 'Integrated Factory' at Fiat Auto." in T. Elger and C. Smith.(eds) *Global Japanization?: The Transnational Transformation of the Labour Process*. Routledge.

Boyer, R. and M. Freyssenet. 1999. "Different Paths for Auto-makers at the Turn of the Century." IMVP Sponsors Meeting. Cambridge.

Boyer, R. and M. Freyssenet. 2000. "The World That Changed the Machine." Paper Prepared for 8th International Meeting of the GERPISA: Paris.

Boyer, R., E. Charron, U. Jürgens, and S. Tolliday. 1998. *Between Imitation and Innovation: The Transfer and Hybridization of Productive Models in The International Automobile Industry*. Oxford.

Freyssenet, M. 1997. "Two New and Contrasting Ways of Producing Cars: Uddevalla and Hambach. What Does the Future Hold for Them in the New World Automobile Environment?" *La Lettre du GERPISA* 113.

Freyssenet, M. and Y. Lung. 2000. "Between Globalization and Regionalization: What is The Future of Automobile Industry?" in J. Humphrey, Y. Lecler, and M. Salerno. *Global Strategies and Local Realities: The Auto Industry in Emerging Markets*. Macmillan.

Freyssenet, M., A. Mair, K. Shimizu, and S. Tolliday. 1998. *One Best Way? Trajectories and Industrial Models of The World's Automobile Producers*. Oxford.

Hollingsworth, R. and R. Boyer. 1998. *Contemporary Capitalism: The Embeddedness of Institutions*. Cambridge University Press.

Jürgens, U., T. Malsch, and K. Dohse. 1992. *Breaking From Taylorism: Changing Forms of Work in The Automobile Industry*. Cambridge University Press: New York.

Katz, H. 2000. "Convergence and Divergences in Employment System." Prepared for Presentation at the Korean Labor Institute Conference on Industrial Relation in the 21st Century: Manufacturing Commitment to Work Innovations: Seoul.

Kochan, T. 2000. "Employment Practices and Institutions for a Knowledges Based Economy: Lesson from U.S. Experiences."『21세기 새로운 노사관계 패러다임 구축을 위한 국제학술

회의』 자료집. 노동부·한국노동연구원.

Kochan, T., R. Lansbury, and J. MacDuffie.(ed.) 1997. *After Lean Production: Evolving Employment Practices in The World Auto Industry*. New York. ILR Press.

Liker, W., Mark Fruin and Paul S. Adler.(ed.) 1999. *Remade in American: Transplantation and Transforming Japanese Management System*. New York: Oxford University Press.

MacDuffie, J. and F. Pil. 1996. "From Fixed to Flexible: Automation and Work Organization Trends from the International Assembly Plant Survey." IMVP Working Paper.

Nomura, M. 1992. "Farewell to Toyotism?: Recent Trend of a Japanese Automobile Company." Report No. 1992-1, Department of Economics, Okayama University.

Parker, M. and J. Slaughter. 1988. *Choosing Sides: Unions and the Team Concept*. South End Press. (강수돌 외 옮김. 1996. 『팀 신화와 노동의 선택』. 강)

Rehder, R. 1994. "Saturn, Uddevalla and the Japanese Lean Systems: Paradoxical Prototypes for the Twenty-first Century." *International Journal for Human Resource Management*, 5(1).

Shimizu, K. 1998. "A New Toyotaism?" in M. Freyssenet, A. Mair, K. Shimizu, and S. Tolliday. *One Best Way? Trajectories and Industrial Models of The World's Automobile Producers*. Oxford.

Shimizu, K. 2000. "Transforming Kaizen at Toyota." Okayama University Working Paper.

Turner, L. and P. Auer. 1994. "A Diversity of New Work Organization; Human-centered, Lean and In-Between." *Industrielle Beziehungen*, 1(1).

Womack, J. P. et al. 1990. *The Machine That Changed the World*. Macmillan. (현영석 옮김. 1991. 『생산방식의 혁명』. 기아경제연구소)

제4장

자동차 산업에서 일본식 생산방식의 도입과 한계*

대우자동차 NAC 2단계 운동의 사례연구

1. 머리말

한국의 자동차 산업은 그동안 급속한 자동차 보급과 수출 증대에 힘입어 고도성장을 지속해 왔다. 1970년에 2만 9천 대에 불과했던 한국의 자동차 생산대수는 1996년에는 280만 대를 넘었고 세계 제5위의 자동차 생산대국으로 등장했다.

그러나 최근 한국의 자동차 산업이 내수 정체와 수출 부진에 시달리면서 과잉생산, 과잉설비가 현재화되고 재고가 누적되는 등 일대 위기를 맞게 됨에 따라 자동차 각사는 구조조정, 고용조정에 나서는 한편, 기업 합리화와 신경영전략의 도입, 노동통제의 강화 등 일련의 대노동공세를 취하고 있다. 이러한 자동차 산업의 신경영전략은 기본적으로 일본식 생산방식과 경영기법의 도입이라는 형태로 나타나고 있다. 그러나 이러한 일본식 생산방식의 도입은 노동자

---

* ≪산업노동연구≫, 제3권 제2호(한국산업노동학회, 1997)에 게재되었다.

의 고용과 생활을 불안정하게 만들고, 노동강도와 노동밀도를 일층 강화시키며 또한 산업재해를 야기하는 요인으로 작용하고 있다. 이러한 근로조건의 악화에 대한 노동자와 노동조합의 반발은 다시 자동차 산업 노사관계의 불안정을 야기함으로써 한국의 자동차 산업 발전을 불안정화하는 요인으로 작용하고 있는 것이다.

물론 경제위기로 인한 구조조정, 고용조정은 선진국의 자동차 산업이 우리보다 먼저 겪었던 일이다. 그러나 선진국의 경우는 최근 자동차 산업의 노사관계에 커다란 변화의 바람이 불고 있음을 인식해야 할 것이다. 즉, 경영합리화의 진행 가운데서도 선진 각국의 노사 양측은 경쟁력 강화를 위해서는 무엇보다도 노동자의 숙련향상과 자발적·창의적 노동이 필수이며 이를 위해서는 노동의 인간화와 노동자의 자율성 증대 및 경영참가가 필요하다는 데 인식을 같이하고 이를 위한 다양한 참여경영제도를 도입하고 있다. 예컨대 미국의 새턴자동차에서 보는 노동자참여제도, 일본의 토요타자동차에서 나타나고 있는 새로운 인간존중 생산방식의 도입 등이 그것이다.

반면 한국의 자동차 기업들은 일본식 생산방식의 도입에는 열심이면서도 일본 자동차 기업의 노동의 인간화 프로그램에 대해서는 거의 무관심한 형편이다.

대우자동차의 경우에도 사정은 마찬가지이다. 한국 자동차 산업의 뿌리라고도 할 수 있는 새한자동차의 맥을 잇고 있는 대우자동차는 설립 이후 지금까지 수많은 우여곡절을 거치면서도 여러 어려움을 극복해 왔다. 특히 1992년 시작된 NAC도전운동과 1996년 하반기 이후 신차종의 잇따른 출시와 품질향상, 서비스 향상 등의 요인이 복합되어 자동차 산업 전체의 불황 가운데서도 판매 돌풍을 일으키는 등 외부의 주목을 모으고 있는 것이 사실이다. NAC도전운동은 그 기본개념의 설정과 생산방식, 노무관리, 노사관계의 여러 영역에서의 실천 내용 등 다양한 면에서 '낭비 없는 생산'을 지향하는 일본식 생산방식을 의식적으로 도입하려는 시도였다는 점에서 관심을 끈다(윤진호, 1995).

NAC도전운동은 1단계의 도입기를 거쳐 2단계의 정착기에 들어섬으로써 일정한 성과를 거두고 있는 것으로 평가할 수 있다. 그러나 다른 한편으로 경쟁력 향상을 최우선목표로 하는 일본식 생산방식과 '경쟁력 추구형' 경영전략은 대우자동차의 성장의 밑거름이 되어 온 생산직과 사무직 종업원들에게는 근로조건의 악화와 고용불안을 가져오는 요인으로 작용하고 있다. 급속한 생산 증대에 따른 계속적인 노동강도 증대와 장시간 심야노동의 강행으로 노동자의 정신적·육체적 피로도가 극에 달하고 있으며, 산재가 빈발하고 있다. 많은 노동자들은 산업구조 조정에 따른 고용불안의 가능성에 대해 우려하고 있으며 그러한 불안은 이미 신규채용 동결, 외국인 연수생과 용역노동자의 증가 등으로 일부 현실화되고 있다. 그동안의 임금상승에도 불구하고 인사제도의 미비와 불공정성에 대한 노동자들의 불만도 높은 편이며 작업현장에서의 열악한 노동환경과 노동통제 강화에 대해서도 많은 노동자들이 우려를 나타내고 있다. 지난 5년간의 연속 무분규 임금협상 타결에도 불구하고 노사관계의 불안 역시 상존하고 있다. 설문조사 결과 많은 노동자들은 회사가 노동조합을 정당한 파트너로 대우하기보다는 생산성 향상의 걸림돌로 인식하고 있으며 노동조합에 대해 적대적 태도를 취하고 있다고 비판하고 있다.

이 글은 한국 자동차 산업에서 일본식 생산방식의 도입과 그것이 가져온 문제점을 대우자동차의 사례연구를 통해 밝히고자 하는 데 목적이 있다. 대우자동차는 국내 자동차 각사 가운데 일본식 생산방식의 도입을 가장 의식적이고 적극적으로 시도하고 있다는 점에서 사례연구의 대상으로 적절하다고 하겠다. 필자는 이미 대우자동차의 NAC도전운동의 1단계에서 일본식 생산방식의 도입실태 및 그것이 노동자에게 미치는 영향에 관해 살펴본 바 있다(윤진호, 1995). 이 글은 그 후속연구로서 주로 NAC도전운동의 2단계를 중심으로 대우자동차에서 일본식 생산방식의 도입실태와 그 한계를 살펴볼 것이다.

이 글은 필자가 연구책임자가 되어 대우자동차 노동조합과 한국사회과학연구소의 공동연구로서 수행된 실태조사에 바탕을 두고 있다(대우자동차 노동조합, 한국사회과학연구소, 1997).[1] 이 연구를 위해 대우자동차 노조원들을 대상으로 대규모 설문조사를 실시했다. 모집단을 대우자동차 노동조합원 전체(지부 포함)로 하고 부서별·직종별·연령별 비례분포에 의거해 표본을 선정했다. 조사는 노동조합 기획연구실의 주관하에 각 부서 대의원의 협조를 얻어 1997년 4월 말~5월 초에 걸쳐 실시되었다. 총 5천 부의 설문지를 배포해 2391매가 회수되었다. 설문내용은 근무시간과 근무제도, 인사제도, 하청제도, 생산방식, 노동조합활동, 인적사항 등이다. 한편 대우자동차 노동자들의 노동과정과 생활실태에 대한 심층연구를 위해 대우자동차 회사 관계자, 조합간부, 대의원, 현장노동자, 해고노동자, 자동차 관련 연구자 등에 대한 광범한 면접조사를 실시했다.

제2절에서 일본식 생산방식의 최근 변용과 노사관계에 대해 살펴보고, 제3절에서는 대우자동차에서 이루어지고 있는 일본식 생산방식의 도입실태 및 그 한계를 고찰하며, 제4절에서는 표준작업제가 고밀도 노동체제와 어떻게 관련되어 있는지를 살펴본 뒤, 제5절에서는 노동력 활용의 유연화 전략과 그것이 가져온 고용불안의 실태를 살펴보며, 마지막으로 제6절에서는 대우자동차의 NAC도전운동이 가지는 함의 및 앞으로의 바람직한 발전방향을 제시하고자 한다.

2. 일본식 생산방식의 변용과 노사관계

1970년대 이후 포드주의의 위기와 관련해 이를 극복하기 위한 여러 형태의 포스트 포드주의적 모델들이 제출되었지만 그중 오늘날 주도권을 잡고 있는

---

1) 필자는 이 연구의 공동연구원인 이병희 박사, 황덕순 박사와 연구에 협력해 준 대우자동차 노동조합 및 조합원 여러분, 인터뷰에 응해 준 회사 측 관계자 여러분에게 감사드린다.

것은 일본식 생산방식(토요타주의)이다. 일본의 토요타주의가 주목받는 이유는 우선 무엇보다도 다른 선진국들이 포드주의의 아래 정체와 위기를 겪고 있을 때 압도적으로 우세한 경쟁력을 가지고 불황을 헤쳐나온 방식이기 때문이다. 포드주의의 위기는 포드주의적 노동조직의 내재적 모순인 극단적으로 단순반복적이고 파편화한 작업형태에 대한 저항과 생산성 저하, 그리고 범지구화의 조건 속에서 일국적 조정이 어렵고, 저발전국의 저임 노동력이 선진국의 고임 노동력을 대체함으로써 파생하는 전 세계적인 유효수요의 부족으로 야기된다. 타협적인 노사관계 속에서 생산성 향상과 고임금을 통한 안정된 시장이 존재하는 포드주의적 조건들은 무너지고 이제 자본은 새로운 전략을 요구할 수밖에 없게 된다. 그러나 포드주의를 대체할 새로운 무언가는 아직 분명치 않다. 다만 자본의 '적극적인 유연화의 추구'라는 맥락 속에서 변화의 방향을 잡을 수 있다. 그리고 이러한 자본의 유연화 전략이 가장 성공한 모델로서 바로 토요타주의가 주목받고 있는 것이다.

토요타주의 혹은 일본식 생산방식이란 여러 가지 다양한 요소로 구성되어 있는 체계로서 생산체제 면에서는 JIT(Just-In-Time, 적기생산방식), 혼류생산(混流生産, 다양한 모델의 자동차가 하나의 라인 위에 흐르는 것), 소로트(小lot) 생산(단위생산당 생산대수를 적게 하는 방식), 범용기계의 활용 등이 있으며, 노동력 편성과 활용 면에서는 다능공화, QC, 직무순환 등이 있다. 이 외에도 노동자 통제, 노사관계전략 등의 노사관계까지 포함하고 있다. 이러한 세 가지 측면은 별개의 것이 아니라 서로 긴밀하게 연결되어 있으며 일본식 생산방식을 제대로 이해하기 위해서는 이들 모두를 함께 고려해야 된다. 즉, 일본식 생산방식은 하나의 통합적 생산체제로서 이해해야 한다.

일본식 생산방식의 성격과 관련해서는 일본식 생산방식이 과연 포드주의를 대신할 만한 새로운 생산방식인가 하는 데 대해 많은 논쟁이 있어 왔다. 즉, 포스트 포드주의로서 일본식 생산방식을 볼 수 있느냐의 문제이다. 이와 관련해 긍정적 입장의 논자들(Kenney and Florida, 1993; Womack et al., 1990 등)과 부정적 입장의 논자들(Parker and Slaughter, 1988; Dohse et al., 1985; 加藤哲郎 and Steven, 1990 등) 간의 견해 차이가 존재한다. 긍정적인 입장에 선 논자들은 일본식 생산방식을 포드주의의 극복 대안인 포스트 포드주의로 이해하고 있고 부정적 입장에 선 논자들은 일본식 생산방식이 포드주의와 질적으로 다른 생산방식이 아니라 단순히 이를 더욱 강화시킨 노동자 착취체제에 불과하다고 주장하고 있다.

그러나 이 두 가지 성격은 동전의 앞뒤와 같다. 다시 말해서 일본식 생산방식 내에는 부정적인 측면과 긍정적인 측면이 공존하면서 전체적으로 고도의 경쟁력을 갖추는 교묘한 체제를 구성하고 있다.

문제는 이와 같이 긍정적 측면과 부정적 측면이 일체화된 교묘한 시스템을 통해 전체적으로 노동자들의 자발적 헌신성과 노동자 간 경쟁체제를 구축함으로써 장시간 노동, 초고밀도 노동과 그로 인한 과로사, 노동조합의 세력 약화, 낮은 사회복지 수준 등으로 귀결되는 메커니즘을 일본 자본주의가 가지고 있다는 것이다. 더욱이 일본식 생산방식은 그 우수한 효율성으로 인해 세계 각국으로 수출, 이식까지 되고 있어 앞으로 세계적인 자본-노동관계를 규정짓는 또 하나의 중요 요소가 될 것으로 보인다.

그런데 일본식 생산방식에 대한 외국의 높은 평가에도 불구하고 최근 일본 내에서 일본식 생산방식이 지닌 여러 가지 한계가 드러나면서 이를 극복하기 위해 '노동의 인간화'를 지향하는 새로운 생산방식과 노동력 관리체제가 등장해 관심을 모으고 있다. 더욱이 이러한 움직임이 그동안 노동력에 대한 엄격한 관리와 통제로 유명했던 토요타자동차에서 시도되고 있다는 점이 주목되는 현상이다.

1980년대 후반기부터 일본 자동차 산업은 노동력 부족이라는 난제에 부딪혔다. 또 1990년대 들어 경기후퇴, 자동차 시장수요 증가의 둔화 등에 직면해 업적이 부진해지고 설비투자의 과잉부담이 발생했다. 이는 토요타 생산방식에 대한 새로운 도전을 의미한다. 이에 대응해 토요타자동차는 큐슈(九州)의 미야타(宮田) 공장, 토요타시의 모토마치(元町) 공장 등에서 새로운 시도 중인데 그 핵심은 '노동의 인간화'이다.

토요타 생산방식의 장점은 변화의 메커니즘을 시스템 내에 내장해 현장작업자, 반장, 조장의 창의노력, 개선에 의해 낭비를 철저하게 배제하고 저비용, 고품질, 짧은 납기를 동시에 실현하는 데 있다. 즉, 토요타 생산방식에서는 '물건'(모노)이 아니라 '인간'(히토)이라는 요소가 새로운 가치를 창출하는 기본적 원천으로 되어 있다고 한다(小川英次, 1994).

그러나 이러한 생산방식은 한편으로는 고밀도 장시간 고스트레스 노동을 불가피하게 만듦으로써 자동차 공장 노동자들의 정신적·육체적 피로를 가중시키고 젊은이들의 자동차 산업 기피경향을 가져오는 등 부작용도 적지 않았다. 특히 1980년대 후반부터 1990년대 초에 걸쳐 이른바 버블경제기에 젊은이들의 제조업 이탈경향이 현저해지면서 토요타도 그 영향을 받게 되었다. 호황으로 인한 증산의 계속으로 인원이 부족해졌음에도 불구하고 자동차 공장의 높은 노동강도와 고밀도 노동으로 인해 3D 작업장이란 인식이 퍼지면서 경력 1년 미만의 퇴직률이 20%에 달하는 등 심각한 인원부족에 시달렸다. 특히 조립라인의 신입사원 이직률이 높았는데 신입사원 이직률은 1985년에 비해 1991년에 4배로 증가했다(윤진호, 1996).

토요타자동차는 자동화 설비로 노동력 부족을 메우려 했으나 버블경제기에 이루어진 거액의 자동화 투자는 이후 과다한 감가상각 부담을 가져와 수익성을 떨어뜨리는 요인으로 작용했다. 예컨대 1991년 10월 가동을 시작한 토요타 타하라(田原) 공장은 1991년 하반기에만 3080억 엔을 투입하는 등 세계 최신의 자동화 설비를 갖추고 자동화율을 14%까지 높였으나 노동자 1인당 1억 엔에 달하는 고액의 투자부담, 고가의 자동화 시스템이 고장날 때의 수리 곤란, 자동화 설비에 적합한 고도의 숙련 노동자 양성 곤란 등 여러 가지 곤란에 부딪치게 되었다(고지마 다케시, 1994).

이에 토요타는 노동력 부족 시대에 대응해 보다 인간을 존중하는 새로운 형태의 공장 건설을 추구, 그 결과로 1992년 큐슈 미야타 공장을 완공했다. 미야타 공장은 종래의 일본식 생산방식과는 다른 변화의 조짐을 보이고 있는데 그 방향은 보다 '인간적인 노동', '자연과의 조화', '지역사회와의 밀착' 등이다(윤진호, 1996; 公文博, 1995; 史世民, 1994; 고지마 다케시, 1994).

이러한 토요타의 새로운 시도는 일단 성공한 것으로 보인다. 미야타 공장의 생산직 신입사원 입사경쟁률이 60 대 1에 달하고 이직률이 1%에 불과한 점 등에서 일단 노동자들의 평가가 호의적임을 알 수 있다(윤진호, 1996).

그러나 이것이 곧 토요타에서 '노동의 인간화'가 완전히 실현되었다는 것을 의미하지는 않는다. 일본식 생산방식의 특징인 '노동자 간 경쟁체제'에 근본적인 변화가 있는 것은 아니다. 팀작업, 직능자격제, 표준작업제, 작업이상신호판(안돈체제) 등은 그대로 남아 있다.

어떤 면에서는 더욱 악화된 측면도 있다. 즉, 품질관리책임의 증가, 배치전환, 응원, 출향(出向), 다기능화의 진전, 명예퇴직제 등에 따라 노동자의 노동과 생활의 불안정이 증대하고 있으며, 임금 면에서도 자동차 산업 노동자 임금의 상대적 지위가 계속 하락해 왔다. 잔업 축소에 따른 임금 감소도 심각한 문제이며 노사관계 면에서도 노조의 작업규제력이 거의 없는 형편이다(윤진호, 1996). 연속2교대제 역시 신체리듬과 가정생활, 지역생활을 어지럽게 만듦으로써 노동자들의 건강과 가정, 지역생활을 파괴한다는 비판이 있다(사사키 고죠, 1997).

그럼에도 불구하고 그동안 '마른 수건 짜기' 식의 노동강도 강화에 전력해 왔던 일본의 자동차 산업이 '노동의 인간화'에도 관심을 가지게 되었다는 방향 전환은 매우 중요한 의미를 가진다.

토요타자동차의 이런 시도는 단지 미야타 공장에 그치지 않고 다른 일본 자동차 공장으로 확산되고 있는 추세인데 〈표 2-4-1〉에서처럼 1996년 이미 8개 공장에서 새로운 개혁방안을 도입했으며 이는 증가하는 추세이다.

〈표 2-4-1〉 일본 자동차 공장의 개혁현황(1996년)

회사	공장	현
토요타	쓰쓰미	아이치
	타하라 제4라인	
	미야타	후쿠오카
	모토마치	아이치
닛산	간다 제2라인	후쿠오카
혼다	다카네자와	토치기
	스즈카 제3라인	미에
마쓰다	호푸 제2라인	야마구치

자료: Benders(1997: 17).

3. 일본식 생산방식의 도입과 그 한계

1) NAC도전운동의 개요

대우자동차는 1992년부터 NAC(New Automotive-industrial Concept)도전운동이라고 불리는 전사적 경영합리화 정책을 추진해 왔다. 회사 측 자료에 따르면 "NAC도전운동이란 전 부문 전원이 최고경영자의 경영철학을 바탕으로 경영 방침과 목표를 철저히 수행함으로써 총체적 고객만족을 실현하고 아울러 경쟁우위를 확보하기 위한 대우자동차 고유의 경영혁신 활동체계"라고 정의하고 있다(대우자동차주식회사, 1996).

NAC도전운동은 기본목표로서 '총체적 고객만족의 실현'을 내세우고, 이것의 달성을 위한 실행목표로서 ① 신생산방식의 확립, ② 국제경쟁력의 확보, ③ 글로벌 경영체제의 구축 등을 열거하고 있다. 또 그 추진전략으로는 행동개혁 유발, 관리, 감독자의 리더십 향상, 제품혁신, 서비스 차별화, 규모의 경제 단위 확보 등을 지향하고 있다(한국표준협회, 1997).

NAC도전운동은 모두 3단계로 구성되는데 1992~1995년의 제1단계는 경영체질 개혁단계로서 의식변화, 기본 및 원칙의 재정립, 보유설비능력 최대 활용 등을 중점목표로 했으며, 1996~1998년의 제2단계는 경영구조 혁신단계로서 신제품 개발, 경제규모 확보(250만 대 체제 구축), 혁신활동을 통한 미해결 과제 해결 등을 통해 고품격·고효율의 신기업문화 구축을 목표로 하고 있고, 1999~2000년의 제3단계는 경영 패러다임 변환 단계로서 혁신활동의 지속적인 추진, 기존 경영틀의 파괴를 통한 질적인 세계 톱 10으로의 도약 등을 목표로 하고 있다.

NAC도전운동의 성격을 올바로 이해하기 위해서는 1992년 이전까지 대우자동차의 생산체제, 경영방식, 노사관계의 성격과 이에 대한 경영 측의 극복방향을 이해해야 한다.

1992년 이전까지 대우자동차의 생산방식, 경영체제, 노사관계는 기본적으로 포드주의적 대량생산방식에 토대를 둔 것이었다. 1984년 르망 공장을 건설할 때부터 GM의 서독 자회사인 오펠(OPEL)과 제품, 제조기술 자문계약을 맺고 르망 생산에 수반되는 제품, 제조기술을 제공받았으며 이에 따라 공장의 기본개념, 레이아웃, 설비의 선정, 기계설치 등 공장건설의 모든 면에서 오펠의 지도를 받았으므로 대우자동차 부평공장은 전형적인 포드주의적 공장체계로 건설되었다. 공장은 규모의 경제를 살릴 수 있도록 처음부터 대규모로 건설되었고 컨베이어 벨트, 중후장대한 생산설비, 전용기계의 광범한 활용에 의해 소수의 표준화된 모델을 대량생산하는 체제였다. 경영방식 역시 표준화 모델의 대량생산에 의한 중저가 자동차의 공급으로 주로 가격경쟁력을 확보하려는 전략이었으며 품질이나 디자인, 제품의 다양성 등에는 그다지 관심이 없었다. 노사관계는 포드주의적 노사관계에서 전형적인 단체협약을 위주로 한 분배 중심의 갈등적 노사관계였으며 회사 측은 노동자의 경영참여나 숙련기술, 다능공화 등에 대해서는 관심이 전무했다.

더욱이 대우자동차가 처한 여러 가지 조건으로 인해 포드주의적 대량생산체제가 갖는 일정한 이점마저 활용하지 못하고 있는 상태였다. 즉, 일반적으로 포드주의적 대량생산체제에서는 〈그림 2-4-1〉에서 보는 바와 같이 ① 기업의

〈그림 2-4-1〉 포드주의적 순환

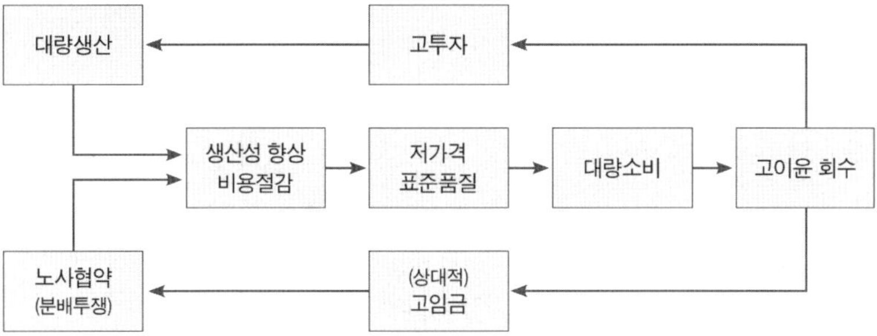

대규모 생산에 따른 규모의 경제 실현으로 생산비 절감, 생산성 향상, ② 노동조합은 주로 분배투쟁(임금 및 근로조건 향상)에 주력하는 대신 자본의 생산주도권을 인정하고 생산성 향상에 협력, ③ 이를 통해 저가격, 표준품질의 제품 대량공급, ④ 소비자의 대량소비(대중소비사회), ⑤ 이를 통해 고이윤 회수, ⑥ 이윤의 일부는 고투자되어 다시 대규모 생산이 이루어짐, ⑦ 다른 일부는 상대적 고임금(단, 생산성 향상과 일치되는)으로 노동자에게 분배되며 따라서 노동자는 만족한다는 이른바 '포드주의적 선순환'이 이루어지는 것이 특색이다(Boyer, 1988; Boyer and Yamada, 1993).

그러나 대우자동차의 경우 이와 같은 포드주의적 선순환이 이루어질 수 없는 구조였다. 즉, ① GM과의 합작조건 때문에 신모델의 독자개발이 불가능하고 GM 판매지역에는 수출이 불가능해 대규모 생산이 불가능했고, ② 1987년 이래 계속되어 온 심각한 노사분규와 작업현장의 노사관계 불안으로 인해 자본에 의한 생산편성이 매우 곤란했으며, ③ 이에 따라 생산성이 저하되고 비용이 높았으며, ④ 이는 다시 가격의 저하를 곤란하게 만들고 낮은 제품품질을 가져왔고, ⑤ 이에 따라 소비자 만족이 어려워 시장이 제약되었으며, ⑥ 이는 다시 수익성 악화를 가져왔고, ⑦ 이는 한편으로는 시설투자 및 연구개발투자를 불가능하게 만들어 대량생산이 어렵게 되고, ⑧ 다른 한편으로는 임금인상과 근로조건 향상이 어려워져 노사분규를 야기하는 요인으로 되는 악순환이

〈그림 2-4-2〉 일본식 생산방식의 순환

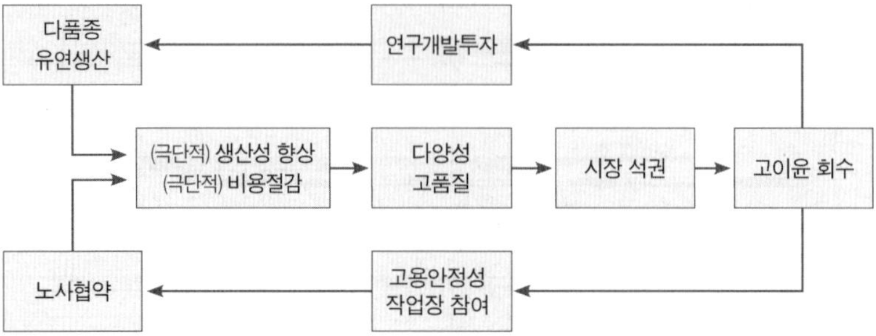

발생했던 것이다.

이와 같은 악순환은 적자지속, 기업 이미지 실추, 전 직원의 위기의식을 가져왔고 이것의 극복을 위한 경영 측의 새로운 이니셔티브가 NAC도전운동이라는 형태로 나타난 것이다. 그러나 NAC도전운동이 단순히 포드주의적 대량생산체제의 확립을 지향한 것은 아니다.

일본식 생산방식으로 대표되는 이른바 '린 생산방식'이 포드주의적 생산방식에 비해 일정한 우위를 가지고 있다는 것이 세계 자동차 업계의 중론으로 되는 경향에 따라 NAC도전운동 역시 한편으로는 대량생산방식의 이점을 살리기 위한 대규모 생산체제의 구축을 시도하면서 다른 한편으로는 일본식 생산방식을 모방하려는 이중적 과제를 안게 되었다. 〈그림 2-4-2〉에서 보듯이 일본식 생산방식은 ① 다품종 유연생산, ② 노사협력(이는 포드주의적 노사협약과는 달리 분배투쟁보다는 생산현장에서의 노사협력을 강조함), ③ 이에 바탕을 둔 극단적인 생산성 향상과 비용절감, ④ 이를 통해 제품의 다양성과 고품질 확보, ⑤ 이는 시장의 석권을 가져오며, ⑥ 이를 통해 회수된 이윤을 생산시설의 확대보다는 연구개발투자에 집중하고, ⑦ 다른 한편으로 노동자에게 고용안정성(종신고용제)과 작업장 참여(QC활동, 제안제도), 다기능화, 숙련향상 등을 가져다줌으로써 노사협력을 유도하는 체제이다.

따라서 대우자동차가 시도한 NAC도전운동의 기본목표는 ① 한편으로는 포드주의적 대량생산체제의 이점을 확립하기 위해 GM과의 합작을 청산하고 국내외에 대규모 투자를 함으로써 250만 대 생산체제를 구축하는 것을 목표로 하면서, ② 다른 한편으로는 일본식 생산방식을 모방해 JIT, 혼류생산, 품질관리 등을 도입하고, ③ 이를 위한 전제조건으로서 협력적 노사관계를 구축하기 위해 한마음생산회의, 제안제도, 팀작업, 인사노무제도 변경 등을 시도하는 등 세 가지 요소를 결합한 것이다.

그러나 이는 ① 포드주의적 대량생산과 일본식 유연생산의 혼합에 따른 부조화, 모순과 이에 따른 혼란, ② 일본식 노사협력의 기반이 되는 제 요소(고용안정성, 다기능화, 숙련향상, 작업장 참여)가 결여된 채 노동통제 강화에 의존함으로써 야기되는 노사갈등 등으로 인해 제대로 정착되지 못한 채 상당한 혼란과 모순을 드러내고 있는 실정이다.

2) 노동배제적 자동화의 추진

NAC도전운동은 기본적으로 일본식 생산방식의 도입을 의식적으로 지향하고 있는 '일본 따라잡기' 운동이다. 그러나 일본식 생산방식을 실현하기 위한 유연적 생산설비와 협력적 노사관계의 구축이라는 2대 전제조건이 성립되지 않고 있기 때문에 많은 혼란과 모순이 나타나고 있다. 앞에서 지적한 대로 부평공장의 기본개념, 설비, 운용방식이 여전히 포디즘적 대량생산체제에 머물러 있는가 하면 노사관계도 여전히 대립적인 상황이다.

이는 대우자동차의 경우에도 그대로 해당된다. 자동차 업계 전체의 투자가 최근 부진을 면치 못하고 있는 가운데서도 대우자동차만은 계속 투자액을 늘려 왔다. 하지만 그 대부분은 군산공장 건설 등 설비의 새로운 증설투자와 승용차 독자모델 개발 및 핵심부품 제조를 위한 연구개발투자, A/S망 확충 등에 대한 투자 증대로 사용되었으며 부평공장 등 기존 공장의 합리화·자동화 등에 대한 투자와 인적 자본에 대한 투자는 미미한 액수에 불과했다(〈표 2-4-2〉).

〈표 2-4-2〉 대우자동차의 투자동기별 투자액

(단위: 억 원, %)

	1992	1996	2000
설비투자	363(43)	5,917(60)	6,200(44)
연구개발투자	429(52)	3,792(39)	7,700(55)
인적자원개발투자	38(5)	94(1)	200(1)
총투자	840(100)	9,807(100)	14,100(100)

자료: 사내자료.

〈표 2-4-3〉 대우자동차의 공정별 자동화율 추세 및 계획

(단위: %)

연도	프레스	차체	도장	조립
1987년	38	63	33	-
1992년	51	73	33	-
1996년	67	95	39	2.5
2000년(계획)	70	95	78	4.0

자료: 사내자료.

일본식 생산방식의 두 기둥은 소위 '인(人)'변이 붙은 자동화[2)]와 JIT시스템이라고 할 수 있다. 대우자동차 역시 이러한 일본식 생산방식의 도입에 열중하고 있다. 대우자동차는 향후 자동화율을 대폭 향상시킬 계획을 갖고 있다. 즉, 1996년 67%인 프레스 공장의 자동화율을 2000년에는 70%로, 39%인 도장공장의 자동화율을 78%로, 2.5%인 조립공장의 자동화율을 4.0%로 각각 끌어올릴 계획이다(〈표 2-4-3〉).

그런데 이러한 자동화의 가장 중요한 목적은 인원삭감에 있다. 즉, 대우자동차는 자동화를 통해 1997년 말까지 1천여 명의 인원을 감축할 계획을 가지고 있다. 자동화는 다른 한편으로는 1인 작업자가 여러 대의 기계를 담당할 수

2) '인(人)변이 붙은 자동화'란 이상이 있을 때 기계가 정지하는 장치가 부착되어 있는 '자동정지장치 부착기계'의 채용을 말한다. 이는 한편으로는 생산현장의 이상을 자동적으로 점검해 불량품의 발생을 방지하는 것에 의해 고품질을 확보하려는 것이며 다른 한편으로는 이상 시 기계가 자동적으로 정지함으로써 1인의 작업자가 여러 대의 기계를 담당할 수 있도록 하여 생산효율을 높이고 작업자수를 줄이는 데 목적이 있다(愛知勞動問題硏究所, 1994: 31~32 참조).

있도록 함으로써 생산효율을 높이고 작업밀도를 강화하는 수단이기도 하다.

현재 계획되고 있는 대우자동차의 자동화는 유연생산체제의 구축을 목표로 한다기보다는 기존의 포디즘적 생산라인을 그대로 유지하면서 자동화 기기 도입을 통해 이를 보강하는 형태가 대부분이다. 이러한 자동화는 인력절약을 통해 인건비를 절감하고 노사분규에 의한 작업중단 등의 위험을 회피함으로써 가능한 한 노동에 대한 의존도를 줄이는 것을 목표로 한다는 점에서 '노동배제적 합리화' 전략의 일부라고 볼 수 있다.

더욱이 중량물 취급의 배제, 무리한 작업자세의 배제, 작업자의 보행거리 단축 등 작업편의성을 목표로 하는 '인간조화적 자동화'(무빙 플로어, 라인 높낮이 조절, 대차의 사용, 위험 시 자동감지기, 소음의 저감)에 대한 배려는 거의 찾아볼 수 없는 형편이다.

3) 설비의 보전 및 관리

일본식 생산방식에서는 생산설비에 문제가 발생하면 전체 공정에 혼란이 야기되기 때문에 일반작업자 스스로가 설비의 문제발생 시 즉시 응급 처치할 수 있는 능력을 갖출 것을 요구한다. 따라서 일본 기업에서 작업자는 예방적 보전활동은 물론이고 설비보전업무의 일부를 수행하며 이 점에서 미국식 포드주의적 대량생산체제의 설비보전 시스템과는 다르다(주무현, 1997). 이와 같이 전체 직원이 자주적 설비보전활동을 벌이는 것을 TPM(Total Productive Maintenance)활동이라고 부른다.[3)]

대우자동차에서는 NAC도전운동이 실시되기 이전에도 공장별 TPM활동이

---

3) 일본에서는 TPM활동이 1971년 NIPPON DENSO에서 시작되었다고 하며 한국에서는 1988년에 도입되었다. 자동차 업계에서는 1992년 기아자동차, 1994년 현대자동차에서 각각 TPM활동이 도입되었다.

실시되었으며 특히 장비가 많은 부서를 중심으로 1980년대 말부터 1990년대 초에 걸쳐 도입되기 시작했다. 그러나 TPM활동이 전사적으로 추진된 것은 NAC도전운동이 시작된 후부터이다. 대우자동차는 1993년 설비관리활동의 보다 체계적인 추진을 위해 TPM활동을 도입해 자주보전, 계획보전, 개별개선, 설비초기관리, 교육-훈련 등 이른바 TPM 5본주(本柱)를 근간으로 활동을 시작했다.

대우자동차의 TPM활동은 크게 세 부분으로 구성되어 있다. 먼저 직접적 생산과정에서 발생하는 사소한 치구와 설비 및 장비상의 문제를 스스로 해결하는 자주보전활동이 있다. 이는 현재 보유 중인 설비의 기본조건인 정비 유지, 사용조건 준수, 열화 복원, 자주관리를 일반작업자 자신이 수행하는 것이다. 다음으로 큰 장비와 관련되고 일정 수준 이상의 전문적인 숙련이 요구되는 계획보전활동이 있다. 이는 전문보전반에 의해 수행되는데 고유수명의 연장, 정기적인 열화 복원, 수명 예지 등의 활동을 수행한다. 마지막으로 개별개선활동은 설비종합효율의 향상을 목적으로 생산보전, 생산기술 등 부서가 함께 프로젝트팀을 조직해 설비의 로스를 단기간(3~6개월)에 해결하는 활동을 일컫는다.

이러한 자주보전활동의 활성화를 위해 대우자동차는 관리감독자 전원에게 TPM 도입교육을 실시하고 설비관리체계의 정비, 설비관리 기능교육 및 보전학교의 운영 등을 실시하는 등 노력을 기울이고 있다. 회사 측 자료에 의하면 이러한 TPM활동의 결과로 설비고장률의 저하, 고장도수율의 저하 등 상당한 성과를 거둔 것으로 나타나고 있다(〈표 2-4-4〉 참조).

그러나 과연 TPM활동이 시작된 지 4년이 지난 시점에 자주보전활동이 얼

〈표 2-4-4〉 TPM활동의 성과

	1993	1994	1995	1996.6
고장률(%)	7.3	3.6	3.8	3.2
고장도수율(%)	7.8	5.4	4.9	4.3

자료: 사내자료

마나 정착되었는지는 의문이다. 대우자동차에는 여전히 설비보전을 담당하는 독자적인 설비보전반이 있다. 보전요원은 채용과정에서부터 설비보전업무만 담당하며 생산라인의 일반작업자가 일정 단계의 숙련에 도달해 설비보전으로 전직하는 경우는 거의 없다.

회사 스스로도 자주보전활동이 잘 안 되고 있는 이유로서 관리감독자의 능력에 편차가 있고, 교육과 훈련이 부족하며, 계속적 생산증가로 설비예방보전 시간이 부족했다는 점을 지적하고 있다(대우자동차주식회사, 1996).

현장노동자들에 대한 설문조사에서도 설비고장 시 '작은 고장이면 스스로 고치지만, 큰 고장일 경우는 수리보전요원을 부른다'는 데 72.4%, '작은 고장이건 큰 고장이건 스스로 고친다'는 데 5.9%, '고장의 크기에 관계없이 전문적인 수선요원이 고치도록 한다'는 데 21.7%가 응답해 아직은 자주보전이 정착화되지 못했음을 드러내고 있다.

4) 적기생산방식의 추진과 문제점

다른 한편 적기생산방식(JIT) 시스템의 도입도 상당히 진전되었다. JIT시스템은 '낭비의 철저한 배제라는 사상에 기초해 제품, 재고, 운반, 동작, 가공, 불량 등을 최소화하는 것'을 지향하며 이를 위해 '각 공정이 필요한 것을 필요한 때에 필요한 만큼만' 전공정으로부터 공급받고 각 공정에서는 다음 공정으로부터 생산물을 공급하도록 요구해 오기까지는 생산하지 않는다(이른바 '끌어당기기식 생산')는 생산체제이다.

대우자동차는 토요타자동차의 '간판'과 동일한 개념의 NAC카드를 1993년부터 도입했다. 이미 1991년에 전사적인 물류조직 구성을 시작해 1992년에는 기본개념과 추진일정을 확정하고 1993년에는 JIT 생산방식을 기초로 한 NAC 카드방식을 도입했다. 1994년에는 NAC카드방식의 확대적용 및 정착을 위한 시스템 구축활동을 전개했으며 1995년에는 NAC방식 정착을 위한 시스템 개

〈표 2-4-5〉 물류개선 추진내용

물류별	항목	1993	1994	1995	1996
완성차	생산계획신뢰도(%)	96.8	90.2	92.4	98.2
사내	서열보급(품목수)	33	1	10	9
	PRE-ASM(품목수)	52	1	1	6
사외	NAC카드 적용(사)	27	36	24	30
	다회납입(사)	-	-	-	61
	서열납품(사)	10	-	-	-
	VAN 적용(사)	113	147	157	176

자료: 대우자동차주식회사(1996).

선활동을 전개하면서 공장별 책임관리체제를 구축했다. 이와 더불어 차량부품 사용 즉시 그 정보를 컴퓨터로 협력업체에 전송해 납입하게 하는 서열납품방식, 정기납품표 발행을 통해 납품을 받는 납입카드방식 등의 사외물류체계와 차량투입 순서정보대로 서열 보급하는 서열방식, 작업자의 신호에 따라 기준량을 보급하는 콜(CALL) 방식, 보급주기에 따라 회수된 간판수만큼 생산, 보급하는 간판방식, 불출청구에 의해 보급하는 불출의뢰 등 사내물류체계를 통해 라인사이드의 재고를 줄이는데 노력하고 있다(〈표 2-4-5〉 참조).

이와 같은 노력을 통해 회사 측에서는 생산계획신뢰도의 향상, 공장 내 공간 절약, 부품의 결품으로 인한 라인정지율의 하락, 재고회전율의 향상 등 상당한 물류개선 성과를 올린 것으로 평가하고 있다.

그러나 대우자동차의 JIT시스템이 만족스럽게 정착되었다고는 볼 수 없다. 비록 NAC카드방식이 사용되고 있기는 하지만 생산라인의 기본개념은 여전히 대량생산방식이고 밀어내기식 생산방식이다. 따라서 부품재고관리의 기본운용시스템 역시 여전히 자재소요계획(MRP)에 따라 미리 부품의 소모량을 산정하고 이를 협력업체에 통보하는 MRP 방식이 사외물류체계의 대부분을 이루고 있다(주무현, 1997). 사내물류체계 역시 NAC카드방식이 사용됨으로써 라인사이드의 재고는 많이 줄어들었지만 여전히 협력업체로부터 납품되는 부품의 상당수가 라인으로 바로 가지 않고 사내창고에 저장됨으로써 대체로 1.5일분

(대우자동차 0.5일, 협력업체 1일분)의 재고가 유지되고 있어 진정한 의미에서의 JIT 생산체제와는 거리가 있다. 회사 측에서는 현재의 재고수준을 평균 4시간분이라고 밝히고 있으나 이는 라인사이드의 재고만 의미하는 것으로서 진정한 의미의 재고와는 다른 개념으로 보인다.

결국 대우자동차가 추진하고 있는 일본식 생산방식의 도입은 현 단계에서는 유연생산체제의 구축보다는 기존의 포드주의적 대량생산체제의 문제점을 부분적으로 보완하는 수단에 불과하다는 것을 알 수 있다.

4. '표준작업'과 고밀도 노동체제

1) 표준작업제의 설정 및 운용

일본식 생산방식은 이른바 '표준작업체제'를 통해 노동력의 최대한의 이용을 추구한다는 점이 특징이다. '표준작업'이란 작업자가 사이클타임(자동차 1대를 생산하는 데 필요한 시간) 내에 이루어지는 작업을 회사 측이 정한 표준시간, 표준동작에 따라 수행하도록 하는 것으로서 작업자의 여유시간을 최대한 줄임으로써 노동밀도를 강화하는 데 그 목적이 있다. 이를 위해 작업내용을 세세한 요소로 분해하고(즉, 구부리는 동작, 집는 동작, 돌리는 동작 등), 분해된 요소 동작마다의 시간을 초 이하의 단위로 측정해 동작의 낭비, 재공의 낭비, 운반의 낭비, 가공의 낭비를 철저하게 배제하기 위해 노력하는 것이다.

대우자동차에서도 '사람, 물건, 설비를 가장 유효하게 조합시켜 품질, 원가, 안전, 작업성 등을 향상시킨다'는 목표 아래 시간연구, 동작연구 등을 실시하고 이를 토대로 표준작업표를 작성해 정위치, 정시간, 정작업이 이루어지도록 하는 표준작업을 지향하고 있다. 이를 위해 대우자동차에서는 1991년부터 산업공학(IE) 전문가를 중심으로 작업손실의 추출과 개선, 공정개선, 간이자동화 등을 통해 작업시간 단축에 주력, 현장관리기반을 조성했다. 1992년 생산정보시스템의 구축과 막대그래프를 이용한 간이표준작업편성표를 만들어 활용하다가 작업의 표준화, 시간관측, 작업편성 등을 거쳐 1993년 3월부터 작업의 세부항목과 시간, 세부동작 등이 규정되어 있는 표준작업표를 만들었다. 1994~1995년에는 본격적인 표준작업체제가 구축되었으며 1995년 하반기부터 표준작업이 활성화되기 시작했다.

표준작업제는 크게 보면 표준시간의 설정과 표준작업의 설정에 의해 이루어진다. 먼저 표준시간의 설정절차는 다음과 같다. 작업내용을 검토해 표준작업 방법을 설정한 다음 적당한 작업자를 선택하고 작업자에게 설명한다. 해당 작업자의 작업을 스톱워치(STOP WATCH)법[4], 워크샘플링(WORK SAMPLING)법[5], VTR법[6], PTS(Predetermined motion Time Standard)법[7] 등을 사용해 측정함으로써 표준시간을 설정한다.

한편 표준작업의 설정은 작업분석과 동작분석에 의해 이루어진다. 작업분석은 작업자의 작업을 동작단위(단위/요소작업)로 분석해 최적의 작업계열을 만드는 것으로서 여기에는 작업자 공정분석, 복식작업분석, 연합작업분석(사람/기계분석), 라인편성분석 등이 포함된다. 동작분석은 작업자의 동작을 일정한 기호로 표시해 분석, 검토한 후 불필요한 동작을 제거, 최적의 동작계열을 설정하는 방법을 말한다.

---

4) 관측 대상자를 직접 관찰, 스톱워치를 이용해 작업시간을 측정하는 기법.

5) 작업자나 기계의 가동상태를 하루 종일 또는 작업 사이클 전체에 걸쳐 연속 관측하는 것이 아니라 무작위적으로 선정한 시점에서 순간적으로 관측해 이를 통계적으로 추정해서 파악하는 기법.

6) 작업자의 작업 내용과 시간을 VTR로 촬영하는 기법.

7) 인간의 모든 동작을 신체 각 부분의 동작에 따른 거리비율로 나타내 시간자료카드에 따라 표준시간을 설정하는 방법으로서 동작시간의 비례는 손가락의 평균적인 움직임(2.5cm=1MOD)의 소요시간(0.129초)을 최소단위로 하고 다른 동작시간은 손가락 동작시간의 몇 배에 해당하는지를 정수배의 수치로 표시한다.

이러한 시간분석, 작업분석, 동작분석에 의해 표준시간과 표준작업순서 및 방법에 대한 표준이 설정되면 이를 표준작업편성표, 표준작업지도서로 만들어 현장에 게시하고 작업자가 이를 습득·준수하여 정위치·정작업이 이루어지도록 한다. 더 나아가 회사 측은 표준작업의 생활화를 요구하고 있다. 표준작업편성표에는 상세한 작업내용과 초단위로 세분된 작업시간, 작업자의 세부동작 등이 규정되어 있다.

2) 표준작업인증제

또, 표준작업제를 활성화하기 위해서 표준작업인증제를 실시하고 있는데 이는 직장별·단계별로 설정된 체크리스트에 의해 주기적으로 표준작업 추진 활동을 평가하고 일정기준 이상에 해당되는 직장에 인증서를 부여함으로써 다음 단계에 도전토록 하는 제도이다. 인증구분은 초급, 중급, 고급의 3단계로 나눠져 있는데[8] 1996년 말 전체 직장의 95%가 중급을 부여받았으며 12% 정도는 고급인증서를 부여받은 것으로 나타나고 있다. 따라서 표준작업인증제는 상당히 정착되고 있는 것으로 보인다. 그러나 최근 새로운 차종이 생산되면서 작업의 재편이 이루어지고 표준작업 역시 재편이 불가피해짐에 따라 많은 혼란이 야기되고 있다.

표준작업표는 일단 완성되면 고정불변인 것이 아니라 개선활동을 통해 끊임없이 개정되도록 되어 있는데 이런 활동을 대우자동차에서는 '한마음개선활

---

8) 표준작업인증제의 초급단계는 표준작업서가 표준작업 작성기준에 의거해 100% 작성 완료되고 정리, 정돈이 확실히 되어 있으며, 현재 설비 및 작업환경에서 가장 이상적인 품질확보 및 작업, 인원배치를 위한 방안이 설정되어 있는 단계를 말한다. 중급단계는 설정된 표준작업(택트타임, 작업순서, 표준내용, 품질급소, 안전)이 생산현장에서 준수되고 있는 단계를 말한다. 고급단계는 표준작업이 준수되고 있는 상태에서 계속되는 개선활동에 의해 현장이 활성화되고 표준의 질을 향상시키는 단계를 말한다.

동'이라고 부른다. 또 표준작업의 정착을 위해 회사 측에서는 NAC 표준작업 개선학교(즉, 실천운동)를 운영하고 있다.

3) 표준작업이상관리제

한편 표준작업을 저해하는 이상요인을 조기 발견해 신속하게 처리하기 위한 목적으로 표준작업이상관리체제(안돈체제)를 운영하고 있는데 이는 라인 위에 각종 정보판을 장치해 이상이 생길 경우 문제점을 조기발견, 대응할 수 있도록 만든 체제이다. 정보판에는 공정관리정보판(직장당 1개), 라인관리정보판(라인당 2개), 종합관리정보판(공장당 1개), 통합관리정보판(임원 및 생산부서장 당 1개), 보전정보판(공장당 1개), 콜(CALL)보급정보판(공장당 2개) 등이 있는데 작업자가 이상을 발견할 경우 라인스톱줄을 당기면 공정관리정보판에 상황이 표시되면서(황색=호출 중, 적색=정지 중) 직장이나 보전반이 투입되어 이상을 제거함으로써 정상 가동하도록 하는 시스템이다. 종합관리정보판에는 그 밖에도 생산현황(목표, 실적), 재공현황, 라인별 가동현황, 장비고장 정보, 콜보급정보 등이 표시되어 있어 공장가동상황을 한눈에 알 수 있다.

4) 표준작업제의 성과와 문제점

회사 측은 표준작업제의 성과에 대해 매우 긍정적인 평가를 내리고 있다. 즉, 표준작업에 따른 작업으로 불량이 감소되고, 누가 해도 같은 것이 만들어질 수 있는 표준화된 다기능 노동자의 육성으로 공정·기계 간 일의 호환성이 좋아져 작업자 교체가 원활해졌으며, 올바른 표준작업을 지키는 습관으로 사고가 줄어들고 일이 안전해졌다는 것 등이다.

그러나 현장작업자들은 표준작업시간의 설정, 실시방법 등에 대해 여러 가지 불만을 토로하고 있다.[9] 표준작업시간의 설정 시 관리자들이 와서 시간 체크를 할 때 평균적인 작업속도를 기준으로 하는 것이 아니라 가장 동작이 빠른 사람을 기준으로 표준작업시간을 설정한다든지, 조장이 될 욕심으로 열심히 하는 사람을 기준 삼아 표준작업을 설정한다는 것이다. 또한 표준작업이 설정된 후 작업자의 숙련이 향상됨에 따라 여유가 생기면 여유인원을 빼 가기 때문에 나머지 작업자의 작업부담이 높아진다는 데 대해서도 불만을 가지고 있다. 작업자들은 대체로 표준작업서가 일본 것을 그대로 가져왔거나 회사나 직장이 일방적으로 만들었으며 따라서 현장의 실정과는 맞지 않아 현재로서는 무용지물이라고 비판하고 있으며, 대의원과의 합의문제, 현장작업자의 무관심 등도 작용해 제대로 지켜지지 않고 있다고 증언하고 있다.

표준작업인증제에 대해서도 불만을 표시하고 있다. 승급인정을 받는 자격이 순수하게 표준작업을 습득, 준수하는 정도에 달려 있는 것이 아니라 작업량 및 잡(job)수를 늘리기 위한 수단인 것으로 생각하고 있다. 즉, 직장별로 부서 내 10개 직장 중 1개 직장을 최우수직장으로 선정해 승급을 인정하고 일정한 상금을 지급하는데 그 선정기준이 표준작업 준수 여부보다는 개인근태, 직장별 근태, 청소 정도, 제안건수 등에 의존한다는 것이다. 따라서 직장별로 경쟁이 벌어져 직장이 작업자들에게 강요를 하는 분위기이다. 따라서 표준작업인증제는 M/H를 줄이는데 최종목표가 있다고 노조원들은 말하고 있다.

한편 표준작업이상관리체제(안돈체제)에 대해서도 그 실효성에 의문이 제기되고 있다. 1993년에 설치된 라인스톱줄을 초창기에는 당기기도 했으나 현재는 라인스톱이 전혀 없는 형편이다. 라인이 스톱될 경우 직장은 사유서를 작성, 보고해야 하므로 라인스톱을 매우 꺼리며 작업자들에게 라인스톱줄을 당기지 못하도록 하고 있다. 따라서 이상이 생기더라도 기껏해야 호출용 황색줄을 가끔 당기는 데 불과하다. 중대한 이상이 생길 경우는 라인을 세우지 않고 공장에게 보고해 공장의 판단을 기다리는 형편이다.

---

9) 노동조합원 집단 인터뷰 결과(1997.2.25, 8.29).

〈표 2-4-6〉 표준작업인증제도가 작업공정에 가져온 변화

(단위: 명, %)

	노동자 수	비율
낭비시간을 줄여 생산성을 높였다	145	16.0
인원을 줄여 노동강도가 강화되었다	388	42.9
현장감독자의 노동통제가 강화되었다	89	9.8
직장 간 경쟁의식이 높아졌다	139	15.4
작업자 간 개인주의가 심해졌다	78	8.6
무응답	65	7.2
합계	904	100.0

자료: 대우자동차 노동조합·한국노동이론정책연구소(1996).

각종 정보판 역시 고장난 채로 방치되어 있으며 관리자들은 목표만 달성하면 되지 정보판 내용은 중요하지 않다는 답변을 하기도 한다.[10]

실제로 표준작업인증제도에 대한 대우자동차 노조원들의 설문조사 결과를 보면 42.9%가 표준작업제도에 의해 인원이 줄어들고 노동강도가 강화되었다고 응답했으며 15.4%가 직장 간 경쟁의식이 높아졌다고 응답하고 있다(〈표 2-4-6〉 참조).

이러한 표준작업제와 표준작업인증제에 대한 노동자들과 노동조합의 반발 및 견제로 이 제도들이 현장에서 제대로 관철되지 못하고 있는 것으로 보인다.

5. 노동력 활용의 유연화와 고용불안

1) 다기능화의 추진과 그 한계

일본식 생산방식은 생산량의 변동에 대응해 작업자수를 유연하게 증감시키는 것을 지향하고 있다. 부품을 생산의 필요 최소량에 맞추어 'JIT(Just-in-time,

10) 대우자동차 노동조합 조립2부 대의원, 「일터의 함성」(1996.4.9).

적기생산)'로 공급하는 것처럼, 작업자도 생산량의 변동에 응해 변동시키는 인간판 'JIT' 체제인 것이다. 즉, 생산량이 감소하더라도 같은 작업자수로 라인의 속도를 떨어뜨리는 것이 아니라 작업자를 감소시키고 남은 작업자에게는 종전과 마찬가지의 고밀도 노동을 요구하는 것이다. 이를 토요타에서는 '소인화(少人化)'라고 부른다. 또, 기계도입 및 작업개선에 의해 작업량을 감소시키는 것이 가능할 경우 작업량 감소에 응해 작업자수도 감소시키는 것이다.

생산량, 작업량의 변동에 따라 작업자수가 유연하게 변동하도록 하기 위해서는 잉여인력을 다른 직장에 전환 배치하는 것이 가능하도록 할 필요가 있다. 이를 위해서는 작업자가 작업이 변경되더라도 다른 공정을 담당할 수 있도록 일정한 훈련을 수행하고 직무순환을 할 필요가 있다. 이 같은 훈련과 직무순환을 통해 여러 기능에 숙련을 갖게 된 노동자를 '다기능공'이라고 부른다.

대우자동차에서도 NAC도전운동의 목표 중 하나로 '다능공화'를 설정하고 이를 위해 노력하고 있다. 한마음생산회의 관리항목 중 개인별 배점 총점 100점 만점 중 10점을 다기능률(작업가능공정수/목표공정수)에 주고 있으며 직장의 경우에도 200점 만점에 10점이 다기능률에 주어져 있다. 노동자의 다기능화를 체크하기 위해 한마음생산회의실에 개인별 관리항목으로 개별 노동자의 다기능화 정도를 표시하는 실적표를 비치해 두고 있다. 이는 개인이 맡고 있는 공정을 원으로 표시하고 그 원을 다시 4등분하여 공정의 개인별 습득능력을 체크하는 것이다. 또 신입사원 입사교육에서도 다기능화의 훈련이 실시되고 있다.

그러나 대우자동차가 이같이 노동자의 다기능화를 위해 전사적으로 관리하는 시스템을 형식적으로 갖추고 있다 하더라도 이것이 실질적인 효과를 가져오고 있는가에 대해서는 의문이 있다. 대우자동차에서는 다기능화를 위한 인센티브제도와 그것을 실행하기 위한 구체적인 수단이 마련되어 있지 않다. 감독자로의 승진, 승급에 다기능화 정도가 커다란 영향을 미치는 일본과 달리 대우자동차에서는 직·조장 승진이 다기능화 정도보다는 회사에 대한 충성 정도에 달려 있다고 대부분의 노동자가 생각하고 있는 상황에서 다기능화는 아무런 인센티브 메커니즘을 가지고 있지 않다.

또한 다기능화를 위한 회사의 체계적인 직무순환 스케줄 및 훈련계획도 발견되지 않는다. 회사 측은 NAC도전운동이 시작된 후 직원교육에 많은 자금과 노력을 기울이고 있다고 밝히고 있으며 실제 통계상으로 교육예산, 교육인원이 대폭 늘어나고 있는 것도 사실이다. 1992년 대비 1995년 교육인원은 1.8배, 교육경비는 1.6배가 늘어났으며 1996년의 교육예산은 9752백만 원으로서 전년 대비 55.9%나 늘어난 것으로 집계되고 있다.[11)]

그러나 보다 자세히 들여다보면 이러한 교육의 대부분은 관리자 및 현장감독자의 관리능력 향상과 해외사업 지원인력 교육, 외국인 연수생 교육예산 등에 쓰이고 있다는 것을 알 수 있다. 일반 기능직 노동자에 대해서는 단기간(5박 6일)의 신입입문교육 후에는 별다른 직무교육이 없는 상태이다. 신입입문교육의 내용 역시 회사현황 소개, NAC도전운동에 대한 설명, 직무지식, 가치관 정립 등 다기능화와는 관계없는 것들로 채워져 있다. 다만 회사 측은 1996년 하반기부터 기능직 사원에 대한 직무교육을 시작했는데 아직은 대상인원이 적고 내용도 대부분 자동차 구조학, 품질관리 등 단능적 기초숙련 양성훈련 위주여서 다기능화와는 거리가 멀다고 하겠다. 반면 회사 측은 전 사원을 대상으로 한 '조직혁신교육'(기업문화교육)은 매우 적극적으로 실시하고 있는데 그 내용은 가치인식 전환, 조직풍토 쇄신, 팀워크 향상 등이다. 회사의 어려움을 호소하면서 자연스럽게 노동자들로 하여금 기업이념을 받아들여 '기업인간형' 노동자를 만들고자 하는 목적으로 직무교육과는 거리가 멀다 하겠다.[12)] 그 밖

11) 사내자료.

12) 다만 조장 또는 조장 진급자로 구성된 풀맨(pull-man) 직장(/?)을 두어 사고자, 조퇴자, 월차 결근자를 대신해 릴리프 형식으로 작업하게 하는 제도가 있어 여러 공정을 경험할 수 있기 때문에 다기능화의 제도적 통로가 되고 있다. 그러나 이들은 그 수가 전체 기능직 노동자에 비해 극히 적고 선발자격이 다기능화와 더불어 회사에 대한 충성도가 중요한 요소로 작용하고

〈표 2-4-7〉 작업수행에 가장 도움이 된 교육은?

(단위: 명, %)

현장의 경험	현장 선배, 동료로부터의 교육	사내 직업훈련	사외연수	사외 직업훈련기관	학교에서 받은 교육
52.3(1,158)	32.6(722)	3.3(73)	9.0(199)	2.5(55)	0.4(9)

자료: 대우자동차 노동조합원에 대한 설문조사 결과.

에도 월례교양특강, 민족의식 및 역사관 교육 등도 수시로 실시되고 있는데 그 목적 역시 비슷하다 하겠다.

이러한 상황에서 노동자들의 기능에 대한 숙련습득은 주로 자신이 직접 현장경험에 의존하거나 또는 현장 선배, 동료로부터의 OJT 교육에 의존하고 있는데 이러한 교육이 비체계적이고 단능적이며 숙련수준이 높지 못한 것임은 말할 나위도 없다(〈표 2-4-7〉 참조).

회사의 임원진들도 다기능화의 효율성에 의문을 표시하면서 이에 대해 매우 소극적인 태도를 보이고 있는데 그 이유는 기본적으로 대량생산방식에 기초한 생산체제에서는 직무의 세분화와 단능적 숙련이 보다 효율적이며, 또 아직 단능적 기능마저도 충분히 높은 수준으로 익히지 못하고 있는 상황에서 다기능화를 추진하는 것은 품질상 문제를 야기할 수 있다는 생각 때문이다.[13] 직무순환의 효과에 대한 회사 측 자료에 의하면 직무순환의 결과 생산성과 직무만족은 증가했으나 품질은 오히려 감소했다고 평가하고 있다.

이와 같은 상황에서 대우자동차에서 실시되고 있는 직무순환은 주로 10~11시간씩 계속되는 작업의 지루함을 줄이고 작업자들 간의 작업부담 불균형을 해소하기 위한 목적으로 실시되고 있으며 따라서 직무순환의 폭도 동일 직장 내에서만 이루어지고 있다. 더욱이 이러한 직무순환은 회사 측의 체계적인 스

있다고 노동자들이 증언하고 있는바 다기능화의 진정한 인센티브로 작용하고 있는지는 의문이다.

13) 회사임원 인터뷰 결과.

〈표 2-4-8〉 직무순환 현황 및 평가(1997년)

(단위: %)

구분 / 이동범위	경험 여부		규칙적·계획적으로 이루어진다					다양한 기능습득에 도움이 된다				
	있다	없다	매우 그럼	그런 편임	보통	안 그럼	전혀 아님	매우 그럼	그런 편임	보통	안 그럼	전혀 아님
같은 작업조 내	77.7	22.2	41.3	7.6	23.6	12.4	15.1	37.0	11.5	33.1	8.4	9.9
같은 직장 내	50.7	49.3	26.1	14.0	23.7	13.2	23.1	24.8	17.0	34.4	8.0	15.8
같은 공장 내	25.5	74.5	7.2	5.8	29.9	15.4	41.8	13.6	16.7	31.8	8.9	28.9

자료: 대우자동차 노동조합원에 대한 설문조사 결과.

케줄에 따라 행해지기보다는 작업자들의 합의에 의해 자율적, 또는 반자율적으로 행해지고 있다는 데 그 특징이 있다.

〈표 2-4-8〉에서 보듯이 전체적으로 직무순환의 경험률은 매우 높아 대부분의 노동자들이 직무순환을 실시하고 있는 것으로 나타났지만 그 범위는 같은 작업조 또는 같은 직장 내에 머물러 있다. 같은 작업조 내의 직무순환(이 경우는 공정순환이라고 불러야 옳을 것임)은 비교적 규칙적·계획적으로 이루어지고 있지만 같은 직장 내 및 같은 공장 내[14]의 직무순환은 비규칙적·비계획적인 편이다. 따라서 직무순환에 따른 다양한 기능의 습득 여부에 대해서도 그다지 긍정적이지 못한 것으로 나타나고 있다. 회사 측에서도 현재 실시되고 있는 직무순환의 성격을 '보다 수준이 높은 복잡한 공정을 수행하는 것'이라기보다는 '같은 수준의 단순한 공정을 여러 개 수행하는 것'이라고 대답하고 있는 데서 이와 같은 사실이 증명된다.[15]

현장작업자들에 대한 인터뷰 결과 입사 후 직장 간 이동은 매우 제한된 편

14) 대우자동차의 현장조직은 조장(組長)-직장(職長)-공장(工場)으로 구성되어 있으며 대체로 조장은 5~6명 단위, 직장은 10명 단위로 구성되어 있다.

15) 직무순환 질문에 대한 회사 측의 응답 자료.

〈표 2-4-9〉 직무순환에 따른 변화

(단위: %)

	전혀 아니다	아니다	그저 그렇다	그렇다	매우 그렇다
노동강도 증가	0.8	5.8	42.4	34.5	16.5
불량률 증가	2.2	19.6	46.4	28.1	3.6
작업 지루함 증가	8.3	45.5	25.7	14.7	5.9
다양한 기능습득	12.1	6.9	39.9	32.3	8.9
공평한 작업분배	9.6	10.6	40.4	23.6	15.5

자료: 대우자동차 노동조합·한국노동이론정책연구소(1996).

인 것으로 나타났다.[16] 대부분 입사 시 단기간의 풀맨(pull-man)[17]과정을 거쳐 일단 한 직장에 배치되면 거의 변동이 없거나 1회 정도의 이동밖에 없는 편이다. 직무순환은 대부분 2~3개월 단위로 하고 있지만 2시간마다 공정 간 순환을 하는 경우도 많다. 그러나 직무순환이 없는 경우도 있는데 이것은 작업 자체가 기피되는 것이어서 근속연수가 짧은 신참 노동자를 고정 배치한 작업이거나 또는 직무순환 시 다기능화의 결과로 인원을 빼갈 것을 우려한 노동자들의 방어적 행동으로 고정작업을 하는 경우이다. 결국 예외적인 경우를 제외하면 대우자동차에서 실시되는 다기능화는 노동자들의 선택에 의한 것이며 회사정책으로서의 다기능화는 실시되고 있지 않다고 해도 좋을 것이다.

직무순환에 대한 노동자들의 평가는 대체로 부정적이다. 〈표 2-4-9〉에 나타나듯이 직무순환은 작업의 지루함을 덜어 준다거나 공평한 작업부담의 배분 측면에서는 일정한 성과를 내고 있지만 직무순환의 본래 목표라 할 수 있는 다양한 기능습득 측면에서는 별다른 효과가 없으며 오히려 노동강도만 강화되는 측면이 강함을 살펴볼 수 있다.

16) 상세한 것은 대우자동차 노동조합·한국사회과학연구소(1997: 41) 참조.

17) 대우자동차에는 풀맨(pull-man)이란 예비인원이 있어 현장에서의 사고자, 조퇴자, 결근자를 대신해서 릴리프하도록 되어 있다.

2) 수량적 유연성과 고용불안

다기능화, 계획적 직무순환, 불량수리, 자주보전 등 기능적 유연성과 관련된 사항들의 추진이 부진한 상태에서 노동력의 유연성 확보를 위해 회사가 취하고 있는 주된 수단은 노동력 규모 및 시간의 조정을 의미하는 수량적 유연성의 확보이다.

대우자동차는 1990년을 전후해 불황기를 맞이했으나 조업단축, 교육시간 증대를 통해 정리해고를 성공적으로 회피할 수 있었다. 그 후 생산규모가 지속적으로 증가해 옴에 따라 고용불안이 현재화되지는 않고 있다. 그러나 대신 회사 측은 신규채용 동결, 비정규직의 확대, 외국인 연수생의 도입 등으로 노동력 규모의 유연성 증대를 기도하고 있는 것으로 보이며 이에 대해 노동자들은 매우 민감한 반응을 나타내고 있다.

대우자동차 노동조합의 조합원 생활실태 조사에서도 절대다수의 노동자가 고용안정에 불만을 느끼고 있으며 특히 생산직과 근속연수가 긴 고령층 노동자의 고용불안감이 심한 것으로 나타났다(〈표 2-4-10〉).

1997년 4월에 실시된 조사에서도 이는 확인된다. 〈표 2-4-11〉은 대우자동

〈표 2-4-10〉 고용안정 만족도

(단위: %)

		매우 만족	약간 만족	그저 그렇다	약간 불만	매우 불만
전체		0.6	4.0	21.5	25.2	48.7
직군별	생산직	0.4	3.7	20.8	25.0	50.1
	사무직	0.0	0.0	28.6	28.6	42.9
	판매직	0.0	0.0	50.0	50.0	0.0
	전문직	0.0	8.6	28.4	32.1	30.9
	기타	7.5	5.0	35.0	22.5	30.0
근속연수별	5년 미만	0.8	2.6	24.6	27.1	45.0
	5~9년	1.3	4.4	18.0	25.4	50.9
	10~14년	0.6	4.3	24.5	24.9	45.7
	15~19년	0.3	4.1	16.9	27.0	51.7
	20년 이상	0.0	2.2	16.1	19.9	61.8

자료: 대우자동차 노동조합 조사통계부(1997).

〈표 2-4-11〉 직장생활과 관련하여 가장 불안감을 느끼는 요인

(단위: %)

	1순위	2순위
인원감축과 공장신설에 따른 고용불안	51.1	15.9
생활비에 못 미치는 임금문제	13.1	28.8
주야교대제와 과중한 작업량으로 인한 건강상태 악화	31.0	28.7
산재나 직업병으로 인한 걱정	2.4	12.1
교육훈련의 기회가 없음으로 인한 자기능력 개발의 정체	1.7	8.9
상사나 동료와의 갈등	0.7	5.6

자료: 대우자동차 노조원에 대한 설문조사 결과.

차 노동자들이 직장생활을 하면서 가장 불안을 느끼는 부분에 대한 설문조사 결과이다. 과반수가 넘는 응답자가 고용불안 문제를 1순위로 지목했다는 사실에서도 고용불안심리의 심각성을 알 수 있다.

이와 같은 대우자동차 노동자들의 고용불안 우려에 대해 회사 측은 '전혀 기우에 불과하다'고 일축하고 있다.[18] 대우자동차에서 현직 노동자들의 고용불안이 당장 현실화되고 있는 것은 아니라는 점에서 회사 측의 주장에도 일리는 있다. 그러나 노동자들의 이러한 고용불안감이 아무런 현실적 토대도 없는 기우에 불과한 것은 아니다.

특히 신차종 개발에 따른 잉여인원 문제는 조합원들이 상당히 심각하게 느끼는 고용불안 사례이다. 회사 측은 신차종 개발과 함께 자동화율이 증가했고 공정수와 아이템이 감소함에 따라(없어지는 아이템이 23%에 달한다고 주장하고 있음) 상당수의 잉여인원이 발생할 것으로 예상한 바 있다. 이에 대해 노조 측에서는 신차 투입비율이 증가함에 따라 소요인원수가 줄어드는 것은 사실이지만 현재의 고정사고자(산재치료기간 중, 휴직, 퇴사자 등) 90여 명을 제외하면 실제 정리인원은 30명 정도에 불과하다고 말하고 있다.[19] 일단 인원문제는 노사 간 합의가 요구되는 단체협약 조항이고, 회사 측은 희망자에 대한 타 계열

---

18) 대우자동차 홍보실, ≪한마음회보≫(1996.10.11).

19) 노동조합 대의원 인터뷰 결과(1996.10.11).

사 전보나, 관리자층을 대상으로 하는 해외공장 진출, 그리고 연구소 등의 시설 확충을 통해 잉여인원을 처리할 계획이지만, 앞으로도 잉여인원의 숫자가 계속 늘어날 것으로 예상되기 때문에 고용불안심리는 팽배해 있는 상태이며, 노조도 경계를 늦추지 않고 있다.[20] 특히 회사 측은 1998년 사업계획을 통해 관리직 사원을 1997년 말까지 20%, 1998년 말까지 10%, 1999년 말까지 5% 감원하는 등 관리직 총 35% 감원을 추진할 계획이어서 고용불안감은 더욱 커지고 있다.

이와 관련해 회사 측의 일방적인 소요인원수 및 잉여인원수 산출에 대해 노조 측은 객관적인 인원소요를 산출하려면 잡(job)수(단위시간당 자동차 생산대수), 인원기준, 노동강도 등에 대한 명확한 기준이 설정되어야 한다고 주장하고 있으나 그동안 이에 대한 노조의 철저한 준비가 없었기 때문에 현재로서는 사후수습 및 현상유지 정도에 머물고 있는 실정이다.

현재의 제도적·현실적 여건으로 인해 해고가 어려운 상황에서 회사 측의 인원감소 전략은 먼저 신규고용 억제와 자연퇴직에 따른 고용규모의 자연적 감소로 나타나고 있다. <표 2-4-12>에서 보듯이 대우자동차의 자동차 생산규모는 지난 수년간 급속도로 증대되어 왔다. 1992년 대비 1996년 생산량은 무려 2.5배에 달하고 있다.[21] 그러나 이러한 생산규모의 급증에도 불구하고 대우자동차의 생산직 인원수는 미미한 증가세밖에 보이지 않았다. 즉, 1992년 대비 1996년의 생산직 노동자수는 겨우 11% 증가했다. 이것은 신규채용인원이 지난 수년간 거의 동결상태였던 데 기인한다. 그 결과 생산직 노동자 1인당 자동차 생산대수는 같은 기간 중 무려 224%나 증가한 것으로 나타났다.

인원수의 동결에도 불구하고 생산량 증대가 가능했던 것은 한편으로는 기

---

20) 대우자동차 대의원 집단면접(1996.10.11).

21) 이 표에는 녹다운(knock-down) 생산이 제외되어 있지만 만약 KD 생산까지 포함할 경우 1995년 이후 생산량은 2만 대 이상 많은 것으로 나타난다.

〈표 2-4-12〉 대우자동차의 생산량과 고용규모의 추이

	1992	1993	1994	1995	1996	증가율 (1992~1996)
생산량	179,020	300,094	340,707	454,353	447,581	2.50배
총인원	14,224	14,165	14,635	15,928	16,770	1.18배
임원	40	46	54	103	105	2.63배
관리직	3,405	2,779	2,751	3,077	3,507	1.03배
연구직	589	809	1,301	1,709	1,918	3.26배
생산직	9,943	10,472	10,445	10,847	11,078	1.11배
기타	247	59	84	192	162	0.65배
생산량/총인원	12.6	21.2	23.3	28.5	26.7	2.12배
생산량/생산직	18.0	28.7	32.6	41.9	40.4	2.24배

자료: 한국자동차공업협회(1997); 대우자동차주식회사(1996).

〈표 2-4-13〉 대우자동차의 용역노동자 현황

(단위: 명)

연도	계	승용1	승용2	KD	엔진	기타
1992	512	-	-	-	-	-
1993	621	-	-	-	-	-
1994	755	-	-	-	-	-
1995	1,162	441	295	324	57	45
1996	1,092	481	270	241	49	51
1997	961	443	333	78	49	58

자료: 사내자료.

존 인원의 노동강도 및 노동밀도 증대에 의한 것이지만 다른 한편으로는 비정규직 및 해외 연수생의 증대에 의한 것이기도 하다. 대우자동차에서는 비정규직으로서의 도급인원이 1990년대 들어서 꾸준히 증가해 왔다. 예컨대 부평생산총괄의 경우 도급인원이 1992년 512명으로부터 1993년 621명, 1994년 755명, 1995년 1162명으로 꾸준한 증가추세를 보여 왔다(〈표 2-4-13〉). 이후 1996년 1092명, 1997년 9월 961명으로 전체 용역인원수는 차츰 줄어들고 있지만 이는 주로 KD 공장의 용역인원 감소에 따른 것으로서 승용1, 승용2 담당 등 현장의 경우 용역인원수는 다소 기복을 보이면서도 증가 추세이다. 이들 용역인원은 주로 서브라인에 배치되어 있다. 특히 1995년부터 생산을 시작한 KD

생산공장은 당시 정규직이 114명에 불과한 데 비해 용역인원은 324명이었으며, 군산공장의 경우에도 1997년 5월 정규생산직 1369명(공장, 직장, 조장 포함)에 비해 사내외주인원이 762명, 임시직이 26명으로 정규직 대비 57.6%를 차지하고 있어[22] 신설공장일수록 정규직보다는 용역직으로 충원해 노동력의 유연성을 확보하려는 회사의 전략을 알 수 있다.

한편 해외에서의 연수노동자도 계속 들어오고 있다. 1995년부터 시작된 해외 연수생 도입(이른바 LINE-OJT)에 의해 1997년 중반까지 총 2879명의 해외인력이 연수를 수료했거나 실시 중이다. 국가별로는 폴란드 1210명, 루마니아 1119명, 인도 502명, 인도네시아 18명, 베트남 30명 등이다. 연수생은 차수별로 한 번에 300~400명 정도씩 들어와서 3개월 혹은 6개월씩 머물기 때문에 상주인원은 350~400명 정도이다.[23] 이는 사실상 기존 인원을 전출시키고 그 자리에 연수생들을 투입하는 방식으로서 연수는 명목일 뿐이고 실제로는 취업과 다름없다.

결국 이렇게 볼 때 부평공장의 경우 전체 생산직 인원 중 약 15%가 비정규직 노동자로 충원되고 있는 셈이다.

향후 대우자동차에 고용불안을 가져올 수 있는 또 다른 중요한 요인은 군산 및 해외 공장의 신·증설과 이에 따른 부평공장의 축소가능성 및 정리해고제의 도입문제이다. 1993년 기공식을 가지고 3년여의 공사 끝에 1996년 4월 완공된 군산 신공장에서는 1996년 12월부터 누비라 양산을 개시했다. 연산 30만 대의 생산규모를 갖춘 군산공장은 자동화율이 부평공장에 비해 훨씬 높고 작업 높이 자동조절장치나 탑승식 대차 적용 등 작업편의성을 고려한 시설이 많아 약 1400명의 기능직과 400명의 사무직, 800명의 사내외주 및 임시직, 그리고 140명의 외국인 노동자 등 총 2700명이 채 안 되는 인력으로도 운영이 가능할 것

22) 대우자동차 노동조합 군산공장 방문 시 인터뷰 결과.

23) 사내자료.

〈표 2-4-14〉 군산공장의 인원현황

(단위: 명)

담당	인원총계	사무직	9급	생산직	사내외주	임시직	외국인 연수생
직속	309	121	11	39	138	0	0
생산담당	1,859	65	8	1,022	608	26	130
품질담당	313	62	5	230	16	0	0
관리담당	198	92	20	78	0	0	8
건설기술팀	4	3	1	0	0	0	0
총계	2,683	343	45	1,369	762	26	138

자료: 사내자료.

으로 보고 있다(〈표 2-4-14〉 참조). 대부분의 노동자는 인근에서 현지 채용되었지만 부평공장에서도 1997년 2/4분기까지 120명의 지역연고자가 신청에 의해 군산공장으로의 이동이 확정되었다.

이에 따라 부평공장의 많은 노동자들은 최첨단 공장인 군산공장으로 인력이 빠져나가고 부평공장이 공동화될 것이 아닌가 하는 우려를 가지고 있다. 특히 군산공장이 지분소유관계 등으로 인해 대우자동차 소속 여부가 불투명해짐에 따라 노동조합은 1995년 임협 시 이 문제를 안건으로 제기한 이래 1996년 단협에서도 쟁점사항이 되었다. 노사 양측은 수차례의 협상 결과 1996년 11월 군산공장의 법인체는 대우자동차로 하되 향후 3년간 (주)대우가 위탁 경영한다는 데 합의했다. 그러나 여전히 노동조합의 지부설치 문제가 해결되지 못한 채 부평 본조 소속 상근자 3명이 군산공장에 파견되어 감시역할을 하고 있으나 그 활동은 극히 제한되어 있는 형편이다. 군산공장에는 노동조합이 없는 대신 직장발전위원회가 설치되어 있으나 그 역할은 미미한 형편이다.[24]

해외공장의 계속적인 신·증설 역시 대우자동차 노동자들의 고용불안을 가져오는 요인이 되고 있다. 대우자동차는 1997년 폴란드, 우즈베키스탄, 체코 등 총 11개국에 12개의 공장을 가지고 있으며 생산능력은 연산 60만 7천 대에 이른다. 대우자동차는 2000년경 해외공장 생산능력을 연산 160만 대 이상으

24) 대우자동차 노동조합 군산공장 방문 시 인터뷰 결과.

로 늘릴 계획이다. 이러한 급속한 해외진출이 현재로서는 국내생산에 큰 영향을 미치지 않고 있지만 일본의 자동차 회사의 경우에도 보듯이 장기적으로는 해외생산의 증가가 국내생산의 구조조정과 공동화를 가져오고 대량실업과 고용불안을 가져올 가능성을 전혀 배제할 수는 없는 실정이다.

한편 지난 노동법 개정 과정에서 도입된 정리해고제 역시 시한폭탄과 같은 존재이다. 기아자동차 사태에서 보듯이 이미 자동차 산업의 구조조정과 인력조정이 현재화되고 있는 상황에서 실제로 정리해고제가 도입됨으로써 고용불안에 미치는 영향은 매우 클 것으로 예상된다.

6. 맺음말

최근 기아자동차 사태를 계기로 한국 자동차 산업의 구조조정 문제가 본격적으로 거론되고 있다. 세계 자동차 산업의 경쟁격화와 내수판매의 정체, 그리고 이에 따른 과잉생산, 과잉설비와 수익성의 악화 등에 대응해 어떻게 한국의 자동차 산업이 발전해야 할 것인가에 대한 논의도 무성하다. 이러한 가운데 자동차 각사는 비용을 절감하고 생산성을 올리는 동시에 노동통제를 강화하기 위한 전략으로서 일본식 생산방식의 도입에 골몰하고 있다. 이러한 자동차 각사의 일본식 생산방식의 도입은 도입 초기의 혼란과 한계를 일정하게 극복하고 차츰 정착되는 단계로까지 나아가고 있는 것으로 평가된다(주무현, 1997).

그러나 여전히 일본식 생산방식의 특징인 유연생산체제와 협조적 노사관계라는 조건이 갖추어지지 않은 상황에서 여러 가지 모순과 혼란이 따르고 있는 것도 사실이며 특히 생산설비의 불비 속에 강행되는 일본식 노무관리체제로 인해 노동자들의 노동밀도와 노동강도가 강화되고 현장통제의 강화에 따른 노사갈등이 나타나는 등 많은 문제점이 지적되고 있다.

이러한 양상은 대우자동차에서도 그대로 나타나고 있다. NAC도전운동으로 집약되는 대우자동차의 일본식 생산방식 도입 노력은 2단계로 접어들면서 일정한 성과를 거두고 있는 것으로 나타나고 있다. NAC도전운동으로 요약되는 이러한 경쟁력 지향형 전략은 그동안 회사의 모습을 크게 바꿔놓는 데 성공한 것이 사실이다. 생산성, 품질의 향상, 신차종의 출시, 국내외 생산능력의 대폭적인 증대, 국내시장의 점유율 상승 등을 통해 회사의 이미지가 크게 개선되고 종업원들의 사기가 올라가도록 만든 NAC도전운동의 성과에 대해서는 일정한 평가를 할 수 있다. 그러나 다른 한편으로 일본식 생산방식의 특징인 유연생산체계나 노동자의 현장에서의 자율적 참여와 다기능화 등은 제대로 이루어지지 않은 채 오히려 생산현장에서의 노동강도와 노동밀도의 강화, 통제의 강화 같은 측면만이 두드러지게 나타나고 있으며 따라서 협조적 노사관계의 구축은 전혀 이루어지지 않고 있는 것이 사실이다.

먼저 하드웨어 측면에서 살펴보면 대우자동차를 비롯한 각사는 유연생산방식의 도입보다는 대량생산을 위한 설비규모 증설에 열중해 왔으며 이것이 최근 자동차 산업의 과잉설비, 과잉생산 위기를 가져온 원인이 되었다. 이는 한국의 자동차 회사들이 여전히 포드주의적 대량생산체제의 확립을 최우선목표로 하고 있음을 나타낸다. 대우자동차에서 이루어지고 있는 설비자동화는 포디즘적 생산라인을 그대로 두면서 자동화 기기를 통해 이를 보강하는 형태가 대부분이며 자동화의 목적은 주로 인력절약과 노사분규 대비책이라는 점에서 '노동배제적 자동화'의 성격을 가지고 있다. 더욱이 최근 일본 자동차 공장에서 나타나고 있는 '인간조화적 자동화'에 대한 고려는 전혀 찾아볼 수 없다.

설비의 자주보전을 위해 회사가 노력하고 있는 것은 사실이지만 4년간의 노력에도 불구하고 자주보전활동이 정착되었다고는 볼 수 없다.

적기생산방식의 도입도 상당히 진전되어 왔지만 생산라인의 기본개념이 여전히 대량생산방식이고 밀어내기식 생산방식이기 때문에 부품재고관리의 기본운영 역시 여전히 자재소요계획에 따른 사전생산방식이 주류를 이루고 있으며 이에 따라 많은 사내재고가 발생하고 있다.

결국 대우자동차가 추진하고 있는 일본식 생산방식의 도입은 현 단계에서는 유연생산체제의 구축보다는 기존의 포드주의적 대량생산체제의 문제점을 부분적으로 보완하는 수준에 머물고 있다 하겠다.

한편 노무관리체제의 핵심을 이루고 있는 표준작업제는 점차 현장에서 정착되어 가고 있다. 그러나 표준작업시간의 설정, 실시방법의 설정 등이 현장작업자의 제안이나 개선에 의하기보다는 일본 것을 그대로 모방했거나 회사의 일방적 측정, 실시에 의해 이루어지고 있으며 따라서 현장의 실정과는 맞지 않아 현장작업자와 노조 측의 반발을 사고 있다. 이에 따라 작업순서, 방법 등은 현장에서 그대로 관철되지 않고 있으며 다만 택트타임에 대해서만 신경을 쓰고 있을 뿐이다.

노동력 활용 면에서도 일본식 생산방식의 특징인 다기능화는 전사적 차원에서 체계적이고 의식적으로 추진되기보다는 주로 작업자들 간의 작업부담 불균형을 해소하기 위한 목적으로 공정 간 순환이 이루어지고 있는 실정이다. 그런 까닭에 다기능화의 원래 목표인 숙련향상과 이상에의 대응기능 등이 체계적으로 이루어지지 못하고 있으며 노동자들은 주로 현장경험이나 현장선배로부터의 어깨 넘어 교육과 같은 비체계적 방법에 의해 주로 단능적 숙련을 획득하고 있는 실정이다.

회사 측은 노동력 활용의 유연성을 주로 수량적 유연성의 확보를 통해 이루고자 하고 있으며 이에 따라 용역노동자, 외국인 연수생 등 비정규노동력의 도입이 확대되고 있다. 이는 정규노동자들에게 고용불안을 가중시켜 회사에 대한 불신과 노사갈등을 야기하는 중요요인이 되고 있다.

계속되는 증산에도 불구하고 정규노동력의 규모 억제에 따라 노동강도와 노동밀도의 증대가 나타나 현재로서는 이러한 방법에 의한 생산성 증대는 거의 한계에 도달한 것으로 보인다. 그럼에도 불구하고 회사 측은 향후 인원규모 축소를 계획하고 있어 노사갈등이 일층 심화될 것으로 예상된다.

그동안 한국의 자동차 산업은 주로 양적 확대에 의한 규모의 메리트를 기반으로 비용을 낮추어 중저가 제품을 대량 공급하는 전략에 의존해 왔다. 이러한 전략은 과점체제하의 국내시장에서 내수가 계속 신장하고 동구권 등 중저가 제품을 선호하는 시장이 존재할 때는 가능했던 전략이지만 이제 내수시장과 수출시장 양쪽에서 선진국 자동차 산업과 경쟁해야 하는 21세기 경영환경에서는 더 이상 불가능한 전략이라 하겠다.

지나친 규모 확대는 결국 과잉설비, 과잉생산 문제를 야기하고 있고 품질향상은 답보상태이다. 여기에 인원증가가 수반되지 않은 채 이루어진 계속적인 증산으로 인해 장시간 노동, 심야노동, 과밀노동, 고스트레스 노동이 야기되면서 사무직과 생산직을 막론하고 종업원의 피로와 불만의 증대, 산재의 빈발, 노사관계의 악화 등 내부적 문제도 계속 축적되고 있다.

이와 관련해 일본의 저명한 자동차 산업 전문가인 후지모토 타카히로(藤本隆宏) 교수가 일본식 생산방식에 대해 제기한 문제를 눈여겨볼 필요가 있다. 그는 이른바 일본형 린 생산방식이 그동안 지나치게 '경쟁력 추구형 기업경영' 일변도로 되어 왔다고 비판하면서 앞으로 예상되는 노동력 부족 등 새로운 환경변화에 대비해 '밸런스(균형) 지향형 기업경영'으로 전환할 필요가 있다고 역설하고 있다(藤本隆宏·武石彰, 1994).

경쟁력 향상에만 초점을 맞춘 경쟁력 지향형 기업경영은 기업이 달성해야 할 그 밖의 광범한 목적을 무시함으로써 과잉생산시설의 우려, 장시간 과밀도 노동에 따른 종업원 불만의 증대, 원가절감노력에 따른 협력기업으로부터의 불만, 환경 및 교통문제 유발로 인한 지역사회로부터의 불만 등 부작용이 나타나고 있다. 특히 경쟁력 추구 일변도에 대한 종업원 불만이 심각한 수준임은 이미 앞에서 살펴본 바 있다. 린 생산방식에서는 종업원 전원 참가형의 문제해결과 개선활동이 필수적인 요소라는 사실을 고려할 때 이와 같은 종업원 불만의 누적현상은 향후 기업경영이 해결해야 할 중대한 과제가 될 것이다.

그러한 점에서 이해관계자 간의 균형 중 특히 중요한 것은 고객만족(Consumer Satisfaction: CS)과 종업원 만족(Employee Satisfaction: ES) 간의 균형문제이다. 향후 한국 자동차 산업의 성장방향이 고품질·고부가가치 제품을 생산하는 것이라 할 때 이를 위해서는 종업원의 창의성, 자발성의 발휘와 숙련기술의 향상은 불가결한 것이며 이는 자동차 공장을 종업원에게 '매력 있는 일터'로 만들지 않고서는 불가능한 일이라 하겠다. 더욱이 앞으로는 점차 청년 노동력의 신규공급이 줄어들고 현재의 노동력이 고령화되고 있으며 여성, 중고령자의 비중이 늘어날 것으로 예상된다는 점에서 이와 같은 '매력 있는 일터 만들기'는 기업에도 시급한 과제라 할 것이다.

일본의 토요타자동차를 비롯해 많은 선진국 자동차 기업에서는 이러한 점을 감안해 '인간존중형 공장'의 건설에 힘쏟고 있으며 단순히 인간에게 친절한 공장뿐만 아니라 노사 간 협조에 의한 새로운 파트너십의 구축에 노력하고 있다는 사실을 한국의 자동차 기업들도 깊이 인식해야 할 것이다.

따라서 이러한 상황변화에 맞는 새로운 생산양식, 노무관리, 노사관계체제가 필요하며 그 기본방향은 노동의 인간화와 민주적 노사관계의 구축을 지향해야 할 것이다.

참고문헌

고지마 다케시. 1994. 『超'린' 혁명』. 조현재 옮김. 매일경제신문사.

김정우. 1997. 「노동유연화 전략과 노사관계의 변화에 관한 일 연구: D 자동차 사례조사」. 인하대 대학원 경제학석사 학위논문.

대우그룹노동조합협의회. 1996. 『대우그룹 노무관리 실태조사 결과』.

대우자동차 노동조합 조사통계부. 1997.3. 『대우자동차 조합원 생활실태 조사결과 보고서』.

대우자동차 노동조합·한국노동이론정책연구소. 1996. 『대우자동차 신경영전략에 따른 신노무정책과 노동조합의 대응』.

대우자동차 노동조합·한국사회과학연구소. 1997. 『대우자동차의 심야근무 축소와 월급제 실시를 위한 연구』.

대우자동차주식회사. 1996. 『품질경영현황』.

사사키 고죠. 1997. 「토요타의 신일본적 경영과 민주적 규제: 현장, 지역에서의 새로운 변화와 토요타 총행동」. ≪현장에서 미래를≫, 11월호.

윤진호. 1995. 「한국에서의 일본식 생산방식의 도입과 노동자: 대우자동차의 사례를 중심으로」. ≪산업노동연구≫, 제1권 제1호.

윤진호. 1996. 「일본 자동차 공장의 최근의 생산양식변화: 토요타자동차, 닛산 자동차 큐우슈우 공장 방문보고」. 임노동연구회 발표문.

윤진호. 1997. 「일본 자동차 공장 및 노동조합 방문보고」. 대우자동차 노동조합.

주무현. 1997. 「한국 자동차 산업 생산체제의 '일본화'에 관한 연구」. 경북대학교 대학원 경제학박사 학위논문.

한국자동차공업협회. 1997. 『1997 한국의 자동차 산업』.

한국표준협회. 1997. 『품질경영상 수상업체 경영혁신 사례발표회 및 현장견학(2차)』.

公文博. 1995. 「토요타자동차의 새로운 생산라인에 관하여」. 『연구논문집』. 인하대학교 산업경제연구소.

加藤哲郎, R. Steven. 1993. 「日本資本主義はポスト-フォ-ド主義か?」. 加藤哲郎, R. Steven 編. 『日本型經營はポスト-フォディズムか?』. 窓社.

藤本隆宏. 1993. 「今こそバランス型リ-ン方式を目指せ」. ≪エコノミスト≫, 3.2.

藤本隆宏·武石彰. 1994. 『自動車産業 21世紀へのシナリオ』. 生産性出版. (이두환 옮김. 1995. 『자동차 산업: 21세기 시나리오』. 21세기북스)

史世民. 1994. 「トヨタ生産方式の新たな挑戰--田原, 九州宮田工場の場合」. 小川英次 編.

小川英次 編. 1994. 『トヨタ生産方式の研究』. 日本經濟新聞社.

愛知勞動問題研究所 編. 1994. 『變貌する世界企業トヨタ』. 新日本出版社.

Benders, J. 1997. "Leaving Lean? Recent Changes in the Production Organization of some Japanese Car Plants." *Economic and Industrial Democracy*, Vol.17, No.1.

Boyer, R. 1988. *The Search for Labour Market Flexibility*. Clarendon Press.

Dohse, K. et al. 1985. "From 'Fordism' to 'Toyotism'?" *Politics and Society*, No.74.

Kenney, M. and R. Florida. 1993. *Beyond Mass Production: The Japanese System and Its Transfer to the U.S.* Oxford University Press.

Parker, M. and J. Slaughter. 1988. *Choosing Sides*. South End Press. (강수돌 외 옮김. 1996.『팀 신화와 노동의 선택』. 강)

Womack, J. et al. 1990. *The Machine That Changed the World*. Raeson Associate.

제5장

한국 자동차 산업의 환경변화와 노동의 인간화*

1. 머리말

한국의 자동차 산업은 그동안 급속한 자동차 보급과 수출 증대에 힘입어 고도성장을 지속해 왔다. 1970년 2만 9천 대에 불과했던 한국의 자동차 생산대수는 1996년에 280만 대를 넘어서서 한국은 세계 제5위의 자동차 생산대국으로 등장했다.

그러나 우리는 이러한 자동차 산업의 급속한 성장 뒤에 자동차 산업에 종사하는 노동자들의 피와 땀과 눈물이 숨어 있다는 것을 잊어서는 안 될 것이다. 급속한 생산량의 증대에도 불구하고 생산직 인원수는 거의 동결됨에 따라 노동자들은 밤낮으로 교대하며 강도 높은 장시간 노동을 수행할 수밖에 없는 처지에 놓여 있다.

더욱이 최근 한국의 자동차 산업이 내수 정체와 수출 부진에 시달리면서 과

* 윤진호 외, 『한국 자동차 산업의 현황과 과제』(서울사회경제연구소, 1998)에 게재되었다.

잉생산, 과잉설비가 현재화되고 재고가 누적되는 등 일대 위기를 맞게 됨에 따라 자동차 각사는 구조조정, 고용조정에 나서는 한편, 기업 합리화와 신경영전략의 도입, 노동통제의 강화 등 일련의 대노동공세를 취하고 있다. 이러한 기업전략은 필연적으로 노동자의 고용과 생활을 불안정하게 만들고, 노동강도와 노동밀도를 일층 강화시키며 또한 산업재해를 야기하는 요인으로 작용하고 있다. 이러한 근로조건의 악화에 대한 노동자와 노동조합의 반발은 다시 자동차 산업 노사관계의 불안정을 야기함으로써 한국의 자동차 산업 발전을 불안정하게 만드는 요인으로 작용하고 있는 것이다.

물론 경제위기로 인한 구조조정, 고용조정은 선진국의 자동차 산업이 우리보다 먼저 겪었던 일이다. 그러나 선진국의 경우는 최근 자동차 산업의 노사관계에 커다란 변화의 바람이 불고 있음을 인식해야 할 것이다. 즉, 경영합리화의 진행 가운데서도 선진 각국의 노사 양측은 경쟁력 강화를 위해서는 무엇보다도 노동자의 숙련향상과 자발적·창의적 노동이 필수적이며 이를 위해서는 노동의 인간화와 노동자의 자율성 증대 및 경영참가가 필요하다는 데 인식을 같이하고 이를 위한 다양한 참여경영제도를 도입하고 있다. 예컨대 미국의 새턴자동차에서 보는 노동자참여제도, 일본의 토요타자동차에서 나타나고 있는 새로운 인간존중 생산방식의 도입 등이 그것이다.

반면 한국의 자동차 기업들은 일본식 생산방식의 도입에는 열심이면서도 일본 자동차 기업의 노동의 인간화 프로그램에 대해서는 거의 무관심한 형편이다.

이처럼 경쟁력 향상을 최우선목표로 하는 '경쟁력 추구형' 경영은 자동차 산업 성장의 밑거름이 되어 온 생산직과 사무직 종업원들에게는 근로조건의 악화와 고용불안을 가져오는 요인으로 작용하고 있다. 급속한 생산 증대에 따른 계속적인 노동강도 증대와 장시간 심야노동의 강행으로 노동자들의 정신적·육체적 피로도가 극에 달하고 있으며, 산재가 빈발하고 있다. 많은 노동자들은 산업구조 조정에 따른 고용불안의 가능성에 대해 우려하고 있으며 그러한 불안은 이미 기아자동차와 쌍용자동차의 대규모 해고 및 현대자동차의 대량인원 조정 등으로 현실화되고 있다. 그동안의 임금상승에도 불구하고 인사제도의 미비와 불공정성에 대한 노동자들의 불만도 높은 편이며 작업현장에서의 열악한 노동환경과 노동통제 강화에 대해서도 많은 노동자들이 우려를 나타내고 있다. 지난 수년간의 비교적 순조로운 임금협상 타결에도 불구하고 노사관계의 불안 역시 상존하고 있다.

이런 열악한 노동자 상태와 불안정한 노사관계를 안고서 과연 한국의 자동차 산업이 21세기에도 그대로 경쟁력을 유지할 수 있을지에 대해 의문이 제기되는 것은 당연한 일이라 하겠다.

이제부터라도 한국의 자동차 산업은 새로운 발상의 전환을 통해 '경쟁력 추구형 일변도 기업'으로부터 '인간존중형 기업'으로 나아가야 할 것이며 이를 위해 구체적인 노동의 인간화 프로그램을 하나하나 추진해 나가야 할 것이다. 노동자의 자발성과 창의성을 끌어내고, 기업경영에 참여시켜 전 종업원의 힘을 한데 모을 때 비로소 진정한 경쟁력의 향상과 노동자의 삶의 질 향상, 그리고 노사관계의 안정이 이룩될 수 있을 것이다. 이것은 곧 한국의 자동차 산업이 21세기형 기업으로 발전할 수 있느냐의 여부를 가늠하는 중요한 과제이다.

이 글에서는 이상의 인식에 바탕을 두고 최근 세계 자동차 산업에서 나타나고 있는 새로운 생산방식 및 노사관계의 동향과 한국 자동차 산업의 구조조정 양상 및 앞으로의 바람직한 발전방향을 검토해 보고자 한다.

2. 세계 자동차 산업의 최근 동향

1) 수급 동향 및 과잉생산능력의 동향

세계 자동차 산업은 1990년대 들어 그동안의 과잉투자와 과당경쟁의 결과

〈표 2-5-1〉 세계 자동차 생산 추이

(단위: 천 대, %)

		1991	1992	1993	1994	1995	연평균증가율(%)
선진국	북미	10,684	11,702	13,146	14,569	14,397	7.7
	서유럽	14,870	15,452	13,111	14,608	14,576	-0.5
	일본	13,245	12,499	11,227	10,554	10,195	-6.3
	소계	38,799	39,653	37,484	39,731	39,168	0.2
개도국	아시아	2,660	2,961	3,590	4,137	4,593	14.6
	동유럽	2,657	2,213	2,303	1,787	2,059	-6.2
	중남미	2,088	2,417	2,814	3,114	2,856	8.1
	기타	601	569	603	664	662	2.4
	소계	8,006	8,160	9,310	9,702	10,170	6.2
전체		46,850	47,813	46,794	49,433	49,338	1.3

주: 조립생산 제외.
자료: 한국자동차공업협회(1996).

로 범세계적인 공급과잉을 겪고 있으며 이에 따라 미국과 일본의 거대 자동차 회사들을 중심으로 자본, 시장, 기술 면에서의 전략적 제휴, 협력을 추진하거나 합병, 계열화 등을 통한 구조조정을 추진하는 등 본격적인 산업구조 재편이 이루어지고 있다.

〈표 2-5-1〉에서 보듯이 1991~1995년 중 세계 자동차 생산은 연평균 1.3% 증가에 그쳐 1980년대 전반 및 후반기의 3.1%, 2.6% 생산증가에 비해 성장세가 크게 둔화되었다.

특히 미국 등 북미지역은 경기회복과 일본 자동차 회사의 현지생산 확대 등으로 연평균 7.7%의 높은 성장세를 보인 반면, 유럽과 일본은 전반적인 경기침체에 따른 내수부진에 시달리고 있으며, 특히 일본은 엔고로 인한 수출감소까지 겹쳐 1995년에는 1991년 대비 300만 대 이상 생산량이 감소하는 등 극심한 불황에 시달리고 있다. 그에 비해 아시아, 중남미 등 개도국에서는 급속한 생산증가세가 이어져 왔지만 이 지역 역시 최근 들어 증가세가 뚜렷이 둔화되거나 감소세로 반전되고 있다.

1996년 세계 자동차 산업의 생산능력은 연산 6800만 대에 이르는 반면 생산대수는 4960만 대에 불과해 약 1840만 대(생산능력의 27%)의 과잉생산능력을

〈그림 2-5-1〉 세계 자동차 산업 공급과잉 추세와 전망

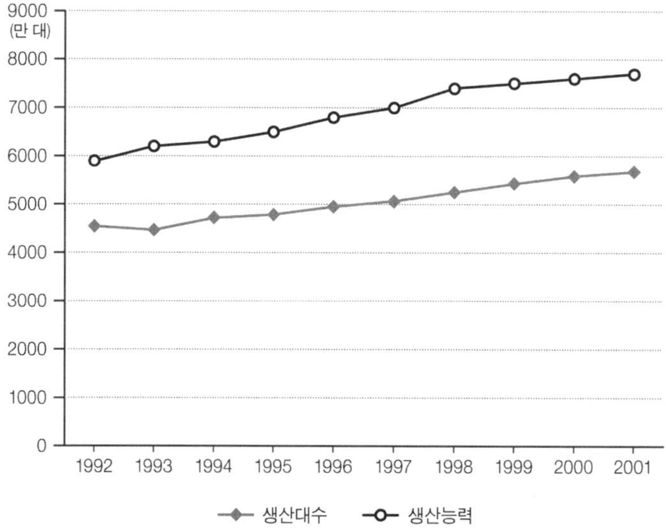

가지고 있다. 이에 따라 실제 공장가동률은 73%에 불과한 실정이며 특히 서유럽(33%), 북미(21%), 일본(50%) 등 성숙한 시장의 경우 생산과잉현상이 더욱 뚜렷이 나타나고 있다.

세계 유수의 예측기관들에 의하면 앞으로의 자동차 산업 수급사정도 그다지 낙관적이지 못하다. LMC에 의하면 세계 자동차 생산의 연평균증가율은 1990~1995년의 1.7%, 1995~2000년의 2.0%로부터 2000~2005년에는 0.7%로 떨어져 거의 정체상태에 다다를 것으로 예상된다. 〈그림 2-5-1〉에서 보듯이 세계 자동차 산업의 생산능력은 1996년의 6800만 대로부터 2001년에는 7700만 대로 증가하는 반면, 생산대수는 1996년의 4960만 대로부터 2001년에는 5680만 대로 증가하는 데 머물러 2001년에는 무려 2천만 대 이상의 과잉생산능력을 가지게 될 것으로 예상된다.

2) 세계 자동차 산업의 구조개편

이와 같은 과잉생산능력의 현재화와 업계 간 경쟁의 격화에 따라 각국의 자동차 기업들은 노후공장의 폐쇄, 인원감축 등 이른바 '경영합리화'를 꾀하는 한편, 공동개발, 공동생산, 공동판매와 자본 및 기술의 교류 등을 추진하고 있으며 나아가 기업인수, 합병 등을 통해 생산규모의 대형화를 도모하는 등 적극적인 구조개편작업을 진행 중이다.

미국 자동차 업계의 경우 포드는 이미 1980년대 초부터 리스터럭처링 추진, 일본식 생산방식의 도입, 공장폐쇄, 인원감축, 신모델 투입 등을 단행했으며 그 결과 1985년부터 흑자로 전환했다. 1990년대 초에는 경기후퇴와 내수부진 등을 계기로 경영 다각화 전략을 수정해 비자동차 부문을 매각했으며 1994년에는 포드2000이라는 청사진을 발표, 지속적 리스트럭처링을 선언했다. 크라이슬러는 1970년대 말 도산위기 이후 대량해고, 종업원 연봉 삭감, 해외사업 매각 등을 단행했고 1991년에는 다시 비자동차 부문을 매각하는 등 구조조정을 단행, 흑자기조로 돌아섰다. 다소 뒤늦게 구조조정을 시작한 GM은 1990년대 들어 채산성이 없는 노후공장을 폐쇄하고 1992~1996년 사이 종업원 7만 4천 명을 감축하는 한편 직원 임금동결, 조직의 슬림화, 대우자동차 주식 등 보유자산의 매각과 같은 대대적인 경영개선을 추진했다. 이 외에 포드자동차는 1996년 일본의 마쓰다를 인수함으로써 생산규모의 대형화는 물론 마쓰다의 소형차 기술을 활용할 수 있게 되었다. 또한 GM, 포드, 크라이슬러 등 미국 3대 자동차 업체는 전기자동차 개발 및 리사이클링 기술개발에 공동 참여하는 등 경쟁력 제고를 위한 공동기술개발을 추진하고 있다. 한편 GM-토요타의 NUMMI, 포드-마쓰다의 AAI, 크라이슬러-미쓰비시의 Diamond Star 등에서 보는 바와 같이 그동안 경쟁관계에 있던 일본 자동차 회사들과도 합작회사를 설립하는 등 적극적인 전략적 제휴를 추진하고 있다.

고성장을 구가하던 일본 자동차 산업도 1990년대 들어 불황을 피할 수 없게 되었다. 1989~1990년의 버블경제 붕괴 이후 심각한 경영난에 직면한 일본 자동차 회사들은 이를 계기로 조달, 생산, 개발, 판매 등 전 부문에 걸친 리스트럭처링에 착수했고 그 결과 최근 들어 수익성이 크게 회복되었다. 토요타, 닛산, 혼다 등 일본 자동차 업체들도 모델 및 부품수의 삭감, 종업원 감축 및 배치전환 등을 통해 원가절감을 기하는 한편 다이하쓰와 닛산이 미국과 호주에서 철수하고 이스즈(ISUZU)가 승용차 사업을 포기하는 등 일부 업체들은 경영개선을 위해 사업영역을 축소하고 있다. 또 비용절감 차원에서 글로벌 소싱 확대와 물류체제 개혁, 적기공급전략 등이 실시되고 있으며, 그동안의 지나친 자동화를 억제하고 설비투자를 축소하면서 생산방식의 개선에 의한 생산성 강화를 유도하는 '연성자동화(軟性自動化)'를 추진하고 있다. 개발단계에서 차종 축소 및 모델변경주기 연장, 부품 공유화에 의한 비용절감 및 개발기간 단축이 진행되고 있다. 판매조직 및 판매채널의 정비, 인터넷 판매 개시, A/S 부품비용 절감 등 판매단계에서의 혁신도 추진되고 있다. 한편 일본 자동차 업계는 무역마찰과 엔화강세에 따른 수출경쟁력의 약화에 대응해 현지생산을 확대함으로써 일본의 해외생산규모는 1990년의 237만 대에서 1996년에는 489만 대로 증가했으며 이에 따라 해외생산비중도 40%를 넘고 있다(日本自動車工業會, 1997).

유럽 자동차 업계는 전반적인 수요부진과 과잉투자 외에도 유럽연합(EU) 통합에 따른 서유럽 내 메이커들 간의 경쟁격화, 미일 메이커들의 대서유럽전략 강화에 따른 경쟁격화로 커다란 위기를 맞고 있다. 이에 따라 1990년대 초반 프랑스의 푸조와 스웨덴의 스카니아 등이 미국 시장에서 철수했으며, 그동안 고급차 생산에 주력해 왔던 독일의 벤츠 등 일부 자동차 업체들이 최근 들어 소형차 생산에 신규 참여하는 등 구조조정이 가속화되고 있다. 서유럽 업체들은 부품의 외주 및 공용화 확대, 부품의 시스템화 및 모듈화 추진, 부품 업체수 감축, 글로벌 소싱의 확대 등 부품조달방식의 혁신으로 부품조달비용의 삭감에 노력하고 있다. 또 생산성 향상을 위한 생산방식의 혁신도 지속적으로 이루어지고 있다. 1990년대 이전까지 다양한 실험을 시도했던 서유럽 메이커들은 최근 들어 노동자의 개선활동 참여, 적기공급방식 등을 특징으로 하는 일본식 생산방식에 관심을 기울이고 있으며, 이에 따라 유연자동화설비 도입, 작업자 중심의 작업환경 설계, 팀작업 도입 등을 통해 생산성 향상을 시도하고 있다. 노사관계 면에서도 오랜 불황과 실업률 증가의 여파로 변화가 진행되고 있는데 낮은 임금인상률, 고용형태의 유연화, 다양한 교대제의 도입 등이 추진되고 있다.

3) 자본의 합리화 공세와 노동운동의 약화

이러한 세계 자동차 산업의 구조 변화와 생산양식 변화, 그리고 생산합리화와 경영혁신의 가속화는 대량감원, 공장폐쇄, 생산성 향상운동, 노동력의 유연성 추구 등 자동차 산업에 종사하는 노동자 및 노동조합에게도 엄청난 충격을 주고 있다.

무엇보다도 중요한 것은 자동차 산업의 구조재편과 경영합리화가 가져온 고용불안과 실업문제이다. 그러나 고용불안의 구체적인 양상은 각국이 가지고 있는 법률적·제도적·정책적 환경과 노사 간의 세력균형에 따라 다른 양상으로 나타나고 있는데, 이를 크게 유형화하면, 〈그림 2-5-2〉에서 보는 바와 같이 미국, 일본, 유럽(독일)형으로 나눌 수 있다(全日本金屬産業勞動組合協議會, 1993).

먼저 미국의 경우 그림에서 보는 바와 같이 경기후퇴기에 수익성이 낮은 공장을 폐쇄하고 종업원을 일시해고(lay-off)하는 것이 관행으로 되어 있다. 그 결과 1978~1990년 사이에 미국 빅 쓰리(GM, 포드, 크라이슬러)의 생산직 노동자수는 74만 명으로부터 45만 5천 명으로 39%나 감소했으며 이에 따라 미국자동차노조(UAW)의 조직률은 37%나 떨어져 151만 명에서 95만 명으로 격감했다. 정규노동력을 해고하는 대신 이를 임시직, 계약직, 용역직 등 다양한 형태의 불안정 노동자로 대체하는 경향도 활발해졌다. 임금과 근로조건도 현저하게 악화되었다.

〈그림 2-5-2〉 수요 변동에 대한 생산 조정의 방법

1. 일본: 기본적으로 수요추구형 수요발족형(항상적 공급 과다)

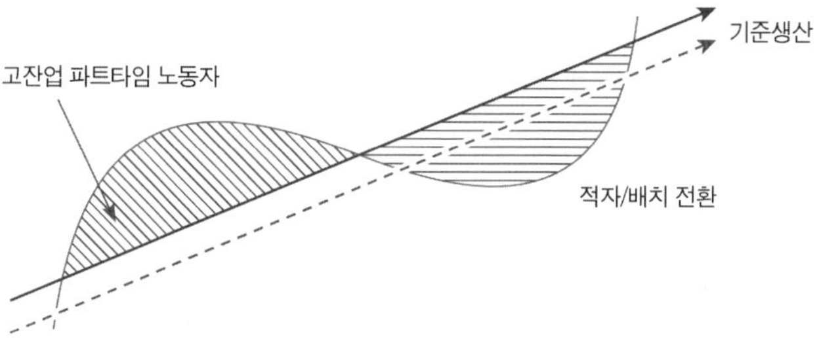

2. 미국: 시장원리 추구형

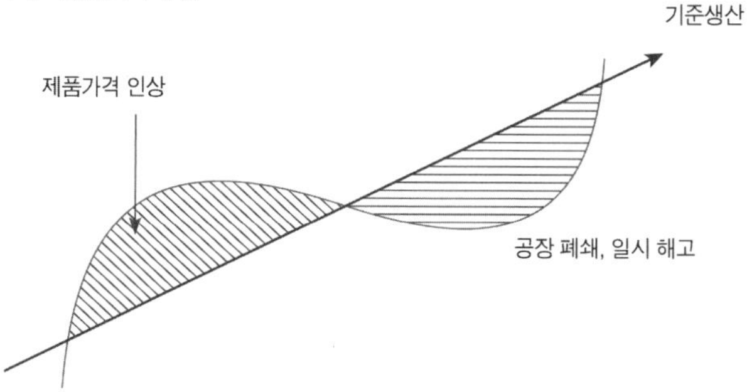

3. 독일: 공급제한형, 소비자가 기다림

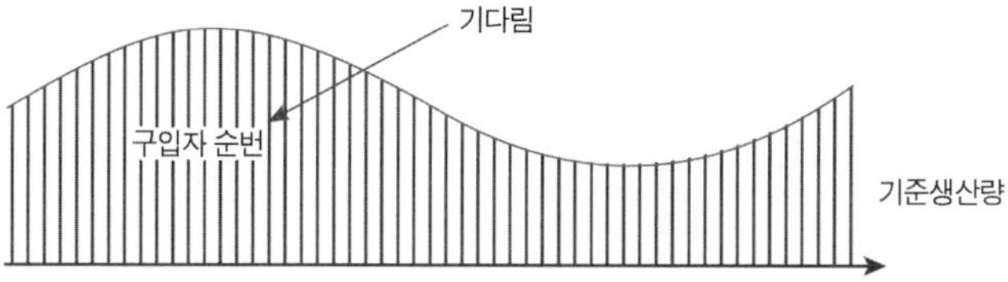

이러한 변화에 대처해 노동조합은 수세적 상태를 면치 못하고 있으며 전체적으로 약화과정에 있다. 종래 UAW는 엄격한 직무구분에 기초한 직무통제(job control)와 근속연수가 짧은 노동자를 해고하고 근속연수가 긴 노동자를 채용한다는 선임권 원칙(seniority rule)에 의해 고참 노동자는 어느 정도 안정

적인 고용을 보장받았으나 노조조직률이 하락하고 무노조 공장이 늘어남에 따라 자동차 산업 노동조합의 교섭력이 현저하게 약화되었다. UAW는 1980년대 이전까지는 '패턴교섭'을 통해 산하 지부들을 보호하고 이를 일사불란하게 지도할 수 있었지만 1980년대 이후 자동차 산업의 경쟁력 상실과 조직률 하락에 따라 패턴교섭을 이탈한 양보교섭과 지부협약의 체결 현상 등이 자주 나타나는 등 지도력이 약화되고 있다.[1)]

한편 일본의 경우 경기후퇴기에도 가능하면 해고를 피하고 과잉인력을 기업 내에서 소화하려는 것이 일반적인 경향이다. 일본 노동법상 정리해고가 가능하기는 하지만 일본 법원은 정리해고에 대해 매우 엄격한 입장을 취하고 있어 사실상 정리해고가 거의 불가능하며 기업 측도 노사관계를 고려해 고용확보를 경영의 중요과제로 내걸고 있다. 이는 과거에 노사가 협조하면서 생산성 향상을 달성했다는 인식에 바탕을 두고 있기 때문이다. 예컨대 최근 토요타자동차의 인사부에서는 심각한 불황을 극복하기 위해 인원정리계획을 입안했으나 임원회의에서 이 안이 거부된 바 있다.[2)]

따라서 일본 자동차 회사들은 가능한 한 정규노동력수를 최소화하고 호황 시에는 잔업을 늘이는 한편 파트타임 노동자, 임시공 등 비정규직의 채용을 통해 이에 대처한다. 반면 불황 시에는 정리해고보다 기업 내 고용조정을 통해 문제를 해결하고 있다. 즉, 신규채용 중지, 잉여인원의 타 직장 응원(3~-6개월 정도), 타 공장에의 출향(出向)(2년 정도), 계열기업이나 하청기업으로의 전적(轉籍) 등 다양한 방법이 동원되고 있다.

한편 고용조정 외에도 종래 종신고용제, 연공서열형임금제도 등에 의존해 왔던 일본의 인사관리제도가 1990년대 들어 크게 붕괴되어 다양한 형태의 임

---

1) 미국 자동차 산업의 위기와 노동조합의 대응에 대해서는 Green and Yanarella(1996); Golden and Pontusson(1992); Jenson and Mahon(1993); Babson(1995) 등 참조.

2) 필자의 일본자동차총련 인터뷰 결과(1997.6.25).

시직 노동자가 도입되고 직무직능급 비율이 늘어나는 등 일본형 노사관계가 크게 동요되고 있다.

대부분의 유럽대륙 국가들은 정리해고에 대한 절차규제를 통해 노동자를 보호해 왔다. 그러나 심각한 불황기에 이런 규정들의 일부는 적용하기 어려운 처지에 빠진다. 예컨대 독일의 경우 강력한 해고제한법의 존재와 세계 최대, 최강의 노조인 독일금속노조(IG Metall)의 교섭력 등에 힘입어 비교적 안정적인 고용관계를 보여 왔다. 이들은 고용조정을 피하기 위해 호황 시에도 생산량을 급속하게 높이지 않으며 따라서 소비자들이 구입순번을 기다려 자동차를 구입하는 등 기준생산량을 억제한다. 대신 불황 시에도 고용은 매우 안정적이다. 그러나 1992~1993년 독일 경제의 위기 이후 독일 자동차 산업은 각종 합리화운동을 추진함으로써 독일 자동차 산업의 구조조정이 시작되었다. 인원감축 압력의 증대, 생산성 향상 압력의 증대 등에 의해 노동강도가 강화되었으며 그동안 독일의 작업장 민주화에 크게 공헌해 왔던 노동자평의회의 활동 여지도 축소되고 있다. 노동자평의회는 고용안정을 최우선과제로 제시하고 이를 위해 여타의 물질적 보상이나 작업조건 등에 상당히 많은 양보를 감수하고 있다. 정부 역시 임시직 및 파트타임 노동자의 사용을 확대하는 내용의 법안을 통과, 이러한 추세를 가속화하고 있다.

4) 경영참여와 노동의 인간화

그러나 이처럼 세계 각국을 휩쓸고 있는 자동차 산업의 합리화 공세와 이에 따른 노조의 약화가 일방적으로 이루어지고 있는 것은 아니다. 오히려 경영합리화 가운데서도 선진 각국의 노사 양측은 경쟁력 강화를 위해서는 무엇보다도 노동자의 숙련향상과 자발적·창의적 노동이 필수적이며 이를 위해서는 노동의 인간화와 노동자의 자율성 증대 및 경영참여가 필요하다는 데 인식을 같이하고 이를 위한 다양한 '참여경영'제도를 도입하고 있는 추세이다.

미국의 경우 유휴인력 및 생산설비의 일방적인 정리와 신기술투자에 주력했던 GM도 새턴자동차나 토요타와의 합작회사인 NUMMI 등에서 근로자의 작업장 참여에 바탕을 둔 새로운 참여경영제를 도입, 좋은 성과를 거두고 있다. 포드자동차는 경영위기를 극복하고 일본과의 치열한 경쟁에서 이기려면 협력적인 노사관계의 정착과 인적 자원의 효율적인 개발관리가 필요하다는 인식하에 종업원참여제도를 적극적으로 추진했다. 1979년 말 단체교섭을 통해 종업원의 작업장 관리운영 참여 프로그램인 '종업원 참여(Employee Involvement: EI)' 도입에 노사가 합의하고 최고경영진과 노조지도부로 구성된 전국종업원참여공동위원회를 설치했으며 각 공장에도 EI 제도가 도입되었다. 이에 따라 각 공장에서는 작업자들이 작업장 운영과 관련된 의사결정 및 집행과정에 적극적으로 참여할 수 있게 되었으며 공장 현안에 대한 공동협의, 공동의사결정 등이 제도화되었다. 현장작업자들이 품질문제의 해결에 실질적으로 참여할 수 있도록 작업중지권을 부여했고 팀제 작업조직과 직무순환제도 등이 도입되었다. 과잉생산설비나 공장폐쇄과정에서도 본사의 일방적인 결정에 의해 이루어지기보다는 노사 간의 사전협의절차를 존중했으며 단위공장에서의 경쟁력 제고를 위한 노사 공동노력에 의해 공장폐쇄를 피하는 노력이 이루어지도록 적극적으로 유도했다(이병훈, 1996).

그동안 '마른 수건 쥐어짜기'로 불릴 만큼 노동력의 철저한 통제와 이용에 의해 고밀도, 장시간 노동체제를 유지해 왔던 일본에서도 최근 노동력 부족과 더불어 자동차 산업이 3D 직종으로 간주되어 젊은이들이 취업을 기피하고 이직률이 높아지고 있는 현상 앞에 일본 자동차 회사들은 노동의 인간화를 위한 각종 프로그램 도입에 적극적으로 나서고 있다. 즉, 인간과 공존하는 자동화, 일하기 쉬운 생산라인의 건설, 작업부담의 경감조치, 연속2교대제의 실시 등을 통해 노동의 인간화가 적극 추진되고 있다.

독일의 경우에도 최근 린 생산방식의 보급과 더불어 한편으로는 노동자의 작업부담을 덜어 주는 유연자동화시스템의 도입과 작업조직의 변화가 적극적으로 이루어지고 있다. 특히 팀제 작업조직을 도입해 작업팀에게 직무배당, 직무순환, 휴일계획, 휴식시간 등의 결정에 관한 광범한 자율권을 부여함으로써 작업자의 동기유발과 창의성 발휘를 유도했으며, 작업팀에 대한 회사 관리층의 간섭은 최소화했다. 팀장은 팀원들에 의해 민주적으로 선출되며 팀의 리더라기보다는 팀의 대변자로서 팀의 이익과 의견을 대변하는 기능을 맡게 된다. 특히 이러한 팀제도의 도입과 운영은 회사와 종업원평의회의 합의에 의해 이루어짐으로써 전체 과정이 노사 공동의 의사결정, 실행방식을 통해 대립보다는 합의점을 찾으려 한다는 데 특징이 있다.[3)]

3. 일본 자동차 산업의 새로운 생산방식과 노동의 인간화

1) 일본식 생산방식의 의의와 한계

1970년대 이후 일본의 자동차 산업은 세계시장을 석권해 왔다. 최근 엔고와 미일 자동차협상에 따른 수출규제 등의 영향으로 일본제 자동차의 대미수출이 정체되는 한편 미국의 자동차 산업이 회복되고 있으나 그럼에도 불구하고 일본은 여전히 세계 제1위의 자동차 수출국(1996년 수출 370만 대)으로 군림하고 있다.

이처럼 일본의 자동차 산업이 세계시장을 제패하기에 이른 이유는 높은 생산성, 낮은 고장률, 소비자 수요에 대응한 다양한 모델, 그리고 디자인의 우수함 등 여러 가지 점이 지적되고 있으나 특히 주목되는 것은 일본 자동차 산업의 독특한 생산방식과 노동력 편성, 관리체제가 가지는 성격이다. 즉, 많은 학자들이 지적하고 있는 바와 같이 일본의 자동차 산업이 다른 나라에 비해 비용

---

3) 독일의 작업조직 혁신에 대해서는 風間信隆(1992); Murakami(1995); 강수돌(1993) 등 참조.

면에서 경쟁력을 가지고 있는 이유는 기술이나 기계의 우위성보다는 생산관리와 노동력관리 면에서의 우수성 때문이다. 즉, 보다 적은 설비, 원자재, 재고, 인력으로 보다 생산성 높은 노동을 할 수 있도록 생산을 관리하고 노동력을 운영하는 체제가 바로 일본 자동차 산업이 국제경쟁상의 우위를 가지게 된 요체인 것이다.

구체적으로는 JIT(Just-In-Time, 適期生産方式)[4]에 의한 부품 및 제품의 낭비 제거, 자율적 팀작업과 다기능 노동자에 의한 노동력의 유연한 활용, 제안개선 활동과 인사고과제 등에 의한 노동통제, 그리고 이러한 체제를 뒷받침하는 연공임금제, 종신고용제, 기업별 노조 등 협력적 노사관계의 제 요소가 교묘하게 결합되어 낭비를 극도로 줄이고 노동력 활용을 극대화할 수 있는 체제가 바로 일본식 생산방식이다.

이러한 일본식 생산방식은 미국 MIT 대학교를 중심으로 한 국제 자동차 연구 그룹(International Motor Vehicle Project)에 의해 '린(lean) 생산방식'[5]이라고 명명되면서 그 우수성이 인정되어 세계의 많은 자동차 공장들이 도입을 시도하고 있으며 한국의 자동차 회사들도 직간접적으로 일본식 생산방식과 노동력 관리체계의 도입을 꾸준히 추진해 왔다.

그러나 일본식 생산방식이 노동자에게 미치는 영향에 관해서는 긍정적 측면을 강조하는 논자들과 부정적 측면을 강조하는 논자들 간에 격렬한 국제적 논쟁이 진행되어 왔다. 긍정론자들[6]은 일본식 생산방식이 전통적인 자동차 산업의 노동자 통제방식인 테일러주의·포드주의[7]로부터 새로운 생산방식인

---

4) '필요한 것을 필요한 때 필요한 만큼' 각 공정에 보급함으로써 부품 및 재고를 최소화하는 방식.

5) '린(lean) 생산방식'이란 군더더기가 없는(낭비가 없는) 생산방식을 말하는 것으로서 원료, 재고 등을 극단적으로 최소화하는 일본식 생산방식을 의미한다. 이 용어는 미국 MIT 대학교의 자동차 산업 연구팀에 의해 쓰이기 시작한 이래 많은 연구자들에 의해 유행되었다. Womack et al.(1990); Kenney and Florida(1993) 등이 대표적인 연구서이다.

6) Kenney and Florida(1993); Womack et al.(1990) 등이 대표적이다.

7) 테일러주의(Taylorism)란 미국 과학적 관리운동의 창시자인 프레더릭 윈즐로 테일러

포스트 테일러주의·포드주의[8]로 이행한 것으로서, 노동자의 숙련향상, 다능공화, 제안제도와 팀작업 등을 통한 자율성의 신장과 의사결정에 대한 참여 등을 가져옴으로써 단순히 생산성 향상뿐만 아니라 '노동의 인간화'라는 측면에서도 기존의 생산방식에 비해 더욱 진보적이라고 평가하고 있다.

반면 부정론자들[9]은 일본식 생산방식이 테일러주의를 보다 적극적으로 관철시키는 데 초점을 둔 네오-포드주의(Neo-Fordism)[10]에 불과하며 그 높은 생산성은 노동자에 대한 보다 교묘하고 가혹한 수탈과 통제에 기초를 둔 것으로서 노동자에게 장시간 노동, 과밀노동, 지나친 스트레스, 과로사 등을 가져온다고 비판한다.

그런데 일본식 생산방식에 대한 외국의 높은 평가에도 불구하고 최근 일본 내에서 일본식 생산방식이 지닌 여러 가지 한계가 드러나면서 이를 극복하기 위해 '노동의 인간화'를 지향하는 새로운 생산방식과 노동력 관리체제가 등장해 관심을 모으고 있다. 더욱이 이러한 움직임이 그동안 노동력에 대한 엄격한 관리와 통제로 유명했던 토요타자동차에서 시도되고 있어 주목할 만하다.

(Frederick Winslow Taylor)에 의해 주창된 과학적 관리운동으로서 작업자의 작업시간 및 작업동작을 스톱워치 등에 의해 과학적으로 연구하고 이를 통제함으로써 생산성을 향상시키고 노동자를 통제하는 방식이다. 포드주의(Fordism)란 미국의 자동차왕 헨리 포드(Henry Ford)에 의해 창안된 대규모 생산방식으로서 자동차 공장에서 벨트라인으로 작업속도를 조절하고 노동자의 여유를 없앰으로써 생산성을 올리고 노동력을 통제한다.

8) 포스트 테일러주의·포드주의란 종래의 테일러주의·포드주의가 가지고 있던 여러 가지 한계(대량생산에 따른 경직성, 작업의 단순반복성, 대립적 노사관계 등)를 극복하기 위해 시도되고 있는 새로운 생산방식으로서 유연생산방식, 토요타주의, 볼보주의, 우데발라주의 등 여러 가지 시도가 있으나 가장 전형적인 것은 토요타주의(=일본식 생산방식)라고 본다.

9) Parker and Slaughter(1988); Dohse(1983); 加藤哲郎 and Steven(1990) 등이 대표적이다.

10) 네오-포드주의(Neo-Fordism)란 기존 포드주의의 대량생산방식과 노동력의 철저한 통제 등을 그대로 유지하되 노동자의 노동강도와 노동밀도를 높일 수 있는 새로운 수단을 가미한 초착취체제를 말한다.

2) 토요타 생산방식의 한계

1980년대 후반기부터 일본 자동차 산업은 노동력 부족이라는 난제에 부딪쳤다. 또 1990년대 들어 경기후퇴, 자동차 시장 수요증가의 둔화 등에 직면해 업적이 부진해지고 설비투자의 과잉부담이 발생했다. 이는 토요타 생산방식에 대한 새로운 도전을 의미한다. 이에 대응해 토요타자동차는 큐슈(九州)의 미야타(宮田) 공장, 토요타시의 모토마치(元町) 공장 등에서 새로운 시도를 하고 있는데 그 핵심은 '노동의 인간화'이다.

토요타 생산방식의 장점은 변화의 메커니즘을 시스템 내에 내장해 현장작업자, 반장, 조장의 창의노력, 개선에 의해 낭비를 철저하게 배제하고 저비용, 고품질, 짧은 납기를 동시에 실현하는 데 있다. 즉, 토요타 생산방식에서는 '물건'(모노)이 아니라 '인간'(히토)이라는 요소가 새로운 가치를 창출하는 기본적 원천으로 되어 있다고 한다(小川英次, 1994).

그러나 이러한 생산방식은 한편으로는 고밀도 장시간 고스트레스 노동을 불가피하게 만듦으로써 자동차 공장 노동자들의 정신적·육체적 피로를 가중시키고 젊은이들의 자동차 산업 기피경향을 가져오는 등 부작용도 적지 않았다. 특히 1980년대 후반부터 1990년대 초에 걸쳐 이른바 버블경제기에 젊은이들의 제조업 이탈경향이 현저해지면서 토요타도 그 영향을 받게 되었다. 호황으로 인한 증산의 계속으로 인원이 부족해졌음에도 불구하고 자동차 공장의 높은 노동강도와 고밀도 노동으로 인해 3D 작업장이란 인식이 퍼지면서 경력 1년 미만의 퇴직률이 20%에 달하는 등 심각한 인원부족에 시달렸다. 특히 조립라인의 신입사원 이직률이 높았는데 신입사원 이직률은 1985년에 비해 1991년에 4배로 증가했다.

토요타자동차는 자동화 설비에 의해 노동력 부족을 메우려 했으나 버블경제기에 이루어진 거액의 자동화 투자는 이후 과다한 감가상각부담을 가져와 수익성을 떨어뜨리는 요인으로 작용했다. 예컨대 1991년 10월 가동을 시작한 토요타 타하라(田原) 공장은 1991년 하반기에만 3080억 엔을 투입하는 등 세계 최신의 자동화 설비를 갖추고 자동화율을 14%까지 높였으나 노동자 1인당 1억 엔에 달하는 고액의 투자부담, 고가의 자동화 시스템이 고장날 때의 수리 곤란, 자동화 설비에 적합한 고도의 숙련 노동자 양성 곤란 등 여러 가지 곤란에 부딪히게 되었다.

이에 토요타는 노동력 부족시대에 대응해 보다 인간을 존중하는 새로운 형태의 공장건설을 추구, 그 결과로 1992년 큐슈 미야타 공장을 완공했다.

3) 새로운 '인간존중 공장'의 시도: 토요타 큐슈 미야타 공장의 사례[11]

(1) 미야타 공장의 개요

후쿠오카현 미야타에 소재한 미야타 공장은 토요타가 100% 출자한 독립회사로 되어 있으며 1991년 2월 창립되어 1992년 12월 생산을 개시한 최신 공장이다. 용지면적 106ha(32만 평), 건평 23만m^2(7만 평)에 달하며 생산품목은 MARK II, CHASER, CRESTA용 일부 부품 등이다. 생산능력은 연산 20만 대(하루 800대)이나 필자가 방문했을 때는 불황으로 하루 390대만 가동 중이었다(가동률 50%). 총투자액은 1500억 엔, 판매액은 2천 억 엔(1995년)이고 종업원은 약 2천 명으로서 잔업 없이 연속2교대제로 근무하고 있다.

공장환경은 '자연환경과의 조화'를 지향해 360도 산으로 둘러싸인 풍부한 녹음 한가운데 건설되었다. 주위의 자연과 조화를 이루기 위해 외관은 부드러운 회백색, 엷은 청색, 녹색 등으로 색상 조합을 했다. 공장 주위는 벚꽃명소로서 1500주 이상의 벚꽃나무를 식수했다. 또 '지역사회와의 조화'를 지향해 소

11) 토요타 큐슈 공장에 대한 설명은 1996년 1월 필자가 토요타 큐슈 공장 공장을 방문해 관찰, 인터뷰한 기록을 토대로 하고 다음 자료를 참고했다. 윤진호(1996); 公文溥(1995); 史民世(1994); 고지마 다케시(1994); 嶺學(1994); 淸水耕一(1994).

음, 수처리(水處理), 공기처리 등에 만전을 기하고 있다. 수처리센터에서는 지하수를 이용하는 한편 수자원을 재사용하고 구내 도로에 내리는 빗물을 저장해 재이용하고 있다. 또 공장으로부터 나오는 도료개스, 종이, 폐유, 폐플라스틱 등을 무공해화하기 위해 클린센터(clean center)를 설치했다.

소음을 줄이기 위해 프레스 공장에 방음커버를 설치하고 방진 스프링을 이용했다. 조립공장에서는 소음의 주원인인 체인 컨베이어 벨트를 없애고 고무롤러의 마찰에 의해 구동되는 '움직이는 마루바닥(free cushion moving floor)'을 도입해 차체를 반송하고 있다. 이는 라인당 양쪽에 1개씩 있는 구동모터의 미는 힘에 의해 움직이므로 소음이 거의 없다.

성형공장에서는 작업구역과 건조구역을 분리해 작업자가 건조열로 인해 고통받는 것을 방지했다. 공장 내 배색은 천장은 황색, 라인은 백색, 기둥은 감색 등을 사용해 전체적으로 밝은 느낌을 주며 충분한 조명으로 눈이 피로하지 않도록 배려했다. 작업장 공간을 충분히 확보했으며 라인 옆에 조 단위 휴게소가 설치되어 있다. 공장 내의 화장실, 세면소 등이 있는 휴게공간(comfort station)은 반경 80m 내에 1개소씩 설치했다. 라인 옆에는 직업훈련 코너도 설치해 도입작업훈련, 계층별 기능습득 등을 실시하고 있다.

(2) 라인 분할과 작업자율화의 실현

전통적인 자동차 공장은 조립라인이 1개로 이어져 있어 그 길이가 1km에 달한다. 이에 비해 토요타 큐슈 공장에서는 조립라인을 11개로 분할(서브라인 6개)한 것이 최대 특징이다. 1라인당 길이는 100m이며 총 유효길이는 950m이다(〈그림 2-5-3〉 참조).

각 라인은 1개 조(20명)가 맡아 자율 운영함으로써 책임한계가 명확해지고 팀작업이 가능해져 팀워크가 향상되었다. 각 라인의 작업조는 품질관리책임을 지며, 조장은 라인속도, 직무순환 등의 조정에 관한 일부 재량권을 가지게 됨으로써 작업조의 자율성이 높아졌다.

〈그림 2-5-3〉 토요타자동차 큐슈 조립공장의 약도

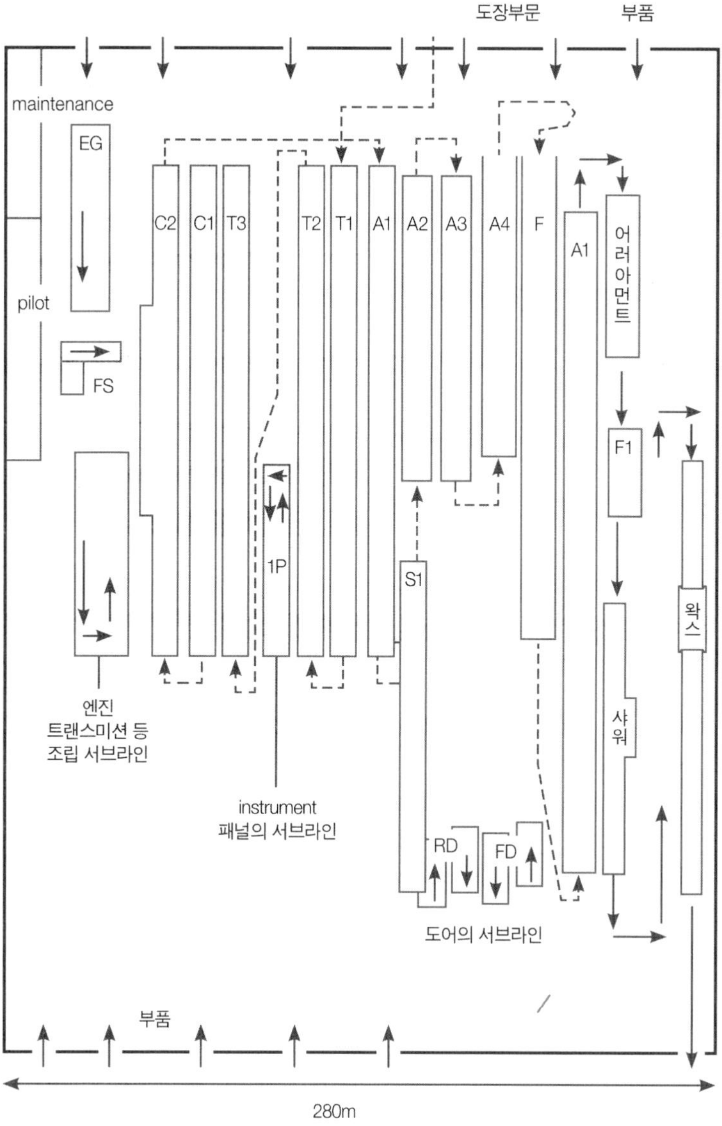

과거의 자동차 공정은 주로 라인 간 생산균형을 맞추기 위해 조립기능을 여기저기 흩어 놓았으므로 각 작업자는 자신이 하는 일이 전체 공정에서 차지하

는 의미를 파악하기가 어려웠다. 이에 비해 미야타 공장에서는 서로 관계 있는 기능끼리 모아서 하나의 라인을 구성함으로써 각 작업자는 자신이 하는 일이 전체 자동차 조립공정에서 차지하는 위치를 알 수 있고 라인마다 일정한 완결 작업이 이루어지기 때문에 일의 달성감이 높아진다.

라인과 라인 사이에는 일정한 차량 대기공간을 두어 3~10대 분의 차량이 대기할 수 있도록 했다. 이에 따라 한 라인이 일시 정지되어도 다른 라인에는 영향을 미치지 않기 때문에 작업자가 (약 5분의) 여유를 가질 수 있게 되었다.

(3) 인간과 공존하는 자동화

자동차의 조립라인은 지금까지도 수작업에 대한 의존도가 높은 편이다. 생산성을 향상시켜 생산비를 절감하고 고품질을 달성하는 공정능력을 향상시키기 위해 자동차 각사는 조립라인의 자동화에 대해 여러 가지 각도로부터 모색하고 있다. 특히 일본에서는 최근 고령화·여성화 등에 따라 작업부담을 경감하는 수단으로서 자동화에 주력해 왔다.

그러나 자동화에 따라 인간을 라인으로부터 쫓아내는 방식으로 이루어지는 '노동배제적 자동화'는 여러 가지 점에서 문제를 일으키고 있다. 즉, 자동화에 따른 노동자의 실업 가능성과 그동안 수작업으로 쌓아 왔던 숙련의 저하, 자동화에 따른 막대한 투자비용, 정교한 자동화 기계의 고장 시 대응곤란, 차량설계와 부품공급 시 문제점 등이 바로 그것이다.

이에 따라 미야타 공장에서는 지나친 자동화보다는 저비용, 고신뢰성, 간편성, 사람과 기계와의 조화 등을 원칙으로 하는 연성자동화 목표를 세웠다. 지금까지의 자동화 목적 외에 특히 작업환경 및 작업자와의 조화 유지라는 점을 중시한 '사람과 공존하는 자동기계'의 개발에 노력했다. 불필요한 자동화는 피하고 주로 사람이 하기 힘든 작업(무거운 것을 다루는 작업, 괴로운 자세를 요하는 작업, 더러운 공정)을 자동화하는 데 초점을 두어 비용보다는 작업편의성을 우선했다. 자동설비에 의해 노동자를 고립시키고 배제하는 것이 아니라 필요하면 자동기계의 보조로서 사람 손을 개입시키고 있다.

기계는 노동자가 개선, 유지, 수리하기 쉽도록 설계되었다. 자동기계를 가능한 한 메인라인(main line)에 도입[종래는 주로 서브라인(sub line)에 도입]함으로써 사람과 기계가 라인 가운데 공존하도록 했다. 자동기계와 조립라인을 동기화하여 라인을 멈추지 않고 생산하므로 생산성을 높이고 작업편의성을 높였다.

일단 자동기계가 도입된 후에도 작업자로부터 적극적으로 개선제안을 받아들여 설비의 완성도를 높였으며 자동기계에 대한 일상보전은 보전공이 아니라 작업자 자신이 담당하도록 했다.

(4) 작업부담의 경감

자동차 조립공장은 3D 직장으로 소문이 나서 청년층의 채용을 곤란하게 만들고 이직률을 높이는 요인이 되고 있다. 자동차 조립작업은 사람에 대한 의존도가 높아 많은 사람이 용이하게 일하는 직장이 되지 않으면 안 된다. 현재 자동차 조립작업 중 상당수는 무리한 자세, 무리한 힘 쓰기 등을 요구하고 있다. 예컨대 장시간 구부리거나 위를 쳐다보는 자세, 무거운 부품이나 공구를 들거나 운반하는 작업, 왕복거리가 긴 작업 등이 그것이다. 이들 작업의 일부는 성년 남자가 아니면 불가능한 것도 있다.

토요타는 작업부담의 정도를 객관적으로 평가하기 위해 육체작업, 특히 근(筋)작업부담을 객관적으로 정량 평가할 수 있는 방법으로서 TVAL(Toyota Verification of Assembly Line)을 개발했다. TVAL을 이용해 라인의 모든 조립작업 요소 2403건에 대해 평가를 실시하고 그 결과 TVAL치(値)가 35 이상으로 나온(=작업부담도가 높은) 작업 175건을 발견했으며 이에 대해 작업부담 개선작업을 집중적으로 실시했다.

작업부담을 높이는 요인을 작업자세, 취급중량, 조립하중, 지속시간 네 가지로 나누어 조사한 결과 각 라인 모두 작업자세가 차지하는 비율이 높고 이어서 취급중량, 조립중량 순이었다. 따라서 작업부담을 경감시키기 위해서 우선 작업자세의 개선(작업을 행하는 지점의 높이 조정), 취급중량의 감소에 중점을 두었는데 구체적으로는 다음과 같다.

첫째, 차량 밖의 작업에서 구부리거나 위를 쳐다보는 자세를 감소시키기 위해 차체의 높이를 적정하게 하도록 차체를 상하로 이동시킬 수 있는 플랫폼을 도입했다.

둘째, 차량 내 작업에서 오랫동안 계속해서 구부리고 있는 자세를 감소시키기 위해 종래 차량 실내에서 차체에 부착하던 부품을 차량 밖의 공간에서 서브어셈블리(sub assembly: 서브에서 부품을 먼저 조립함)화하여 이를 차체에 부착하든가 혹은 차체의 높이를 변경해 차량 실외에서 부착하는 방식을 사용한다. 이를 '작업의 오픈(open)화'라고 부른다.

셋째, 자동화 혹은 반자동화 설비를 도입해 인파넬(in-panel), 타이어 같은 중량물에 대해 보조장치를 개발했다. 조립공구의 중량도 줄여 다루기 쉽고 가벼운 공구를 개발했다. 부품, 공구 등의 운반 시 번잡함과 왕복보행에 의한 부담을 줄이기 위해 작업용 대차(wagon: 부품, 공구 등을 담을 수 있는 작업용 수동식 운반 카트)를 도입했다. 각 작업자가 자신이 사용할 왜건(wagon) 대차를 스스로 설계, 개선 제안을 하도록 해서 기능성을 높였다.

넷째, '라쿠라쿠(樂樂) 의자'라고 불리는 스키 리프트와 유사한 보조장치를 개발해 차체 내 조립작업 시 앉아서 작업할 수 있도록 했다.

(5) 연속2교대제의 도입과 심야근무의 폐지

토요타의 생산현장 근무체제는 지금까지 단조(鍛造)부문 등을 제외하면 1직 오전 8시~오후 5시, 2직 오후 9시~다음날 오전 6시의 주야2교대제가 원칙이었다. 이는 생산증가에 대응하기 위해 잔업시간을 항상적으로 포함시킨 24시간 풀 가동체제로서 1963년부터 도입되어 최근까지 지속되어 왔다.

그러나 이러한 근무체제는 잔업의 항상화와 심야근무에 따른 노동자의 육체적·정신적 피로와 가정생활의 파탄 등을 가져왔을 뿐만 아니라 청년층 노동력이 자동차 산업을 기피하게 하는 등 심각한 인원부족을 불러왔다. 이에 토요타는 직장환경의 개선을 통해 3D 이미지를 불식시키고자 새로운 연속2교대제를 1995년 여름부터 도입했다.

연속2교대제는 2개 조가 단시간 내에 교대하도록 함으로써 잔업을 원천적으로 없애고 심야근무를 폐지한 제도로서 1직은 오전 6시~오후 3시, 2직은 오후 4시~다음날 새벽 1시까지 근무하도록 하는 제도이다. 이 경우 1직과 2직 사이에는 1시간의 여유밖에 없으므로 최대 잔업시간은 1시간에 불과하며 2직은 반드시 새벽 1시에 끝나게 함으로써 심야근무가 없어지게 된다.

연속2교대제가 도입됨으로써 생산현장의 종업원의 체력, 정신 양면에서의 부담이 경감되어 3D 이미지를 불식시키는 데 크게 기여했다고 노사 양측은 평가하고 있다.[12)]

(6) 기타

종전에 일본 자동차 공장에서 실시하고 있던 제안제도는 개별 노동자에게 일정한 제안건수를 강요함으로써 또 다른 스트레스의 원천이 되어 왔을 뿐만 아니라 의미 없는 제안건수의 남발로 시간과 인력을 낭비하는 결과를 가져왔다. 미야타 공장에서는 제안의무건수를 없애고 오직 의미 있고 실효성 있는 제안만 하도록 함으로써 이를 개선했다.

임금제도 역시 생산성 연동 부분을 줄이고 60%는 고정급으로, 40%는 연령급으로 함으로써 생산성 향상의 강요에 따른 스트레스를 줄이도록 했다.

12) 노사 담당자 인터뷰 결과.

4) 새로운 생산방식에 대한 평가

최근 일본의 자동차 산업은 내우외환에 시달리고 있다. 엔고와 미일 무역마찰에 따른 수출감소, 내수의 포화상태 등으로 인해 판매부진, 수익악화 등이 계속되고 있는 것이다. 다른 한편으로는 전형적인 3D 산업으로 인식되어 우수 인력의 기피, 이직률의 증가, 고령자 및 여성 노동력의 증가 등으로 인해 만성적인 노동력 부족에 시달려 왔다.

이에 따라 종래의 일본식 생산방식에 큰 변화의 조짐이 보이고 있는데 그 방향은 보다 '인간적인 노동', '자연과의 조화', '지역사회와의 밀착' 등이다.

특히 '노동의 인간화'를 통해 자동차 산업에서의 노동의 매력을 높이는 것이 지배적 전략으로 되고 있다. 그 주요 내용은 인간과 공존하는 자동화(즉, 지나친 자동화가 아니라 작업자의 편의를 위주로 한 자동화), 작업편의성의 재고(컨베이어 벨트의 폐지, 움직이는 마루 도입, 대차 사용, 라인 분할) 등이다. 이는 동시에 생산성을 올리기 위한 수단이기도 하다. 또한 근무제도의 변화로 야간작업 및 잔업을 폐지한 연속2교대제를 실시하고 있는데 이는 동시에 판매감소에 대한 대응책이기도 하다.

이러한 토요타의 새로운 시도는 일단 성공한 것으로 보인다. 미야타 공장의 생산직 신입사원 입사경쟁률이 60 대 1에 달하고 이직률이 1%에 불과한 점 등으로 미루어 보았을 때 노동자들의 평가가 호의적임을 알 수 있다.

그러나 이것이 곧 토요타에서 '노동의 인간화'가 완전히 실현되었다는 것을 의미하는 것은 아니다. 일본식 생산방식의 특징인 '노동자 간 경쟁체제'에 근본적인 변화가 있는 것은 아니다. 팀작업, 직능자격제, 표준작업제, 작업이상 신호판(안돈체제) 등은 그대로 남아 있다.

어떤 면에서는 더욱 악화된 측면도 있다. 즉, 품질관리책임의 증가, 배치전환, 응원, 출향, 다기능화의 일층의 진전, 명예퇴직제 등에 따라 노동자의 노동과 생활의 불안정이 증대하고 있으며, 임금 면에서도 자동차 산업 노동자 임금

〈표 2-5-2〉 일본 자동차 공장의 개혁현황(1996년)

회사	공장	현
토요타	쓰쓰미	아이치
	타하라 제4라인	아이치
	미야타	후쿠오카
	모토마치	아이치
닛산	간다 제2라인	후쿠오카
혼다	다카네자와	토치기
	스즈카 제3라인	미에
마쓰다	호푸 제2라인	야마구치

자료: Benders(1997: 17).

의 상대적 지위가 계속 하락하여 왔다. 잔업 축소에 따른 임금 감소도 심각한 문제이며 노사관계면에서도 노조의 작업규제력이 거의 없는 형편이다. 연속2교대제 역시 신체리듬과 가정생활, 지역생활을 어지럽게 만듦으로써 노동자들의 건강과 가정, 지역생활을 파괴한다는 비판이 있다(사사끼 고죠, 1997).

그럼에도 불구하고 그동안 '마른 수건 짜기' 식의 노동강도 강화에 전력해 왔던 일본의 자동차 산업이 '노동의 인간화'에도 관심을 가지게 되었다는 방향 전환은 매우 중요한 의미를 가진다.

토요타자동차의 이러한 시도는 단지 미야타 공장에 그치지 않고 다른 일본 자동차 공장으로 확산되고 있는 추세인데 〈표 2-5-2〉에서 보는 바와 같이 1996년 이미 8개 공장에서 새로운 개혁방안을 도입했으며 이는 증가하는 추세에 있다.

한국의 기업들은 주로 효율성의 관점에서 일본식 생산방식을 무비판적으로 도입하는 데 열중하고 있다. 그러나 일본 자동차 산업 스스로가 종전의 '일본식 생산방식'에 한계를 느끼고 보다 '인간적인 노동'의 실현을 위해 노력하고 있는 데 대해서는 거의 무관심한 것으로 보인다. 바로 이러한 점에서 한국 자동차 산업의 노사 양측은 최근 일본에서 나타나고 있는 '노동의 인간화' 움직임에 보다 큰 관심을 기울일 필요가 있다 하겠다.

4. 국내 자동차 산업의 구조조정과 신경영전략

1) 국내 자동차 산업의 경쟁격화와 위기

세계 자동차 산업의 구조조정은 세계 초국적 자본의 하위체계에 놓여 있는 한국 자동차 산업에도 심각한 위기를 야기하고 있다. 국내 자동차 산업은 그동안 급속한 자동차 보급에 따른 내수 확대와 수출시장의 다변화 등에 힘입어 급속한 성장을 계속해 왔다. 〈표 2-5-3〉에서 보는 바와 같이 1970년에 불과 2만 9천 대에 불과했던 한국의 자동차 생산은 1980년에 12만 3천 대, 1990년에 132만 2천 대, 그리고 1996년에는 281만 3천 대를 기록해, 한국은 세계 제5위의 자동차 생산대국으로 떠올랐다.

그러나 최근 국내수요의 포화상태로 1994년부터 대체수요가 신규수요를 앞지르는 등 수요증가율이 뚜렷이 둔화되고 있으며, 수출증가율 역시 둔화되고 있어 자동차 생산증가율은 떨어지고 있다. 즉, 1975년 이후 매년 평균 25~30% 가까운 신장률을 기록하던 자동차 생산증가율이 1990~1996년에는 13.4%로 떨어지고 있다.

〈표 2-5-3〉 한국 자동차 산업의 차종별 생산추이

(단위: 천 대, %)

		합계	승용차	다목적형	버스	트럭	특장차
생산대수	1970	29	14	1	4	11	-
	1975	37	17	1	4	15	
	1980	123	56	1	12	52	2
	1985	378	263	2	29	78	6
	1990	1,322	965	22	109	202	24
	1996	2,813	2,054	211	237	285	26
증가율	1970~1975	5.2	5.0	2.2	0.0	7.3	-
	1975~1980	27.1	26.2	7.3	26.8	28.1	-
	1980~1985	25.2	36.3	5.3	19.3	8.6	24.0
	1985~1990	28.4	29.7	67.4	30.2	20.9	30.2
	1990~1996	13.4	13.4	45.6	13.8	5.9	1.6

자료: 한국자동차공업협회, 『한국의 자동차 산업』, 각 연도판.

반면 최근 국내 각 완성차 업체가 대대적인 생산설비 증대경쟁을 벌이는 한편 삼성자동차의 신규 참여, 쌍용자동차의 승용차 공장 건설 등이 가세되어 국내 자동차 산업은 극심한 과잉투자와 과열경쟁 상태에 들어갔다. 〈표 2-5-4〉

〈표 2-5-4〉 업체별 자동차 생산능력 추이

(단위: 천 대)

업체	1994			1995			1996		
	승용	상용	합계	승용	상용	합계	승용	상용	합계
현대	1,000	270	1,270	1,060	290	1,350	1,150	300	1,450
기아	480	200	680	660	190	850	660	190	850
대우	474	46	520	474	46	520	700	20	720
아시아	85	170	255	90	165	255	90	165	255
쌍용	50	6	56	70	36	106	70	40	110
대우중공업	215	25	240	215	25	240	215	25	240
현대정공	48	-	48	40	40	80	40	40	80
합계	2,352	717	3,069	2,609	752	3,361	2,925	781	3,706

자료: 기아경제연구소, 『한국 자동차 산업』, 각 연도판.

〈그림 2-5-4〉 자동차 생산능력과 생산량

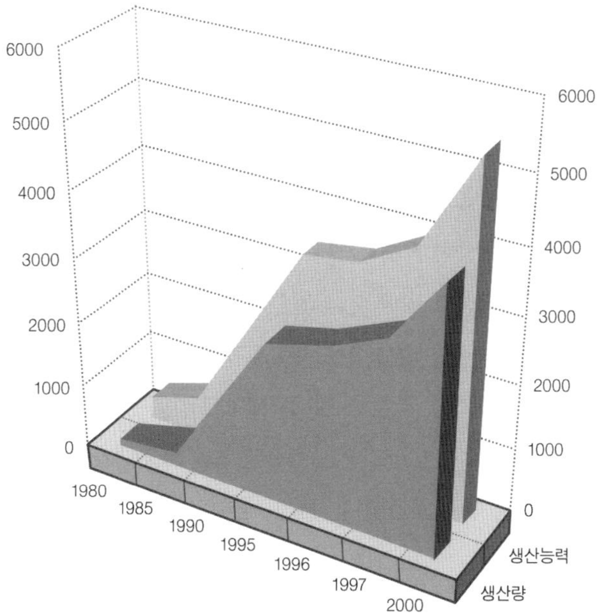

에서 보는 바와 같이 국내 8개 업체의 생산능력은 1994년 307만 대, 1995년 336만 대, 1996년 371만 대로 크게 늘어나고 있으며 1997년에는 현대자동차의 아산공장과 대우자동차의 군산공장이 본격 가동됨에 따라 생산능력이 416만여 대로 전년 대비 20% 가까이 증가했다. 더욱이 각사가 계획하고 있는 생산능력 증가계획에 따르면 2000년경 국내 자동차 생산능력은 무려 540만 대에 이를 전망이며 이 경우 130만 대의 공급과잉이 예상된다(〈그림 2-5-4〉 참조).

이에 대해 외국 언론들은 "이미 과도한 차입에 의존한 확대경영으로 일련의 부도위기를 맞고 있는 한국의 기업들이 자동차 분야에서까지 신규진출 및 설비확장에 나선 것은 스스로의 생존 자체를 위협할 수도 있는 중대 도박"이라고 비판하고 있다.[13]

문제는 여기에 그치는 것이 아니다. 세계 자동차 시장의 경쟁이 격화되면서 미국, 유럽, 일본 등지로부터 시장 개방압력과 견제가 더욱 강화되고 있다. 이미 미국은 한미 자동차협상 과정에서 자동차 수입관세 인하, 자동차 관련 세제 추가 개선, 자동차 보험 및 금융제도의 개선 등을 강력하게 요구하고 있으며 협상이 결렬되자 즉각 슈퍼 301조를 발동해 한국을 우선협상국으로 지정하는 등 강경자세를 보이고 있다. 유럽연합의 경우에도 수입쿼터제의 도입을 요구하고 있으며 일본은 수입선 다변화 정책의 철폐를 요구하면서 동시에 한국 내 딜러체계를 직판체제로 전환하는 등 국내시장 공략을 일층 강화하고 있다. 특히 IMF 구제금융과 관련해 1999년부터 해제 예정이던 수입다변화 정책을 1998년 중 조기 해제하게 됨에 따라 일본차의 대량수입이 우려되며 이 경우 국내시장에 상당한 충격을 줄 것으로 예상된다. 일본산 자동차의 국내시장 점유율은 향후 최고 10%까지 늘어날 것으로 예상되고 있다.

국내 자동차 업계에서는 1997년 들어 불황으로 내수증가율이 현저히 둔화되고 수출도 부진을 면치 못하면서 자동차 산업의 위기가 현실화되기 시작했

---

13) *Wall Street Journal*, Oct. 27, 1997.

〈표 2-5-5〉 자동차 수급 갭의 최근 추세

(단위: 천 대, %)

	1990	1992	1994	1996	1997	1998
생산대수	1,322	1,730	2,312	2,813	2,824	2,740
생산능력	2,065	2,795	3,055	3,511	3,953	4,193
가동률	64.1	61.9	75.7	80.1	71.4	65.3
수급 갭	743	1,065	743	698	1,129	1,453

주: 가동률=생산대수/생산능력(%), 수급 갭=생산능력−생산대수.
자료: 한국자동차공업협회, 『한국의 자동차 산업』, 각 연도판.

다. 〈표 2-5-5〉에서 보는 바와 같이 1997년 전체의 자동차생산량은 282만 대로 전년 대비 0.4% 증가에 머물렀으며, 특히 현대, 기아 등은 전년 대비 마이너스 신장률을 기록했다. 반면 자동차 생산능력은 395만 대로서 전년비 12.6%나 증가했다. 그 결과 완성차 업체의 가동률은 1996년의 80.1%로부터 1997년에는 71.4%로 떨어졌으며 수급 갭 역시 1996년의 70만 대 정도로부터 1997년에는 113만 대의 생산능력 초과를 나타냈다. 이와 같은 초과생산능력에 기인한 가동률 저하와 수급 갭 확대는 1998년에도 더욱 확대되어 가동률은 65.3%, 수급 갭은 145만 대로 악화되리라 예상되고 있다.

1997년 전체의 자동차 내수량은 154만 대로서 전년비 -6.1%의 신장률을 나타냈다. 수출량은 129만 대로서 전년비 6.6% 증가했다. 그 결과 1997년의 수요총계는 283만 대에 머물러 전년 대비 마이너스 신장률을 나타냈는데 이는 적정가동률이 실현될 수 있는 생산대수인 340만 대에 비해 60만 대나 수요부족인 상태이다.[14] 더욱이 1998년에는 IMF 구제금융의 영향으로 고실업, 임금동결에 따른 소비심리 위축, 유가인상, 자동차특소세 인상 등 각종 악재가 산적해 있어 내수시장은 대폭의 위축이 불가피한 실정이다. 일부 예측[15]에 의하면 1998년 중 내수는 150만 대 내외로서 전년비 9~10% 정도의 마이너스 신장

14) 한국산업은행, ≪조사월보≫(1997.12).

15) 산업연구원, 대우경제연구소, 현대경제사회연구원의 예측치 종합.

률을 나타낼 것으로 예상된다. 반면 환율급등으로 가격경쟁력이 강화됨에 따라 수출은 145만 대 정도로 전년비 11% 증가할 것으로 예상된다. 결과적으로 전체 수요는 290여만 대가 될 것으로 보이는데 이는 전체 생산능력에 비하면 최소한 100만 대 이상 수요부족 상태라는 것을 의미한다.

더욱이 IMF 구제금융으로 인해 금융권의 자동차 업계에 대한 자금지원이 줄어들고 재벌구조 개편으로 계열사 간 상호지원이 어려워지는 등 경영환경이 악화됨에 따라 기업들은 극도의 내핍경영에 돌입할 수밖에 없으며 이에 따라 투자확대는 물론이고 현상유지도 어려워지고 있다. 따라서 앞으로 정부가 유도하든 그렇지 않든 사업축소를 통한 구조조정은 불가피한 것으로 예상된다.

이러한 환경변화 가운데 국내 자동차 업계는 1997년 들어 위기가 현실화되는 양상을 보였다. 쌍용자동차가 무리한 시설확장 및 연구개발투자로 부채가 3조 5천억 원에 달하고 제품구조가 취약해 위기에 빠진 데 이어 마침내 대우자동차에 인수되었으며, 기아자동차 역시 부도유예협약의 적용을 받아 오다가 마침내 법정관리가 신청됨으로써 한국 경제에 엄청난 충격을 던져 주었다. 기아는 한때 정부의 산은출자에 의해 공기업화하기로 결정되었다가 IMF 사태 이후 무산됨으로써 앞으로 기아가 국내외 어느 업체에 인수되느냐가 초미의 관심사로 되고 있다. 현대, 대우 등도 수익성이 떨어지고 재고가 누적됨에 따라 1997년 들어 일부 조업을 단축하고 인원감축에 들어가는 등 자동차 과잉설비, 과잉생산에 따른 경쟁이 격화되고 이것이 산업구조 조정으로 이어지고 있다.

2) 기업의 합리화 공세와 고용조정

자동차 과잉생산에 따른 경쟁의 격화는 곧 기업 합리화 공세와 이에 따른 자동차 산업의 고용조정을 야기하고 있다. 기아자동차 사태에 따른 자구노력의 일환으로 1997년 말까지 8천 명 이상을 감축하는 대규모 실업사태가 야기되었다. 기아는 이미 1995년 11월 아산만 제2공장 완공 후 생산직 채용을 사실상 중단하고 자연감소인원만 최소한으로 충원해 왔으며 아벨라 생산라인 작업자 등 생산직 노동자의 전환배치문제, 자동차 판매회사의 설립에 따른 영업직 분리 문제 등을 놓고 노사 간 심한 갈등을 빚어 왔다.

위기에 빠진 쌍용자동차 역시 자연감소인원을 충원하지 않는 등의 방법으로 1만여 명에 달했던 종업원수를 대폭 줄였으며 쌍용자동차를 인수할 대우 역시 대규모 인원감축과 인력 재배치를 실시할 방침인 것으로 알려지고 있다.

현대 역시 생산직 노동자의 신규채용을 중단하고 울산공장 인력을 아산 등지에 재배치하고 있다. 8월 말까지 이미 울산공장 인력 788명을 아산공장에 재배치했으며, 공장 증설 등 새로운 프로젝트에 나머지 여유인력을 단계적으로 전환 배치할 계획이다. 또 중견간부를 영업소 파견 및 사외파견 등으로 돌려 인력을 줄일 계획이다.[16] 현대자동차는 특히 1997년 하반기에 임원을 30% 감축함으로써 커다란 충격을 던져 주었다. 현대자동차는 14개 본부 404개 팀이던 기존 조직을 7개 본부 340개 팀으로 축소했으며 이러한 조직개편을 계기삼아 채용축소, 인력 재배치 등으로 4만 5천 명에 달하는 일반직 및 생산직 직원을 2000년까지 4만 명 수준으로 줄일 방침인 것으로 알려지고 있다. 이에 따라 각 사업부 단위로 인원의 5분의 1 정도를 감축하는 방안을 논의 중이다.

대우는 1996년 9월 대비 1997년 12월 말까지 총 1418명의 잉여인력이 발생할 것으로 예상하고 있다. 군산공장의 준공으로 1996~1997년에 걸쳐 1200명을 신규 채용했으나 앞으로는 신규채용을 동결할 계획이다. 그 대신 폴란드, 루마니아, 인도, 인도네시아, 베트남 등의 현지공장의 외국인력을 연수형태로 초청해 각 공장에 투입하고 있는데 1995년 이후 이미 2500여 명이 연수를 수료했고 현재 450여 명이 연수 실시 중이다. 군산공장의 경우 생산인력의 4분의 1이 외국인력으로 충원되고 있는 형편이다.

더욱이 1998년 중 조기시행 예정인 정리해고제의 도입이 본격화되는 경우

---

16) 이상 "자동차 산업의 위기와 노동운동", ≪주간 노동자신문≫(1997.5.26).

한국의 자동차 산업도 외국의 경우와 마찬가지로 대량 해고와 실업의 문제를 가져올 가능성이 크다고 하겠다.

또 정규직 대신 사내하청인력이 늘어나고 있다. 현대의 경우 1997년 1월 말 사내하청인력은 5732명(울산 3936명, 전주 1326명, 아산 470명)으로 이는 울산의 경우 전체 인력의 10%, 전주와 아산의 경우는 30% 이상을 차지하고 있다. 이는 1995년 12월의 3822명에 비해 2천여 명이나 증가한 것이다.

대우는 1997년 9월 말 부평공장에 961명, 군산공장에 799명(전체 인력의 절반 이상)을 사내외주인력으로 충원하고 있다.

결국 사내하청인력은 기존 공장의 경우 정규직 대비 20%에 육박하고 있으며, 신설공장의 경우 30~50%에 달하고 있다. 이들은 자체설비를 가지지 않고 있어 파견근로자와 비슷한 형태로서 현행법상 불법의 소지를 다분히 안고 있다. 현대의 경우 사내하청인력이 주변업무 및 서브라인은 물론이고 점차 직접생산공정에도 들어오고 있는데 예컨대 용접, 조립, 포장, 운반을 비롯해 보전, 배전, 도안, 검사, 선적 등 다양한 업무에 종사하고 있다. 대우의 경우에도 처음에는 직영노동자가 기피 작업장에 투입되었으나 점차 직접생산공정에도 투입되고 있다.

이들의 임금은 정규직 대비 60~65%에 불과해 원청노동자와 하청노동자 간의 갈등을 조성하고 정규직의 고용불안을 가져오는 것은 물론, 노조 존립의 기반을 와해시킬 우려가 있는 등 여러 가지 문제점을 낳고 있다.

3) 신경영전략과 노동통제

87년 노동자대투쟁 이후 상당 부분 노조의 통제하에 들어갔던 작업현장의 노동통제를 회복하기 위해 자동차 각사는 '신경영전략'으로 표현되는 다양한 기법을 통해 현장권력의 탈환, 노동강도 강화, 생산성의 향상을 노리고 있다.

통칭 신경영전략이라 불리는 자본의 유연화 전략의 핵심적 목표는 생산방식 측면에서 유연생산방식의 도입, 인사관리 측면에서 능력주의 임금제도 및 인사제도의 도입, 권력관계 측면에서는 현장장악력의 회복, 이데올로기적 측면에서 노사협조주의의 정착으로 구분할 수 있다.

현대자동차[17]는 'GT-10'이란 명칭의 경영합리화운동을 1990년부터 진행하고 있다. 2000년까지 세계 10대 자동화 회사로의 진입을 목표로 '고객최고', '기술최고', '품질최상', '인간최상'의 4대 경영방침 아래 CS경영(Customers Satisfaction Management)을 통한 경영혁신, 바로(Basic, Active, Reliable, Over-reponse: BARO)운동을 통한 의식개혁을 중심으로, 직제개편 및 생산관리합리화와 혼류생산을 위한 투자를 증대시키고 있다.

먼저 생산체제 측면에서는 자동화를 통한 유연적 생산체제의 확립을 위해 노력해 오고 있다. 현대자동차의 경우에 1984년 자체 용접용 로봇을 처음 도입한 이후 1987년부터 자동화를 급속하게 진행시켜 왔다. 1980년대 후반 노동자들의 임금이 상승하면서부터 자동화의 범위가 확대되었다. 1987년 이전의 자동화가 대량생산체제를 구축하기 위한 기술적 요인에 의해 강제된 측면이 강하다면, 1987년 이후의 자동화는 노동력의 생력화를 위한 자동화 투자의 성격이 강하다. 신공장에서는 로봇, CNC 도입에 의한 자동화, LAN·VAN 등 정보통신기술의 활발한 이용, 모듈생산과 금형교체시간의 단축 등이 이루어져 왔다.

다음으로 노동편성상 유연성 확보를 위한 시도들을 하고 있다. 현대자동차의 경우 직무순환은 1980년대 후반까지 자본 주도에 의해 진행된 것이 아니었다. 즉, 포디즘적 노동편성에서 오는 단순반복적 직무의 단조로움과 작업 난이도의 차이에 의한 노동강도의 불균등을 완화하기 위한 한 방편으로 반내 노동자들의 합의에 따라 자율적·산발적으로 수행되어 왔었다. 그러나 정규노동력

---

17) 현대자동차에 관한 언급은 다음 문헌을 참조했다. 김소희(1992); 노홍형(1992); 김도근(1995); 영남노동운동연구소(1996a, 1996b); 정승국(1995a, 1995b); 홍장표(1994); 김정우(1997).

의 절감이 자본 측의 주요과제로 떠오른 1990년대 초반부터 직무순환은 자본 측의 전략에 의해 도입, 실시되고 있으며 그 필요성도 점차 증가하고 있는 현실이다. 그러나 여전히 '다능공 육성'을 위한 체계적인 직무순환이 이루어지지는 않고 있는 상황이다.

그 밖에 현대자동차에서는 QC활동과 제안제도를 통한 작업개선활동이 활성화되고 노동자에 대한 동기부여와 숙련개발을 유도하는 교육도 도입되고 있다. 현대자동차는 이미 1970년대 중반에 제안제도와 분임조 활동을, 1980년대에는 자주검사와 자주보전제도를 도입했다. 한편 프레스 공장과 차체공장, 엔진공장에 도입된 새로운 작업조직의 경우에는 검사의 간접과정을 부가적으로 생산노동자가 스스로 수행하게 하고 있다. 현대자동차는 장기간에 걸친 지식 중심의 교육훈련으로 '노동자의 숙련 및 기능향상'을 도모한다는 취지하에 1990년 10월부터 자동화 학교를 개설했다.

또 연공서열 중심의 기존 임금체계를 직능자격제도나 직능급임금제도 등의 도입을 통해 개편하고자 하는 시도가 진행되고 있다. 이는 노동자 간 내부경쟁을 제도화함으로써 기존의 단체협상에 의한 집단적 노사관계를 개별적 노사관계로 전환함과 동시에 노동통제를 강화하고자 하는 시도의 한 형태이다.

기아자동차[18]도 1991년, 세계 10대 자동차 메이커로의 진입을 목표로, '고객우선주의', '세계화', '경영혁신' 이라는 PRIME-10[19]전략을 세운 이래, 1993년에 의식혁명과 관리혁명을 주창했다. 관리혁명의 일환으로 '협동의 모자쓰기운동', 제안과 개선활동의 생활화를 위한 카이젠(Kaizen) 전략, 부품 공유화와 VE를 통한 원가절감책으로서 VRP3000운동 등이 전개되었다. 1993년 10월에 발표된 중장기 발전계획은 국내외 시장의 기반강화, 상품의 경쟁력 확보,

18) 기아자동차에 관한 사례는 김도근(1995); 김정우(1977) 참조.

19) PRIME-10의 P는 고객우선(Priority Customers), R은 국제화(Race for the World), I는 경영혁신(Innovation in Management), M은 전진(Move to), E는 초우량 자동차 회사(Excellent Auto Company), 10은 10대 메이커를 뜻한다.

생산능력의 국제 규모화, 해외사업 강화, 종업원의 일체감 형성 등 5대 핵심과제의 달성을 위한 사업구조 개편, 조직구조 개편, 기업문화 구축 등의 리스트럭처링의 내용을 담고 있었다. 그 이후에 1994년에 기아자동차는 대대적인 조직개편을 단행했는데 주요 내용은 기능별 공장조직에서 공장별·차종별 조직으로의 개편과 공장별 책임경영제의 도입이다.

1995년에는 소하리 공장에서 반생산회의의 도입을 주 내용으로 하는 NISE-95운동[20]을 전개했다. 상하조직 간의 공감대 형성, 근무질서 확립을 비롯한 기초질서 확립, 깨끗한 공장 추진이라는 3대 방향을 세운 NISE-95운동은 효과를 배가하기 위해, 반생산회의 실시, 인센티브제 도입, 현장감독자의 역량강화를 위한 실천리더 양성교육 등을 병행 추진하고 있다. NISE-95운동에서 중요한 지위를 차지하는 NISE 반생산회의는 매주 월요일 30분간 생산성, 품질, 원가, 제안, 안전 등 생산계획 전반에 관해, 전주(前週)실적을 평가하고 금주계획을 논의하는 것이 주축이 된다. 이를 위해서는 현장감독자의 역량이 보다 강화되어야 하므로 이들에 대해 실질적인 직책 부여와 권한 강화를 위한 직제개편도 동시적으로 시도되고 있다. 이러한 직제개편 시도는 궁극적으로 인사제도의 전반적 개편을 위한 포석이라 볼 수 있으며, 직무직능급제도의 도입을 통해 능력주의 임금체제로의 전환을 시도할 것으로 예상된다.

또, 최근 급속하게 자동화 비율을 높이고 있다. 기아자동차는 1994~1995년 동안 약 5천억 원의 설비투자를 진행한 바 있다. 그러나 이 투자액은 대부분 기존설비의 자동화나 합리화를 위해 쓰였다기보다는 신차개발에 따른 시설투자나 신공장 증설에 쓰였다. 대표적인 자동화 기기인 로봇의 경우에도 1985년에서 1989년까지 150대가 수입되었으나 대부분 용접, 도장 등 유해작업라인에만 투입되고 있는 실정이다. 자동화 기기가 도입되더라도 효율적인 자동화 기기의 운용을 위해서는 그에 따른 교육훈련이 뒤따라야 하지만, 기아자동차는

---

20) NISE는 New Innovation Sohari Environment의 약자이다.

소수인원만을 대상으로 과정당 5일 정도의 기초교육만 실시하는 데 그쳐 자동화 투자의 효과를 충분히 거두지 못하고 있는 것으로 보인다.

기아자동차는 기본적으로 기존의 대량생산방식을 고수하고 있으며, 다만 신차개발, 신공장건설사업에 상당한 설비투자를 하고 있는 정도가 특이한 사항이다. 생산방식 변화에 관한 회사의 전반적인 기조는 대량생산을 중심으로, 차종 다양화 등을 통한 판로개척과 간이자동화를 중심으로 하는 부분적인 자동화를 통해 노동비용 절감을 추진하고 있다. 따라서 다기능화·다능공화 육성은 요구되지 않으며, 따라서 체계적인 직무순환이나 교육훈련도 실시되지 않고 있다.

다만 품질관리 및 제안활동을 위한 분임조의 경우 1980년대 중반부터 도입되어 실시되고 있는데, 1988년 이후 원인(설비)에 중점을 두는 TPM분임조로 교체했으며, 분임조 조직율도 아산 신공장의 경우 95.6%, 소하리 구공장의 경우 79.2%로 비교적 높은 편이다. 그러나 높은 분임조 조직율과 1993년 20.8개, 1994년 20개의 비교적 높은 1인당 제안건수에도 불구하고 제안 채택률은 각각 16%, 20.8%라는 매우 낮은 수준에 그치고 있다(김도근, 1995).

또 현장감독자의 권한을 강화하고 연공 중심의 기존 임금체제를 성과와 능력에 따라 차등 지급하는 직무직능급제도의 도입을 시도하고 있다. 그러나 현대자동차가 1995년까지 실리주의노조의 별다른 저항 없이, 직제개편을 비교적 원활하게 수행할 수 있었고, 따라서 반생산회의의 적극적 도입을 그다지 시도하지 않았던 반면, 기아자동차는 현재 추진하고자 하는 NISE 반생산회의의 확대운영이나, 직제개편 시도가 노조의 저항에 부딪쳐 원활히 추진되고 있지 못한 상황이다.

대우자동차[21]는 1992년부터 NAC(New Automotive-industrial Concept)도전

---

21) 대우자동차에 대해서는 다음의 글을 참조. 대우자동차 노동조합·한국노동이론정책연구소(1996); 윤진호(1995); 김정우(1997); 박영준(1994); 윤진호·이병희·황덕순(1997).

운동이라고 불리는 전사적 경영합리화 정책을 추진해 왔다. 회사 측 자료에 따르면 "NAC도전운동이란 전 부문 전원이 최고경영자의 경영철학을 바탕으로 경영 방침과 목표를 철저히 수행함으로써 총체적 고객만족을 실현하고 아울러 경쟁우위를 확보하기 위한 대우자동차 고유의 경영혁신 활동체계"라고 정의하고 있다.

NAC도전운동은 기본목표로서 '총체적 고객만족의 실현'을 내세우고, 이것의 달성을 위한 실행목표로서 ① 신생산방식의 확립, ② 국제경쟁력의 확보, ③ 글로벌 경영체제의 구축 등을 열거하고 있다. 또 그 추진전략으로서는 행동개혁 유발, 관리, 감독자의 리더십 향상, 제품혁신, 서비스 차별화, 규모의 경제단위 확보 등을 지향하고 있다(대우자동차주식회사, 1997).

이를 위해 먼저 설비규모 확대와 자동화에 노력하고 있다. 대우자동차는 향후 자동화율을 대폭 향상시킬 계획을 갖고 있다. 즉, 1996년 67%인 프레스 공장의 자동화율을 2000년에는 70%로, 39%인 도장공장의 자동화율을 78%로, 2.5%인 조립공장의 자동화율을 4.0%로 각각 끌어올릴 계획이다. 그런데 이러한 자동화의 가장 중요한 목적은 인원삭감에 있다. 즉, 대우자동차는 자동화를 통해 1997년 말까지 1천여 명을 감축할 계획이다. 자동화는 다른 한편으로는 작업자 1명이 기계 여러 대를 담당할 수 있도록 함으로써 생산효율을 높이고 작업밀도를 강화하는 수단이기도 하다.

다른 한편 적기생산방식(JIT) 시스템의 도입도 상당히 진전되었다. 대우자동차는 토요타자동차의 '간판'과 동일한 개념인 NAC카드를 1993년 도입했다. 이미 1991년에 전사적인 물류조직을 구성해 1992년에는 기본개념과 추진일정을 확정하고 1993년에는 JIT 생산방식을 기초로 한 NAC카드방식을 도입했다. 1994년에는 NAC카드방식의 확대적용 및 정착을 위한 시스템 구축활동을 전개했으며 1995년에는 NAC방식 정착을 위한 시스템 개선활동을 전개하면서 공장별 책임관리체제를 구축했다.

한편 '사람, 물건, 설비를 가장 유효하게 조합시켜 품질, 원가, 안전, 작업성 등을 향상시킨다'는 목표 아래 시간연구, 동작연구 등을 실시하고 이를 토대로 표준작업표를 작성하여 정위치, 정시간, 정작업이 이루어지도록 하는 표준작업을 지향하고 있다. 이를 위해 대우자동차에서는 1991년부터 산업공학(IE) 전문가를 중심으로 작업손실의 추출과 개선, 공정개선, 간이자동화 등을 통해 작업시간단축에 주력, 현장관리기반을 조성했다. 1992년 생산정보 시스템의 구축과 막대그래프를 이용한 간이표준작업편성표를 만들어 활용하다가 작업의 표준화, 시간관측, 작업편성 등을 거쳐 1993년 3월부터 작업의 세부항목과 시간, 세부동작 등이 규정되어 있는 표준작업표를 만들었다. 1994~1995년에는 본격적인 표준작업체제가 구축되었으며 1995년 하반기부터 표준작업이 활성화되기 시작했다. 또 표준작업제를 활성화하기 위해서 표준작업인증제를 실시하고 있는데 이는 직장별·단계별로 설정된 체크리스트에 의해 주기적으로 표준작업 추진활동을 평가하고 일정 기준 이상에 해당되는 직장에 인증서를 부여함으로써 다음 단계에 도전토록 하는 제도이다.

대우자동차에서는 NAC도전운동의 목표 중 하나로 '다능공화'를 설정하고 이를 위해 노력하고 있다. 한마음생산회의 관리항목 중 개인별 배점 총점 100점 만점 중 10점을 다기능률(작업가능공정수/목표공정수)에 주고 있으며 직장의 경우에도 200점 만점에 10점이 다기능률에 주어져 있다. 노동자의 다기능화를 체크하기 위해 한마음생산회의실에 개인별 관리항목으로 개별 노동자의 다기능화 정도를 표시하는 실적표를 비치해 두고 있다. 이는 개인이 맡고 있는 공정을 원으로 표시하고 그 원을 다시 4등분해 공정의 개인별 습득능력을 체크하는 것이다. 또 신입사원 입사교육에서도 다기능화 훈련이 실시되고 있다.

대우자동차의 NAC도전운동에서는 현장의 중요성을 되풀이해서 강조하고 있는데 이를 위한 주요 수단으로 '한마음생산회의' 활동, 제안활동, 현장감독자의 수적 증대와 권한 강화 등 다양한 방법을 사용하고 있다. 1992년부터 도입된 한마음생산회의의 주요 목표는 현장개선활동의 활성화와 작업자 참여를 도모하면서, 궁극적으로는 회사 측의 현장장악력을 강화하는 것이다. 한마음생산회의는 직장단위별로 구성되며, 회의는 매주 월요일 근무 개시 후부터 30분씩 진행된다. 한마음생산회의에서 진행되는 주요 토의내용은 주간 작업계획의 전달과 주간 근태계획 확정, 주간 근태사항에 따른 개인별·요일별 작업확정 등이다.

회사 측에 의한 현장통제력 강화의 또 다른 축은 현장관리조직의 세분화 및 현장감독자의 권한 강화이다. 현장감독자의 핵심은 직장이다. 회사 측은 종전에 20~30명 단위로 짜여져 있던 직장을 평균 10~15명 정도로 더욱 세분화하고 조장제도를 대폭 확대해 직장 아래 1~2명의 조장을 둠으로써 현장의 위계와 관리체계를 정비했다. 이와 같이 현장감독자의 수를 늘리고 직·조 단위를 세분화함으로써 한편으로는 생산직 승진가능성을 높여 승진경쟁을 유도하면서 다른 한편으로는 현장관리의 철저화를 꾀하고자 회사 측은 시도하고 있다.

4) 노동강도 강화와 장시간 노동체제

이상에서 우리는 국내 자동차 3사의 신경영전략을 살펴보았다. 이러한 신경영전략은 기본적으로 일본식 생산방식을 모방한 것으로 판단된다. 그러나 일본식 생산방식의 특징은 낭비 없는 생산, 여유 없는 생산에 있으며 이는 노동자들에게는 노동강도와 노동밀도의 강화, 장시간 노동, 그리고 스트레스의 증가로 나타난다.

〈표 2-5-6〉에서 보는 바와 같이 1990~1996년에 자동차 업계의 전체 생산대

〈표 2-5-6〉 자동차 업계 1인당 평균생산성 추이

	1990	1992	1993	1994	1995	1996
전체 생산량(천 대)	1,322	1,690	1,987	2,262	2,521	2,808
종업원수(명)	75,110	85,610	89,209	96,505	103,031	107,510
1인당 생산대수(대/명)	17.60	19.74	22.27	23.44	24.46	26.12
생산성 증가율(%)	8.80	16.05	12.82	5.25	4.35	6.79

자료: 기아경제연구소, 『한국 자동차 산업』, 각 연도판.

수는 2배 이상 증가했다. 그러나 같은 기간 동안 종업원수는 43%가량 늘어난데 그쳤으며 특히 최근 들어서는 종업원 증가율이 크게 둔화되고 있다. 그 결과 종업원 1인당 생산대수는 1990년의 17.6대로부터 1996년에는 26.1대로 48%나 늘어났으며, 같은 기간 중 생산성 증가율은 연평균 8.2%에 달했다. 즉, 한국의 자동차 산업은 급증하는 자동차 생산량에도 불구하고 신규 노동력의 충원에 매우 소극적이었으며 대신 기존 노동력의 생산성 향상에 의해 증산을 달성할 수 있었던 것이다. 물론 이러한 생산성 향상분 중의 일부는 자동화와 로봇화 등 설비투자에 기인한 것이지만 그동안 한국 자동차 산업의 투자가 대부분 생산설비 확대에 주안점을 두었으며 자동화·합리화 투자에는 소극적이었던 점을 감안할 때 생산성 향상의 대부분은 기존 노동자의 노동강화에 의해 이루어진 것으로 판단된다.

실제로 국내 자동차 회사들은 일본 자동차 회사에 비해 생산성이 떨어진다는 이유로 인원보충 없이 단위시간당 생산량을 꾸준히 증가시켜 왔다. 예컨대 대우자동차의 경우 1990~1995년의 기간 동안 단위시간당 생산량이 36대로부터 60대로 무려 67%나 늘어났다. 이러한 단기간 내의 급속한 생산량 증대는 필연적으로 노동강도와 노동밀도의 강화를 가져올 수밖에 없고 이는 다시 노동자들의 육체적·정신적 피로와 산업재해의 빈발 등을 가져오고 있다.

〈표 2-5-7〉은 전국자동차산업노동조합연맹이 1996년 1월 한 달간 국내 완

〈표 2-5-7〉 자동차 산업 노동자의 노동과정에 대한 평가(1996년)

(단위: %)

	상당히 증가	약간 증가	그저 그렇다	약간 감소	상당히 감소
노동강도	32.8	37.7	26.2	2.6	0.8
작업범위	24.4	41.6	30.7	2.7	0.6
습득기능	18.4	33.8	40.5	4.2	3.0
작업 단조로움	10.6	21.3	57.0	8.1	3.0
작업자율성	8.4	23.8	47.6	12.2	8.0
육체피로도	39.2	36.8	18.6	4.1	1.2
정신피로도	44.9	37.4	13.9	2.6	1.3

자료: 전국자동차산업노동조합연맹(1996b).

성차 업계 전체 조합원을 대상으로 실시한 설문조사내용 중 일부를 재구성한 것이다. 이 표를 보면, 지난 1년간 노동강도가 증가했다고 대답한 노동자는 전체의 70.5%에 달하는 것으로 나타났다. 작업범위에 대해서도 66.0%의 노동자가 증가했다고 대답했다. 반면에 작업의 단조로움에 대해서는 57%의 노동자가 종전과 변함없다고 대답했으며 31.9%는 증가했다고 대답했다. 또한 작업의 자율성에 대해서도 47.6%가 변함없다고 응답했으며 자율성이 증가했다고 답변한 노동자는 32.2%, 감소했다고 답변한 노동자는 20.2%였다. 결국 최근 자동차 회사들의 신경영전략에 따라 노동강도와 작업범위 등은 크게 증가하고 있는 반면 작업의 단조로움은 그대로이고 작업자율성도 여전히 종래와 다름이 없다는 것을 보여 준다. 그 결과 응답노동자의 76%가 육체피로도가 증가했다고 대답했고 82.3%는 정신피로도가 증가했다고 대답해, 최근 노동자의 노동생활에서 피로도가 가중되고 있음을 보여 준다.

문제는 이러한 초과밀노동이 장시간 연속적으로 행해지고 있다는 것이다. 자동차 각사에서 최근 수년간 증산이 계속됨에 따라 자동차 산업 노동자들의 노동시간은 점점 늘어 왔다. 경제위기로 자동차 각사가 감산체제에 들어가기 전까지 각사는 주야2교대제로 하루 8시간의 정상근무 외에 2~3시간씩 항상적인 잔업이 편성되어 있었으며 격주 토요일 휴무제를 하고 있다. 그러나 이 밖에도 연장근로, 휴일특근 등이 많아 〈표 2-5-8〉에서 보는 바와 같이 1996년의

〈표 2-5-8〉 일주일 실제 노동시간(잔업 및 특근 포함)

(단위: %, 시간)

	50시간 미만	50~54 시간	55~59 시간	60~64 시간	65~69 시간	70~74 시간	75~79 시간	80시간 이상	평균
완성업체 전체	12.2	38.5	15.9	18.9	4.6	5.8	1.2	2.8	56.55
현대자동차	13.3	40.2	11.9	18.8	4.9	6.9	1.4	2.6	56.59
기아자동차	17.7	37.6	21.3	15.1	3.4	3.3	0.4	1.3	54.76
대우자동차	9.4	36.1	23.1	20.0	3.8	4.1	1.1	2.4	56.48
쌍용자동차	25.5	31.4	14.3	17.9	3.5	4.1	1.1	2.2	54.27
아시아자동차	17.9	32.4	20.0	19.9	3.6	3.2	0.6	2.2	55.04

자료: 전국자동차산업노동조합연맹(1997).

경우 주당 평균 56.6시간의 장시간 노동을 하고 있다. 더욱이 1997년 들어 각사는 신차를 중심으로 하는 판매호조로 인해 생산이 더욱 늘어났고, 이에 따라 연장근로 및 특근은 점점 증가하는 추세에 있어 노동자들의 피로를 더욱 가중시키는 요인이 되고 있다. 이 같은 장시간 노동은 현행 근로기준법을 정면으로 위반하는 불법행위로서 하루빨리 시정되어야 할 것이다.[22)]

물론 정규업무시간 이외의 잔업 및 특근에 대한 참여 여부는 형식적으로는 노동자의 자율에 맡겨지지만, 연장근로를 하지 않을 때 받는 생계에 대한 타격과 연장근로 참여율을 평점화해 인사고과에 반영하는 회사정책 때문에 대부분의 노동자는 '울며 겨자 먹기' 식으로 연장근로를 할 수밖에 없는 상황이다.

더욱이 초과밀노동은 동시에 불규칙적인 변칙노동시간제 아래 수행되고 있다. 자동차 산업에서는 주야2교대·3교대, 평상주간근무 등의 근무형태가 있으나 대부분 생산현장의 노동자에게 적용되고 있는 것은 1주간마다 주야취로시간이 변하는 2교대제 근무이다. 이 경우 노동자들은 안정적인 생활리듬을 확립할 수 없으며 불면증, 식욕감퇴, 정신적 불안정 등에 시달리고 있고 사소한 일에 감정을 억제할 수 없으며 가정 및 사회생활에 적응이 곤란한 사례도 적지 않다.

한편 라인작업에서도 노동자들의 작업편의를 무시한 과다한 작업이 이루어지고 있다. 자동차 산업의 라인작업의 특징을 정리하면 다음과 같다(윤진호·황덕순·이병희, 1997).

첫째, 자동화율이 매우 낮고 작업의 편의성을 고려한 설계가 제대로 되어

22) 현행 근로기준법 제46조에서는 "① 1주간의 근로시간은 휴게시간을 제하고 44시간을 초과할 수 없다. ② 1일의 근로시간은 휴게시간을 제하고 8시간을 초과할 수 없다"고 규정하고 있다. 또 51조에서는 당사자 간의 합의가 있는 경우에는 1주간에 12시간을 한도로 기본근로시간을 연장할 수 있다고 규정하고 있다. 따라서 현행 근로기준법상 주당 56시간을 넘는 노동은 당연히 위법이라 할 것이다. 새로 도입된 탄력적 근로시간제에서도 1주간 56시간 이상 노동은 금지되어 있다.

있지 않아 수작업으로 이루어지는 경우가 많으며 이에 따라 중량물을 손으로 운반하거나 취급하는 경우가 다반사여서 신체에 부담을 주고 있다.

둘째, 차량 실내작업, 구부리거나 위를 쳐다보는 작업, 쪼그리고 하는 작업, 몸을 비틀어야 하는 작업 등 무리한 자세를 강요하는 작업이 많아 작업자의 고통을 가중시키고 있다. 차량높이의 조절, 부품의 차량실외 설치, 간이자동화 등에 의해 이와 같은 무리한 자세를 요구하는 작업을 줄여야 한다.

셋째, 과다한 보행거리를 요구하는 작업이 많아 작업자들은 하루 10km 이상을 걷고 있다. 차량과 함께 움직이는 작업라인이 없고 라인속도가 빨라서 정위치에서 작업하지 못하고 차량 2~3대분을 앞서 작업하기 때문에 장거리 보행이 많아지고 있다. 라인의 개선, 라인속도의 조절, 운반용 개인대차의 개발 등 여러 가지 대책이 필요하다.

넷째, 과다한 작업부담을 경감하기 위해 작업자들 간에 자율적으로 직무순환이 이루어지고 있지만 대부분 그 범위가 좁고 비체계적이어서 공평한 작업부담이 이루어지지 않고 있다. 경우에 따라서는 신참 노동자나 이른바 '찍힌' 노동자가 기피작업을 직무순환 없이 장기간 전담하는 경우도 보인다. 따라서 공평한 작업부담을 배정하기 위한 보다 체계적인 시스템이 필요하다.

다섯째, 과다한 작업부담의 경감을 위해 작업자들은 회사 측에 개선을 요구하고 있지만 돈이 들어간다는 이유로 거절되는 경우가 많아 개선이 잘 이루어지지 않고 있다. 생산성 향상을 위한 개선에만 집중하는 회사 측은 이러한 태도를 버리고 노동자들의 보다 인간적인 노동을 위한 개선에도 관심을 기울여야 할 것이다.

5) 노사관계의 불안정성과 노동자참가제도

지금까지 살펴본 대로 장시간 노동과 심야근무, 작업현장의 통제강화, 작업강도와 작업밀도의 증대 등이 진행되고 있는 당연한 결과로서 자동차 산업 노

〈표 2-5-9〉 대우자동차 노동자들의 직무만족도(1997년)

(단위: %)

	매우 만족	약간 만족	그저 그럼	약간 불만	매우 불만	만족도 점수
임금수준	0.6	6.9	32.5	35.5	24.5	44.7
노동시간	0.6	6.2	29.8	35.1	28.3	43.1
노동강도	0.8	3.8	27.7	33.5	34.2	40.7
작업환경	0.7	5.1	24.5	31.3	38.5	39.7
승진기회	0.6	1.5	31.2	20.6	46.0	38.0
인간적 대우	1.1	7.1	38.9	25.8	27.0	45.8
고용안정	0.6	4.0	21.5	25.2	48.7	36.5
후생복지	0.5	6.3	29.6	29.8	33.8	42.0
일의 보람	2.6	13.0	43.7	16.8	24.0	50.7

주: 만족도 점수='매우 만족' 100점, '약간 만족' 80점, '그저 그럼' 60점, '약간 불만' 40점, '매우 불만' 20점.
자료: 대우자동차 노동조합 조사통계부(1997).

동자들의 직무만족도는 매우 낮은 것으로 나타나고 있다. 대우자동차 노동조합의 실태조사에 의하면 〈표 2-5-9〉에서 보는 대로 노동생활의 대부분의 측면에 걸쳐 노동자들은 매우 낮은 만족도를 보이고 있다. 전체적으로 대우자동차 노동자들의 직무만족도는 100점 만점에 36~50점을 기록, 낙제점수를 면치 못하고 있다. 비교적 높은 만족도를 보인 부문은 일의 보람, 인간적 대우, 임금수준 등이며 만족도가 매우 낮은 분야는 고용안정, 승진기회, 작업환경 등으로 나타났다.

따라서 자동차 산업의 노사 간에는 고용불안, 컨베이어 속도, 현장관리 등을 둘러싸고 많은 갈등이 일어나고 있다. 지금까지 노조는 컨베이어 가동률과 속도에는 어쩔 수 없이 동의하는 대신 생산성 향상의 일부를 임금으로 상쇄하는 분배교섭으로 대응해 왔다(박준식, 1996). 그러나 최근 노동강도 및 노동밀도의 강화와 고용불안의 증대에 대한 노동자 및 노동조합의 불만이 높아짐에 따라 자동차 산업의 노사관계도 악화되고 있다.

그러한 노사 간 갈등관계는 작업장 수준에서의 갈등에서 가장 전형적으로 나타난다. 작업장 수준에서의 노사관계는 1987년 이후 지금까지 대립적이고 경직적인 성격을 벗어나지 못하고 있다. 회사 측은 1987년 이후 노조에게 빼앗겼던 현장통제력을 되찾기 위한 시도로서 조·반장 및 직장의 권한 강화를 시도하는 한편 각종 현장조직을 통한 통제를 강화하고 있다. 노동조합 측은 이를 노조 조직기반에 대한 침해로 받아들여 반발하고 있으며 이에 따라 작업장 권력을 둘러싼 힘 겨루기 식 노사 마찰 및 갈등이 빈번하게 발생하고 있다(박영범·이병훈, 1997). 이러한 현장에서의 노사마찰은 조합원들의 회사 측에 대한 불신고조, 현장감독자의 권위실추와 작업장 질서이완, 현장감독자의 사기저하 등을 낳아 전체적으로 작업장 작업효율의 향상을 저해하고 노사관계를 악화시키는 요인으로 작용하고 있다.

기업수준에서의 노사관계 역시 기본적으로 갈등관계에 있다. 힘 겨루기 식 교섭 풍토와 노사 간 상호불신, 그리고 합리적인 교섭 방식 및 관행의 부재, 기업 외적요소 등으로 인해 단체교섭 및 노사협의의 원활한 진행이 이루어지지 않고 있으며 그 결과 노사 간 소모적인 교섭비용 및 교섭기간의 장기화, 그리고 빈번한 단체행동 등으로 이어지고 있다(박영범·이병훈, 1977).

〈표 2-5-10〉에서 보듯이 완성차 업계의 노사분규 발생건수는 1992년까지 점차 줄어들다가 1993년 이후 다시 급증하기 시작해 1996년에는 무려 9건을 기록했으며 이에 따른 생산차질액이 5610억 원, 수출차질액이 230백만 달러에 이르는 것으로 집계되었다. 부품업계 역시 1996년 들어 분규건수와 이에 따른 생산차질액, 수출차질액이 급증했다.

주요 쟁점사항은 임금인상 외에도 근로시간 단축, 작업중지권 확보 등 근로조건에 관한 것과 복수노조 인정 등 조직에 관한 사항으로 다양화되고 있다.

〈표 2-5-10〉 자동차 산업의 노사분규 추이

(단위: 억 원)

		1991	1992	1993	1994	1995	1996
분규발생	완성차 업계	5	1	3	3	5	9
	부품업계	66	47	9	14	5	15
	계(건)	71	48	12	17	10	24
생산차질	완성차(억 원)	12,626	5,325	7,021	2,950	3,714	5,610
	부품(억 원)	3,874	2,807	3,408	1,584	1,612	2,627
	계(억 원)	16,500	8,132	10,429	4,534	5,326	8,237
수출차질	완성차(백만 달러)	233	143	142	81	142	230

자료: 기아경제연구소, 『한국 자동차 산업』, 각 연도판.

다만 최근 들어 이러한 자동차 업계의 대립적 노사관계를 지양하고 새로운 참가적 노사관계를 수립하기 위한 노력이 노사 양쪽에 의해 시도되고 있다. 그러나 여러 가지 요인으로 인해 그다지 큰 성공을 거두고 있지는 못하다.

먼저 작업장 수준에서의 노동자 참여는 주로 분임조 활동이나 생산 관련 작업조 회의(예컨대 기아자동차의 '반생산회의', 대우자동차의 '한마음생산회의')를 통해 이루어지고 있지만 그 내용은 주로 생산성 향상에 관한 사항에 치중되어 있으며 보다 인간적이고 창의적인 작업방법의 개발에 대해서는 무관심한 형편이다. 회의형식도 대부분 관리자의 지시, 감독이 주를 이루고 있으며 일반노동자들의 참여태도는 소극적·의무적인 것에 머물고 있어 이를 노동자 참여의 증대로 보기는 힘들다(윤진호·황덕순·이병희, 1997).

현재로서 현장작업자의 고충을 처리하고 작업장 참여를 실현시킬 수 있는 방안으로서 가장 활성화되어 있는 것은 각 부서단위로 조직되어 있는 작업장 내의 준자율적 작업자 모임이다(현대자동차의 '반생산회의', 대우자동차의 '부서별 협의회'). 대우자동차의 부서별 협의회는 회사 측에서 부서장(부장, 과장 등 부서대표), 노조 측에서 각 부서 대의원(4~5명 정도)이 참여하는 부서단위의 노사협의기구이다. 개최시기는 부서별로 다르지만 3개월에 1회 정도 개최하는 것이 일반적이다. 그러나 회사 측, 또는 노조 측의 요구가 있을 경우에는 수시로 개최된다. 부서별 협의회에서는 부서의 전반적 사항을 다루는데 주로 생산관련사항(생산량 문제, 인력문제, 표준작업서 문제), 복지관련사항(부서 내 복지), 환경관련사항(작업환경 관련사항), 기타 사항 등으로 대별된다. 그러나 아직도 지위가 비공식적이고 협의사항에 대한 강제이행력을 가지지 못하고 있어 그 유효성은 제한적이다.

노동자의 경영참여를 증진시킬 수 있는 새로운 모델로서 최근 여러 전문분야를 다루는 각종 위원회를 노사 공동으로 구성하는 경향이 나타나고 있다. 예를 들어 기아자동차의 '경영발전위원회', 대우자동차의 '직장발전위원회', '산업안전보건위원회', '주택복지위원회', '고용안정위원회', 현대자동차의 '직제개편 노사공동위원회', '공장이전대책위원회' 등이 노사동수(勞使同數)로 구성되어 있다. 이러한 위원회들은 지금까지 주로 임금 및 복지에 집중되었던 노조활동이 기업경영에 대한 참여로 넓혀지고 있다는 점에서 주목할 만한 움직임이며 일부 위원회는 상당한 성과를 올리고 있다(윤진호·황덕순·이병희, 1997; 정승국, 1995; 박영범·이병훈, 1997 참조). 그럼에도 불구하고 아직 그 역사가 짧고 회사 측에서 미온적인 태도로 일관하고 있어 일부 위원회를 제외하고는 제대로 활성화되지 못하고 있는 것도 사실이다. 회사 측은 노동자의 경영참여에 대해 매우 알레르기적인 반응을 보이고 있으며 따라서 직발위 등을 통한 회사 중요경영사항의 사전협의에 대해서는 매우 소극적인 태도를 보이고 있다. 회사 측의 무성의뿐만 아니라 노조 측 역시 각종 노사공동위원회에 그동안 큰 비중을 두지 않아 온 것이 사실이다. 지금까지 노조 측의 경영참여에 대한 주된 통로는 단체협약이었으며 이를 촉진시키기 위한 수단도 주로 단체행동에 역점을 두어 왔기 때문에 노사공동위원회에 대한 경험, 지식, 의지가 부족한 상태로 평가된다. 이에 따라 경험이 적은 초선 대의원을 중요 위원회의 위원으로 배치하는 등 사람수를 채우는 정도로만 생각하고 별로 신경을 안 쓰고 있는 형편이다.

노동자들이 회사의 전반적 경영에 참여할 수 있는 또 다른 통로는 노사협의회제도이다. 자동차 회사들에서 노사협의회는 대체로 활발하게 운영되고 있는 편이다. 분기별 노사협의회 외에도 구정, 추석을 앞둔 노사협의회의 개최, 부서별 노사협의회의 개최 등이 이루어지고 있다. 노사협의회에서 다루는 안건도 과거에는 식당문제, 명절선물 건, 통근차 관련 애로사항, 작업복 문제, 주차장 문제 등 주로 복지관련사항이 많았지만 최근에는 표준작업인증 관련 건, 노사평화선언 관련 건, 외국인 연수생 관련 건, 용역철회 건, 잔업 및 특근 관련 건 등 생산과 관련된 사항이 많이 거론되는 등 내용이 충실해지고 있다.

그럼에도 불구하고 아직 노사협의회가 노동자 참여의 유력한 통로로 정착되었다고 판단하기는 힘들다. 많은 안건이 제기되기는 하지만 정작 중요한 것은 회사 측의 무성의한 태도로 합의가 안 되거나 추후 검토 등으로 유야무야되는 경우가 많아 결국 단체협약사항으로 미루어지게 된다. 노동조합 측에서도 단협·임협만큼 노사협의회에 큰 비중을 두고 있지 않은 것으로 보인다. 이처럼 노사협의회가 커다란 실효를 거두지 못했던 것은 법률상의 미비점에도 원인이 있지만 회사 측과 노조 측이 적극적 자세를 가지지 않았던 데도 이유의 일부가 있다 하겠다. 2년마다 한 번씩 갱신되는 단체협약이 있기는 하지만 이를 통해 모든 문제를 해결할 수는 없으므로 일상적으로 제기되는 조합원들의 고충이나 현안문제를 노사가 허심탄회하게 토의, 해결할 수 있는 통로로서 노사협의회가 중요한 역할을 할 수 있음에도 불구하고 노사 간의 상호불신, 인사-경영권에 대한 회사 측의 성역화 태도 등으로 인해 노사협의회가 큰 실효를 거두지 못하고 있는 것이다.

1997년 3월의 노동관계법 개정에 의해 새로 제정된 「근로자 참여 및 협력증진에 관한 법률」에서는 참여와 협력적 노사관계의 기반구축을 위해 근로자의 참여가 제도적으로 보장될 수 있도록 여러 가지 장치를 도입했는데, 즉 ① 교육훈련 및 능력개발 기본계획의 수립에 관한 사항, ② 복지시설의 설치와 관리에 관한 사항, ③ 사내근로복지기금의 설치에 관한 사항, ④ 고충처리위원회에서 해결되지 아니한 사항, ⑤ 각종 노사공동위원회의 설치에 관한 사항 등을 노사합의사항으로서 신설하고 성과배분, 고용조정, 신기계·신기술 도입 또는 작업공정의 개선 등 광범한 영역에 걸친 노사협의사항을 규정하고 있으며, 사용자가 경제적·재정적 상황 등에 관해 노사협의회에 보고 및 설명을 하지 않을 경우 근로자위원이 당해 사항에 관한 자료의 제출을 요구할 수 있도록 하는 등 노사협의회의 권한과 기능을 대폭 보강시키고 있다.

앞으로 자동차 업계 노사 양측은 이러한 법 정신에 따라 노사협의회의 기능과 권한을 대폭 보강하고 그 실질적 운영이 이루어지도록 단체협약과 취업규칙을 보완해야 할 것이다.

현재로서 노동자의 회사운영에 대한 참가의 가장 중요한 통로는 단체협상, 단체협약이며, 과거 자동차 업계 노동조합도 단체협약을 통한 참가에 거의 의

지해 왔을 만큼 이는 중요한 문제이다. 그런데 이른바 인사권, 경영권에 대한 경영층의 철저한 방어로 인해 단체협약을 통한 노동자들의 경영참가통로는 거의 폐쇄되어 있다.

그렇다면 자동차 업계의 경우 단체협약상의 경영참여는 어느 정도 이루어지고 있는 것일까? 〈표 2-5-11〉을 살펴보면 먼저 인사권(조합원 부서이동, 전출)에 대해서는 단체협약상 노조와 사전 합의하도록 되어 있는 대우자동차의 경우를 제외하면 나머지는 모두 협의 또는 회사의 일방시행으로 이루어지고 있다. 조합원에 대한 징계(인사)위원회의 구성 및 결정권은 노사동수로 이루어지는 징계위원회를 가지고 있는 기아자동차와 아시아자동차를 제외하면 모두 회사의 일방적 구성과 결정에 따르도록 되어 있다.

한편 인원정리 시 규모의 결정 및 절차, 방법 등에 대해서는 대우자동차를 제외하면 대부분 인원정리 규모는 노조와 사전 협의하고 방법, 절차는 노조와 합의하도록 되어 있다. 공장이전, 합병, 하도급, 용역전환, 정리, 해산, 양도 등에 대해서는 단체협약에서 포괄적인 합의의무를 규정하고 있는 대우자동차 외에는 대부분 협의수준에 머물고 있다. 대우자동차의 경우에도 단체협약상의

〈표 2-5-11〉 완성차 6사의 노동조합의 단체협약상 경영참가 현황(1996년)

	대우자동차	기아자동차	쌍용자동차	아시아자동차	현대자동차	현대정공
인사 (부서이동, 전출)	합의	협의	이의제기	일방시행	협의	협의
징계위원회 구성	변론권	노사동수	없음	노사동수	없음	없음
인원정리 규모	없음	협의	사전통보	협의	협의	협의
인원정리 방법	없음	합의	합의	합의	합의	합의
공장이전, 합병	합의	근로조건 합의	사전통보, 근로조건 합의	근로조건 합의	협의	협의, 근로조건 합의
하도급, 용역전환	합의	협의	사전통보	협의	협의	협의
정원유지	없음	없음	없음	없음	있음	있음
분할, 합병, 양도	합의	협의	없음	협의	없음	협의
임시직, 용역 이용	없음	없음	없음	없음	기간제한 (2개월)	기간제한 (2개월)

자료: 전국자동차산업노동조합연맹(1996a).

합의의무조항이 너무 간략해서 구체적인 절차, 방법에 관한 규정을 갖고 있지 못하기 때문에 실제 상황이 발생했을 때 얼마만한 실효를 거둘 수 있을지는 의문이다. 한편 최근 커다란 문제로 되고 있는 임시직 및 용역 이용에 대해서는 임시직 이용기간을 2개월로 제한하고 있는 현대자동차와 현대정공을 제외하면 다른 회사에서는 아무런 규정이 없다.

그 밖에 경영계획, 생산계획, 작업조직의 변경, 신기술, 신기계의 도입 등의 사항은 대부분 회사의 단체협약에 아무런 언급이 없어 경영참가수준이 낮음을 알 수 있다.

이상에서 본 대로 완성차 6사의 단체협약상 경영참가는 매우 제한된 수준에 머물러 있으며 그 수준도 회사별로 매우 불균등한 모습을 보이고 있다. 또 경영, 생산, 작업조직, 기술변화 등 핵심적 사항에 대한 조항들이 미비해 전체적으로 경영참가수준이 상당히 낮다고 하겠다.

5. 한국 자동차 산업의 생산방식 변화의 방향

1) 인간존중경영의 실현

최근 기아자동차 사태를 계기로 한국 자동차 산업의 구조조정 문제가 본격적으로 거론되고 있다. 세계 자동차 산업의 경쟁격화와 내수판매의 정체, 그리고 이에 따른 과잉생산, 과잉설비와 수익성의 악화 등에 대응해 어떻게 한국의 자동차 산업이 발전해야 할 것인가에 대한 논의도 무성하다. 그러나 이러한 논의들이 지나치게 단기적인 불황대책, 업적 회복책에만 초점을 맞추고 있는 것은 문제의 본질을 흐리는 일이라 하겠다.

한국의 자동차 산업이 필요로 하는 것은 단기적인 대책을 넘어선 중장기적인 생산, 경영 시스템의 변혁문제이다. 그동안 한국의 자동차 산업은 주로 양적 확대에 의한 규모의 메리트를 기반으로 비용을 낮추어 중저가 제품을 대량 공급하는 전략에 의존해 왔다. 이러한 전략은 과점체제하의 국내시장에서 내수가 계속 신장하고 동구권 등 중저가 제품을 선호하는 시장이 존재할 때는 가능했지만 내수시장과 수출시장 양쪽에서 선진국 자동차 산업과 경쟁해야 하는 21세기의 경영환경에서는 더 이상 불가능하다.

지나친 규모확대는 결국 과잉설비, 과잉생산 문제를 야기하고 품질향상은 답보상태이다. 여기에 인원증가가 수반되지 않은 채 이루어진 계속적인 증산으로 인해 장시간 노동, 심야노동, 과밀노동, 고스트레스 노동이 야기되면서 사무직, 생산직을 막론하고 종업원의 피로와 불만의 증대, 산재의 빈발, 노사관계의 악화 등 내부적 문제도 계속 축적되고 있다. 이러한 상황에서 과연 21세기를 지향하는 세계경영이 가능할지 의문시된다.

앞으로 한국의 자동차 산업은 그동안의 규모의 경제에 입각한 비용절감으로 저가 자동차의 생산과 이를 이용한 동구권 등 틈새시장의 공략이라는 방향에서 벗어나 고품질·고부가가치 제품의 개발과 이를 통한 미국, 유럽 등 선진국 시장에서의 경쟁우위라는 방향으로 전략을 수립해야 할 것이다. 이러한 고품질·고부가가치의 자동차 개발, 생산을 위해서는 기술수준과 디자인의 향상, 마케팅 능력의 향상, 부품산업의 발전 등 여러 가지 요소가 필요하겠지만 그와 아울러 반드시 필요한 것은 자동차 산업에 종사하는 인력, 특히 생산인력의 숙련향상과 생산성 향상이다.

그동안 한국의 자동차 기업들은 경쟁력 향상과 소비자 만족의 향상에 노력을 집중해 왔다. 신경영전략으로 요약되는 이러한 경쟁력 지향형 전략이 자동차 회사들의 실적에 일정한 긍정적 효과를 미친 것은 사실이다. 생산성, 품질의 향상, 신차종의 출시, 국내외 생산능력의 대폭적인 증대, 국내시장의 점유율 상승 등을 통해 회사의 이미지가 크게 개선되고 종업원들의 사기가 올라가도록 만든 성과에 대해서는 일정한 평가를 할 수 있다.

그러나 자동차 회사들의 이러한 목표는 지나치게 '경쟁력' 향상을 통한 '고객만족'에만 초점을 맞추고 있다는 점에서 문제가 있다. 기업의 이해관계자는 주주, 종업원, 하청기업, 지역사회 등 다양한 차원에서 존재하고 있다. 그리고 기업의 성과는 단순히 경쟁력이나 고객만족으로만 평가되는 것이 아니라 다양한 이해관계자에 대한 공헌을 고려해 광의의 성과를 기준으로 이루어져야 하며 이들 이해관계자에 대한 공헌 사이에 일정한 균형이 필요하다. 그런 까닭에 일본의 저명한 자동차 산업 전문가인 도쿄 대학교의 후지모토 타카히로(藤本隆宏) 교수는 이른바 일본형 린 생산방식이 그동안 지나치게 '경쟁력 추구형 기업경영' 일변도로 되어 왔다고 비판하면서 앞으로 예상되는 노동력 부족 등 새로운 환경변화에 대비해 '밸런스(균형) 지향형 기업경영'으로 전환할 필요가 있다고 역설한다.[23] 후지모토 타카히로 교수의 이러한 주장은 우리로서도 귀기울여야 할 대목이 많다.

경쟁력 향상에만 초점을 맞춘 경쟁력 지향형 기업경영은 기업이 달성해야 할 그 밖의 광범한 목적을 무시함으로써 과잉생산시설의 우려, 장시간 과밀도 노동에 따른 종업원 불만의 증대, 원가절감노력에 따른 협력기업으로부터의 불만, 환경 및 교통문제 유발로 인한 지역사회로부터의 불만 등 부작용이 나타나고 있다. 특히 경쟁력 추구 일변도에 대한 종업원 불만이 심각한 수준임은 이미 앞에서 살펴본 바 있다. 린 생산방식에서는 종업원 전원 참가형의 문제해결과 개선활동이 필수적인 요소라는 사실을 고려할 때 이와 같은 종업원 불만의 누적현상은 향후 기업경영이 해결해야 할 중대한 과제가 될 것이다.

그러한 점에서 이해관계자 간의 균형 가운데서도 특히 중요한 것은 고객만족(Consumer Satisfaction: CS)과 종업원 만족(Employee Satisfaction: ES) 간의

---

23) 후지모토 타카히로(藤本隆宏) 교수는 일본의 자동차 산업이 지나치게 경쟁력 집중형, 성장 지향형 시스템으로 흐름으로써 각종 부작용을 가져왔다고 지적하고, 한편으로는 린 생산체제의 장점을 계승하면서도 다른 한편으로는 종업원 만족, 부품공급기업에 대한 배려, 대외관계의 배려 등 고객만족 이외의 측면에 대한 배려를 통해 보다 균형 있는 발전을 지향하는 '균형시스템'의 추구를 제안한 바 있다(藤本隆宏·武石彰, 1994).

균형문제이다. 향후 한국 자동차 산업의 성장방향이 고품질·고부가가치 제품을 생산하는 것이라 할 때 이를 위해서는 종업원의 창의성, 자발성의 발휘와 숙련기술의 향상은 불가결한 것이며 이는 자동차 공장을 종업원에게 '매력 있는 일터'로 만들지 않고서는 불가능한 일이라 하겠다. 더욱이 앞으로 점차 청년 노동력의 신규공급이 줄어들고 현재의 노동력이 점차 고령화되고 있으며 여성, 중고령자의 비중이 늘어날 것으로 예상된다는 점에서도 '매력 있는 일터 만들기'는 기업으로서도 시급한 과제라 할 것이다.

앞에서 살펴보았듯이 미국의 새턴자동차, 일본의 토요타자동차, 독일의 오펠사 등 선진국 자동차 기업에서는 이러한 점을 감안해 '인간존중형 공장'의 건설에 힘 쏟고 있으며 단순히 인간에게 친절한 공장뿐만 아니라 노사 간 협조에 의한 새로운 파트너십 구축에 노력하고 있다는 사실을 한국의 자동차 기업들도 깊이 인식해야 할 것이다.

따라서 이러한 변화된 상황에 맞는 새로운 생산양식, 노무관리, 노사관계체제가 필요하며 그 기본방향은 노동의 인간화와 민주적 노사관계의 구축을 지향해야 한다.

2) 노동의 인간화

오늘날 선진국에서는 노동의 인간화(humanization of work)로 불리는 여러 가지 제도가 광범하게 보급되고 있다. 스웨덴 볼보사 칼마르 공장에서의 컨베이어 벨트라인의 폐지는 노동의 인간화의 가장 유명한 예이고, 그 밖에 미국 새턴사의 인간적 라인 구축과 자율적 팀작업제의 도입, 노사 공동 파트너십의 구축, 독일 오펠사의 유연자동화시스템 도입과 자율적 팀제의 도입, 일본 토요타의 작업부담 경감, 연속2교대제 도입 등 이제 자동차 산업에서 노동의 인간화는 전반적인 흐름이 되고 있다.

노동의 인간화는 현대사회의 새로운 동향을 시사하는 개념이며 단순한 노동조건의 개선과는 차원이 다른 새로운 특징을 지니고 있다. 노동의 인간화는 넓게 해석하면 노동자의 인간적 욕구를 충족시키기 위한 모든 활동이자 사회의 진보에 역행하는 생활조건, 작업환경을 개선시키려는 운동이다. 또한 좁게 해석하면 직무내용의 변경에 의해 노동자의 직무만족을 향상시키려는 노무관리기법을 말한다.

구체적으로는 ① 적절하고 공정한 임금의 보장, ② 안전하고 건강한 작업환경의 보장, ③ 고용의 안정성 보장, ④ 조합가입 및 단체교섭제도의 보장, ⑤ 공정하고 적절한 인사제도, ⑥ 의미 있고 만족스러운 노동 및 경영에의 참여, ⑦ 충분한 여가를 보장할 수 있는 노동시간의 단축, ⑧ 자율적 작업집단 등 새로운 작업조직형태, ⑨ 직무확대, 직무충실, 직무통합 등 새로운 직무 재설계, ⑩ 인간공학적 수단에 의한 작업부담의 경감 등이 모두 노동의 인간화 조치에 속한다(奧村康司, 1981).

노동의 인간화를 위해 국내 자동차 업계에서 가장 먼저 착수해야 할 일은 노동강도와 노동밀도의 완화를 위한 제반조치이다. 현재 자동차 각사에서 노동강도와 노동밀도는 극한적 시점에 도달해 있으며 이는 노동자의 정신적·육체적 피로도 누적과 산재의 빈발 등 노동의 피폐화를 가져오고 있는 것이 현실이다. 따라서 노동의 인간화는 우선 작업현장에서의 노동강도와 노동밀도의 완화를 위한 제반조치의 도입으로부터 시작되어야 한다.

이를 위해 우선 노사 공동으로 노동강도 부하도를 과학적으로 측정할 필요가 있다. 이 조사는 작업부담의 경감과 과학적 작업기준을 측정하기 위해 실시되는 것이다. 전체 라인작업에 대해 작업자세, 취급중량, 조립하중, 보행거리, 지속시간 등을 측정하고 이 측정된 자료를 바탕으로 합리적 작업기준을 세우고 일정한 기준을 넘는 고부하도 작업장을 집중적으로 개선해야 한다.

노동강도와 노동밀도를 완화하기 위해서는 무리한 자세를 요구하는 작업이나 중량물 취급 작업, 장거리 보행이 필요한 작업 등에 대해 시설개선을 할 필요가 있다. 즉, 노동배제적 자동화를 방향 수정해 작업편의성을 높이는 자동화 및 반자동화, 부품의 서브 어셈블리화, 라인의 개선, 중량물 보조장치의 개발, 공구의 경량화, 작업용 왜건의 개선 등 다양한 시설개선이 필요하다. 이러한 시설개선은 회사의 일방적 도입이 아니라 노동자 및 노동조합과의 충분한 협의하에 현장작업자의 의견을 최우선으로 고려해 이루어져야 한다. 지나친 자동화는 자칫 사람을 현장으로부터 배제하고 무거운 투자부담, 고장 시 대응곤란 등 여러 가지 부작용을 가져올 수 있으므로 기계와 사람 간의 조화, 작업편의성에 초점을 둔 자동화에 주력한다.

표준작업제 및 그 개선제도는 노동강도와 노동밀도의 강화를 가져오는 주요인이 되고 있다. 따라서 표준작업의 설정을 회사 측에서 일방적으로 해서는 안 되며 노사 공동으로 그 타당성을 검증하는 절차가 필요하다. 표준작업 설정의 목표를 단순한 생산성 향상과 인원삭감에만 두어서는 안 되며 작업방법 개선과 작업부담 경감을 위한 과학적 기준을 마련하는 방향으로 그 목표가 수정되어야 할 것이다. 표준작업 설정 시 작업자 간의 숙련도 차이와 부하율 등을 충분히 고려해 여유율을 산정해야 한다. 표준작업 개선은 일정한 상한선을 두어 무한정한 노동밀도의 상승을 규제해야 한다.

라인개체나 작업부담 경감을 위한 자동화 등이 당장 어려운 상황에서 작업부담을 공평하게 배분하려면 우선 직무순환의 체계화가 필요하다. 현재와 같이 비계획적·비체계적으로 이루어지는 직무순환은 바람직하지 못하므로 작업부담을 공평하게 하는 동시에 진정으로 노동자들의 직무능력 향상에 기여할 수 있는 방향으로 직무순환의 체계화가 이루어져야 할 것이며 이는 회사 측, 또는 관리자들의 일방적인 결정이 아니라 작업자의 의사존중 및 노동조합의 참여하에 이루어져야 할 것이다.

현행 장시간 노동과 심야노동은 노동자의 정신적·육체적 피로를 가중시키고 산재를 유발하며 노동자들의 직무 불만족을 가져올 뿐만 아니라 나아가 가정생활을 파괴하는 요인이 되고 있으므로 점차 노동시간을 단축하고 심야노동을 폐지하는 방향으로 나아가야 할 것이다.

이를 위해 우선 노사 양측이 근무시간 축소에 관한 명확한 목표(예컨대 5년 내에 연간 2천 시간 목표달성)를 설정하고 이를 달성하기 위한 단계적 과제를 설정해야 할 것이다. 이를 위해서는 많은 잔업시간의 규제가 필요하다. 특히 주당 56시간 이상의 근로시간은 근로기준법상 당연히 위법이며 이러한 위법 사태가 국내 굴지의 대기업에서 장기간 지속되는 것은 사회적으로도 결코 용납될 수 없는 일이므로 우선 근로기준법을 위반하는 잔업은 당장 금지되어야 할 것이다. 연간노동시간의 단축을 위해 연월차 휴가의 실제 취득률을 높이는 데 노력해야 할 것이다. 이를 위해 연월차 휴가의 계획적 소화가 가능하도록 노동자가 요청 시 휴가사용이 항상 가능한 제도가 필요하다. 야간근무에 따른 고충을 줄이기 위해 야간근무 시 유급 휴게시간의 증대, 라인속도의 감소, 야간근무 시 잔업의 축소, 폐지 등의 조치가 필요하다.

야간근무에 따른 문제점을 해소할 수 있는 최선의 방법은 일본과 같은 연속2교대제의 도입을 통해 잔업을 원천적으로 없애는 것이다. 과거 증산체제하에서는 이를 실현하기가 어려웠으나 이제 과잉설비, 과잉생산 시대를 맞아 자동차 업계가 일부 라인의 가동을 중지하고 야간조 근무를 휴무하는 등 노동시간 단축을 위한 조건이 형성되고 있으므로 연속2교대제 실시를 위한 여러 가지 조건과 문제점을 면밀히 파악해 장애요인들을 사전에 제거함으로써 잔업 및 심야근무를 철폐하는 방향으로 나아가야 할 것이다. 이를 위해서는 생산성 및 효율에만 집착하는 회사의 기본 경영방향을 전환하는 것이 무엇보다도 중요할 것이다.

3) 고용의 안정

현재 자동차 업계 노동자들이 가지고 있는 가장 심각한 불안은 고용불안정에 대한 것이며 이는 다시 노동자들의 기업에 대한 헌신성과 자발성, 창의성을 저해하는 요인이 되고 노사관계를 악화시키는 요인이 되고 있다. 따라서 고용안정에 대한 막연한 보장이 아니라 노동자들을 안심시킬 수 있는 가시적인 조치가 필요하다.

이를 위해 단체협약상의 고용안정 보장조항을 개선할 필요가 있다. 여기에는 기업의 합병, 양도, 정리, 해산, 공장이전, 업종전환 등 각종 기업구조 변경 시 노사합의의무, 불법용역의 금지 및 용역 시 노사합의, 외주, 하도급, 외국인 노동자, 임시직 채용 시 노사합의, 조합원의 전출입, 부서이동, 징계위원회 구성, 해고 등의 경우의 노사합의 등이 포함되어야 한다. 특히 인원정리 규모 및 방법에 관한 규정은 시급한 도입이 필요하다.

또한 임시직, 용역, 외국인 연수생의 도입은 가능한 한 억제하도록 한다. 임시직에 대해서는 사용기간을 단기간으로 제한하고 일정 기간(현대자동차 2개월)이 지난 후에는 자동적으로 정규직화하도록 한다. 임시직, 용역 노동자의 노조 결성 및 가입권을 보장해야 한다. 노동조합은 이들의 조직화를 위해 노력하고 이들이 독자적인 노조결성을 원할 경우 지원할 필요가 있다.

고용불안문제는 단일노조 차원에서는 해결하기 힘든 법률적·제도적·산업적 요인이 중요한 원인이 되고 있다. 따라서 노동조합은 상급단체 및 각종 시민사회단체와 연대해 고용안정을 위한 법률적·제도적·산업정책적 정책이 실현되도록 노력할 필요가 있다(예컨대 경제적 이유에 의한 해고제한법, 정부의 적극적 노동시장정책, 자동차 산업의 산업정책).

4) 노사관계의 민주화

노사관계의 민주화는 작업장, 공장, 회사, 그리고 산업 전체의 각 차원에서 이루어져야 한다. 먼저 작업장 차원에서는 작업조직을 노동의 인간화와 노동자의 숙련향상에 기여할 수 있는 방향으로 재조직하는 방안을 강구할 필요가 있다. 노동생활의 질(Quality of Work Life)이라고 불리는 이 제도는 오래전부터 선진국에서 도입되고 있는데 그 내용은 어떤 직무에 인접한 몇 가지 직무를 같이 담당함으로써 작업의 다양성을 높이는 직무확대, 직무의 자율성과 책임을 부여하는 직무확충, 정기적으로 미리 정해진 순서에 따라 노동자가 직무를 바꿈으로서 작업의 단조로움을 막는 직무순환 등 직무 재설계를 말한다.

작업집단의 자율성과 창의성을 높이기 위해 각 직장단위에 생산운영에 관한 자율성을 대폭 부여하는 반자율적 팀제도를 시험적으로 도입하도록 한다. 여기서는 예컨대 작업인원의 배정, 휴식시간의 결정, 설비보전문제, 품질보증문제, 기타 작업에 관한 일상적 문제 등을 자율적으로 다룰 수 있도록 한다. 이는 선진국 자동차 회사들에서 광범하게 시도하고 있는 제도이다.

현장조직의 민주화를 위해서는 무엇보다도 현장감독자의 역할이 중요하다. 현장감독자의 임명이 누구나 납득할 수 있는 명확하고 공정한 기준에 의해 이루어지도록 하고 그 임명방식 역시 현장노동자들의 의견을 충분히 반영할 수 있는 방법으로 이루어져야 한다. 가능한 곳에서는 직내 구성원들의 투표에 의한 선출도 시험적으로 시도해 볼 수 있다. 이렇게 될 때 비로소 현장감독자들이 현장작업자들의 신뢰를 얻어 권위를 가지고 운영할 수 있을 것이다. 현장감독자의 기능 역시 회사의 지시를 현장작업자들에게 전달, 수행하는 기능으로부터 벗어나 현장조직의 대변자로서 현장작업자들을 대표해서 그 의견을 회사측에 전달하는 기능(독일 오펠사의 '팀 대변인' 기능)을 하도록 한다.

제안제도의 반강제성에 따른 노동자들의 스트레스와 시간낭비를 막고자 실효성 있는 제안만 하도록 하고 물질적 인센티브는 다른 방법으로 재검토한다.

오늘날 노동자에 의한 기업경영에의 참여는 세계적 대세로 되어 있으며 이는 단지 노동의 인간화를 위해서뿐만 아니라 노동자의 창의성, 자발성 발휘를 통해 장기적인 효율성을 확보하는 측면에서도 중요한 과제로 대두되고 있다. 그럼에도 불구하고 그동안 한국의 기업들은 노동자의 경영참여에 대해 알레르기적 반응을 보여 왔으며 이에 따라 노사 간 상호불신으로 노사관계가 악화되는 악순환을 보여 왔다. 이제부터라도 노사가 기업의 발전에 공동으로 노력하고 그 결과에 대한 책임 역시 공동으로 진다는 원칙을 가지고 노동자 경영참여에 대해 기업 스스로 적극적인 입장을 보여야 할 것이다.

다행히 이번 노동법 개정 과정에서 「근로자 참여 및 협력증진에 관한 법률」이 제정되어 노동자의 경영참여에 대한 일정한 법적 기반이 마련되었으므로 이 법에 의거해 단체협약과 회사규칙 등 제반제도를 대폭 손질하고 그 운영을 실질화하는 일만 남았다고 할 수 있다.

근로자 경영참여의 첫 단계로서 먼저 법률 제21조에 규정된 대로 기업의 경영계획, 생산계획, 인력계획 등에 관한 정보를 성실히 보고, 설명하는 등 경영정보의 노사공유가 이루어져야 한다. 노조는 이에 관한 자료제출요구권을 가지며 사용자가 이에 성실히 응하지 않을 경우 법률에 호소할 수 있다.

협의 및 합의 사항은 사실상 경영 전반에 걸친 거의 모든 사항을 다루도록 되어 있다. 이와 같은 광범한 사항을 다루기 위해서는 분기별 노사협의회의 운영이 보다 충실해져야 하는 것은 물론이고 중요한 사항들에 대해서는 그 전문성을 고려해 노사 공동으로 전문위원회를 구성하지 않으면 안 될 것이다.

현재의 대립적·갈등적 노사관계를 개선하기 위해서는 무엇보다도 노동조합에 대한 회사의 인식전환이 절실하다. 노동조합을 생산성 향상을 방해하는 걸림돌이나 매사에 반대만 하는 집단으로 보는 시각이 있다면 하루빨리 이를 교정해 회사발전의 진정한 파트너로 인정하고 대등한 관계에서의 참여와 협력을 추구하도록 노력해야 할 것이다. 이렇게 될 때 비로소 노동조합도 회사에 대한 불신을 씻고 회사방침에 협력할 수 있을 것이다. 노사 간의 불신을 해소하는 일은 경영의 최우선과제가 되어야 한다.

노사 간 불신을 씻는 첫걸음은 성실한 단체교섭으로부터 이루어진다. 단체교섭 시 불필요한 눈치작전이나 시간 끌기, 상대방에 대한 비방, 각종 배후작전 등 과거의 퇴행적 관행을 버리고 정정당당하고 투명하며 서로를 대등한 파트너로서 존중하는 입장을 가지고 단체교섭에 임해야 할 것이다.

임협, 단협 등에서 모든 문제와 불만이 누적되어 한꺼번에 폭발함으로써 종종 단체행동에 이르는 사태를 예방하기 위해 평소에 잦은 노사 간 접촉으로 상대방의 요구와 불만을 파악, 이해하고 갈등요인을 해소하는 데 노력해야 한다. 이를 위해서는 부서별 협의회와 분기별 노사협의회를 적극 활용하도록 한다.

6. 맺음말

오늘날 한국의 자동차 산업은 위기에 빠져 있다. 과잉설비와 과잉생산에 기인한 기본적 문제점 외에도 IMF 구제금융체제에서 야기되는 여러 가지 어려움이 가중되어 한국의 자동차 산업을 빈사상태에 빠트리고 있는 것이다.

그러나 이러한 위기를 돌파하는 해법을 지나치게 단기적이고 표피적인 것에서만 찾아서는 안 될 것이다. 오늘날의 위기를 가져온 근본적 원인이 포드주의적 대량생산체제의 고수와 이에 따른 지나친 설비확장, 저품질·저부가가치·저가격 전략임을 고려할 때 앞으로 나아가야 할 방향은 고품질·고부가가치 제품의 개발, 생산에 있으며 이는 하루아침에 해결될 수 있는 성격의 것이 아니기 때문이다.

고품질·고부가가치 제품의 생산에 있어 전제조건이 되는 것은 생산방식과 인력을 이러한 제품의 생산에 맞도록 조정하는 일이다. 즉, 한편으로는 유연적 생산방식의 수립, 그리고 다른 한편으로는 현장작업자들의 숙련과 자발성, 헌신성 없이는 경쟁력 있는 고부가가치 제품을 생산할 수 없다. 그러기에 선진국의 자동차 회사들은 이미 일찌감치 유연생산방식의 도입과 노동자 숙련형성체제의 개발, 그리고 이를 촉진시키기 위한 참여경영체제의 수립에 노력했던 것이다.

그러한 면에서 볼 때 한국의 자동차 산업은 매우 뒤떨어진 체제를 갖고 있다고 해야 할 것이다. 예컨대 한국의 자동차 회사들은 그동안 일본식 생산방법의 여러 요소를 도입하기 위해 노력해 왔지만 일본 자동차 회사들 스스로가 이러한 생산방식에 한계를 느껴 보다 인간적 생산방식의 도입을 추진하고 있다는 추세 자체에 대해서 무관심했다. 한국의 자동차 기업들은 그동안 일본식 생산방식 중 JIT, 표준작업제 등 생산성 향상을 목표로 한 생산관리기법과 인사노무관리제도 등 노동력 통제방법은 많이 도입한 반면, 노동자의 작업장 참가와 자율성의 신장, 보다 인간적인 작업환경의 개선 등 노동의 인간화에 기여할 수 있는 요소는 외면해 왔던 것이다.

그러나 이러한 방식의 신경영전략의 추진은 지속적인 노동강도와 현장에서의 노동통제 강화에 따른 노동자들의 정신적·육체적 피로 심화, 산재의 빈발, 작업장에서의 현장감독자와 작업자 간 갈등, 노사 간 불신 심화, 소모적 단체교섭과 단체행동의 빈발 등 각종 부작용을 야기하고 있다. 이러한 체제로는 앞으로 한국의 자동차 산업이 세계시장에서 경쟁력을 유지해 나가기 어려울 것이다.

신경영전략 추진에 따른 고용불안과 노동강도의 강화로 인한 노동자들의 불만을 해소하고 작업자들 스스로 현장문제를 자율적으로 해결하면서 생산성을 높이고 더 나아가 자기 일에 보람을 느끼도록 인간적 노사관계체제를 어떻게 구축하느냐가 앞으로 자동차 산업의 노사가 해결해 가야 할 과제이다.

그 방향은 곧 노동의 인간화와 노사관계의 민주화를 통해 '매력 있는 직장'을 만듦으로써 한편으로는 경쟁력 있고 효율이 높은 생산방식을 수립하면서 다른 한편으로는 진정으로 인간적인 작업장체제를 구축하는 것이라 하겠다.

참고문헌

강수돌. 1993.4. 「새로운 작업조직과 노사관계: 독일 자동차 산업 사례연구」. ≪노사관계연구≫, 제4권.

고지마 다케시. 1994. 『超'린' 혁명』. 조현재 옮김. 매일경제신문사.

기아경제연구소. 1997. 『세계의 자동차 산업』.

기아경제연구소. 각 연도. 『한국 자동차 산업』.

김도근. 1995. 「자동차 산업의 관리전략 변화와 노사관계」. 연세대학교 경영학과 박사학위논문.

김소희. 1992. 「생산자동화에 따른 노동자태도에 미치는 영향에 관한 연구: H자동차 사례연구」. 성균관대학교 사회학과 석사학위논문.

김정우. 1997. 「노동유연화 전략과 노사관계의 변화에 관한 일 연구: D자동차 사례조사」. 인하대학교 대학원 경제학석사 학위논문.

노효형. 1992.「자동차 산업의 자동화와 노동과정 변화에 대한 사례연구: 현대자동차를 중심으로」. 서울대학교 사회학과 석사학위논문.

대우자동차 노동조합 조사통계부. 1997. 『대우자동차 조합원 생활실태 조사결과 보고서』.

대우자동차 노동조합·한국노동이론정책연구소. 1996.11. 『대우자동차 신경영전략에 따른 신노무정책과 노동조합의 대응』.

대우자동차주식회사. 1996. 『품질경영현황』.

대우자동차주식회사. 1997. 「품질경영(QM)상 사례발표」. 『품질경영상 수상업체 경영혁신 사례발표회 및 현장견학(2차)』. 한국표준협회.

박영범·이병훈. 1997. 「한국 자동차공업의 고용관계에 대한 연구」. 『1997년도 한국노사관계학회 정기학술발표회 논문집』. 한국노사관계학회.

박영범·이병훈. 1997.5. 『자동차 산업의 고용관계』. 한국노동연구원.

박영준. 1994. 「자동차 산업에서의 생산의 유연성에 관한 연구」. 인하대학교 대학원 경제학석사 학위논문.

박준식. 1996. 『생산의 정치와 작업장 민주주의』. 한울아카데미.

사사끼 고죠. 1997.11. 「토요타의 신일본적 경영과 민주적 규제: 현장, 지역에서의 새로운 변화와 토요타 총행동」. 『현장에서 미래를』. 한국노동정책이론연구소.

영남노동운동연구소. 1996a.「사외하청 실태를 알아본다-현대자동차 1차밴드 한일이화 사례」. ≪연대와 실천≫, 제22호.

영남노동운동연구소. 1996b. 「현대자동차 사내하청 실태를 알아본다」. ≪연대와 실천≫, 제22호.

윤진호. 1995.「한국에서의 일본식 생산방식의 도입과 노동자: 대우자동차의 사례를 중심으로」. ≪산업노동연구≫, 한국산업노동학회, 제1권 제1호.

윤진호. 1996.3. 「일본 자동차 공장의 최근의 생산양식변화: 토요타자동차, 닛산자동차 큐우슈우공장 방문보고」. 임노동연구회 발표문.

윤진호. 1997.6.「일본 자동차 공장 및 노동조합 방문보고」.
윤진호·황덕순·이병희. 1997.11.『대우자동차의 심야근무 축소와 월급제 실시를 위한 연구』. 대우자동차 노동조합·한국사회과학연구소.
이병훈. 1996.12.「미국 포드에서의 노사관계 혁신」. ≪노사정보≫.
전국자동차산업노동조합연맹. 1996a.『단체협약비교자료집』.
전국자동차산업노동조합연맹. 1996b.『자동차6사 조합원 생활실태 조사결과 보고서』.
전국자동차산업노동조합연맹. 1997.『'97 자동차연맹 조합원 생활실태조사 결과보고서』.
정승국. 1995a.「유연적 생산을 향한 기술과 조직의 변화」. 성균관대학교 사회학과 박사학위논문.
정승국. 1995b.「유연적 생산과 작업장 재조직의 정치」. ≪경제와 사회≫, 겨울호.
주간 노동자신문. 1997.4.4~6.10.「자동차 산업의 위기와 노동운동」.
주간 노동자신문. 1997.7.29~8.5.「자동차 노조간부 토론회 지상중계」.
주무현. 1997.「한국 자동차 산업 생산체제의 '일본화'에 관한 연구」. 경북대학교 대학원 경제학 박사 학위논문.
파커, 마이크(Mike Parker)·제인 슬로터(Jane Slaughter). 1996.『팀 신화와 노동의 선택』. 강수돌 외 옮김. 강.
한국자동차공업협회. 1996.『세계자동차통계』.
한국자동차공업협회. 각 연도.『한국의 자동차 산업』.
한국자동차공업협회. 각 호.『자동차통계월보』.
한국표준협회. 1997.『품질경영상 수상업체 경영혁신 사례발표회 및 현장견학(2차)』.
홍장표. 1994.「자동차 산업 합리화 전략과 임노동관계의 변화」. ≪동향과 전망≫, 봄/가을 합본호.
加藤哲郎, R. Steven. 1993.「日本資本主義はポスト-フォード主義か?」. 加藤哲郎, R. Steven 編.『日本型經營はポスト-フォディズムか?』. 窓社.
公文博. 1995.「토요타자동차의 새로운 생산라인에 관하여」.『연구논문집』. 인하대학교 산업경제연구소.
藤本隆宏. 1993.3.2.「今こそバランス型リ: ン方式を目指せ」. ≪エコノミスト≫.
藤本隆宏·武石彰. 1994.『自動車産業 21世紀へのシナリオ』. 生産性出版. (이두환 옮김. 1995.『자동차 산업: 21세기 시나리오』. 21세기북스)
史世民. 1994.「トヨタ生産方式の新たな挑戰(I): 田原·九州宮田工場の場合」. 小川英次 編.『トヨタ生産方式の硏究』. 日本經濟新聞社.
嶺學. 1994.『作業組織と勞使關係-日本の自動車産業の場合』. 法政大學大原社會問題硏究所 調査硏究報告 No.1
嶺學. 1995.『勞動の人間化の展開過程:市場競爭下の職場の民主主義』. 御茶の水書房.
奧村康司. 1981.『勞動の人間化: その世界的動向』. 有斐閣.
日本自動車工業會. 1997.『1997 日本の自動車工業』.
全日本金屬産業勞動組合協議會. 1993.『日獨金屬勞組共同プロジェクト中間報告書: 日獨金屬勞動者の現狀』.
淸水耕一. 1994.「뉴도요티즘-토요타자동차 九洲(공장)에서의 노동의 인간화 시도」, ≪자동차 산업연구≫, 9404호.
風間信隆. 1992.10. 「ドイツにおけるフレキシブル合理化と'勞動の人間化': 自動車産業の事例を中心として」. ≪大原社會問題硏究所雜誌≫, No.407.
風間信隆. 1997.『ドイツ的に生産モデルとフレキシビリティ』. 中央經濟社.
Benders, J. 1997. "Leaving Lean? Recent Changes in the Production Organization of Some Japanese Car Plants." *Economic and Industrial Democracy*, Vol.17, No.1, Feb.
Bobson, S. 1995. *Lean Work: Empowerment and Exploitation in the Global Auto Industry*. Wayne State University Press.
Dohse, K. et al. 1986. "From 'Fordism' to 'Toyotism'? The Social Organization of the Labor Process in the Japanese Automobile Industry." *Politics and Society*, 14.
Golden, M. and J. Pontussen. 1992. *Bargaining For Change: Union Politics in North America and Europe*. Cornell University Press.
Green, W. C. and E. J. Yamarella.(eds.) 1996. *North American Auto Unions in Crisis: Lean Production as Contested Terrain*. State University of New York Press.
Jenson, J. and R. Mahon.(eds.) 1993. *The Challenge of Restructuring: North American Labor Movements Respond*. Temple University Press.
Kenney, M. and R. Florida. 1993. *Beyond Mass Production: The Japanese System and Its Transfer to the U.S*. Oxford University Press.
Murakami, T. 1995. "Introducing Team Working: A Motor Industry Case Study from Germany." *Industrial Relations Journal*, Vol.26, No.4.
Womack, J. et al. 1990. *The Machine That Changed the World*. Raeson Associate.

기업의 노동유연화 전략과 노동조합의 대응*
대우자동차의 사례연구

1. 머리말

한국의 자동차 산업은 그동안 급속한 자동차 보급에 따른 내수 확대와 수출 시장의 다변화 등에 힘입어 급속한 성장을 계속해 왔다. 1970년에 불과 2만 9천 대에 불과했던 한국의 자동차 생산은 1980년에 12만 3천 대, 1990년에 132만 2천 대, 그리고 1996년에는 281만 3천 대를 기록해, 한국은 세계 제5위의 자동차 생산대국으로 떠올랐다.

그러나 최근 국내 자동차 산업은 극심한 과잉투자와 과열경쟁 상태에 들어

---

* 1) 인하대학교 1997년도 연구비 지원에 의해 수행되었다.
2) ≪경제발전연구≫, 제4권 제1호(한국경제발전학회, 1998.6)에 게재되었다.
3) 대우자동차 노동조합과 한국사회과학연구소의 공동연구(연구책임자: 윤진호)이다. 이 연구의 공동연구원인 한국사회과학연구소의 황덕순 박사와 이병희 박사, 인하대학교 대학원 경제학과의 이시균 조교와 김정우 조교와 지민웅 조교, 대우자동차 노동조합 집행부 및 대의원들, 그리고 인터뷰와 설문조사에 응해 준 대우자동차 노동자 여러분과 회사 관계자들에게 감사드린다.

갔다. 현재 각사가 계획하고 있는 생산능력 증가계획에 따르면 2000년경 국내 자동차 생산능력은 무려 540만 대에 이를 전망이며 이 경우 130만 대의 공급 과잉이 예상된다.

문제는 여기에 그치는 것이 아니다. 세계 자동차 시장의 경쟁이 격화되면서 미국, 유럽, 일본 등지로부터 시장개방 압력과 견제가 더욱 강화되고 있다. 특히 IMF 구제금융과 관련해 1999년부터 해제할 예정이던 수입다변화 정책을 1998년 중 조기 해제하게 됨에 따라 일본차의 대량수입이 우려되며 이 경우 국내시장에 상당한 충격을 줄 것으로 예상된다. 일본산 자동차의 국내시장 점유율은 향후 최고 10%까지 늘어날 것으로 예상된다.

더욱이 1998년에는 IMF 구제금융의 영향으로 고실업, 임금동결에 따른 소비심리 위축, 유가인상, 자동차특소세 인상 등 각종 악재가 산적되어 있어 내수시장의 대폭 위축이 불가피한 실정이다. IMF 구제금융으로 인해 금융권의 자동차 업계에 대한 자금지원이 줄어들고 재벌구조 개편으로 계열사 간 상호지원이 어려워지는 등 경영환경이 악화됨에 따라 기업들은 극도의 내핍경영에 돌입할 수밖에 없으며 이에 따라 투자확대는 물론이고 현상유지도 어려워지고 있다. 따라서 앞으로 정부가 유도하든 그렇지 않든 사업축소를 통한 구조조정은 불가피한 것으로 예상된다.

자동차 과잉생산에 따른 경쟁의 격화는, 곧 기업 합리화 공세와 이에 따른 자동차 산업의 고용조정을 야기하고 있다. 자동차 각사는 대규모 인원감축과 인력 재배치를 이미 실시하고 있으며 그 대신 사내하청인력이 늘어나고 있다.

자동차 각사는 또 87년 노동자대투쟁 이후 상당 부분 노조의 통제력하에 들어갔던 작업현장의 노동통제를 회복하고자 '신경영전략'으로 표현되는 다양한 기법을 통해 현장권력의 탈환, 노동강도 강화, 생산성의 향상을 노리고 있다.

통칭 신경영전략이라 불리는 자본의 유연화 전략의 핵심적 목표는 생산방식 측면에서 유연생산방식의 도입, 인사관리 측면에서 능력주의 임금제도 및 인사제도의 도입, 권력관계 측면에서 현장장악력의 회복, 이데올로기적 측면에서 노사협조주의의 정착으로 구분할 수 있다. 이러한 신경영전략은 기본적으로 일본식 생산방식을 모방한 것으로 판단된다. 그러나 일본식 생산방식의 특징은 낭비 없는 생산, 여유 없는 생산에 있으며 이는 노동자들에게 노동강도와 노동밀도의 강화, 장시간 노동, 그리고 스트레스의 증가로 나타난다.

그러나 이러한 자본에 의한 신경영전략의 도입이 노동 측의 아무런 저항 없이 순조롭게 관철되고 있는 것은 아니다. 장시간 노동과 심야근무, 작업현장의 통제강화, 작업강도와 작업밀도의 증대 등이 진행되고 있는 당연한 결과로서 자동차 산업 노동자들의 직무만족도는 매우 낮은 것으로 나타나고 있으며 이에 따라 자동차 산업의 노사 간에 고용불안, 컨베이어 속도, 현장관리 등을 둘러싸고 많은 갈등이 일어나고 있다.

그러한 노사 간 갈등관계는 작업장 수준의 갈등에서 가장 전형적으로 나타난다. 작업장 수준에서의 노사관계는 1987년 이후 지금까지 대립적이고 경직적인 성격을 벗어나지 못하고 있다. 회사 측은 1987년 이후 노조에게 빼앗겼던 현장통제력을 되찾아오려는 시도로서 최근 조·반장 및 직장의 권한 강화를 시도하는 한편 각종 현장조직을 통한 통제를 강화하고 있다. 이에 대해 노동조합 측은 이를 노조 조직기반에 대한 침해로 받아들여 반발하고 있으며 이에 따라 작업장 권력을 둘러싼 힘 겨루기 식 노사 마찰 및 갈등이 빈번하게 발생하고 있다(박영범·이병훈, 1997). 이러한 현장에서의 노사마찰은 조합원들의 회사 측에 대한 불신고조, 현장감독자의 권위실추와 작업장 질서이완, 현장감독자의 사기저하 등을 낳아 전체적으로 작업장 작업효율의 향상을 저해하고 노사관계를 악화시키는 요인으로 작용하고 있다.

Burawoy(1985)는 현장권력을 둘러싼 이와 같은 노사 간 갈등을 '생산의 정치(Politics of Production)'라는 개념으로 정식화한 바 있다. 그에 따르면 생산의 정치란 "생산현장에서 사회적 관계의 생산과 재생산을 둘러싼 투쟁"을 의미한다. 현장의 노동자와 자본가는 노동과정과 가치창출을 둘러싸고 투쟁을 벌이는데 이것이 곧 생산의 정치의 영역이다. 이러한 생산정치의 영역에서의 노자 간 투쟁을 결정하는 변수들은 다양한 형태의 노동과정, 시장력, 노동력 재생산 형태, 국가 개입의 형태 등이다. 그에 따르면 이러한 생산정치는 강제에 기반한 전제체제(despotic regimes)와 동의에 기반한 헤게모니 체제(hegemonic regimes)로 구분되는데 자본주의 발전과정에서 생산정치는 전제체제로부터 헤게모니 체제로 점차 발전한다고 주장한다. 이러한 발전과정에서 기업은 더 이상 감독자들의 자의적 규칙에 좌우되지 않는 노동자들에 대해 새로운 '동의'와 '강제'의 균형을 창출해야만 하는데 그것이 곧 단체교섭, 내부노동시장 등 노사 간에 타협된 게임의 규칙에 의해 노동자 스스로 경영관리의 필요성을 인정하고 설복되는 동의의 메커니즘이 제도화된 헤게모니 체제이다.

이러한 Burawoy의 생산정치의 개념을 한국에 적용한다면 우리는 1987년 이전의 현장노사관계를 일단 전제체제로 규정할 수 있을 것이다. 그러나 87년 노동자대투쟁 이후 성립된 현장노사관계가 곧 헤게모니 체제를 구축한 것은 아니다. 노동 측의 끊임없는 요구에도 불구하고 자본 측은 노동조합의 경영참여나 노동의 인간화, 그리고 노사관계의 민주화 등에 매우 소극적이거나 심지어 적대적이었으며 현장권력관계의 재반전을 위해 노력해 왔다. 그러한 자본의 시도는 Burawoy가 헤게모니 체제의 다음 단계로서 제시하고 있는 헤게모니적 전제체제와 일견 유사한 모습을 보인다. Burawoy에 따르면 1970년대 이후 포드주의적 축적체제가 위기를 맞게 됨에 따라 자본은 노동력을 유동화·개별화하는 방식에 의해 헤게모니적 전제체제로 이동하고 있는데 이는 노동으로부터 강제적으로 양보와 합의를 도출하는 방식이라는 점에서 헤게모니적 전제체제로 불린다.

따라서 1987년 이후 한국의 현장노사관계는 전제적 체제로부터 갈등적 체제를 거쳐 헤게모니적 체제로 채 이전하지 못한 상태에서 다시 자본 측에 의해 헤게모니적 전제체제가 시도되고 있는 상황이라고 할 수 있다. 이러한 한국에서의 헤게모니적 전제체제는 주로 일본식 생산방식, 노무관리방식의 도입이라는 형태로 나타나고 있다.

그러나 앞에서 본 대로 자본 측의 이러한 시도는 노동의 저항에 부딪혀 현장에서의 갈등과 모순을 낳고 있다. 앞으로 이러한 현장에서의 노사갈등이 과연 헤게모니적 체제로 귀결될 것인지 아니면 헤게모니적 전체체제로 귀결될 것인지는 한국의 노사관계 전개에 있어 매우 중요한 함의를 지닌다고 하겠다. Burwoy가 지적하듯이 생산의 정치는 거시적인 노사관계체제에도 커다란 영향을 미치는 것이기 때문이다.

이 논문은 이러한 현장권력을 둘러싼 노사 간 갈등의 양상과 그 귀결을 대우자동차의 사례를 통해 살펴보고 그것이 노동운동에 대해 가지는 함의를 모색하는 데 그 목적이 있다. 대우자동차는 한국의 자동차 각사 가운데 일본식 생산방식을 의식적·체계적으로 도입함으로써 현장권력의 복원을 꾀했던 전형적인 사례로 주목받고 있다(윤진호, 1995). 대우자동차의 신경영전략인 NAC도전운동은 그 무엇보다도 현장관리의 중요성을 강조하고 있으며 이에 따라 현장조직의 강화, 현장감독의 강화 등 다양한 방법을 동원해 현장관리의 강화를 꾀해 왔다. 그러나 노동조합 역시 이러한 회사 측의 현장권력 장악노력에 도전해 끊임없는 문제제기와 단체행동을 계속해 왔으며 그 결과 대우자동차에서는 지난 5년간 무분규 타결에도 불구하고 현장에서의 노사갈등은 지속적으로 전개되어 왔다.

이러한 현장에서의 노사갈등이 과연 앞으로 어떠한 방향으로 귀결될 것인가 하는 것은 단지 대우자동차 한 회사에만 그치는 것이 아니고 자동차 산업 전체, 그리고 더 나아가 한국의 민주노동운동 전체에 대해서도 시사하는 바가 크다 할 것이다.

이 연구에서 주로 의존하고 있는 자료는 '심야근무 축소와 생산직월급제 실시'를 위한 전략을 수립하고자 필자가 연구책임자가 되어 대우자동차 노동조합과 한국사회과학연구소가 공동연구로 수행한 실태조사이다(대우자동차 노동조합·한국사회과학연구소, 1997). 이 조사에서는 대우자동차 노조원들을 대상으로 대규모 설문조사를 실시했다. 모집단을 대우자동차 노동조합원 전체(지부 포함)로 하고 부서별·직종별·연령별 비례분포에 의거해 표본을 선정했다. 조사는 노동조합 기획연구실의 주관하에 각 부서 대의원의 협조를 얻어 1997년 4월 말~5월 초에 걸쳐 실시되었다. 총 5천 부의 설문지를 배포해 2391매가 회수되었다. 설문내용은 근무시간과 근무제도, 인사제도, 하청제도, 생산방식, 노동조합활동, 인적사항 등이다. 한편 대우자동차 노동자들의 노동과정과 생활실태에 대한 심층연구를 위해 대우자동차 회사 관계자, 조합간부, 대의원, 현장노동자, 해고노동자, 자동차 관련 연구자 등에 대한 광범한 면접조사를 실시했다.

제2절에서 NAC도전운동의 개요와 그 성과를 살펴보고 제3절에서는 회사 측이 시도하고 있는 현장통제의 강화노력의 실태와 그것이 가져온 노사갈등을 살펴보고, 제4절에서는 협력적 노사관계의 추진실태를 살펴보고, 제5절에서는 현장권력의 변화가 노동자의 노동생활에 미친 영향을 살펴보고, 제6절에서는 노동조합의 대응전략의 실태를 살펴본 뒤, 마지막으로 제7절에서는 앞의 내용을 요약하면서 그것이 노동운동에 대해 가지는 함의를 모색해 보고자 한다.

2. NAC도전운동의 개요

대우자동차[1]는 1992년부터 NAC(New Automotive-industrial Concept)도전운동이라고 불리는 전사적 경영합리화 정책을 추진해 왔다. 회사 측 자료에 따르면 "NAC도전운동이란 전 부문 전원이 최고경영자의 경영철학을 바탕으로 경영 방침과 목표를 철저히 수행함으로써 총체적 고객만족을 실현하고 아울러 경쟁우위를 확보하기 위한 대우자동차 고유의 경영혁신 활동체계"라고 정의하

1) 대우자동차의 노사관계에 대한 기존 연구로는 다음의 글을 참고. 대우자동차 노동조합·한국노동이론정책연구소(1996); 윤진호(1995); 김정우(1997); 박영준(1994).

고 있다.

NAC도전운동은 기본목표로서 '총체적 고객만족의 실현'을 내세우고, 이것의 달성을 위한 실행목표로서 ① 신생산방식의 확립, ② 국제경쟁력의 확보, ③ 글로벌 경영체제의 구축 등을 열거하고 있다. 또 그 추진전략으로서는 행동개혁 유발, 관리, 감독자의 리더십 향상, 제품혁신, 서비스 차별화, 규모의 경제단위 확보 등을 지향하고 있다(대우자동차, 1997a).

NAC도전운동은 총 3단계로 구성되어 있는데 1992~1995년의 제1단계는 경영체질 개혁단계로서 의식변화, 기본 및 원칙의 재정립, 보유설비능력 최대활용 등을 중점목표로 했으며, 1996~1998년의 제2단계는 경영구조 혁신단계로서 신제품 개발, 경제규모 확보(250만 대 체제 구축), 혁신활동을 통한 미해결과제 해결 등을 통해 고품격·고효율의 신기업문화 구축을 목표로 하고 있고, 1999~2000년의 제3단계는 경영 패러다임 변환 단계로서 혁신활동의 지속적인 추진, 기존 경영틀의 파괴를 통한 질적인 세계 톱 10에의 도약 등을 목표로 하고 있다.

이러한 NAC도전운동을 통해 대우자동차는 2000년까지 국내 100만 대, 해외 150만 대 등 생산규모 총 250만 대, 매출액 25조 원, 시장점유율 국내 38%, 전 세계 4.4%를 달성함으로써 2000년에는 국내 1위, 세계 10대 자동차 회사로 성장한다는 야심 찬 중장기 비전을 세우고 있다.

NAC도전운동의 구체적 내용으로는 하드웨어 측면에서의 자동화, 설비의 자주보전, 적기생산방식(JIT) 등 일본식 생산방식의 도입 노력, 소프트웨어적인 작업조직 측면에서의 표준작업체제, 다기능화, 노동유연화, 신인사체제, 그리고 노무관리 및 노사관계 측면에서의 한마음생산회의 도입과 현장감독자 권한 강화 등 현장통제의 강화, 협력적 노사관계의 추진과 같은 다양한 부문에 걸친 것이다.[2]

---

2) 자세한 것은 대우자동차 노동조합·한국사회과학연구소(1997) 참조.

대우자동차는 지난 6년간의 NAC도전운동이 이전의 회사의 모습을 크게 변화시키는 괄목할 만한 성과를 낳고 있다고 자평하고 있다. 설계에서부터 생산, 판매, 품질, 서비스에 이르기까지 모든 과정에서 많은 변화가 일어났으며 신차종의 출시, 생산규모의 확대, 해외생산의 확대, 생산성 및 품질 향상을 비롯해, 24시간 정비서비스 및 정비·부품망의 확대, 판매거점의 대대적인 증설 등 여러 가지 변화가 일어났고 그 결과 1993년부터 대폭적인 판매 신장이 이루어지고 있다는 것이다.

이러한 변화는 실제 지표로도 확인되고 있다. 〈표 2-6-1〉에서 보듯이 NAC도전운동이 시작되었던 1992년 대비 1996년의 생산량과 매출액은 2.5배 이상 증가했으며 이에 따라 그동안 대규모 적자를 면치 못했던 회사 수지가 1995년 105억, 1996년 519억의 흑자를 기록하는 등 3년 연속 흑자를 맞고 있다. 기술투자는 무려 8.7배나 증가했으며 시장품질 면에서도 결함수가 절반으로 떨어졌다. 시간당 생산능력은 1.4배, 1인당 생산대수는 2.9배 증가했다. 대우자동차의 호조는 1997년 들어서도 계속되어 상반기 매출액이 전년 동기 대비 22.7%나 증가한 2조 5191억 원, 그리고 순이익은 전년 동기 대비 45.9% 증가한 142억 원을 기록했다(대우자동차, 1997c).

그뿐만 아니라 노동자들의 근로의식과 책임감이 크게 향상되고 노사관계

〈표 2-6-1〉 NAC도전운동의 성과

	1991	1992	1993	1994	1995	1996	1996/1992(배)
생산대수	194,833	176,199	297,389	336,709	450,386	447,581	2.54배
점유율(%)	-	-	15.0	14.9	17.8	15.9	-
매출액(억 원)	15,956	17,067	21,594	27,859	34,705	43,655	2.56배
당기순이익(억 원)	-1,467	-956	-847	-91	105	519	흑자전환
기술투자(억 원)	325	439	636	1,591	2,787	3,831	8.73배
시장품질(DPTV)	1,178	837	642	540	643	421	0.50배
시간당 생산능력	100	133	146	167	167	179	1.35배
1인당 생산대수	11.7	10.9	21.0	23.6	30.2	31.8	2.92배
서비스 만족도	-	-	52.5	55.7	61.1	61.5	

자료: 한국자동차공업협회, ≪자동차통계월보≫, 각 호; 대우자동차(1997a); 기타 사내자료.

역시 보다 합리적이고 협력적으로 변했다는 점을 회사 측은 강조하고 있다. 즉, 그동안 노사분규의 대명사처럼 여겨졌던 대우자동차에서 5년 연속 무분규로 임협·단협 타결을 기록함으로써 평화적인 노사관계가 정착되고 있는 것이 고객들의 회사에 대한 이미지를 바꾸는 데 상당한 역할을 했다는 것이다.

그러나 NAC도전운동의 도입에 대한 회사 측의 이러한 긍정적 평가와는 달리 노동자들은 극도의 불만을 표시하고 있다. 대우자동차 노동자들을 대상으로 실시한 조사에서 대부분의 응답자들은 NAC도전운동 이후 노동강도와 노동밀도의 강화, 회사 측의 노동통제 강화, 정신적·육체적 피로의 가중, 고용불안정성 가중 등 각종 피해를 입고 있는 것으로 인식하고 있으며 이에 따라 회사 측의 일방적인 NAC도전운동 도입에 반발하고 있다.

그 결과 NAC도전운동을 둘러싼 노사 간 갈등이 지속적으로 전개되고 있으며 이는 대우자동차의 노사관계를 불안정하게 만들고 향후의 발전을 불안하게 만드는 요인으로 작용하고 있다.

3. 현장통제의 강화와 현장에서의 노사갈등

1) 한마음생산회의와 현장통제의 강화

일본식 생산방식에서는 현장작업자가 고밀도·단순 노동을 하도록 요구할 뿐만 아니라 QC서클이나 제안활동 등을 통해 끊임없이 개선활동을 추진해 나갈 것을 요구하고 있다. 이를 위해서 일본식 생산방식에서는 중간감독자 등을 통해 현장을 통제하는 것이 매우 중요한 의미를 지닌다.

대우자동차의 NAC도전운동에서도 현장의 중요성을 되풀이해서 강조하고 있는데 이를 위한 주요 수단으로서는 '한마음생산회의' 활동, 제안활동, 현장감독자의 수적 증대와 권한 강화 등 다양한 방법을 사용하고 있다. 다만 일본식 생산방식에서는 현장관리에 대한 일반작업자의 적극적·자발적 참여를 통해 현장작업자가 가지고 있는 지혜를 활용하는 보다 세련된 방법을 사용하는 데 비해 대우자동차를 비롯한 한국의 자동차 회사들에서는 현장작업자의 참여보다는 회사 및 현장 감독자에 의한 일방적 관리, 통제를 통해 현장을 장악하려 한다는 점에서 오히려 현장작업자의 불만을 가져오고 노사갈등을 심화시키는 요인이 되고 있다.

1992년부터 도입된 한마음생산회의의 주요 목표는 현장개선활동의 활성화와 작업자 참여를 도모하면서, 궁극적으로는 회사 측의 현장장악력을 강화하는 것이다. 회사 측은 'NAC도전운동' 1단계의 가장 중요한 목표 중 하나로 직(職) 단위[3] 생산체계의 확립을 설정하고, 이를 다시 네 단계로 나누어 한마음생산회의의 안착화에 대단한 노력을 기울인 바 있다.

한마음생산회의는 직장(職長) 단위별로 구성되며, 회의는 매주 월요일 근무개시 후부터 50분간 진행되었으나 1995년 12월부터 30분으로 단축 운영되고 있다. 직별로 라인 옆에 한마음생산회의실을 마련해 이곳에서 회의가 진행된다. 한마음생산회의에서 진행되는 주요 토의내용은 주간 작업계획의 전달과 주간 근태계획 확정, 주간 근태사항에 따른 개인별·요일별 작업 확정 등이다(〈표 2-6-2〉 참조).

직장의 주도하에 진행되는 한마음생산회의는 주별로 회의록을 작성하며, 공장(工長)은 주별 회의록을 검토하고 결과를 체크한다. 또한 주간 관리항목을 월간 집계해 평가한다. 이렇듯 한마음생산회의의 결과는 직장-공장-과장-부서장 등의 회사 공식경영 라인을 통해 확인·수정되는 경로를 갖는다. 회사는 한마음생산회의의 활성화를 위해 참여 기피 구성원의 개별 지도·격려, 구성원의 관찰, 주간과제 부여, 경조사 시 가정방문을 통한 인간적 설득 등 다양한 활동

3) 대우자동차의 현장조직체계는 조장(組長)-직장(職長)-공장(工長) 등 3단계로 구분되어 있으며 대체로 조장은 5~6명, 직장은 10명 정도의 현장작업자를 통솔한다.

〈표 2-6-2〉 한마음생산회의 항목별 배점 분포

		평가항목	배점		비고
			직장	개인	
공통	근태	근태 달성률	20	20	6개 공통항목은 전 직장 공통 평가, 5개 개별항목은 직장의 특성에 따라 별도 평가
	정리, 정돈	항목별 체크리스트	20	×	
	질서	시간 지키기	10	10	
		규정복장 준수	10	10	
	안전	복장·안전구	10	10	
	제안	목표대비 누적실적	10	10	
	직장 분위기	생산회의 진행, 근무환경	20	20	
개별	품질	EST 지수(품질지수)	20	×	
		정작업(품질의식)	10	10	
	다기능	다기능률	10	10	
	공정인증	1단계	20	×	
	생산성	목표대비 실적	30	×	
	원가	목표대비 실적	10	×	
계			200	100	

자료: 대우자동차(1996b).

〈표 2-6-3〉 한마음생산회의 추진실적

	1992	1993	1994	1995
분임조수	601	604	653	663
편성인원	8,715	9,060	9,142	9,945
편성률(%)	87.6	86.5	87.5	91.7
한마음개선활동 해결건수	4,425	10,429	7,070	7,689
분임조당 해결건수	7.4	17.3	10.8	11.6

자료: 사내자료.

을 전개하는 한편 한마음 소식지, 한마음회보, NAC저널, 열린 일터 등 각종 발간물을 통한 홍보활동과 우수자에 대한 해외연수, 한마음경진대회 우수팀에 대한 시상(대상 100만 원) 등을 통해 한마음생산회의 활동을 지원하고 있다.

회사 측은 한마음생산회의의 효과로서 한마음개선활동에 의한 현장개선과 분임조에 의한 현장문제의 개선 외에도 NAC도전운동의 참여동기 부여, 생산현장의 의식개혁 및 행동혁신, 직장 중심의 현장관리체제 확립, 노사평화의 실현 등 다양한 무형적 효과를 얻은 것으로 판단하고 있다(〈표 2-6-3〉 참조).

그러나 노동자 측의 한마음생산회의에 대한 평가는 매우 부정적이다. 한마음생산회의는 참가자 전원의 지혜를 끌어낸다기보다는 직장의 일방적 지시로 채워지는 경우가 많다. 회의내용도 주로 근태관리, 작업실적 관리, 잔업여부 체크 등 생산성과 관계된 일방적 지시에 초점이 맞추어져 있으며 일반작업자의 애로사항 건의는 회사 측에 올라가도 금전적·인원상의 제약 때문에 제대로 받아들여지지 않는다고 현장작업자들은 증언하고 있다.[4] 따라서 초기에 이 회의에 관심을 가지고 열심히 애로사항 및 개선사항을 건의하던 사람들조차 차츰 관심을 잃고 수동적으로 되고 있으며 이제는 30분간 작업을 안 해서 좋다는 정도의 소극적 반응에 머물고 있다.

따라서 〈표 2-6-4〉에서 보는 바와 같이 조합원들의 한마음생산회의에 대한 반응은 매우 부정적이다. 대부분이 자발적인 참여라기보다는 일방적이고 수동적인 참여에 그치고 있으며 단지 회의 시간만큼 노동시간이 줄어든다는 측면에서 회의의 의미를 찾는 노동자들도 존재할 만큼 자율성이나 현장작업자의 지혜 활용, 또는 동의와 참여 등과는 거리가 멀다고 할 것이다.

〈표 2-6-5〉에서 보듯이 노동자들은 한마음생산회의를 경영참가 수단이나 일에 대한 보람 획득의 수단으로 보기보다는 생산성 향상을 위한 회사 측의 동원방식이나 노동자 통제수단으로 보고 있는 것이 현실이다.

한편 한마음생산회의를 통해 이루어지는 한마음개선활동 역시 비슷한 평가를 내릴 수 있다. 회사 측 자료에 의하면 한마음개선활동 추진실적은 1992년 4425건, 1993년 1만 429건, 1994년 7070건, 1995년 7689건, 1996년 8073건으로 늘어나는 추세이다. 또 제안활동 면에서도 1992년의 11만 건으로부터 1996년에는 38만 9천 건으로 제안건수가 늘어났으며 1인당 제안건수도 6.7건으로부터 24.2건으로 늘어난 것으로 나타나고 있다(〈표 2-6-6〉 참조).

그러나 이러한 제안개선활동에 대한 노동자의 참여는 기업의 요구에 의해

---

4) 노동조합원 집단 인터뷰 결과(1997.2.25, 8.29).

〈표 2-6-4〉 한마음생산회의 시 노동자들의 태도

(단위: %, 명)

	노동자 수	비율
적극적으로 의견을 발표한다	255	11.6
직장의 지시사항을 열심히 듣는다	1,107	50.3
아무 생각 없이 가만히 앉아 있는다	706	32.1
동료들과 잡담한다	95	4.3
졸거나 잔다	38	1.7

자료: 대우자동차 노조원에 대한 설문조사 결과.

〈표 2-6-5〉 한마음생산회의에 대한 노동자들의 판단

(단위: %)

	전혀 아님	아님	보통	그럼	매우 그럼
제한된 범위 안에서 경영참가 가능	45.4	23.3	25.8	4.5	1.0
일에 대한 보람 획득, 작업능률 향상	24.2	26.5	36.9	11.5	1.0
동료들, 상사 간 깊은 유대감 형성	18.1	21.0	42.4	17.0	1.6
생산성 향상을 위한 회사 측의 동원방식	2.9	7.4	27.1	43.5	19.1
회사 측의 노동자 통제수단	3.7	11.8	30.3	33.5	20.7

자료: 대우자동차 노조원에 대한 설문조사 결과.

〈표 2-6-6〉 대우자동차 제안활동 실적

	1992	1993	1994	1995	1996
제안건수(천)	110	123	376	277	389
실시건수(천)	71	92	360	273	387
1인당 제안건수	6.7	9.0	26.1	17.9	24.2

자료: 대우자동차(1997a).

〈표 2-6-7〉 QC, 제안 활동에 대한 노동자들의 태도

(단위: %)

	매우 소극적	소극적인 편	보통	적극적인 편	매우 적극적
QC	13.7	20.2	52.2	12.0	2.0
제안제도	51.1	24.4	48.6	10.4	1.5

자료: 대우자동차 노조원에 대한 설문조사 결과.

서 의무적으로 이루어지는 측면이 강하다. 〈표 2-6-7〉에서 보듯이 응답자의 대부분은 제안제도에 대해 소극적인 편이며, QC활동에 대해서도 대체로 소극

적이거나 보통이라고 응답하고 있다. 조합원 인터뷰에서 많은 조합원이 직장의 강요나 직장 간 경쟁의식 때문에 억지로 제안을 했다고 대답하고 있다. 특히 제안활동에 대한 상금이 3천 원에서 2천 원으로 삭감되고 심사가 엄격해지면서 제안건수가 대폭 감소했다는 사실에 비추어 보면 제안활동이 비자발적으로 이루어졌음을 알 수 있다.

회사 스스로도 제안제도의 문제점으로서 양적 팽창에 의한 제안의 질 저하, 제안교육 미흡, 개선분야가 품질 및 작업방법 개선에 편중된 점 등을 들면서 향후 등급별 점수관리를 통해 제안의 질을 높이고 신입사원 입문교육 시 제안교육을 실시하며 분야별 이벤트(예컨대 안전제안, 환경제안, TPM 제안 등)를 실시할 계획임을 밝히고 있다(대우자동차, 1996b).

2) 현장감독의 강화

회사 측에 의한 현장통제력 강화의 또 다른 축은 현장관리조직의 세분화 및 현장감독자의 권한 강화이다. 현장감독자의 핵심은 직장이다. 회사 측은 종전에 20~30명 단위이던 직장을 평균 10~15명으로 세분화하고 조장제도를 대폭 확대해 직장 아래 1~2명의 조장을 둠으로써 현장의 위계와 관리체계를 정비했다. 그 결과 〈표 2-6-8〉에서 보듯이 1992년 이후 직장 및 조장 등 현장관리자

〈표 2-6-8〉 생산직 내부구성의 추이

(단위: 명)

	1987	1992	1996	1992~1996 증가율
공장	89	107	195	1.82배
직장	530	621	905	1.45배
조장	602	907	1,615	1.78배
일반 기능직	8,022	8,308	8,698	1.05배
직장 1인당 기능직의 수	15.1	13.4	9.6	0.72배
조장 1인당 기능직의 수	13.3	9.2	5.4	0.59배

자료: 사내자료.

의 수가 급증하고 있다. 1992~1996년의 기간 중 일반 기능직 노동자의 수는 거의 제자리인 데 비해 공장수는 1.8배, 직장수는 1.5배, 조장수는 1.8배나 늘어났다. 그 결과 직장 1인이 담당하는 기능직 노동자의 수는 1992년 평균 13.4명으로부터 1996년에는 9.6명으로 72% 수준으로 줄어들었고 조장 1인이 담당하는 기능직 노동자의 수 역시 1992년의 9.2명으로부터 1996년에는 5.4명으로 60% 수준으로 줄어들었다. 이와 같이 현장감독자의 수를 늘리고 직·조 단위를 세분화함으로써 한편으로는 생산직 승진가능성을 높여 승진경쟁을 유도하면서 다른 한편으로는 현장관리의 철저화를 꾀하고자 회사 측은 시도하고 있다.

NAC도전운동 이후 대우자동차는 현장감독자의 리더십을 함양하고 능력과 권한을 증대시키기 위해 많은 노력을 기울이고 있는데 그 내용을 살펴보면 첫째, 직장은 한마음생산회의의 운영책임자로서 한마음개선활동 및 제도개선의 추진에 주도적인 역할을 하는 동시에 개선활동에 대해 심사하는 권한을 가지게 되었고, 둘째, 현장감독자의 직무전결사항이 확대되어 작업자의 근무태도, 연월차 휴가, 조퇴, 작업 불참자에 대한 시간공제 등의 업무를 전결 처리함으로써 노무 및 인사관리에 대한 권한이 증대되었고, 셋째, 직장은 표준시간의 정정 및 측정에 있어 담당 과장의 승인하에 어느 정도 권한을 행사하게 됨으로써 현장의 노동강도 및 노동밀도에 영향을 미칠 수 있게 되었고, 넷째, 직장은 산하 기사원 및 조장으로의 승진에 영향을 주는 인사고과를 일차적으로 평가하는 고과권을 가지게 되었으며, 다섯째, 개선활동의 성과에 따라 우수 직장은 상위직으로 승진될 수 있는 발탁인사제도가 도입됨으로써 직장의 상위직 승진길이 열렸다는 것 등이다(대우자동차, 1997a).

이처럼 현장감독자의 중요성이 증대됨에 따라 회사 측에서는 이들의 교육훈련과 사기 앙양에 많은 노력을 기울이고 있다. 1992년 이후 직·조장에 대한 교육이 대폭 강화되어 상위직 승격 시 받는 일주일간의 승격교육(기본교육) 외에도 현장관리능력 교육(관리기법, 보전 및 TPM, 자동화 및 생산 기술, 노무인사관리, 기초 어학·정보화, 리더십과 카운슬링 등 현장감독자능력 개발), 우수감독자 해외공장방문 교육, 전문실무교육(품질관리등급, 표준작업교실, TWI 지도과정, TPM, 현장 VE), 생산기술교육 등 다양하고 심도 있는 교육을 받고 있다(대우자동차, 1996b; 기타 사내자료 참조).

직·공장 등은 이러한 교육을 통해 회사에 대한 충성심과 현장관리능력을 몸에 익히게 되며 나아가 '한마음직공장회'를 비롯한 감독자들의 각종 공식·비공식적 모임을 통해 감독자로서의 긍지 배양, 감독자 간의 정보 교류 및 단합, 그리고 단체행동을 통한 현장노동자의 움직임 견제 등의 역할을 하고 있다.

이와 같은 현장감독자의 권한 증대에 따라 작업장 권력관계에서 노동조합의 통제력이 일정하게 약화되는 대신 감독자의 통제력이 증가하는 현상이 관찰된다. 〈표 2-6-9〉에서 보듯이 대노협의 조사에 따르면 최근 조·직장의 권한이 많이 증가했다고 응답한 비율이 대우자동차에서는 32.1%로 나와 그룹 내 다른 회사보다 훨씬 높은 비율을 보였으며, 대우자동차 응답자의 76.3%가 조·직장의 권한이 증가했다고 응답했다. 이러한 수치는 특히 현장통제가 극히 엄격해진 것으로 알려진 대우조선에 비해서도 더 높은 것으로 최근 대우자동차의 현장통제가 얼마나 강화되었는지를 알 수 있는 지표이다.

그러나 이러한 현장감독자의 권한 강화에도 불구하고 대우자동차의 현장감

〈표 2-6-9〉 현장감독자의 권한 변화

(단위: %)

	많이 증가	증가한 편	변하지 않음	감소한 편	많이 감소
대우자동차	32.1	44.2	17.4	5.8	0.4
대우중공업	23.1	41.3	29.4	3.8	2.5
오리온전기	9.2	37.4	42.1	10.8	0.5
대우조선	29.3	46.1	19.1	4.6	1.0
대우정밀	4.4	32.4	27.9	27.9	7.4
대우증권	7.7	38.5	34.6	19.2	0.0
대우자판	14.9	29.8	46.8	6.4	2.1
힐튼호텔	3.0	18.2	57.6	15.2	6.1
기타	22.3	38.8	28.1	9.9	0.8

자료: 대우그룹노동조합협의회(1996).

독자가 일본 기업의 현장감독자에게서 볼 수 있는 것과 같은 역할과 기능을 수행하고 있는가에 대해서는 부정적이다. 즉, 전원 참여의 낭비제거활동으로 현장 중심의 개선활동을 이룬다는 이른바 '즉실천운동'이 제대로 이루어지지 않고 있는데 이는 한편으로는 제도적 장치의 미흡 때문이며 다른 한편으로는 현장감독자의 능력과 의식 부족 때문이다.

회사 측은 공정개선과 표준작업 설정 등에 있어 직장에게 많은 역할을 요구하고 있음에도 불구하고 그것을 실현시키기 위한 제도적 장치는 거의 마련하지 않고 있는 상태이다. 앞의 〈표 2-6-8〉에서 보듯이 공장 1인당 직장의 수가 5명 정도의 비율을 유지하고 있기 때문에 직장의 상위직 승진가능성은 극히 제한된 상태이며 회사로부터 부여된 권한도 매우 모호한 상태이다. 승진적체 현상으로 인해 1993년 나이 많은 사람을 중심으로 직장 약 200명 정도가 정리되어 보직 없이 대기발령, 해외파견(인도 등) 상태로 있는데 이들은 주로 한마음직공장회 임원으로서 안전관리, TPM 등의 업무를 맡고 있다. 직장들은 이러한 자신의 고용불안에 대해 스스로를 지킬 수 있는 힘이 없다는 데 대해 불만을 가지고 있으며 한마음직공장회가 친목 위주로 운영되고 권익옹호 역할은 하지 못하고 있다고 생각한다. 따라서 노조 대의원 선거 시 직장 선거구를 따로 만들어 자신들의 대표를 노조에 진출시켜 이익을 대변하자는 의견도 나오고 있다.[5]

더욱이 직장으로의 승진이 숙련이나 다기능화, 동료로부터의 존경심과 리더십 등에 의해 이루어지는 것이 아니라 회사에 대한 충성도를 위주로 이루어지고 있기 때문에 작업장에서 문제가 발생할 때 현장감독자가 즉각적인 문제해결능력을 가지고 있지 않은 것으로 보인다.[6] 또한 작업자의 고충을 처리하는 과정에서도 현장감독자는 그것을 자신의 일로서 생각하고 적극적으로 해결

5) 노동조합 대의원 집단 인터뷰 결과(1997.10.11).

6) 노동조합원 집단 인터뷰 결과.

하려는 의지를 가지고 있지 않으며 설혹 현장감독자가 회사에 이를 요구한다고 하더라도 회사의 관료주의적 경직성으로 인해 즉각적인 문제해결이 이루어지지 않는 경우가 많다.7) 이러한 상황에서 노동자들은 직장에 대한 신뢰와 존경을 가지지 못하며 노조 대의원을 통해 애로사항을 해결하는 것이 훨씬 빠르다는 관념이 일반화되어 있다. 이러한 이유들이 복합적으로 작용해 현장감독자의 권한증대는 제한적으로만 발휘되고 있을 뿐이다.

이는 〈표 2-6-10〉에서도 확인된다. 대노협의 조사에 의하면 현장감독자가 존경받고 있는가라는 질문에 대해 대우자동차 노동자의 8.6%만이 긍정적 답변을 하고 있으며 56.5%는 부정적인 응답을 하고 있다.

직·조장들은 현장감독자로서 회사의 입장을 대변하는 동시에 노조원으로서 노동조합의 방침에도 따라야 하는 이중적 소속감으로 갈등을 나타내기도 하는데 예컨대 쟁의행위결의를 묻는 찬반투표나 잠정합의안에 대한 찬반투표 결과를 살펴보면 상당수의 직·조장이 노동조합의 입장에 동조하고 있다는 것을 알 수 있다. 실제로 이번 실태조사 결과에서도 많은 직·조장들이 노동조합 활동에 관심이 있다고 대답했으며, 파업을 통한 요구 관철에 대해서도 상당히

〈표 2-6-10〉 현장감독자가 존경받고 있는가?

(단위: %)

	매우 그렇다	그런 편	그저 그렇다	아닌 편	전혀 아니다
대우자동차	0.4	8.2	34.9	26.3	30.2
대우중공업	1.2	4.2	20.0	33.3	41.2
오리온전기	1.0	7.0	33.8	31.3	26.9
대우조선	0.0	4.6	28.3	31.6	35.5
대우정밀	0.0	5.7	28.6	35.7	30.0
대우증권	0.0	24.6	52.6	19.3	3.5
대우자판	4.7	18.6	25.6	39.5	11.6
힐튼호텔	0.0	8.8	41.2	29.4	20.6
기타	0.8	7.1	30.7	29.9	31.5

자료: 대우그룹노동조합협의회(1996).

7) 노동조합원 집단 인터뷰 결과.

많은 직·조장들이 찬성하는 것으로 나타났다. 더욱이 놀라운 일은 응답 직·조장의 약 15% 정도가 1996~1997년 겨울의 노동법 개정과 관련해 진행된 파업 기간 중 옥외집회에 참여했다고 응답한 점이다.[8] 따라서 직·조장들이 회사 측의 공식적인 업무체계 아래 강요된 충성을 하고 있기는 하지만 완벽하게 회사에 장악된 것이라고는 볼 수 없다.

4. 협력적 노사관계의 추진과 노사갈등

1) '신노사문화'의 추진

앞에서 살펴보았듯이 일본식 생산방식은 낭비를 최대한 배제하는 것을 그 속성으로 하며 노동자들에게는 고밀도의 노동과 높은 스트레스를 가져다주므로 육체적·정신적 피로를 극한까지 높이는 체제이다. 이러한 노동방식에 노동자들이 따르지 않으면 일본식 생산방식은 결코 실행될 수 없다. 따라서 일본식 생산방식에서는 노동조합이 회사의 생산성향상운동이나 경영합리화계획에 적극 협력하고 기업의 업적 향상을 위해 노력한다는 '협조적 노사관계'의 성립이 필수적인 것이다. 대신 노동조합은 종신고용제의 보장, 연공서열형 임금체계에 의한 임금 상승, 생산현장에서 일정한 노동자 참가의 보장, 생산직·사무직 통합에 의한 승진, 승격 등 인센티브를 제공받고 있는 것이 일본 노사관계의 핵심적 성격이라 할 수 있다.

대우자동차에서도 NAC도전운동 이후 일본식의 협조적 노사관계를 구축하기 위해 회사 측에서 많은 노력을 기울이고 있다. 그러나 일본식 생산방식에서 볼 수 있는 노동자 및 노동조합에 대한 인센티브 메커니즘은 매우 미흡하고 노

---

8) 대우자동차 노조원들에 대한 설문조사 결과.

조와의 협조 분위기도 성숙되지 않은 상태에서 일방적으로 노동자 및 노동조합에 대한 통제와 기업문화운동에 의해 생산성 향상에 대한 노동자들의 협조를 끌어내려 한다는 점에서 일본식 노사관계와는 다른 모습을 보이고 있다.

1996년에 회사가 제시한 『신노사문화 구현으로 가는 길』이란 자료는 대우자동차의 노사관계전략을 가장 체계적으로 제시하고 있는데 이에 의하면 신노사문화란 "노사가 상호 신뢰와 협력을 바탕으로 종업원 만족과 회사 번영을 위해 공동 노력하는 바람직한 노사관계"라고 정의하고 있으며 그 실천전략으로서 신안전문화, 신복지문화, 신교섭문화, 신근로문화의 4대 목표를 제시하고 있다(대우자동차, 1996a).

신노사문화 전략은 한편으로는 근무환경 개선과 사내 복지를 통해 개별 노동자의 회사에 대한 충성심을 유도하면서('당근') 다른 한편으로는 노동조합에 대한 강온 양면전략을 통해 그 세력 약화를 노리는 전략('채찍')이 혼합된 것이라 할 수 있다.

먼저 '당근'전략으로서는 근무환경 개선과 신복지문화가 제시되고 있다. 현장 실사활동을 통해 냉난방, 조명, 탈의실, 휴게실, 피복, 비품 등 근무환경을 개선하고 안전의식을 제고하는 한편, 각종 문화행사의 개최, 직원가족 대상 교양 프로그램의 운영 등 문화생활 향상책과 주택마련 지원, 기숙사 확충, 차량구입자금 및 주유권 지원, 자녀장학금 지원 등 복지지출 증대를 통해 노동자들을 회사의 목표 속에 통합시키고자 노력하고 있다.[9]

다른 한편 '채찍'전략으로서는 노사교섭 시 규정·규칙 준수를 내용으로 하는 신교섭문화와 근로관·윤리관의 확립을 지향하는 신근로문화가 목표로서 제시되고 있다. 노사교섭 시 한편으로는 허심탄회한 대화를 주장하면서도 다른 한편으로는 '상호 존중하고 예의를 지킨다', '실제로 있는 사실만을 말한다',

---

9) 이러한 복지개선 조치의 대부분은 사실 노동조합의 꾸준한 요구와 투쟁에 의해 실현된 것임에도 불구하고 회사는 일방적인 '시혜조치'로서 도입된 것처럼 홍보하고 있다.

'합의된 사항에 대해서는 다시 거론하지 않는다', '회사의 규정과 규칙을 지킨다'는 것 등을 강조함으로써 교섭질서의 확립을 주장하고 있다. 또 '세계경영에 걸맞은 근로관과 윤리관의 확립'을 노동자들에게 요구하고 있기도 하다.

2) 대립적 노사관계와 노사갈등

이러한 회사의 공식적 입장과는 별도로 지금까지 대우자동차 노사 간의 공식적·비공식적 관계는 결코 협력적이거나 우호적이지 못했다는 것이 솔직한 현실이다. 비록 지난 5년간 무쟁의 임금타결이 이루어진 것은 사실이라 하더라도 현실적으로는 비공식적 단체행동과 노사갈등이 늘 존재해 왔었다. 이에 대해서는 회사 스스로도 "현재 우리 회사의 노사관계가 성숙단계에 들어갔다고 말하기는 어렵다. 아직까지 상호 간에 불신이 깔려 있고, 아주 원만한 협조관계가 이뤄지지는 않고 있다 … 이에 따라 노사관계가 비협조적이고 비생산적인 방향으로 흐르는 경우가 많다"고 솔직히 인정하고 있다(대우자동차, 1996a).

그 이유에 대해 많은 노동자들은 회사 측이 노동조합을 진정한 파트너로 인정하고 함께 경영정보를 공유하며 회사의 앞날을 위해 진지하게 상의하기보다

〈표 2-6-11〉대우자동차의 노사관계에 대한 조합원 의식

(단위: %)

대노조 전략 그룹 차원에서 추진	매우 그렇다	그런 편	아닌 편	전혀 아님
	25.8	41.2	23.2	9.9
중요사항 최고경영층에서 독단적 결정	매우 그렇다	그런 편	아닌 편	전혀 아님
	49.8	42.5	6.4	1.3
노사관계	대등-원만	대등-대립	종속-원만	종속-대립
	3.5	20.2	22.2	54.3
회사의 노조활동 개입 정도	거의 개입 않음	대체로 개입 않음	부분적 개입	깊숙이 개입
	4.3	10.4	37.2	45.9
사용주의 노동조합 인정 정도	전적으로 인정	인정하는 편	인정 않는 편	전혀 인정하지 않음
	1.3	24.9	34.7	39.1
회사의 문제점	노조 적대-무시	강압적 노무관리	비합리적 경영	기타
	31.3	28.3	19.1	21.3

자료: 대우그룹노동조합협의회(1996).

는 가능하면 노조세력을 약화시키려고 시도하는 데서 찾고 있다. 〈표 2-6-11〉에 나타난 대우자동차 노동자들의 설문조사 결과는 이러한 노동자들의 생각을 잘 말해 주고 있다.

응답자의 3분의 2는 회사의 대노조전략이 대우그룹 전체의 차원에서 추진되고 있으며 따라서 회사 경영진의 재량권은 극히 제약되고 있다고 응답하고 있다. 또 회사의 중요사항에 대해서 최고경영층이 독단적으로 결정을 내린다고 생각하는 노동자가 전체 응답자의 90%를 넘고 있다. 대우자동차의 노사관계의 성격에 대해서는 절반 이상이 종속-대립이라고 응답하고 있으며 22.2%가 종속-원만이라고 대답해 노사대등의 원칙이 지켜지지 못하고 있음을 보여주고 있다. 회사의 노조활동 개입 여부에 대해서도 83.1%가 부분적 또는 깊숙이 개입하고 있다고 생각하고 있으며, 사용주의 노동조합 인정 정도에 대해서는 73.8%가 인정 않는 편이라거나 전혀 인정하지 않고 있다고 응답, 경영진에 대한 불신을 드러내고 있다. 회사의 문제점을 한 가지만 들라는 질문에 대해서는 '노조를 적대하고 무시한다'거나 '강압적 노무관리'를 한다는 응답이 압도적 비율을 차지하고 있다. 한마디로 말해서 대우자동차의 노사관계는 아직까지 '신노사문화'와는 전혀 거리가 먼 상태에 있는 것이다.

물론 1987년 이후 사회 전체의 민주화와 노동조합의 세력 강화에 따라 1980년대 중반까지 볼 수 있었던 강압적 노무관리 전략과 노동조합에 대한 노골적 적대, 파괴 전략은 많이 사라졌다고 해도 좋을 것이다.[10] 그러나 그 대신 회사의 전략이 보다 세련되고 교묘해진 점도 지적되어야 할 것이다. 예컨대 한마음생산회의 활동을 통한 직장규율의 확립이 그 예이다. 이는 한편으로는 생산성 향상을 위한 수단이면서 다른 한편으로는 노사관계를 개별화하고 협조적 노사

---

10) 1980년대 중반까지의 대우자동차의 강압적 노무관리전략과 적대적 대노동조합전략에 대해서는 다음 자료를 참고할 것. 풀빛 편집부(1986); 대우자동차 노조민주화를 열망하는 조합원 일동(1985); 인천기독교민중교육연구소(1988).

관계를 구축하기 위한 수단이기도 하다. 한마음생산회의 활동을 통해 직장 간, 노동자 간 경쟁이 경영 측에 의해 조직되고 현장감독자가 리드하는 규율 있는 직장집단이 형성되도록 하는 것이 회사의 방침인 것이다. 실제로 한마음생산회의에서 중점적으로 다루어지는 내용은 '회사의 경영방침 설명', '작업량 할당 및 평가', '팀워크 조성 및 인간관계 활동' 등이다. 이를 통해 직장·개인 간 업적 경쟁을 강요함으로써 일반노동자들이 노동조합보다는 소속 직장, 회사에 더욱 충성심을 갖도록 유도하는 것이다. 또 부서원 간의 회식, 경조사, 생일 챙기기 등 비공식적 활동을 통해 노동자들에게 친밀감을 심어 주고 거부감 없이 자연스럽게 회사의 방침을 주입시키는 통로로 이용되고 있기도 하다.

한편 교육활동으로서는 회사현실 인식과 합의형성 및 NAC운동 전원 참여를 위해 다양한 교육을 실시하고 의식개혁교육을 함으로써 협조적 노사관계 구축에 기여하고 있다고 회사 측은 말한다. 회사 측 교육은 크게 보면 현장감독자를 포함한 관리직 대상의 '능력향상교육'과 '기업문화교육'으로 구분되는데 기업문화교육은 전 직원과 직원의 부인과 자녀들까지도 포괄하고 있다. 교육내용은 노조에 대한 직접적 비판보다는 회사의 발전이 개인의 발전이라는 의식을 주입시킴으로써 노동자들이 회사 측이 요구하는 목표에 자발적으로 헌신하도록 만드는 기업인간형 형성이다. 구체적으로 민족의식 및 역사관 교육, 음악회 및 각종 공연 개최, 삶의 가치관 재정립을 통해 노사 간 일체감을 조성하고 자연스럽게 회사 측 목표에 노동자들을 포섭하는 것이다.

노동조합에 대한 직간접적 공세는 종전과 같은 강압적·직접적 방법보다는 간접적·유화적 태도를 취하고 있다. 그러나 여전히 노조를 동등한 파트너로서 인정하고 참여시키기보다는 노조 배제, 약화 전략이 주류를 이룬다. 예컨대 회사 측 자료에서는 NAC도전운동 2단계의 일환으로서 조직혁신전략 중에 '(노동조합 내) 건전계파 육성 및 난립계파 축소 유도', '노사관행의 개혁'처럼 노조 측의 오해를 살 여지가 충분한 내용이 포함되어 있다(대우자동차, 1997b).

한편 대활동가 계파관리 측면에서 온건적·친회사적인 노조 집행부에 대해서는 우호적인 교섭결과를 허용하는 한편, 강성 집행부에 대해서는 경직된 교섭자세를 보이는 선별적 교섭전략을 구사하기도 한다(박영범·이병훈, 1997).

회사의 이러한 공세로 노조의 현장장악력이 일정하게 약화되는 현상도 발견된다. 그러나 이러한 회사 측의 노사협조주의 구축 전략이 소기의 성과를 거두고 있는지에 대해서는 회의적이다. 일본식 노사협조주의가 노동자에 대한 일정한 인센티브와 참여, 동의에 기초하고 있는 데 비해 한국의 자동차 산업에서는 그러한 인센티브 기제가 거의 없다고 볼 수 있다. 이러한 상태에서 추진되는 회사 측의 노무관리전략 및 대노조전략은 오히려 노동자와 노동조합의 반발을 사서 노사갈등을 야기하는 요인이 되기도 한다.

그 결과 힘 겨루기 식의 교섭 풍토와 교섭 관련 정보에 대한 상호불신, 그리고 생산적인 교섭 진행과 합의 도출을 위한 합리적인 교섭 방식 및 관행적 근거(예: 임금교섭공식)의 부재 등을 초래해 단체교섭 및 노사협의의 원활한 진행을 크게 저해하고 있으며 노사 양측에 매우 소모적인 교섭비용 및 교섭기간의 부담을 지우고 있는 것이 사실이다.

다만 최근 들어 노사 양측이 과거의 분배 위주의 노사 교섭 및 협의 관행에서 벗어나 기업경영 개선 및 발전을 위한 노사협의로 이행하려는 움직임이 새로이 등장하고 있는 것은 고무적 변화라 하겠다. 즉, '직장발전위원회', '주택복지위원회', '산업안전보건위원회', '고용안정위원회' 등의 시도가 그것이다. 그러나 이러한 시도는 매우 제한된 실험적 수준에 머물러 있거나 형식적으로 운영되고 있는 형편이다. 대부분 노조의 요구에 따라 도입되기는 했으나 회사 측의 소극적·부정적 대응으로 유명무실화함으로써, 또 다른 노사갈등의 장이 되기도 한다. 최근 악화되고 있는 경영환경에서 노조 측이 보여 준 이러한 변화는 새로운 방향을 제시한 것이라고 할 수 있으나 이에 상응하는 회사 측의 입장은 아직 미온적·회의적이거나 이들 노조의 정책을 단기적이며 수단적인 의미로서만 받아들이고 있는 듯하다.

5. 현장권력 장악의 귀결

1) 노동강도와 노동밀도의 증가

회사 측에 의한 현장권력 장악의 결과는 앞에서 본 대로 NAC도전운동의 일정한 성공과 정착으로 나타났지만 동시에 이는 현장노동자들의 노동강도 및 노동밀도 강화와 자율성의 상실, 산업재해의 빈발 등 여러 가지 문제점을 야기했다. 이와 같은 문제점은 〈표 2-6-12〉에서 보는 바와 같이 대우자동차 노조원들에 대한 조사에서도 나타나고 있다. 즉, NAC도전운동 실시 이후 노동과정의 변화에 대해 대우자동차 노동자들은 노동강도의 강화, 작업범위의 증대, 육체피로도의 증가, 정신피로도의 증가에 압도적인 비율의 응답을 하고 있다.

일본식 생산방식의 특징은 낭비 없는 생산, 여유 없는 생산에 있으며 이는 노동자들에게 노동강도와 노동밀도의 강화, 스트레스의 증가로 나타난다. 일본식 생산방식의 도입이 노동자들에게 가져온 일차적 효과는 노동강도와 노동

〈표 2-6-12〉 NAC도전운동 실시 후 작업장 변화에 대한 의견

(단위: %)

	매우 줄었다	줄었다	변함없다	늘었다	매우 늘었다
노동강도	2.8	1.5	11.4	41.2	43.0
작업범위	0.7	6.2	17.9	45.7	29.4
작업인원	20.8	45.9	22.4	8.0	2.9
작업량(잡수)	0.9	3.9	10.2	36.8	48.2
여유시간	40.3	42.3	14.4	1.7	1.3
작업의 단조로움	6.5	14.1	53.2	15.5	10.7
작업속도	3.1	9.0	17.7	37.7	32.5
작업에 필요한 기능, 지식	5.9	9.9	51.7	23.3	9.1
육체적·정신적 피로도	1.5	3.7	14.6	35.5	44.7
작업수행에서의 자율성	13.6	22.3	41.6	15.8	6.6
현장감독자의 관리감독	1.0	5.5	24.0	37.6	31.9
직장 간 경쟁	0.9	5.5	26.1	36.7	30.8
작업자의 의사결정 참여	14.7	25.0	44.4	13.1	2.9
개별 노동자의 개인주의	3.4	9.2	28.9	28.0	30.6

자료: 대우자동차 노조원에 대한 설문조사 결과.

〈표 2-6-13〉 대우자동차의 생산직 노동자 1인당 생산대수 추이

	1992	1993	1994	1995	1996	1996/1991(배)
생산대수	176,199	297,389	336,709	450,386	447,581	2.54배
생산직 노동자수	10,770	10,791	10,406	10,795	10,289	0.96배
1인당 생산대수	16.4	27.6	32.4	41.7	43.5	2.65배

자료: 사내자료.

밀도의 강화로 나타나고 있는데 대우자동차에서 이는 이른바 잡(job)수(시간당 자동차 생산대수) 증가라는 형태로 나타나고 있다.

〈표 2-6-13〉에서 보는 바와 같이 NAC도전운동이 시작된 1992년부터 1996년까지 대우자동차의 총생산대수는 17만 6천 대에서 44만 8천 대로 2.5배나 증가했다. 이에 비해 생산직 종업원수는 오히려 1991년 대비 약 4% 줄어든 것으로 나타나고 있다. 그 결과 생산직 종업원 1인당 자동차 생산대수는 같은 기간 중 16대로부터 44대로 2.7배나 증가한 것으로 나타나고 있다. 이와 같이 생산직 종업원수가 동결되었음에도 불구하고 자동차 생산대수가 증가하기 위해서는 급속한 자동화 투자, 기존 설비의 효율적 이용, 또는 노동강도와 노동밀도의 증가 등이 필요하다. 그러나 이 기간 중 부평공장의 경우 자동화 설비 투자가 미미했고 설비의 효율적 이용도 그다지 많이 진전되지 못한 상황에서 생산증가는 거의 전적으로 노동강도와 노동밀도의 증가에 의존할 수밖에 없었던 것이다.

실제로 회사 측은 일본의 자동차 회사는 물론 국내 경쟁사에 비해서도 생산성이 많이 떨어진다는 이유로 잡수를 꾸준히 증가시켜 왔다. 조립1부의 경우 1990년에 36잡이던 것이 1991년 46잡, 1992년 50잡, 1993년 54잡, 1993년 말 58잡, 그리고 1994년 9월 60잡으로 상승해 현재까지 이 수준에 머물러 있다. 1990~1994년의 불과 4년 동안 잡수는 무려 67%나 늘어났던 것이다. 이처럼 단기간에 급속한 작업속도의 상승이 있었던 것은 국내는 물론 해외 자동차 회사에서도 그 유례를 찾아보기 힘들 정도의 예외적인 현상이다. 더욱이 공식적인 잡수의 증가뿐만 아니라 부하율(목표 잡수 대비 실제 생산량 비율)의 상승까

지 겹쳐 실제 작업자의 체감 작업속도는 훨씬 더 빠른 비율로 상승했다.

회사 측은 여전히 일본 자동차 공장 등에 비해 대우자동차의 1인당 생산대수가 낮다고 주장하고 있으나 앞에서도 본 대로 자동화·반자동화가 잘 진전되어 있고 라인 레이아웃, 부품의 공장 내 생산비율(내재율), 작업편의성 등에 커다란 차이가 있는 일본 공장과 직접 1인당 생산대수를 단순 비교한다는 것은 의미가 없다 하겠다.

이러한 과도한 잡수 증가로 노동강도가 강화되자 노동조합 측은 1993년 임금협상 과정에서 이에 대해 강력한 이의를 제기, 1993년 이후 잡수 증가는 3개월 전에 노동조합에 통고, 노사협의를 거치도록 하고 잡수 증대에 따른 적절한 보상을 한다는 데 합의했다. 그러나 교섭과정에서 회사 측의 일방적인 라인 가동에 항의해 라인스톱을 지시했던 대의원 3명이 해고되고 2명이 정직되는 등 잡수를 둘러싼 노사 간 갈등이 매우 심했다.

노사 간 합의에도 불구하고 잡수 증대에 대한 노동조합의 입장은 매우 취약했다. 회사 측은 주로 일본 자동차 공장의 자료를 제시하면서 대우자동차의 생산성 및 노동강도가 상대적으로 낮다고 주장했다. 이에 대해 노조 측은 이론과 자료 부족으로 적절한 대응방안을 내놓지 못한 채 회사 측의 주장에 이끌려 가는 경향이 강했다. 이후 회사 측은 인원 증가도 없이 일방적으로 잡수를 올렸으며 노동조합은 잡수 증가 자체에 대한 반대보다는 잡수 증가에 따른 인원 증가나 금전적 보상의 요구 등에만 관심을 기울임으로써 회사는 비교적 순조롭게 잡수 증가라는 소기의 목적을 달성할 수 있었다.

최근 들어 잡수는 그대로이지만 자동화 등에 의해 M/H가 줄어들면서 여유시간이 생기자 회사 측에서는 여유인원을 뽑아 갈 계획이기 때문에 남은 인원의 노동밀도는 더욱 강화될 우려가 있다. 즉, 잡수는 같더라도 동일한 생산량을 보다 적은 인원으로 수행하기 위해서는 자동화·반자동화 기계 등 종전보다 늘어난 여러 공정을 한 사람의 작업자가 담당해야 할 필요성이 생기며 이는 여유시간을 없앰으로써 노동밀도를 강화시키는 결과를 가져올 것이다.

2) 장시간 노동체제와 심야노동

문제는 이러한 초과밀노동이 장시간 연속적으로 행해지고 있다는 것이다. 최근 대우자동차에서 수년간 증산이 계속됨에 따라 노동자들의 노동시간은 점점 늘어 왔다. 1997년 8월 대우자동차에서는 주야2교대제로 하루 8시간의 정상근무 외에 2~3시간씩 항상적인 잔업이 편성되어 있으며 격주 토요일 휴무제를 하고 있다. 그러나 이 밖에도 연장근로, 휴일특근 등이 많아 1996년의 경우 월평균 43.1시간의 시간 외 노동을 하고 있는데 이는 1992년의 30.4시간에 비해 무려 42%나 증가한 것이다. 더욱이 1997년 들어 신차를 중심으로 하는 판매호조로 인해 생산이 더욱 늘어났고, 이에 따라 이러한 연장근로 및 특근은 점점 증가하는 추세에 있어 노동자들의 피로를 더욱 가중시키는 요인이 되고 있다.

특히 하루 8시간 노동 외의 잔업시간이 종전에는 2시간으로 편성되어 있었으나 최근 3시간으로 늘어남에 따라 노동자들의 피로는 더욱 가중되고 있다. 대우자동차 노동조합의 조사에 의하면 1997년 1월 잔업 및 특근을 포함한 일주일 실제 노동시간은 평균 57.3시간이며 전체 응답자의 36.8%가 일주일에 60시간 이상의 장시간 노동을 하고 있는 것으로 나타났다(〈표 2-6-14〉 참조).

물론 정규업무시간 이외의 잔업 및 특근에 대한 참여 여부는 형식적으로는 노동자들의 자율에 맡겨지지만, 연장근로를 하지 않을 때 받는 생계에 대한 타격과 연장근로 참여율을 평점화해 인사고과에 반영하는 회사정책 때문에 대부분의 노동자들은 '울며 겨자 먹기' 식으로 연장근로를 할 수밖에 없다.

〈표 2-6-14〉 일주일 실제 노동시간(잔업 및 특근 포함)

(단위: %, 시간)

50시간 미만	50~54 시간	55~59 시간	60~64 시간	65~69 시간	70~74 시간	75~79 시간	80시간 이상	평균
9.0	27.3	26.9	23.7	4.2	5.0	0.9	3.0	57.30

자료: 대우자동차 노동조합 조사통계부(1997).

휴게시간의 길이와 빈도도 열악하다. 라인직장의 경우 중식 60분, 오전 오후 각 10분, 총 80분의 휴게시간이 부여되고 있다. 따라서 1시간 50분~2시간에 걸친 초과밀노동의 연속작업이 진행되고 있는 것이다. 이것은 독일 폭스바겐의 경우 중식 휴게를 포함해 하루 4~5회의 휴게시간이 설정되어 있으며 연속작업 노동시간은 54분~1시간 35분으로 억제되어 있는 것에 비할 때 극히 열악한 상황이라 하겠다.

또 야근이 대규모로 실시되고 있을 뿐만 아니라 야근의 작업내용 및 노동시간이 항상적인 잔업을 포함한 주간근무의 경우와 거의 같은 형편이다. 인간 본래의 생리에 반하는 야근의 경우 평균적인 노동의 밀도가 주근에 비해 훨씬 높은 데도 불구하고 이에 대한 배려는 거의 찾아볼 수 없다.

더욱이 초과밀노동은 동시에 불규칙적인 변칙노동시간제 아래 수행되고 있다. 대우자동차에서는 주야2교대·3교대, 평상주간근무 등의 근무형태가 있으나 대부분 생산현장의 노동자에게 적용되고 있는 것은 1주간마다 주야취로시간이 변하는 2교대제 근무이다. 이 경우 노동자들은 안정적인 생활리듬을 확립할 수 없으며 불면증, 식욕감퇴, 정신적 불안정 등에 시달리고 있고 사소한 일에 감정을 억제할 수 없으며 가정생활 및 사회생활에 적응이 곤란한 사례도 적지 않다.

3) 초과밀노동의 실태와 성격

대우자동차 라인작업의 초과밀노동의 특징을 관찰한 결과는 다음과 같다.[11]

첫째, 자동화율이 매우 낮고 작업의 편의성을 고려한 설계가 제대로 되어 있지 않아 상당히 많은 공정이 수작업으로 행해지고 있으며 이에 따라 중량물을 손으로 운반하거나 취급하는 경우가 다반사여서 신체에 무리가 많이 된다.

---

11) 상세한 것은 대우자동차 노동조합·한국사회과학연구소(1997) 참조.

둘째, 차량 실내작업, 구부리거나 위를 쳐다보는 작업, 쪼그리고 하는 작업, 몸을 비틀어야 하는 작업 등 무리한 자세를 강요하는 작업이 많아 작업자의 고통을 가중시키고 있다. 차량 높이의 조절, 부품의 차량 실외조립, 간이자동화 등에 의해 이러한 무리한 자세를 요구하는 작업을 줄여야 한다.

셋째, 과다한 보행거리를 요구하는 작업이 많아 작업자들은 하루 10km 이상을 걷고 있다. 차량과 함께 움직이는 작업라인이 없고 라인속도가 빨라서 정위치에서 작업하지 못하고 차량 2~3대분을 앞서 작업하기 때문에 장거리 보행이 많아지고 있다. 라인의 개선, 라인속도의 조절, 운반용 개인대차의 개발 등 여러 가지 대책이 필요하다.

넷째, 과다한 작업부담을 경감하기 위해 작업자들 간에 자율적으로 직무순환이 이루어지고 있지만 대부분 그 범위가 좁고 비체계적이어서 공평한 작업부담의 배분이 잘 이루어지지 않고 있다. 경우에 따라서는 기피작업을 신참 노동자나 이른바 '찍힌' 노동자가 직무순환 없이 장기간 전담하는 경우도 보인다. 따라서 공평한 작업부담을 배정하기 위해 보다 체계적인 직무순환 시스템이 필요하다.

다섯째, 과다한 작업부담의 경감을 위해 작업자들은 회사 측에 개선을 요구하고 있지만 돈이 들어간다는 이유로 거절되는 경우가 많아 개선이 잘 이루어지지 않고 있다. 생산성 향상을 위한 개선에만 집중하는 회사 측은 이러한 태도를 버리고 노동자들의 보다 인간적인 노동을 위한 개선에도 관심을 기울여야 할 것이다.

6. 노동조합의 대응전략의 실태

회사 측의 현장통제전략과 협력적 노사관계의 구축 시도에 대응해 노동조합은 한편으로는 노동조합을 통한 단결과 회사방침에 대한 저항, 단체행동 등을 통해 대항하면서 다른 한편으로는 다양한 수준에서 의사결정에 참여함으로써 회사의 경영방침 결정에 영향을 미치고자 노력하고 있다.

1) 노동조합을 통한 단결과 갈등적 노사관계

한국 자동차 산업에서 노사관계는 기본적으로 갈등관계에 있다. 힘 겨루기식 교섭 풍토와 노사 간 상호불신, 그리고 합리적인 교섭 방식 및 관행의 부재, 기업 외적요소 등으로 인해 단체교섭 및 노사협의의 원활한 진행이 이루어지지 않고 있으며 그 결과 노사 간 소모적인 교섭비용 및 교섭기간의 장기화, 그리고 빈번한 단체행동 등으로 이어지고 있다(박영범·이병훈, 1997).

〈표 2-6-15〉에서 보듯이 완성차 업계의 노사분규 발생건수는 1992년까지 점차 줄어들다가 1993년 이후 다시 급증하기 시작해 1996년에는 무려 9건을 기록했으며 이에 따른 생산차질액이 5610억 원, 수출차질액이 230백만 달러에 이르는 것으로 집계되었다. 부품업계 역시 1996년 들어 분규건수와 이에 따른 생산차질액, 수출차질액이 급증했다.

주요 쟁점사항은 임금인상 외에도 근로시간 단축, 작업중지권 확보 등 근로조건에 관한 것과 복수노조 인정 등 조직에 관한 사항으로 다양화되고 있다.

특히 대우자동차의 경우 이와 같은 대립적 노사관계가 전형적으로 나타나

〈표 2-6-15〉 자동차 산업의 노사분규 추이

(단위: 억 원)

		1991	1992	1993	1994	1995	1996
분규 발생	완성차 업계	5	1	3	3	5	9
	부품업계	66	47	9	14	5	15
	계(건)	71	48	12	17	10	24
생산 차질	완성차(억 원)	12,626	5,325	7,021	2,950	3,714	5,610
	부품(억 원)	3,874	2,807	3,408	1,584	1,612	2,627
	계(억 원)	16,500	8,132	10,429	4,534	5,326	8,237
수출 차질	완성차(백만 달러)	233	143	142	81	142	230

자료: 기아경제연구소(1997).

고 있다(김정우, 1997). 대우자동차에서는 1987년 직선제 쟁취 투쟁을 통해 민주적 노동조합이 나타난 이래 거의 해마다 노사분규를 일으켜 왔다. 특히 1991년의 연대회의사건에 따른 노조위원장 구속과 가두투쟁 및 휴업조치 등으로 60여 명의 해고자와 120명의 징계위 해부라는 엄청난 결과를 낳은 바 있으며, 1993년에는 그 당시 회사가 '일본형 노동자' 창출을 위해 시도했던 생산직 노동자의 일본 연수에 대해 노동조합이 이의를 제기해 OJT 거부투쟁이 전개되었고 그 결과 연수조건 중 일부가 상승하는 내용의 합의안을 도출했다. 1993년에는 또 계속되는 노동강도 강화에 대응해 노조 측이 잡수투쟁을 전개해 쟁의발생신고를 냈으나 행정당국으로부터 반려되었다.

1994년 임협에서도 비록 83일간의 장기간 협상 끝에 임금협약이 체결되기는 했으나 그 과정에서 해고자 원직복직, 상용차(常用車) 군산 이전, 잡수 증가시 노사합의, 조합활동으로 인한 징계자 원상회복 등 많은 현안이 제기되었고 쟁의행위결의도 조합원의 압도적 찬성으로 가결되었으나 결국 쟁의행위에 이르지는 않았다.

1991년의 연대회의사건 이후 노동조합의 힘이 약화된 상황에서 NAC도전운동 1단계가 진행되었던 1993~1995년 동안 노동조합과 노동자들은 잡수투쟁, 임금인상과 노동시간 단축, 노동조건 개선을 요구하는 임·단협 투쟁, 그리고 노동강도 강화나 인원감축, 직장의 통제강화 등에 대항하는 일상적 항의, 잔업거부, 태업, 작업 거부 등 여러 수준에서 개인적 혹은 집단적 저항을 벌였다. 그 결과 자본 측은 비록 생산과정에 대한 통제권을 회복해 노자관계에서 주도권을 회복하기는 했지만 그것이 전면적인 노자관계의 재편으로까지는 나아가지 못했다. 그럼에도 불구하고 NAC도전운동은 결과적으로 87년 노동자투쟁 이후 상실되었던 현장에 대한 자본의 통제력을 재구축하고 노동조합의 현장 결합력을 상당 부분 약화시켰던 것이 사실이다.

이러한 NAC도전운동 1단계의 성과를 토대로 1996년부터 전개되기 시작한 NAC도전운동 2단계는 경영효율을 극대화하면서 임금체계의 개편, 인사고과의 강화, 신노사관계의 정착 등을 통해 '협조적 노사관계'의 구축을 목표로 하고 있다. 이에 대해 1995년 노동조합선거에서 당선된 노동조합 제14대 집행부는 민주노조진영과 의식적으로 거리를 두면서 주로 회사와의 협상을 통해 노조원들의 금전적 실리를 챙기려는 경향을 보였다. 그 결과 임·단협에서는 주로 임금인상, 상여금 신설, 각종 수당 신설, 복지혜택 증가 등 금전적 실리 면에서는 상당한 성과를 거두었지만, 장시간 노동체제의 개선, 노동강도의 강화, 현장통제력의 강화 등 노동자들이 현장에서 겪고 있는 문제들에 대해서는 그다지 큰 성과를 올리지 못했다. 이에 따라 회사와 노조 집행부가 합의한 잠정합의안이 조합원 찬반투표에서 두 차례나 부결되는 등 조합원들의 기대에 미치지 못했다. 결국 1996년의 제15대 위원장 선거에서 다시 민주노조후보가 당선되기에 이르렀다.

새 위원장은 고용 및 잡수 문제, 불법용역 문제, 노동시간 단축 문제, 생산직 월급제 문제, 노동법 개정 문제 등에 적극적으로 개입할 것을 선거공약으로 내세워 당선되었으며 당선 직후부터 군산공장 이전문제에 대한 교섭을 통해 노동조합의 요구조건을 관철하고 이어 노동법 개정 문제를 둘러싼 민주노총 총파업에 참여하는 등 이전 집행부와 다른 모습을 보였다. 이후 현장권력의 복원을 위한 소위원제도의 도입, 월급제 실시와 심야노동 및 장시간 노동의 개선을 위한 연구사업 및 임·단협에서의 문제제기, 노동강도와 산업재해 문제에 대한 연구사업을 통해 구체적인 개선안 제시 등 다양한 활동을 벌이고 있다. 그러나 현장권력에 관한 회사 측의 완강한 고수입장으로 현재까지 그 성과는 그리 뚜렷하지 못한 형편이다.

이와 같이 대우자동차의 노사관계가 대립적이고 갈등적인 상황에서 노조원들의 노동조합에 대한 지지는 매우 높은 것으로 나타나고 있다. 설문조사 결과에서 나타난 대우자동차 노동자들의 노동조합에 대한 의식은 대체로 적극적이고 참여적이다. 우선 〈표 2-6-16〉에서 노조활동에 적극적으로 참여하는 조합원이 전체의 4분의 1에 달하며, 노조에 관심이 없거나 적다고 대답한 사람은

〈표 2-6-16〉 대우자동차 노동자들의 노동조합 참여도

(단위: %)

		적극적으로 참여	관심 있으나 소극적 참여	관심이 적은 편	관심 없다
전체		24.8	64.3	9.4	1.5
직종별	직장	4.3	52.2	43.5	0.0
	조장	14.8	65.8	16.8	2.6
	기능직	26.2	64.1	8.3	1.4
	사무직	33.3	33.3	33.3	0.0
	별정직	16.7	83.3	0.0	0.0
연령별	20대	23.1	67.2	8.9	0.8
	30대	23.5	64.5	10.4	1.6
	40대	28.9	60.9	8.1	2.1
	50대	52.5	42.6	4.9	0.0

자료: 대우자동차 노조원들에 대한 설문조사 결과.

〈표 2-6-17〉 대우자동차 노동자들의 파업 참여도

(단위: %)

		매번 참여했다	자주 참여했다	한두 번 참여했다	전혀 참여하지 않았다
전체		22.0	37.3	31.9	8.8
직종별	직장	4.5	13.6	31.8	50.0
	조장	7.9	17.3	42.4	32.5
	기능직	23.8	39.7	30.7	5.8
	사무직	0.0	33.3	0.0	66.7
	별정직	8.3	16.7	58.3	16.7
연령별	20대	26.2	44.4	25.1	4.2
	30대	20.9	35.8	32.7	10.7
	40대	20.2	32.6	35.2	12.0
	50대	37.7	18.6	41.0	3.3

자료: 대우자동차 노조원들에 대한 설문조사 결과.

10%가량에 불과하다. 이러한 노동조합에 대한 관심도, 참여도는 연령별로 고르게 나타나고 있다. 특히 설문에 답한 직·조장 가운데서도 상당수가 노동조합활동에 관심은 있지만 소극적으로 참여한다고 응답해 주목을 끌고 있다.

〈표 2-6-17〉을 살펴보면 '지난 겨울 노동법 개정과 관련해 진행된 파업기간 중 옥외집회에 참여하신 적이 있습니까?'라는 질문에 대해 전체 응답자의 60% 가까이가 매번, 또는 자주 참여했다고 응답해 매우 높은 파업참가율을 나타내고 있다. 파업참가율은 기능직에서 높게 나타나는데 특히 직·조장의 경우에도

상당히 높은 파업참가율을 보이고 있어 이들 역시 고용불안감이 높다는 것을 보여 주고 있다. 연령별로는 상당히 고른 파업참가율을 나타내고 있어 이러한 대우자동차 노조원들의 파업 지지가 결코 한정된 일부의 현상이 아님을 알 수 있다.

결국 이상에서 살펴본 대로 현장노동자들의 NAC에 대한 동의와 자발적 통합의 수준은 상당히 낮으며 기업의 신경영전략에 대한 반발은 노동조합에 대한 높은 지지율과 높은 파업참가율로 나타나고 있다고 하겠다. 대다수의 현장노동자들은 유연화 전략의 부정적 영향을 인식하고 있으며 그로 인한 불만은 다양한 형태로 표출되거나 은폐 잠재되어 있는 상태이다. 여전히 노사관계의 적대성은 유지되고 있으며 특히 NAC는 실리주의 노선의 노조조차 포섭하지 못할 정도로 인센티브 기제가 부족하므로 노사협조주의의 구축은 아직 이데올로기적 수사에 그치고 있을 뿐 경영실천으로까지는 이어지지 못하고 있는 것으로 보인다.

2) 노동자 참가

일본식 생산방식은 비록 한계가 있기는 하나 노동자가 작업장의 의사결정에 참여하고 이를 통해 직무만족을 증대시킬 수 있도록 팀작업, 작업자 개인에 대한 일정 정도의 자율성 부여, 제안제도의 활성화 등 각종 제도를 도입한다는 점에서 종전의 포드주의적 생산방식에 비해 진일보한 측면을 가지고 있는 것이 사실이다.

그러나 대우자동차에서 도입되고 있는 형태의 일본식 생산방식은 노동자의 노동강도와 통제강화를 가져오는 측면이 두드러질 뿐 노동자의 생산과정 참여에 대해서는 매우 소극적이며 이에 따라 노동자들의 직무만족도가 지극히 낮은 것이 특징이다. 다음은 여러 가지 통로를 통해 이루어지고 있는 대우자동차의 노동자 참여 실태와 그 평가이다.

(1) 한마음생산회의를 통한 참여

앞에서 본 대로 작업장 수준에서의 노동자 참여는 주로 한마음생산회의를 통해 이루어지고 있지만 그 내용은 주로 생산성 향상에 관한 사항에 치중되어 있으며 보다 인간적이고 창의적인 작업방법의 개발에 대해서는 무관심한 형편이다. 회의형식도 대부분 관리자의 지시, 감독이 주를 이루고 있으며 일반노동자들의 참여태도는 소극적이고 의무적인 것에 머물고 있어 이를 노동자 참여의 증대로 보기는 힘들다.

(2) 부서별 협의회를 통한 참여

현재 현장작업자의 고충을 처리하고 작업장 참여를 실현시킬 수 있는 방안으로서 가장 활성화되어 있는 것은 각 부서단위로 조직되어 있는 부서별 협의회이다. 부서별 협의회는 회사 측에서 부서장(부장, 과장 등 부서대표), 노조 측에서 각 부서 대의원(4~5명 정도)이 참여하는 부서단위의 노사협의기구이다. 개최시기는 부서별로 다르지만 3개월에 1회 정도 개최하는 것이 일반적이다. 그러나 회사 측, 또는 노조 측의 요구가 있을 경우에는 수시로 개최된다. 부서별 협의회에서는 부서의 전반적 사항을 다루는데 주로 생산관련사항(잡수문제, 인력문제, 표준작업서 문제 등), 복지관련사항(부서 내 복지), 환경관련사항(작업환경 관련사항), 기타 사항 등으로 대별된다. 부서별 협의회는 원래 1993년도의 잡 정산을 둘러싼 노사협의 시 노사대표가 구체적 사항을 담당 실무자에게 맡기기로 함으로써 활성화되기 시작했다. 이후 중앙노사협의에서 가협의된 사항을 부서로 이관해 부서별 협의회에서 구체적으로 다루도록 하는 관행이 정착되었다. 이후 부서의 전반적 사항을 다루는 기구로 발전했지만 아직도 부서별 협의회는 많은 문제를 가지고 있는 것도 사실이다.

첫째, 부서별 협의회의 지위가 비공식적이라는 점이다. 대우자동차의 현행 단체협약(1996년 8월 1일 체결)에는 부서별 협의회에 관한 아무런 언급이 없다. 대우자동차 노동조합의 규약에는 과·부서의 현안문제를 다루기 위한 '소위원회'를 두도록 되어 있지만 이는 부서별 협의회와는 개념이 다른 조직이다. 따라서 현재 부서별 협의회는 공식지위를 인정받지 못하고 있는 가운데 관행적으로 운영되고 있을 뿐이다.

둘째, 이러한 비공식성 때문에 부서별 협의회는 협의사항에 대한 이행 강제력을 가지지 못하고 있다. 부서별 협의회에서 이미 협의 또는 합의가 이루어진 사항에 대해서도 회사 측이 이를 제대로 준수하지 않는 경우가 많고 이에 대해 부서별 협의회는 아무런 규제력이 없다. 따라서 부서별 협의회에서 결론이 나지 못해 다시 중앙노사협의회로 이관하는 경우가 많다.

셋째, 부서별 협의회의 정착도가 매우 불균등하다. 부서 내의 대의원 활동이 활발한 곳에서는 부서별 협의회도 활성화되지만 그렇지 못한 경우에는 유명무실해서 1년에 두 번 정도 형식적인 회의를 하는 데 머무르기도 한다.

넷째, 부서별 협의회가 활성화된 부서의 경우 대의원의 업무가 가중화되고 있다. 이 경우 대의원도 모든 문제에 신경을 쓸 수 없기 때문에 회사 측에서 얼렁뚱땅 넘기는 경우도 있다. 이에 따라 노조 측에서는 1996년 4월 30일의 규약 개정 시 대의원을 보좌할 수 있는 소위원(선거구당 3~7명 정도)제도를 두도록 노조규약에 규정했지만 회사 측에서 이를 인정하지 않고 있어 실질적인 활동은 하지 못하고 있다.

(3) 노사공동위원회를 통한 참여

노동자의 경영참여를 증진시킬 수 있는 새로운 모델로서 최근 확산되고 있는 것이 바로 여러 가지 전문분야를 다루는 각종 위원회를 노사 공동으로 구성하는 것이며 대우자동차에서도 최근 다양한 형태의 노사공동위원회가 도입되었다. 현행 대우자동차 단체협약에는 직장발전위원회, 산업안전보건위원회, 주택복지위원회 3개의 위원회를 각각 노사동수로 구성하도록 규정되어 있으며 1997년도 임금협상에서는 고용안정위원회를 노사동수로 구성하기로 합의한 바 있다. 이러한 위원회들은 앞에서도 지적했듯이 지금까지 주로 임금 및 복지에 집중되었던 노조활동이 기업경영에 대한 참여로 확대되고 있다는 점에서 주목할 만한 움직임이다. 그럼에도 불구하고 아직 그 역사가 짧고 회사 측에서 미온적인 태도로 일관하고 있어 산안, 주택 등 일부 위원회를 제외하고는 제대로 활성화되지 못하고 있는 것도 사실이다.

4개의 위원회 가운데 가장 주목되는 것은 직장발전위원회이다. 1996년 단협에서 도입된 직장발전위원회는 '효율적인 조직운영 및 생산관리, 민주적인 경영체제의 확립'을 목적으로 설치되었으며 노사 쌍방 대표를 포함해 노사 각 5인씩으로 구성된 노사공동위원회이다. 이 위원회는 조직개편, 경영계획, 인력계획, 예산, 인사노무관리, 경영개선, 교육훈련 및 복지증진 등 기업경영상의 거의 모든 중요사항에 대해 사전 협의하도록 규정하고 있어 운영 여부에 따라서는 노동자 경영참여를 상당 정도 실현시킬 수 있는 조직이다.

그럼에도 불구하고 지금까지 직발위의 운영은 매우 실망스러운 것이었다. 직발위는 분기별 1회 이상 개최하도록 되어 있지만 1996년 중에는 한 차례도 개최되지 않았고 1997년 들어서도 1회 개최된 데 불과하다. 그마저 이 1차 직발위에서 다룬 안건은 해외파견 근무자의 실태 및 근로조건 개선문제로 한정되어 직발위의 위상에 부합하지 않는 것이었다.

직발위 운영이 이와 같이 형식화되고 있는 가장 중요한 이유는 물론 회사 측의 무성의 때문이다. 회사 측은 노동자의 경영참여에 대해 매우 알레르기적인 반응을 보이고 있으며 따라서 직발위를 통해 회사의 중요한 경영사항을 사전 협의하는 데 매우 소극적이다.

회사 측의 무성의뿐만 아니라 노조 측 역시 직발위를 비롯한 각종 노사공동위원회에 그동안 큰 비중을 두지 않은 것이 사실이다.[12] 지금까지 노조 측의 경영참여에 대한 주된 통로는 단체협약이었으며 이를 촉진시키기 위한 수단도 주로 단체행동에 역점을 두어 왔기 때문에 노사공동위원회에 대한 경험, 지식,

---

12) 노동조합 집행부 인터뷰 결과(1997.10.8).

의지가 부족한 상태로 평가된다. 이에 따라 경험이 적은 초선 대의원을 중요 위원회의 위원으로 배치하는 등 사람수를 채우는 정도로만 생각하고 별로 신경을 쓰지 않고 있는 형편이다.

다만 산업안전보건위원회와 주택복지위원회는 노조원들의 이해관계와 직접 관련이 있기 때문에 비교적 활발히 움직이고 있는데 예컨대 현재 산안위에서 실시하고 있는 요통 관련 조사 등이 대표적 활동이다.

(4) 노사협의회를 통한 참여

노동자들이 회사의 전반적 경영에 참여할 수 있는 또 다른 통로는 노사협의회제도이다. 대우자동차의 노사협의회는 대체로 활발하게 운영되고 있는 것으로 판단된다. 분기별 중앙노사협의회 외에도 구정, 추석을 앞둔 노사협의회의 개최, 부서별 노사협의회의 개최 등이 이루어지고 있다. 노사협의회에서 다루는 안건도 과거에는 식당문제, 명절선물 건, 통근차 관련 애로사항, 작업복 문제, 주차장 문제 등 주로 복지관련사항이 많았지만 최근에는 표준작업인증 관련 건, 노사평화선언 관련 건, 외국인 연수생 관련 건, 용역철회 건, 잔업 및 특근 관련 건 등 생산과 관련된 사항이 많이 거론되는 등 내용이 충실해지고 있다.

그럼에도 불구하고 아직 노사협의회가 노동자 참여의 유력한 통로로 정착되었다고 판단하기는 힘들다. 많은 안건이 제기되기는 하지만 정작 중요한 것은 회사 측의 무성의한 태도로 합의가 안 되거나 추후 검토 등으로 유야무야되는 경우가 많아 결국 단체협약사항으로 미루어지게 된다. 노동조합 측에서도 단협·임협만큼 노사협의회에 큰 비중을 두고 있지 않은 것으로 보인다.

이처럼 노사협의회가 커다란 실효를 거두지 못했던 것은 법률상의 미비점에도 원인이 있지만 회사 측과 노조 측이 적극적 자세를 취하지 않았던 데도 이유의 일부가 있다 하겠다.

2년마다 한 번씩 갱신되는 단체협약이 있기는 하지만 이를 통해 모든 문제를 해결할 수는 없으므로 일상적으로 제기되는 조합원들의 고충이나 현안문제를 노사가 허심탄회하게 토의, 해결할 수 있는 통로로서 노사협의회가 중요한 역할을 할 수 있음에도 불구하고 노사 간의 상호불신, 인사-경영권에 대한 회사 측의 성역화 태도 등으로 인해 노사협의회가 큰 실효를 거두지 못하고 있는 것이다.

(5) 단체협약과 노동자 참가

노동자의 회사운영에 대한 참가의 중요한 통로 중 하나는 단체협상, 단체협약을 통한 참가이며 과거 대우자동차 노동조합도 단체협약을 통한 참가에 거의 의지해 왔을 만큼 이는 중요한 문제이다. 그런데 대우자동차의 경우 이른바 인사권, 경영권에 대한 경영층의 철저한 방어로 인해 단체협약을 통한 노동자들의 경영참가통로는 거의 폐쇄되어 있다.

〈표 2-6-18〉을 살펴보면 먼저 인사권(조합원 부서이동, 전출)에 대해서는 단체협약상 노조와 사전 합의하도록 되어 있어 협의 또는 회사의 일방시행으로 이루어지는 타사에 비해 개선된 규정을 가지고 있다. 그러나 조합원에 대한 징계(인사)위원회의 구성 및 결정권은 회사의 일방적인 구성 및 결정에 따르도록 되어 있다. 다만 인사위원회에 조합 위원장 및 위원장이 지명하는 2명이 참석해 변론할 수 있는 변론권만 주어져 있다. 이는 노사동수로 징계위원회를 구성하도록 되어 있는 기아자동차 및 아시아자동차에 비해 뒤떨어지는 규정이다.

한편 인원정리 시 규모의 결정 및 절차, 방법 등에 대해 단체협약상 아무런 규정이 없는 것은 문제이다. 다른 대부분의 완성차 회사 단체협약에서 인원정리 규모는 노조와 사전 협의하고 방법, 절차는 노조와 합의하도록 되어 있는데 비추어 보면 이는 매우 예외적인 현상이다.

공장이전, 합병, 하도급, 용역전환, 합병, 정리, 해산, 양도 등에 대해서는 단체협약 제12조에서 포괄적인 합의의무를 규정하고 있어 대부분 협의수준에 머물고 있는 타 회사에 비해서는 진일보한 규정을 가지고 있다. 그러나 현행

〈표 2-6-18〉 완성차 6사의 노동조합의 단체협약상 경영참가 현황(1996년)

	대우자동차	기아자동차	쌍용자동차	아시아자동차	현대자동차	현대정공
인사 (부서이동, 전출)	합의	협의	이의제기	일방시행	협의	협의
징계위원회 구성	변론권	노사동수	없음	노사동수	없음	없음
인원정리 규모	없음	협의	사전통보	협의	협의	협의
인원정리 방법	없음	합의	합의	합의	합의	합의
공장이전, 합병	합의	근로조건 합의	사전통보, 근로조건 합의	근로조건 합의	협의	협의, 근로조건 합의
하도급, 용역전환	합의	협의	사전통보	협의	협의	협의
정원유지	없음	없음	없음	없음	있음	있음
분할, 합병, 양도	합의	협의	없음	협의	없음	협의
임시직, 용역 이용	없음	없음	없음	없음	기간제한 (2개월)	기간제한 (2개월)

자료: 전국자동차산업노동조합연맹(1996).

단체협약상의 합의의무조항이 너무 간략해서 구체적인 절차, 방법에 관한 규정이 없기 때문에 실제 상황이 발생했을 때 얼마만한 실효를 거둘 수 있을지 의문이 든다.

한편 최근 커다란 문제인 임시직 및 용역 이용에 대해 아무런 규정이 없다(용역처리에 관해서는 1990년도 노사협의 시의 합의서 내용을 준수한다는 별도 합의서만 있을 뿐임). 이에 대해서는 임시직 이용기간을 2개월로 제한하고 있는 현대자동차와 현대정공의 단체협약을 참고할 수 있다. 또 최근 심화되고 있는 노동강도 강화와 인원감축에도 불구하고 정원유지에 관한 조항 역시 없다. 이에 대해서도 현대자동차와 현대정공의 정원유지조항(자연감소인원 발생 시 적정인원을 산정해 충원토록 하는 조치를 의무화하고 있음)을 참고할 수 있다.

그 밖에 경영계획, 생산계획, 작업조직의 변경, 신기술, 신기계의 도입 등의 사항에 대해서는 대우자동차 단체협약에 아무런 언급이 없어 경영참가수준이 낮음을 알 수 있다.

이상에서 본 대로 대우자동차의 단체협약상 노조의 인사, 고용보장 등에 대한 참가수준은 일부 다른 회사에 비해 진일보한 측면도 있지만 구체성이 부족하고 인원정리, 징계위원회 구성, 임시직·용역직 이용, 정원유지 등 노동자들의 고용보장을 위한 핵심적 조항들이 미비해 전체적으로 경영참가수준이 상당히 낮다고 하겠다.

7. 맺음말

한국의 자동차 산업은 현재 일대 위기에 빠져 있다. 그동안의 과잉설비와 과잉생산이 현재화되기 시작한 데다 IMF 구제금융 신청에 따른 어려움이 겹쳐 판매부진과 재고누증이 심각한 수준에 이르고 있으며 이에 따라 고용조정과 경영합리화 전략 등 구조조정이 본격화되고 있다.

이러한 자동차 산업의 경영합리화 전략의 핵심을 이루는 요소 중 하나가 바로 현장권력의 장악이다. 회사 측은 87년 노동자대투쟁 이후 상당 부분 노동조합의 손으로 넘어갔던 현장권력을 되찾기 위해 노력하고 있다. 그러나 이러한 자본에 의한 신경영전략의 도입이 노동 측의 아무런 저항 없이 순조롭게 관철되고 있는 것은 아니다. 신경영전략의 결과로 장시간 노동과 심야근무, 작업현장의 통제강화, 작업강도와 작업밀도의 증대 등이 진행되고 있는 당연한 결과로서 자동차 산업 노동자들과 노동조합은 신경영전략에 반발하고 있으며 이에 따라 자동차 산업의 노사 간에는 고용불안, 컨베이어 속도, 현장관리 등을 둘러싸고 많은 갈등이 일어나고 있다.

이 글에서는 이러한 현장권력을 둘러싼 노사 간 갈등양상을 대우자동차의 사례연구를 통해 살펴보았다. 사례연구에서는 다음과 같은 사실을 확인할 수 있었다.

첫째, 대우자동차의 신경영전략인 NAC도전운동은 전체적으로 일본식 생산방식의 모방이라는 형태를 취하고 있지만 그 내용 면에서 일본식 생산방식의 특징인 유연적 생산방식의 확립과 노동자의 다기능화, 참여의 증대보다는

1987년 이후 노동조합에 의해 상당 부분 잠식되었던 현장권력의 재탈환에 중점을 두고 있다.[13] 이는 NAC도전운동(1단계)의 초기단계목표가 한마음생산회의, 한울타리운동, M2혁신운동 등 주로 현장통제력의 확보를 위한 내용으로 채워져 있다는 점(윤진호, 1995 참조), 이후의 진행과정에서도 현장의 중요성을 되풀이해서 강조하고 있다는 점, 그동안의 생산량 증가와 생산성 향상 등의 성과가 기술혁신이나 생산시설 확충 등의 방법보다는 주로 개별 노동자의 노동강도, 노동시간 증가(이른바 '잡수' 증가)에 의해 이루어져 왔다는 점 등에서 드러나고 있다.

둘째, 회사 측의 현장권력 장악을 위한 수단은 한마음생산회의로 불리는 작업조직 단위 소모임과 현장감독자에 의한 작업자 통제의 강화에 의존하고 있다. 이러한 수단을 통해 회사 측에서 현장권력의 재탈환에 어느 정도 성공한 것은 사실이다. 그러나 이것이 전면적인 노사관계의 재편으로까지는 나가지 못하고 있다. 한마음생산회의나 현장감독자에 의한 통제강화는 Burawoy가 말하는 동의에 의한 헤게모니적 통제라기보다는 강제에 의한 전제적 통제의 성격을 강하게 띠고 있으며 이에 따라 한마음생산회의에 대한 현장작업자들의 참여는 거의 봉쇄되어 소극적인 태도를 보이고 있고 현장감독자에 대해서도 신뢰와 존경보다는 불신과 반발의 자세를 보이고 있기 때문이다. 그 결과 현장통제를 둘러싼 갈등이 또 하나의 중요한 노사갈등의 원천으로 작용하고 있다.

셋째, 현장노사관계와 더불어 거시적 노사관계 면에서도 회사 측은 '신노사문화'라는 이름 아래 한편으로는 근무환경 개선과 사내복지를 통해 개별 노동자의 회사에 대한 충성심을 유도하면서('당근') 다른 한편으로는 노동조합에 대한 강온전략을 통해 그 세력 약화를 노리는 전략('채찍')의 양면 작전을 사용하고 있다. 회사 측의 이러한 공세로 노조의 현장장악력이 일정하게 약화되는 현

13) NAC도전운동의 내용 중 일본식 생산방식의 도입, 변용 부분은 이 글에서 본격적으로 다루지 않았다. 이에 대해서는 윤진호(1998) 참조.

상도 발견된다. 그러나 회사 측의 노사협조주의 구축전략이 소기의 성과를 거두고 있는지에 대해서는 회의적이다. 일본식 생산방식에서 볼 수 있는 노동자 및 노동조합에 대한 인센티브 메커니즘(종신고용제, 연공서열형 임금체계, 생산직·사무직 통합에 의한 승진체제, 기업 내 복지, 생산현장에서 일정한 참가의 보장 등)이 매우 미흡하고 회사가 노조에 대해 부정적 시각을 가지고 있는 상황에서 일본식의 협조적 노사관계가 구축되기는 어려운 일이다. 이러한 상태에서 추진되는 회사 측의 노무관리전략 및 대노조전략은 오히려 노동자와 노동조합의 반발을 사서 노사갈등을 야기하는 요인이 되기도 한다.

넷째, 회사 측에 의한 현장권력 장악의 성과가 NAC도전운동의 일정한 성공과 정착으로 나타났지만 동시에 이는 현장노동자들의 노동강도 및 노동밀도 강화와 자율성의 상실, 산업재해의 빈발 등 여러 가지 문제점을 야기했다. 노동강도와 노동밀도가 크게 강화되고 장시간 노동과 심야노동이 일반화되고 있으며 중량물 취급, 무리한 작업자세, 장거리 보행 등 라인작업의 문제점도 개선되지 않고 있다.

다섯째, 회사 측의 신경영전략 추진과 이에 따른 현장권력의 장악 시도, 그리고 그 결과 나타나고 있는 노동강도와 노동밀도의 증대 등에 대한 노조 측의 대응은 지금까지 별로 적극적이지 못했다. 특히 과거 집행부는 주로 회사와의 협상을 통해 회사 측의 현장장악 노력은 묵인하는 대신 노조원들의 금전적 실리를 챙기려는 경향을 보였다. 그 결과 임·단협에서는 주로 임금인상, 상여금 신설, 각종 수당 신설, 복지혜택 증가 등 금전적 실리 면에서는 상당한 성과를 거두었지만, 장시간 노동체제의 개선, 노동강도의 강화, 현장통제력의 강화 등 노동자들이 현장에서 겪고 있는 문제들에 대해서는 그다지 큰 성과를 올리지 못했다. 이에 대한 노조원들의 반발로 새로운 노조 집행부가 탄생해 고용 및 짭수 문제, 불법용역 문제, 노동시간 단축 문제, 생산직 월급제 문제 등 현장문제에 적극적으로 개입하려는 노력을 기울이고 있다. 그러나 이에 대한 가시적 성과는 아직 나타나지 못하고 있다.

여섯째, 최근 중요해지고 있는 노동조합의 또 다른 전략은 각종 수준에서의 참여를 통한 의사결정에의 영향력 행사 전략이다. 이에 따라 현장수준의 한마음생산회의, 부서단위 협의회, 공장단위 각종 위원회, 노사협의회, 단체협약 등 여러 통로를 통한 작업장 참여, 경영참여 노력이 이루어지고 있다. 그러나 노사 간 불신과 제도적 틀의 미비 등으로 인해 이러한 노력의 성과는 아직 그다지 크게 나타나지 못하고 있다.

과거 회사 측에 의한 강압적·병영적 통제로부터 87년 노동자대투쟁 이후 노조 측에 의한 현장권력의 상당한 잠식이 이루어졌다가 최근 회사 측의 현장 통제력 재탈환 시도가 나타나고 있으며 이것이 현장노동자의 노동강도, 노동밀도 강화와 새로운 노사갈등의 원천으로 작용하고 있다는 도식은 비단 대우자동차뿐만 아니라 그 양상과 강도는 다르지만 많은 한국 대기업(특히 노조세력이 강한 곳)에서 나타나고 있는 현상이다.[14] Burawoy가 지적하듯이 이는 곧 거시적 노사관계에도 커다란 변화를 가져오는 요인이 되고 있다.

한국의 민주노동운동은 과거 임금인상이나 조직 확대, 산별노조 건설, 노동법 개정 등의 이슈에 초점을 맞추어 왔으며 이는 일정한 성과를 거둔 것도 사실이다. 그러나 거시적 노사관계와 현장수준의 미시적 노사관계가 밀접한 관련을 가지고 있다는 점에서 이러한 거시적 노사관계 중심의 전략은 자칫하면 미시적 노사관계를 소홀히 하고 그 결과 전체 노동운동의 뿌리가 흔들리는 결과를 가져올 가능성이 크다 하겠다. 바로 이러한 점에서 현장권력을 둘러싼 노사 간 갈등의 양상과 이에 대한 노동운동의 대응양상은 중요한 의미를 지닌다 하겠다.

---

14) 현대중공업의 사례연구로서는 윤진호(1996b) 참조.

참고문헌

기아경제연구소. 1997. 『한국 자동차 산업』.

김정우. 1997. 「노동유연화 전략과 노사관계의 변화에 관한 일 연구: D 자동차 사례조사」. 인하대학교 대학원 경제학석사 학위논문.

대우그룹노동조합협의회. 1996.2. 『대우그룹 노무관리 실태조사 결과』.

대우자동차 노동조합 조사통계부. 1997.3 『대우자동차 조합원 생활실태 조사결과 보고서』.

대우자동차 노동조합·한국노동이론정책연구소. 1996. 『대우자동차 신경영전략에 따른 신노무정책과 노동조합의 대응』.

대우자동차 노동조합·한국사회과학연구소. 1997. 『대우자동차의 심야근무 축소와 월급제 실시를 위한 연구』.

대우자동차 노조민주화를 열망하는 조합원 일동 엮음. 1985. 『기록: 대우자동차 임금 인상 투쟁』. 백산서당.

대우자동차. 1996a. 『신노사문화 구현으로 가는 길』.

대우자동차. 1996b. 『품질경영현황』.

대우자동차. 1997a. 「품질 경영(QM)상 사례 발표」. 한국표준협회. 『품질경영상 수상업체 경영 혁신 사례발표회 및 현장견학(2차)』.

대우자동차. 1997b. 『NAC 도전 II 단계 전략과 97년도 NAC 계획』.

대우자동차. 1997c. 『대우가족』(1997.9.1).

박영범·이병훈. 1997. 『자동차 산업의 고용관계』. 한국노동연구원.

박영준. 1994. 「자동차 산업에서의 생산의 유연성에 관한 연구」. 인하대학교 대학원 경제학석사 학위논문.

윤진호. 1995. 「한국에서의 일본식 생산방식의 도입과 노동자: 대우자동차의 사례를 중심으로」. ≪산업노동연구≫, 제1권 제1호.

윤진호. 1996a. 「일본 자동차 공장의 최근의 생산양식 변화: 토요타자동차, 닛산자동차 큐우슈우 공장 방문보고」. 임노동연구회 발표문.

윤진호. 1996b. 「한국 조선업에서의 현장권력을 둘러싼 노사갈등」. 『한국의 노사관계와 노동자 생활』. 서울사회경제연구소.

윤진호. 1998. 「자동차 산업에서의 일본식 생산방식의 도입과 그 한계: 대우자동차 NAC 2단계 운동의 사례연구」. ≪산업노동연구≫, 제4권 제1호.

인천기독교민중교육연구소 엮음. 1988. 『87년 노동자대투쟁: 7, 8월 인천지역사례』. 풀빛.

전국자동차산업노동조합연맹. 1996. 『단체협약비교자료집』.

파커, 마이크(Mike Parker)·제인 슬로터(Jane Slaughter). 1996. 『팀 신화와 노동의 선택』. 강수돌 외 옮김. 강.

풀빛 편집부 엮음. 1986. 『85년 임금인상투쟁』. 풀빛.

한국자동차공업협회. 각 호. ≪자동차통계월보≫.

Bobson, S. 1995. *Lean Work: Empowerment and Exploitation in the Global Auto Industry*. Wayne State University Press.

Burawoy, M. 1985. *The Politics of Production*. Verso.

Golden, M. and J. Pontussen. 1992. *Bargaining For Change: Union Politics in North America and Europe*. Cornell University Press.

Green, W. C. and E. J. Yamarella.(eds.) 1996. *North American Auto Unions in Crisis: Lean Production as Contested Terrain*. State University of New York Press.

Jenson, J. and R. Mahon.(eds.) 1993. *The Challenge of Restructuring: North American Labor Movements Respond*. Temple University Press.

Turner, L. 1989. "The Politics of Work Reorganization: Partnership and Conflict in the U.S. and West German Auto Industries." IRRA 42nd Annual Proceedings.

제7장

세계 자동차 산업의 구조 변화와 노동조합의 대응전략*

1. 포드주의의 위기와 일본식 생산방식의 도입이 노동강도에 미치는 영향

1) 자동차 산업의 대량생산체제와 노동자

현대 자동차 산업의 대량생산체제는 20세기 초 미국의 자동차 왕 헨리 포드(Henry Ford)가 채택했던 대량생산체제에 그 토대를 두고 있다. 이는 단지 자동차 산업의 생산체제에 그치지 않고 제2차 세계대전 후 자본주의의 구조적 특징 및 정치·경제적 조직 메커니즘의 특징까지 나타낸다는 의미에서 흔히 '포드주의(Fordism)'라고 불린다.

20세기 초까지 자동차 생산은 주로 장인적 숙련 노동자들에 의해 수공업적으로 생산되었으므로 생산원가가 너무 높고 제품 표준화가 안 되어 있었으며

---

* 백도명·윤진호 외, 『대우자동차의 노동강도에 대한 연구』(대우자동차 노동조합, 1998.10)에 게재되었다.

따라서 가격이 매우 비싸 일부 부유계층에서만 타는 사치품이었다. 포드는 이러한 수공업적 생산방식이 갖는 문제점을 해결할 수 있는 방안을 찾아냈는데 그것은 바로 대량생산방식이었다. 포드는 1908년 T형 자동차를 생산하면서 컨베이어 벨트로 연결된 생산라인을 도입해 자동차가 그 위를 흘러가도록 하고 노동자들은 각자 고정된 위치에 서서 부품을 조립하는 획기적인 방식을 창안했다. 이러한 '흐름라인'의 도입으로 생산성은 비약적으로 성장해 자동차 1대당 조립시간이 종전의 12시간 30분에서 2시간 40분으로 단축되었다. 대량생산이 가능해짐에 따라 자동차 가격도 큰 폭으로 떨어져 일반 대중도 자동차를 살 수 있게 되었다. 자동차의 대량구입에 따라 더욱더 큰 규모의 대량생산이 가능해지고 이는 자동차 1대당 생산비를 더욱 떨어뜨려 자동차값을 더욱 낮출 수 있게 되었고 이는 다시 대량소비를 촉진했다. 이와 같이 대량생산-대량소비에 기반한 생산방식은 곧 다른 자동차 회사뿐만 아니라 산업 전반으로 퍼졌고 제2차 세계대전 후에는 선진 자본주의 국가 대부분에서 이와 같은 생산방식을 채택했다. 이러한 대량생산방식은 단지 생산하는 모습만 바꾼 것이 아니라 소비양식, 축적양식, 노사관계, 국가정책, 국제관계, 그리고 나아가 문화, 예술 등 모든 분야에 커다란 영향을 미쳤으며 이에 따라 제2차 세계대전 후 선진 자본주의 국가들의 축적양식 및 정치·경제의 조절기구를 일반적으로 포드주의라고 부르게 된다.

포드주의는 다음과 같은 특징을 지니고 있다.

첫째, 대량생산방식이라는 점이다. 컨베이어 벨트의 도입, 한 가지 제품만을 생산하는 각종 전용기계(專用機械)의 도입, 부품의 표준화 등에 의해 생산성을 비약적으로 향상시켜 표준화된 상품의 대량생산을 가져오는 것이다.

둘째, 테일러주의(Taylorism)적 작업편성이 이루어진다. 대량생산을 가능하게 하기 위해서는 대규모 노동력의 치밀한 관리가 필요하다. 이러한 대규모 노동력의 관리를 가능케 하는 수단이 테일러주의다. 테일러주의란 미국의 과학적 관리운동의 창시자인 프레더릭 윈즐로 테일러(Frederick Winslow Taylor)에 의해 제창된 일련의 노동력 관리방법을 말한다. 그는 노동자의 작업을 스톱워치 등으로 세밀하게 관찰, 분석해 일정한 작업을 수행하는 데 걸리는 가장 합리적인 시간과 동작순서 등을 연구한 다음(이를 시간연구-동작연구라 함) 이를 표준화해서 전체 노동자에게 지키도록 했다. 이렇게 함으로써 생산을 구상하고 조직하는 사람(엔지니어, 조직 및 기계설비 유지요원)과 생산을 직접 수행하는 생산노동자, 즉 반복적 작업을 수행하는 반숙련 육체노동자 간의 분리가 이루어지고 이를 기초로 생산의 합리화를 이룬다는 것이다. 또한 작업자들의 작업성과에 따라 임금을 달리 지불하는 차별성과급제도를 도입해 노동자들이 열심히 작업하도록 만들었다.

셋째, 대량생산에 대응한 대량소비가 이루어진다. 이제 포드주의와 테일러주의의 도입에 의해 생산성이 비약적으로 증대되고 대량생산이 이루어지면 과잉생산에 의한 공황의 가능성이 증대된다. 이를 막기 위해서는 대량소비가 필요하게 된다. 즉, 소비자가 표준화된 상품을 구매하려고 해야만 한다. 이를 위해 ① 대량생산에 의한 생산비 절감으로 상품가격이 싸져야 하며, ② 소비자의 대부분을 이루는 노동자들의 임금을 높여 줌으로써 이들이 구매력을 갖추도록 해야 한다. 이는 구체적으로 생산성 상승률의 성과를 노동자에게 배분하는 '생산성연동임금제'에 의해 보장된다. 그 결과 고생산성-고임금체제가 성립하며 이를 통해 대량의 유효수요가 창출되는 것이다. 포드주의 아래 대량소비는 비단 상품소비뿐만 아니라 서비스, 문화, 예술, 스포츠 등 모든 분야에 영향을 미쳐 대중서비스, 대중문화, 대중예술, 대중스포츠를 탄생시켰다. 한마디로 말해서 대중소비사회의 탄생이었다.

넷째, 노사 간의 타협체제가 성립된다. 앞에서 보았듯이 포드주의의 성립은 고생산성-고임금체제에 기반을 두고 있다. 이러한 체제가 성립하기 위해서는 노동과 자본 측이 서로 일정한 양보를 해서 타협해야만 한다. 즉, 노동 측은 생산성 향상에 협력하고 노동력을 테일러주의적으로 편성할 권리를 자본 측에게 양보하는 대신, 자본 측은 강력한 중앙집중적 노동조합과의 단체협약을 인정하고 고용안정과 고임금을 보장하는 것이다. 이제 고용주와 노조는 서로를 공식적으로 인정하고 정부는 이를 제도적·법률적·정책적으로 보장함과 동시에 이들의 관계를 규제하는 역할을 하게 된다. 최저임금제도, 단체협약제도 등이 그러한 예이다. 이러한 포드주의적 노사관계를 '노동협약(labor accord)'이라고 부른다.

다섯째, 복지국가체제가 성립한다. 포드주의적 대량생산-대량소비가 보장되기 위해서는 국가가 경제에 항상적으로 개입해 지나친 불황과 실업이 발생하지 않도록 경기안정화 정책을 쓰게 된다. 또 임금노동자가 질병, 퇴직, 실업 등으로 고임금을 받을 수 없게 되었을 때도 이들의 생계를 보장하고 소비력을 계속 갖도록 하기 위해 국가는 실업보험, 의료보험, 노후보험 등 각종 복지지출을 통해 사회의 안정을 꾀한다. 이러한 체제를 복지국가체제라고 한다.

다만 이러한 단체협약제도와 사회보장 같은 사회적 조절장치들은 포드주의에 의해 자동적으로 달성된 것은 아니며 노동자들과 지식인들이 오랫동안 투쟁한 성과로서 달성된 것이라는 점을 유의해야 한다.

이제 위에 열거한 여러 요소를 종합해 보자. 한편으로는 대량생산기계의 도

〈그림 2-7-1〉 포드주의적 호순환

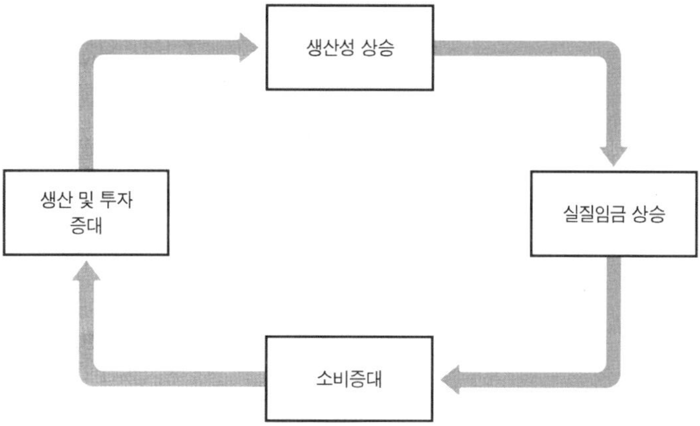

입, 다른 한편으로는 노사타협에 의한 노동 측의 협력에 의해 생산성이 향상되고 대량생산이 이루어진다. 생산성 향상에 따라 고임금이 가능해지고 이는 소비재 수요의 증대를 가져온다. 이에 따라 그 부문에 투자되어야 할 설비의 필요성이 높아지며 이는 다시 한층 더 많은 생산의 증대를 가져온다. 이리하여 '생산성 상승 → 실질임금 상승 → 소비증대→ 생산 및 투자 증대 → 생산성 상승'이라는 포드주의적 호순환(好循環)이 생긴다(〈그림 2-7-1〉).

이상과 같이 '대량생산-대량소비'의 실현과 더불어 '테일러주의의 수용-생산성 연동 임금'의 수용을 핵심으로 하고, 단체교섭제도와 더불어 호순환 구조를 유지할 수 있는 각종 사회보장제도와 케인스주의 복지국가체제가 결합된 것이 바로 포드주의이다.

컨베이어 벨트를 도입한 대량생산체제의 확립은 노동자의 노동방식에도 커다란 변화를 가져왔는데, 즉 작업이 세분화되고 노동이 단순화됨으로써 결과적으로 컨베이어 벨트 시스템에 노동자가 종속된다는 특징을 가지게 됨으로써 기계에 의한 인간소외라는 현대사회의 심각한 문제를 제기하게 되었다. 예컨대 포드사에서는 1920년대에 실린더, 엔진 조립, 차체 조립 등의 생산부문 공정이 종전의 18공정으로부터 500공정으로 세분화되었으며 이에 따라 종래의 고정식 조립라인에서 한 사람이 담당하던 작업이 컨베이어 시스템에서는 29명이 세분해 작업하는 방식으로 바뀌었다. 각 작업자가 담당하는 작업의 내용은 사이클타임이 매우 짧고 내용이 단순반복적이며 라인의 속도에 따라 작업의 속도가 정해지는 것이었는데 1공정의 작업시간은 약 2분으로 단축되었다.

포드주의적 축적체제는 제2차 세계대전 후 1970년대 중반까지 선진 자본주의 국가에서 순조롭게 작동해 왔는데 이를 흔히 황금시대(Golden Age)라고 부른다. 포드주의는 유례없는 고성장과 완전고용, 물가안정, 국민 생활수준의 향상과 높은 복지수준 등을 가져왔으며 그 근저에는 '대량생산-대량소비', '고생산성-고임금' 체제가 자리 잡고 있었다. 그러나 1970년대에 들어서면서 포드주의는 위기에 빠지게 된다. 경제성장률과 생산성 상승률은 저하되고 높은 실업률과 물가상승이 가속화되었던 것이다. 이러한 세계 자본주의의 장기적 침체는 단지 일시적 경기순환이나 석유가격 혹은 임금의 급속한 상승 등에 의한 것으로만 볼 수 없으며 포드주의의 '구조적 위기'로 보아야만 한다. 즉, 포드주의의 호순환 구조가 쇠퇴하는 과정으로 보아야 한다는 것이다.

그렇다면 이러한 포드주의의 호순환 구조는 왜 쇠퇴하게 되었는가? 여기에는 여러 가지 원인이 있겠지만 무엇보다도 노동의 내용과 노사관계의 변화가 포드주의의 위기의 가정 중요한 요인으로 작용했다.

첫째, 생산성 둔화와 테일러주의적 작업조직의 위기 등 생산 국면에서의 위기이다. 포드주의의 위기는 우선 무엇보다도 생산성 향상의 둔화라는 현상으로 나타났다. 이는 생산기술의 한계와 더불어 테일러주의 및 포드주의적 노동과정이 가지고 있는 근본적인 문제점에서 생산성의 둔화의 그 원인을 찾아야 한다. 즉, 테일러주의적 작업조직은 작업내용을 극도로 단순화·파편화해서 노동자를 기계의 부속품과 같은 존재로 만든다. 노동자들은 일체의 사고기능을 뺏긴 채 하루 종일 기계에 매달려 단순작업을 반복하는 존재에 불과해진다. 생각하는 기능(구상)과 손을 쓰는 기능(실행)의 분리, 극도의 노동의 세분화와 단순화라는 포드주의 자체의 노동과정은 노동자들의 저항을 불러일으킬 만큼 비인간적이라는 데 근본적인 문제가 있는 것이다. 노동자들의 저항은 작업상의 태만, 무단결근, 높은 이직률 등의 소극적 형태에서부터 파업이나 공장점거 등의 적극적인 형태로까지 표출되었다. 이에 따라 1950년대부터 1960년대에 걸친 포드주의의 놀라운 성공은 그 한계를 드러내게 되었던 것이다. 이와 같이 생산성이 하락하면 자본의 이윤율이 떨어지게 되는 것이고, 그에 따라 투자가 감소하며, 시장이 위축되어 성장 둔화, 실업 증대가 이루어진다는 것이다. 이렇게 해서 포드주의적 호순환 구조는 원만히 돌아가지 못하게 된다.

둘째, 포드주의적 노사타협의 위기이다. 단체교섭의 제도화에 따른 임금, 고용상의 경직성으로 인해 생산비가 지나치게 상승하고 작업조직의 변경이 어렵게 된다. 1970년대 초반의 생산성 둔화에도 불구하고 단체교섭에 의한 임금

상승은 경직적으로 유지되어 자본의 수익성을 더욱 감소시켰으며, 노동시장의 경직성 역시 뚜렷해졌다. 이러한 가운데 임금의 생산성연동제가 해체되면서 포드주의 시대의 노사타협은 점차 사라지게 된다. 이제 포드주의적 노사관계는 심각한 동요 국면에 놓일 수밖에 없다. 포드주의적 한계가 드러나고 노사가 분배해야 할 몫이 적어지면서 임금타협은 기존의 틀을 유지할 수가 없게 되었다. 게다가 노동 측은 노동과정상의 경직성에 대해 끊임없이 저항을 계속해 왔고 이러한 저항은 자본 측의 생산성 향상을 더욱 정체시켜 왔던 것이다. 즉, 포드주의적 노동과정의 내재적 모순에 의한 생산성의 위기에다 분배의 위기가 겹치면서 생산성 임금-대량소비의 장치는 마비되고 포드주의적 호순환 구조는 붕괴하게 된 것이다.

2) 일본식 생산방식의 내용과 그 평가

선진 자본주의 국가들이 포드주의의 위기에 빠진 지 20여 년, 그동안 위기를 탈출하려는 선진 각국은 여러 가지 시도를 계속해 왔으며 이를 설명하려는 이론도 여러 가지가 제기되고 있는데 이를 총괄해 포스트 포드주의(Post-Fordism)론이라고 부른다. 포스트 포드주의란 '포드주의의 후(後)' 내지 '탈(脫)포드주의'라는 의미로서 포드주의의 한계를 극복하고자 하는 축적체제를 의미하지만 아직 명확하게 포스트 포드주의적 축적체제라고 부를 만한 축적체제가 성립된 것은 아니며 여러 가지 가능성을 모색하고 있는 단계에 불과하다.

그러한 포스트 포드주의에는 여러 가지 유형이 있지만 그중 오늘날 주도권을 잡고 있는 것은 일본식 생산방식(토요타주의)이다. 일본의 토요타주의가 주목받는 이유는 우선 일본의 성공과 관련이 있다. 그러나 성공의 양적인 측면만으로 일본의 토요타주의가 관심의 초점이 되는 것은 아니다. 무엇보다 토요타주의가 각광받았던 이유는 다른 선진국들이 포드주의하에 정체와 위기를 겪고 있을 때 토요타주의야말로 압도적으로 우세한 경쟁력을 가지고 불황을 헤쳐

나왔기 때문이다.

토요타주의 혹은 일본식 생산방식은 여러 가지 다양한 요소로 구성되어 있는 체계로서 생산체제면에서는 JIT(Just-In-Time, 적기생산방식), 혼류생산(다양한 모델의 자동차가 하나의 라인 위에 흐르는 것), 소로트(小lot) 생산(단위생산당 생산대수를 적게 하는 방식), 범용기계의 활용 등이 있으며, 노동력 편성과 활용면에서는 다능공화, QC, 직무순환 등이 있다. 이 외에도 노동자 통제, 노사관계전략 등의 노사관계까지도 포함하고 있다. 이 세 가지 측면은 별개의 것이 아니라 서로 긴밀하게 연결되어 있으며 일본식 생산방식을 제대로 이해하기 위해서는 이들 모두를 함께 고려해야 된다. 즉, 일본식 생산방식은 하나의 통합적 생산체제로서 이해되어야 한다.

일본식 생산방식의 성격과 관련해서는 일본식 생산방식이 과연 포드주의를 대신할 만한 새로운 생산방식인가 하는 데 대해 많은 논쟁이 있어 왔다. 즉, 포스트 포드주의로서 일본식 생산방식을 볼 수 있느냐의 문제이다. 이와 관련해 긍정적 입장의 논자들과 부정적 입장의 논자들 간 견해 차이가 존재한다. 긍정적인 입장에 선 논자들은 일본식 생산방식을 포드주의의 극복대안인 포스트 포드주의로 이해하고 부정적 입장에 선 논자들은 일본식 생산방식이 포드주의와 질적으로 다른 생산방식이 아니라 단순히 이를 더 강화시킨 노동자 착취체제에 불과하다고 주장한다.

우선 긍정적 입장에서 바라보는 일본식 생산방식의 내용을 살펴보도록 하자. 여기서는 생산체제의 측면과 작업조직의 측면으로 나누어 생각할 수 있을 것이다. 생산체제의 측면에서 봤을 때, 소품종 대량생산 시스템이 포디즘이라면 일본식 생산방식은 다품종 소량생산이라는 점에서 차이가 난다고 할 수 있다. 그것은 일본 자동차 시장이 초기에 협소해서 소량 다품종을 생산할 수밖에 없었던 조건에서 파생한 것이지만 이것이 나중에 더 선진적인 방식이 되어 버린 것이다.

또한 포드주의는 전용기계를 사용하는 데 비해 일본식 생산방식은 범용기계를 사용하고 있다. 또 재고를 최소화하기 위해 무재고체제(JIT시스템)를 도입하게 된다. 또한 불량품이 발생할 경우 이를 자동적으로 감지해 기계작동을 멈출 수 있는 시스템(자동화)을 도입함으로써 품질향상을 가져온다고 한다. 이러한 것들이 유연적 생산방식이라고 할 수 있다는 것이다.

다음은 인간적 요소인 작업조직의 문제를 살펴보자. 포드주의에서는 작업관리의 문제를 테일러리즘에 의해 처리하고 있다. 즉, 구상과 실행의 분리, 직무구분의 엄격함, 업무의 단순반복이 그 특징이라 하겠다. 반면 일본식 생산방식과 같은 유연적 생산방식에는 이러한 테일러주의적 작업조직이 맞지 않는다. 일본식 생산방식은 적기생산, 혼류생산이기에 다기능공을 요구하며, 이를 달성하기 위해서는 한 노동자가 여러 직무를 번갈아 가며 담당하는 직무순환이 필요하다. 또 직무순환과 다기능화를 위해서는 엄격한 직무구분을 없애고 단위생산조직 내 노동자가 함께 힘을 모아 직무를 수행하는 팀제도가 도입된다. 따라서 직무는 통합되고 노동자는 다기능공으로 숙련이 형성된다. 한편 노동자들의 자발적 참여와 생산문제에 대한 적극적인 개선활동이 장려된다. 제안제도, QC서클, 개선활동 등이 여기에 해당한다. 구상과 실행의 통합도 이루어진다. 예를 들어 해당 조립자가 제품의 검사까지도 수행하게 되며 이에 따라 불량품 발생도 극적으로 감소한다. 또한 기계의 유지, 보수와 간단한 고장의 수리도 현장작업자가 수행한다. 결국 생산현장에서 노동자 참여가 이루어지는 것이다. 한편 노동자의 자발적인 참여와 헌신성을 장려하기 위해서 노동자에게 인센티브가 주어지는데, 즉 특별한 사정이 없는 한 퇴직 때까지 한 회사에서 계속 근무하도록 하는 종신고용제, 입사순서에 따라 임금과 승진순서가 결정되는 연공서열제가 그것이다. 이러한 요소들에 의해 노사협력이 구축되고 노사협력은 노동자 참여를 더욱 촉진한다. 즉, 노사협력은 이러한 통합적 체제의 결과이며 동시에 조건이다. 이와 같이 일본식 생산방식은 여러 요소가 정교하게 얽혀서 서로 긴밀하게 작용하는 통합적인 체계라고 할 수 있다.

반면 다른 많은 학자들은 일본식 생산방식에 대해 부정적인 견해를 제시한다. 이들은 일본식 생산방식이 포드주의적 생산방식에 비해 질적으로 새로운 생산방식은 아니라고 주장한다. 즉, 일본식 생산방식은 포디즘하에 '노동협약'이 이루어지지 않은 방식인 네오-포드주의(Neo-Fordism)이라는 것이다. 예컨대 벨트라인의 사용, 대량생산방식 등은 포드주의의 그것과 같으며, JIT 등은 포드주의의 개량 정도이다. 기본적인 골간은 같다는 것이다.

둘째로 작업조직을 살펴보면, 다기능공이라는 것은 구상과 실행의 통합을 이루는 기법이 아니라 노동강도를 강화하기 위한 수단이라고 한다. 즉, 다기능공에 의한 기계의 유지, 불량차의 수리 등은 비슷한 정도의 숙련을 요구하는 동일 수준의 작업을 병렬적으로 결합해 노동강도를 강화하는 데만 작용한다는 것이다. 노동자 참여도 단지 '생산성' 문제에만 한정되어 있고, 노동의 인간화 문제에 대해서는 전혀 참여가 이루어지지 않고 있다는 것이다. 여기서는 참여와 통제의 문제를 구별한다. 즉, 생산현장은 여전히 자본이 통제하고 있으며, 생산에 도움이 될 때만 한정적으로 노동자의 참여가 허용될 뿐인 것이다. 이와 같이 일본식 생산방식은 노동자의 육체뿐만 아니라 머리까지도 착취하는 초착취체계라는 것이다.

셋째로는 노동자들의 헌신적인 노동을 위해 노동자 간의 경쟁관계를 이용한다는 것이다. 일본식 생산방식에서는 제안활동이나 개선활동을 하지 않으면 안 되는 구조가 있다. 즉, 동료들 간의 상호감시, 상호압력에 의해 각자 열심히 일하지 않으면 안 되도록 하는 체제이다. 승진과 임금차별화도 노동자 간 경쟁을 촉진하는 역할을 한다. 즉, 포드주의는 경영이 직접 강제하는 반면, 일본식 생산방식은 노동자에게 심리적인 압박을 가해 착취를 한다는 것이다.

이상과 같이 일본식 생산방식의 성격에 관한 찬반 양론의 입장을 정리해 보았다. 그러나 이 두 가지 성격은 동전의 앞뒤와 같다. 다시 말해 일본식 생산방식은 부정적인 측면과 긍정적인 측면이 공존하면서 전체적으로 고도의 경쟁력을 갖춘 교묘한 체제를 구성하고 있다고 볼 수 있다.

문제는 이와 같이 긍정적 측면과 부정적 측면이 일체화된 교묘한 시스템을 통해 전체적으로 노동자들의 자발적 헌신성과 노동자 간 경쟁체제를 구축함으로써 장시간 노동, 초고밀도 노동과 과로사, 노동조합의 세력 약화, 낮은 사회복지수준 등으로 귀결되는 메커니즘을 일본 자본주의가 가지고 있다는 것이다. 더욱이 일본식 생산방식은 그 우수한 효율성으로 인해 세계 각국으로 수출, 이식까지 되고 있어 앞으로 세계적인 자본-노동관계를 규정짓는 또 하나의 중요 요소가 될 것으로 보인다.

3) 일본식 생산방식과 노동강도 및 노동밀도의 강화

토요타 생산방식은 테일러 시스템(Taylor system=과학적 관리법)이나 포드 시스템(Ford system=대량 조립라인 방식)을 대체해 탄생한 다품종 소량생산 시대에 걸맞은 대표적인 생산방식이란 칭송을 듣고 있으며, 여러 나라에서 이를 모방, 도입해 채용 중이다.

그러나 그러한 높은 생산성, 좋은 품질, 우월한 국제경쟁력이라는 성과 뒤에는 선진국 중 가장 긴 장시간 노동, 노동현장에서의 과밀노동, 작업과정의 고스트레스 등 토요타 생산방식이 노동자에게 미치는 부정적 영향이 숨겨져 있음을 인식해야 할 것이다.

(1) 장시간 노동

1991년 일본 노동자들의 연간평균 노동시간은 2008시간이다. 이는 물론 연간 2600시간이나 일하는 한국 노동자들의 노동시간보다는 짧지만, 미국·영국보다는 1년간 약 200시간, 독일·프랑스보다는 약 500시간 더 긴 것이다. 더욱이 이 공식통계보다 실제 노동시간은 더욱 길어서 잔업 등을 포함하면 일본 노동자들은 평균적으로 연간 3천 시간 가까이 노동하고 있다고 한다.

이와 같이 일본의 노동시간이 선진국으로서는 너무 길다는 사실이 국제적으로 강한 비판을 받고 있고, 또한 일본 정부도 노동시간 단축을 정책목표로 내걸고 있음에도 불구하고 현실적으로 노동시간 단축은 거의 실현되지 않고 있는데 그 이유는 일본식 생산방식의 독특한 구조적 특징 때문이다.

일본식 생산방식의 특징은 반(班) 단위의 집단작업이다. 이 경우 반원 한 사람이 결근하면 나머지 반원들이 그 일을 메우는 방식의 자기규제적인 출근제도가 만들어져 있기 때문에 노동자들은 동료 노동자들에게 미치는 피해를 의식해서 지각 또는 결근을 하기가 어렵다. 이 점은 결근하는 노동자 자리를 메울 예비 노동자를 항상 확보하고 있는 전통적인 미국식 자동차 공장과는 다르다. 이 사실은 구미 기업의 경우 80%가량의 출근율을 전제로 생산, 요원계획을 짜는 데 비해 일본 기업들은 일반적으로 출근율 95% 정도를 전제로 생산, 요원계획을 짜는 것을 보더라도 알 수 있다.

그 결과 연간결근시간을 보면 선진국 중 가장 높은 스웨덴이 230시간인 데 비해 일본은 겨우 36시간에 불과하다.

일본의 노동자들은 개인적인 일이 있더라도 휴가를 취하지 못하며, 또한 휴일출근도 자주 한다. 일본 자동차 산업의 평균 유급휴가는 매년 20일이 주어지지만 1993년 통계에 의하면 실제 노동자들이 쉬는 날은 14.5일에 불과한 것으로 나타났다. 이에 비해 구미에서는 80% 정도의 출근율을 전제로 노동자의 휴가, 휴일 스케줄이 정해진다. 휴가도 가지 않고 장시간 노동에 구속되는 일본 직장의 특징은 일본적 생산시스템의 '자기규제적 팀제도'에 기인한 바가 크다 하겠다.

〈표 2-7-1〉은 일본과 독일의 자동차 산업에서 연간노동시간을 비교한 것이다. 이 표에서 보는 바와 같이 연간결근 시간이 독일의 경우 1992년에 11.6시간에 달하는 데 비해 일본에서는 17.3시간에 불과하며 유급휴가 역시 독일에서는 30.2일인 데 비해 일본에서는 10.4일에 불과하다. 반면 시간 외 노동은 독일에서는 연간 58.6시간에 불과한 반면 일본에서는 연간 172.4시간에 달한다. 그 결과 연간노동시간은 독일에서는 1587시간인 반면 일본에서는 2058시간으로 독일보다 무려 500시간 가까이 많은 형편이다.

〈표 2-7-1〉 독일과 일본의 자동차 산업 연간노동시간 비교

	독일			일본		
	1980	1990	1992	1980	1990	1992
연간일수(일)	365	365	366	365	365	366
−휴일(일)	114.7	116.7	114.1	95.0	107.9	113.5
=연간노동일수(일)	250.3	248.3	251.9	270.0	257.1	252.5
−유급휴가(일)	29.0	30.1	30.2	10.2	9.6	10.4
=연간실노동일수(일)	221.3	218.1	221.7	259.8	247.5	242.1
×1일당 노동시간(시간)	8.0	7.4	7.4	7.8	7.8	7.9
=연간노동시간(시간)	1,770.0	1,614.7	1,640.6	2,016.0	1,937.9	1,902.9
−공제시간(시간)	136.0	94.5	112.6	28.7	17.2	17.3
(질병)	123.0	92.2	93.0	-	-	-
(단시간 노동)	13.0	2.1	19.6	-	-	-
(노동쟁의)	-	0.2	-	-	-	-
+시간 외 노동(시간)	83.0	65.8	58.6	236.0	253.0	172.4
=연간실노동시간(시간)	1,717.0	1,586.1	1,586.5	2,223.3	2,173.7	2,058.0

자료: 全日本金屬産業勞動組合協議會(1994).

휴가도 가지 못하고 장시간 노동에 구속되는 일본 직장의 특징은 일본적 생산체제의 '자기규제적 집단체제'에 기인한 바가 크다.

장시간 노동의 두 번째 요인은 일본식 생산체제에서 통상의 작업계획 가운데 잔업이 편입되어 있다는 점이다. 〈표 2-7-1〉에서 보듯이 일본 금속산업의 잔업(연간 소정 외 노동시간)은 1980년의 236시간에서 1992년에는 172.4시간으로 감소하기는 했으나 여전히 독일에 비하면 3배 정도의 장시간 잔업을 하고 있다(대우자동차의 경우 1996년 연간 초과근로시간은 623.6시간으로 토요타자동차의 4배에 달함). 그런데 그중 대부분은 항상적 잔업이다(즉, 정규일과표 속에 포함되어 있는 잔업임).

장시간 노동 세 번째 요인은 일본적 생산체제, 그중에서도 특히 JIT체제에서는 생산목표를 그 날 안에 달성해야 한다는 점이다. JIT체제에서는 기계설비가 100%의 가동률을 보이는 것을 전제로 생산계획, 목표가 설정되어 있다(구미의 자동차 공장에서는 85% 조업을 전제로 함). 또한 '표준작업'에서도 작업자나 기계의 이상으로 발생할 수 있는 다운타임(down time)을 전혀 계상하지 않

고 있으며, 더욱이 그것은 여유시간 제로(zero)로 작성되어 있다. 이 때문에 설비기계의 문제 등으로 필연적으로 발생하는 다운타임은 그대로 잔업을 필연화하게 된다.

더욱이 JIT체제에서는 생산의 연속성과 동기화가 극단적으로 추구되므로 생산계획은 반드시 그 날 안에 달성되지 않으면 안 된다. 따라서 잔업은 항상적인 것으로 되지 않을 수 없다. 또 그 날의 생산목표가 달성될 수 있을까 여부는 그때가 되지 않으면 알 수 없다. 오늘은 몇 시까지 잔업한다고 하는 것이 그 날이 되어서야 돌발적으로 요구되는 것이다. 따라서 돌발적인 잔업의 결정은 노동자의 생활설계 자체를 무시한 것이라고 하지 않을 수 없다.

실제로 일본의 마쓰다자동차가 미국에 합작 투자한 공장에서 이러한 잔업 결정방식을 도입하려고 하다가 노동자 측이 강력히 항의하는 바람에 공장 측은 잔업에 대해 노동조합의 사전 승인을 얻기로 약속하지 않으면 안 되었다는 보고도 있다. 그러나 일본에서 잔업 결정은 기업의 전제적인 권리로 되어 있어 조합의 규제를 전혀 받지 않는다.

이상의 장시간 노동에 더해 일본 노동자들은 QC활동 등 근무 외에 회사에 구속되는 시간과 장시간 통근 등이 더해진다는 점을 생각할 때 자유로이 사용할 수 있는 시간을 거의 가지고 있지 않다고 봐도 좋다.

(2) 과밀노동

일본 노동직장에서의 과밀노동문제에 대해서는 다음 두 가지 측면, 즉 ① 직장은 노동자를 한계에 이르기까지 삭감하고 최소한의 인원만 배치하고 있다는 것, ② 1인 노동자가 담당하는 일의 양이 한계에 이르기까지 넓다는 것부터 검토해 보자.

첫째, 토요타자동차에서 생산, 요원계획은 기업이 일방적으로 결정하는 방식이다. 앞에서 보았듯이 직장의 요원 배치는 항상적인 잔업을 전제로 결정되며, 직장의 생산목표도 항상적으로 부족한 인원을 가지고 작업을 수행하는 체제이다. 표준작업표를 끊임없이 개정해 노동밀도를 높임으로써 수요의 증대기에도 필요 작업자수를 감소시킬 수 있는 것이다.

이러한 체제의 결과로 일본적 생산체제의 공장에서는 최소한의 인원으로 한계량의 작업을 수행하고 있는 것이다. 노동자들은 작업장에서 앉지도 못하고 선 채로 바쁘게 일하고 있으며 작업시간 중 화장실 출입은 물론이고 담배 한 대 피울 시간도 없다.

둘째, 표준작업의 작성방법과 개선방식이 노동밀도를 극단적으로 높이는 것으로 되고 있다. 토요타 생산방식의 해설서에 의하면 표준작업이란 "사람의 동작을 중심으로, 불필요한 것이 없는 순서로 사람과 기계, 물건을 가장 효율적으로 조합시키는 것으로서, 그 조합의 과정을 작업의 조합이라고 부르며, 그 조합의 집약된 결과가 표준작업이다"라고 설명하고 있다.

표준작업은 ① 사람의 동작을 중심으로 하며, ② 되풀이되는 작업이 대상이 되며, ③ 작성은 현장에서 이루어진다는 것을 원칙으로 한다. 표준작업은 각 공정의 수작업시간 및 보행시간 등을 밝히고 택트타임 내에 한 사람이 어느만큼 범위의 공정을 담당하는지 결정하는 것이다.

토요타자동차의 요원계산의 기초인 표준작업의 시간요소(기준시간)의 작성방법은 다음과 같은 특징을 가진다. ① 가장 숙달된 노동자의 최단시간을 기준으로 작성된다. ② 여유율(시간)로서 겨우 직제여유(職制餘裕) 6%밖에 고려하지 않는다. 빠듯한 작업시간으로 작성된다. ③ 회사에서 가장 우수한 직장이 기준으로 작성된다.

이처럼 표준작업이, 사내에서 가장 우수한 직장의, 가장 숙달된 노동자의 작업을 기준으로, 더욱이 여유율은 직제율만 보장하는 것으로서 작성된다.

그 결과 토요타에서는 극히 빡빡한 작업내용이 표준작업으로 설정된다. 작업여유(주유, 소조정, 청소, 작업연락), 관리여유(지시 대기, 운반 지체, 작업 토의), 피로여유(작업 시 능률저하 보상), 조달여유(물 마시기, 땀 닦기, 세수, 용변), 라인여유(라인에서 발생하는 공정 간 불균형) 등 인간이 노동할 때 절대적으로 필요한 시간이 전혀 보장되어 있지 않은 비정상적인 상태가 표준작업인 것이다.

이와 같이 비정상적인 현상이 발생하는 이유는 표준작업의 설정에 관해 일본의 많은 기업이 노동조합의 규제를 전혀 받지 않기 때문이다. 구미에서는 표준작업의 설정을 조합이 전면적으로 규제하는데, 조합의 존재이유가 여기에 있다고 해도 좋을 만큼 노동조건의 기본적인 문제로서 전통적으로 취급되어 온 역사가 있다.

또 하나의 문제는 전혀 여유가 없는 표준작업이 설정되어 있으면서도, 이에 대해 낭비의 배제라는 이름 아래 개선활동이 지속적으로 전개되고 있다는 점을 지적할 필요가 있다. 토요타 생산방식의 해설서에는 다음과 같이 기록되어 있다. "표준작업이란 여기서 완성되었다고 말할 수 있는 것은 아니다. 개선된 시점에서의 조건이 항상 변화하므로, 말하자면 살아 있는 생물로서 한층 개선해 가는 노력이 필요하다."

전혀 여유가 없는 표준작업을 설정하고서도 이로부터 대기시간 및 작업교체시간의 단축을 지향해 불필요함의 배제가 끝도 없이 추구되는 것이다.

미국 자동차 회사 노동자들의 1분간 실제 노동시간이 평균 45초인 데 비해 마쓰다 자동차의 미국 내 합작공장 노동자들은 1분간 57초를 일하고 있다는 보고도 있다. 이를 주 5일 근무로 환산하면 하루의 노동시간에 해당하는 8시간만큼 더 일하는 셈이다.

어떤 외국의 저널리스트가 이 공장을 견학하고는 "일본의 노동자는 마치 춤을 추고 있는 것 같다"고 표현한 것도 무리는 아니다.

(3) 과도한 스트레스

일본적 생산체제는 노동자에게 극도의 스트레스를 강요하는 노동편성이다. 일본적 생산체제는 팀작업에 의한 집단의 압력, '소인화'와 여유시간 제로로부터 나오는 과밀노동 등에 더해 JIT체제가 노동자에게 고도의 긴장감을 가져오게 만든다는 측면도 있다. 그러한 까닭에 토요타와 GM이 미국 캘리포니아에 세운 합작공장인 NUMMI(New United Motors Manufacturing Inc.)를 관찰한 Parker and Slaughter는 일본의 JIT체제를 '스트레스에 의한 관리(Management-by-Stress)'라고 부르면서 다음과 같이 말하고 있다.

"우리는 이 체제의 실제 작동방식에 주목해 '스트레스에 의한 관리'로 부르고자 한다. 스트레스에 의한 관리는 생산을 규제하고 촉진시키기 위해 육체적·사회적·심리적 등 모든 종류의 스트레스를 사용한다. 그것은 계통적인 스피드 업(speed up), JIT에 의한 부품의 인도, 작업방법에 대한 엄밀한 통제 등을 결합시키고, 실수를 허용하지 않으며, 거의 숨쉴 여유도 없는 생산체제를 형성하고 있다."

미국에서 일본계 기업의 공장은 깨끗하고 공장이라기보다는 예술가의 아틀리에 같다고 평을 받고 있다. 이것은 일본의 공장에서도 실시되고 있는 4S(정리, 정돈, 청소, 청결)운동의 성과이다. 이러한 4S운동은 JIT를 도입하기 위해 필요한 환경을 이룬다. 그것 없이는 공장규율을 확립할 수 없기 때문이다. 즉, 노동자가 공장규율을 잘 지킨다는 의미에서의 4S를 몸에 붙이고 그 위에서 JIT를 도입하지 않으면 JIT 자체가 성공할 수 없는 것이다. 왜냐하면 JIT체제는 노동자에게 규율 있는 직장질서 가운데 긴장감을 가지고 작업하도록 요구하고 있기 때문이다.

생산라인 위에 걸려 있는 3색의 '안돈' 게시판은 JIT의 목표를 여실히 보여준다. JIT체제의 공장에서 등이 항상 녹색인 것은 바람직한 상태가 아니다. 그것은 시스템이 극한까지 빠르고 유효하게 움직이고 있지 않다는 것을 의미하기 때문이다. 예컨대 라인의 속도를 높임으로써 시스템에 긴장을 주면, 제일 약한 곳이 확실해져 황색이 많아진다. 적색이 되어 라인이 멈추는 곳도 생긴다. 이러한 곳을 알아내어 개선하는 것이 관리자의 임무인 것이다.

상태가 나쁜 곳이 바로잡힌다면 결국은 사람수를 감소시키는 것에 의해 시스템에 한층 더 스트레스를 가할 수 있다. 이 시스템의 이상은 모든 직장이 녹색이거나 황색으로 되어 있는 상태이다. 라인속도를 증가시키든지, 노동자나 기계를 감소시킴으로써 노동자의 작업량을 증가시키는 것에 의해 이 시스템에 스트레스가 가해진다. 모두 녹색인 직장은 노동자를 감소시키거나 작업량을 증가시키지 않으면 안 되는 것이다.

JIT시스템은 최종 공정에서 필요로 하는 것만큼만 전공정으로부터 생산부품, 재료를 가져오고, 전공정은 후공정에 이끌리는 만큼만 생산하는 '끌어당기기' 방식이다. 더욱이 재고가 제로인 상태로 JIT는 생산 전체의 결합(동기화)이 강한 체제이다. 따라서 여기서의 생산은 항상 쫓기는 상태이며, 실수는 물론이고 시간상의 오차도 허용되지 않는다. 가공품은 라인 위를 물 흐르듯이 진행되도록 요구받는다. 재고가 전혀 없어서 중간의 공정이 정지될 때는 하류공정의 전부가 정지될 수밖에 없으며, 상류공정도 정지되는 것이 JIT의 원칙이다.

이처럼 JIT로 상징되는 일본적 생산체제가 어떻게 노동자에 대해 긴장에 의한 스트레스를 가져오는 것일까? 일본전기노련의 조사에 의하면 일본의 노동자는 '직장생활의 만족도'나 '회사 충성심' 그 어느 쪽도 국제적으로 봤을 때 비교적 낮은 수준이다. 유일하게 높은 비율을 보인 것은 '실수를 하면 큰 결과가 된다'고 하는 일에서의 긴장감이다. 코야마 요이치(小山陽一) 등이 토요타자동차의 노동자들을 대상으로 조사한 바에 의하면 직장생활에 불만이라고 대답한 사람이 조사대상자의 90%에 가까웠으며 특히 노동시간, 노동내용, 노동밀도, 임금 등에 대한 불만이 높았다(小山陽一, 1985).

일본에서는 최근 '서서 하는 작업 연구회'에서 토요타 생산방식이 노동자의 육체적·정신적 부담을 어떻게 과중한 것으로 만들고 있는가, 또 그것이 어떻게 스트레스와 관련되어 있는가에 대해 노동의학의 입장으로부터 조사, 연구를 시작했다. 이에 의하면 JIT에서의 노동부담으로서 ① 긴장해 선 자세와 빠른 걸음으로 걷는 작업자세가 노동자에게 어떻게 과중한 부담을 주고 있는가, ② 사이클타임이 결정되는 메트로놈(시간측정기)에 의해 동작이 어떻게 인간의 자연스럽고 적정한 리듬을 깨뜨리는가, ③ 눈에 보이는 관리에 의해 노동자는 서둘게 되고, 더욱더 강한 긴장과 보다 세심한 주의를 지속시키게 되는데 이는 어떻게 과도한 스트레스를 가져오는가라는 세 가지 점을 긴급하게 해결해야 할 연구과제로서 제기하고 있다.

오늘날 일본에서는 직장에서의 지나친 스트레스로 과로사하는 직장인들이 급격하게 늘어나 커다란 사회문제로까지 되고 있는바 그 원인은 이와 같은 일본식 생산방식의 특수성에 기인한 것이라고 하겠다.

2. 구조조정과 노동조합의 대응에 관한 선진국의 사례

1) 일본

(1) 일본식 생산방식의 자기개혁

세계를 휩쓸던 일본 자동차 산업은 1980년대 후반부터 1990년대 초에 걸쳐 여러 가지 문제에 봉착하게 된다. 그중에서도 가장 중요한 문제는 노동력 부족의 심각화였다. 앞에서 살펴본 일본 자동차 산업의 장시간 노동, 과밀노동, 고스트레스 노동 등으로 인해 자동차 공장은 대표적인 3D 직장으로 알려지게 되었으며 이에 따라 일본 젊은이들이 자동차 공장에 취업하는 것을 기피하게 됨으로써 노동력 부족문제가 심각화되었던 것이다. 특히 1980년대 말~1990년대 초는 버블경제 시기로서 토요타의 1990년 자동차 생산량은 490만 대로 사상 최고를 기록했으며 주문이 밀리는 상황이 계속되었다. 이러한 가운데 노동자를 모집하더라도 필요수가 확보되지 않았을 뿐만 아니라 퇴직자가 속출했고 특히 입사 1년 미만의 신입사원 퇴직률은 20%에 달했다(丸山惠也, 1995: 251). 이러한 노동력 부족은 기간공(期間工)이라 불리는 임시노동자로 보충해 공장 노동자의 40%가 임시노동자로 충원되는 공장도 생겼다. 더욱이 이 시기에는 잦은 차종 변화, 차종의 다양화, 차량 옵션의 다양화, 조립부품수의 증가 등으로 작업은 빈번하게 변화하고 일에 대한 경험과 숙련이 요구되는 상황이었지만 공장은 노동자 부족과 다수의 미숙련 노동자로 인해 숙련 노동자에 대응하는 데도 한계가 생겼다.

이러한 상황에서 토요타는 타하라(田原) 공장을 완전 자동화해 거액의 자동설비를 갖추었지만, 고급차의 수요가 사라짐에 따라 이 거액의 설비투자는 고스란히 토요타의 경영을 압박하게 되었다. 자동화 투자는 그 효율성 면에서나 노동력 절약효과 면에서 기대와는 달리 저조한 결과를 나타냈다. 이처럼 비용이 높고 유연성이 없다는 결함을 가진 타하라 공장의 경험은 다음 단계로 큐슈 미야타(宮田) 공장의 신설과 모토마치(元町) 공장의 재편 등 토요타 체제의 자기개혁으로 나타났다.

이 2개 공장에서 토요타는 새로운 실험에 착수했다. 이 자기개혁을 지향하는 시도는 〈표 2-7-2〉에서 보듯이 첫째, '일하는 사람에 대한 동기부여', 둘째, '누구라도 일할 수 있는 공정 만들기', 셋째, '일할 의욕에 부합되는 자동화', 넷

〈표 2-7-2〉 토요타자동차 모토마치 공장, 미야타 공장의 '공장개혁'의 개념

차세대의 조립라인을 구축하기 위한 요건		모토마치 제2조립공장에서의 실시내용(기존 라인의 제약하에서 구축)	큐슈 공장에서의 실시내용
1. 일하는 사람에 대한 동기부여	자율형 완결공정 그룹별로 의미 있는 작업을 모음으로써 명확한 책임과 권한을 가짐	• 기능단위로 라인을 5분할 트림라인: 배선, 인파넬 섀시 No.1: 리어 서스펜션 섀시 No.2: E/G, 프론트 서스펜션 파이널 No.1: 내장(內裝), 윈도우 파이널 No.2: 액 주입, 마무리	• 조별, 기능단위로 라인을 11개로 분할
2. 누구라도 일할 수 있는 공정 만들기	TVAL(작업부담의 정량평가방법) 해석에 의한 작업부담의 감소	• 작업대의 높이를 조절(트림라인) • 중량보조장치 • 폭넓은 컨베이어	• 승강기능 부착 컨베이어 • 중량보조장치(스티어링 보스트 등) • free cushion moving floor
3. 일할 의욕에 부합되는 자동화	사람과 공존할 수 있는 자동기계의 도입	• 작업라인 내에 소규모 자동기계를 설치(엔진 탑재, 타이어 부착)	• 작업라인 내에 자동기계 설치(엔진 및 리어 서스펜션 탑재, 타이어 부착)
4. 일하기 쉬운 환경 만들기	사회변화에 대응한 작업환경, 조용하고 밝고 개방감 있는 쾌적한 작업환경	• 공장 사이드에서 가동중지시간을 이용해 기분전환작업으로서 환경개선 실시 • 바람의 흐름이 있는 국지냉방방식	• 공장설계단계로부터 color coordinate • 부품선반을 비롯, 모두 1500mm 이하로 제한 • 공장 전체 중앙냉난방

자료: ≪工場管理≫, 第40券 第11號(1994).

째, '일하기 쉬운 환경 만들기' 네 가지로 요약될 수 있다.

① 일하는 사람에 대한 동기부여: 기능별 작업의 집약화와 완결공정화

지금까지 택트타임 내에서 담당하는 작업내용은 전혀 상호기술적으로 관련성이 없는 일의 집합으로 되어 있었다. 여기서는 일정하게 결정된 택트타임이 작업수행에 있어 가장 중요한 전제조건이었다. 그러나 미야타, 모토마치 공장에서는 지금까지 하나로 결합되어 있던 조립라인을 기능별로 분할해 완결공정을 지향하는 팀작업으로 담당시키는 조립라인 작업재편성상의 커다란 개혁을 단행했다. 미야타 공장에서 조립라인은 기능별 그룹, 서브그룹, 부품그룹으로 편성되어 있고 각 레벨에서 조립작업이 기능적으로 완결되는 형태로 분할되어 있다. 이 조립라인은 조[組, 대우자동차의 직(職)에 해당함]를 기본단위로 1조 1라인으로 분할되어 있으며 그 결과 전체 메인라인은 11개, 서브라인은 6개로 구성되었다.

모토마치 공장의 제2조립라인에서도 개선 전에는 각 라인마다 혼합작업이 이루어졌으나 개선 후에는 기능별로 완결공정이 이루어지도록 재편되었다.

새로운 작업편성은 각 작업자가 담당하는 부품이 가진 기능을 완결할 수 있도록 작업편성을 한 것이 특징이다. 지금까지의 작업편성은 생산효율의 향상을 지상명령으로서 추구하기 위해 세분화·단순화된, 아무런 맥락도 없는 요소작업을 조합시켰을 뿐이다. 따라서 여기서는 작업자에게 자기의 일을 전체와의 관련성 속에 위치하게 하는 것도, 그리고 일의 의미 자체를 이해하는 것도 곤란했다.

미야타 공장의 새로운 작업편성은 조립라인에서 취급하는 부품을 기능별로 분류해 52개의 기능별 그룹, 그리고 그것을 다시 106개의 서브그룹으로 구분한 뒤에 작업자는 이 부품그룹의 부품조립 일을 하게 되었다. 이리하여 작업자는 자동차 조립에서 자기가 어떠한 역할을 맡고 있고 어떠한 일을 하고 있는지 알 수 있게 되었다.

새로운 작업편성의 원리인 기능별 집약화와 완결공정화는 지금까지의 작업편성방식에 비해 작업자의 노동의욕을 불러일으키고 일층의 기능, 기술의 습득을 가능케 하는 것이다.

② 누구라도 일할 수 있는 공정 만들기: TVAL에 의한 공정개선

조립라인의 작업은 인간노동에 의존한다. 토요타의 노동자도 고령화가 진행되어 1990년대 말에는 40세 이상이 50%를 넘게 될 것으로 예상된다. 고령화의 진전과 여성의 사회진출이라는 상황에 대응해 조립라인의 작업을 누구라도 할 수 있도록 재편하지 않으면 안 된다. 이를 위해서는 취급중량의 경감, 작업자세의 개선, 작업부담의 경감 등을 진전시킬 필요가 있다. 토요타는 개별 작업부담의 정도를 객관적으로 평가하는 기준으로서 TVAL(Toyota Verification of Assembly Line, 작업부담평가)을 개발해 육체작업, 특히 근작업부담을 정량평가하여 개선작업의 우선순위를 정했다. TVAL을 사용해 종래의 조립라인작업의 요소작업 약 2403건에 대해 조사를 실시한 결과 TVAL값이 35 이상으로 작업부담도가 높은 작업 175건이 존재했으며, 이들 작업이 TVAL값을 높인 요인으로서 작업자세, 취급중량, 조립하중, 지속시간의 네 가지 인자를 분석한 결과 각 라인 모두 작업자세가 차지하는 비율이 높고 이어서 취급중량, 조립하중 순인 것으로 나타났다.

토요타는 이 중점적인 작업개선의 과제인 작업자세에 관해 구체적인 대책으로서 다음의 시책을 실시했다.

ⓐ 구부리는 자세의 작업에 대해 차체의 높이를 조절하기 위해, 리프트가 부착된 컨베이어를 도입(자동화, 미야타 공장), 목제의 디딤대를 설치(모토마치 공장)했다.

ⓑ 실내의 쭈그린 자세에 대해 '작업의 오픈화', 즉 도어 및 인파넬 등 실내 부착 부품을 차 밖에서의 서브 어셈블리로 이전하여 간단하게 세트방식으로 하거나 혹은 탑재보조장치를 도입해 개선했다.

ⓒ 위를 보고 작업하는 자세에 대해서는 새시라인에서 차량바닥작업은 위를 보고 하게 되어 등근육을 강하게 사용하기 때문에 이 공정에는 자동화 및 반자동화를 실시했다.

ⓓ 뒷걸음치며 하는 작업에 대해서는 움직이는 보도(맨컨베이어)와 왜건 대차를 도입했다.

이상과 같은 작업부담의 개선에 의해 미야타 공장의 새로운 조립라인에서는 TVAL값 50 이상의 작업은 전폐되고 35 이상은 89건으로 감소했다.

③ 일할 의욕에 부합되는 자동화: 인간과 공존하는 자동기계의 도입

토요타는 지금까지 타하라 공장에서 자동화 설비 도입에 있어 그 의의와 한계에 대해 많은 교훈을 얻은 바 있다. 기술혁신의 결과로서 자동화 설비가 이용방법에 따라서 상당한 생력화, 생산효율화, 인간노동의 부담 경감에 커다란 역할을 한다는 것은 말할 나위도 없다. 자동차 조립라인에서 지금까지 보았듯이 그 작업의 상당수는 인간노동에 의존하지 않을 수 없는 공정이다. 그렇다면 조립라인에서는 이 인간노동을 위주로 그것과 공존하는 자동기계를 활용하는 것이 극히 중요해진다.

지금까지 조립공정의 자동화는 안전확보 및 설비관리 문제 때문에 라인 밖의 자동화존에 집중 배치하는 것이 일반적이었다. 이를 미야타 공장에서는 인라인(in-line)화한 것이 특징이다. 지금까지의 라인 밖 집중배치방식은 각 자동기계를 직렬로 배치하기 때문에 한 대가 고장을 일으키면 자동화존 내의 전체 자동기계가 스테이션 내에서 정지해 가동률을 저하시켰다. 이 방식은 투자효율이 나쁜 시스템이었다. 또한 이 자동기계는 작업자와 분리되어 있기 때문에 그 관리는 담당보전요원이 맡아 왔다. 자동기계의 정지원인이 조립작업의 오조립 및 부품 불량이더라도 이상에 대한 처치는 보전작업자가 수행하므로 자동기계 정지의 원인 제거는 곤란했으며 또한 반대로 자동기계의 구조 및 동작 불량에 의한 작업 중지에 대해서도 조립라인의 작업자가 자동기계를 개선하는

것은 곤란했다. 여기서 작업자가 자동기계를 관리, 개선하기 쉽도록 이를 컴팩트화·슬림화하고, 조작 및 점검이 쉽도록 인라인화했다. 이리하여 미야타 공장에서는 인간과 기계가 공생을 이루는 방향이 구체화되었다.

④ 일하기 쉬운 환경 만들기: 사회환경의 변화에 대응한 작업조건의 개선

토요타는 지역사회와의 공생을 강하게 의식해 큐슈의 미야타 공장은 현지법인의 형태를 취하고 임원 및 종업원도 그 지역 출신자를 가능한 한 배치한다는 방침을 세웠다.

또한 공장 내도 밝은 색으로 색상 배합하고 공장 전체에는 에어컨이 설치되어 있다. 부품선반을 비롯해 공장 내의 선반류는 높이를 1.5m 이하로 낮게 만듦으로써 공장 전체를 한눈에 볼 수 있게 했다. 환경대책으로서 각종 세정(洗淨)에는 수계(水系) 파워워시 방식을 도입하고 있다. 소음, 방진대책으로서는 예컨대 4천 톤 프레스기는 바닥에 깔린 두께 372mm의 방음패널로 진동이 흡수되며 이 기계가 내는 굉음도 기계 전체를 덮고 있는 방음커버에 의해 흡수된다. 이러한 신공장에서는 젊은 여성노동자가 각 라인에서 다수 일하고 있다.

그러나 이상에서 보았던 일본적 시스템에 기반한 공장개혁은 그 기본적 특질을 이루고 있는 끊임없는 소인화, 표준작업, 개선활동 등의 관리방법에까지는 그 개혁이 미치지 못하고 있다는 점에서 근본적 한계가 존재한다. 그럼에도 불구하고 이러한 일본식 생산방식의 자기개혁은 지금까지의 효율지상주의를 억제하고 인간성을 회복함으로써 차세대 생산시스템으로서 역할을 하고자 하는 방향으로 첫걸음을 내딛었다고 평가할 수 있다.

(2) 노동조합의 대응

일본의 노동조합은 1950년대에 계급투쟁노선을 버리고 노사협조노선을 채택한 이래 일본 경제의 부흥과 발전을 통해 고용을 지키고 나아가 노동조건의 향상과 국민생활의 안정을 도모한다는 기본원칙 아래 기업의 생산성 향상 노

력에 적극적으로 협력해 왔다. 특히 자동차 산업에서는 노동조합이 생산성 향상운동을 적극적으로 추진해 왔다.

노조는 그 대신 기업의 발전에 공헌한 데 대한 성과배분으로서 임금, 보너스, 노동시간, 제수당, 복리후생, 직장환경의 개선 등 다양한 노동조건의 향상을 추구했다. 이러한 점에서 일본의 노동조합은 철저한 실리주의적 노조라고 볼 수 있다.

일본식 생산방식에 대해서도 일본의 노조는 기본적으로 그 효율성과 인간존중, 현장 중심의 경영이념을 긍정적으로 평가하면서 다만 이것이 작업자에게 지나친 부담을 지운다는 점, 일본식 생산방식을 지탱해 온 배경요인이 시대에 따라 변화하고 있다는 점(노동시간의 단축, 청년노동자의 감소, 근로관의 변화, 도로혼잡 심화, 외국의 반발) 등 부분적 문제점을 지적하고 있을 뿐이다(全日本金屬産業勞動組合協議會, 1994). 이와 같이 일본의 노동조합이 기본적으로 일본식 생산방식에 대해 긍정적 태도를 취하고 있는 이유는 한편으로는 실리주의적 노동운동에 기인한 것이지만, 다른 한편으로는 인간존중의 경영, 현장중심주의, 현장의 의사결정에 대한 노동자의 일정한 참여 등 경영 측 자세에 기인한 바도 크다 하겠다.

그러나 최근 생산성 향상을 위한 지나친 효율중심주의의 폐해가 나타나고 있다는 인식하에 일부 노조에서는 새로운 산업, 기업행동으로의 전환을 촉구하는 움직임도 부분적으로 나타나고 있다.

일본 자동차 산업 노동조합의 결집체인 전일본자동차산업노동조합총연합회(全日本金屬産業勞動組合協議會)는 1992년 '세계, 소비자, 종업원과 공생하는 자동차 산업으로'라는 슬로건 아래 ① 과당경쟁의 근절, ② 과다한 노동시간과 노동밀도의 완화, ③ 세계와의 공생, ④ 소비자와의 공생, ⑤ 종업원과의 공생, ⑥ 기업행동의 패러다임 변화 등을 촉구한 바 있다. 특히 자동차총련은 일본 자동차 산업의 경쟁력의 원천은 자동차 산업 노동자의 장시간 노동, 고밀도 노동에 있다는 점을 지적하고 연간 2200시간에 달하는 노동시간을 금세기 내에

1800시간까지 단축하도록 요구했다. 자동차총련은 이를 위한 구체적 방안으로서 시간 외 노동의 삭감, 유급휴가 취득률의 향상(연휴 컷 제로 운동), 상병휴가제도의 신설, 주 40시간 노동제의 완전 실시 등을 추진하고 있다.

그러나 실제로 노동시간 단축은 잘 안 되고 있으며 최근에는 오히려 시간 외 노동이 증가하는 경향이 나타나고 있다. 자동차총련은 1991년 봄 연간 소정 노동시간의 24시간 단축(휴일 3일 증가)을 요구했으나 이는 전혀 실현되지 않았다. 경영 측은 이러한 시간단축 요구가 총론으로서는 이해할 수 있으나 시간단축을 촉진하기 위해서는 생력화 투자가 필요한데 기업 간 경쟁을 고려하면 이는 곤란하다는 입장이었다.

자동차총련은 그 후에도 시간단축운동을 꾸준히 벌이고 있으나 그 성과는 크지 않다.

(3) 토요타자동차와 닛산자동차의 사례

일본은 한국과 마찬가지로 기업별 노조체제를 취하고 있으며 임금, 노동시간 등 노동조건을 위시해 노동조합이 교섭, 결정할 수 있는 사항은 모두 개별 기업 레벨에서 회사와 그 기업 내 노조가 교섭하고 있다. 종래 일본의 기업별 노조에 대해서는 직장규제 기능이 거의 없고 회사의 합리적 관리를 보완하는 기능에 머무르고 있다는 비판이 많았으며 더 나아가 경영자가 종업원들을 지배하기 위해 만든 어용조합과 마찬가지라는 비판도 있었다.

그러나 일본의 기업별 노조의 현실이 반드시 그런 것은 아니다. 물론 앞에서 본 대로 노조는 생산성 향상을 통해 기업의 성장, 발전을 도모하고 이에 의해 노동자의 생활 안정과 향상을 도모한다는 대전제를 가지고 있다. 따라서 일상적인 생산조정에 대해 노조가 생산제한적인 행동을 취하지는 않는다. 다만 과도한 노동부담에 대해서 노조는 발언을 하며 이에 의해 일정한 규제력을 행사하고 있다. 즉, 일본의 기업에서는 경영 측이 제안한 안을 종업원들에게 일방적으로 강요하는 것이 아니라 조합과의 의견조정을 거쳐 실시하는 것이며 이 과정에서 노조는 일정한 규제력을 행사할 수 있는 것이다. 이러한 의견조정의 루트로서는 첫째, 노사협의회를 통한 협의, 둘째, 현장의 조합 임원과 회사측 임원 간의 비공식적 대화를 주로 이용한다. 아래에서는 닛산자동차와 토요타자동차에서 이러한 의견조정이 어떻게 이루어지는지 실제로 살펴보자.

① 신기술 도입에 관한 협정

닛산자동차와 닛산노조는 1983년 3월 '신기술 도입에 관한 각서'를 체결했다. 당시 신기술이 고용, 근로조건에 미치는 영향이 커서 경영자와 노동조합의 관심을 모으고 있었다. 그러나 신기술의 도입에 대해 노사협정을 체결하는 대기업은 거의 없었다. 이러한 상황에서 닛산자동차와 같은 일본의 대표적 기업이 신기술 도입에 관한 협정을 체결했기 때문에 커다란 사회적 주목을 받았다. 그 내용은 다음과 같다.

첫째, 신기술 도입에 앞서 노사협의가 이루어진다.

둘째, 회사는 신기술의 도입을 이유로 한 해고, 일시 휴직을 행하지 않는다.

셋째, 회사는 신기술의 도입을 이유로 한 지위 강등, 노동조건의 악화 등을 행하지 않는다.

넷째, 회사는 안전, 위생을 확보한다.

다섯째, 회사는 필요한 교육훈련을 행한다.

이 협정은 닛산자동차에 있어 중요한 의미를 지니고 있었다. 1980년대 전반은 닛산자동차의 노사관계가 긴장되어 있던 시기였다. 이 때문에 닛산노조는 예컨대 안전이 충분히 확보되어 있지 않다는 이유로 회사가 계획한 신기술 도입을 거부한 적도 있었다. 회사로서는 이미 구입한 설비가 조합의 거부 때문에 공장에 설치되지 못한 채 방치되는 것이 부담이었다.

토요타자동차에서는 신기술 도입에 관한 협정은 체결되지 않았다. 회사는 이러한 협정이 회사를 곤란하게 만든다고 강경하게 반대했고 토요타 노조도 회사의 주장을 인정했기 때문이다. 사실 토요타자동차에서는 회사의 설비계획이 조합의 반대에 의해 변경된 적은 없다.

② 생산계획의 결정

양사 모두 다음 달의 생산계획은 회사에 의해 책정되지만 그 최종 결정에서는 닛산자동차와 토요타자동차가 큰 차이가 있다. 닛산자동차에서는 '생산체제 사무 절충'에 의해 회사와 노조가 대화하고 조합이 동의하지 않으면 다음 달의 생산계획이 결정되지 않는다. 닛산노조가 체크하는 것은 인원과 근무체제(소정시간, 잔업, 휴일출근)이다.

토요타자동차에서는 다음 달의 생산계획을 매월 20일경 열리는 '생산설명회'에서 회사가 노조에 설명한다. 내용은 인원, 휴일출근, 잔업예상 등에 대한 것이다. 이는 다음 달의 생산계획에 대해 '정보 제공'을 목적으로 하며 조합의 동의는 필요하지 않다. 다만 생산설명회에 앞서 이루어지는 공장 레벨의 생산계획, 인원계획 입안 시 노조 지부장 및 직장위원장이 생산계획에 무리가 있다고 판단할 경우 인원증원 등에 대해 회사 측에 요구안을 내놓으면 공장 인사부에서는 본사에 인원 증원 등을 요구한다. 이 같은 일은 1년에 2~3회 발생한다고 한다. 이처럼 노조가 직장의 인원문제에 대해 일정한 발언력을 가지고 있는 것은 사실이지만 이러한 노조의 관여는 회사의 합리적인 관리를 저해하는 것은 아니고 회사 측의 과도한 행동을 체크하는 것에 불과하며 따라서 노조의 관여에 의해 회사의 합리적 관리가 실현되는 관계라 하겠다.

③ 표준시간 설정

통상적으로 조립산업의 작업시간은 표준시간에 의해 관리되고 있다. 닛산자동차에서 표준시간은 WF(Work Factor)법에 의해 설정된다. 그러나 IE(산업공학) 기술자가 WF법에 의해 일방적으로 결정하는 것은 아니다. 현장감독자(계장, 조장)의 양해가 필요하다. 현장감독자는 동시에 조합 임원이기도 하므로 표준시간의 설정에 현장감독자의 양해가 필요하다는 것은 곧 조합 임원의 양해가 필요하다는 면도 있다.

토요타자동차에서는 표준시간이라는 개념이 없다. 토요타자동차에는 '기준시간'이라는 토요타 특유의 개념이 있어 시간관리의 기초가 된다. '기준시간'은 극히 복잡한 요소들에 의해 결정된다. '기준시간'은 IE에 의해 결정되는 것은 아니다. '기준시간'은 생산성을 관리하기 위한 지표이자 '생산수당'이라는 명칭의 능률급 기초가 되고 있다. '기준시간'은 회사의 일방적 결정이며 노조는 전혀 관여하지 않는다. '기준시간'은 회사에 의해 일방적으로 설정되며 일단 설정된 후에도 자동적으로 단축되는 틀로 되어 있다.

토요타자동차가 '기준시간'이라는 다른 자동차 회사에서는 볼 수 없는 독특한 개념을 만든 것은 능률 향상에 대한 강한 의지 때문이었다. '기준시간'을 가지고 각 조의 능률을 환산하고 이를 사내에 게시해 기능원 간의 경쟁을 조직화하기 위해서였다. 회사는 '기준시간'을 근거로 한 '생산수당'이 노동자 간의 경쟁을 충분히 자극하고 있다고 생각한다. 또한 노조도 '생산수당'이라는 형태로 능률경쟁이 일어나고 있다는 점을 시인한다.

④ 응원, 배전

응원(應援)이란 일정한 기간 동안 소속부서를 떠나 다른 부서에서 일하고 그 기간이 끝나면 원래의 직장으로 돌아가는 이동을 말한다.

닛산자동차에서 응원은 과 내부에서의 과 내 응원, 다른 과로 옮겨 가는 과 간 응원, 다른 공장으로 옮겨 가는 공장 간 응원으로 구분된다. 과 내 응원은 대부분 회사의 재량에 의해 실시되고 노조는 거의 관여하지 않는다. 과 간 응원에 대해서는 통상 2개월, 최장 3개월이라는 노사 간 합의가 이루어져 있다. 응원의 규모는 공장의 제조부문(가동인원 2800명)에서 월 50명을 기준으로 하고 있다. 누가 응원으로 나갈 것인가 하는 인선에 대해서는 노조와 협의하도록 제도화된 절차가 있으며 거기에 따라서 회사와 노조 간의 협의에 의해 인선이 이루어진다.

토요타자동차의 응원의 구분은 닛산자동차와 다르다. 토요타자동차는 종업원을 A부문('기준시간'을 설정하고 있는 부문), B부문(제조부에 소속되어 있는 현장간접부문: 검사, 보전, 개선 등), C부문(제조부에 소속되어 있지 않은 현장간접부문: 검사, 공기, 보전 등), D부문(사무, 기술부문)으로 구분하고 있다.

토요타자동차의 응원은 공장 내 응원, 공장 간 A→A 응원(어떤 공장의 A부문으로부터 다른 공장의 A부문으로 응원 가는 것), 공장 간 C→A 응원(어떤 공장의 C부문으로부터 다른 공장의 A부문으로 응원 가는 것)으로 구분하고 있다. 공장 내 응원에 대해서는 2개월을 원칙으로 하고 연장하는 경우에도 1개월을 한도로 한다. 공장 간 A→A 응원도 마찬가지이다. 공장 간 C→A 응원에 대해서는 원칙적으로 3개월을 노조가 요망하고 있다. 누가 응원으로 나갈 것인가 하는 인선은 현장감독자(조장)가 행한다. 조장은 실제로 자기의 부하를 순번대로 응원에 내보낸다. 회사의 인사부는 공장 간 응원의 규모만을 파악하고 있다. 공장 내 응원은 인사부의 관할 밖이며 각 공장의 소관사항이다. 공장 간 응원의 규모는 닛산자동차의 공장 간 응원에 비하면 약 13배에 달한다. 다만 토요타자동차의 공장은 비교적 좁은 지역(토요타시 일대)에 집중되어 있어 넓은 지역에 분산되어 있는 닛산자동차에 비하면 공장 간 응원이 용이하다는 것을 지적해 둘 필요가 있다.

닛산자동차와 토요타자동차 모두 과의 범위를 넘어서는 인사이동을 배전(配轉)이라고 한다. 양쪽의 배전절차는 각각의 응원절차와 비슷하다. 즉, 닛산자동차에서는 노조가 배전의 규모, 인선에 관여하고 있다. 토요타자동차에서 배전은 회사의 인사권이며 노조는 관여하지 않는다.

⑤ 잔업 규제

닛산자동차에서 잔업의 한도는, 일본의 노동기준법에 근거해 노사 간에 체결되어 있는 이른바 36협정(노동기준법 36조를 말함)에 따라 시간 외 노동(잔업과 휴일출근)은 월간 40시간, 연간 480시간으로 되어 있다. 그러나 회사는 36

협정의 범위 내라 하더라도 자유로 잔업을 명할 수는 없다. 매월 열리는 '생산체제 사무 절충'에서 다음 달의 생산계획이 노사 간에 합의된다. 그 생산계획 가운데 편입되어 있는 잔업은 '계획 내' 잔업이라 불리며 당초의 생산계획에 편입되어 있지 않았던 잔업은 '계획 외' 잔업이라 불린다. '계획 내' 잔업은 반드시 행해진다. 예컨대 소정시간 내에 그 날의 계획대수를 생산하더라도 그 날의 '계획 내' 잔업은 이루어지는 것이다.

'계획 외' 잔업에 대해서 회사는 노조의 양해를 얻지 않으면 안 된다. 그 절차는 상당히 복잡하며 더욱이 노조가 회사의 요청을 그대로는 인정하지 않아 수정되는 경우도 있다. 예컨대 3일간 1시간씩의 잔업이라는 회사의 신청이 노조와의 협의로 1일간 1시간 잔업으로 변경된다. 따라서 닛산자동차의 잔업은 상당히 경직되어 있다고 할 수 있다.

토요타자동차에서는 36협정에 따라 시간 외 노동이 월간 A부문에서 55시간, B·C·D부문에서 75시간으로 되어 있다. 노동기준법에 따라 체결되지 않으면 안 되는 36협정과는 별도로 시간 외 노동에 관한 노사협정이 있어 36협정을 보완하고 있다. 노사협정에 의하면 월간 시간 외 노동의 한도는 회사 평균으로 40시간, 과 평균으로 50시간이며 개인의 한도는 55시간이다. 닛산자동차의 36협정과 비교하면 토요타자동차의 노사협정은 시간 외 노동의 한도가 긴 것이 특징이다. 이 한도 내에서 회사는 거의 회사의 자유로 잔업을 명할 수 있다(하루 4시간 한도 내에서). 노조는 생산계획에 있어 잔업시간계획, 매일의 잔업시간 결정에 대해 거의 관여하지 않는다. 그러나 노사 간 신사협정에 의해 하루 잔업시간은 1.5시간(조립) 내지 2시간(기타 직장) 이하가 원칙이며 이를 초과할 경우 노조가 강력하게 항의를 제기한다.

토요타자동차에서도 이 노사협정의 한도를 초과하는 잔업에 대해서는 노조가 관여한다. 회사가 노사협정을 초과하는 잔업을 원하는 경우 매월 22일까지 사전신청서를 노조에 제출해야 하며, 원칙적으로 한도 초과부분은 그 달, 혹은 다음 달에 대휴(代休) 등을 통해 노동시간을 줄이도록 하고, 한도를 초과하는 경우에도 최대 월간 잔업시간은 115시간으로 하고 있다. 이와 같은 한도초과 잔업은 커다란 설비 고장이 발생하는 등 예외적인 경우에만 인정되며 연간 3~4회 정도 발생한다고 한다.

⑥ 현장감독자의 임명

현장감독자(닛산자동차의 계장·조장, 토요타자동차의 공장·조장·반장)는 제조현장의 기능공을 감독하는 중요한 역할을 맡고 있다. 현장감독자는 기능공 출신이며 기능공의 심리를 충분히 알고 있다. 동시에 현장감독자는 조합원이기도 하다.

닛산자동차에서 현장감독자로의 승진은 노조와의 '절충'사항으로 되어 있다. 노조의 동의 없이 회사는 현장감독자를 임명할 수 없다. 실제로 회사의 제안이 노조에 의해 거부되었던 사례도 있으며 또한 반대로 노조로부터 새로운 제안이 있어 노조의 제안대로 현장감독자가 임명된 적도 있다(山本潔, 1981). 과장 이상의 중간관리층으로의 승진은 노조가 인사에 관여하지 않는다.

토요타자동차에서 현장감독자의 임명은 회사의 전결사항이다. 회사가 노조와 상담하는 것은 전혀 없으며 또한 임명에 앞서 노조에 설명하는 것도 없다.

2) 미국

(1) 미국 자동차 산업의 위기와 구조조정

1980년대의 전 세계적 경제불안은 특히 미국의 자동차 산업에 극심한 타격을 주었다. 불황으로 인한 내수 감소에 겹쳐서 수입자동차, 특히 일본차의 미국 시장 침투로 인해 이윤이 급격하게 줄어들었다. 그러나 보다 심각한 것은 그동안 세계 자동차 산업을 지배해 왔던 미국 자동차 산업의 경쟁력 상실과 이에 따른 시장 상실이었다. 그리고 이러한 경쟁력 상실 문제의 근원에는 미국 자동차 산업이 일본의 보다 효율적인 자원 이용과 생산조직을 따라가지 못하고 있다는 현실이 존재했다. 이에 따라 미국 자동차 산업은 경쟁력 회복을 위해 종래의 포드주의적·테일러주의적 생산방식에 대한 대안적 생산방식을 찾기 시작했다.

우선 단기적으로 완성차 및 부품사들은 공장폐쇄와 일시해고(lay-off)로 수익성 악화에 대응했다. 1978년 12월부터 1982년 11월까지 만 4년 사이에 미국 자동차 산업의 생산직 노동자수는 83만 3천 명에서 46만 8천 명으로 거의 절반 가까이 줄어들었다. 자동차 기업들은 자동화, 로봇화, 컴퓨터 기술의 도입, 생산라인의 축소, 차종 표준화, 저임금 국가로의 생산라인 이전, 외국기업과의 합작, 소형차의 생산 등 다양한 방법으로 생산합리화를 시도했다. 이러한 생산합리화 과정에서 노동비용의 절감을 위해 임금과 근로조건에 관한 양보교섭(concession bargaining)을 노조에 요구했으며, 정기적 임금인상 대신 이윤분배제, 1회적 보너스 지불, 이중임금제(신입사원에 대해서는 낮은 임금체계 적용) 등 다양한 임금 억제가 도입되었다. 노조와의 관계 재정립을 위한 시도로서 기존의 단체교섭이 파기되고, 노동배치의 유연성 추구, 임금 및 부가급여의 축소를 특징으로 하는 새로운 단체협약으로 대체되었다.

그러나 미국의 자동차 기업들은 이러한 비용절감책만으로는 미국 자동차 산업의 경쟁력 회복을 기대하기 힘들다는 것을 곧 깨달았다. 문제는 품질과 생산의 유연성에 있으며 이를 위해서는 일본식 생산방식(이른바 '린' 생산방식)을 도입할 수밖에 없다는 인식이 확산되었다. 이렇게 함으로써 품질향상과 낭비제거, 생산의 유연성을 도입할 수 있고 이를 통해 소비자의 수요변화에 신속하게 대응할 수 있다는 것이다.

이에 따라 1982년부터 1987년 사이에 미국의 빅 쓰리(GM, 포드, 크라이슬러)는 생산, 경영, 마케팅 등 각종 측면에서의 구조개혁에 착수했는데 그 공통점은 일본식 생산방식의 도입이었다. 하드웨어적 측면에서는 정보기반기술(NC기계)의 도입을 통해 유연생산이 시도되었었고 조립라인의 재조직, 통합을 통해 혼류생산이 도입되었다. 생산관리 면에서는 JIT시스템의 도입을 통한 재고낭비 제거와 부품기업의 관리, QC서클과 제안제도를 통한 품질개선 등이 시도되었다. 한편 단체교섭구조의 변화도 시도되어 선임권 완화, 직무구분 축소, 다기능화, 팀제도, 제안제도 등이 도입되었다. 이러한 제도를 통해 기업은 노동자의 지식과 시간을 더욱 잘 이용할 수 있으며 노동력 유연성의 확보와 노동비용의 절감을 달성할 수 있다는 것이다. 기업은 이러한 제도의 순조로운 도입을 위해 당근전략과 채찍전략을 사용했는데, 즉 한편으로는 공장폐쇄와 해고위협을 통해 양보교섭을 끌어내면서 다른 한편으로는 팀워크, 노사공동위원회를 통한 노동자 참여, 고통분담 이데올로기, 노동자에 대한 훈련 등을 통해 노동자의 기업 이데올로기에 대한 통합을 시도했다.

이러한 일본식 생산방식의 시도는 먼저 미국에 진출한 일본의 직접투자공장 또는 합작공장에서부터 시작되어 마침내 빅 쓰리로까지 퍼져 나갔다.

특히 이 과정에서 전통적인 포드주의적 노사관계의 기본적 특징들이 붕괴되었는데 이 기간 중 미국의 자동차 기업들이 시도한 노사관계의 재구축을 위한 전략들은 살펴보면 다음과 같다.

첫째, **팀제도의 도입**: 전통적인 포드주의적 공장에서는 각 개별 작업자의 직무가 엄격하게 구분되어 있었다. 새로운 시스템에서는 소단위팀을 조직해 팀 단위로 작업하게 함으로써 팀 간 경쟁을 통해 노동자를 더 열심히 일하게 할 수 있으며, 감독자에 의한 통제, 감독이 더 용이하게 만들었다.

둘째, **다기능화, 직무순환**: 포드주의에서는 각 작업자가 매우 경직적인 직무구분 아래 한정된 과업만을 하고 있었다. 새로운 시스템에서는 한 노동자가 여러 직무를 맡을 수 있도록 다기능화하고 여러 직무를 익히기 위해 직무순환을 하도록 만듦으로써 노동력 활용의 유연성을 획득할 수 있다.

셋째, **직무구분의 축소**: 종래 포드주의에서는 서로 엄격하게 구분된 다수의 직무가 존재하던 것을 새로운 시스템에서는 이를 통합해 3~4개로 합쳤다.

넷째, **팀리더의 역할 증대**: 현장감독자인 팀리더의 역할을 증대시켜 작업자에 대한 감독, 생산조직, 과업배분 등 일체의 생산관리를 맡김으로써 현장의 효율성을 높이도록 했다.

다섯째, **생산직·사무직의 차별 철폐**: 식당, 사무실, 주차장의 이용과 복장 면에서 생산직과 사무직 간의 차별을 철폐함으로써 생산직의 불만을 해소하고 회사에 대한 충성심을 높이도록 했다.

여섯째, **개선활동**: 계속적인 제품, 생산 과정의 개선을 위해 노동자들의 지식을 이용하기 위해 제안제도, QC, 현장개선 등의 활동을 수행하고 이를 위해 노동자들에게 권한의 하부 이양을 실시해 과업 책정, 개발을 스스로 하도록 만들었다.

일곱째, **협력적 노사관계의 추진**: 가능하면 비노조전략을 추구하되 노조가 불가피하게 존재하는 경우 노조를 생산과정 혁신의 '건설적 파트너'로 삼도록 노력했다. 이를 위해 직무구분, 유연한 작업규칙, 임금제도 변경 등에 대한 노조의 동의를 얻고 각종 노사공동위원회를 설치해 노조의 의견을 수렴하며 일부 회사에서는 이사회에 노조위원장을 이사로 참여시키기도 했다. 또 종업원 주식소유제도를 확대해 노동자들이 회사에 애사심을 가지고 열심히 일하도록 만들었다.

여덟째, **최대한의 고용보장**: 노동자들의 충성심을 고취하기 위해 일본식 장기고용제도를 도입해 노동자들에게 최대한 고용보장을 하고자 했다.

(2) 노동조합의 대응전략

이상의 일본식 생산관리와 노무관리방식의 도입은 노동조합에게는 중대한 도전으로 작용했다. 직무순환, QC, 배치전환 등은 노동강도를 강화시키는 요인으로 작용한다. 직무구분의 철폐와 다기능화는 생산비효율의 끊임없는 제거를 목표로 한 것으로서 노동자들에게 끊임없는 압력을 넣는 요인으로 작용한다. 팀제도의 도입으로 노동자 간 경쟁이 격화되어 작업속도가 빨라지고 산업재해가 증대했다. 그러나 이러한 작업구조의 재편이 과연 생산성 향상과 고용안정의 보장을 가져다주었는지는 불확실하다. 고용안정은 기본적으로 기업

제품에 대한 시장수요에 의존하는 것으로서 수요가 줄어들면 생산성 개선과 상관없이 일자리는 줄어들 수밖에 없기 때문이다. 설혹 생산성이 높아지고 이윤이 증대되더라도 기업은 늘어난 이윤을 다른 지역의 공장이나 노동대체적 기술에 투자함으로써 일자리를 위협하기도 했다.

노사관계에서도 기업은 노조와 직접 싸우기보다는 노조지도자를 회유하는 전략을 사용했다. 이사회나 노사공동위원회에 노조간부를 앉히고, 팀제도에 의해 현장 의사결정에 노조 현장위원을 참여시킴으로써 노조의 전투성의 근간이 되는 현장노조지도자를 통합시켰다. 이에 따라 노조원은 회사에 대한 협력자와 반대자로 분열되고 노조지도부도 분열되어 지도력이 손상을 입었다. 노조의 각 지역지부 간에도 일자리를 잃지 않기 위해 서로 양보교섭 경쟁을 벌임으로써['톱질하기(whipsawing)'라고 부름] 노조원 전체의 이익을 수호하는 노조의 능력은 크게 손상을 입었다.

이러한 미국 자동차 산업에 있어 경영진의 공세에 대한 미국자동차노조(UAW)의 대응방식은 크게 세 가지로 나뉜다.

첫째는 경영진의 공장구조 개혁 노력에 노조가 적극적으로 협조해야 한다는 견해이다. 이는 UAW의 GM 담당 부회장을 지냈던 D. 에필린(D. Ephlin) 등에 의해 주장되었던 것이다. 이에 따르면 노조의 전투적 대응(조직 강화, 정치적 동원, 외국노동자와의 연대 등)은 UAW의 일자리 방어에 도움이 되지 않는다고 한다. 이와 같은 노조의 전투적 대응으로 회사가 경쟁력 개선에 실패할 경우 결국 일자리를 잃게 되는 결과만 가져올 것이다. 따라서 장기적으로 노사협조와 고용안정협약을 통해 경영진으로 하여금 노조를 생산비를 증가시키는 요소로서보다 가치 있는 자원으로 여기도록 만드는 것이 올바른 전략이라는 것이다.

둘째는 UAW 내의 급진파[새 방향 운동(New Directions Movement)]들이 주장하던 것으로서 경영진의 공세에 적극적으로 저항해야 한다는 입장이다. 이들은 임금양보, 작업규칙의 변화 수용 등이 결코 일자리를 보장해 주지 못할 것이라고 주장한다. 공장단위로 일자리를 유지하려는 노력은 회사로 하여금 지부노조 간의 경쟁의 부추김으로써 근로조건의 악화를 가져올 뿐이다. 이윤분배제, 팀제도, 노사공동위원회 등은 기업별 노조를 강화시켜 기업의 이윤증대라는 목표에 노동자들의 이익을 영원히 종속시킬 뿐이다. 따라서 이들은 임금 및 작업규칙에 관한 양보교섭에 저항할 것과 노동자의 조직화를 강조하며, 정치적 동원을 강조한다. 또 이들은 작업장 전략에 관한 UAW의 독자적 전략 수립을 요구했다.

셋째는 UAW 본부의 절충형 전략이다. UAW 본부를 지배하고 있는 관료주의적 지도층은 경영진이 주장하는 작업조직의 개혁이 근로조건의 악화 및 노조독립성의 악화를 가져온다는 점을 인식하고, 파업의 중요성을 계속 강조한다는 점에서는 첫 번째 견해와 다르다. 그러면서도 이들은 전투적 전략이 여론의 비난만 가져올 뿐이라고 주장하면서 임금인상 억제, 보다 유연한 작업조직의 수용을 대가로 일자리와 소득을 보장받는다는 전략을 채택했다.

UAW의 지도층은 미국 자동차 산업의 경쟁력 향상과 일자리 유지, 그리고 노동조합의 유지를 위한 유일한 수단은 양보뿐이라고 노조원들에게 홍보했다. 그들은 빅 쓰리와의 교섭에서 이윤분배제, 1회지불제 등을 받아들였고 지부노조 수준에서도 직무분류 축소, 이중임금제, 선임권제의 축소 등을 수용했다. 그 결과 UAW의 오랫동안의 교섭전략이던 유형교섭(패턴교섭)이 붕괴되고 각 회사마다 서로 다른 교섭과 협약이 체결되는 상황이 벌어졌다. 이러한 양보교섭과 더불어 팀제도, QC 등도 받아들였으며 노사협조의 상징으로 당시 UAW의 위원장이던 더글러스 프레이저(Douglas Fraser)는 크라이슬러 이사회의 이사직을 받아들이기도 했다.

이러한 UAW의 전략은 조직 자체를 파괴시킬 위험이 있었다. 양보교섭과 노사관계 재정립에 관한 경영진의 비전을 받아들임으로써 UAW는 스스로의 지위를 약화시키게 된다. 양보와 협력에도 불구하고 임금과 부가급여의 개선은 일어나지 않았으며 이에 따라 노조원의 노조에 대한 지지가 감소했다. 단체교섭의 분산화로 노조원 간 분열과 상호경쟁이 나타나 집단적 행동이 곤란해졌다. UAW 지도층은 전투성에 토대를 둔 노조원들의 행동요구를 계속 무시했다. 이들은 노조원의 동원 대신 중앙에서 결정된 의사결정을 일방적으로 하부에 지시하는 하향식(top-down) 방식을 고집했다. 이는 한편으로는 경영진의 해결책을 일반노조원에게 노조지도부가 대신 설득하는 전략이었다. 결국 그 결과 UAW는 내부분열을 일으키고 그 세력은 현저히 약화되었다.

앞으로 UAW의 전망은 그다지 밝지 못하다. 노조원수와 정치적 영향력은 점차 줄어들고 있고 이를 역전시킬 만한 비전이나 행동은 현재로서 찾아보기 힘든 것이 현실이다.

(3) NUMMI의 사례

일본식 생산방식의 미국 도입을 보여 주는 대표적 사례가 GM과 토요타의 합작공장인 NUMMI(New United Motors Manufacturing, Inc.)이다. NUMMI는 1983년 캘리포니아 주 프레몬트에서 GM과 토요타의 합작공장으로서 설립되었다. 1982년 패쇄되었던 GM 공장을 다시 오픈한 것으로서 종업원의 대부분은 GM 구공장의 해고자들로 충원되었다. 회사는 노조의 존재를 인정하고 미국 자동차 산업의 평균적인 임금과 부가급여를 지급하기로 약속했으며 그 대신 노조는 새로운 생산방식의 도입과 새로운 단체협약의 체결을 약속했다. 종업원 채용 시부터 회사와 노조가 공동으로 대상자를 선발했다. 즉, NUMMI는 처음부터 노사협조 아래 출발한 회사이다.

NUMMI의 생산방식은 토요타 방식을 직접적으로 모방했다. 미국에서는 이러한 일본적 생산시스템을 도입한 공장을 팀 공장이라 불러 빅 쓰리의 전통적 공장과 구별하고 있다. 팀 방식 도입 이전에 자동차 조립라인의 노동자는 세분화된 단조로운 직무를 빠른 속도로 반복하도록 강요당했으며 강압적인 감독에 대한 저항이 빈발했다. 그 때문에 유연하고 효율적인 노동력의 활용을 기대할 수 없었고 품질의 향상도 바랄 수 없었다. 그 결과는 판매부진, 이윤감소, 그리고 노동자의 해고로 나타났다.

팀 방식을 도입하면 10명 전후의 노동자가 팀을 이루어 일을 하고, 작업방법의 개선 및 생산목표의 달성에 팀 구성원이 협력하는 체제가 만들어진다. 또한 감독자들은 노동자의 지식을 중요시하게 되고, 노동자들은 회사의 사정을 이해함으로써 경영자와 노동자 간의 벽도 허물어진다. 그 결과 품질과 생산성이 향상되고 고용은 보장된다. 이처럼 일본적 생산시스템은 팀 방식으로서 도입되고 그것이 가져오는 노사 간의 신뢰와 협력에 의해 생산성과 품질의 향상이 실현되고 고용이 보장된다는 것이 회사 측의 생각이었다.

팀 방식에서는 간판제도, 생산평준화, 개선활동, 눈으로 보는 관리, 노동자 스스로에 의한 품질관리, 작업표준화 등 일본식 생산방식의 각종 요소가 도입되었지만 무엇보다 중요한 것은 노사 간에 체결된 팀 포괄협정(Team Package)이었다. Parker and Slaughter에 의하면 이러한 팀제도가 가져온 특징은 다음과 같다(Parker and Slaughter, 1988).

첫째, 회사와 노동자 간에 신뢰와 협력의 새로운 관계를 만들 것을 선언한다.

둘째, 노동자에게는 몇 개의 직무를 행할 수 있는 다능공화를 추진한다.

셋째, 경영자가 노동자를 적절히 배치할 수 있도록, 지금까지와 같은 직무구분을 하지 않고 직무의 배당에 있어 호환성을 높인다.

넷째, 선임권의 영향을 결정적으로 약화시킨다. 직무구분이 없어지면 선임권에 의해 다른 직무로 이동할 필요도 없게 된다.

다섯째, 각각의 직무의 작업순서를 상세하게 규정한다. 이것에 의해 직무수행의 방법에 대한 통제를 강화한다.

여섯째, 노동자가 자기 자신의 작업부하에 개선활동을 통해 관여할 수 있도록 한다.

일곱째, 이전에 관리자가 행하고 있던 직무에 대해 노동자는 보다 큰 책임을 가지게 된다.

여덟째, 경영자는 공장의 각 과의 관련 및 전체 가운데서 노동자 각 개인의 역할에 대해 자각시키도록 노력하며 노동자가 자기 일만 하면 된다는 태도를 고치도록 한다.

아홉째, 공장 간의 경쟁과 그에 대한 노동자의 책임을 강조한다.

열째, 노조는 자기 자신을 경영의 파트너로서 생각하는 기업 내 조합으로 변화하도록 노력한다.

NUMMI는 이상과 같은 팀 방식을 도입해 단기간에 일정한 성공을 거두었다. 노동생산성이 급격하게 향상되었고, 고품질이 달성되었으며, 전투적이고 출근율이 나쁘며 마약, 알코올 중독으로 악명이 높았던 GM 구공장의 노동자들의 태도가 달라졌고, 더욱이 이 모두가 노조와의 대결 없이 실현되었다. 미국의 경영자들은 NUMMI의 성공에 큰 관심을 보였다. 노조가 조직된 공장을 인수하더라도 경영방식과 단체협약을 변경하면 일본과 경쟁할 수 있는 생산성과 품질을 달성할 수 있다는 것이 NUMMI로부터 얻은 교훈이었다. 이후 미국에서는 급속하게 일본식 생산시스템의 확산(Japanization)이 이루어졌다.

그러나 차츰 NUMMI의 초기 성공에 그늘이 드리워졌다. 팀 공장에서 가동 초기에는 노동자들의 자발적 협조에 의한 팀워크가 크게 공헌했다. 그러나 조업이 본격화되자 노동자들은 상세하게 결정된 각자의 직무를 수행하는 데 바빠 다른 사람을 도울 수 없게 되어 버렸다. 팀의 회의도 열리지 않고, 열린다 하더라도 잔업의 통고나 작업배치의 통고 등에 지나지 않게 되었다. 이리하여 팀에 의한 팀워크는 무너지고 이 작업팀은 경영진의 거점으로 되어 노동자들의 상호경쟁을 촉진시키는 요인으로 바뀌어 버렸다.

팀 공장에서는 JIT시스템에 의해 재고가 극한으로까지 줄어들기 때문에 라인에 부품을 공급하고 있는 노동자는 끊임없는 압력에 시달리게 된다. JIT시스템은 사소한 실수도 허용하지 않는다. 한 노동자가 실수를 하면 그 영향이 곧 조립라인 전체에 미치기 때문이다. 이에 더해 팀 시스템에서는 신속한 작업속도를 유지할 수 있도록 노동자 동료들이 상호 압력을 가하는 것을 촉진하게 된다. 만약 어떤 작업자가 작업이 늦어지거나 실수를 하게 되면 그의 동료들이 그 결과를 메우지 않으면 안 된다. 왜냐하면 이러한 노동자는 팀이 담당하는 일의 흐름을 어지럽히기 때문이다. 이러한 일이 일어나면 팀이 정해진 시간 내에 전체 작업을 완료할 수 없어서 생산할당을 수행하기 위해서는 전원이 잔업을 하지 않으면 안 되기 때문이다. 이러한 일이 일어나지 않도록 하기 위해 노동자가 서로 다른 사람의 눈을 의식하고 상호 감시하게 된다.

한편 팀 공장에서는 의사결정과 책임을 조직의 말단인 팀에 두게 되고, 거기서의 작업편성과 표준작업의 결정은 팀의 판단에 맡겨지게 된다. 따라서 팀 공장은 민주적으로 운영되고 노동자가 인간으로서 존중되는 직장이 된다고 한다. 그러나 이에 대해서 미국의 노동자들은 다음과 같이 비판하고 있다. 책임은 라인의 노동자에게까지 내려와 있는 반면, 작업편성이나 직장의 요구 실현을 결정하는 권한 및 통제력은 감독자가 쥐고 있다는 것이다. 현장의 노동자가 엄수하지 않으면 안 되는 표준작업의 설정을 통제하고 있는 것은 현장감독자이다. 이 현장감독자의 통솔 아래 직장의 팀은 전원 일치로 열심히 일하지 않으면 안 되며 불만이 있는 경우는 팀의 분위기를 깬다는 이유로 배척받는다. 즉, 팀 개념은 전원 일치의 합의 형성만을 강조하고 반대 의견을 용납하지 않는다는 것이다.

이처럼 개인의 존엄을 무시하고 일본형 회사인간을 만들려는 팀제도의 실태가 알려지면서 지금까지의 팀 개념에 대한 기대는 일거에 반발과 저항으로 변해 버렸다. 이러한 동향은 UAW의 지역지부(local union)에서 현저하게 나타나고 있다. UAW의 소수파인 '새로운 방향 운동'은 UAW 중앙 본부의 타협적인 노사 일체화 노선에 반대하고 직무통제에 의한 새로운 규제의 틀을 모색하고 있다. 이 '새로운 방향 운동' 파가 NUMMI에서도 지금까지의 협조파의 집행부를 대신하고 있다. 이것은 일반노동자의 팀 시스템에 대한 불만을 나타내는 것이다. '새로운 방향 운동' 파는 전통적인 선임권의 강화, 객관적으로 공정한 기준에 의해 노동자의 대우를 결정하는 방향을 추진하고 있다. 현장감독자의 선출제, 노동조건의 개선, 외주하청의 규제 등 선임권과 노동조합에 의한 직무통제의 회복, 강화를 추구하면서 새로운 단체협약의 체결을 위한 움직임을 개시하고 있는 것이다.

3) 캐나다

(1) 구조조정과 노조의 대응

캐나다는 선진국 중에서도 주로 자원에 의존하는 산업이 발달해 있다는 특징을 가지고 있다. 제조업은 미국에 크게 의존하고 있는데 특히 캐나다의 자동차 산업은 미국의 빅 쓰리 지사 공장으로 구성되어 있어 미국의 영향을 크게 받고 있다. 투자, 생산모델 결정 등 주요 의사결정은 미국 본사에서 이루어지며 숙련인력의 상당수도 미국으로부터 공급된다.

캐나다 자동차 산업의 노사관계는 미국과 마찬가지로 1980년대 들어 국제경쟁의 심화와 린 생산방식의 도입 및 새로운 인적자원관리 관행들의 등장이라는 급변하는 경영환경 속에서 새로운 변화를 맞이하게 된다. 특히 자동화 및 기술의 발전에 따른 생산성 향상으로 인한 고용의 감소, 미국의 불경기와 일본 자동차에 대한 경쟁력 저하의 결과로서 판매부진에 따른 경영 악화, 일본 현지 공장의 설립과 비노조 정책 등의 요소들은 캐나다 자동차 산업의 노사관계 변화의 중요한 요소들로 대두되었다.

1980년대 들어 수입차가 급증함에 따라 캐나다의 자동차 생산도 크게 변화되었다. 비용절감을 위해 빅 쓰리가 공장폐쇄와 해고를 단행한 것은 캐나다의 경우에도 마찬가지인데 1980~1984년 사이에 캐나다 내의 25개 완성차, 부품 공장이 폐쇄되고 약 2만 명의 노동자가 일시 해고되었다. 그 후 생산이 다소 회복되었을 때도 해고자의 재고용보다는 잔업 증가로 대응했기 때문에 캐나다 자동차 산업의 고용수준은 회복되지 못했다.

그러나 이러한 경제환경의 변화에 대해 캐나다자동차노동조합(Canadian Auto Workers: CAW)은 단체교섭과 파업 등을 통해 작업조직의 변화가 경영진이 주도하는 린 생산방식의 틀에 머무는 것을 반대하면서 전통적 노사관계의 틀을 유지시키려 했다. 그 결과 CAW는 작업조직의 변화가 경영이 주도하는 린 생산방식의 틀에 머무는 것을 적극적으로 저지하고 노동조합들 간의 조정과 연대성을 높이는 데는 일정한 정도 성공한 것으로 평가받고 있다.

미국의 UAW가 경영 측의 양보교섭에 응함으로써 일자리를 지키려는 전략을 채택한 것과 달리 UAW 캐나다 지부는 양보교섭, 공장폐쇄, 분권화 교섭이라는 경영진의 공세에 전면적으로 저항하는 길을 택했다. 이러한 저항을 통해 노조는 노조원 사이에서 자신의 지위를 확보하고 세력을 강화시킬 수 있었다.

특히 1980년부터 1983년 사이에 공장폐쇄와 양보교섭에 대한 저항이 강했다. 노조는 처음에는 공장폐쇄를 막기 위해 정부에 개입을 요구했으나 이것이 실패하자 노조가 직접 공장 농성에 들어가기로 결정했다. 특히 1981년 오샤와의 후데일 공장에서 벌어진 공장 농성은 유명한 사건이다. 공장폐쇄를 막기 위해 노조는 12일 동안 공장을 점거했고 언론과 일반 대중도 회사를 맹렬히 비난했다. 결국 회사 측이 대폭 양보함으로서 교섭은 타결되었다. 교섭 결과로서 해고위로금이 원래의 회사가 제시했던 안보다 6배 늘어났고 연금도 개선되었다. 다른 두 공장에서의 농성도 비슷한 성공을 거두었으며 결국 온타리오 주정부는 공장폐쇄 시 노동자들을 보호하기 위한 해고특별수당법을 통과시켰다.

그 후 UAW 캐나다 지부는 GM 및 크라이슬러와의 교섭에서도 이윤분배제, 작업규칙의 변경 등 양보교섭을 거부하고 임금 및 부가급여의 인상을 획득했다. 1982년 및 1984년 GM과의 교섭 시 캐나다 UAW는 정규적인 임금인상과 생계비 연동조항 대신 이윤분배제, 1회지불제로 대체하려는 회사 측 시도에 성공적으로 저항하고 기본적 교섭구조를 유지할 수 있었으며 1983년 크라이슬러 교섭에서는 공장폐쇄, 인원감축 위협에 대항해 5주간 파업을 벌인 결과 앞서 양보교섭에서 잃었던 것 중 일부를 되찾을 수 있었다.

이러한 캐나다 노조의 성공은 단지 공장폐쇄로 직접 영향을 받는 노동자들에게 물질적 보상을 주었다는 데서뿐만 아니라 노조가 일반노조원을 성공적으로 동원할 수 있었다는 점에서 더 큰 중요성을 가지는 것이었다.

그러나 캐나다 UAW의 이러한 강경자세는 결국 UAW 본부와의 대립을 불러일으켰고 1985년 UAW로부터 분리 독립하여 CAW를 만들게 된다.

노동조합운동을 경제적 권익 확보의 수단으로 생각하는 UAW(실리적 조합주의를 표방함)와는 달리, CAW는 사회민주화를 구현하기 위한 노동조합의 역할과 제반 사회운동세력과의 연대를 특히 강조하는 사회적 조합주의를 이념으로 내걸고 있다. CAW는 이러한 사회적 조합주의에 기반해 노동조합의 조직력을 강화하기 위한 일관된 정책을 제시하고, 단체협상 요구들을 광범한 사회적 맥락 속에서 위치 지으면서 노동조합의 정치적·경제적 지위 향상을 위한 전투적 역할을 포기하지 않았다.

CAW의 양보교섭 반대전략은 종전의 교섭전략의 연속이라고 볼 수 있다. 즉, 임금, 부가급여의 자동 인상, 선임권 우대조치, 유형교섭의 지속, 임금 대신 이윤분배제, 성과급제로 대체하는 데 대한 반대, 직무분류의 축소 반대, 이중임금제 반대 등이 그것이다. 이러한 노조의 반대전략을 위해 노조원의 지지를 동원하고 공동전선을 구축하는 전략을 사용한다. 이를 위해 노조원에 대한 홍보, 교육, 단체교섭 이행의 감시, 양보교섭 반대기금의 설치, 그리고 다른 노조나 지역공동체의 광범한 지지를 구하는 것 등의 수단을 사용한다. 연방정부에 대한 로비활동도 활발한데 이는 국제경쟁문제에 보다 적절히 대처하기 위한 무역정책을 채택토록 하기 위한 것이다.

1980년대 후반부터 캐나다에도 일본식 생산방식이 도입되기 시작하면서 노조에 중대한 도전으로 작용하고 있다. 직무순환, QC, 배치전환 등은 노동강도를 강화시키고 있고 직무분류의 축소, 다능공화, JIT 등은 노동자에게 끊임없는 스트레스 요인으로 작용하고 있다. 노동자 간 경쟁의 증대, 작업속도의 증대, 산업재해의 증대 등은 모두 팀제도와 계속적 개선과정의 결과라고 노조는 주장하고 있다.

그러나 미국과 달리 캐나다에서는 CAW의 저항으로 인해 이러한 새로운 생산방식의 도입이 순조롭게 이루어지지는 않고 있다. 노조는 여전히 강력한 저항능력을 가지고 있으며 양보교섭과 팀제도에 대한 반대를 통해 기존의 포드주의적 권리를 유지하는 데 성공하고 있다.

그러나 CAW의 전략이 전면적인 성공을 거두었다고는 볼 수 없다. CAW 역시 빅 쓰리가 살아남기 위해서는 생산성과 기술혁신의 향상이 필요하다는 것을 인식하고 있다. 양보교섭이나 노동과정의 변화를 받아들이지 않을 경우 기업이 노동비용이 더 싼 곳으로 생산설비를 옮기거나 파산할 가능성도 있다는 것 역시 잘 알고 있다. 특히 1980년대에 비노조 공장이 많이 생기면서 압력이 가중되고 있다. 정치적·경제적 환경도 불리하다. 1980년대를 휩쓴 보수주의의 바람, 그리고 북미자유무역협정(NAFTA)의 체결에 따른 공장폐쇄와 인력감축의 가능성 증대 등은 CAW에 불리한 요인으로 작용했다.

따라서 CAW는 노동자들의 요구에 부응하면서 보다 광범하고 다양한 이해관계를 반영하는 새로운 대안을 제시할 필요를 느끼고 있다. CAW가 이에 완전히 성공한 것은 아니지만 희망적인 징조가 보이는 것도 사실이다.

첫째, 노조는 단지 고용주의 전략에 대한 반대를 넘어서서 독자적인 포스트포드주의적 작업장 및 노동시장 개혁전략의 수립을 시작했다. 정부의 지원하에 기술변화, 구조조정, 경쟁력 있는 경제 건설에 대한 노동운동의 협조방안 연구가 수행되고 있으며 그 결과로서 사회적 교섭을 통해 이러한 방안들이 실천되고 있다.

둘째, 기존 노조원 및 잠재적인 노조원의 지지를 확보하고 있다. 과거 CAW는 백인 남자노동자가 주였으나 이제 노동력 구성이 변화함에 따라 여성 및 소수인종의 비율이 늘어나고 있다. 이에 따라 CAW는 임금 및 고용평등, 육아휴가제, 탁아소 증설, 작업장에서의 성적 괴롭힘 문제 근절 등 여성노동자의 문제에 보다 많은 관심을 기울이고 있으며 이는 여성노동자들의 노조에 대한 지지를 높이고 있다.

셋째, 노조의 내부구조 및 외부관계가 변화하고 있다. 포드주의적 단체교섭

시대의 관료적 노조구조는 보다 민주적 구조로 바뀌고 있으며 정치전략도 변화해 과거의 정당에 대한 연대, 로비활동 일변도로부터 벗어나 진보적 사회운동과의 연대를 개발하고 있다.

CAW가 일본식 생산방식의 도입과 구조조정에 직면해 심각한 도전을 받고 있는 것은 사실이지만 통일된 투쟁을 통해 이러한 구조조정 과정에 일정한 영향력을 미칠 수 있다는 점에서는 UAW와 다른 입장에 서 있다 하겠다.

CAW의 일본식 생산방식에 대한 가이드라인은 다음과 같다.

> 우리는 어떠한 이름으로든 노동자의 권리를 위태롭게 하고 노동조건을 악화시키며 노동조합의 독립을 위협하게 하는 경제정책을 거부한다.
>
> ① 노동표준과 표준동작을 엄격하게 설정하고 노동자의 일에 대한 자율성과 자유재량을 제한하는 일본적 생산시스템의 활용을 우리는 거부한다.
>
> ② 작업속도 증대, 노동강화, 스트레스가 보다 강한 작업을 가져오는 끊임없는 개선활동과 같은 관리기술의 이용을 우리는 거부한다.
>
> ③ 선임권을 위협하는 직장의 변경을 우리는 반대한다.
>
> ④ 노동자의 이익을 대표한다고 칭하면서 노동조합을 회피하는 직장조직 및 종업원 참가 프로그램의 도입을 우리는 거부한다.
>
> ⑤ 보수를 임금으로부터 성과급제로 변화시키고 생산성 향상의 보상을 개인화하는 방안을 우리는 거부한다.
>
> ⑥ 회사업무의 수행을 위해 만들어지는 새로운 직무에의 노동조합에 의한 임명을 우리는 거부한다.
>
> ⑦ 노동자의 연대를 약화시키고, 회사가 결정한 목적에 대한 복종을 강요하며, 노동자를 사내적·국내적·국제적으로 경쟁하는 그룹으로 분단하는 조직에 우리는 반대한다.
>
> ⑧ 단체협약이 되어 있는 사업소 이외의 곳에 업무를 하청 주거나, 이전하는 것에 의해 고용보장을 위협하는 직장의 재편을 우리는 거부한다.

⑨ 고연령, 장애를 가진 노동자 등이 일할 여지가 없도록 직장을 여유 없는 곳으로 만드는 데 대해 우리는 반대한다.

⑩ 일의 체계적 삭감 정책에 우리는 반대한다.

노동자에게 권한을 부여하고, 노동자의 존엄을 높이며, 자부심을 가지고 품질이 좋은 제품을 창조하고, 일을 보다 보람 있는 것으로 하며, 직장을 보다 민주적으로 하려는 노력을 우리는 지원한다. 이들 목적은 우리 자신의 변혁을 위한 과제를 통해 달성할 수 있을 것이다. 우리 자신의 요구는 아래와 같다.

- □ 훈련
- □ 기술
- □ 작업의 개선
- □ 노동환경의 개선
- □ 안전위생의 보장
- □ 이동의 권리의 강화
- □ 사회적 약자를 위한 활동의 강화
- □ 노동조합의 강화

1996년 단체협상의 경우 개별 기업 노동자의 고용보장에 주력한 UAW와는 달리 CAW는 소속 산업과 국가의 고용을 증대시키기 위한 공격적 협상 프로그램을 제기했다. 또한 노동시간의 단축, 외부하청에 대한 제한, 각각의 공장이 위치한 지역공동체들에 대한 고용수준 보장을 협상 프로그램의 중심 축으로 삼았다. 협상 프로그램은 해당 지역공동체들에서의 고용기회를 보호하고 더 나아가 그것의 증대를 겨냥하고 있었기 때문에 쉽게 지역노동자들의 지지를 규합할 수 있었다.

CAW의 이러한 사회적·조직적 연대에 기반한 투쟁전략은 린 생산방식의 도입에 대한 대응전략의 주된 기조를 이루고 있다. 결국 CAW는 사회적 조합주의에 바탕을 둔 제반 사회운동세력 및 단위노조의 결속을 도모해 생산방식의 개혁에 따른 노동운동의 약화 가능성과 노동의 비인간화에 적극적으로 대응하고 있는 것이다.

(2) CAMI의 사례

린 생산방식에 대한 단위 사업장 수준의 체계적이고 비판적인 대응전략은 CAMI에서 전형적으로 나타나고 있다. CAMI는 캐나다 온타리오 주의 잉거솔에 있는 미국 GM과 일본 스즈끼자동차의 합작기업이다. 1985년부터 1990년 사이에 캐나다에서는 아시아로부터 이전된 자동차 조립공장 4개가 생산을 개시했는데 토요타, 혼다, 현대, CAMI가 그것이다. 이 4개사 가운데 CAMI만이 일본과 미국의 합작기업으로서 1989년 조업을 개시했다. 현재는 약 2100명의 노동자를 고용해 2교대로 운영되고 있는데 CAMI의 노동자들은 CAW에 소속되어 있다. 연간 20만 대의 생산능력을 갖추고 있는 CAMI는 캐나다에서 빅 쓰리에 이어 네 번째로 큰 회사이다.

CAMI는 캐나다노동조합, 미국과 일본의 자본, 일본의 생산시스템, 북미의 시장을 결합시킨 것이다. CAMI는 조업을 시작할 때부터 다능공화와 직무순환, 팀제도의 전면 도입, 개선활동의 실시, 노동자 참가와 QC서클의 도입 등 일본식 생산방식의 여러 요소를 적극적으로 도입하고자 했다. 또한 CAMI의 경영진은 협조적 노사관계의 구축을 통해 노사관계의 안정을 도모함으로써 비용절감과 생산성 향상을 이루고자 했다.

CAMI에서의 생산 역시 린 생산방식의 원칙에 따라 조직된다. 따라서 생산과정이 연속적으로 이어질 수 있도록 고도로 자동화되어 있으며, 부품의 적기공급, 품질관리조, 개선활동 및 무결점운동이 생산조직의 핵심적 특징이다. 또한 기술적으로 높은 생산성 수준을 달성하기 위해 부품의 대부분을 일본으로부터 수입하고 있다.

린 생산방식에 입각해 CAMI는 다음과 같은 세 가지 원칙을 통해 기업의 생산성 목표를 제고하는 생산방식을 실현시키고자 했다. 첫째, 노동자들에게 그들이 제공하는 품질개선에 대한 권한을 위임함으로써 아래로부터의 관리에 주목한다. 둘째, 노동자들에게 그들의 경험과 지식을 사용하도록 고취함으로써 품질의 지속적인 개선을 가져오고 생산의 변화하는 요구에 맞추어 유연성을 실현한다. 셋째, 지속적으로 직무를 개선하고 노동과정을 표준화하고 계량화된 특성에 통합시키는 과정에서 노동자의 참여를 확대한다.

CAMI의 모든 노동자는 8~14명 단위의 작업팀에 참여하며 각각의 팀은 자신들의 리더를 선출한다. 팀 내에서 노동자의 직무는 한 직무에 2시간 이상 배치되지 않도록 순환된다. 부문별 관리자는 생산과정에 문제가 발생할 때만 관여하며 따라서 작업장 구조는 통제 중심으로 구조화되어 있던 이전의 포드주의적 작업장과는 분명히 다르다. 팀 구성원과 팀리더는 자신의 책임을 완수하고 작업에 있어서 팀워크와 협력의 정신에 입각함을 분명히 했다.

CAMI에서의 작업규칙은 포드주의적 방식처럼 세분화되어 있지 않다. 이는 회사가 문제의 발생에 유연하고 신속하게 대처할 수 있는 살아 있는 고용관계를 원했기 때문이다. 따라서 노동조합과 경영진은 문제가 발생하는 즉시 효과적으로 이를 해결해야 할 공동의 책임을 진다.

CAMI의 노동자들은 린 생산방식의 도입과 관련해 노동조합의 독자적인 요구를 개발하는 것이 중요하다는 것은 인식했다. CAW는 CAMI 공장에 대해 가동 초기부터 노동조건에 대한 체계적인 연구를 수행해 왔으며, 린 생산방식의 도입으로 노동강도가 강화되고 노동자들의 불만이 지속적으로 증가해 왔다는 것을 발견했다. 이 과정에서 CAW는 작업현장에서의 대응을 통해 작업조직의 변화 방향에 미칠 힘의 균형을 회복하는 데 주력했다.

CAMI의 노사관계는 생산이 개시된 첫 해에는 매우 안정적이고 조화로웠다. 고충처리 건수는 극히 미미했고 노동조합은 노동자들이 제기한 문제에 대해 CAMI의 이념에 따라 처리하고자 했다. 그러나 2년째에 접어들어 고충처리 건수는 2배로 증가했고 해결되지 못한 많은 문제들은 임금인상 요구와 맞물려 1992년의 파업으로 이어졌다. 이 파업에 2100명의 노동자 중 98.9%가 찬성했고 파업은 5주 동안 계속되었다. 파업은 단체협약을 미국의 전통적인 협약과 유사하게 바꾼 후 끝이 났다.

린 생산방식은 직무의 통합, 노동자의 다능공화, 노동력 배치의 효율 극대화 등을 통해 노동력의 유연한 이용을 도모하는 체제이다. 따라서 린 생산방식의 도입은 직무의 단순화와 세분화, 노동자의 단능공화, 노동력 배치의 경직성, 연공서열적 질서 등 기존의 포드주의적인 노동력 이용방식의 변화를 가져오게 된다. 그런데 이것은 노동강도와 직무성격을 변화시키고 연공 중심의 현장질서를 재편하는 것이기 때문에 노동자 및 노동조합과 사용자 측 간에는 긴장이 발생할 수밖에 없다. 이러한 맥락에서 CAMI의 경험은 노동조합의 체계적이고 적극적인 대응으로 말미암아 린 생산방식의 이식과 새로운 헤게모니 체제와 부합되는 사용자 주도의 노사관계모델을 창출하는 데 실패했음을 보여준다고 할 수 있다.

4) 독일

(1) 유연적 합리화와 독일적 생산모델

1970년대 이후, 특히 두 차례에 걸친 석유위기를 계기로 독일 자동차 산업은 커다란 구조적 전환기를 맞게 된다. 자동차 시장의 수요 둔화와 일본차의 수입 증대, 그리고 독일차의 높은 생산비 등을 극복하기 위해 독일 자동차 산업은 제품전략, 생산전략, 노무관리전략 등에서 커다란 구조적 전환을 하게 된다. 이러한 새로운 기업전략의 전개는 우선 생산시스템에 대해 새로운 생산합리화 문제(생산시스템의 유연화 요구)를 제기하게 되었다.

그러나 독일식 생산합리화는 일본식 생산합리화는 다른 방식으로 이루어졌다. 일본적 생산모델은 가능한 한 최대의 합리화 노력을 기울여 생산비용을 지속적으로 낮춤으로써 낮은 제품가격을 실현하는 것을 목표로 하는 데, 독일적 생산모델은 제품의 차별화, 고부가가치 전략, 즉 높은 제품품질과 신뢰성, 기술적 완벽성 및 모델과 옵션의 다양성 등에서 경쟁의 우위를 찾는 전략이었다.

이러한 합리화 전략에 따라 1970년대 말부터 1980년대에 걸쳐 극소전자기술(ME)을 이용한 생산과정과 관리과정의 자동화, 전산화, 정보통신화가 가속되었다. 산업용 로봇, FMS(Flexible Manufacturing System) 등 유연자동화기술, NC기계 등이 집중적으로 도입되었고 컴퓨터 통합 생산시스템(CIM)의 구축에 의해 궁극적으로 '무인공장'을 실현하려는 노력이 이루어졌다.

그러나 이러한 기술적 합리화와 동시에 '노동의 인간화' 노력이 병행해 이루어졌던 것이 독일적 생산모델의 특징이다. 즉, 독일에서는 종업원평의회, 공동결정제 등 노동자에 의한 경영참여제도가 잘 발달되어 있고 세계 최대의 산별노조인 독일금속노조(IG Metall)의 영향력도 강해 경영 측에 의한 일방적 합리화 노력을 관철시키기란 불가능하다. 이러한 상황 속에서 독일 자동차 산업은 '노동의 인간화'를 통해 합리화 과정에 노동자를 통합시킴으로써 생산성을 높이고 노동자의 작업에 대한 헌신성을 높이려는 방향으로 움직이게 된다. 이 경우 '노동의 인간화' 문제는 단순히 작업조직의 문제로서뿐만 아니라, 고용보장, 노동시간 단축, 직업교육의 충실, 건강과 안전이라는 폭넓은 테마 가운데서 논의되고 전개되었다.

즉, 독일적 생산모델은 IG Metall 및 자동차 회사 종업원평의회의 강한 합리화 규제력을 배경으로 유연성과 효율성의 실현이라는 목표와 노동의 인간화라는 목표가 조화 있게 실현되는 방법으로 생산의 합리화를 이루어 왔다. 이처럼 노동 측의 합리화 규제력(즉, 산별 단체협약에 의한 합리화의 사회적 규제)에 의해 무제한의 유연성 실현을 지향하는 경영 측의 의도에 일정한 브레이크가 걸렸던 것이 독일적 생산모델의 특징이다.

이 시기에도 일본 자동차의 높은 국제경쟁력(비용, 품질, 납기)을 배경으로 독일의 자동차 메이커의 경영자를 중심으로 일본의 자동차 메이커의 생산시스템에 대한 관심이 높아져 왔던 것도 사실이며 JIT나 QC서클도 부분적으로 도입되어 왔다. 그러나 1980년대에는 아직 독일 자동차 회사의 지속적인 성장(승용차 판매, 고용의 증가)을 배경으로 노사 쌍방 모두 독일 고유의 '독일적 생산모델'에 대한 신뢰는 흔들리지 않았던 것으로 보인다.

그러나 1990년대 들어 독일 자동차 회사의 국제화 전략의 새로운 전개('제품

수출 주도형' 전략으로부터 생산거점의 적극적인 해외 전개를 목표로 하는 '다국적화' 전략으로의 전환)와 전후 최악이라 불리는 불황의 심각화, 그리고 동구 구사회주의 경제권의 시장경제화와 글로벌 경쟁의 격화 등에 따라 전후 독일 경제를 지탱해 온 '사회적 시장경제' 체제의 전면적인 구조개혁을 요구하는 목소리가 높아지고 있다. 특히 독일의 '고비용' 체질의 주요인으로서 기존의 노동관행, 노사관계의 경직성이 1990년대 경영 측의 합리화 공세의 표적으로 되었으며 이에 따라 독일의 노사관계 분야에서도 '유연화·탄력화'를 목표로 하는 변혁의 움직임이 나타나고 있다.

1991년 독일에 소개되었던 미국 MIT 대학교의 Womack et al.의 '린 생산시스템'론은 독일의 생산합리화 논의를 석권하고 있으며 독일의 자동차 메이커는 특히 북미의 일본 이전 공장을 모델로 한 생산시스템의 '일본화' 전략을 구체적으로 실천하고자 하는 움직임을 강하게 나타내고 있다. 현실적으로 구동독에 세워진 신설 사업거점을 중심으로 '린 생산시스템'이 전면적으로 채용되고 있다. 또 1980년대의 유연적 자동화 기술을 중심으로 한 기술적 해결에 대한 신뢰가 과다한 투자비용과 기술적 신뢰성 등의 면에서 1990년대 들어 크게 동요하고 있으며 현재 독일의 자동차 메이커에 있어 신기술 도입의 열의는 급속히 저하되고 있다.

그 대신 일본식 생산방식의 도입이 확산되고 있는데 예컨대 JIT시스템의 구축, 새로운 인사관리제도의 도입, 개선활동의 도입, 팀작업의 도입 등이 급속히 확산되고 있는 것이다.

그러나 이러한 것을 가지고 곧 '독일 고유의 길'인 '독일적 생산모델'의 붕괴를 예상하는 것은 잘못이라고 생각한다. 독일의 자동차 기업이 린 생산방식의 슬로건 아래 진행하고 있는 조직개혁은 철저한 분권화, 팀작업의 자율성, 택트타임의 장시간화 혹은 벨트 컨베이어 작업의 폐지 등 토요타의 생산방식과는 다른 방향을 취하고 있기 때문이다. 린 생산방식의 핵심으로 된 것은 그룹 작업의 도입이었다. 이 그룹 작업은 일본의 '조(組)' 작업과는 달리 작업 그룹에게 작업에 관한 자율적·반자율적 의사결정권을 줌으로써 실제로는 일본의 조와는 상당히 다르다. 그룹의 대표(Group Speaker)는 조장과 달리 현장작업자들에 의해 선출되며 그 임무도 생산관리보다는 조원들의 의사를 회사 측에 대변하는 기능에 치중되어 있다.

또 최근의 합리화 공세에 있어 독일의 전통적인 노사관계의 동요와 유연적 합리화의 조짐이 현재화되어 가고 있다고는 하지만 이러한 상황에서도 구서독의 사업거점에서는 여전히 IG Metall 및 종업원평의회가 일정한 영향력을 가지고 있다. 독일적 생산모델이 목표로 하는 '안정된 노사관계'에서 고도의 숙련기능과 유연적 자동화 기술을 활용해 환경과 안전, 노동자·소비자의 이해와 조화를 지향하는 '고품질, 고부가가치 제품'의 생산시스템은 커다란 시련에 직면해 있기는 하지만 나라와 메이커의 차이를 넘어 앞으로 자동차 생산이 가야 할 기본적 방향을 나타내고 있는 것이라 생각한다.

(2) 노동조합의 대응전략

독일 기업에 의한 린 생산방식의 도입에 대해 노동조합은 매우 애매한 태도를 취하고 있다. 한편으로 IG Metall은 린 생산방식에 토대를 둔 조직개혁을 승인하고 있다. 그룹 작업의 도입은 지금까지 금속산업노조가 요구해 왔던 것이기도 하기 때문이다. 인간 중심의 공장, 기능자의 자율성은 확실히 노조가 요구하는 노동의 인간화에 부합한다. 또한 노동자의 이해가 그룹 대표를 통해 표명된다면 조합의 직장위원, 혹은 종업원평의회의 영향력이 커질 가능성도 있다.

그러나 다른 한편으로 린 생산방식은 인원삭감을 가져오고 노동강도의 강화를 가져오는 등 나쁜 영향을 미칠 가능성도 있다. 노조는 합리화가 불러오는 이와 같은 부의 작용의 발현을 저지할 필요성을 인식하고 있다. 그러나 1990년대에 들어, 특히 1993년 이후 독일 경제의 불황의 심각화와 경영의 글로벌화를 배경으로 IG Metall의 조합원수도 크게 감소하고 있으며 1980년대까지의 노사세력관계가 붕괴되는 가운데 경영 측의 합리화 공세는 한층 강화되고 있고 사업거점 간의 국경을 넘어선 생존경쟁도 치열해지고 있어 종래의 노동 측의 합리화 규제력도 상대적으로 약화되고 있는 것이 현실이다. 따라서 독일의 노동운동은 린 생산방식의 전면적인 도입을 목표로 하는 경영 측의 합리화 공세에 대해 강한 위기감을 가지고 있다.

이러한 가운데 IG Metall은 1991년 '노동의 인간화'를 목표로 한 노동조합의 정책적 지침인 '2000년으로 향한 노동협약 개혁: 장래의 공업노동의 존재방식'을 내놓았다. 이 정책지침은 노동조합이 노동협약 규제에 의해 노동자의 이해를 실현, 관철시키려는 포괄적 정책지침이라는 점에서 주목을 끌고 있다.

이 협약지침은 모두 4개의 분야에서 새로운 협약규제의 대상에 포함시키도록 요구하고 있는데, 즉 ① 노동자에 대한 새로운 자격 부여 규제와 직업 자격 요구, ② 시간급, 급료, 성과급, 프리미엄급 등을 대신하거나 이를 보완하는 새로운 보수원칙, 특히 시간급과 급료 분야에서 능률압력을 제한하기 위한 영향력 가능성의 개선, ③ 노동생태학과 건강보호 내지 노동과 기술의 형성, ④ 종업원평의회의 참가, 공동결정권을 보완하는 노동경과, 노동내용 형성에 있어 개별 노동자의 민주적 참가의 가능성이 그것이다.

이러한 4개 분야에서 각각 구체적으로 '협약개혁'이 목표로 하는 것은 다음과 같다.

첫째, 새로운 협약규제에 기초해 노동자의 직업능력을 높이고 그것에 대응한 임금체계를 가능하도록 할 것. 그중에는 노동시간의 일부로서 계속훈련의 원칙, 그것에 대응한 보다 확대된 업무영역에의 고용의 요구가 포함된다. 또한 사무직·생산직 노동자에 대한 공통의 노동협약의 틀에서 같은 자격을 가진 사무직·생산직 노동자의 동일자격, 동일임금을 가능하게 하고 보다 높은 등급의 자격부여와 승격기회를 개선하고 격하를 방지할 것.

둘째, 인간적인 노동, 능률조건을 실현할 것. 이는 협약규제에 기초해 능률압력과 스트레스가 저지되고 충분한 요원 배치와 회복시간, 지나치지 않은 표준노동과 사회적 휴게 등이 관철될 수 있도록 새로운 능률정책을 요구한다.

셋째, 사업소 내에서의 적극적인 건강보호와 예방적 환경보호를 실천할 것. 여기서는 예컨대 해당 노동자에 대한 이의신청권과 참가권이 보증되지 않으면 안 되며, 입증책임은 노동자 측에 유리하도록 변경되지 않으면 안 된다.

넷째, 일상의 업무에 있어 일층의 민주주의의 실현이 달성될 것. 기업 측의 소집단 활동을 중심으로 한 참가전략은 일정 정도 노동자에게 수용되고 있으므로 이 참가전략에 대한 철저한 거부는 의미가 없다. 개별 노동자의 민주적 참가권의 협정을 통해 '현장의 공동결정'을 확대하는 것은 종업원평의회의 공동결정권을 보완하는 역할을 맡을 것이다.

이리하여 IG Metall은 지금까지의 협약규제 범위에는 없었던 불충분한 영역에 있어 노동협약에 의한 규제의 대상영역을 확대, 강화하는 것에 의해 포괄적인 협약규제를 지향하고 있다. 특히 지금까지의 노동협약에서는 '노동과 기술의 형성' 및 '인간에 알맞은 노동 형성'의 모든 영역은 대부분 규제대상 밖에 있었다고 할 수 있다. 따라서 새로운 협약개혁에서는 노동 형성에의 최저요건에 대해 노동협약에 근거를 둠으로써 노동과 기술의 형성에 관한 구속력 있는 규제를 행해 지금까지 기업가가 일방적으로 결정해 왔던 투자, 기술, 작업조직에 관한 '경영권'을 제한하는 것을 목표로 하고 있다.

'협약개혁'에 의하면 '노동과 기술의 형성' 분야에서 노동협약 규제에 대해 다음과 같은 형성목표가 제기되고 있다.

첫째, 모든 노동자가 '인간에 알맞은 기술과 노동의 형성'을 요구할 권리를 가지고 있다. 인간의 존엄에 대한 권리, 육체적으로 상해를 입지 않을 권리 및 환경과의 조화가 '노동과 기술의 형성기준'이다.

둘째, 직장, 노동환경, 사용되는 원재료, 생산방법, 작업경과, 작업내용과 작업조직은 '노동조건'이다(다시 말해서 이러한 요소들에 대한 결정권이 '경영권'에 속한다는 이유로 경영자의 배타적 결정사항이 되어서는 안 됨).

셋째, 노동조건은 65세까지의 노동생활기간에 육체적·정신적·심리적 건강장해(health hazard)를 받지 않고 노동이 계속되도록 형성되어야 한다.

넷째, 노동조건은 노동자가 지나치게 많거나 지나치게 적은 요구를 받지 않도록 적절한 직업자격이 요구될 뿐만 아니라 더 나아가 일층의 능력개발이 이루어질 수 있도록 형성되어야 한다.

다섯째, 기술은 여기에서 밝혀진 목표가 실현될 수 있도록 선택되고 형성되어야 한다.

여섯째, 작업조직과 노동은 노동자가 고립되지 않도록 업무에 있어 상호 사회적으로 접촉이 이루어지도록 형성되어야 한다.

일곱째, 정보에 기초한 자기결정권을 보증하기 위해서는 개인에 관련된, 혹은 개인에 관련되어 있다고 생각되는 컴퓨터에 의한 자료의 검색, 가공, 기억, 전송은 엄격하게 제한받아야 한다.

더욱이 '협약개혁'에 의하면 이러한 형성목표를 실현시키기 위해서는 사업소 협정에 의한 이하의 최저요건이 준수되어야 한다.

첫째, 모든 원재료와 가공품은 건강과 환경을 위협할 위험성과 그 보호조치의 관점에서 사용자에 의해 테스트되고 종업원평의회의 신청에 의해 그 분석결과를 제시해야 한다.

둘째, 소음, 공조, 불충분한 조명, 오염, 습기, 진동, 방사선 등 작업환경으로부터의 부하는 회피되거나, 가이드라인의 한계치를 초과하지 않도록 완화되어야 한다.

셋째, 직장의 형성은 부하 최적화의 원칙과 일면적인 부하의 방지에 기초해 이루어져야 한다. 예컨대 일면적인 근육적 부하를 방지하기 위해서는 기중보조장치가 투입되어야 하며, 적하물의 들어 오르내리기, 운반에 있어서는 여성은 10kg, 남성은 20kg으로 제한되어야 한다.

넷째, 직업자격 형성조치와 결부된 직무확대와 직무충실에 기초해 노동자에게 실시, 계획, 처리, 통제에 이르는 제 요소를 포함한 변화가 풍부한 전체적 작업내용이 맡겨질 수 있도록 작업조직을 편성해야 한다. 이를 위해서 사이클타임은 통상 5분으로 되어야 하며, 1.5분 이하의 단시간 사이클타임을 막도록 벨트라인 작업에서는 완충재고를 둠으로써 '시간 구속성'을 방지해야 한다.

다섯째, 집단노동은 여러 명의 노동자가 협력해 어떤 공통의 작업직무에 종사하고, 집단 내부의 직무할당으로 작업방법 등 행위, 처리, 의사결정 자율성이 확대된 집단이다. 집단노동에서는 그 도입과 변경에 대해 사용자와 종업원평의회 간에 사업소 협정이 체결되지 않으면 안 된다. 이때, 작업조직 내부의 직무분할의 가능성, 직무군 시스템의 임금등급, 집단의 작업표준, 요원수준(집단규모), 인원 과부족 시 규정 등이 협약규제의 대상으로 되어야 한다.

여섯째, 노동과 기술의 형성에 관한 참가권에 대해 ① 공장의 신설·증설 및 개조계획의 입안에 앞서, 또 장치, 작업방법, 직장, 작업조직의 도입·변경에 앞서, 종업원평의회 내지 노사공동위원회의 어느 일방 혹은 쌍방에게, 적시에, 포괄적으로, 서면에 의해, 정보가 제공되어야 하며, ② 사용자는 계획되어 있는 기술적·조직적 조치에 관해 업무에 있어 사고, 건강, 환경의 위험성, 이에 대해 강구하고 있는 노동보호, 사고방지 규정에 관해 당해 노동자에 대해 적시에 포괄적인 정보를 제공할 의무를 진다.

IG Metall의 '협약개혁'은 공표 이후에 커다란 반향을 불러일으켰다. 특히 사용자 단체는 이에 대해 기술, 노동, 직업자격, 작업능률, 보수지불 등의 분야에서 기업가 의사결정의 모든 중요한 지위를 노조가 점거하고 종업원평의회 내지 노동조합의 동의 없이는 아무것도 할 수 없도록 만드는 처사라고 격렬하게 반발하고 있다.

그러나 단기적으로는 그 실현가능성이 먼 것이 당연하다고 하더라도 IG Metall의 '협약개혁'은 노동조합이 노동협약의 대상범위를 확대하는 것을 통해 '노동과 기술의 사회적·생태학적 형성'과 '합리화의 사회적 규제'를 실현한다고 하는 기본적인 협약정책의 개혁 방향성을 제시했다는 점에서 중요하며 이러한 논의가 독일의 금속산업의 직장에서 개시되고 있다는 사태가 중요한 것으로서 IG Metall의 조직력, 투쟁력을 고려할 때 독일의 협약정책의 장래의 방향을 보여 주고 있는 것으로서 주목하지 않으면 안 될 것이다.

한편 IG Metall이 1980년대 이후 주력하고 있는 또 하나의 정책은 노동시간의 단축과 '일자리 나누기(work sharing)' 정책이다. 독일의 노동시간이 세계에서 가장 짧다는 것은 주지의 사실이다. 1994년 제조업 생산노동자의 연간 실제 노동시간은 일본 1966시간, 미국 2005시간으로, 이에 비해 독일은 1542시간에 불과하다. 이는 IG Metall이 주도한 노동시간 단축투쟁의 결과물이다. IG Metall은 1970년대부터 노동시간 단축투쟁을 대규모로 전개해 주 40시간 노동의 벽을 1984년 협약교섭으로 타파했으며 그 후 만 10년이 걸려 1995년에는 IG Metall의 '주 35시간 노동' 요구가 실현되었다.

이러한 노동시간의 단축과정에서 사용자 측은 동시에 노동시간의 탄력화 가능성을 얻는 데 성공했다. 즉, 1984년의 노동협약교섭에서 사용자는 주 38.5시간 노동을 승인하는 것과 교환해 공장 내지 기업 수준에서 종업원의 노동시간을 평균 38.5시간으로 하되 노동자 그룹마다 노동시간을 변경시킬 수 있게 되었다.

1994년 시행된 「신노동시간법」은 6개월(종전에는 2주간)을 통해 평균 1일 8시간을 유지하면 하루 최장 10시간까지 연장할 수 있다는 것, 특별한 경우를 제외하면 야간노동의 여성 노동자 보호규정을 폐지하는 것, 고용확보를 위한 예외로서 일요일, 공휴일 노동을 인정하는 것 등을 내용으로 하고 있다. 기업은 노동시간의 단축에 조업, 가동시간의 연장, 확대로 대응하고 있는데 예컨대 BMW의 레겐스부르크 신공장에서는 1990년 6월 이후 하루 노동시간을 7시간에서 9시간으로 연장하고 대신 2교대, 주휴 3일제를 도입해 설비가동률을 향상시켰으며, GM의 오펠사는 IG Metall의 반대에도 불구하고 3교대를 도입해 주말을 제외한 주 5일간 24시간 연속조업을 가능케 했다.

이리하여 IG Metall은 노동시간의 단축이라는 점에서 세계를 리드하는 커다란 성과를 올리는 데 성공했으나 그 결과 노동시간의 탄력화 아래 심야근무, 토요일 근무 등에서 큰 양보를 하지 않을 수 없게 되었고 노동계약에 관한 규제 완화에 수반해 정상적인 노동관계 외의 파트타임, 파견노동의 확대, 정규노동의 감소라는 마이너스의 측면을 수반했던 것이다.

IG Metall이 1980년대의 협약정책의 중심을 시간단축 문제에 두었던 배경에는 석유위기 이후 독일의 대량·장기 실업문제가 있었다. 노동조합은 노동시간의 단축에 의해 '일자리 나누기'를 실현하고 고용을 확대하는 것을 목표로 했다.

1992년 이후 독일통일 특수의 감퇴, 유럽 전반의 심각한 불황을 배경으로 독일 경제도 전후 최악의 불황에 직면했다. 자동차 산업도 예외는 아니어서 특히 폭스바겐은 1993년에 심각한 판매 부진으로 심각한 적자를 보게 되었고 대규모의 구조개혁 압박을 받게 되었다. 당초 경영 측의 예측으로는 국내 종업원 10만 명의 30%에 달하는 3만 명의 잉여인원이 발생할 것으로 보였으나 노사의 협조와 직장의 안정, 더욱이 같은 회사의 대주주인 니더작센 주정부의 이해를 배경으로 이 3만 명의 해고를 회피할 수 있는 안으로서 노동시간의 단축을 포함한 '특별노동협약'이 1994년에 체결되었다. 이 협약은 1995년에 다시 2년간 연장 합의되었다.

이 '일자리 나누기'는 이하 3개의 모델로 구성되어 있다.

첫째, **전원을 대상으로 하는 취업시간의 삭감**: 노동시간을 20% 삭감해 주 4일 28.8시간 노동으로 한다. 월급은 그대로 유지하되 제 보너스(크리스마스 보너스, 휴가 보너스)의 조정으로 연간 수입은 평균 12~18% 저하한다.

둘째, **연간 취로의 블록 모델**: ① 18~30세의 종업원과 미혼자(1993년 4만 명 정도)를 대상으로, ② 생산상황과 인재개발 프로그램에 따라 연간 취로를 6개월의 고용·취로, 3개월의 재고용 조건부 해고(이 기간에는 폭스바겐이 설립한 교육훈련회사에서 전문자격을 취득하기 위한 교육훈련), 3개월간의 재고용·취로로 분류한다.

셋째, **취로의 릴레이 모델**: 훈련기간을 끝내고 숙련공으로 취직하려는 청년층은 3년 반에 걸쳐 주노동시간을 20시간에서 28.8시간으로 단계적으로 연장하는 반면, 56세 이상의 종업원은 63세의 정년까지 28.8시간에서 단계적으로

20시간으로 삭감한다(혹은 연간노동시간을 단계적으로 8.3개월간까지 삭감함).

이러한 정책을 실시함으로써 폭스바겐은 약 18억 마르크의 인건비를 삭감하고 같은 회사의 구서독 사업소에서 대량해고를 회피할 수 있었다. IG Metall은 임금인하에 불만은 있더라도 '대량해고의 회피', '대폭적인 시간단축에 의한 고용확보' 면에서 이 정책을 적극적으로 평가하고 있다. 그러나 경영 측은 노동시간을 주 28.8시간에서 35시간까지 유연하게 편성할 수 있고 또한 '블록 모델 내지 릴레이 모델'의 활용에 의해 보다 유연하게 판매상황에 따라 조정할 수단을 손에 넣게 되었다는 점에서 경영 측에게 획기적인 의미의 정책이라고 할 수 있다. 이에 따라 고용량 조정의 폭이 매우 넓어졌다. 그러나 동시에 노동자 측에는 대폭적인 임금인하를 수반하는 것과 동시에 반실업의 '시간단축 노동자'화가 이루어졌다는 점에서 고용불안이 근본적으로 해결된 것은 아니다.

(3) 폭스바겐과 벤츠의 사례

① 폭스바겐의 잘츠기터 공장 사례

폭스바겐은 종업원 12만 6천 명 이상의 세계 자동차 기업 가운데 생산대수로 제7위, 판매액으로 제6위(1990년)이다. 폭스바겐의 기업으로서 커다란 특징은 '노사협조'에 있다. 그러나 폭스바겐의 '노사협조'는 한국이나 일본의 그것과는 의미가 다르다. 즉, 폭스바겐의 노사협조는 노동조합의 의향을 존중하면서 회사가 경영을 행한다는 의미이다. 폭스바겐의 최고경영진의 인사는 IG Metall의 내락((內諾)을 얻지 않으면 안 된다는 말이 있을 정도이다.

독일 자동차 산업에서 소집단노동 실험은 1970년대까지로 거슬러 올라간다. 폭스바겐의 잘츠기터(Saltzgitter) 공장에서도 1975년부터 1977년에 걸쳐 당시 연방정부의 '노동의 인간화' 행동 프로그램의 일환으로서 엔진조립부문에서 벨트 컨베이어에 의한 흐름작업 조립을 폐지하고, 고정된 작업대에서의 집단조립으로 전환한 바 있다. 1분 이하이던 사이클타임은 전환 후에 35~40분으로 확대되었으며, 작업대 대피구간이라는 완충구역의 설치로 각 작업집단이 스스로 작업의 진행속도를 결정할 수 있게 되었다. 또한 작업집단이 검사작업과 수정작업까지 도맡게 되었다. 이 실험에는 기능공 40명이 참가해 6주간 전체 직업훈련을 통해 엔진의 구조와 부품의 기능을 배웠으며 또한 적절한 자격형성조치를 통해 집단 내 여러 가지 부분직무의 직무순환을 작업집단 스스로 결정할 수 있게 되었다.

팀작업 결과 생산된 엔진은 평균 이상의 품질, 성능을 보였으며 벨트 컨베이어 작업과 비교해 참가 노동자들의 만족도가 높고 부하도 낮아졌다. 그러나 프로젝트 종료 후 이 집단작업 실험은 중지되었다.

'노동의 인간화' 프로젝트가 실시된 지 5년 후인 1982년에 엔진의 실린더 헤드 조립 자동화 계획이 종업원평의회에 제출되었다. 이에 종업원평의회는 1970년대의 경험을 되살려 실린더 헤드 조립 공정에서 유연한 자동화 시스템을 수용하되 현장 작업조직을 혁신할 것을 요구하게 된다. 즉, ① 새로운 자동화 생산설비의 운용을 개별 작업자가 아니라 소집단에서 담당하고, ② 한 라인의 담당을 위해 그 소집단 구성원이 기계감시공 수준의 숙련을 습득하도록 교육을 받으며, ③ 모든 구성원이 그 숙련향상에 상응하는 고임금을 받되, ④ 소그룹 내에서는 직무순환이 이루어져 동일임금을 받아야 하며, ⑤ 이 새 작업조직에 들어오지 않는 작업자는 해고하지 못하도록 공장협약의 규정에 명시하고, ⑥ 이런 작업자들의 임금등급이 저하되지 않도록 임금보장을 해야 한다고 주장했다.

오랫동안의 교섭 끝에 1984년부터 소집단노동이 본격적으로 시행되었다. 새로운 조직에서 소집단 작업팀의 특징은 다음 두 가지이다.

첫째, 팀의 구성원 가운데서 팀대표(Team Speaker)가 선출된다. 회사가 일방적으로 임명하지 않는 것이다. 팀은 자기들이 좋아하는 방법으로 팀대표를 선출할 수 있다. 실제로는 선거로 뽑거나 돌아가면서 하거나 여러 가지 방법이 이루어지고 있다. 팀대표의 임기도 팀마다 서로 다르다. 팀대표는 제조현장의 감독자인 마이스터(Meister, 약 30~40명을 거느리는 현장의 감독자로서 팀 간조정업무가 주임무임)와는 달리 명령권을 가지고 있지 않다. 팀대표의 임무는 팀 내에서 대화의 사회를 맡거나 팀의 의견을 마이스터에게 전달하고 마이스터와 대화하는 것이다. 팀대표의 임금은 여러 경우가 있는데 팀 구성원과 같은 경우도 있고 약간 높은 경우도 있다.

둘째, 그룹 작업의 원칙은 작업자 간에 작업분담을 가능한 한 유연하게 한다는 점이다. 지금까지 직접 작업자는 예컨대 라인에서의 조립작업만 하며, 기계의 수리나 보전은 보전공이, 그리고 품질검사는 검사공이 책임을 지는 것처럼 업무가 명확하게 구분되어 각각의 업무를 전문으로 하는 기능자가 있었다. 그룹 작업에서는 그러나 명확한 분업을 폐지하고 각 그룹이 생산, 품질검사, 보전, 부품공급에 책임을 맡게 되었다. 가까운 장래에는 인사와 예산에 대해서도 책임을 맡을 예정이다. 팀의 업무는 팀의 구성원 전원이 순환하면서 행하는 것이 이상으로 되어 있다.

각 팀의 택트타임은, 1명이 3분 정도이기 때문에 예컨대 6명의 팀에서는 18분 정도이다. 즉, 한 팀은 18분 정도의 업무를 행하는 것이다.

회사는 그룹 작업의 도입에 대해 여러 가지 기대를 가지고 있다. 예컨대 그룹이 품질까지 책임지므로 품질의식이 향상될 것이다. 보전의 업무도 그룹에 통합되어 있으므로 과거처럼 보전공을 부르는 시간도 필요 없게 된다. 유급휴가도 그룹 내에서 서로 의논하기 때문에 인원 조정이 쉬울 것이다. 팀 구성원이 사이좋게 지낸다면 팀의 다른 구성원에게 폐를 끼치는 무단결근도 줄어들 것이다.

이 소집단노동이 동기부여의 측면과 생산성의 측면에서 어느 정도 긍정적 효과를 거두자 1980년대 중반 이후 독일 자동차 산업에서는 앞을 다투어 소집단노동을 도입해 작업조직의 혁신을 꾀하고자 했다. 물론 이 소집단노동이라는 새로운 작업조직에 노동자들이 항상 만족하는 것은 아니다. 소집단노동의 결과로 인원감축이나 노동강도 강화 등의 결과도 나타나고 있다.

그러나 IG Metall이 종업원평의회와 연대해 기업 측의 유연적 합리화의 추진에 대항해 공세적으로 대결하고 노동협약에 의한 규제를 통해 마이너스의 합리화 작용에 제동을 행사할 수 있었다는 것은 커다란 의미를 가진다.

② 벤츠의 라슈타트 공장 사례

폭스바겐에서 이루어졌던 조직개혁은 다른 독일 자동차 회사와 거의 공통된 것이다. 이는 또 기존 공장에서의 조직개혁이었다. 반면 린 생산방식이 화제의 한가운데 있던 1992년 2월 새로 가동을 시작한 메르세데스 벤츠의 승용차 생산공장인 라슈타트(Rastatt) 공장은 최신예 공장으로서 공장의 레이아웃, 설비, 시스템이 기존 공장과 크게 다른 '린 공장'의 모델로서 독일 자동차 산업에서 큰 화제였다.

라슈타트 공장은 기존 공장과는 달리 소집단노동이 처음부터 전면적으로 실시되고 있으며 생산라인 역시 기존과는 전혀 다른 배치와 조직형태를 띠고 있다.

첫째, 전통적 컨베이어 라인 대신 컴퓨터로 통제되는 무인운반차(FTS)가 작업 대상물을 적기에 운반하고 있다.

둘째, 작업 흐름의 원활한 조정을 위한 통제실도 조립공장의 한복판에 있는 투명한 2층 건물에 위치해 현장 작업과정과 통제 사무실 간의 공간적 분리 정도가 낮아졌다.

셋째, 머리 위 작업이나 허리를 굽혀야 하는 작업을 없애기 위해서 작업대를 유연한 시스템으로 전환시켰다.

넷째, 현장에서의 살아 있는 직무교육을 실시하기 위해 생산라인 옆에 신입사원을 4주 내지 6주간 OJT(현장직무교육)시키기 위한 현장학습장을 군데군데 설치하고 있다.

다섯째, 자동차 내부의 모든 주요 전선과 엔진에 연결된 전선세트를 조립하는 공정에는 도크(dock) 모양의 조립작업장이 10쌍이 있어 여기서는 2명 내지

5명의 작업자가 소집단에서 예전과 같은 마이스터의 외부 통제를 받지 않고 자율적으로 조립작업 후 자체검사까지 담당한다. 이들의 택트타임은 20분 내지 22분이다. 이들은 서로 일정한 주기를 가지고 직무순환을 하는 것을 원칙으로 하고 있다.

여섯째, 차량 내부의 여러 가지 부품을 조립하는 라인에서는 전통적 라인처럼 작업자는 고정되고 자동차가 흐르는 것이 아니라, 작업자와 흐르는 대차 위의 자동차가 동시에 움직이기 때문에 작업자가 가만히 서서 작업하는 것과 같은 효과를 낸다. 그리고 각 공정별 작업집단은 서로 일정 기간을 주기로 직무순환을 하고 있어 조립작업의 단조로움을 감소시키고 있다.

결국 라슈타트 공장에서 전면적으로 실시되고 있는 새로운 작업조직의 요체는 직무확대와 직무충실화, 사이클타임의 확대, 컨베이어 벨트의 부분적 철폐, 신체부담의 완화를 위한 직무 재설계, 작업자들의 기능수준의 향상과 직무교대, 경영관리 조직상의 위계 감축, 부서별 새로운 생산설비와 새로운 작업조직의 최적 결합 등을 통해 노동생산성과 노동의욕을 동시에 높이고자 하는 경영 측의 야심 찬 시도로 볼 수 있다.

여기서 특히 주목되는 것은 그룹 작업이다. 그룹 작업은 직접노동뿐만 아니라 준직접노동도 포함한다. 현재보다 일의 내용은 높아지지만 개개인에게 과도한 부하는 걸리지 않는다. 그룹은 작업성과(품질, 양, 가동률, 시간, 비용 등)에 대해 공동책임을 진다. 유급휴가의 취득계획 등 인원계획도 그룹이 책임을 진다. 그룹은 자기업무의 개선에 노력한다. 개선에 의한 비용절감에 대해 장려금이 지불되는 것과 더불어 개선에 필요한 모든 자료가 제공된다.

그룹은 일주일에 한 차례 정기적으로 그룹 내 대화를 가진다. 대화 내용은 팀의 자주성에 맡겨져 있으나 실제로는 노사 간 협력선언에서 확인되어 있는 내용이 중심으로 되고 있다. 즉, 달성생산지표, 제품품질을 포함한 생산문제, 예산, OJT, 팀 구성원 간의 갈등 해결, 다른 팀과의 협력문제 등이 그것이다. 팀 대화에는 종업원평의회, 직장도 팀의 요청이 없는 한 출석할 수 없다. 팀 대화에서 결정된 사항은 팀대표를 통해 경영 측과 협의된다.

그룹은 그룹 대표 1명을 선출한다. 그룹 대표는 그룹이 자주적으로 선출하는 경우도 있고 상사의 제안에 따라 선출하는 경우도 있다. 후자의 경우에도 그룹 구성원의 동의가 필요하다. 그룹 대표는 그룹 내 회의를 진행하고 그룹 외, 특히 상사에 대해 그룹을 대표한다. 그러나 그룹 대표는 그룹 구성원에 대한 명령권, 처벌권을 가지지 않는다. 그룹 구성원의 임금등급은 평등한 동일임금이 적용된다. 그룹 대표에게는 수당으로서 그룹 구성원의 임금등급보다 2등급 높은 임금등급이 적용된다.

그룹 작업의 도입은 공장 관리자와 종업원 대표인 종업원평의회 간의 합의에 근거해 이루어진 것이다. 합리화가 사람에 의존해 이루어지기 때문에 종업원평의회와의 대화, 합의는 반드시 필요하다.

5) 스웨덴

(1) 스웨덴에서 작업조직 변화와 노동의 인간화

주지하는 바와 같이 스웨덴은 세계에서 제일가는 복지국가제도와 90% 이상의 강력한 노동조합의 조직력, 그리고 이를 바탕으로 한 중앙집중식 노사교섭과 노동의 인간화 등으로 잘 알려져 있다.

스웨덴의 많은 기업에서는 1950년대부터 테일러주의적 원리에 기초한 작업조직의 편성이 이루어져 왔다. 특히 해외시장에 의존하고 있는 자동차 산업에서는 경쟁력을 유지하기 위해 테일러주의적 방법에 의한 합리화를 진전시켰는데 시간-동작연구에 기초한 개수임금제가 도입되고 라인생산의 발전과 기술적·조직적 통제방법 등이 발달했다. 이러한 점에서는 스웨덴도 다른 선진 자본주의 국가들과 다름없는 양상을 보였다.

그러나 스웨덴의 작업조직에서 특이한 것은 노사관계이다. 즉, 작업조직의 도입과 운영은 노동조합과 기업 간 교섭과 협약을 통해 규제되었으며 특히 기업수준에서뿐만 아니라 산업수준, 전국 중앙수준의 협약(임금, 노동시간, 기타 근로조건 등)에 토대를 두고 있었다. 사용자 측이 노조를 노사관계의 파트너로 인정하는 대신, 노조는 작업현장의 성격을 결정할 수 있는 사용주의 권리를 인정했으며 전통적 방법에 의한 합리화를 지지했다. 이러한 노사 간 협약과 복지국가제도 등에 의해 스웨덴은 1950~1960년대에 걸쳐 급속한 경제성장과 국민생활수준의 향상을 이룰 수 있었다.

그러나 1960년대 말, 그리고 특히 1970년대 들어 이러한 스웨덴식 작업조직은 점점 위기에 빠져든다. 테일러주의적 작업조직의 단점이 점점 분명해짐에 따라 노동자들은 이에 저항하기 시작했다. 노동자들은 극도의 세분화된 작업, 시간-동작연구에 기초한 단순반복적 작업, 그리고 개수임금제 등에 저항했다. 작업조직에 대한 노동자들의 불만은 높은 결근율과 이직률 등으로 표출되었으며, 젊은이들을 충원하는 것이 점점 힘들어져 노동력 공급부족에 빠지게 되었다. 이에 따라 종전의 작업조직 자체에 대해 근본적인 재검토가 필요해졌다.

이처럼 새로운 작업조직의 업무개선에 의한 직무만족의 달성은 노사 공동의 과제로 떠올랐으나 노사의 생각은 서로 달랐다. 노동조합은 광범한 산업민주주의적 개혁, 특히 기업에서의 각 계층수준마다 의사결정과정에 대한 노조의 참가를 추구했지만, 사용주 측은 이를 거부하고 단순히 작업조직의 개선에 집중했다. 이에 따라 1960년대 말부터 사용주 주도의, 또는 노사 공동의 작업조직 개혁 프로그램이 실시되었다. 스웨덴의 사용주 조직인 SAF와 스웨덴 노총 LO에 의해 추진되었던 URAF 등의 프로그램이 그것인데 이는 중앙노사단체의 협력하에 작업조직에 관한 연구를 행하고 이를 토대로 직장수준에서의 작업조직 개선과 직무만족을 목표로 반(半)자율적인 작업팀제도의 도입, 노동자의 다기능화 추구 등의 실험을 볼보, SAAB 등 10여 개 공장에서 실시했다. 그러나 프로그램의 실행과정에서 노사 간에 의견대립이 생겨 더 이상 이 프로그램은 확산되지 못한 채 1973년 종료되었다.

1970년 초가 되자 위기가 단기적인 것이 아니라는 점이 명확해졌다. 노동운동은 노동입법에 의해 기업의 각 계층수준에서 노동조합의 영향력을 확대하고, 경영특권(채용, 해고의 자유, 업무배분권, 업무지휘의 자유)을 제한하고자 노력했다. 이리하여 장기 집권하고 있던 사민당 정부하에 산업민주주의에 관한 주요 입법이 이루어졌다. 1974년의 「고용보호법」은 정당한 이유가 없는 해고를 금지함으로써 사용자에 의한 노동자 해고의 자유를 엄격하게 규제했다. 1976년의 「공동결정법」은 노동자의 업무와 노동조건 등에 영향을 미칠 수 있는 중요한 의사결정에 대해 노동조합과 사전 교섭할 의무를 사용자에게 부과하고 있다. 1977년의 「노동환경법」은 인간적 노동환경에 대한 여러 가지 의무를 부과하고 있다. 특히 SAF와 LO는 공동결정법에 근거해 1982년 '효율과 참가에 관한 협정'이라는 중앙협약을 체결했는데 이는 국제경쟁의 격화에 대비해 스웨덴 경제의 경쟁력을 유지하고 고용을 확보하기 위해 노사가 협력해 생산성을 높이고 환경변화에 유연하게 적응할 필요를 공동으로 인식하고 작업조직의 변경, 기술의 개발, 경영정보의 제공 등을 통해 함께 노력할 것을 약속하고 있다.

이러한 노사 간 협약과는 별도로 사용자 측인 SAF는 1970년대 후반부터 사용자 주도의 작업조직 개선 프로그램인 '새로운 공장'을 추진했다. 이는 생산관리적·기술적 성격이 강한 공장관리방법으로서 ① 긴 컨베이어 벨트에 의한 강제 진행식 조립공정을 폐지하고 평행하게 배치된 짧은 라인으로 대체함으로써 생산의 자율성을 부여하는 것, ② 완충영역(buffer zone)을 두는 등의 방법으로 작업속도의 자율성을 부여하는 것, ③ 기계의 배치를 제품가공순으로 함으로써 업무의 달성감을 높이고 전체 생산과정에서 자신의 위치를 쉽게 파악하도록 만드는 것, ④ 직장을 '공장 내 공장'으로 규정해 자율성을 가지도록 하는 것, ⑤ 반자율적 작업집단인 생산 그룹에 의한 작업을 하도록 하는 것 등이 포함된다.

노동조합은 이러한 사용자 주도의 작업조직 변경에 대해 일단 이를 받아들이면서 노조 스스로의 고유한 전략으로서 '연대작업'을 추구했다. 연대작업전략은 지속적인 훈련과 업무범위의 점진적인 확대를 통해 개별 노동자의 숙련을 향상시키고 이에 따른 경제적 보수를 높이는 것을 말한다. 이러한 숙련향상을 위해서는 자율적인 작업 그룹의 형성을 권고했다. 이와 같이 노조는 새로운 유연적 작업조직이 작업내용의 풍부화와 공동결정을 병행하는 한 긍정적 태도를 취했다.

노사 간 기본협정에 근거해 스웨덴 노사는 노동의 인간화를 위한 전국적 규모의 프로그램을 공동으로 추진해 왔는데 스웨덴 노동환경기금과 스웨덴 노동생활센터를 설치해 노동의 인간화 방안을 연구, 지원하고 있으며, 신기술 도입에 따른 작업조직 및 직무내용의 개선을 위한 '신기술, 노동생활 및 경영을 위한 개발계획', 노동생활의 실제 개선과 노동조건의 개선으로 지식의 장기 발전을 위한 '리더십, 조직, 협의계획', 컴퓨터와 인간의 상호작용에 관한 혁신적 시도인 '인간, 컴퓨터, 노동생활계획' 등이 그것이다.

이처럼 스웨덴에서는 노사 간 협력에 의한 노동의 유연화와 노동의 인간화의 동시 병행이 추진되고 있는데 이는 일본식과는 다른 새로운 포스트 포드주의적 대안으로 제시되고 있다. 그러나 스웨덴에서도 1990년대 들어 불황이 심각해지면서 볼보자동차의 칼마르 공장이나 우데발라 공장처럼 노동의 인간화를 실험했던 공장이 폐쇄되는 등 작업조직 변혁의 실험은 시련을 면치 못하고 있다. 이에 따라 노조도 수세적 입장에 몰려 주로 노조원의 일자리를 지키는 데 집중하고 있다.

(2) 자동차 산업에서 작업조직의 변화

스웨덴의 자동차 산업에서 나타난 작업조직의 변화는 세계적으로 유명하다. 1970~1980년대에 걸쳐 스웨덴 자동차 산업에서는 매우 특징적인 조립라인의 설계, 작업조직의 변화가 나타났으며 특히 1980년대 들어 몇몇 새 공장에서는 새로운 해결책이 구체화되었다. 이러한 스웨덴 자동차 산업의 시도는 적어도 몇 가지 점에서 기존의 일본식 생산방식과 다른 모습을 보였다.

첫째, 다른 나라 자동차 공장에서 일반적 생산체제로 되어 있는 컨베이어 벨트라인에 의한 자동차 조립을 폐지하고 보다 유연한 작업구조와 직무만족을 위한 여러 가지 대안을 실험했다. 예컨대 무인 반송차(AGV)에 의한 차량 및 부품 운반, 평행한 작업 도크의 도입을 통해 수평적인 분업을 줄이고 파편화되고 단순반복적인 작업을 기능적으로 통합된 작업으로 대체했다. 사이클타임 역시 매우 길게(때로는 몇 시간에 달함) 잡음으로써 노동자에 대한 작업속도의 압박을 없앴다.

둘째, 그룹 작업을 도입했다. 스웨덴의 작업 그룹은 일본의 생산반과는 달리 상당한 자율적 의사결정권을 가진 조직이다. 노동자의 자율성과 독립적 의사결정 범위가 상당히 넓으며 그룹 리더는 회사가 지명하는 것이 아니라 그룹 내 작업자들이 선출하도록 함으로써 자율성을 주었다.

셋째, 현장감독자의 역할도 변화해 종전의 노동자들에 대한 직접적 통제 기능으로부터 그룹 간 조정, 기획, 지원 기능으로 바뀌었다.

넷째, 새로운 조직형태에 대한 노조의 적극적 협력이 이루어졌다. 노조는 그룹 작업이 노동자의 의사결정권 참여를 강화하고 숙련을 향상시킬 수 있도록 관심을 가지고 이에 협력했다.

이러한 실험은 1970년대 초부터 볼보자동차 칼마르 공장에서 시작되었는데 여기서 도크 조립, 작업 그룹 등이 처음으로 도입되었다. 그 후 우데발라 공장에서 본격적인 생산체제 및 작업조직의 혁신이 도입되었다.

그러나 스웨덴 자동차 산업은 1990년대 들어와 시련을 겪는다. 시장 여건의 악화에 따라 스웨덴 자동차 회사들은 외국 자동차 회사들과 광범한 협력을 하게 되며 그 결과 합병과 흡수, 일부 공장의 폐쇄, 노동자의 대량해고, 작업조직의 전통적인 조립라인체제로의 복귀, 생산의 집중, 노동자에 대한 통제 강화 등이 이루어졌다. 전체적으로 스웨덴 자동차 산업에서도 일본식 생산방식의 영향이 점차 뚜렷해지고 있으며 특히 GM과의 합작공장에서 그러하다. 이에 따라 회사와 노조 간의 긴장도 점차 높아지고 있다. 종래의 스웨덴 노사관계의 특징이었던 협력과 교섭이 붕괴되고 있는 것이다.

(3) 볼보의 칼마르 공장과 우데발라 공장의 사례

① 칼마르 공장

볼보그룹은 자동차 산업의 대안적 생산체제를 모색하는 데 있어 중요한 역할을 했다. 새로운 자동차 조립체제의 개발을 위한 노력은 특히 칼마르 공장과 우데발라 공장의 역사에서 잘 드러난다.

칼마르 공장 계획은 1970년경 시작되었다. 당시 스웨덴 자동차 산업의 심각한 노동력 부족(연간 이직률 100%)으로 종래의 전통적 자동차 조립라인에 대한 개혁요구가 높아졌는데 칼마르 공장은 이에 대한 해답이었다. 1974년 조업을 시작한 칼마르 공장은 연산 3만 대 능력을 가진 작은 공장으로서 노동자 850명이 교대근무 없이 생산했다. 그러나 작은 규모에도 불구하고 칼마르 공장의 중요성은 매우 컸다. 칼마르 공장은 '세계 최초의 컨베이어 라인을 철폐한 자동차 조립공장'이었다.

칼마르 공장은 전적으로 경영진 주도의 개혁이 이루어졌으며 노조는 거의 영향을 미치지 않았다. 칼마르 공장의 가장 큰 특징은 건물설계에 있었다. 팀 작업에 편리하도록 벽과 코너를 많이 두어 각 팀이 독립적 작업공간을 가질 수 있도록 했다. 조명과 환기가 우수하게 설계되었고 소음도 작았다.

컨베이어 라인을 폐지하는 대신 AGV를 사용해 차량과 부품을 운반했는데 이는 배터리로 움직이는 자주식 차량으로서 중앙컴퓨터로 조종되었다.

전체 흐름을 20개의 팀 영역으로 나누고 15~20명의 작업자로 이루어진 팀이 각 영역을 책임지도록 했다. 각 팀 영역 간에는 완충영역을 두어 한 팀의 작업속도가 다른 팀에 비해 빠르거나 늦더라도 다른 팀의 작업속도에 영향을 미치지 않도록 팀 상호 간의 작업에 일시적인 자율성이 보장되도록 했다. 택트타임은 3~4분으로 컨베이어 작업에 비해 상당히 길게 잡았다.

각 팀은 고정된 도크에서 자기 팀에 맡겨진 전체 조립을 완수하도록 했다. 인간공학(ergonomics)을 도입해 AGV에 경사장치(90도까지 경사 회전할 수 있음)를 설치함으로써 작업자세가 편하도록 만들었다. 또한 AGV의 운행속도를 작업자가 조정할 수 있도록 함으로써 작업속도의 자율성을 높였다.

팀 문화를 도입해 광범한 직무순환을 실시했으며 기능별 팀 제도에 의해 각 팀은 자동차 조립의 각 기능을 조립, 검사, 수정, 부품취급 작업까지 완전히 책임지도록 했다.

칼마르 공장은 초기에 팀작업 조직, 작업속도 조정 가능성 등에 대한 노동자들의 만족도가 높고 물적인 작업환경도 양호해 좋은 성과를 보였다. 그러나 1977년 스웨덴 자동차 산업이 심각한 불황에 빠짐에 따라 칼마르 공장에서도 합리화, 효율화 노력이 이루어졌다. MOST 방식을 도입해 품질관리, 현장감독 등을 강화하고 감독자의 권한을 강화시켰다. 성과급 임금체계를 도입해 노동자 간 경쟁을 추구했다. 생산흐름에 대한 감독, 통제도 강화했으며 AGV의 운행속도에 대한 조절권도 팀으로부터 중앙통제센터로 이관했다.

칼마르 공장이 조업을 시작한 지 10년 만인 1984년에 이루어진 조사에 의하면 칼마르 공장은 스웨덴 내 다른 볼보의 공장에 비해 조립시간이 25% 적고 품질이 높으며 간접비용도 낮은 등 그 효율성이 높은 것으로 나타났다. 그러나 초기 투자비가 많이 들었으므로 전체 비용 면에서 뚜렷한 우위성은 없었다.

특히 도크생산방식은 생산조절에 여러 가지 어려움을 야기했다. 이에 따라 1984년 도크체제가 폐지되고 상호 분리된 몇 개의 조립라인으로 대체되었다. 그러나 이 분리된 조립라인은 전통적인 단일조립라인(조립의 처음부터 끝까지 연결되어 있는 라인)과는 달리 여전히 팀제도와 부합하는 것이었다. 각 작업자의 직무범위는 매우 넓어서 대체로 1~2개 팀 영역을 따라가면서 조립하도록 되어 있는데 사이클타임은 25분 정도로 매우 길다.

그러나 작업내용은 여전히 반복적이고 노동강도가 강하며 산재가 많이 발생했다. 1985년의 공장개혁으로 팀의 자율성도 많이 사라져 업무배분권, 휴가

결정권, AGV 속도조절권 등이 모두 팀으로부터 산업공학가나 팀리더에게로 이관되었다.

칼마르 공장은 이와 같이 높은 효율성과 신뢰성으로 볼보의 최우량 공장으로 평가되었다. 그러나 생산설비가 비싼 것이 문제였다. 노동자의 작업내용도 풍부해졌지만 여전히 제한적이었으며 진정한 자율성은 보장되지 않았다. 그러한 의미에서 칼마르 공장은 노동의 인간화를 위한 최종적인 해결책이라기보다는 개혁 도중에 있는 공장이라고 할 수 있다. 칼마르 공장에서 최초에는 노동자의 동기부여, 헌신성 등에 중점을 두었으나 차츰 기술적 효율과 컴퓨터에 의한 통제, 생산의 합리화 등에 초점을 두게 되었다.

그러나 칼마르 공장은 이후 스웨덴뿐만 아니라 세계 자동차 산업의 공장개혁의 본보기가 되었다. 전통적인 경직적 조립라인에 대한 현실적 대안이 성공할 수 있다는 가능성을 보여 줌으로써 칼마르 공장은 자동차 산업의 새로운 생산체제의 발전에 방향을 제시했다.

② 우데발라 공장

1985년경 볼보자동차는 종래와는 다른 완전히 새로운 자동차 공장을 구상하기 시작했다. 이는 칼마르와는 다른 혁신적 공장으로서 '미래의 공장'으로 불릴 수 있는 것이었다. 우데발라 공장은 초기 단계부터 노동조합이 적극적으로 개입했다. 노사는 일본식 생산방식이 스웨덴에는 맞지 않는다는 결론을 내리고 스스로의 길을 모색하려 했던 것이다.

그 결과 전적으로 새로운 개념의 공장이 탄생했다. 우데발라 공장은 1989년부터 조업을 개시했다. 연산 4만 대의 소규모 공장이며 900명의 노동자가 교대 없이 근무했다. 우데발라 공장은 여러 가지 측면에서 자동차 조립에 새로운 혁신을 도입했다. 노동조합은 우데발라 공장에 다음과 같은 조건들이 갖추어지도록 요구했다. ① 조립은 움직이는 라인이 아니라 정지된 물체를 대상으로 이루어져야 한다. ② 사이클타임은 적어도 20분 이상으로 해야 한다. ③ 기계에 의한 강제적 작업속도 조절은 없어져야 한다. ④ 모든 조립작업자는 간접작업(검사, 수리, 보전 등)도 수행해야 한다.

이에 따라 여러 가지 혁신이 이루어졌다. 우선 조립공장은 '공장 내 공장'으로 나누어 8개의 조립 팀이 담당하도록 했다. 각 팀당 4개의 작업장과 2개의 경사 조립설비, 2개의 리프트 플랫폼(조립작업이 쉽도록 상하로 움직이는 조립대)을 갖추었다. 각 팀은 또 3개의 서브 조립(엔진, 도어, 인패널)도 책임지도록 했다. 각 조립팀은 1시간당 1대의 자동차를 완전 생산(complete car building, 단, 검사와 부식방지 처리만은 별도로 함)하도록 되어 있다. 팀의 주당 생산량은 20대이다.

공장은 밝고 환기가 잘 되도록 설계되었다. 공장은 벌집모양 형태로 구성되어 있는데 이는 각 팀이 독립된 공간에서 각각 하나의 기능을 수행할 수 있도록 하기 위해서이다.

우데발라 공장에서는 전체 생산직 노동자의 40%를 여성노동자로 충원한다는 목표를 가지고 있었으므로 전통적인 과중한 조립 작업부담은 불가능했다. 따라서 한편으로는 팀의 자율성을 높이고 긴 사이클타임을 도입함으로써 반복동작에 따른 부상위험을 줄였으며 다른 한편으로는 인간공학적 방법을 도입했다. 인간공학적 방법은 두 가지 종류의 육체적 긴장을 예방하는 데 초점을 두었다. 첫째, 손목 등 특정 부위의 긴장을 예방하기 위해 손에 쥐기에 알맞은 공구를 개발했다. 둘째, 불편한 자세에 따른 긴장을 예방하기 위해 작업자의 모든 자세를 선 자세, 구부린 자세, 차량 외부에서 쪼그린 자세, 차량 내에서 쪼그린 자세로 구분하고 가능한 한 모든 자세를 선 자세로 바꾸도록 했다. 이를 위해 차량을 90도까지 기울일 수 있는 경사장치를 도입했다.

우데발라 공장에서는 팀의 자율성을 높이기 위해 현장감독자를 없애 버렸다. 조직체계는 공장장-과장-작업팀으로 바로 연결되도록 했다. 각 작업팀의 품질관리, 비용관리, 팀운영은 팀 구성원들에 의해 선출된 팀대표와 각각의 임무를 부여받은 팀 구성원에 의해 수행되었다. 전체 생산목표는 각 조립공장 수준에서 결정되어 팀에 배당되었다. 생산성 향상을 위한 기술숙련훈련이 집중적으로 실시되었고 능력에 따른 보너스 지급, 생산성 향상에 따른 보너스 지급 등을 통해 생산성 향상 노력을 기울였다.

작업환경 역시 노동자들에게 매우 양호한 것이었다. 작업내용은 파편화되지 않고 통합적이며 전체 생산과정에서 자신의 작업이 갖는 위치를 파악하기 쉽게 함으로써 생산에 대한 이해를 높이고 생각을 하며 생산을 할 수 있도록 만들었다. 충분한 숙련향상의 기회를 제공함으로써 고도의 숙련을 쌓을 수 있게 했다. 신체적 긴장을 감소시키기 위해서 생산시설의 설계나 인간공학적 방법의 도입에 주력했다. 팀작업에 의해 자율성을 향상시킴으로써 노동자들의 만족도를 높였다. 각 작업자는 작업속도를 조절할 수 있고 여러 가지 행정적·기술적 통제로부터 자유로웠다.

우데발라 공장의 생산성은 초기에는 높았으나 차츰 떨어졌다. 노동력 부족과 상대적으로 낮은 임금, 그리고 각 팀 간의 품질, 생산성의 격차를 조정하는 문제 등으로 인해 여러 가지 어려움이 닥쳤으며 이에 따라 우데발라 공장에 대한 비판이 고조되었다. 그러나 여전히 노동자들의 사기는 높고 성과개선 노력도 열심히 이루어졌다. 연간 이직률은 4%에 불과했고 노동자들은 자신의 일에 자부심을 가지고 있었다.

우데발라 공장은 이와 같이 첨단기술과 수공업적 장인 생산방식의 결합, 컨베이어 라인의 폐지, 노동의 인간화 등에 의해 효율과 직무만족을 동시에 달성하려는 야심 찬 시도였다. 그러나 실제로 새로운 작업조직의 성과를 채 제대로 발휘해 보기도 전에 볼보그룹이 경영위기에 빠짐에 따라 우데발라 공장은 1993년 폐쇄되는 운명을 맞았으며 이어서 칼마르 공장도 1994년 폐쇄되었다. 그러나 일부 비판가들이 주장하듯이 우데발라 공장이나 칼마르 공장이 폐쇄된 이유가 비효율이나 품질문제 때문은 아니었다. 오히려 폐쇄 당시 두 공장은 스웨덴 내 볼보자동차 공장들 중에서 가장 품질과 생산성이 뛰어난 모범적 공장이었다. 두 공장이 폐쇄된 진짜 이유는 볼보사의 경영전략 때문이었다. 즉, 심각한 판매 감소의 와중에 소규모인 두 공장을 폐쇄하고 연산 17만 대 규모의 주 공장인 외텐보리 공장으로 합치는 것이 효율적이라고 볼보사는 결정했던 것이다.

그러나 우데발라 공장은 폐쇄된 지 2년 만인 1995년 영국의 엔지니어링 업체인 TWR의 51% 지분투자를 받아들여 'Auto Nova AB'라는 새 법인을 만들어 재가동을 시작했다. 우데발라 공장은 재가동된 뒤에도 조립공정에서 도크방식을 사용하고 있다. 팀제도도 그대로 사용하고 있는데 다만 일본식 생산방식의 일정한 영향을 받아들여 제안제도, 팀별·개인별 성과급제 등을 도입했다. 그러나 일본과 결정적으로 다른 것은 이 모든 과정에 노조가 적극적으로 개입하고 논의의 주체로 참여하고 있다는 점이다. 공동결정제에 의한 기업의 각급 의사결정에의 참여, 노사공동특별위원회를 통한 노동자 제안의 심사, 기능교육 외의 교육에 대한 노조의 주도 등은 이러한 예이다.

이상에서 살펴보았듯이 볼보사의 노력은 소규모 공장에 장인적 기술을 도입함으로써 효율을 보장하는 동시에 긴 사이클타임, 자율적 작업조직, 현장감독의 배제 등에 의해 노동의 인간화를 달성하려는 것이었다. 이러한 볼보사의 실험은 최고경영자의 인간존중 철학, 협조적 노사관계, 개방적 기술문화, 사회적 조건, 노동시장의 조건 등 여러 가지 요인이 어울림으로써 가능했다.

1990년대 들어 치열한 국제경쟁 속에서 볼보가 경영위기에 빠짐으로써 두 공장이 폐쇄되었지만 이는 결코 비용상의 문제나 비효율 때문은 아니었다. 만약 경영사정이 양호했더라면 두 공장의 실험은 다른 공장으로 확산될 가능성도 충분했다. 1990년대의 노동시장 환경변화에도 불구하고 우데발라 개념이 실패한 것은 아니며 앞으로 가능성이 있다는 징조도 보인다. 우데발라 방식은 린 생산방식과 마찬가지로 소비자 지향적이며 유연성을 갖춘 생산방식이다. 다만 우데발라 방식은 린 생산방식과는 달리 노동자의 적극적 참여와 숙련향상을 강조하고 있는데 이는 긴 생산 사이클에 대한 노동자들의 적응능력을 신뢰하고 있기 때문이다.

두 공장의 폐쇄에도 불구하고 볼보의 다른 공장들에서는 여전히 우데발라 정신이 살아남아 있으며 스카니아 등 다른 스웨덴 회사들도 작업조직의 변혁 노력을 기울이고 있다.

참고문헌

山本潔. 1981.『自動車産業の労資關係』. 東京大學出版會.

小山陽一 編. 1985.『巨大企業體制と勞動者: トヨタ生産方式の研究』. 御茶の水書房.

全日本金屬産業勞動組合協議會. 1994.『日獨金屬勞組 共同 プロジェクト報告書』.

全日本金屬産業勞動組合協議會. 1994.『日獨金屬勞組共同プロジェクト報告書』.

丸山惠也. 1995.『日本的生産システムとフレキシビリティ』. 日本評論社.

Parker, Mike and Jane Slaughter. 1988. *Choosing Sides, Union and the Team Concept*. South End Press; Stated First Printing edition.

제8장

대우자동차의 NAC도전운동*

1. NAC도전운동의 내용과 그 한계

대우자동차는 1992년부터 NAC(New Automotive-industrial Concept)도전운동이라 불리는 신경영전략을 본격적으로 추진하고 있다. 회사 측 정의에 따르면 "NAC도전운동이란 전 부문 전원이 최고경영자의 경영철학을 바탕으로 경영 방침과 목표를 철저히 수행함으로써 총체적 고객만족을 실현하고 아울러 경쟁우위를 확보하기 위한 대우자동차 고유의 경영혁신 활동체계"이다.

대우자동차에서 NAC도전운동이 추진된 것은 세계 자동차 산업의 위기 속에서 대우자동차의 경영 부진을 극복하기 위해 시작된 것으로서 이미 1997년까지 1, 2단계를 거쳤으며, 1998년에 들어서서는 한국 경제의 위기 속에서 이제까지 NAC도전운동의 성과를 바탕으로 NPS-G1 운동으로 명명한 NAC 3단

---

* 백도명·윤진호 외, 『대우자동차의 노동강도에 대한 연구』(대우자동차 노동조합, 1998.10)에 게재되었다.

계 운동을 전개하고 있다.

이러한 NAC도전운동은 1992년 이전 대우자동차의 포드주의적 대량생산방식에 의한 위기와 1987년 이후의 대립적인 노사관계를 극복하기 위한 새로운 경영전략으로서, 핵심적 내용은 주로 일본식 생산방식을 도입, 적용하는 것이다. 그리하여 대우자동차는 NAC도전운동을 지속적으로 추진한 결과 자동차 3사 중 일본식 생산방식의 도입이 가장 많이 이루어진 곳으로 평가받고 있다(주무현, 1997).

NAC도전운동을 통한 일본식 생산방식의 도입은 기존의 포드주의적 대량생산체제를 더욱 강화하면서도 일본식 생산기법인 JIT, 혼류생산, 품질관리 등을 수용한 것이다. 또한 협력적 노사관계를 위해 한마음생산회의, 제안제도, 팀작업, 인사노무제도의 변경을 시도하는 등 여러 가지 조화되지 않는 요소도 결합된 것이다. 따라서 NAC도전운동은 전개과정상 많은 혼란과 모순을 야기했는데, 그 하나는 포드주의적 대량생산체제와 일본식 유연생산의 혼합으로 인한 부조화이고, 다른 하나는 숙련과 작업장 참가가 결여된 채 노동통제의 수단만이 강화됨으로써 분출된 노사대립이다.

이 장에서는 NAC도전운동의 내용과 한계를 보다 면밀히 살펴보고자 한다. 이를 위해 하드웨어적인 측면과 노동통제의 측면, 그리고 노동력 활용의 측면으로 나누어 짚어 볼 것이다. 하드웨어적인 측면에는 JIT, 혼류생산, 소로트(小lot) 생산, 범용기계의 활용 등 생산체제의 측면이 있으며, 다능공화, QC, 직무순환 등의 노동력 활용체제와 권력관계적 측면인 노동력 통제의 측면으로 나눌 수 있다.

1) 생산체제적 측면

(1) 생산설비의 변화

일본식 생산방식의 실현을 위해서는 생산체제적인 측면에서 유연적 생산설비가 요구된다. 그러나 대우자동차의 생산설비는 전형적인 포디즘적 체계로서, 컨베이어 벨트·장대한 생산설비·전용기계의 광범위한 활용에 의한 대량생산체제이다. 따라서 일본식 생산방식을 도입하는 과정에서 많은 혼란을 겪고 있다. 대우자동차에서는 이러한 생산체제를 변화시키기 위한 노력의 일환으로 주로 설비자동화를 추진하고 있다.

대우자동차에서의 설비자동화는 NAC도전운동 이후 급속도로 증가하고 있다. 수작업 위주의 조립라인의 경우, 주로 작업간편화를 위한 간이자동화 방식이 추진되었고, 프레스 공장의 경우는 완전자동화 라인[1], 반자동화 라인[2]이 설치되었다. 자동화가 가장 많이 진행된 곳은 차체공장으로, 95%의 자동화 라인이 설치되어 있다. 또한 회사 측은 향후 자동화의 비율을 대폭 확대할 계획인데, 2000년에 프레스 공장은 70%, 도장공장은 78%, 조립공장은 4.0%로 높일 예정이다.

이 밖에도 대우자동차는 1994년 생산기술연구소를 만들어 생산기술을 별도로 연구하도록 함으로써, 다품종 소량생산을 위한 혼류생산의 결정체라 할 수 있는 DIBS(Daewoo Body Line) 방식 등 생산시스템의 구축을 시도하고 있다. 이 연구소에서는 미래의 자동차 생산기술이라는 차원에서 산학연구를 통한 로봇 시뮬레이션, TB(Tailored Blank)시스템 등 선행기술을 도입하는 한편, 최적 MCP 설정, 내외장 TAC(Total Assembly Checker)에 의한 차제 골격 및 부품품질 향상, IN-LINE Measuring 시스템 및 D-SIGHT 시스템 개발에 의한 품질향상을 추진하고 있다. 아울러 SE(Simulation engineering)를 통한 금형 공정수 단축·차체 용접점 감소 및 조립 등 EMD 아이템수 감소 등의 활동을 전개하고 있다(대우자동차, 1996b). 이는 인변이 붙은 자동화와 범용설비를 위한 시도로서, FMS(Flexible Manufacturing System)와 이상감지 자동기기와 같은 일본식

---

1) 12라인, 5천 톤 라인, 3500톤 라인은 적재인원만 있는 완전자동화 라인이다.

2) 트랜스퍼 라인 3개, 하이스피드 라인 5개 등이 반자동화 라인이다.

유연생산설비를 갖추려는 노력의 일환으로 볼 수 있다.

그런데 대우자동차에서 진행되는 설비자동화의 주된 목적은 인원삭감에 있다. 따라서 자동화 설비는 대체로 노동배제적인 특징을 갖는다. 특히 조립라인에서의 자동화는, 간이자동화와 이상 감지 시스템 차원에서 이루어지는 것이 대부분이다. 이런 경우 자동화가 작업의 편의성을 위한 인간조화적 자동화가 아니기 때문에 작업량은 더욱 늘어나게 되고, 대신 작업자는 감소한다. 물론 대차의 사용이나 무빙 플로어 등 작업자의 작업편의성을 위한 설비가 전혀 없는 것은 아니지만, 이 경우조차도 작업인원의 절감으로 연결되는 것이 보통이다. 특히 인변이 붙은 자동화[3]의 추진은 전사적 품질관리라는 목표와 더불어 1인의 작업자가 여러 대의 기계를 담당하게 함으로써, 생산효율을 높이고 생인화를 이끌어 내게 된다.

결론적으로 대우자동차의 자동화는 기존의 컨베이어에 기초한 포디즘적 생산라인을 그대로 유지한 채 간이자동화 기기를 도입한 것으로서, 대부분 노동력을 보강하거나 노동력 대체에 이용된다. 따라서 이러한 자동화는 인간과 기계의 최적 시스템을 구축하기보다는 비용절감과 고품질을 최우선으로 삼아 인건비를 절감하려는 소인화 차원으로 볼 수 있다.

(2) JIT생산

JIT생산이란 낭비의 철저한 배제라는 사상에 기초해 제품·재고·운반·동작·가공·불량 등의 최소화를 지향하는 것인데, 이를 위해 각 공정은 전공정으로부터 필요한 것을 필요한 때, 필요한 만큼만 공급받는다.

대우자동차에서도 JIT생산체제를 적극 수용하고 있으며, 이것을 실현하기 위해서 토요타자동차의 '간판'과 동일한 개념의 NAC카드를 도입하고 있다. 1993년에 NAC카드를 처음 도입하기 시작하면서 관련 NAC카드방식 적용을

---

3) 이상이 있을 시 기계가 자동으로 정지하는 장치를 부착한 기계를 말한다.

위한 전산시스템을 구성했고, 1994년에는 NAC카드방식의 확대 적용 및 정착을 위한 시스템 구축활동을 전개했으며, 1995년에는 NAC방식 정착을 위한 시스템 개선활동을 전개하면서 공장별 책임관리체제를 구축했다.

회사는 기본적으로 물류 낭비를 제거하기 위해 총량 규제에 의한 후보충 생산체계 구축을 목표로 생산의 평준화, 리드타임 단축, 다회 납입을 시도하고 있다. 또한 서열납품 방식, 납입카드 방식 등의 사외물류체계와 서열방식, 콜(CALL)방식, 간판방식, 불출 의뢰 등의 사내물류체계를 통해 라인사이드의 재고를 줄이기 위해 노력하고 있다.

회사 측은 이러한 JIT생산을 도입한 결과 1996년 생산계획신뢰도가 98.2%에 이르고, 결품률이 0.6%로 낮아졌으며, 재고회전율 또한 크게 향상되는 등 상당한 성과를 올린 것으로 평가하고 있다(대우자동차, 1996b: 270~272).

그러나 수치상의 성과에도 불구하고 대우자동차의 JIT생산은 온전히 실행되고 있지 못한 것으로 평가할 수 있다. 그 이유는 첫째, 비록 NAC카드방식이 사용되고 있기는 하지만 생산라인의 기본개념은 여전히 밀어내기 식 생산방식이기 때문이다. 즉, 판매수요에 따른 생산이 이루어지는 것이 아니라, 수요예측에 따른 장단기 판매계획이 수립됨으로써 월·주간 생산계획을 짜고 있다. 단지 주간판매오더에 따라 차기 주간판매계획이 수립될 때 주·부서장 판매조정회의를 통해 생산과 판매 계획이 조정되고 있으며, 완성차 물류 차원에서 판매와 연동 체계를 갖추고 보급운송을 하고 있을 뿐이다(대우자동차, 1996b: 216~225, 270). 둘째, 부품재고관리의 기본운용시스템 역시, 6개월의 생산계획이 수립되면 자재수급계획에 따라 미리 부품의 소모량을 산정하고 이를 협력업체에 통보하는 MRP 방식이 사외물류체계의 대부분을 이루고 있다(주무현, 1997). 협력업체는 모회사의 자재수급계획에 따라 월·일간계획이 수립되면 생산에 들어간다. 단, 이때 모회사의 간판관리에 의해 하청회사의 생산이 영향을 받는다. 또한 주야로 균등하게 정시순환운송, 다회납입을 추구하면서 재고의 수준을 줄이는 방법을 택하고 있다. 셋째, 협력업체로부터 납품되는 부품의 상당수가 라인으로 바로 가지 않고 사내창고에 저장됨으로써 대체로 1.5일분(대우자동차 0.5일분, 협력업체 1일분)의 재고가 유지되고 있다(대우자동차 노동조합, 1997c).

따라서 대우자동차에서의 JIT생산은 실현단계라기보다는 아직 준비단계에 놓여 있다고 볼 수 있다. 회사 측에서도 향후계획으로 당장 후공정방식을 택하기보다는 NAC카드방식의 정착이라든가 소량·다회 납입을 유도하는 등 기반 조성에 힘쓰고 있는 형편이다.

이 외에 생산체제적 측면의 한 요소인 혼류생산은 조립1부의 경우 라노스와 씨에로가 4 대 1의 비율로, 조립2부의 경우 레간자와 프린스(브로엄)가 14 대 1의 비율로 이루어지고 있다.

결국 대우자동차가 추진하고 있는 생산체제 면에서 일본식 생산방식의 도입은 현 단계에서 볼 때, 기존의 포드주의적 생산체제의 문제점을 부분적으로 보완하는 수준일 뿐이다. 그러나 앞으로 회사 측의 계획을 살펴보면, 본격적인 일본식 유연생산체제의 도입을 시도할 가능성이 충분하다.

2) 노동력 통제의 측면

일본식 생산방식에는 노동자의 자발적 참여와 기업의 노동력 통제의 측면이 결합되어 있으며, 노동자 간 경쟁체제를 이용한 노동력 통제 방법도 사용되고 있다. 예컨대 팀작업이나 소집단의 개선·제안 활동을 통해 노동자의 참여를 이끌어 내면서, 안돈시스템 혹은 작업조직과 노무관리를 통해 노동자 통제를 하고 있는 것이다.

대우자동차에서는 NAC도전운동을 추진하면서 일본식 생산방식 중에서 노동력 통제의 측면을 도입하고 있다. 즉, 그 내용으로는 표준작업체제, 한마음 생산회의, 그리고 현장감독자의 권한 강화를 주로 도입하고 있다. 대우자동차에서는 이러한 노동력 통제의 제 요소들을 도입함으로써 현장에서의 통제력을 강화하고 있다. 대우자동차에서의 현장통제 과정은 한마음생산회의를 통한 회사 측의 관리 통제력을 확보하기 위한 측면과 생산과정에서 이루어지는 현장통제로 구분할 수 있다.

(1) 한마음생산회의와 현장통제의 강화

대우자동차에서는 무엇보다도 현장에서의 통제력을 확보하는 데 더욱 방점을 찍고 이에 대한 다양한 조치를 취하고 있는데, 그 주요한 축이 한마음생산회의이다. 한마음생산회의는 대우자동차의 생산직 노동자를 대상으로 한 대표적인 소집단으로서 1992년부터 도입된 것이다. 한마음생산회의의 주요 목표는 현장개선활동과 노동자의 참여를 유도함으로써, 궁극적으로는 회사 측의 현장에 대한 장악력을 강화하는 것이다. 즉, 직장단위[4]의 한마음생산회의를 통해 표준작업에 대한 개선·제안활동이 전개되고 있으며, 직장단위의 평가를 통해 노동자 간 경쟁체제를 구축해 현장에 대한 종합적인 관리체제로서의 기능을 확립하고자 하는 것이다.

한마음생산회의의 추진실적을 살펴보면, 대상인원 면에서 1997년에 1만 847명 중 91.7%인 9945명을 한마음생산회의에 편성하고 있으며, 한마음개선활동은 1992년 이후 지속적으로 상승해 1996년에는 8073건수를 해결하고 있다(대우자동차, 1996b).

또한 한마음생산회의 주요활동 중 하나인 제안제도는 작업과 관련된 부분에 대해 노동자가 제안을 하는 것인데, 〈표 2-8-1〉에서 보는 바와 같이 1991년 이후로 총 제안건수와 1인당 제안건수가 크게 늘어났으며, 제안에 따른 포상금액도 많이 올랐음을 알 수 있다.

이렇듯 한마음생산회의는 노동자와 작업조직을 관리하는 것을 주요 목적으로 한 직장단위 관리기구로서 회사의 작업지침을 전달, 지시하는 공간임과 동

---

4) 대우자동차의 작업조직체계는 조장(組長)-직장(職長)-공장(工場) 3단계로 구분되어 있다.

〈표 2-8-1〉 대우자동차 제안활동 실적

	1991	1992	1993	1994	1995	1996
제안건수	16,349	110,328	123,186	375,659	276,829	389,000
1인당 제안건수	0.94	6.7	9.0	26.1	17.9	24.2
실시건수	3,990	71,169	91,916	360,493	272,518	387,000
포상금액(백만 원)	47.1	189.1	313.6	1003.3	670.0	-

자료: 대우자동차(1996); 한국표준협회(1997).

시에 회사의 경영방침이나 제안·개선활동, 작업조직을 기반으로 하는 인간관계활동의 전개 공간이기도 하다. 매주 월요일 아침에 이루어지는 이 회의에서는 주로 일상관리 업무와 중점관리 사항이 토의되는데, 경영방침 설명, 작업량 할당과 평가, 팀워크 조성 및 인간관계활동 순으로 다루어지고 있다.5) 또한 한마음생산회의실은 직장별로 각 라인 옆에 두고 있는데, 이곳에는 해당 직장의 개인별 작업실적, 안전사항, 제안건수, 근태 등을 비롯해 생산계획이나 구호, 다기능 현황표, 표준작업 인증표 등을 게시해 눈으로 확인할 수 있게 한다.

직장은 한마음생산회의에서 토의된 내용을 주별 회의록에 작성해 회사관리체계에 보고하고 공장은 주별 회의록을 검토해 그 결과를 체크한다. 한마음생산회의는 주별로 직장단위, 개인별 평가를 수행한다. 직장단위 평가의 항목은 직장 분위기, 계획수립, 생산실적, 안전, 품질, 질서 등으로 평가항목별로 배점기준을 두고 점검 포인트를 설정해 한마음생산회의에서 제반의 사항들을 관리하고 점검한다. 개인별 평가도 마찬가지로 수행하는데, 주로 개인의 근태, 규율 준수, 다기능화 정도 등의 항목에 배점을 두고 평가한다. 이러한 평가를 통해 포상과 격려제도를 운영하는데, 성과 발표대회 포상을 하거나 성과가 미흡한 직장에 대한 활성화 대책을 강구하기도 한다. 또한 구성원들의 개별적 지도와 격려, 구성원의 관찰, 가정방문 등의 인간관계를 통해 노동자에 대한 밀착

5) 설문조사 결과는 각각 경영방침 설명(34.1%), 작업량 할당과 평가(22.1%), 팀워크 조성 및 인간관계 활동(16.9%)으로 나타나고 있다(대우자동차 노동조합, 1996).

관리를 수행하고 있다.

대우자동차는 이러한 하부작업단위를 기초로 한 소집단을 활성화해서 그 단위를 매개로 경쟁을 촉발시킨다. 예컨대 표준작업인증제도 등을 직장별로 진행하며, 각종 경진대회, 우수직장 발표회, 총괄별 경진대회, 전사경진대회 등을 직장별로 실시해 그 실행성과를 평가하고 시상하는 구조로 노동자들을 관리한다. 또한 한마음생산회의에서 이루어지는 개선·제안활동은 개인별로는 제안 포상금을 주고 인사고과에 반영해 임금에 직접적인 영향을 미치며 그 실적을 게시한다. 직장단위로는 일정 의무량을 부여하기도 하고 직장 간 경쟁을 부추기기도 한다.

이렇듯 해당 직장의 집단적 성과를 근거로 직장·노동자 간 경쟁을 격화시키고 그 과정에서 더욱 수월하게 노동통제가 가능해진다. 그리고 이 과정에서 한마음생산회의를 주도하는 현장감독자의 일상적인 관리통제의 강화를 수반하게 된다.

한편 한마음생산회의는 노동자의 작업장 참가의 주요한 매개가 되는 것이 사실이다. 그러나 그 내용은 주로 생산성과 품질 향상을 목표로 한 것이고, 작업과정에 대해서는 거의 의사 개진이 불가능한 상황이다. 노동자는 소극적이고 형식적으로 참가하고 있으며, 심지어 제안활동의 경우 직장 내에서 제안 담당자까지 두는 등 지극히 형식적으로 대처하고 있다. 따라서 소집단 활동을 통해 작업장 차원에서 노동자의 참가를 이루어 직무만족을 증대시키고 이를 보다 세련된 노동통제 수단으로 이용하고 있는 일본식 생산방식과 대우자동차 한마음생산회의는 사뭇 다르다고 할 수 있다.

따라서 한마음생산회의에 대해 대우자동차 노동자들은 매우 부정적인 평가를 내리고 있다. 〈표 2-8-2〉에서 알 수 있듯이 노동자들은 한마음생산회의에 참석할 때 자발적으로 참여하기보다는 소극적이고 수동적인 태도를 보이고 있으며, 1996년 조사 때보다 1997년 조사 때 결과가 더욱 소극적인 방향으로 나타나고 있음을 알 수 있다. 즉, 1997년 한마음생산회의에 편성된 노동자는 전

〈표 2-8-2〉 한마음생산회의 때 노동자들의 태도

(단위: %, 명)

	1996년 조사	1997년 조사
적극적으로 의견을 발표한다	12.6	11.6
직장의 지시사항을 열심히 듣는다	65.0	50.3
아무 생각 없이 가만히 앉아 있는다	18.8	32.1
동료들과 잡담한다	2.4	4.3
졸거나 잔다	0.4	1.7

자료: 대우자동차 노동조합 설문자료(1997년); 대우자동차 노동조합·한국노동이론정책연구소(1996).

〈표 2-8-3〉 한마음생산회의에 대한 직종별 판단

	직장	조장	기능직	평균
제한된 범위 안에서 경영참가 가능	-13.16(19)	-42.12(165)	-55.71(1750)	-54.03(1947)***
일에 대한 보람 획득, 작업능률 향상	0.00(20)	-18.56(167)	-32.45(1761)	-30.75(1961)***
동료, 상사 간 깊은 유대감 형성	5.00(20)	-4.22(166)	-20.42(1768)	-18.67(1966)***
생산성 향상을 위한 회사 측의 동원방식	5.26(19)	26.06(165)	35.68(1753)	34.56(1950)**
회사 측의 노동자 통제 수단	-5.26(19)	9.04(166)	30.39(1747)	28.17(1945)***

주 1): '전혀 아니다' -100, '아닌 편이다' -50, '보통이다' 0, '그런 편이다' 50, '매우 그렇다' 100으로 환산한 점수임.
주 2): *** 1% 수준에서 유의함, ** 5% 수준에서 유의함.
자료: 대우자동차 노동조합 설문자료(1997년).

체 생산직 사원 중 90% 이상임에도 불구하고 시간이 지날수록 한마음생산회의에 대한 실질적인 참여율은 점점 더 떨어지고 있다.

따라서 한마음생산회의에 대한 노동자들의 판단은 〈표 2-8-3〉에서 보듯이 경영참가 수단이나 일에 대한 보람획득 수단 혹은 동료 간의 유대감 형성 수단이라기보다는 생산성 향상을 위한 회사 측의 동원방식이거나 회사 측의 노동자 통제수단으로 보고 있다. 그리고 이러한 경향은 적어도 조장 선까지는 동일한 것으로 판단된다. 특히 경영참가에 대해서는 직장들의 조사에서도 부정적인 결과가 나오고 있는데, 이는 직장들도 한마음생산회의를 통한 노동가 참가의 가능성을 인정하지 않고 있음을 알 수 있는 대목이다.

〈표 2-8-4〉 대우자동차의 생산직 내부구성 추이

(단위: 명)

	1992	1997	1992~1997 증가율
공장	107	183	1.71배
직장	621	866	1.39배
조장	907	1475	1.63배
일반 기능직	8,308	7269	0.87배
직장 1인당 기능직수	13.4	8.3	0.62배
조장 1인당 기능직수	9.2	4.9	0.53배
현장감독자 1인당 기능직수	5.1	2.9	0.57배

자료: 사내자료.

한편 한마음생산회의를 통해 이루어지는 제안·개선활동에 대해서도 역시 비슷한 평가를 내릴 수 있다. 제안·개선활동에 대한 노동자의 참여는 기업의 요구에 의해 의무적으로 이루어지는 측면이 강하다. 〈표 2-8-4〉에서 보듯이 응답자의 대부분은 제안제도에 대해 소극적인 편이며, QC활동에 대해서도 대체로 소극적이거나 보통이라고 응답하고 있다. 조합원 인터뷰에서 많은 조합원이 직장의 강요나 직장 간 경쟁의식 때문에 억지로 제안을 했다고 대답하고 있으며 특히 제안활동 상금이 3천 원에서 2천 원으로 삭감되고 심사가 엄격해지면서 제안건수가 대폭 감소했다는 사실에 비추어 제안활동이 비자발적으로 이루어졌음을 알 수 있다. 최근에는 개선·제안활동이 성사되면 거의 작업인원이 감소하는 현상으로 나타나고 있어 제안·개선활동을 꺼리고 있다.

회사도 제안제도의 문제점으로서 양적 팽창에 의한 제안의 질 저하, 제안교육의 미흡, 개선분야가 품질 및 작업방법 개선에 편중된 점 등을 들면서 향후 등급별 점수관리를 통해 제안의 질을 높이고 신입사원 입문 시 제안교육, 분야별 이벤트(안전제안, 환경제안, TPM 제안) 등을 실시할 계획이라고 밝히고 있다(대우자동차주식회사, 1996).

(2) 현장감독자의 권한 강화

대우자동차는 한마음생산회의 기능과 운영을 원활히 하고 현장통제력을 강

〈표 2-8-5〉 QC, 제안제도에 대한 노동자들의 참여도

	직장	조장	기능직	평균
QC	-13.64	0.29	-17.88	-16.26(1937)***
제안제도	-9.09	3.18	-23.43	-20.94(1996)***

주 1): '매우 소극적' -100, '소극적인 편' -50, '보통' 0, '적극적인 편' 50, '매우 적극적' 100으로 환산한 점수임.
주 2): *** 1% 수준에서 유의함, ** 5% 수준에서 유의함.
자료: 대우자동차 노동조합 설문자료(1997년).

화하기 위해서 현장감독자의 권한을 강화하고 있다. 대우자동차 작업의 기본 단위는 직장이며 그 책임자는 직장으로서 현장감독자의 핵심이다. 직장은 종전보다 더욱 세분화되고 조장을 더욱 확대함으로써 1992년 이후 직·조장 등 현장관리자의 수가 급증하고 있다. 회사 측은 종전에 20~30명 단위로 짜여져 있던 직장을 평균 10~15명 정도로 더욱 세분화하고, 조장제도를 대폭 확대해 직장 아래 1~2명의 조장을 둠으로써 현장의 위계와 관리체계를 정비했다. 〈표 2-8-5〉를 보면 직장 1인당 일반 기능직 노동자의 수는 1992년 9.2명에서 1997년에 4.9명으로 줄었으며, 현장감독자 1인당 일반 기능직 노동자의 수는 1997년에 2.9명으로 줄었다. 이것은 일반 기능직이 약간 줄어든 반면 직장이나 현장감독자는 늘어났기 때문이다.

대우자동차는 현장감독자의 비중을 높이는 것만이 아니라 현장감독자의 권한과 역할을 강화하고 있다. 현장감독자 중에서 한마음생산회의의 운영을 맡고 있는 직장의 주요한 활동내용을 살펴보자. 첫째, '개인기록카드'를 주단위로 작업해 작업자의 근무태도, 질서, 정리정돈, 안전수칙을 개인별로 기록하고 있으며 연월차 휴가, 조퇴, 작업 불참자에 대한 시간공제 등의 업무를 처리한다. 둘째, 작업관리 차원에서 '개인기록카드'에 작업공정과 생산내역을 개인별로 체크 관리하고 최종담당 차량을 확인해 기록한다. 또한 표준시간의 정정(과장 승인), 작업할당의 권한을 행사함으로써 일정 정도 현장에서 작업에 대한 권한을 행사할 수 있도록 하고 있다. 셋째, 인사노무 관리차원에서 인사고과를 일차적으로 평가하고 배치 전환과 포상자 추천, 징계 등의 역할을 하고 있다.

이와 같이 현장감독자의 중요성이 증대됨에 따라 회사 측에서는 이들의 효과적인 작업관리를 위해 위상과 리더십을 강화하고 사기 진작을 위해 폐쇄된 승진경로를 개방하고 교육훈련에 많은 노력을 기울이고 있다. 1992년에서 1995년까지 현장혁신을 위해 QM전문가 양성교육, IE전문가 양성교육, TPM 추진자 양성교육, 현장감독자 교육, 표준작업교육, 공직장 TWI 과정, 공직장 보수교육, 생산기술교육, 총괄적 직무교육 등 현장감독자의 직무능력 혁신교육이 실시되었고, 현장관리 차원에서 현장감독자 능력개발코스를 만들어 리더십과 카운셀링, 노무인사 관리, 보전 및 TPM, 관리기법(IE, VE, QM) 등의 교육을 진행하고 있다(대우자동차, 1996b).

그러나 대우자동차에서 현장감독자가 공정개선이나 표준작업 설정 등과 같은 개선활동을 주도적으로 수행하고 있는 것은 아니다. 이른바 '즉실천운동'이 제대로 이루어지지 않고 있다. 이것은 일본식 생산방식의 현장감독자와는 질적으로 차이가 나는 부분이라고 할 수 있는데, 현장감독자의 능력과 의식 부족과 회사 측이 제시하는 인센티브의 한계 때문인 것으로 보인다. 그리하여 회사 측에서는 현장감독자에게 지속적인 교육과 훈련, 권한과 역할의 부여를 통해 현장장악력을 확보하려는 노력이 이루어지고 있다. 최근 회사 측은 새로운 표준작업 설정에 있어 이전의 IE전문가가 주도적으로 수립했던 것과는 달리 현장감독자에 대한 대대적인 교육을 병행하면서 주도적으로 실행시킬 계획을 가지고 있다.

현장감독자의 권한에 대한 대우자동차 노동자들의 판단은 현장에서의 권한이 상당히 많이 증가한 것으로 나타나고 있다. 〈표 2-8-6〉을 보면 이러한 인식은 실제 현장감독자보다는 일반 기능직에서 더 강하게 나타나고 있다. 이러한 수치로 보아 대우자동차에서 현장감독자에 의한 현장통제가 극히 엄격해졌음을 알 수 있다. 그러나 현장감독자들이 자신의 역할을 충분히 수행하고 있다거나 노동자들을 완전히 규제하고 있는 것은 아니다.

〈표 2-8-7〉을 보면 노동자들이 고충이나 불만을 처리할 때 현장감독자보다

〈표 2-8-6〉 대우자동차에서 현장감독자의 권한강화 정도

(단위: %)

	직장	조장	기능직	평균
현장감독자의 권한 강화	15.63(16)	28.44(167)	48.96(1735)	46.86(1929)

주: '매우 줄었다' -100, '줄었다' -50, '변함없다' 0, '늘었다' 50, '매우 늘었다' 100으로 환산한 점수임.
자료: 대우자동차 노동조합 설문자료(1997년).

〈표 2-8-7〉 고충이나 불만의 처리 방법

(단위: %)

	노조 대의원	노사협의회	현장감독자	동료
고충처리	45.1(967)	4.3(93)	16.3(349)	34.3(734)

자료: 대우자동차 노동조합 설문자료(1997년).

〈표 2-8-8〉 현장감독자 존경받나?

(단위: %)

	매우 그렇다	그런 편	그저 그렇다	아닌 편	전혀 아니다
존경받고 있는가	0.4	8.2	34.9	26.3	30.2

자료: 대우그룹노동조합협의회(1996).

는 노조 대의원이나 동료를 통해 해결하고자 하는 비율이 더 높게 나오고 있다. 그것은 현장감독자들이 작업자의 고충을 처리하려는 적극적인 의지를 가지고 있지 않는 경우가 많고 회사의 입장을 대변한다고 노동자들이 판단하고 있기 때문이다. 또한 〈표 2-8-8〉에서 보듯이 현장감독자들이 노동자들로부터 존경받는 경우는 드문 현상이다.

(3) 생산과정에서의 작업통제

대우자동차에서는 표준작업체제를 통해 작업자의 동작에 대한 통제를 명확히 해서 작업의 틈을 없애는 것을 요구하고 있다. 표준작업체제는 1991년부터 시행되어 1995년에 본격적으로 구축되었는데, 표준작업표의 작성, 표준작업 인정제, 표준작업이상관리제 등이 그 내용이다. 즉, 1993년에 들어서 표준작업편성표를 통해 작업의 요소와 그에 해당하는 세부동작, 시간, 보행시간 등을

규정해 작업에 대한 세밀한 통제를 수행하고 있으며, 표준작업인증제를 통해 직장에 의해 표준작업 추진상황을 평가하고 있다.[6] 또한 표준작업이상관리제(안돈체계)를 실시해 '눈으로 보는 관리체제'를 갖춤으로써 한눈에 공장을 감시할 수 있도록 했다. 여기서 표준작업이란 작업자가 정위치 작업, 정시간 작업, 정작업을 하는 것을 의미하는데, 각 공정의 작업요소에 대한 규격화라고 할 수 있다. 따라서 표준작업이란 단순반복작업의 경우에 주로 쓰이면서도 작업의 통제를 위한 모든 공정에 도입되고 있다.

여기서 우선적으로 문제가 되는 것은 대우자동차에서 어떻게 표준작업을 설정하느냐는 것이다. 대우자동차에서는 표준시간과 표준작업을 설정하는데 이는 주로 시간·동작 분석에 의해 설정된다. 일본의 경우는 현장에서 작성하는 것으로 숙달된 노동자를 기준으로 작성하는 반면, 대우자동차는 전문가들의 과학적 기법을 이용해 작업의 표준이 설정되면, 표준작업편성표, 표준작업지도서로 만들어 현장에 게시하고 작업자가 이를 준수하도록 한다.

다음의 문제는 정해진 표준작업을 작업자가 준수하게 만드는 것이다. 그것을 위해 대우자동차는 표준작업인증제도를 실시하고 있다. 이것은 설정된 표준작업을 달성하기 위해 표준작업의 추진현황을 파악하기 위한 것이다. 이것은 직장별·단계별로 설정된 체크리스트에 의해 주기적으로 표준작업을 평가하고 해당되는 직장에 인증서를 부여하는 제도이다.

대우자동차의 경우, 표준작업인증제에 의거하면 거의 모든 직장에서 90% 이상 중급수준을 나타내고 있다. 중급이라면 표준작업은 거의 준수되고 있다고 볼 수 있다. 그러나 표준작업은 무용지물이라는 시각이 지배적이다. 실제로는 라인의 흐름에 의한 강제에 따라 작업이 통제될 뿐 표준작업에서 요구하

6) 회사 측에서는 1997년 90% 이상의 표준작업이 생산현장에서 준수되고 있는 단계라고 한다. 그러나 회사의 이러한 주장은 과대평가된 것이고 실제로는 표준작업이 현장에서 관철되지 못하는 경우가 많다(대우자동차 노동자 인터뷰 결과).

는 세부항목은 그대로 지켜지지 않고 있다. 직장들의 경우도, 작업 동작이나 순서 등의 측면에서는 별 다른 규제도 없고 다만 택트타임에 대해서만 신경을 많이 쓰고 있는 상태이다. 이것은 택트타임을 감소시켜 소인화를 달성하고 라인속도를 증가시킴으로써 반강제적인 작업규제를 하겠다는 것이다. 그러나 라인속도의 증가와 소인화는 결국 노동자에게 노동밀도와 노동강도를 강화시켜 노동자들의 피로와 스트레스를 증대시키게 된다.

또한 대우자동차는 표준작업이상관리체제(안돈체제)를 실시해 표준작업에 대한 이상 여부를 생산과정에서 직접 발견하고자 한다. 생산체제에 평균 이상의 수준의 표준작업을 부여함으로써 생산체제를 압박하는 것이다. 이른바 안돈시스템이라고 불리는 이 체제는 공장의 상황을 한눈에 파악해 라인을 효율적으로 운영하는 것이다. 공정상의 이상이 발생하면 작업자는 라인정지선을 당기게 되고 공정관리정보판[7]이라고 불리는 전광판에 상황이 표시된다. 그러면 직장 혹은 보전반이 즉시 수리를 하고 이상이 제거된다. 공정관리정보판은 이상이 발생한 공정 번호와 장비명이 표시되는데, 황색은 호출 중, 적색은 정지 중을 의미한다. 라인관리정보판은 라인별 가동상황, 이상발생내용(장비 고장, 콜 보급, 지원호출 이상정지, 밀림 또는 대기), 라인 간 재공현황, 라인가동률을 파악할 수 있다. 종합관리정보판은 생산현황, 재공현황, 라인별 가동현황, 장비고장 정보, 콜 보급정보 등을 알 수 있게 되어 있다.

그러나 운영실태를 살펴보면, 노동자들이 라인을 실제로 정지할 수 없으며 라인을 당긴다 할지라도 —호출용 황색줄을 가끔 당기는데— 이는 사소한 문제인 경우가 대부분이다.

〈표 2-8-9〉를 보면 표준작업체제에 대한 대우자동차 노동자들의 의식을 살

7) 정보판에는 공정관리정보판(직장당 1개), 라인관리정보판(라인당 2개), 종합관리정보판(공장당 1개), 통합관리정보판(임원 및 생산 부서장당 1개), 보전정보판(공장당 1개), 콜 보급정보판(공장당 2개)등이 있다.

〈표 2-8-9〉 표준작업인증제도가 작업공정에 가져온 변화

(단위: 명, %)

	노동자수	비율
낭비시간을 줄여 생산성을 높였다	145	16.0
인원을 줄여 노동강도가 강화되었다	388	42.9
현장감독자의 노동통제가 강화되었다	89	9.8
직장 간 경쟁의식이 높아졌다	139	15.4
작업자 간 개인주의가 심해졌다	78	8.6
무응답	65	7.2
합계	904	100.0

자료: 대우자동차 노동조합·한국노동이론정책연구소(1996).

펴볼 수 있다. 이 표는 표준작업인증제도가 작업공정에 미치는 영향을 살펴본 것이다. 노동자들은 표준작업이 노동강도의 강화, 생산성 향상, 직장 간 경쟁 의식의 격화, 노동통제의 강화, 개인주의의 심화 순으로 부정적인 평가를 내리고 있다. 여기서 표준작업의 노동통제적 기능이 두드러지지 않은 것은 표준작업을 통한 규제가 부분적으로만 진행되고 있기 때문으로 보인다. 즉, 택트타임에 대한 부분에만 현장감독자들이 집중적으로 관심을 갖고, 작업 시 표준작업 준수 여부는 대체로 규제하지 않기 때문이다. 한편 표준작업은 인원을 감소시키는 효과를 가져오고 이로 인해 노동강도가 강화되고 있음을 알 수 있다. 또한 표준작업인증제를 통한 직장 간 평가가 이루어진 결과로서 직장 간 경쟁의식이 높게 나타나고 있다.

대우자동차에서 현장통제에 주요하게 영향을 미치는 것은 한마음생산회의와 현장감독자의 역할이다. 대우자동차는 직장단위로 구성된 한마음생산회의를 중심으로 작업장 노동통제 구조를 확립한 것으로 보인다. 한마음생산회의는 직장이라는 작업조직을 소집단으로 조직함으로써 개별 노동자에 대한 관리체계를 수립함과 동시에 직장단위로 한 노동자 간 경쟁을 격화시키고 있다. 반면 소집단 활동을 통한 노동자의 작업장 참가는 소극적·형식적으로 진행되었고 작업에 관한 의사 개진도 거의 없거나 불가능한 상황이다.

〈표 2-8-10〉에서와 같이 NAC도전운동 이후 노동통제와 작업장 참가에 대

〈표 2-8-10〉 NAC도전운동 이후 노동통제와 작업장 참가에 대한 노동자의 의식

	직장	조장	기능직	평균
노동통제	-5.26(19)	9.04(166)	30.39(1747)	28.17(1945)***
개별 노동자의 개인주의	2.78(18)	29.31(174)	38.24(1752)	37.09(1956)**
직장 간 경쟁	31.25(16)	33.82(173)	46.80(1736)	45.53(1937)**
작업수행에서의 자율성	2.94(17)	-3.97(175)	-11.53(1731)	-10.64(1935)
작업자의 의사결정 참여도	8.33(18)	-5.59(170)	-19.82(1728)	-18.26(1928)***

주 1): '매우 줄었다' -100, '줄었다' -50, '변함없다' 0, '늘었다' 50, '매우 늘었다' 100으로 환산한 점수임.
주 2): *** 1% 수준에서 유의함, ** 5% 수준에서 유의함.
자료: 대우자동차 노동조합 설문자료(1997년).

한 노동자들의 의식을 살펴보면 노동통제와 직장 간 경쟁, 개인주의의 항목은 모두 늘어난 것으로 나타나는 반면 작업수행에서의 자율성이나 작업자의 의사결정 참여도는 약간 줄어든 것으로 나타난다. 이 설문조사 결과에 의하면 대우자동차에서 노동통제는 NAC도전운동 이후 점차 늘어난 것으로 보이며 이는 노동자 간 경쟁의 격화와 개인주의를 수반하고 있다. 특히 직장 간의 경쟁은 한마음생산회의를 통해 회사 측이 의도한 것으로 직장들도 인정하고 있다. 하지만 작업장 수준에서의 참가에 대해서는 거의 과거와 변함이 없거나 오히려 줄어든 것으로 보아 노동자 참가에 대해서 별 진척이 없음을 알 수 있다. 이것은 한마음생산회의에서 이루어지는 작업에 대한 의사 개진이나 개선·제안활동이 노동자 참가로까지 나아가지 못하고 있음을 보이는 것이다.

그러나 한마음생산회의는 회사와 공식적인 의사소통의 창구이기도 하다. 따라서 노동자들이 보다 적극적으로 자신들의 입장을 제기할 수 있는 장소이기도 하다. 다만 이제까지는 회사 측의 관리통제기구로서 성격만이 두드러져 보인다.

또한 현장감독자의 권한을 강화함으로써도 노동통제를 강화시키고 있지만 과거의 강압적인 통제방식보다는 인간관계를 중심으로 한 노동자 개인과 밀착된 관리양식을 보이고 있기도 하다. 그러나 현장에서 규제력이 회사 측에 완전히 넘어간 것은 아니다. 고충처리에 대한 설문조사 결과에 의하면, 아직은 노

조 대의원 등의 노조를 통한 해결이 현장감독자를 통한 해결보다 높게 나타나고 있다.

3) 노동력 활용의 측면

노동력 활용이란 측면에서 일본식 생산방식을 살펴보기 위해서는 다기능공, 직무순환, 소인화, 품질·설비보전의 간접노동, 배치전환 등의 항목을 짚어보아야만 한다. 일본식 생산방식은 노동력을 유연하게 이용하기 위해 노동력의 기능적이고 양적인 측면을 충분히 활용한다. 기능적인 측면은 다기능공인 노동자를 필요에 따라 적재적소에 배치·전환하는 것이며, 양적인 측면은 필요한 만큼 노동자의 수를 조절하는 것이다. 이러한 과정에서 노동자는 직무상의 안정성이 없어지고 고용불안에 시달리게 된다.

대우자동차는 NAC도전운동을 전개하면서 노동력 이용의 유연성을 위해 다기능공화, 직무순환, 교육과 훈련, 그리고 소인화를 활용하고 있다. 그러나 다기능화와 같은 기능적 유연화보다는 작업량을 늘이면서 작업인원을 줄이는 수량적 유연화의 방법을 주로 활용하고 있다. 특히 작업인원을 급격히 줄일 수 없는 상황 아래 작업량을 증가시키는 방법을 택하고 있다. 게다가 자동화의 도입, 노동시간의 연장과 불규칙성 증대, 근무제도의 변화, 작업속도의 변화 등이 이루어지고 있으며, 작업범위가 커지면서 직무의 불안정이 야기되고 있다. 한편 차츰 작업인원은 감소되고 있는데, 그것은 자연 감원, 자동화를 통한 인원 감축, 개선활동을 통해 이루어지고 있으며, 신차종 개발 시 여유인원을 감원하기도 한다. 또한 주변부 노동력을 최대한 활용하고 있기도 하다.

대우자동차의 경영환경의 변화에 따라 일본 OJT 연수, 동구권의 해외인력 유입 등의 방법으로 노동력을 이용했으며, 해외 진출을 통해 해외 노동력을 활용한다든지, 특히 IMF 시기를 맞아서는 정리해고의 방법을 사용하고 있다.

(1) 기능적 유연성의 추구와 그 한계

대우자동차에서는 본격적인 NAC도전운동 이전인 1991년부터 다기능화를 추진했으며, NAC도전운동의 주요한 목표로서 다기능화를 설정하고, 이를 전사적으로 관리하고 있다. 한마음생산회의에서는 직장별로 작업자의 다기능률을 관리하고 있으며, 다기능공 정도를 표시하는 실적표를 한마음생산회의실에 비치해 두고 있다. 신입사원의 입사교육 시에도 다기능화 훈련이 실시되고 있으며, 다기능 습득을 위해 현장교육을 통한 기능교육을 실시하고 있다.

현재에 이르러서는 동일 직장 내 차원에서 작업자들은 거의 모든 공정을 수행할 능력을 갖춘 다능공이 되었다고 볼 수 있을 것이다. 그러나 일본식 생산방식에서 의미하는 차원의 다기능화가 이루어지려면 노동자의 숙련, 기술과 관련된 변동에 대해서는 모두 대처할 수 있어야 한다. 즉, 노동자의 자유로운 배치전환이 가능하고 조립작업과 품질과 설비보전의 일을 같이 처리할 수 있으며, 팀작업과정에서 결원 시 이를 채울 수도 있어야 한다.

그런데 대우자동차의 다기능화란 대부분 작업조 내에서나 직장 내에서 직무순환이 가능한 정도만 허용되는 수준에서 이루어지는 것으로서, 직장 이상의 범위를 넘어서는 직무순환은 거의 이루어지고 있지 않다. 다만 직장 내에서 10~15개의 공정을 약 2년 정도 지나면 현장교육을 통해 모두 익힐 수 있는 것이다.[8] 직장 이상의 범위를 위해서는 보다 체계적인 교육과 훈련, 직장을 넘어서는 직무순환이 요구되는데, 아직까지는 이에 미치지 못하고 있다.

교육훈련이 직무수행에 미친 영향을 살펴보면 역시 다기능화가 체계적으로 추진되지 못하고 있음을 알 수 있다. 〈표 2-8-11〉을 보면, 작업수행에 있어 가장 도움이 되고 있는 교육은 현장경험이나 현장 선배 혹은 동료로부터의 교육

---

8) 한마음생산회의실의 게시판에는 각 공정별로, 각 개인당 다기능 정도를 표시하고 있는데 거의 모든 공정에 대해 기능을 습득하고 있는 경우가 대부분이다. 적어도 직장 내 15개 정도의 기능의 습득은 원활히 이루어지고 있다고 할 수 있다. 또한 신입 노동자가 들어오면 담당 기능을 익힐 때까지 고정작업을 시켜 기능을 충분히 익히고 있다.

〈표 2-8-11〉 전체 대상 직무순환 평가

구분 / 이동범위	경험 여부	규칙적·계획적으로 이루어진다		다양한 기능 습득에 도움이 된다	
같은 작업조 내	있다	29.16(866)***	23.88(1028)***	32.39(852)***	28.69(988)***
	없다	-28.72(94)***		-4.26(94)***	
같은 직장 내	있다	17.91(522)***	3.37(802)	22.68(507)***	13.45(751)***
	없다	-34.35(214)***		-8.81(210)***	
같은 공장 내	있다	-28.21(218)***	-39.42(586)***	-5.50(218)*	-11.36(550)***
	없다	-51.29(309)***		-16.23(305)*	

주 1): '그렇지 않다' -100, '보통' 0, '그렇다' 100으로 환산한 점수임.
주 2): *** 1% 수준에서 유의함, ** 5% 수준에서 유의함, * 10%에서 유의함.
자료: 대우자동차 노동조합 설문자료(1997년).

을 통해 얻어질 뿐이다.

게다가 회사에서도 다기능화를 별반 필요로 하지 않은데, 그 이유는 대량생산방식에 기초한 생산체제에서는 직무의 세분화와 단능적 숙련이 보다 효율적이며, 다기능화는 오히려 품질저하를 야기할 수 있기 때문이다. 따라서 직무순환은 다기능공을 양성하기 위한 차원에서 진행되는 것이 아니라, 단지 작업상의 지루함이나 작업부담의 불균형을 해소하려는 차원에서 작업자들이 임의적으로 행하고 있을 뿐이다. 또한 직무순환은 전 공장에 걸쳐 일관적이고 체계적으로 진행되고 있지 않으며, 직장별·공정별로 직무순환 여부에 차이를 보인다. 그러므로 엄격히 말하자면 다기능화는 노동자에 의한 것이지, 회사정책으로 나온 것은 아닌 것이다(윤진호, 1995; 대우자동차 노동조합, 1996; 김정우, 1997).

따라서 현장노동자들의 직무순환 평가를 살펴보면, 〈표 2-8-12〉에 나타난 것처럼 동일 작업조에서는 직무순환이 어느 정도 체계적으로 이루어지며, 다양한 기능 습득에 도움이 된다는 응답에는 작업조와 직장 내에서 직무 순환하는 경우에 긍정적인 답변이 나왔다. 그러나 여기서 말하는 동일 작업조나 동일 직장 내에서의 규칙적이고 계획적인 직무순환은 회사 측의 의도하에 이루어지는 것이 아니라 작업자 스스로 자율적으로 이루어지는 특징이 있다. 반면 동일 공장 내에서는 비규칙적이고 비계획적이며 기능 습득에도 영향이 없다고 답하

〈표 2-8-12〉 일반 기능직 노동자들에게 작업수행에 가장 도움이 된 교육

(단위: %, 명)

현장의 경험	현장 선배, 동료로부터의 교육	사내 직업훈련	사외연수	사외 직업훈련기관	학교에서 받은 교육
52.5(971)	32.8(607)	3.4(62)	8.4(155)	2.5(47)	0.4(7)

자료: 대우자동차 노동조합 설문자료(1997년).

고 있다.

다음으로 기능적 유연성의 또 다른 지표인 설비의 자주보전 및 수리 부분을 살펴보면, 일본식 생산방식에서는 현장노동자가 직접 생산할 뿐 아니라 불량품의 결함수리, 기계보전, 품질관리까지도 담당하는 데 반해, 대우자동차에서는 이러한 제 기능들이 분리, 전문화되어 있어 기존의 포드주의적 구조가 그대로 유지되고 있음을 알 수 있다. 다만 대우자동차의 경우, 결원대체인력이자 동시에 품질관리인력으로서 풀맨(pull-man)을 두고 있을 뿐이다. 풀맨은 원칙상으로는 다기능공으로서, 품질관리를 담당하면서 또한 결원을 대체하는 역할을 수행하도록 되어 있다. 하지만 실제로는 반드시 다기능공만으로 구성되어 있는 것은 아니며, 더욱이 결원 대체의 차원에서는 신입사원들도 풀맨으로서의 역할을 수행하게 된다(대우자동차 노동조합, 1996, 1997c). 즉, 대우자동차에서는 품질관리나 설비보전에 대해 별도의 작업조직이 전문적으로 활동을 하거나 현장감독자에 의해 행해지고 있으며, 일반작업자가 품질관리활동이나 자주보전활동을 거의 하지 않고 있다.

이상과 같이 대우자동차에서 노동자들이 다기능화율[9]은 높게 나온다고 하더라도 작업조나 직장 내에서 일정한 수준의 숙련인 경우에 한정된 것이고 높은 숙련이 요구되거나 품질상의 문제를 야기하는 경우에는 직무순환을 할 수

---

9) 다기능화율= $\dfrac{\sum_{i=1}^{n}(\text{개별 노동자 } i\text{의 작업 가능 공정수})}{(\text{작업팀 내 작업공정수} \times \text{작업자수})}$

단, 작업 가능: 제품의 품질 결함을 발생시키지 않는 수준을 의미한다.

없다. 예컨대 엔진공장의 경우는 상대적으로 정밀한 작업을 요하기 때문에 품질상의 문제를 야기할 수 있으므로 직무순환을 하지 않고 있다. 회사 측에서도 현재 실시되고 있는 직무순환의 성격을 '보다 수준이 높은 복잡한 공정을 수행하는 것'이라기보다는 '같은 수준의 단순한 공정을 여러 개 수행하는 것'이라고 대답하고 있는 데서도 이와 같은 사실이 증명된다(대우자동차 노동조합·한국사회과학연구소, 1997).

결론적으로 대우자동차에서 노동력의 기능적 측면의 활용은 노동자들의 자발적인 직장 내 직무순환을 통한 다기능화가 이루어지고 있지만, 일본과 같은 신축성을 띠고 있지는 못한 것이다. 공장 간 배치전환이나 품질이나 설비보전과 같은 간접노동은 아직 이끌어 낼 수 없는 수준으로서 노동자에 대한 인간판 JIT[10]를 실행할 조건을 갖추고 있지 못한 것이다. 따라서 작업조나 직장 내에서 직무순환이 이루어질 뿐, 직장 간 배치 이동은 매우 제한적일 수밖에 없다.

(2) 수량적 유연성의 추구와 고용불안

대우자동차는 기능적 유연성과 관련된 사항들이 일정한 한계에 부딪치게 됨에 따라 노동력 규모 및 시간의 조정을 의미하는 수량적 유연성의 확보에 더욱 강조점을 두게 된다.

대우자동차는 자동화, 표준작업의 실시와 그것의 개선활동을 통해 소인화, 생인화를 진행하고 있다. 대우자동차에서 설비투자의 기조는 '인변이 붙은 자동화'와 간이자동화로 노동력의 대체 차원에서 이루어지고 있다. 인변이 붙은 자동화는 1인이 다수의 기계를 담당할 수 있게 함으로써 작업자수를 줄일 수 있고 간이자동화는 주로 노동배제적인 성격을 띠면서 도입하고 있다. 따라서 이러한 자동화의 추진은 인원의 감소와 연결된다. 실제로 회사 측은 자동화를

---

10) 부품을 생산의 필요최소량에 맞추어 JIT방식으로 공급하는 것처럼, 작업자도 생산량의 변동에 응해 변동시키는 것을 의미한다.

통해 1천여 명의 인원을 감축할 계획을 가지고 있다.

또한 소인화를 위해서 대우자동차는 표준작업을 정하고 불필요한 동작이나 시간을 제거하며 궁극적으로는 인원을 절감한다. 게다가 지속적인 표준작업에 대한 개선활동의 결과는 반드시 소인화로 이어지게 된다. 실제로 회사 측은 표준작업을 실시함으로써 인원이 절감되는지를 가장 중요시 여기고 있다.

그런데 대우자동차는 소인화를 위한 노력을 지속적으로 했지만 정규직 인원을 줄이지는 않았다. 대신 생산량의 증대에 따라 노동자 1인당 작업량이 많아지게 되었고 그것으로 부족할 때는 비정규직 노동자와 해외 연수생을 충분히 활용했다. 대우자동차에서 비정규직 노동자는 1995년 1162명으로 1992년 이후 지속적으로 늘어나고 있다. 이들 비정규직 노동자는 주로 서브라인이나 기피작업 위주로 배치되어 있다[11]. 해외 연수생도 지금까지 총 2879명의 해외 인력이 연수를 받았다. 이들은 실제로 특정한 연수 프로그램은 없지만 취업과 다름없이 주 작업자와 동일한 작업을 수행하고 있다.

또한 대우자동차 노동자들은 장시간 노동과 심야근무제에 시달리고 있다. 생산직 노동자들 대부분의 근무형태는 주야2교대이며, 주야2교대 시 근무시간은 하루 8시간의 정상근무 외에 항상적으로 2~3시간의 잔업이 편성되어 있다. 이 외에 휴일특근도 생산량의 증대에 따라 확대되고 있다. 주당 평균노동시간이 1996년에는 55.0시간, 1997년에는 57.3시간으로 제조업 평균 주간노동시간인 48.4시간과 비교하면 장시간 노동을 하고 있는 것이다. 그러나 최근에는 경기위축에 따른 수요감소로 잔업과 특근이 폐지되고 주말작업이 없어졌으며 야근노동시간은 70% 정도로 축소되면서 평균 주간노동시간이 45.92시간으로 급격히 줄어들었다.

이 외에도 대우자동차는 군산공장 및 해외공장의 신·증설에 따라 부평공장

---

11) 그러나 최근 들어 대우자동차에서는 인력감축이 본격적으로 추진되면서 비정규직 인원을 거의 전원 감축시켰다.

의 축소가능성, 신차종 개발에 따른 잉여인원 문제, IMF 시대를 맞은 정리해고의 입법화로 노동력의 양적 활용이 더욱 활발해지고 있다.

다기능화를 통한 기능적 노동력 활용은 대우자동차에서 거의 실행되고 있지 않은 것으로 보인다. 회사 측에서는 이미 작업관리 차원에서 1991년까지 공식적인 다기능화의 추진일정을 마치고 그 이후는 시간·동작 분석에 기초한 주로 표준작업의 설정과 추진에 주력하고 있다. 이것은 대우자동차에서 작업의 다양한 숙련이 요구된다기보다는 세밀하게 구분된 직무와 단능적 숙련이 더욱 필요한 것이라고 볼 수 있다.

그러나 직무순환은 계속해서 이루어지고 있는데 동일 작업조나 동일 직장 내에서 대부분 실행하고 있다. 하지만 여기서의 직무순환은 노동자들의 자율에 의해 이루어지고 있다. 예컨대 1997년 조사에서는 조립라인의 시트벨트 설치의 경우 직무순환이 이루어지고 있지 않았는데, 1998년에는 직장 내에서 1시간마다 직무순환이 이루어지고 있었다. 또한 직무순환의 형태는 주·야간 조별로 다르게 수행하기도 하며, 작업조 안에서 직무순환과 직장 내 직무순환을 병행하기도 하고 직무순환의 주기도 자율적으로 정하고 있다. 이것은 노동자들이 NAC도전운동 이후 노동강도가 강해지면서 작업부담의 불균등성을 해소하려는 차원에서 이루어지고 있는 것이다. 따라서 노동자들은 직무순환을 통해 직무 변화를 통한 불안정성을 느끼기보다는 공평하게 작업부담을 분배하고 작업의 지루함을 감소시킨다고 판단하고 있다.

대우자동차는 무엇보다 양적인 측면에서 노동력 활용을 추진해 일정한 성과를 거두고 있지만 노동자들에게는 가혹한 것이다. 초과근로시간의 증대와 변칙적 노동시간제를 통해 장시간 노동에 시달리고 있어서 노동자의 생활을 파괴하고 건강상의 심각한 문제를 야기하고 있다. 또한 자동화와 개선활동을 통한 소인화로 인원을 감소시키고 있으며, 하청노동자와 해외인력을 통해 충분히 비정규 노동력을 활용하고 있다. 대우자동차가 최근의 경제위기에도 타회사보다 고용문제가 덜 심각한 것은 이러한 비정규노동자의 적절한 운용이 크게 기여하고 있기 때문이다. 그러나 이러한 노동력 활용의 유연성 확대는 노동자들에게 노동강도의 강화와 더불어 심각한 고용불안을 야기하고 있다.

2. NAC도전운동과 노동강도

1) 대우자동차의 노동강도의 변화

일본식 생산방식의 도입이 대우자동차 노동자들에게 미친 일차적 효과는 노동강도의 강화이다. 일본식 생산방식의 도입으로 소위 여유시간, 여유인원이 제거된 반면 라인속도와 생산량이 증대됨으로써 노동강도가 높아진 것이다. 노동강도가 강화된 상황에서도 대우자동차 노동자들은 장시간 노동은 물론 야간노동까지 수행하고 있다. 결국 대우자동차의 노동자들은 일본식 생산방식의 도입으로 고강도 노동, 고밀도 노동에 시달리게 된 것이다. 그렇다면 대우자동차에서 NAC도전운동 이후 노동강도의 증대가 어떻게 전개되었는지 구체적으로 살펴보자.

우선 대우자동차에서 노동강도를 보이는 주요한 지표는 잡(job)수의 증대와 소인화라고 할 수 있다.

〈표 2-8-13〉에서와 같이 NAC도전운동이 시작된 1992년부터 1997년까지 대우자동차의 생산대수는 17만 6천 대에서 60만 7천 대로 3.39배나 증가했다. 이에 비해 생산직 종업원수는 9900명에서 1만 100명으로 거의 변화가 없었다. 그 결과 생산직 종업원 1인당 자동차 생산대수는 같은 기간 중 18대에서 59대로 3.31배나 증가한 것으로 나타났다. 이는 자동차 생산량의 급격한 증대와 생산직 종업원수의 불변이라는 결과가 기존의 노동력에 크게 의존하고 있음을 말해 준다. 물론 한 측면에서 이것은 자동화 설비 투입에 의한 결과이기도 하다. 하지만 자동화 설비의 도입은 미미한 것으로 보이며, 오히려 자동화율이

〈표 2-8-13〉 대우자동차의 1인당 생산대수 추이

	1992	1993	1994	1995	1996	1997	증가율 (1992~1997)
생산량	179,020	300,094	340,707	454,353	447,581	607,559	3.393805배
총인원	14,224	14,165	14,635	15,928	16,770	11659	0.819671배
생산직	9,943	10,472	10,445	10,847	11,078	10187	1.02배
생산량/총인원	12.6	21.2	23.3	28.5	26.7	52.1	4.13배
생산량/생산직	18.0	28.7	32.6	41.9	40.4	59.6	3.31배

자료: 대우자동차주식회사(1996); 한국자동차공업협회(1998).

〈그림 2-8-1〉 잡수 증가추이

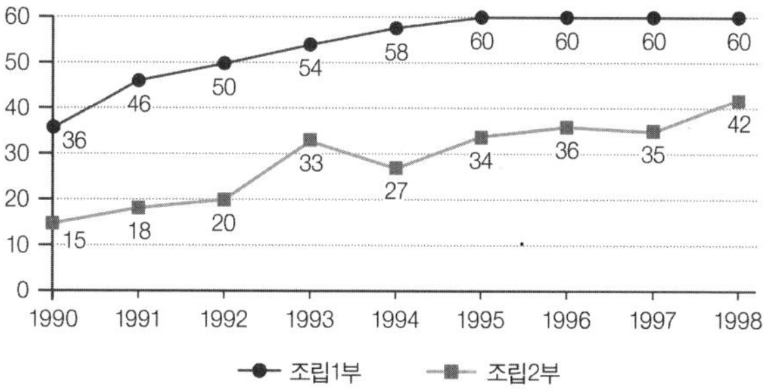

자료: 대우자동차 노동조합(1996).

낮은 라인작업의 작업인원이 감소하고 있다는 사실은 자동화를 통한 생산량 증대 효과가 크지 않았음을 설명해 준다.

대우자동차에서 생산량의 증가는 잡수의 증가를 통해 이루어졌다. 실제로 회사 측은 1995년까지 꾸준하게 거의 일방적으로 잡수를 증가시켜 왔다. 〈그림 2-8-1〉을 보면 조립1부의 경우 1990년에 36잡이던 것이 1994년 9월 60잡으로 상승해 현재까지 이 수준에 머물러 있음을 알 수 있다. 조립2부의 경우는 1990년 15잡에서 1997년 4월에 레간자 생산 이후 42잡으로 상승했다. 1990년 이후 잡수는 조립1부에서 67%, 조립2부는 180%나 늘어났다. 이러한 잡수의 증가는 곧바로 생산량의 증대로 귀결된다. 예컨대 대우자동차 노동자들이 주간노동 시 3시간의 잔업을 포함해 하루 630분의 실노동시간을 갖는다고 할 때,

조립1부의 경우 1990년에는 하루에 378대 정도를 생산한 반면 1994년에는 630대를 생산하게 된 것이다. 그러나 여기서 중요한 점은 잡수의 증가란 곧 라인속도의 증가를 의미하며, 라인속도의 증가는 곧바로 노동강도의 강화로 이어진다는 사실이다.

2) 노동강도를 강화시키는 요인

일본식 생산방식에서는 수요에 따라 작업에 필요한 요건을 빠르게 변화시킴으로써, 생산량을 증대시키고 라인속도를 높인다. 또한 생산시스템을 긴장시키는 것이 목적이므로, 수요가 감소할 경우에도 증가된 생산량이나 라인속도 등을 감소하지 않고, 대신 작업인원이나 노동시간 등 다른 요소들을 변동시킨다. 이는 대우자동차의 경우도 마찬가지이다. 따라서 회사 측은 거의 일방적으로 생산량과 라인속도를 올린 이후에도[12] 다시 감소시키지 않으며, 단지 지속되거나 더욱 증가시킬 뿐이다. 예컨대 수년간의 급격한 생산량 증대는 잡수의 증가를 가져왔다. 하지만 최근의 수요 감퇴에도 불구하고 잡수는 전혀 변화하지 않은 채 그대로 유지되고 있다.[13]

이처럼 단기간 동안 급속히 잡수가 증가하고, 작업속도의 상승이 이루어지면 대개는 인원을 늘리는 것이 상례인 데 비해, 대우자동차에서는 오히려 작업인원이 감소하고 있다. 더군다나 대우자동차는 라인속도의 증가와 더불어 작업인원의 감축을 주요한 경영전략으로 삼아 지속적인 노력을 기울이고 있다. 실제로 조립라인의 사례를 살펴보면 〈표 2-8-14〉에서 보는 바와 같이, 최근 몇

12) 회사 측이 잡수를 증가할 때 내세우는 주된 이유는 국내외 경쟁사와 비교해 생산성이 많이 떨어진다는 것이다. 또한 차종이 바뀔 때도 잡수를 증가한다.

13) 대신 노동력의 활용을 통해 수요 감퇴에 따른 생산량을 조절하고 있다. 즉, 야근노동의 70%를 줄였으며, 해외연수 인력이나 비정규직 노동력을 크게 줄였고, 잔업과 특근을 거의 하지 않고 있다. 또한 앞으로는 표준작업의 재설정을 통해 작업인원을 축소할 계획이다.

〈표 2-8-14〉 조립1부 인원 변화 현황

(단위: 명)

	1996년 1~9월	1997년 11월	1998년 1월
1과	185	175	161
2과	124	110	100
3과	144	135	118
계	453	420	379

자료: 대우자동차 사내자료.

년 동안에도 라인 작업인원이 지속적으로 감소하고 있음을 확인할 수 있다.

일본식 생산방식에서 생산효율을 높이기 위해 생산시스템을 압박하는 것은 오노의 주장처럼 한편으로는 생산량을 증대시키는 것이고, 다른 한편으로는 사람을 줄이는 것이다. 대우자동차의 경우 먼저 생산량을 증대시킴으로써 라인속도를 증가시켰고, 그 과정에서 작업인원을 감축함으로써 이 두 가지 측면을 충분히 고려했다고 할 수 있다. 특히나 잡수를 일방적으로 올릴 수 없는 최근에는, 작업인원의 감축에 대해 회사가 더 많은 관심을 갖고 이를 추진하고 있다.

또한 일본식 생산방식은 작업인원의 최소화를 목표로 삼고 있는데 이를 소인화라고 부른다. 소인화를 실현시키기 위해 한편으로는 U자형으로의 레인아웃의 변화, 다기능화가 추진되고 있으며, 다른 한편으로는 자동화를 통한 기계개선, 작업개선과 같은 공정개선을 통해 표준작업을 수정하는 방법들이 진행되고 있다. 대우자동차에서의 작업인원 감축은 이러한 소인화 차원에서 이루어지고 있다.

그런데 대우자동차의 경우 다기능공을 통한 소인화는 거의 이루어지지 않고 있으며,[14] 주로 공정개선활동과 더불어 표준작업의 설정, 그것의 지속적인

14) 대우자동차에서 다기능화에 따른 소인화는 거의 실현되고 있지 않다. 이것은 다기능화가 일본과 같은 방식으로 진행되고 있지 않기 때문이며, 또한 대우자동차가 포드주의적 생산체제에서 다능공보다는 단능공을 필요로 하고 있기 때문이다.

수정을 통한 방법이 주로 활용되고 있다. 더군다나 최근에 대우자동차는 본격적인 표준작업을 위해 자체 내에서 적용되는 표준자료를 구축하고 있으며, 이것을 작업 인원배치의 기준으로 삼아 전반적인 소인화를 위한 자료로 활용할 계획을 가지고 있다.[15)]

또한 표준작업은 그 설정과정에서부터 여유시간을 배제하고 대기시간을 줄임으로써 노동강도를 높이는 데 기여하고 있다. 따라서 대우자동차에서 시행되고 있는 표준작업을 분석해 보면 노동강도를 파악할 수 있을 것이다.

일본식 생산방식에서는 표준작업체제를 구축함으로써 노동력을 최대한 활용하고자 한다. 대우자동차의 경우도 1992년 이후 표준작업 기반구축·표준작업 체제구축·표준작업 활성화로 단계를 구분하고 이를 추진하고 있다(대우자동차, 1994b).

대우자동차의 표준작업체제는 〈그림 2-8-2〉에서와 같이 "현재 조건에서의 사람, 물건, 설비를 가장 유효하게 조합시켜 품질, 원가, 안전, 작업성 등을 종합적으로 향상시키기 위한" 목적을 갖고 있으며, 일정한 방법으로 표준작업[16)]을 설정하고 노동자들이 정위치, 정시간, 정작업을 하도록 하는 것이다. 또한 표준작업은 일단 완성된 후라도 고정불변적인 것이 아니며, 문제가 발견될 경우 한마음개선활동을 통해 끊임없이 개정할 수 있도록 되어 있다. 따라서 표준작업의 정착과 활성화를 위해 회사 측에서는 NAC 표준작업 개선학교(실천운동)를 운영하고 있다(대우자동차, 1996b).

표준작업제는 크게 보면 표준시간의 설정과 표준작업의 설정에 의해 이루어진다. 대우자동차에서는 표준시간의 설정을 더 중시하는데, 그것은 표준시

15) 관리자 인터뷰 결과.

16) 표준작업이란 작업자로 하여금 사이클타임 내에 이루어지는 작업을 회사 측이 정한 표준시간, 표준동작에 따라 수행하도록 하는 것이다. 이런 표준작업의 설정을 위해 작업내용을 각각의 요소로 분해하고(구부리는 동작, 집는 동작, 돌리는 동작 등), 분해된 요소동작마다의 시간을 측정해 동작의 낭비, 재공의 낭비, 운반의 낭비, 가공의 낭비를 철저하게 배제하는 것이다.

〈그림 2-8-2〉 대우자동차의 표준작업체제

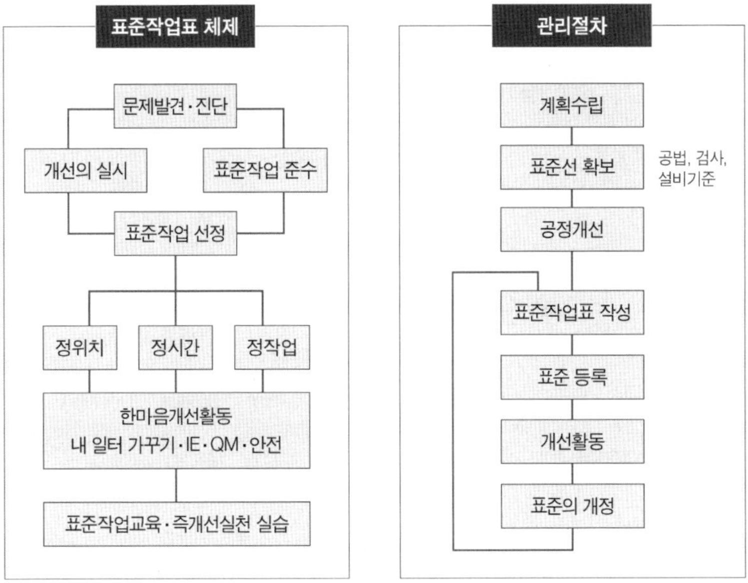

자료: 대우자동차(1994).

간에 의거해 작업인원을 산출하기 때문이다. 대우자동차에서 표준시간의 설정과정은 과거 스톱워치(STOP WATCH)법[17]과 워크샘플링(WORK SAMPLING)법[18]에 의해 이루어지다가 NAC도전운동 이후에는 스톱워치와 더불어 일본에서 쓰고 있는 PTS(Predetermined motion Time Standard)법[19]을 도입해 시행하

---

17) 작업자를 직접 관찰하면서 스톱워치를 이용해 작업시간을 측정하는 기법이다. 그런데 이 방법은 관측자의 주관에 따라 작업시간이 변화된다는 약점을 가지고 있다.

18) 확률의 법칙을 이용한 것으로서, 필요한 최소한도의 샘플을 순간적으로 관측해서 그 대상인 현장 전체의 모습을 일정한 신뢰수준과 정확도를 가지고 추정하는 작업측정기법이다.

19) PTS(Predetermined motion Time Standard)법이란 기본동작에 소요되는 시간을 미리 작성된 시간표에 의해 측정하는 기법으로, 사용되는 시간표는 수년간의 조사와 조정을 통해 얻어진 광범위한 자료에 근거한 것이다. 그 종류로는 WF(Work Factor)법, MTM(Motion-time measurement or Methods-time Measurement)법, MODAPTS(MODular Arrangement of Prede-

〈그림 2-8-3〉 대우자동차에서의 표준시간 설정

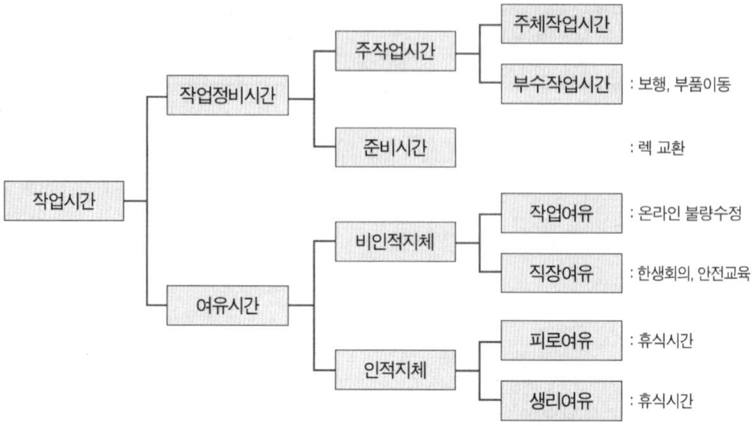

자료: 대우자동차(1998).

고 있다(대우자동차, 1998b). 또한 최근에는 자체의 PTS 테이블을 작성하고자 노력하고 있다. 이는 작업관리의 기초가 되는 표준시간에 대한 객관화의 필요성과 제품개발 단계에서부터 표준시간을 설정·관리할 필요성에 의한 것이며, 무엇보다도 신뢰성 있는 척도에 의한 성과 측정 및 평가로 손실의 원인을 파악한 후 개선활동으로의 연계를 통해 원인 제거를 용이하게 하기 위해 시행되고 있는 것이다. 결국 1998년 진행되고 있는 시간측정은 PTS법 적용에 대한 준비작업과 더불어 작업인원 축소의 목적을 위해 진행되는 것으로 보인다. 즉, 대우자동차에 맞는 자체적 표준시간 테이블을 작성하는 이유는 과학적 관리수준을 한층 더 높이고 NPS-G1의 필요성에 의해 인원절감의 실현수단으로 PTS법에 의한 표준시간의 설정이 요구되기 때문이다.

또한 표준시간의 실제 내용을 살펴보면, 작업의 여유시간을 제거함으로써

---

termined Time Standards)법이 있다. 대우자동차에서는 닛산에서 실행했던 MODAPTS법과 토요타의 표준자료를 이용한 MTM법을 사용하고 있다.

노동강도를 강화하고 있음을 확인할 수 있다. 표준시간이란 정미작업시간(주작업과 준비작업)과 여유시간(인적 지체여유와 작업 및 직장 여유)으로 구성된다. 여기서 여유시간에 대한 처리과정을 살펴보면, 일본식 생산방식의 경우 여유율은 직제여유 6%를 허용하는 반면 작업여유, 관리여유, 피로여유, 조달여유, 라인여유 등은 전혀 보장되고 있지 않다. 대우자동차의 경우에도 거의 표준시간에서 여유시간을 설정하지 않고 있다. 피로, 생리여유는 휴식시간 10분에 포함됨으로써 실제로는 보장하지 않고 있으며, 직장여유[20]는 한마음생산회의나 안전교육에만 적용된다. 작업여유는 일정 기간의 작업수행 과정에서 피할 수 없는 물적 지체시간에 대한 보상시간치 실적·경험에 의거해 정미시간에 대한 비율로 부여하고 있으나, 명확한 비율이 없는 상태로 측정도 하고 있지 않다. 준비교체시간 역시 표준시간에 포함되어 있어서, 작업자는 주작업 이외에 부가적인 준비작업을 추가적으로 수행해야 한다(대우자동차, 1998a, 1998b).

결론적으로 대우자동차는 여유시간으로 작업여유, 직장여유, 피로여유, 생리여유를 인정하고는 있지만, 실제 작업여유와 직장여유만 인정될 뿐이며 그 또한 매우 불명확하거나[21] 제한적임을 알 수 있다. 회사 측에서는 작업여유와 직장여유를 주요 관리대상으로 삼아 관리목표를 설정하고 지속적인 관리를 하고 있다. 더욱이 흐름작업에서 불규칙적으로 나타나는 지연(라인여유)에 대해 일괄지급분(6%)을 충분히 고려하고 있지 않다. 게다가 육체적·정신적 회복시간은 아예 설정조차 되어 있지 않다.

한편 표준작업의 설정은 작업분석과 동작분석에 의해 이루어진다. 작업분석은 작업자의 작업을 동작단위(단위·요소작업)로 분석해 최적 작업계열을 만드는 것이고, 동작분석은 작업자의 동작을 일정한 기호로 표시해 분석·검토한 후 불필요한 동작을 제거함으로써 최적 동작계열을 설정하는 방법을 말한다.

---

20) 해당 직장의 관리방식에 따라 발생하는 지체를 말한다.

21) 여유시간은 워크샘플링법으로 기술적으로 산출하고 있다.

이러한 시간분석, 작업분석, 동작분석에 의해 표준시간과 표준작업이 설정되면 이를 표준작업편성표, 표준작업지도서로 만들어 현장에 게시하고, 작업자가 이를 습득·준수해 정위치·정작업이 이루어지도록 한다. 더 나아가 회사 측은 표준작업의 생활화를 요구하고 있으며, 표준작업편성표에는 상세한 작업내용과 초단위로 세분된 작업시간, 작업자의 세부동작 등이 규정되어 있다.

그러나 대우자동차에서 표준작업체제의 추진은 현시점에서 그 실효성에 의문이 제기되고 있다. 표준작업지도서는 표준작업인증제도[22]를 실시하기 위해서 고안된 것이지만, 회사 측은 표준작업인증제도가 실패했다고 판단하고 현재로서는 더 이상의 추진계획을 갖고 있지 않다. 표준작업지도서는 직장 서랍에 있고(조립1부), 감사할 때만 사용하고 있다(조립2부). 다만 기본 작업순서, 작업방법, 이력 토크값, 부품 관련 내용을 기재해 생산기술연구소의 조립기술부에서 작성한 작업표준서는 작업자가 잘 볼 수 있도록 현장에 게시되어 있다(작업요령서). 또한 이 작업표준서는 현장 엔지니어, 직장, 조립기술부가 협의해 수용 또는 변경하고 있으며, 작업 변경 시 판매부분의 사양에 따른 작업추가 요구는 거의 절대적으로 수용된다.[23]

표준작업과 관련해 특히 중요한 점은 이것이 현장감독자가 구체적인 결정을 행하면서 지속적으로 개선해 나가야 할 것이라는 점이다. 즉, 표준작업은 평균적이고 적당한 수준에서 고정되는 것이 아니라, 작업에 대해 잘 알고 있는

---

22) 표준작업인증제는 표준작업제를 활성화하기 위해 실시하고 있는데, 이는 직장별·단계별로 설정된 체크리스트에 의해 주기적으로 표준작업 추진활동을 평가하고, 일정 기준 이상에 해당되는 직장에 인증서를 부여함으로써 다음 단계에 도전토록 하는 제도이다. 인증 구분은 초급·중급·고급의 3단계로 나눠져 있는데 1997년 90% 이상의 직장이 중급을 부여받았으며, 약 15% 정도는 고급을 부여받은 것으로 나타나고 있다. 따라서 표준작업인증제는 상당히 정착된 것으로 보인다. 그러나 최근 새로운 차종이 생산되면서 작업의 재편이 이루어지고, 표준작업 역시 재편이 불가피해짐에 따라 많은 혼란이 야기되고 있다(대우자동차 노동조합).

23) 예컨대 수출용 차량의 경우는 외국의 기준이나 관례, 내외의 특정 사양 등으로 작업이 추가될 수 있다.

현장감독자들에 의해 항상 수정되어야 한다는 것이다. 대우자동차의 표준작업체제의 핵심도 바로 여기에 있다. 대우자동차에서 신차종에 대한 표준작업이 설정되는 절차를 보면 분명히 알 수 있다. 우선 현장 엔지니어와 생산기획, 직장 사이의 협의에 의해 공식시간이 결정된다(최초 표준시간). 여기에는 각 주체들의 자의적 요소가 많이 개입된다. 즉, 각 주체의 영향력이나 주관에 따라 직장별·과별·부서별 차이가 발생한다. 작업자의 의견은 직장선에서 반영되며, 대의원의 의견은 표준시간보다 이제까지의 인원문제와 관련해 반영된다. 이제 양산 시기가 되면 기존에는 회사의 필요(생산량 증가의 필요성)에 의해 수시로 측정함으로써 경영진의 요구에 맞추어 개선을 하게 된다(일방적인 명령과 수행). 이번 신차의 경우 조립라인에서는 생산 7개월 후 재측정을 실시해 현장 엔지니어와 직장이 표준작업의 개선을 수행했다. 엔지니어와 직장 그리고 공장이나 노무가 한 팀을 이루어 각각 총 14회를 측정한 후 10개 측정치를 평균해 결정했다. 이러한 표준작업의 개선을 통해 대우자동차는 주로 작업인원의 삭감을 이끌어 내고 있다.[24)]

이상과 같이 대우자동차는 표준작업의 지속적인 개선을 통해 노동자의 숙련부분을 흡수하고 여유시간을 제거해 그만큼의 소인화를 이끌어 냄으로써, 노동강도를 더욱 강화시키고 있다. 여기서 일본식 생산방식과의 차이를 들자면, 현장감독자의 표준작업 설정에 따른 역할이 일본에 비해 상당히 약하다는 사실을 지적할 수 있다.

다음으로 노동강도를 강화시키는 또 다른 요인인 혼류생산에 대해 살펴보자. 혼류생산은 노동자들에게 사양에 맞는 다양한 부품을 집어서 장착할 것을 요구하기 때문에 보다 많은 작업 스트레스를 발생시키고 있으며, 혼류생산에 따른 충분한 택타임을 주지 않음으로써 자연스럽게 노동강도가 강화되는 효과를 낳고 있다. 즉, 차종에 따라서는 공정이 많거나 적거나 한데, 실공정수의 정

---

24) 관리직 인터뷰 결과.

도와 관계없이 동일한 택타임 내에서 작업을 수행해야 하기 때문에 택타임을 줄이지 않더라도 노동강화가 이루어지는 것이다. 그런데 대우자동차 조립2부의 경우에는 차종이 바뀌면서 택타임도 줄어들고, 혼류생산 과정도 지속되고 있다. 예를 들어 조립2공장은 프린스가 주종일 때는 35잡이였는데, 1997년 4월 레간자가 주종을 이루면서 42잡으로 상승했다. 그러나 프린스나 수출용 차량을 작업할 경우, 작업공정이 더 많고 작업의 난이도도 높아진다. 따라서 과거 35잡(택타임 144초)으로 프린스 차종 작업을 하던 것을 현재는 42잡(택타임 85.7초)으로 작업하고 있는 것이다. 다시 말해 더 어려운 작업을 더 빨리 작업하고 있다는 말이 된다. 이러한 사정은 조립2부의 거의 모든 작업공정에서 발견된다. 게다가 도어 장착의 경우는 프린스 차량이 투입되면 도어를 직접 손으로 들어서 이동해야 하는데, 과거 35잡일 때보다 42잡으로 일하는 현재의 노동강도가 더욱 높아질 수밖에 없다.

한편 대우자동차에서 노동강도가 강화되었음에도 불구하고 장시간의 노동이 지속적으로 행해지고 있음은 매우 중요한 사실이다. 대우자동차의 연간 총노동시간은 1996년 기준으로 2504.7시간인데, 장시간 노동을 하고 있다는 토요타의 1927시간과 비교해 보면 월등히 많음을 알 수 있다. 특히 수년간에 걸친 생산량의 증가에 따라 노동시간은 더욱 늘어나고 있는 추세이다. 주간 평균노동시간이 1992년에는 52.4시간이었는데 지속적으로 상승해 1997년에는 57.3시간으로 늘어났다(대우자동차 노동조합, 1997b).

이와 같은 장시간 노동은 하루 8시간의 정상근무 외에 초과노동시간이 늘어난 것에서 그 원인을 찾을 수 있다. 즉, 정상근무시간은 1995년 주 43시간에서 1996년 주 42시간으로 줄어든 반면, 하루 2~3시간의 잔업과 휴일근무시간은 지속적으로 늘어났기 때문이다. 1992년 8.4시간에 불과했던 주당 초과근로시간이 1996년에는 12시간으로 늘어난 것이다.

이 밖에도 노동강도를 강화시키는 요인에는 다음과 같은 것들이 있다. 휴게시간의 길이와 빈도도 열악하다. 조립라인의 경우 중식 60분, 오전 오후 각 10

분, 총 80분의 휴게시간이 부여되고 있다. 따라서 1시간 50분에서 2시간에 걸친 초과밀노동의 연속작업이 진행되고 있는 것이다. 라인직장 이외의 노동시간에서는 중식시간 외에 전·후반 10분씩의 휴게시간도 주어지지 않고 있다.25)

또한 심야노동이 대규모로 실시되고 있을 뿐만 아니라, 심야노동의 작업내용 및 노동시간이 항상적인 잔업을 포함한 주야근무의 경우와 거의 유사하다. 인간 본래의 생리에 반하는 심야노동의 경우에도 이에 대한 배려는 거의 찾아볼 수 없다. 야근 노동자들은 “새벽에 선 채로 자는 경우도 있다. 생명이 위험하다”, “야근 후에는 잠든 채로 죽지나 않을까 불안하다”고들 말한다. 이와 같이 야근에 의한 초과밀노동은 노동자들의 생명을 직접적으로 위협하는 요인이라 하겠다(대우자동차 노동조합, 1997c: 62~64).

더욱이 대우자동차에서는 노동강도의 강화가 변칙노동시간제 아래 동시에 수행되고 있다. 주야2교대(55.6%), 3조2교대(1.2%), 4조2교대(0.4%), 평상주간근무(42.5%) 등의 다양한 근무형태가 있기는 하나, 대부분의 현장노동자들에게는 1주간마다 주야가 변하는 2교대제 근무가 적용되고 있다. 이 경우 노동자들은 안정적인 생활리듬을 확립할 수 없으며, 불면증·식욕 감퇴·정신적 불안정에 시달리게 되고, 가정생활 및 사회생활에 대한 적응이 곤란한 사례도 적지 않게 발견된다(대우자동차 노동조합, 1997c: 62~64).

3) 노동강도 강화에 대한 노동자들의 평가

앞서 살펴본 바와 같이 대우자동차는 NAC도전운동을 전개하면서 일본식 생산방식을 적극 도입해 왔다. 일본식 생산방식은 여유 없는 생산시스템으로

25) 서브라인의 경우, 대부분 주라인보다 라인속도가 빠른 것이 상례이다. 엔진조립 시 조립1부의 경우는 63잡이고, 조립2부의 경우는 45잡 이상이다. 그러나 조립2부와 같이 서브라인에서 더 빠른 속도로 작업해 임의로 노동자들이 휴게시간을 자율적으로 만드는 경우도 있다.

〈표 2-8-15〉 NAC도전운동의 이후의 노동강도에 대한 노동자 의식

	평균
노동강도	62.74(1880)***
육체적·정신적 피로도	61.56(1765)***

주 1): '매우 약해짐' -100, '약해짐' -50, '변함없다' 0, '강화됨' 50, '매우 강화됨' 100으로 환산한 점수임.
주 2): *** 1% 수준에서 유의함, ** 5% 수준에서 유의함.
자료: 대우자동차 노동조합 설문자료 이용(1997년).

〈표 2-8-16〉 노동여건에 대한 의식 조사

	평균
작업범위	49.62(1862)***
작업인원	-37.34(1860)***
작업량	66.14(1812)***
여유시간	-61.21(1869)***
작업의 단조로움	5.63(1741)***
작업속도	45.59(1781)***

주 1): '매우 줄었다' -100, '줄었다' -50, '변함없다' 0, '늘었다' 50, '매우 늘었다' 100으로 환산한 점수임.
주 2): *** 1% 수준에서 유의함, ** 5% 수준에서 유의함.
자료: 대우자동차 노동조합 설문자료 이용(1997년).

서, 노동자들에게 고강도·고밀도의 노동을 요구한다. 대우자동차의 경우도 1992년 이래 일본식 생산방식이 도입되면서 노동강도가 지속적으로 강화되고 있음을 확인했다. 생산량의 증가와 작업인원의 축소로 인해 현장에서는 라인 속도가 빨라졌고 여유시간이 거의 없어지게 되었다. 게다가 장시간 노동에다 변칙노동시간제까지 적용되면서 노동강도는 더욱 강화되었다. 이는 〈표 2-8-15〉와 〈표 2-8-16〉에서도 확인할 수 있다.

〈표 2-8-15〉와 〈표 2-8-16〉은 설문조사를 통해서 본 대우자동차의 노동강도에 대한 노동자 의식의 결과이다. 각 점수는 질문항목별로 -100에서 100까지 점수로 환산해 평균한 수치이다. 즉, 100에 가까울수록 노동강도와 노동여건이 강화되었거나 늘어난 것이고 -100에 가까울수록 약화되거나 줄었음을 의미한다.

노동강도의 증가에 대한 대우자동차 노동자들의 반응은 매우 부정적이다.

〈표 2-8-15〉를 보면 NAC도전운동 이후 노동강도(62.74점)과 육체적·정신적 피로도(61.56점)가 상당히 강화되었음을 알 수 있다. 또한 노동여건과 관련된 〈표 2-8-16〉을 살펴보면 현장의 노동자들은 한결같이 과거에는 어느 정도 여유시간이 있었으나 현재에는 여유시간(-61.21점)이 거의 없으며, 심지어 대기시간과 공구준비시간조차도 없다고 말하고 있다. 또한 작업인원(-37.34점)은 감소되었고, 작업속도(45.59점)는 빨라졌으며, 작업범위(49.62점)는 확대되고, 작업량(66.14점)은 많아졌다고 느끼고 있다. 특히 노동강도와 관련해 문제가 되는 것은 〈표 2-8-16〉에 나타나고 있는 것처럼 여유시간이 상당히 감소되고 작업량이 늘어난 것이 노동강도를 강화시키는 주요인임을 알 수 있다.

이와 같이 대우자동차에서 노동강도의 강화에도 불구하고 회사 측의 노동강도의 완화를 위한 조치는 매우 미미하다. 조립과정에서 자동화를 거의 추진하지 않고 있으며 동기대차·중량물 보조장비 등 부분적인 시설 보완에 그치는 반면 표준작업제을 추진해 활성화하면서 이것의 지속적인 개선을 통해 노동강도를 더욱 높이려 하고 있다. 따라서 1992년 NAC도전운동 이후 노동강도에 대한 노동자들의 의식을 살펴보면 〈표 2-8-15〉에서와 같이 매우 부정적으로 나타나고 있는 것이다.

대우자동차에서 노동강도의 강화는 노동자들의 생활과 건강에 심각한 영향을 미치고 있다. 〈표 2-8-17〉에서와 같이 대우자동차의 연도별 산재발생률을 살펴보면 1993년, 1994년에 들어 급격하게 증가하는 양상이 나타난다. 1993년, 1994년의 산재발생률[26]은 각각 15.18, 15.99이며, 공상발생률은 49.93, 48.05로 나타난다. 그리고 이러한 산재 환자들의 질병으로는 탈구, 염좌가 전체에 50% 수준을 나타낸다. 탈구, 염좌 환자의 증가는 산재의 원인이 순간적인 손상에서 단순반복적 동작에 의한 손상으로 변화해 가고 있음을 보여 준다.

---

26) 산재발생률이란 일정 기간에 새로 발생한 환자수를 단위인구수로 표시한 것이다.

$$\text{산재발생률} = \frac{\text{일정 기간 위험에 폭로된 인구 중 새로 재해가 발생한 환자수}}{\text{일정 기간 동안 위험에 폭로된 중앙인구}} \times 1000$$

〈표 2-8-17〉 대우자동차 총 재해 발생률

(단위: 명, 천인율)

연도	산재 발생 환자 수	공상 발생 환자 수	총 재해 발생자 수	총 생산직 인원	산재발생률	공상발생률	총 재해발생률
1993	159	481	640	10472	15.18	49.93	61.12
1994	167	502	669	10445	15.99	48.05	64.04

자료: 대우자동차 노동조합(1996).

즉, 노동밀도가 높아지면서 반복동작의 빈도가 증가해 발생한 질환이라는 것이다(대우자동차 노동조합, 1996: 175~177). 또한 심야노동과 장시간 노동은 생리적인 건강장애를 일으켜 정상적인 신체리듬을 깨뜨리고 있으며, 정신·신체 기능과 수면주기에 작용하는 신체리듬 또한 파괴되고 있다. 결국 작업수행능력과 작업효율을 저하시킴으로써 사고와 실수가 유발되는 것이다. 게다가 사회적 기능의 장애로 가족과 사회 차원에서 유대관계를 유지하기가 어려워지고 있다(대우자동차 노동조합, 1997c).

이처럼 NAC도전운동 이후 노동강도가 급격하게 증가하자, 이는 대우자동차 노사관계에 주요한 변수로 작용하게 되었다. 노동조합은 1993년 이후 노동강도의 증가에 대해 적극적으로 개입하기 시작했다. 초기에는 잡수의 증가와 노동강도의 증가를 용인하면서 그것에 대한 보상수준에서 소극적으로 대응했다.[27] 그러나 1995년부터는 기계 도입이나 차종 변경의 경우 외에는 잡수의 증가를 통한 노동강도의 증가 시 노동조합 차원에서 적극적으로 방어하게 되었다. 잡수의 증가는 조립1부의 경우 1995년 이후 60잡에서 더 이상 증가하고 있지 않으며, 조립2부에서도 레간자 차종으로 바뀌는 경우에서만 35잡에서 42잡으로 상승했다. 또한 작업인원에 대해서도 지속적으로 적정인원을 유지하

27) 1993년 임금협상 과정에서 잡수와 관련된 항목에 대해 이의를 제기하면서 노동조합이 개입했다. 협의 결과 잡수의 증가는 3개월 전에 노동조합에 통고해 노사협의를 거치도록 했으며, 잡수 증가 시 일정한 보상을 한다고 합의했다(대우자동차 노동조합, 1997c).

기 위해 노력하고 있다. 반면 회사 측은 설계 변경이나 부품 개선 및 장비 도입에 의하지 않고서는 더 이상 잡수의 증가나 작업인원의 감소가 가능하지 않다고 보고 있다. 대신 회사는 표준작업체제를 더욱 공고히 하면서 노동강도를 증가시키려는 시도를 하고 있다. 과거 표준작업에서는 인원의 명확한 산정을 위해 표준시간만이 주된 관심대상이었고 실제 그것에 대해서만 규제를 했다. 그러나 지금은 각종 산업공학적 기법과 현장감독자를 활용하는 일본식 메커니즘을 적극적으로 도입하려고 하고 있다. 회사 측은 자동화 설비의 도입과 더불어 표준작업체제를 보다 공고히 하려 하고 있으며, 작업인원의 감축을 통한 고밀도의 노동을 추진하고 있는 것으로 보인다. 이에 대해 노동조합은 노동강도의 증가에 보다 적극적으로 대처하고자 인간공학적인 노동강도 측정을 수행하고 있으며, 측정결과에 기초해 노동강도의 완화를 위한 개선방안을 모색하고 있다. 또한 회사 측에서 진행하는 표준작업기준에 적극적으로 개입해 기준 산정에 있어서 노동자의 의견을 개진할 필요가 있다.

그런데 노동강도와 관련해 노사 양쪽 모두 문제가 되고 있는 것은 과학적·객관적 근거를 제시하지 않고 일방적으로 자신의 의사를 주장하고 있다는 것이다. 노동강도의 문제에 대해 노사 간에 의견을 모으려면 먼저 그 토대가 되는 객관적이고 과학적인 노동강도의 조사가 선행되어야 한다. 이러한 조사를 통해 보다 실질적인 노동강도를 완화시키는 개선책을 제시할 수 있을 것이다.

참고문헌

대우그룹노동조합협의회. 1996.『대우그룹 노무관리 실태조사 결과』.

대우자동차. 1994.『품질경영체계집』.

대우자동차. 1996.『품질경영 개선사례』.

대우자동차. 1998.『작업자 배치기준』.

대우자동차주식회사. 1996.『품질경영현황』.

대우자동차 노동조합·한국노동이론정책연구소. 1996.『대우자동차 신경영전략에 따른 신노무정책과 노동조합의 대응』.

대우자동차 노동조합·한국사회과학연구소. 1997.『대우자동차의 심야근무 축소와 월급제 실시를 위한 연구』.

한국자동차공업협회. 1998. ≪자동차 통계 월보≫.

한국자동차공업협회. 1997.『한국의 자동차 산업』.

한국표준협회. 1997.『품질 경영상 수상업체 경영혁신 사례발표회 및 현장견학(2차)』,「사례발표 1」.

제9장

한국 조선업에서 현장권력을 둘러싼 노사갈등*

현대중공업의 사례연구

1. 머리말

한국의 조선산업은 짧은 기간 내에 경이적인 성장을 계속해 세계의 주목을 받아 왔다. 1975년에 불과 61만 G/T의 건조량으로 세계시장점유율 1.2%에 불과했던 한국의 조선업은 1995년에는 541만 G/T의 건조량으로 세계시장점유율 24.9%를 차지하며 일본(930만 G/T, 점유율 42.7%)에 이어 세계 2위의 조선산업국으로 성장했다(日本海事産業研究所, 1996).

한국 조선업이 이처럼 짧은 기간 내에 비약적으로 성장할 수 있었던 요인에 대해서는 국제 시장구조의 변화, 정부의 적극적 지원정책 등의 요인도 있지만 가장 결정적인 것은 비용 경쟁력과 선박 인도기간의 단축이며, 그중에서도 일본에 비해 상대적인 저임금과 장시간 노동이 주요한 역할을 한 것으로 지적되고 있다(임영일, 1994).

---

* 『한국의 노사관계와 노동자 생활』(서울사회경제연구소, 1996.12)에 게재되었다.

따라서 조선산업에서는 노동력의 조직적 동원과 관리 능력이 매우 중요한 요소로 작용한다. 87년 노동자대투쟁 이전까지 조선산업에서 노동자 관리방식의 특징은 '병영적 통제'이다. 이 시기의 노동통제는 저임금, 장시간 노동, 현장관리자의 직접적·비인격적·전근대적 통제 등을 그 특징으로 했고 노동자들은 노동조합의 결성마저 불가능한 상태에서 무권리 상태로 남아 있었다.

노동자대투쟁과 그에 따른 노동조합의 설립 이후 사태는 일변했다. 조선산업노동조합은 한국 노동운동의 전위적 핵심으로 떠올라 강력한 투쟁력을 발휘했고, 이에 따라 급속한 임금 상승, 근로조건의 개선과 더불어 현장권력 역시 상당 부분 노동자, 노동조합의 통제하에 들어갔다.

자본은 이러한 현장권력의 이동을 하나의 위기상황으로 인식하고 이의 재탈환을 위한 여러 가지 제도와 방안을 강구하고 있다. 노동조합 역시 자본 측의 이러한 기도에 저항하면서 현장권력의 유지를 위한 방법을 모색하고 있다. 이제 조선산업에서 현장권력의 장악을 둘러싼 노사 간의 갈등은 태풍의 눈으로 등장하고 있는 것이다.

이 글은 한국 조선산업에서 현장권력의 장악을 둘러싼 노사 간 갈등양상을 한국 최대의 조선업체인 현대중공업의 사례를 통해 분석해 보고자 한다. 이를 위해 이 글이 주로 의존하고 있는 자료는 『현대그룹 노사관계 진단 연구보고서』(이하 『보고서』)이다.

현대그룹에서 노동쟁의가 빈발하자 노동부는 1993년 8월 현대그룹 산하 3개 회사(현대중공업, 현대자동차, 현대정공) 노사에 대해 노무관리 진단을 실시하도록 권고했다. 회사 측은 이를 그대로 받아들였으나 현대중공업과 현대정공의 노동조합은 노동부의 이러한 태도가 노동쟁의의 책임을 일방적으로 기업 내부로 돌리고 있다는 점, 노무관리 진단의 주체가 노동부 산하기관인 한국노동연구원이어서 객관성, 공정성을 기할 수 없다는 점을 지적하면서 노무관리 진단팀을 노사 공동으로 구성할 것을 제안했다. 노동연구원 측이 이를 거부하자 노조는 독자적 연구팀을 구성하기로 결정하고 '민주화를 위한 전국교수협의회'(민교협)에 노사관계 진단팀의 구성을 의뢰했으며, 이에 따라 민교협은 학계 전문가들로 '현대그룹 노사관계 진단 연구단'(이하 '연구단')을 구성, 노사관계 진단에 임하게 되었다.[1]

이 연구단은 노동경제학, 경영학, 산업사회학, 노동법학, 산업의학 등을 전공으로 하는 교수 11명, 실무 연구진 18명 등 총 29명의 관련 전공자로 이루어진 유례없는 대규모의 것이었다. 연구단은 외부환경분과, 인사노무관리분과, 노사관계분과 3분야로 나뉘어 1993년 12월부터 1994년 4월에 걸쳐 현대중공업, 현대정공 양 회사의 임금, 노동조건, 작업장체제, 인사노무관리체제, 노사관계 등 내부적 제 요인들에 대한 진단과 노동정책, 노동법, 현대그룹 소유경영구조 등 외부 환경요인들이 노사관계에 미치는 영향을 분석했다.

이를 위해 문헌조사, 면접조사, 현장관찰, 그리고 대규모 설문조사를 실시했다. 설문조사는 1994년 1월에 실시되었는데 노동조합 대의원들의 협조를 얻어 현대중공업 기능직에 1621부, 일반직에 776부를 배부했고 실제로 분석에 사용한 것은 기능직 1277부, 일반직 667부였다.[2]

이 연구는 짧은 연구기간, 회사 측의 자료 비협조, 일반직 및 사무관리직의 면접 및 설문조사상의 비협조, 대규모 연구진 내의 조정, 통제의 곤란 등 여러 가지 어려움과 제약에 부딪쳤음에도 불구하고 사업장 단위 노사관계에 대한 최대 규모의 연구라는 점, 노조와의 긴밀한 협조하에 비교적 폭넓고 정확한 자료수집이 가능했다는 점, 진보학계의 많은 연구자들이 집단적·학제적으로 참가했다는 점, 정부-기업의 연구에 맞서 노동조합이 적극적으로 대응연구를 조직했다는 점 등 여러 가지 면에서 많은 주목을 받았다.[3]

필자는 이 연구단의 인사노무관리분과에 소속되어 생산기술, 작업조직, 인

---

1) 이상 노동조합-기업경영분석연구상담소(1993) 참조.

2) 표본할당방법과 표본의 일반적 특성에 대해서는 『보고서』, '부록' 설문 분석 개요 및 설문지 참조.

3) 이 연구에 대한 평가로는 정이환(1994); 이은진(1994) 등 참조.

사노무관리제도, 작업장 상태, 산업재해 등의 분야에 대한 연구기획, 연구조정, 원고검토, 집필 등의 책임을 맡았다. 이 과정에서 홍익대학교 신병현 교수를 비롯하여 여러 교수 및 실무 연구진과의 계속적인 토론, 연구분담이 이루어졌다. 따라서 아래의 글은 필자 개인의 연구성과라기보다는 동 분과에서 함께 연구에 참여했던 연구진 전체의 공동성과물이라는 점을 밝혀두고자 한다.

제2절에서는 현대중공업의 노사관계를 개괄적으로 소개하고, 제3절에서는 현대중공업의 작업장 상태와 근로조건 및 노조의 작업규제력을 살펴본다. 제4절에서는 현대중공업의 인사노무관리체제를 살펴보고, 제5절에서는 최근의 신경영전략의 내용과 그엥 따른 현장권력의 변화를 살펴본다. 마지막으로 제6절에서는 지금까지의 내용을 간단히 요약하면서 현대중공업의 현장권력을 둘러싼 노사갈등의 변천과 그것이 시사하는 바를 음미한다.

2. 현대중공업 노사관계의 개관

1) 회사의 개요

현대중공업은 1973년 한국 최초로 대형조선소를 완공한 바 있는 한국 중공업계의 선도적인 회사이자 한국 조선업의 대표주자이다. 〈표 2-9-1〉에서 보는 바와 같이 1994년 말 자산총계 5조 2451억 원, 매출액 3조 1223억 원에 달하는 거대 회사이며, 1994년 말 기술직 3270명, 기능직 1만 8377명, 사무직 5228명 등 총 2만 6875명(하청종업원 4846명 제외)의 종업원을 거느리고 있다.

현대중공업은 한때 국제 조선시장의 불황으로 경영이 어려운 적도 있었으나 1989년 이후 국제 조선시장의 호황에 따라 경영사정이 호전되어 1989~1992년간 연평균 28%의 매출액 증가를 기록했으며 1992년 이후에도 매출액이 매년 10% 이상 늘고 있고 1992~1993년에는 2천억 원 이상의 흑자를 기록했다.

〈표 2-9-1〉 현대중공업의 개요

(단위: 백만 원)

	1992	1993	1994
자산총계	2,618,740	4,009,802	5,245,146
부채총계	1,705,775	2,148,061	3,371,083
자기자본	912,965	1,861,741	1,874,063
매출액	2,421,800	2,714,646	3,122,870
당기순이익	281,223	221,174	66,603
부가가치	1,002,462	1,058,699	1,051,971
종업원수(명)	21,647	22,512	26,875

주: 종업원수는 한국조선공업협회(1994) 참조.
자료: 최승노(1995).

현대중공업의 신조선 수주실적은 1992년의 79만 3천 G/T로부터 1993년에는 273만 4천 G/T, 1994년에는 247만 9천 G/T로 크게 늘어났으며, 1994년 말 수주잔량은 450만 4천 G/T를 기록하고 있다(한국조선공업협회, 1995). 현대중공업은 최대 100만 DWT의 건조능력을 가진 도크를 비롯해, 20만 톤 이상의 대형 도크 5기와 중형 도크 2기 등 도크 7기와 Slip Way 1개, Syncro Lifter 1개, 그리고 골리앗 크레인 등을 가지고 있다.

현대중공업은 국내 4대 조선소 중 41.6%(1993년 말)의 매출액 점유비를 차지하고 있고, 현대그룹 내에서도 현대자동차에 이어 제2위의 자산규모와 부가가치를 자랑하는 현대그룹의 주력기업이다.

조선사업부, 플랜트사업부, 엔진사업부, 해양사업부 4개의 사업부로 구성되어 있고, 각 사업부는 본부장 중심으로 경영이 이루어지고 있는데 사업부문별 비중은 1992년 기준으로 조선 74%, 플랜트 9%, 해양구조물 9%, 엔진 7%, 특수선박 1% 등이다.

현대중공업은 조선산업의 경기변동에 탄력적으로 대응하기 위해 조선매출 비중을 2000년대까지는 30% 수준으로 낮추면서 플랜트, 해양, 엔진 부문 등 비조선 부문을 확대 육성한다는 전략계획을 수립한 바 있다(현대중공업 주식회사, 1994). 그러나 조선산업합리화계획에 따른 신·증설 금지조치가 1993년 말로 해제되는 데다가 조선시황이 장기적으로 호황을 보일 것으로 예상됨에 따라 현대중공업은 대대적인 도크 신·증설에 나서 연간 100만 G/T 규모의 대형 도크 7, 8기를 신설해 향후 초대형 유조선(VLCC) 수주능력을 극대화하기로 했다. 이 새로운 도크에는 400톤 및 700톤 규모의 대형 크레인을 설치하기로 했으며, 도크 증설에만 4천억 원을 투입할 방침이다.

2) 노사관계의 전개

국제 조선산업은 과점적 구조로서 경쟁이 치열한데 특히 한일 간 경쟁이 치열하다. 더욱이 조선산업은 경기변동이 극심해 매우 불안정하다. 특히 한국은 조선 전업도가 57.9%로서 일본 6대사 평균 17%에 비해 매우 높아 경기변동에 취약한 구조를 가지고 있다(한국산업은행, 1993: 457).

이러한 경쟁과정에서 한국이 그나마 경쟁력을 가지는 것은 노동비용이다. 1990년 이후 연평균 13.2%의 급속한 임금상승에도 불구하고 여전히 한국 조선업의 임금수준은 일본에 비해 절반 정도의 수준에 머무르고 있으며, 장시간 노동과 높은 노동강도의 유지로 공기단축이 가능해 선박의 적기인도가 가능한 것이다.

조선산업은 많은 기술적인 변화에도 불구하고 여전히 다수의 인력을 밀접적으로 동원하는 노동집약적 산업이라는 특징을 가지며, 따라서 노동력의 조직적 동원, 체계적 관리능력은 여전히 조선업에 있어 가장 중요한 요소의 하나이다. 구체적으로는 노동강도의 강화, 노동시간의 연장, 이를 통한 생산설비의 최대한 가동, 공기단축 등이다.

현대중공업도 이러한 점에서 예외가 아니다. 1987년 이전까지 현대중공업은 장시간 노동, 저임금, 폭압적 노무관리방식(흔히 '병영적 통제'로 불림) 등으로 노동자를 통제해 왔다. 1987년 현대중공업의 기능직 노동자 평균임금은 29만 5170원으로서, 같은 해의 전 산업 평균임금 38만 6536원이나 제조업 평균

임금 32만 8696원에 비해 크게 낮은 것이었으며, 한국노총의 같은 해 4인 가족 최저생계비 57만 7835원에 비하면 51%에 불과한 수준이었다(조효래·박종규, 1989; 노동부, 1995a; 한국노동연구원, 1995). 일반직과 기능직 간의 임금격차도 심해 기능직은 일반직의 74%에 불과한 임금을 받았다. 노동시간은 주당 평균 54시간으로 한 달에 한 번씩 휴일특근을 하지만 조선산업의 특성상 수주가 밀리거나 단기간의 납기를 요하는 긴급작업일 경우 이를 소화하기 위해 초과노동이 강요되는 경우가 빈번했다(조효래·박종규, 1989). 작업환경은 극히 열악하고 재해의 위험도 매우 높아 1987년 1년간 총 385건의 산재가 발생, 빈도율[(재해건수/연근로시간)×1,000,000] 7.23, 강도율[(근로손실일수/연근로시간)×1,000,000] 1.23을 기록했다(조효래·박종규, 1989).

노동자에 대한 두발, 복장 단속 등 병영적 단속과 상급자의 명령에 대한 절대적 복종의 강요, 상급자에 의한 폭력, 관리자와 생산직 간의 차별대우 등 비인간적 대우가 빈번했다(이수원, 1994: 30~31). 현장노동자를 통제하기 위해 5등급 인사고과제[4]를 실시하고 현장감독자가 그 평가권을 가짐으로써 노동자들의 반항을 억제했다.

이러한 저임금-장시간 노동-병영적 통제체제에 대한 노동자들의 반발은 주기적으로 폭발했는데 그중 가장 유명한 것은 1974년의 '현대조선소 폭동사건'이다. 직영기능공을 도급제 방식의 위임관리체제로 전환한 데 따른 반발로 시작된 이 사건은 방화, 폭동으로 이어지고 경찰이 투입되어 겨우 진정되었으나 노동자들의 요구는 철저히 외면된 채 결국 노동자 측의 패배로 끝났다.[5]

1980년 5월의 정치적 혼란기를 틈타 현대중공업 최초의 노동조합을 결성하려는 시도가 있었으나 5·17 군부 쿠데타로 다시 좌절되었다.[6]

---

4) 전체 노동자를 상(10%), 중상(20%), 중(40%), 중하(20%), 하(10%)의 5등급으로 평점을 매긴 뒤, 이를 승진뿐만 아니라 급여와 상여금 지급세에도 차등 적용하는 제도.

5) '현대조선소 폭동사건'에 대해서는 이수원(1994: 33~34); 전영기(1986); 조효래·박종규(1989) 등 참조.

87년 노동자대투쟁 시기에 현대그룹에서도 노조 결성 움직임이 시작되었다. 1987년 7월 현대엔진(현대중공업으로부터 분리된 회사)에서 최초의 노조가 결성되었으며 이는 곧 울산의 다른 현대 계열회사들로 급속하게 파급되었다. 현대그룹은 노조 결성을 막기 위해 노조설립신고서 탈취, 어용노조의 사전 결성, 노조지도자에 대한 미행, 납치, 폭행 등 각종 행위를 시도했으나 이는 노동자들의 자주적인 노조결성 의지를 막지는 못했다. 현대중공업에서도 1987년 7월 21일 회사 측에 의해 어용노조가 결성되었으나 노동자들의 적극적인 투쟁으로 8월에 새로운 선거가 실시되어 민주노조가 탄생했다. 이후 현대자동차, 현대중전기, 현대정공 등 다른 계열회사에서도 잇달아 노조가 설립되었다.[7)]

현대중공업 노동조합은 설립 이래 현대중공업의 노사관계에 많은 변화를 가져왔다. 1987~1993년까지 연평균 14.4%(통상임금 기준)에 달하는 고율의 임금인상과 노동시간의 단축을 달성했고, 5단계 인사고과제를 폐지해 현장감독자의 권한을 크게 축소시켰으며, 상당 정도 현장권력을 장악했다.[8)]

대외적으로도 현대중공업 노조는 한국 민주노조운동의 핵심으로 떠올랐다. 웅대한 노조원수(1994년 1월 2만 1516명)와 강력한 조직력(대의원제, 소위원제가 가장 활발하게 움직이고 있는 노조임) 및 동원력(평균 90% 이상에 달하는 쟁의 참가율), 강력한 투쟁력(1987년 이후 거의 해마다 장기파업을 벌였으며 노조활동 및 파업과 관련해 1987~1994년 사이 총 163명의 구속자와 98명의 해고자를 기록함)[9)] 등으로 현대중공업 노동조합은 한국 민주노조운동을 이끌어 왔다(〈표 2-9-2〉

---

6) 이에 대해서는 이수원(1994: 34~35) 참조.

7) 1987년 현대그룹 및 현대중공업의 노조 결성을 둘러싼 상황에 대해서는 많은 자료가 있다. 그중 회사 측의 시각을 대표하는 것으로는 현대중공업 사사편찬위원회(1992: 716~725) 참조. 노조 측의 시각을 대표하는 것으로는 이수원(1994: 제1부), 권용목(1988) 참조. 그 밖에 이종선(1989), 커크(1995: 제18~22장), 현대그룹 노사관계 진단 연구단(1994, 제V장) 등 참조.

8) 그러나 이것이 곧 노조 쪽으로 현장권력이 완전히 넘어왔다는 의미는 아니다. 오히려 1987년 이후의 상황은 현장권력을 둘러싼 노사 간 치열한 경쟁과정으로 이해하는 편이 옳을 것이다.

9) 현대중공업 노동조합, 『사업보고서』(각 연도).

〈표 2-9-2〉 1987년 이후 현대중공업 노동조합 활동 관련 구속자, 해고자 현황

	1987	1988	1989	1990	1991	1992	1993	1994
주요 쟁의	노조 민주화	해고자 복직	128일 투쟁	골리앗 투쟁	5월 투쟁	직권조인 반대투쟁	현총련 공동임투	성과급 투쟁
구속자	43	19	40	36	1	0	0	24
해고자	4	24	45	0	7	6	1	11

자료: 한국노동이론정책연구소(1995b: 53)(전 4권 중 제1권).

참조). 1987년의 노조민주화 투쟁을 비롯해 1988년의 해고자 복직 투쟁, 1989년의 128일 투쟁, 1990년의 골리앗 투쟁, 1991년의 5월 투쟁, 1992년의 직권조인 반대투쟁, 1993년의 현총련 공동임투, 1994년의 성과급 투쟁 등은 모두 장기간의 투쟁이자 연대투쟁으로서 지역사회와 국민경제 전체에 지대한 영향을 미쳤다. 현대중공업 노동조합은 대외적으로도 현대그룹노동조합총연합(현총련), 전국조선업종노동조합협의회(조선노협), 전국금속노동조합연맹, 울산지역노조대표자회의(울노대) 등 각종 민주노조운동의 핵심조직으로서 역할하고 있다.[10)]

3) 현대그룹의 노무관리전략

현대중공업의 노사관계를 이해하는 데 있어 불가결한 요소가 바로 현대그룹 차원에서의 노무관리전략이다. 현대중공업의 노사갈등은 회사 내의 노사 간 관계보다는 근본적으로 현대그룹 차원의 노무관리전략과 현대중공업을 위시한 현총련 차원의 투쟁전략 간 충돌로부터 야기되는 것이기 때문이다.

현대그룹은 1950년대 창업에서부터 1970년대의 급속 성장기를 거쳐 한국 제일의 기업집단으로 성장해 왔다. 이 과정에서 다른 그룹도 비슷하지만 특히

---

10) 현대중공업 노사관계의 전개에 대해서는 위의 자료 외에 인수범(1993); 곽만섭(1990); 황의봉(1989); 조성관(1989a, 1989b); 김영복(1989); 노동인권회관(1994) 등 참조.

〈표 2-9-3〉 5대 재벌의 소유 집중

(단위: %)

	1987		1991	
	지배주주지분율	계열회사지분율	지배주주지분율	계열회사지분율
현대	32.2	47.7	27.5	40.3
삼성	9.3	47.4	8.5	44.7
대우	5.2	50.6	9.8	40.6
럭키금성	10.5	30.6	7.6	30.6
쌍용	6.2	59.6	7.6	34.4

자료: 정병휴·양영식(1992).

〈표 2-9-4〉 현대중공업의 주주 현황(1992년 말)

(단위: 주, %)

주주명	소유주식수	지분율
정주영(그룹 명예회장)	8,196,060	19.51
정몽준(정주영의 6남, 현대중공업 고문, 국회의원)	4,770,140	11.36
현대건설(주)	4,490,766	10.69
우리사주조합(종업원지주제)	6,592,151	15.70
기타(정씨 일가와 그룹 임원진 다수 포함)	17,950,883	42.74
계	42,000,000	100.00

자료: 현대그룹 노사관계 진단 연구단(1994: 77)에서 재인용.

현대그룹은 창업주 정주영 씨의 영향력이 절대적인 것으로 알려져 있다. 정주영 특유의 저돌적 추진력에 의한 신규사업 진출, 정·재계의 폭넓은 인맥, 부하들에 대한 엄격한 통솔력과 같은 개인적 특성뿐만 아니라, 다른 그룹에 비해 상대적으로 높은 일족 지분율과 8명에 달하는 아들들에 의한 계열사 장악으로 정주영 씨는 현대그룹이라는 왕조의 '제왕'으로 군림하고 있으며, 모든 중요 의사결정은 그의 손으로 이루어져 왔다.

〈표 2-9-3〉과 〈표 2-9-4〉에서 보는 바와 같이 현대그룹 소유구조의 특징은 일족 지분율이 높고 계열사 간 상호출자비율이 높아 전반적으로 족벌소유지배의 정도가 심한 것으로 평가된다. 현대중공업은 특히 비상장기업으로서 우리사주조합(종업원지주제) 소유분(이것도 관리직이 많이 소유하고 있음)을 제외한 대부분의 주식을 정주영 씨 일가가 지배하고 있다.

이러한 까닭에 현대그룹은 정주영 씨 일족의 회사라는 성격이 강하며, 따라서 경영체제 역시 매우 중앙집권적이고 창업주 전제적인 의사결정구조를 가지고 있다. 현대그룹의 공식적 최고의사결정기구는 6인으로 구성된 그룹회장단 회의(의장: 정세영 현대그룹 회장, 창업주의 동생)이지만 실질적으로는 정주영 씨가 중요 의사결정사항을 직접 관장하는 것으로 알려져 있다. 또한 가족소유 지분이 높아 가족이 대거 경영에 참여하므로 공식적·비공식적으로 창업주의 의사가 계열사에 그대로 전달될 수 있다.[11) 12)]

이러한 전제적 의사결정구조는 모든 경영분야에 미치지만 노무관리전략은 특히 그러한 분야이다. 1987년 그룹에 노조가 결성된 후 현대그룹은 그룹 차원의 노무관리전략을 마련했다. 이는 그룹회장 직속의 그룹종합기획실에서 담당하고 있는데 그 내용은 그룹 차원의 노무관리방침의 수립, 계열사에 대한 지시, 감독, 계열사 중 강성 노조에 대한 노조관리전략 기획, 집행, 감독, 관계 기관과의 협조, 쟁의예상기업에 대한 노무관리 전담임원의 파견 등 다양하고 종합적인 성격의 것이다(현대그룹 노사관계 진단 연구단, 1994: 102~103).

이에 따라 계열사 경영진은 그룹 차원의 노무관리방침에 따를 수밖에 없어 그 재량권이 극히 제한되며 노조 및 노동자들의 불신을 초래해 노동쟁의의 해결이 단위 사업장 차원에서 해결되지 못하는 요인으로 작용하고 있다. 이와 같이 그룹 차원의 노무관리가 계열사 노무관리를 규정함으로써 계열사 내 노사 대립이 곧 전체 계열사 차원의 대립으로 확대되기 쉽다. 또 노동쟁의가 발생할 경우 흔히 노조 측에서 그룹회장이나 명예회장과의 담판을 요구하거나 그룹

---

11) 정주영 씨의 아들, 며느리, 중요 가족들은 매일 새벽 정주영 씨 집에 모여 아침 식사를 같이하며 사업과 정치에 대해 창업주의 지시를 듣는다고 한다. 정주영 씨의 6남 몽준 씨에 의하면 이 새벽가족모임에 불참하는 것은 '생각할 수도 없는 일'이라고 한다(커크, 1995: 10).

12) 현대그룹은 1995년 말, 정주영 씨의 2남인 몽구 씨(58세, 정주영 씨의 장남 몽필 씨는 사망)를 그룹회장에 임명하고 최고경영진을 40, 50대로 세대 교체하는 등 2세 경영체제에 들어갔다. 그러나 주요 포스트를 정씨 일가가 차지해 일족지배체제는 그대로 유지되고 있다. 또 정주영 씨의 영향력이 얼마나 줄어들었는지도 앞으로 두고 보아야 할 일이다.

본사에 가서 농성을 하는 것도 바로 이러한 이유에서다. 현대그룹 노조들이 그룹 차원의 연대조직(현총련)을 결성하고 공동교섭, 공동행동을 시도하는 이유도 바로 이처럼 소유자의 경영지배권이 전제적으로 행사되는 소유경영구조, 그룹 차원의 의사결정이 계열사에 절대적인 영향을 미치는 재벌체제 자체의 문제점에 기인하는 것이다.

3. 현대중공업의 노동과정과 현장권력

1) 작업장 상태와 노동조건

선박건조과정은 철판의 절단 및 가공→소규모 블럭 조립→대규모 블럭 조립→의장, 도장→탑재 순으로 진행된다. 조선산업의 작업에는 고소작업, 밀폐공간작업, 선저작업, 추운 겨울이나 더운 여름의 옥외작업 등 특수작업이 많다. 따라서 작업환경이 열악하고 노동강도가 높으며 대규모 산업재해가 빈발하는 전형적인 3D 직종이다. 선박인도기일을 맞추기 위해 장시간 노동이나 야근, 특근이 빈번해 노동자의 피로도를 높인다.

현대중공업의 경우 1993년에 노동쟁의가 있었던 7~8월을 제외한 일반적인 달의 노동시간은 하루 기본근무시간 7시간, 연장근무시간 2시간을 합해 9시간이고 이외에도 약 20시간의 휴일특근이 있어 월평균 실근무시간은 평균 213시간 정도이다. 이는 다른 조선업종 사업체에 비해서도 길다(현대그룹 노사관계 진단 연구단, 1994: 308; 한국노동연구원, 1995).

연간유급휴일수는 74일로 일본 조선소의 122~123일에 비해 60% 수준이다[전국노동조합협의회, 1993; 全日本金屬産業勞動組合協議會(IMF-JC), 1991].

매출액은 매년 급속하게 증가한 반면 기능직 인원수는 1985년 2만 3220명에서 1990년 1만 6816명, 1993년 1만 5694명으로 계속 감소해 왔고,[13] 따라서 노동강도가 강화되고 있다. 노동강도를 결정하는 중요 요소인 표준 MH(MAN-HOUR)는 1986년 대비 1990년에는 절반 이하로 떨어져 노동강도의 강화를 입증하고 있는데 이 표준 MH의 결정은 사용자의 배타적 권한에 속해 있으며, 그 결정 방식이나 과정은 노동자 및 노동조합에 전혀 공개되지 않고 있다(현대그룹 노사관계 진단 연구단, 1994: 145~146). 이에 따라 MH에 대한 일반작업자의 불신은 큰 편이다. 〈표 2-9-5〉에서 보는 바와 같이 설문조사 결과 조합원들은 최근 3년간 작업속도 및 작업량이 증가했고, 현재의 노동강도는 건강하고 정

〈표 2-9-5〉 노동강도에 대한 조합원들의 인식(1995년)

(단위: %)

최근 3년간 작업속도가 증가했다	아니다+전혀 아니다	12.9
	그저 그렇다	26.2
	그렇다+매우 그렇다	61.0
최근 3년간 작업량이 증가했다	아니다+전혀 아니다	10.2
	그저 그렇다	28.1
	그렇다+매우 그렇다	61.6
현재의 노동강도는 건강하고 정상적인 생활을 유지하지 못할 정도로 높은 수준이다	아니다+전혀 아니다	23.9
	그저 그렇다	37.8
	그렇다+매우 그렇다	39.3

자료: 한국노동이론정책연구소(1995b: 88)(전 4권 중 제2권).

〈표 2-9-6〉 현대중공업의 산업재해 현황

	1990	1991	1992	1993	1994	1995.2
재해건수	786	592	361	307	388	73
사망자수	5	6	5	8	5	5
손실일수	-	45,576	42,964	51,097	-	-
도수율	-	-	5.56	3.84	5.43	-
천인율	-	27.0	17.4	10.5	13.1	-
강도율	-	-	0.74	0.66	0.77	-

주: 도수율=(재해건수/총근로시간수)×1,000,000, 천인율=(재해자수/근로자수)×1,000,
강도율=(총근로손실일수/총근로시간수)×1,000
자료: 전국조선업종노조협의회(1994); 신문보도 종합.

13) 물론 기능직 감소의 일부는 하청노동자의 증가로 상쇄되고 있다. 하청노동자수는 1992년 2395명으로부터 1993년 3466명, 1994년 4905명으로 증가 추세이다. 한국조선공업협회(1994) 참조.

상적인 생활을 유지하지 못할 만큼 높은 수준이라고 평가하고 있다.

장시간 노동과 높은 노동강도로 인해 산업재해가 빈발하고 있다. 〈표 2-9-6〉에서 보는 바와 같이 재해건수 자체는 1990년 786건을 피크로 차츰 감소하고 있으나 중대재해의 빈발로 손실일수는 늘어나고 있으며 재해사망자수는 여전히 매년 5~6명에 이르고 있고 특히 1993년 8명, 1995년 2월까지 5명의 사망자가 발생했다. 산재임에도 불구하고 노동부에 보고하지 않고 처리하거나 공상처리한 건수가 많아 실제로는 1993년의 경우 산재건수가 1100건이 넘었다고 노조 측은 주장한다(현대중공업 노동조합, 1994a).

노동부에서 1995년 5월 대형조선소 특별안전점검을 실시한 결과 현대중공업은 총 89건의 산업안전보건법 위반사항이 적발되어 6건은 작업 중지, 33건은 사용 중지되는 등 여전히 산재예방에 문제가 많은 것으로 지적되었다(노동부 안전기획과, 1995).

소음, 분진, 작업장 온도 등의 열악함으로 인한 직업병도 심각해 1995년 현대중공업에서는 총 42명이 직업병 의심자로 재검진을 받았고 그중 5명이 진폐증, 9명이 난청으로 판정받았다(윤상식, 1995).

2) 작업조직과 작업규제

현장의 작업조직은 팀장-반장-조장-일반작업자로 되어 있다. 작업조직의 기본단위는 반(班)으로서 반장이 15명 내외의 작업자를 거느린다. 반장의 주요 업무는 생산관리, 인원관리(근무상태관리), 안전관리 등이다.

조선산업은 작업 종류가 매우 다양하고 직종이 수백 개가 넘으며 공정의 자동화가 용이하지 않고 주문생산에 의존하므로 부품 및 자재의 표준화도 어렵다. 따라서 직접생산과정에 대한 기술적 통제에 한계가 있으며 노동과정에 대한 자율성이 상대적으로 높다. 작업공간의 분산성, 광범위성 때문에 라인생산처럼 기계에 의한 작업통제가 가능하지 않기 때문에 관리자나 현장감독자 등

〈표 2-9-7〉 현대중공업 노동자의 작업규제력(1994년)

(단위: %)

	의견 제출 가능성	의견반영 여부
작업인원 결정	49.3	64.3
작업속도 결정	56.2	64.1
작업순서 결정	62.7	77.5

주: 의견 제출 가능성은 '작업과 관련된 다음 사항들의 결정에 대해 귀하 자신의 의견을 제출할 수 있습니까'라는 질문에 '예'라고 응답한 비율임. 의견반영 여부는 '의견을 제출하면 그것이 작업에 잘 반영됩니까'라는 질문에 '예'라고 응답한 비율임.

자료: 현대그룹 노사관계 진단 연구단(1994: 148).

의 직접통제에 크게 의존한다.

앞에서 보았듯이 1987년 이전까지는 현장관리자에 의한 직접적·비인격적·전근대적·병영적 통제가 주된 노동력 통제방식이었다. 이를 뒷받침하는 주요 수단은 상여금차등제와 인사고과제였다.

그러나 1987년 이후 회사 측의 자의적인 인사고과권은 크게 축소되었다. 노동조합의 요구에 의해 기본급 및 상여금에 대해서는 인사고과제를 폐지했으며 오직 승진 시에만 인사고과를 적용토록 단체협약규정이 바뀌었다. 그러나 현장기능직의 승진이 사실상 어렵기 때문에 인사고과제를 통한 현장관리자의 자의적 권한 남용은 크게 규제되게 되었다.

또 노동조합 결성 후 대의원(노조원 100명당 1명)과 소위원(노조원 20~50명당 1명)의 생산현장에 대한 장악력이 크게 높아졌다. 실제로 노동자들의 고충처리는 반장을 거쳐 공식적인 직제로서 해결되기보다는 대의원이 관리자와 만나 해결하거나 또는 그 이상의 상급관리자에게 바로 가서 해결한다. 더욱이 반장은 조합원이기도 하므로 현장감독자와 조합원이라는 이중 신분으로 동요하고 있으며 결국 생산현장의 기술적 관리자로 국한된 영역을 담당하게 되었다.

〈표 2-9-7〉에서 보는 바와 같이 작업속도, 작업방법, 작업량 등 생산과 관련된 작업조직의 자율성 면에서 노동자 및 노조의 작업규제력은 상당히 높은 편이다.

그러나 문제는 이러한 노동자 및 노조의 작업규제력이 단체협약이나 노사

공동위원회 등 어떤 제도화된 장치에 의존하는 것이 아니라 주로 힘으로 밀어붙인 결과라는 점이다. 실제로 앞에서 지적했듯이 노동강도를 규정하는 기본요소인 MH는 전적으로 회사 측에 의해 결정되고 있으며 노조는 아무런 규제력을 발휘하지 못하고 있다.

따라서 회사 내외의 사정이 바뀌어 노조의 힘이 약화될 경우 노동자 측의 작업규제력은 일거에 상실될 가능성이 큰 것이다.

실제로 회사 측은 1994년부터 현장장악력의 재탈환을 시도하고 있는데 그 주된 수단은 반생산체제의 도입이다. 이는 대우조선에서 이미 성공한 사례를 본뜬 것으로[14] 생산목표의 수립, 작업일정, 작업량의 결정 등을 반장이 주도하는 부서단위의 반생산회의에 상당 부분 위임함으로써 반장의 권한을 강화하려는 것이다. 현대중공업에서도 이와 같은 반생산체제의 도입에 의해 현장권력이 노조 주도에서 회사 주도로 상당 정도 넘어가고 있는 것으로 평가된다. 이에 대해서는 제5절에서 보다 자세히 살펴보고자 한다.

4. 현대중공업의 인사노무관리체제

1) 승진체제

현대중공업의 직급체계는 일반직 9직급, 기능직 6직급으로 되어 있다. 대졸 일반직은 4급부터 1급갑까지 승진할 수 있으며, 고졸 기능직은 7급부터 시작하여 2급 기장까지 승진할 수 있다. 직책은 직위와 구별해 해당 직급에서 선발해 보임하고 있다(〈표 2-9-8〉 참조). 현재 기능직의 경우 팀장은 4급 이상의 직급자가 보임되고 있으며, 반장은 4급, 5급 기능직 사원이 보임되고 있다.

---

14) 대우조선의 사례에 대해서는 박덕제(1992); 백순환(1995); 강석재(1995) 등 참조.

〈표 2-9-8〉 현대중공업의 직급체계

	직급	직위	보임직책
일반직	1급 갑	부장	• 부서장: 부서조직의 장 직책으로서 차장급 이상 직위자로 보임 • 담당차장: 2개과 이상을 관장하는 직책으로서 과장급 이상 부장급 이하 직위자로 보임 • 과장: 과조직의 장 직책으로서 대리, 과장, 차장 직위자로 보임
	1급 을	부장대우	
	1급 병	차장	
	2급	과장	
	3급	대리	
	4급	4급사원	
	5급	5급사원	
	6급	6급사원	
	7급	7급사원	
기능직	2급	기장	• 팀장: 생산작업팀의 장 직책으로서 5급 이상 직위자로 보임 • 반장: 생산작업반의 장 직책으로서 6급 이상 직위자로 보임 • 조장: 생산작업조의 장 직책으로서 5, 6, 7급 직위자로 보임
	3급	기원	
	4급	직장	
	5급	5급기능사원	
	6급	6급기능사원	
	7급	7급기능사원	

자료: 현대중공업 노동조합 제도개선위원회(1992a).

〈표 2-9-9〉 현대중공업의 승진소요연한

(단위: 년)

		7사 → 6사	6사 → 5사	5사 → 4사 4사 → 직장	4사 → 대리 직장 → 기원	대리 → 과장 기원 → 기장	과장 → 차장	차장 → 부장대우	부장대우 → 부장
일반직	대졸 이상	-	-	-	4	4	5	5	2
	전문대졸	-	1	2	4	4	5	5	2
	고졸 이하	1	2	2	4	4	5	5	2
기능직	전문대졸	1	2	3	5	6	-	-	-
	고졸	2	3	4	6	6	-	-	-
	중졸	3	4	6	7	6	-	-	-
	국졸 이하	4	5	7	8	6	-	-	-

자료: 현대중공업 노동조합 제도개선위원회(1992b).

일반직과 기능직군의 승진소요연한은 별도로 규정되어 있으며, 같은 직군 내에서도 학력별로 승진소요연한을 다르게 규정하고 있다(〈표 2-9-9〉 참조).

승진 결정은 직급별 승진소요연한을 채운 사람을 대상으로 기본심사요소

〈표 2-9-10〉 인사제도에 대한 불만도

(단위: %)

	직군	매우 불만	대체로 불만	보통	대체로 만족	매우 만족
학력 간 승진차별	기능직	35.9	41.2	18.2	4.5	0.2
	일반직	16.5	25.6	35.0	21.0	1.8
직군 간 승진차별	기능직	53.8	34.8	10.1	1.1	0.3
	일반직	7.1	25.9	52.5	13.9	0.6
자신의 승진가능성	기능직	35.3	35.3	25.6	3.7	0.3
	일반직	7.4	7.4	57.8	15.4	0.9
인사고과의 공정성	기능직	26.0	35.2	20.6	15.0	3.2
	일반직	8.0	26.8	39.9	22.1	3.2

자료: 현대그룹 노사관계 진단 연구단(1994: 187~189).

(재임연한, 인사평가, 시험성적·부서상 신서열, 교육)와 부가심사요소(포상, 징계, 근태) 각각에 점수를 매겨 이를 합한 종합점수를 근거로 심사하는데 그중 인사평가가 100점 만점에 60점으로 절대적인 비중을 차지한다.

기능직의 인사평가는 1차 반장, 2차 직장이 담당하는데 회사에 대한 헌신성이라는 항목의 배점이 높고 기준이 불명확해 고과자의 주관이 개입될 여지가 많기 때문에 여러 노동자들의 불만을 사고 있다.

이와 같은 노동자들의 불만은 ① 인사규정에 따른 차별, ② 승진율에 따른 차별, ③ 인사고과의 타당성, 공정성에 대한 불만에 기인한다.

먼저 앞에서 보았듯이 인사규정상 학력별, 직군별 승진차별이 존재한다. 고졸 기능직의 최고승진직급은 기장(과장급)으로서 그 이상의 관리직으로의 승진은 원천적으로 불가능하다. 또 4급까지의 승진소요연한도 일반직 고졸의 경우 5년이지만 기능직 고졸의 경우는 9년이나 된다.

〈표 2-9-10〉에서 보는 바와 같이 인사제도에 대한 노동자들의 불만은 매우 높은 편이다.

현대중공업의 직급승진은 자동승진이 아니고 쿼터제(정원제)이므로 실제승진기간은 승진소요연한보다 훨씬 길다. 이는 직급별 인력구조에 의해 결정되는데 기능직의 경우 1992년 3월 기장 0.2%, 기원 1.8%, 직장 6.2% 등 상위직

〈표 2-9-11〉 현대중공업의 승진가능률

(단위: %)

일반직			기능직		
승진단계	1990	1992	승진단계	1990	1992
부장대우 → 부장	25.6	20.3	-	-	-
차장 → 부장대우	12.9	7.2	-	-	-
과장 → 차장	12.2	7.7	-	-	-
대리 → 과장	15.7	17.1	기원 → 기장	18.2	9.5
4급 → 대리	16.3	19.3	직장 → 기원	43.4	11.7
5급 → 4급	44.7	25.4	5급 → 직장	15.9	4.8
6급 → 5급	82.5	38.9	6급 → 5급	38.1	20.1
7급 → 6급		85.7	7급 → 6급	67.9	30.4

주: 승진가능률=승진자수/차하위직급자 총수
자료: 현대그룹 노사관계 진단 연구단(1994: 188).

급은 매우 적은 반면, 5급 54.8%, 6급 36.1%, 7급 0.1%로서 중간이 불룩한 항아리형 구조로 되어 있어 승진이 매우 어려운 형편이다(현대중공업 노동조합 제도개선위원회, 1992b). 실제로 승진율을 계산해 보면 〈표 2-9-11〉에서 보는 바와 같이 직급별 인력구조상 가장 많은 인원이 몰려 있는 기능직 5급의 직장 승진율은 4.8%에 불과한 반면 일반직 5급의 4급 승진율은 25.4%로서 직군별로 실제 승진가능성에 큰 차이가 난다.

한편 인사고과의 타당성, 공정성에 대한 불만도 높다. '인사고과가 공정하고 객관적으로 행해지는가'라는 질문에 대해 기능직 노동자의 18.2%만이 긍정적으로 답했고 61.2%는 부정적으로 응답했다. 또 '현행 승진이 어떠한 방식으로 이루어지고 있는가'라는 질문에 대해 기능직 노동자의 53.2%가 '상급자와의 친분에 의해 이루어진다', 17.8%가 '회사에 대한 충성심에 의해 이루어진다'고 응답했으며, '업무성과에 의해 이루어진다'는 응답은 겨우 14.6%에 불과했다(현대그룹 노사관계 진단 연구단, 1994: 189).

현대중공업에서는 정기승급제도(호봉제)가 없기 때문에 임금상승은 베이스업이나 상위직급으로의 승진을 통해서만 이루어진다. 그런데 이와 같이 승진이 정체되고 불공평하므로 기능직 노동자는 높은 불만도('분노와 비애를 느끼게 하는 잘못된 제도'라고 노동자들은 비판함)를 느끼고 있고 이는 현장작업자의 생산의욕이나 숙련향상 노력을 저하시키는 주요 요소로 작용하고 있을뿐더러 노동쟁의를 통해서라도 높은 평균임금상승률을 확보하려는 경향을 낳아 노사관계에도 부정적인 영향을 미치고 있다.

2) 임금수준 및 임금체계

다른 대기업들과 마찬가지로 현대중공업에서도 2019년 이후 임금수준이 급속하게 높아져 왔다.

〈표 2-9-12〉에서 보는 바와 같이 1987년 이후 연평균 임금상승률은 16.8%(통상임금 기준)에 달하고 있다. 그러나 그 상승률은 점차 둔화되고 있으며 특히 1993년 이후에는 통상임금 상승률이 뚜렷하게 떨어지고 그 대신 특별상여금 등으로 낮은 임금상승률을 메꾸고 있다. 〈표 2-9-13〉에서 보는 바와 같이 1994년 현대중공업의 평균임금(보너스 포함)은 120만 원으로서 조선업종 내에서는 삼성중공업을 제외하면 가장 높은 수준이지만 제조업의 500인 이상 대기업 생산직 남자노동자의 평균임금에는 미치지 못하고 있다. 더욱이 조선업의 강한 노동강도와 열악한 노동환경, 산업재해, 그리고 조선업 노동자들이 일반적으로 평균근속연수가 길고 평균연령이 높다는 점을 감안하면 조선업종의 임금수준은 결코 노동자들에게 만족스러운 수준이라고 할 수 없다.

실제로 현대중공업 노동자들에 대한 설문조사 결과 '내가 받는 임금은 나이와 근속연수에 비해 적당한가'라는 질문에 대해 28.5%가 '전혀 아니다', 43.9%가 '아니다'라고 응답해 절대다수가 자신이 받고 있는 임금에 대해 불만을 가지고 있는 것으로 나타났으며 '그저 그렇다'가 18.3%, '그런 편'이 8.0%, '매우 그렇다'는 1.3%에 불과했다(현대그룹 노사관계 진단 연구단, 1994: 327).

임금의 절대적 수준 외에 임금체계 면에서도 문제가 발견된다.

현대중공업의 임금은 기본급, 제수당(가족수당, 근속수당, 자격수당, 직책수

〈표 2-9-12〉 현대중공업의 임금상승률 추이

(단위: %)

	1987	1988	1989	1990	1991	1992	1993	1994	1995
기본급	10.0	25.9	13.1	20.3	17.1	10.6	-	-	-
통상급	14.0	31.3	13.3	16.9	16.0	11.9	7.5	7.4	7.7

자료: 현대그룹 노사관계 진단 연구단(1994: 326); 현대중공업 노동조합, 『사업보고서』, 각 연도.

〈표 2-9-13〉 조선업의 임금현황(1994년 6월 기준)

(단위: 원)

	기본급	통상급(A)	상여금(B)	총합계 (A+B)	평균 근속연수	평균 연령
현대중공업	600,927	789,382	418,085	1,207,467	10.7	36.7
삼성중공업	636,275	807,725	536,298	1,344,023	9.6	32.9
현대미포조선	595,406	776,340	384,349	1,160,689	10.8	40.0
대우조선	632,224	770,097	365,233	1,135,330	10.0	36.0
한진중공업	578,938	623,938	289,722	913,660	-	42.0
코리아타코마	529,520	624,661	283,165	907,826	-	39.6
한라중공업	598,460	711,960	416,160	1,128,120	5.0	35.0
제조업 500인 이상 생산직 남자	811,000	961,000	426,000	1,387,000	-	-

주 1): 통상급=기본급+제수당, 총합계=통상급+상여금.
주 2): 개별 기업은 조합원(주로 생산직 남자) 기준.
자료: 현대그룹노동조합총연합(1994); 노동부(1995b).

당 등 43종류), 그리고 상여금으로 구성되어 있다. 임금형태는 반장 이상은 월급제이며 기타 기능직은 시급제이다.

우선 임금구조 면에서 기본급의 비중이 낮고 제수당 및 상여금의 비중이 높다는 것을 알 수 있다. 이것은 정부의 임금인상 억제정책으로 기본급 인상이 억제됨에 따라 수당 및 상여금의 신설로 이를 보완해 온 결과이다. 이와 같이 파행적 임금인상이 진행된 결과 기본급의 비중이 크게 낮아지고 수당의 비중이 높아져 임금구조가 수당 중심으로 개편되어 버렸다. 특히 연장근로수당, 휴일근로수당 등 통상임금(고정지급액)에 포함되지 않는 변동적 수당의 비율이 평균임금의 21.4%(1993년 11월 기준)에 이르고 있어 노동자들의 임금안정성을 해치고 장시간 노동을 불가피하게 만들고 있다(현대그룹 노사관계 진단 연구단,

1994: 194).

일반직과 기능직 간의 임금격차 역시 많은 노동자들의 불만대상이다. 현대중공업 노동조합의 조사에 의하면 1993년 3월 기능직의 통상임금은 일반직 통상임금의 78.3%에 불과하며, 여기에 초과근로수당을 포함해 임금총액을 비교하면 90.6% 수준인 것으로 나타났다(현대그룹 노사관계 진단 연구단, 1994: 329). 즉, 기능직은 잔업, 휴일특근 등 초과근로를 해야 겨우 일반직 임금에 접근할 수 있는 것이다.

그러나 임금 면에서 노동자들이 가장 큰 불만을 갖고 있는 사항은 무엇보다도 생애임금의 불안정성 문제이다. 기능직에 대해 정기승급(호봉표)이 없고 앞에서 보았듯이 상위직급으로의 승진에 의한 임금상승 가능성도 거의 희박한 실정에서 기능직의 임금상승은 오로지 베이스업(기본급 내지 통상급의 인상)에만 의존하고 있다. 이런 상황에서 기능직의 경우 연령 증가나 장기근속에 따른 임금상승률이 매우 미미하기 때문에 나이가 들수록 늘어나는 생계비를 임금이 따라가지 못하는 문제가 발생한다. 〈표 2-9-14〉에서 연령계층별 임금을 보면 일반직의 경우 고연령으로 갈수록 임금상승이 현저하게 나타나지만 기능직의 경우에는 매우 완만한 상승을 보일 뿐이다. 그 결과 20대 전반에는 기능직 임금이 더 높았던 것이 20대 후반부터 역전되어 51세 이상에서는 일반직이 기능

〈표 2-9-14〉 연령계층별 및 근속연수별 임금지수(1994년 1월 기준)

연령별	일반직	기능직	근속연수별	일반직(고졸)	기능직(고졸)
25세 미만	100.0(56)	100.0(69)	3년 이내	100.0	100.0
25~30세	153.1(86)	122.0(84)	3~5년	94.2	116.2
30~35세	189.6(106)	132.1(91)	5~7년	109.7	118.0
35~40세	211.1(118)	143.6(99)	7~10년	140.2	129.5
40~45세	205.7(115)	153.2(106)	10~13년	184.1	137.3
45~50세	211.1(118)	160.4(111)	13~15년	189.4	148.8
51세 이상	259.4(145)	157.5(109)	15~17년	201.8	158.8
			17~20년	223.0	170.2
			21년 이상	233.6	183.1

주: ( ) 내는 임금액(만 원), 통상임금 기준.
자료: 현대그룹 노사관계 진단 연구단(1994: 330) 재구성.

직 임금의 1.3배를 받고 있다. 또 근속연수별 임금지수를 보더라도 일반직은 근속연수가 늘어날수록 임금이 급속하게 상승하는 데 비해 기능직의 경우 그 상승속도가 훨씬 느리다. 얼핏 보아 근속 17년 이상에서는 임금상승속도가 빨라지는 것처럼 보이지만 이는 근속연수가 긴 소수의 반장 이상 상위직의 임금을 표시하는 것일 뿐 기능직 노동자들의 일반적 상황과는 관계가 없다.[15)]

실제로 현대중공업 기능직 노동자의 연령별 임금곡선과 전노협에서 조사한 연령별 최저생계비곡선을 비교해 보면 연령이 상승할수록 임금과 생계비 간의 괴리가 뚜렷이 나타나고 있으며 특히 생계비가 급증하는 30세 이후 연령층에서 임금상승곡선은 매우 완만한 상승추세를 보이고 있음을 알 수 있다.

생애임금의 안정성을 확보할 수 있는 방법으로 현대중공업 기능직 노동자들의 54.5%는 근속연수 증가에 따라 기본급이 올라가는 호봉제의 도입에 찬성하고 있다(반대 22.4%, 잘 모름 23.1%). 현대중공업 노사는 호봉제 도입을 위한 공동연구위원회를 구성해 이 문제를 연구 검토하고 있다.

이상에서 살펴본 바와 같이 생애임금이 불안정하고 승진, 승급을 통한 임금상승이 불가능한 상황에서 노동자들은 오로지 단체협상과 단체행동을 통한 베이스업에만 관심을 기울임으로써 노사관계를 불안정하게 만드는 요인이 되고 있을뿐더러 숙련향상과 장기근속에 따른 임금상승효과가 미약하기 때문에 근로자들의 자발적 숙련향상 노력과 장기고용을 저해하는 요인마저 되고 있는 것이다.

---

15) 1991년 4월 근속연수 15년 이상의 노동자수는 기장 17명, 기원 174명, 직장 354명, 5급(대부분 반장) 1059명, 6급 96명으로 전체 기능직 노동자수의 10% 수준이다(현대중공업 사사편찬위원회, 1992: 1199). 그 대부분은 반장 이상 직급이며 기능직 일반노동자는 극소수이다.

3) 노동자 참가와 인센티브

숙련향상과 장기근속 및 노사관계 안정에 기여할 수 있는 또 하나의 중요한 요소로서 노동자의 경영참가와 인센티브를 들 수 있다. 그러나 현대중공업에서 실시되고 있는 QC서클이나 제안제도 등은 오히려 노동자들의 불만을 야기하고 노사갈등을 일으키는 요인이 되고 있다.

현대중공업에서는 1975년부터 QC서클활동이 시작되었으며 1978년에는 TQC활동으로 확대 개편해 5개년계획에 의거, 실시되어 왔다(제1차 1978~1982년, 제2차 1983~1987년, 제3차 1988~1992년, 제4차 1993년~). QC분임조는 조 또는 반 단위의 구성원으로 구성되며 대체로 주당 30분씩 실시된다. 내용은 개선주제의 선정, 현상파악, 원인분석, 목표설정, 대책수립, 대책실시, 결과분석, 표준화 및 사후관리 등이다. 전체 분임조는 테마 완료 후 부서발표회 및 사내 경진대회(연간 10회)를 갖고 우수 분임조에 대해서는 포상을 실시한다.

QC서클활동의 일환으로 1980년부터 제안제도도 실시되고 있는데 제출된 제안은 평점에 따라 9급부터 특급까지 등급을 정하고 각 등급에 따라 포상(최고 100만 원)을 실시한다.

회사 측의 발표에 따르면 1993년 한 해 동안 조선사업부에서만 총 15만 9627건의 제안이 이루어졌고 2848개의 분임조 활동이 있었던 것으로 보고되고 있다(〈표 2-9-15〉 참조).

〈표 2-9-15〉 제안제도 및 분임조 활동의 실시 상황

		1993년도 계획 및 실적			1994년도 계획		인원(명)
		계획	실적	달성률(%)	계획	증감률(%)	
조선사업부	제안	136,380	159,627	117.0	137,280	-13	12,458
	분임조	3,000	2,848	94.9	2,400	-16	
해양사업부	제안	27,220	42,219	155.1	32,400	-23	2,750
	분임조	600	394	65.7	650	65	

자료: 현대그룹 노사관계 진단 연구단(1994: 227).

그러나 이러한 통계에도 불구하고 제안제도와 분임조 활동은 1993년 3/4분기 노사협의회의 안건으로 상정될 만큼 노동자들로부터 불만의 대상이 되고 있다. 그것은 이들 활동이 진정한 의미에서의 품질관리운동이라기보다는 노사협조노선과 회사에 충성을 강요하는 '사상적 혁신운동'으로서 노동생산성 향상과 노동강도 강화를 노리는 것에 불과하다는 노동자들의 인식 때문이다. 이는 여러 가지 측면에서 드러난다.

우선 제안제도 및 분임조 활동은 노동자들의 자발적 참여에 의해 이루어진 것이라기보다는 강제성을 띤 것이다. 노동자 개인에게 제안목표건수를 할당하고 이를 채우지 못할 경우 인사상 불이익을 주기 때문에 노동자들은 과거 이미 제안되었던 내용을 재탕 삼탕하거나 한 사람의 제안서를 여러 사람이 베끼는 등 목표건수 채우기에 급급하며 따라서 제안제도를 '거짓말 올림픽'이라고 부르고 있는 것이다.[16]

제출된 제안의 채택 및 개선활동의 지원에도 많은 문제가 있다. 제출된 제안의 주요한 채택기준은 제안의 적용에 따른 비용상의 절감액이기 때문에 작업환경의 개선과 같이 노동자들의 작업조건 개선과 관련된 제안은 잘 채택되지 않으며 제안이 채택되어도 제안 및 분임조 활동에서의 활동시간, 자재 공급 등에 대한 실질적인 지원도 없다고 노동자들은 지적하고 있다.

마지막으로 현장노동자들은 자신이 제출한 제안이 채택되었을 경우 실제 현장에서 적용되는지 여부나 그 효과 등에 대해 아무런 피드백을 받지 못해 불만을 나타내고 있다.

전체적으로 볼 때 QC서클활동 및 제안제도는 형식적 운영으로 흐르고 있는 것으로 평가된다.

노동자의 회사운영에 대한 참가의 중요한 통로 중 하나는 단체협상, 단체협약을 통한 참가이다. 그런데 인사권, 경영권에 대한 경영층의 철저한 방어의지

---

16) 조선사업부 6급사원(근속 13년) 인터뷰 내용. 현대그룹 노사관계 진단 연구단(1994: 227) 참조.

〈표 2-9-16〉 조선 및 자동차 회사 노조의 경영 참가범위(1993년)

	조합원 인사	징계위원회 구성	하도급, 용역전환	폐업, 이전, 업종전환	합병, 회사정리	인원정리
현대중공업	×	×	△	×	×	△
대우중공업	△	×	△	×	△	O
현대미포조선	X	×	×	×	△	△
한라중공업	△	×	×	O	×	△
한진중공업	△	×	×	×	△	×
코리아타코마	×	×	×	×	×	△
현대자동차	△	×	△	△	×	△
대우자동차	△	△	O	×	O	×
아시아자동차	△	O	×	×	×	×
쌍용자동차	△	×	△	×	△	△
기아자동차	×	O	×	×	×	×

주: × 회사의 일방적 결정, △ 노조에 사전통고 또는 협의, O 노조와 합의(노사동수 구성).
자료: 전국노동조합협의회(1993) 재정리.

로 인해 노동자들의 참가통로는 폐쇄되어 있다.

먼저 인사권에 대해서는 단체협약상 회사의 배타적 권한에 속하는 것으로 명시되어 있다. 단, 노조간부의 인사 시에만 회사는 조합과 협의(합의가 아님)하도록 규정하고 있다.17) 이것은 조합원 인사에 대해 노조에 사전통고 또는 협의하도록 되어 있는 대우중공업, 한라중공업, 한진중공업 등 다른 조선사와 대부분의 자동차 회사의 단체협약규정에 비해 노동자들에게 현저히 불리한 규정이다(〈표 2-9-16〉 참조).

한편 종업원에 대한 징계위원회의 구성 및 결정권 역시 회사의 일방적 구성, 결정에 따르도록 되어 있다. 다만 징계위원회에 조합 임원 등 2명이 참고인으로 참석해 변론할 수 있는 변론권을 준 것이 전부이다. 민노총이 1995년 산하 노동조합을 대상으로 실시한 조사에 따르면 조합원 인사 시 노사합의가

17) "조합은 회사의 인사관리권을 존중하며, 회사는 제반 인사권을 행함에 있어 본 협약에 정해진 기준에 따르되, 조합간부(전임자, 대의원)의 인사는 사전에 조합과 협의한다" [『현대중공업 주식회사 단체협약』 제3장 제18조(인사원칙)].

〈표 2-9-17〉 인사관련사항의 의사결정 참가 정도

(단위: %)

	인사(부서이동, 전출 등)		해고 및 징계	
	조합간부	조합원	조합간부	조합원
노사합의	45.8	10.8	37.8	22.2
사전협의	42.9	29.7	38.8	45.3
사전통보	6.1	18.9	6.2	14.6
사후통보	1.9	17.0	2.9	4.7
회사 일방시행	2.8	20.3	7.2	9.4
기타	0.5	3.3	7.2	3.8

자료: 전국민주노동조합총연맹(1996: 145).

10.8%, 사전협의가 29.7%이며, 해고 및 징계 시에는 노사합의가 22.2%, 노사협의가 45.3%인 것으로 나타났다(〈표 2-9-17〉 참조). 또 〈표 2-9-16〉에서 보듯이 자동차 회사들의 경우 징계위원회를 노사동수로 구성하는 것이 일반적 추세로 되고 있다. 이에 비하면 현대중공업의 징계위 관련 조항은 노동자 보호차원에서 뒤떨어지는 것이다.

한편 하청을 주거나 인원정리를 하는 경우에는 노조와 협의를 하도록 단체협약에 규정되어 있지만 폐업, 공장이전, 업종전환, 회사합병, 회사정리 등 이른바 경영권에 관한 사항에 대해서는 노조의 발언권이 거의 보장되어 있지 않다. 폐업, 공장이전, 업종전환, 회사합병, 회사정리, 해산, 양도 등에 대해서는 단체협약상 아무런 규정이 없으며, 인원정리에 대해서는 45일 전 노조에 통보하고 그 규모를 협의하도록만 규정되어 있다. 그러나 이러한 회사조직의 중대한 변화는 즉각적으로 노동자들에게 커다란 영향을 미친다는 점에서 문제가 되는 조항들이다. 실제로 〈표 2-9-16〉에서 보듯이 많은 조선, 자동차 회사들에서 이들 사항에 대해 노조에 사전통고나 협의, 또는 경우에 따라서는 노조와 합의(대우중공업: 인원정리, 대우자동차: 합병, 회사정리, 한라중공업: 폐업-이전-업종전환)하도록 규정하고 있는 것에 비해 현대중공업의 단체협약은 대체로 노조의 경영권 참가범위를 매우 제한하고 있다.

이에 대해 노조원들의 경영참가 욕구는 매우 높다. 〈표 2-9-18〉에서 보는

〈표 2-9-18〉 경영참가 범위에 대한 현대중공업 조합원들의 의견

(단위: %)

	회사의 일방적 결정	노조에 사전통보	노조와 협의	노조와 공동합의
조합원 징계	8.3	8.5	40.4	42.8
부서전환 등 인사이동	9.2	12.6	34.9	43.2
외주, 하청	13.3	9.0	34.0	43.7
작업량 결정	28.1	22.1	27.0	22.9
공장통합	14.3	7.8	33.2	44.7
자동화와 신기술 도입	46.8	16.7	22.2	14.3
새로운 투자계획	36.9	14.5	26.7	21.9

자료: 현대그룹 노사관계 진단 연구단(1994: 224).

바와 같이 설문조사 결과 노조원들은 자동화와 신기술 도입, 새로운 투자계획 등의 사항을 제외한 대부분의 사항에 대해서 노조와 협의 또는 합의해야 한다고 생각하고 있으며 특히 징계, 인사이동, 하청 공장통합 등 자신의 신상에 직적접인 영향을 미칠 수 있는 사항에 대해서는 노조와 공동 합의하기를 강하게 바라고 있다. 이를 토대로 노조 측은 ① 인사 원칙 및 제도의 결정 시 노사합의, ② 인사위원회, 징계위원회의 노사동수 구성, ③ 인원정리, 정리해산, 공장이전, 업종전환, 하청, 용역전환, 회사분할, 합병, 양도 시 노사합의 등을 요구하고 있다. 그러나 이에 대해 회사 측은 철저한 거부자세를 되풀이하고 있다. 이것은 현대중공업 노사관계에 있어 또 하나의 갈등요인으로 작용하고 있다.

한편 노동자들이 회사경영에 참가할 수 있는 또 다른 하나의 통로는 노사협의회제도이다. 현대중공업의 노사협의회는 1974년 '현대조선 폭동사건' 이후 노사 간 대화와 갈등해소를 위한 제도적 장치의 필요성을 절감한 끝에 도입되었다. 이후 노사협의회는 매월 1회 개최되었지만 대부분의 협의안건이 후생복지 등 사소한 것에 그쳤고 그나마 노사협의회 권한 밖의 것이 많아 실효성이 없었다. 이러한 노사협의회의 한계에 대해서는 회사 측도 "진정한 의미에서 노사 간에 대등한 협의가 이루어지지 않는 데 대한 근로자들의 불만이 팽배했고, 전체 근로자의 실질적인 욕구 충족이 미진했으며, 불만의 목소리를 하나로 묶어 회사 측에 제시할 수 없다는 데 문제가 있었다"고 솔직하게 시인하고 있다

(현대중공업 사사편찬위원회, 1992: 716).

현대중공업의 단체협약에서는 노사협의회의 안건내용으로서 '생산성 향상 및 조합원 복지 증진에 관한 사항', '노사분규 예방에 관한 사항', '안전보건, 기타 작업환경 개선에 관한 사항', '인사, 노무관리의 합리적 운영을 위한 제도 개선에 관한 사항' 등 인사, 경영의 전반적인 문제에 대해 상호 협의할 수 있도록 되어 있다.

그러나 실제로 노사협의회의 주된 안건을 살펴보면 '주차장 확보에 관한 문제', '정문출입 문제', '자전거, 오토바이 수리점 이전 문제', '피복관리규정 문제' 등 후생복지에 관한 사소한 사항이 대부분이고 노사분규의 예방이나 인사, 노무관리의 합리적 운영에 관한 안건들은 거의 찾아보기 어렵다. 이는 노사협의회가 노사교섭제도로서 중요한 의미를 가지고 있지 못하다는 것을 보여 준다.

2년마다 한 번씩 갱신되는 단체협약이 있기는 하지만 이를 통해 모든 문제를 해결할 수는 없으므로 일상적으로 제기되는 현안문제를 해결할 수 있는 통로로서 노사협의회가 중요한 역할을 할 수 있음에도 불구하고 노사 간의 상호 불신, 인사권, 경영권에 대한 회사 측의 성역화 태도 등으로 인해 노사협의회가 제대로 기능하지 못하는 실정이다.

5. 신경영전략과 작업장 권력

1) 신경영전략의 개요

현대중공업은 1990년대부터 신경영전략을 도입하기 시작했고, 특히 1995년부터는 '힘찬 21'이라고 불리는 전사적 경영혁신운동을 대대적으로 추진하고 있다. 이 새로운 경영혁신운동의 세부적 활동영역은 아직 자세히 나타나고 있지 않지만, 그 전면적 추진을 위한 사내 분위기 조성은 이미 시작되고 있다.

이 운동은 한편으로는 종래의 병영적·강압적 노동통제전략을 바꾸어 보다 유연한 노무관리전략을 구사한다든지(이른바 인간관계적 노무관리), 보다 효율적이고 합리적인 생산체제와 인사노무관리체제를 구축한다든지 하는 긍정적 효과를 가진 것이 사실이지만, 그것이 궁극적으로 노리는 것은 그동안 노동조합에 의해 상당 부분 장악되었던 현장권력을 탈환해 이를 자본의 의도에 맞게 재편함으로써 경영 측 입장에서의 효율성을 실현하고 노사관계에서 주도권을 잡자는 데 있다는 점에서 주목의 대상이 되고 있다.

현대중공업의 신경영전략은 생산의 합리화, 현장감독자를 통한 노동통제의 강화, 반 단위 노동통제체제의 도입, 노동력의 유연화 전략, 능력주의 인사관리제도의 도입, 기업문화활동, 현장의 노동조합활동 와해전략 등 다양하고도 전면적인 공세라는 형태를 취하고 있지만 이 글에서는 그중 반생산체제와 능력주의 인사관리제도의 도입에 대해서 주로 살펴보고자 한다.[18]

2) 반생산체제의 도입

앞에서 보았듯이 1987년 이후 현대중공업 노사관계의 가장 극적인 변화는 현장권력의 균형변화였다. 즉, 직·반장의 주요한 권력원천이었던 인사고과권의 적용범위가 축소되고 현장노동자들의 일상적 고충처리 역시 현장감독자들보다는 노조의 대의원들을 통해 해결됨으로써 강압적 노무관리의 핵심적 수단이었던 직·반장 체계의 권위가 추락하고 노동조합의 현장장악력이 크게 확대되었던 것이다. 그러나 이러한 노조의 현장장악력은 단체협약 등을 통해서 제도화되는 데까지는 이르지 못했기 때문에 대단히 불안했다.

18) 현대중공업의 신경영전략의 내용과 그 평가에 대해서는 다음 자료들을 참고할 것. 한국노동이론정책연구소(1995a, 1995b, 1995c); 강석재(1995); 서필우(1995); 김병조(1995); 현대중공업 노동조합(1994b).

현대그룹은 1993년 이후 전 계열사에 대해 현장감독자를 통해 현장의 노동통제를 강화한다는 전략을 세우고, '조·반장에게 권한과 책임을 위임하는 현장위주의 노사관리'를 실시하고, '대졸 관리자를 중심으로 한 현재의 일선관리체계를 기능공 중심의 관리체계로 전환'한다는 정책방향을 제시했다(정세영, 1993).

이에 따라 현대중공업은 1994년에 조선사업부, 그리고 1995년에는 회사 전 무분에 '두레활동'[19]이라 불리는 반생산체제를 도입했다. 이는 대우조선에서 이미 도입되어 큰 성공을 거둔 반생산회의를 모방한 것으로서 회사 측은 "품질경영의 일환으로서 자기개발과 상호개발을 하고 개선기법을 활용해 직장의 관리와 개선을 계속해서 전원 참가로 행한다"고 설명하고 있다.

'두레활동'은 반 단위로 진행되는데 반장이 두레장이 되고 반원들은 서기, 팀장 등 활동역할을 분담해서 맡는다. 두레활동은 매주 30분씩 진행되며 주요 내용은 과제개선활동(50%), 의식개선활동(30%), 제안활동(20%) 등이다.

두레활동의 특징은 크게 두 가지이다. 하나는 현장규율의 확립이다. 두레장인 반장은 작업규율 확립에 주력해 청정활동, 안전활동, 시간 지키기 활동, 팀워크 조성활동, 능력배양활동, 예절 지키기 활동 등 각종 현장규율활동을 실시한다. 또 두레활동시간을 통해 생산계획, 생산실적평가, 작업상 유의점 등이 지시, 토론된다.

한편 과거에 형식적으로 운영되어 왔던 현장개선활동도 반생산회의에서 실질화해 개인별로 보다 분명한 책임을 지우고 그 결과에 대해 평가하여 분기별, 등급별 차등포상제도를 실시함으로서 개인 간, 반 간 경쟁을 촉진시키고 있다.

두레활동의 또 하나의 특징은 인간관계활동이다. 두레장은 반원들의 생일, 결혼기념일에 축전을 보내거나 선물을 주며, 가정방문, 면담, 각종 모임, 술자리, 운동경기 등 다양한 사외활동을 통해 반원들이 '한식구'라는 생각을 갖도록

---

19) '두레'란 "한국의 전통적 농촌에서 농사일을 서로 협력해 공동작업을 하기 위해 부락이나 리(里) 단위로 구성된 조직"을 말한다.

한다. 그리고 이 친숙한 인간관계를 통해 회사정책을 현장노동자들에게 전파, 지시한다.

한편 현장노동자들의 회사 및 노조에 대한 성향 파악에 주력해 대의원, 소위원을 비롯한 적극적 노조활동가에 대해서는 밀착 관리한다. 활동가들의 출퇴근, 잔업, 특근 등의 엄격한 통제, 면담, 일반조합원들과의 분리정책 등 다양한 수법이 사용된다(서필우, 1995).

회사 측은 1994년부터 '직무능력 향상교육'이란 이름 아래 현장관리자를 중심으로 현장관리방식에 대한 교육을 실시해 왔으며, 그 후 현장관리자들은 '직무연합서클'을 구성해 상호 교류하는 하는 한편, 1994년에는 무쟁의 서명운동, 노조로부터의 집단탈퇴운동, 대의원-소위원 및 노조활동가에 대한 고소, 고발 주도 등을 통해 조직적 활동을 전개했다(서필우, 1995: 40).

현대중공업에서는 아직까지 반 단위 대상의 인사고과제도는 없기 때문에 대우조선의 경우처럼 현장감독자의 통제권과 위상이 뚜렷이 높아진 것은 아니지만 회사 측은 반장에게 상당한 정도로 자율권을 주어 반장의 위상을 높이는 한편 앞으로 직능자격제도의 도입 등을 통해 현장감독자의 인사고과권을 크게 강화할 것을 구상 중이다.

이와 같이 현대중공업의 반생산체제는 아직 정착된 것은 아니고 뚜렷한 제도적 변화도 드러나지 않았으며 주로 반생산활동을 통한 '인간관계 개선'에 집중하고 있지만 벌써 현장권력의 균형에 상당한 변화의 조짐이 나타나고 있다.

〈표 2-9-19〉에서 보듯이 반생산체제의 도입에 따라 반원 간 경쟁의식이 강화되었다는 응답이 34.4%(그렇지 않다는 30.5%), 반 간 경쟁의식이 강화되었다는 응답이 47.7%(그렇지 않다는 23.5%)에 달하고 있으며, 현장감독자의 감시감독 강화가 45.2%(그렇지 않다는 21.2%), 노동자 통제 강화는 57.2%(그렇지 않다는 13.7%)로 나타나고 있다. 또 현장감독자의 위상 상승은 57.3%(그렇지 않다는 17.0%), 노조 대의원, 소위원의 힘 약화는 63.5%(그렇지 않다는 16.2%), 그리고 노동강도가 강화되었다는 데는 44.5%(그렇지 않다는 20.1%)가 그렇다

〈표 2-9-19〉 최근 현장권력의 변화에 대한 노동자들의 응답

(단위: %)

	전혀 아님	아님	그저 그럼	그럼	매우 그럼
반원 간 경쟁의식 강화	4.2	26.3	35.1	30.8	3.6
반 간 경쟁의식 강화	3.6	19.9	28.9	40.3	7.4
현장감독자의 감독 강화	2.0	19.2	33.6	37.0	8.2
노동자 통제 강화	2.1	11.6	29.0	42.4	14.8
현장감독자 위상 상승	4.1	12.9	25.7	38.6	18.7
대의원, 소위원 힘 약화	2.5	13.7	20.2	46.0	17.5
노동강도의 강화	2.2	17.9	35.4	36.0	8.5

자료: 한국노동이론정책연구소(1995b) 재정리(전 4권 중 제2권).

고 응답하고 있다.

이 같은 결과는 곧 두레활동의 도입에 따라 현장권력에 상당한 변화가 나타나고 있음을 노동자들이 피부로 느끼고 있다는 사실을 보여 주고 있다.

3) 새로운 인사노무관리방식의 도입

현대중공업에서 최근 도입되고 있는 새로운 인사노무관리체제는 노동력 이용의 유연화 추진, 능력주의적 인사제도의 도입, 월급제 도입과 직능급제 임금체계의 검토 등 다양한 양상을 보이고 있다.

먼저 현대중공업에서는 최근 핵심 노동자층에 대한 기능적 유연성의 추구과 주변 노동력에 대한 양적 유연성의 추구 등 노동력 이용의 유연화를 추구하고 있다. 기능적 유연성의 추구를 위해서는 각 사업부마다 직무 통폐합과 노동자의 다기능화를 통한 노동력의 효율적 이용이 전략적으로 추진되어 왔다. 회사 측에서는 앞으로 '직능자격제도'의 도입을 모색 중인데 이 제도의 주된 내용 중 하나는 바로 직무 통폐합의 추진이다.[20] 이 제도가 도입될 경우 직군은 세

20) 현대중공업에서 검토하고 있는 직능자격제도를 포함한 신인사제도의 내용에 대해서는 최종태 외(1993) 참조. 이에 대한 비판적 검토로서는 현대그룹 노사관계 진단 연구단(1994: 203

분화되는 반면, 각 직군에 포함되는 직능단위가 크게 축소되며(성형, 조립, 금속가공, 설치, 도장, 검사-시운전, 생산지원 등 7단위를 제시함), 이에 따라 노동자들은 다기능화 교육을 통해 여러 직능을 수행할 수 있게 된다. 이리하여 노동자들의 이동성과 호환성이 증대되는 것이다. 이는 물론 한편으로는 숙련의 향상, 단순반복적 노동의 감소, 구상과 실행의 통합 등 긍정적 효과를 가져올 수도 있겠지만 현재 추진되고 있는 파편화된 실행노동들의 통합은 오히려 노동자들의 직무유동성을 높이고 극도의 과밀노동을 가져올 위험이 있으며 결과적으로 필요인력의 축소를 가져온다는 점에서 주목의 대상이 된다.

한편 하청노동자, 파트타임 노동자, 임시노동자 등 각종 주변 노동력의 도입에 의해 노동력의 양적 유연성을 높이려는 전략이 추진되고 있다. 현대중공업의 하청노동자수는 1994년 3월 4905명으로서 1992년 11월 2395명에 비해 1년 4개월 사이에 2배 이상 늘어났다.[21] 하청노동자들은 정규노동자에 비해 더 열악한 작업조건에서 일하고 있음에도 불구하고 직영노동자들에 비해 총임금이 낮고 각종 복지혜택에서 소외되고 있다. 뿐만 아니라 하청노동자의 확대를 통해 직영노동자들에게도 고용불안, 작업물량 감소에 따른 임금 감소 등 근로조건의 악화를 가져오며, 노동조합의 교섭력을 약화시켜 전체 노동자들의 힘을 약화시키는 작용을 하고 있다.

한편 현대중공업은 앞에서 본 대로 노조와 노동자들의 반대로 직능자격제도의 도입은 일단 유보했지만 인사제도를 변경해 능력주의적 요소를 점진적으로 도입하고 있다. 이는 현장노동자들보다 우선 현장감독자층을 중심으로 도입되고 있는데 예컨대 종전에는 반장의 경우 일단 반장에 보임되면 그 직책이 그대로 유지되었으나 새로이 '직책보임제도'를 도입해 1년마다 반장 직책을 재보임함으로써 현장감독자들의 충성경쟁을 부추기고 있으며[조합활동가를 제

이하) 참조. 현재 직능자격제도는 노동조합과 노동자들의 반대로 일단 도입유보 상태에 있다.

21) 현대중공업 노동조합 고용특별위원회 조사.

대로 다스리지 못했다고 반장에서 직책 해임된 사례가 있음(한국노동이론정책연구소, 1995a: 68)], 기능직 사원의 직위체계에 '기감' 직위를 신설해 승진가능성에 대한 환상을 유포하고 있다. 또한 기능직 사원의 명칭을 생산기술직으로, 직장 이하의 호칭을 기사로 바꾼 것도 이러한 포석의 일환으로 보인다.

한편 임금체계 역시 회사 측에서는 직무급적 요소와 능력급적 요소를 합친 직능급적 임금체계로의 개편을 모색하고 있는데 이에 따르면 현재의 시급제를 월급제로 바꾸고 종업원들의 능력과 실적을 평가한 인사고과를 임금 산정에 반영시키겠다는 것이다. 뿐만 아니라 반 단위 실적에 기초한 우수자율팀 포상제도, 작업장별 능률관리 포상제도 등 성과급·능률급에 해당하는 제도들을 도입하고 있다. 이러한 시도들은 모두 개별 노동자 간, 반 간 경쟁을 조직해 능률을 향상시키는 것은 물론이고 궁극적으로 현장통제력을 장악하겠다는 회사 측의 전략으로 볼 수 있다.

6. 맺음말

현대중공업의 노사관계는 단순히 한 기업의 예로서 끝나는 것이 아니라 한국 대기업 노사관계를 대표적으로 보여 주는 사례라는 점에서 중요하다. 현대그룹은 한국의 대표적 재벌이자 가장 전근대적이고 병영적인 성격의 노무관리 전략을 유지해 온 것으로 평가되고 있다. 한편 현대중공업 노동조합은 한국 최대의 노동조합 중 하나이자 가장 투쟁력이 강하고 민주노조운동의 핵심을 이루는 노동조합이다. 이러한 현대중공업 노사 양쪽의 성격은 필연적으로 노동쟁의의 빈발을 불가피하게 만들었으며, 이는 한국 경제 및 노동운동 전반에 커다란 영향을 미쳐 왔다.

그런데 이러한 현대중공업 노사관계에 깔려 있는 핵심적 요소의 하나가 바로 현장권력의 장악을 둘러싼 갈등이었다는 것이 이 글의 기본 시각이다. 현대중공업 노동자들에 대한 설문조사 결과 집단행동이 발생한 가장 중요한 원인에 대해 '관리자의 강압적 태도' 때문이라고 응답한 비율이 49.7%에 이른다는 사실(현대그룹 노사관계 진단 연구단, 1994: 398), 그리고 현대중공업 노동조합이 그처럼 강력한 조직력과 투쟁력을 발휘할 수 있었던 중요한 요인의 하나도 바로 대의원, 소위원 제도를 통해 현장권력을 상당 정도 장악할 수 있었다는 사실[22]이 이를 증명해 주고 있다.

그러나 이러한 노조 측의 현장권력 장악은 단체협약이나 제도 등에 의해 뒷받침되지 못한 불안정한 것이라는 한계를 지닌다. 이에 따라 회사 측도 현장통제력의 탈환을 목표로 최근 다양한 신경영전략의 도입을 시도하고 있다. 그러한 새로운 시도들 중 일부는 물론 종래의 강압적이고 병영적이던 노무관리전략을 보다 합리적인 것으로 만들고 능력과 실적에 따른 인사체계와 보상체계를 도입하는 등 긍정적인 측면도 없는 것은 아니지만 전체적으로는 회사 측에 의한 현장권력의 재탈환과 노동조합의 약화를 목표로 하고 있다고 판단된다. 그 이유는 다음과 같다.

첫째, 신경영전략의 내용 면에서 노동조합 및 노동자의 경영참가, 작업환경의 개선, 노동시간의 단축, 산업재해의 감소 등 노동의 인간화를 가져올 수 있는 것보다는 현장관리체제의 강화, 노동자 간 경쟁체제의 강화 등 현장장악을 노린 것이 대부분이라는 점이다.

둘째, 신경영전략의 수립 및 실행 면에서 노동조합의 참가를 철저히 배제하고 회사 측의 일방적 결정에 의해 수립, 실행함으로써 노조의 규제력을 약화시키려는 의도를 드러내고 있다는 점이다.

셋째, 결과 면에서도 아직 뚜렷이 드러난 것은 아니지만 부분적으로 현장감

22) 대의원들의 활동에 대해 '적극적'이라고 평가한 비율이 64.2%, '대의원과 가까이하고 싶다'는 응답이 51.3%(가까이하고 싶지 않다는 응답은 8.5%에 불과)에 이르며, 쟁의행위 시 투표율과 찬성률이 90%를 상회한다는 사실이 이를 증명해 주고 있다. 현대그룹 노사관계 진단 연구단(1994: 413) 참조.

독자의 위상이 강화되고 노동조합의 힘이 약화되었으며, 노동강도가 강화되는 등 회사 측의 의도가 실현되고 있다는 점이다.

현대중공업은 1995년 8년 만에 처음으로 임금협상을 무분규로 타결하는 기록을 세웠다. 이것이 얼마만큼 신경영전략의 도입과 관련 있는 것인지는 알 수 없지만 회사 측은 무분규 타결을 계기로 신경영전략에 상당한 자신을 얻게 된 것만은 사실이다.

강압적·병영적 노동통제 → 노조 측에 의한 현장권력의 상당한 장악 → 신경영전략에 의한 회사 측의 현장통제력 재탈환이라는 도식은 비단 현대중공업뿐만 아니라 그 양상과 강도는 다르지만 대부분의 한국 대기업에서 나타나고 있는 현상이다. 바로 이러한 점에서 현대중공업의 현장권력을 둘러싼 노사 간 갈등의 향배는 노동조합운동에 있어 중요한 관심사가 아닐 수 없으며 앞으로도 주의 깊게 지켜보아야 할 사안이다.

참고문헌

강석재. 1995. 「조선산업 대기업의 신경영전략과 작업장체제의 변화」. 서울노동정책연구소. 『일본적 생산방식과 작업장체제』. 새길.

곽만섭. 1990. 「한국적 노사관계 정립방안에 관한 연구: 현대중공업 노사분규 사례분석을 중심으로」. 경남대학교 석사학위논문.

권용목. 1988. 「현대그룹 노동운동사 1, 2, 3」. ≪새벽≫. 석탑.

김병조. 1995. 「노동통제 강화하는 경영혁신운동」. ≪민주항해≫, 3/4월호.

김영복. 1989. 「테러사건까지 몰고간 현대중공업의 노사분규」. ≪노사≫.

노동부. 1995a. 『노동통계연감』.

노동부. 1995b. 『임금구조기본통계조사보고서』.

노동부 안전기획과. 1995.6.9. 『대형조선소 특별안전점검 결과』.

노동인권회관. 1994. 「'93 현대계열사 연대투쟁보고서」. 『노동인권보고서』, 제4집. 사회평론.

노동조합-기업경영분석연구상담소. 1993. 『현대그룹 노무진단 관계자료』.

박덕제. 1992. 「대우조선의 경영합리화 조치에 대한 노동자 의식조사」. 노동인권회관 엮음. 『노동인권보고서』, 제3집. 역사비평사.

백순환. 1995. 「대우조선 신경영전략과 노조의 대응」. 『신경영전략: 이렇게 맞서자』. 영남노동운동연구소.

서필우. 1995. 「현대중공업 신경영전략과 노조의 대응」. 『신경영전략: 이렇게 맞서자』. 영남노동운동연구소.

윤상식. 1995. 「산업재해 줄일 수 없나?」. ≪민주항해≫, 3/4월호.

이수원. 1994. 『현대그룹 노동운동, 그 격동의 역사』. 대륙.

이은진. 1994. 「민교협의 현대그룹 노사관계 진단」. ≪경제와 사회≫, 제24호, 겨울.

이종선. 1989. 「중공업 거대독점기업에서의 노동운동에 관한 연구」. 고려대학교 사회학과 석사학위논문.

인수범. 1993. 「현대그룹 노동조합의 임금협상투쟁」. ≪월간 흐름≫, 9월호.

임영일. 1994. 「조선산업의 성장과 노동운동」. ≪동향과 전망≫, 제21호, 겨울/봄.

전국노동조합협의회. 1993.8. 『자동차 5사, 조선 6사 단체협약 분석』.

전국민주노동조합총연맹. 1996.2. 『민주노총 단체협약 모범안과 단체협약 실태조사 결과』.

전국조선업종노조협의회. 1994. 『조선 7사 산업재해발생현황』.

전영기. 1986. 「비제도적 노동운동에 관한 연구」. 서울대학교 정치학과 석사학위논문.

정병휴·양영식. 1992. 『한국 재벌부문의 경제분석』, 한국개발연구원.

정세영. 1993. 「기능직도 중역될 수 있게 하겠다」. ≪현대≫, 11월호.

정이환. 1994. 「당파적 연구의 성과와 한계」. ≪경제와 사회≫, 제24호, 겨울.

조성관. 1989a. 「현대중공업 대리전의 진상」. ≪월간 조선≫.

조성관. 1989b.「현대중공업의 노사분규」. ≪월간 조선≫.
조효래·박종규. 1989.「조선산업」. 한국사회연구소 엮음.『한국사회노동자연구 II』. 백산서당.
최승노. 1995.『1995년 30대 기업집단』. 한국경제연구원.
최종태 외. 1993.『현대중공업 직능평가제도에 관한 연구: 2차 연구보고서』. 서울대학교 경영대학원 노사관계연구소.
커크, 도널드(Donald Kirk). 1995.『현대&정주영』. 이재범 옮김. 한언.
한국노동연구원. 1995.『KLI 노동통계』.
한국노동이론정책연구소. 1995a.『신경영전략과 노동조합』.
한국노동이론정책연구소. 1995b.『현대중공업 노동조합 정책수립을 위한 연구보고서: 자본의 신경영전략에 대한 대응과 노동조합 활성화를 위한 방안』(전4권).
한국노동이론정책연구소. 1995c.「현대중공업의 신경영전략: 1995년 임투와 현장」. ≪월간 현장에서 미래를≫, 7월호.
한국산업은행. 1993.『한국의 산업』.
한국산업은행. 1994.3.「18개 업종 경기동향」. ≪산은조사월보≫.
한국조선공업협회. 각 연도.『조선자료집』.
현대그룹노동조합총연합. 1994.6.『자동차업종, 조선업종, 현총련 임금현황』.
현대그룹 노사관계 진단 연구단. 1994.『현대그룹 노사관계 진단 연구보고서』.
현대중공업 노동조합. 1994a.「3.7명당 1명이 산업재해를 당하는 산재왕국」. ≪현대중공업 노조 소식지≫, 5월호
현대중공업 노동조합. 1994b.「현대중공업 신경영전략 해부」. ≪민주항해≫, 9/10월호.
현대중공업 노동조합. 1995.『현대중공업 주식회사 단체협약』.
현대중공업 노동조합. 각 연도.『사업보고서』.
현대중공업 노동조합 제도개선위원회. 1992a.『임금제도 개선 1』.
현대중공업 노동조합 제도개선위원회. 1992b.『임금제도 개선 2』.
현대중공업 사사편찬위원회. 1992.『현대중공업사』. 현대중공업 주식회사.
현대중공업 주식회사. 1995.『1994년도 경영전략』.
황의봉. 1989.「현대중공업사태, 진상과 전망」. ≪신동아≫.
日本海事産業研究所. 1996.1.27.「變化하기 시작한 世界의 造船構造」.
全日本金屬産業勞動組合協議會(IMF-JC). 1991.『賃金と勞動條件』.

지은이

고故 윤진호 (1952.3.26~2016.6.15)

• 학력

1968~1971 부산고등학교 졸업

1971~1975 서울대학교 경제학과 졸업(학사)

1975~1979 서울대학교 대학원 경제학과 졸업(석사)

1982~1990 서울대학교 대학원 경제학과 졸업(박사)

• 경력

1978~1981 국제경제연구원(현 산업연구원) 책임연구원

1982~2016 인하대학교 경제학과 전임강사, 조교수, 부교수, 교수

1991~1992 미국 뉴욕주립대학교(빙햄턴) 초빙교수(Visiting Scholar)

1999~2001 한국산업노동학회 부회장

1999~2015 사단법인 서울사회경제연구소 운영위원장

2001~2002 미국 MIT 초빙교수(Visiting Scholar)

2003~2005 노동부 최저임금위원회 공익위원

2003~2005 중앙노동위원회 공익위원

2004~2005 전국민주노동조합총연맹 자문위원

2004~2008 대통령자문 정책기획위원회 위원 겸 간사

2007~2007 한국경제발전학회 회장

2010~2011 한국경제학회 부회장

2011~2012 인하대학교 경상대학 학장

2012~2014 서울시 노사정 서울모델협의회 위원장

• **수상**

1988.3 제18회 매경 이코노미스트상 수상. 수상 논문 「빈곤의 악순환, 도시빈민의 실태」

2008.2 근정포장(제80289호) 수여(대통령 노무현)

2011.2 제1회 학현학술상(제자 이시균 박사와 공동수상). 수상 논문 「한국의 저임금 고용의 결정요인과 이동성」

• **주요 저서**

『한국의 불안정노동자』, 인하대학교 출판부, 1994

『노동조합 조직체계의 동향과 정책과제』, 한국노동연구원, 1998

『보스턴 일기: 지식의 디즈니랜드에서』, 한울, 2005

『비정규노동자 조직화방안 연구』(공저), 전국민주노동조합총연맹, 2006

『덴마크의 유연안정성에 관한 현황과 평가』, 한국노총 중앙연구원, 2008

『냉철한 머리, 뜨거운 가슴을 잃다』(공저), 지식산업사, 2012

• **주요 학술논문**

「한국노총과 전노협의 조합원 의식 비교연구: 정치의식과 노사관계의식을 중심으로」, 『노동경제논집』 제16권, 한국노동경제학회, 1993

「자동차 산업에서의 일본식 생산방식의 도입과 그 한계」, ≪산업노동연구≫ 제3권 제2호, 한국산업노동학회, 1997

「기업의 노동유연화 전략과 노동조합의 대응: 대우자동차의 사례연구」, ≪경제발전연구≫ 제4권 제1호, 한국경제발전학회, 1998

「노동자 생산협동조합에 관한 이론적 고찰」, ≪사회경제평론≫ 제12호, 한국사회경제학회, 1999

「신자유주의적 노동정책과 노동조합의 대응」, ≪동향과 전망≫ 제42호, 한국사과학연구회, 1999

「노사정 3자합의체제에 관한 실증적 연구: 노동조합내의 합의순응 문제를 중심으로」, ≪사회경제평론≫ 제17호, 한국사회경제학회, 2001
「비정규 노동자의 실태와 조직화 문제」, ≪산업노동연구≫ 제7권 제2호, 한국산업노동학회, 2002
「고용조정과 노동조합의 역할: 과연 노동조합은 고용조정에 영향을 미쳤는가?」, ≪산업노동연구≫ 제10권 제2호, 한국산업노동학회, 2004
「노동조합 존재확률의 결정요인과 대표권의 갭」, ≪사회경제평론≫ 제24호, 한국사회경제학회, 2005
「한국의 저임금 고용의 결정요인과 이동성」(이시균과 공저), ≪경제발전연구≫ 제15권 제1호, 한국경제발전학회, 2009
「대한제국기 '노동회'의 성격과 활동에 관한 연구: 한국 노동운동의 기원과 관련하여」, ≪경제발전연구≫ 제18권 제1호, 한국경제발전학회, 2012
「개항기 인천항 부두노동자들의 생존권 투쟁: ≪조선신문≫ 자료를 중심으로」, ≪황해문화≫ 83호, 새얼문화재단, 2014

엮음

고 윤진호 교수 추모 선집 간행위원회

간행위원장: 이시균

편집위원: 김정우, 지민웅, 조민수, 박진

후원위원: 김유선, 진숙경, 황규성, 김기민, 정성미

한울아카데미 2450

고 윤진호 교수 추모 선집 2

생산방식의 변화와 노동운동

지은이 | 윤진호
엮 음 | 고 윤진호 교수 추모 선집 간행위원회
펴낸이 | 김종수
펴낸곳 | 한울엠플러스(주)
편 집 | 배소영

초판 1쇄 인쇄 | 2023년 10월 13일
초판 1쇄 발행 | 2023년 10월 20일

주소 | 10881 경기도 파주시 광인사길 153 한울시소빌딩 3층
전화 | 031-955-0655
팩스 | 031-955-0656
홈페이지 | www.hanulmplus.kr
등록 | 제406-2015-000143호

Printed in Korea.
ISBN 978-89-460-7450-7 93320
978-89-460-8269-4 93320 (세트)

※ 책값은 겉표지에 표시되어 있습니다.

고 윤진호 교수 추모 선집 1

노동운동

- 윤진호 지음 | 고 윤진호 교수 추모 선집 간행위원회 엮음
- 2023년 10월 20일 발행 | 신국판 | 600면

노동운동 연구결과 모음

• 제1부: 고용위기 시대의 노동운동을 다룬다. 글로벌 경쟁이 격화되면서 고용조정 및 노동시장 유연화가 심화되고 고용불안정성이 확대되는 현실을 정확하게 진단하여 이에 대응하기 위한 노동운동의 방향을 제시한다. 특히 노동시장 유연화론의 허실을 노동운동의 관점에서 체계적으로 정리했다.

• 제2부: 새로운 노사관계와 노동운동을 모색하면서 협력적 유연화와 노사정위원회에 대한 다양한 논의를 정리하고 대안적 노동운동의 길을 제시한다. 또한 노동운동이 나아갈 임금정책의 방향과 경제민주화 투쟁과제를 제시한다. 협력적 유연화는 노사정 당사자들의 참여와 협력으로 전략적 동맹을 체결하여 경제위기를 극복하자는 내용을 담고 있으며, 노사정위원회의 성공 조건을 제시한다.

• 제3부: 산별노조운동의 동향과 과제를 주제로 노동조합 조직이론과 선진국의 산별노조 사례를 제시하고, 한국에서 산별노조의 발전을 위한 심도 깊은 문제제기와 제언을 다룬다.